高等学校"十四五"医学规划新形态教材
（药学类系列）

供药学类、中药学类、化学类、化工与制药类及相关专业使用

药物合成反应

主 编 翟 鑫　李念光
副主编 陈世武　韦思平

编 者（按姓氏汉语拼音排序）

陈冬寅	南京医科大学	陈世武	兰州大学
崔孙良	浙江大学	丁振华	中国药科大学
董 琳	四川大学	韩文勇	遵义医科大学
姜 楠	沈阳药科大学	李念光	南京中医药大学
李 政	广东药科大学	韦思平	西南医科大学
徐新芳	浙江理工大学/中山大学	翟 鑫	沈阳药科大学

中国教育出版传媒集团

高等教育出版社·北京

内容简介

本教材编写旨在通过对药物合成中常见的有机单元反应及其机理、影响因素和应用特点,以及合成设计策略的系统讲述,为学生开展药物及其中间体的化学合成提供理论指导,培养学生具备自主设计满足需求的合成工艺、分析并解决工艺问题、从事化学合成的专业能力及创新意识,形成绿色高效、环境友好的"绿色化学"理念。全书共十章,分别为卤化反应、硝化反应、烃化反应、酰化反应、缩合反应、重排反应、氧化反应、还原反应、不对称合成和合成设计策略。

本教材图文并茂、内容精炼。教材以融合创新的思路,将信息技术与教材建设、课程建设融合。以数字链接的形式,展现"学习目标""思维导图""拓展阅读""学科前沿""案例讨论""微视频""课后习题""本章小结""教学课件"等内容资源,以期展现出"新形态"的特色。

本教材主要供药学类、中药学类、化学类、化工与制药类及相关专业的本科生及研究生使用。

图书在版编目(CIP)数据

药物合成反应 / 翟鑫,李念光主编. -- 北京:高等教育出版社,2025.8. -- ISBN 978-7-04-064992-5

I. TQ460.31

中国国家版本馆 CIP 数据核字第 202585WQ30 号

Yaowu Hecheng Fanying

项目策划	吴雪梅 张映桥				
策划编辑	张映桥	责任编辑 张映桥	封面设计 李卫青	责任印制 刘弘远

出版发行	高等教育出版社	网 址	http://www.hep.edu.cn
社 址	北京市西城区德外大街4号		http://www.hep.com.cn
邮政编码	100120	网上订购	http://www.hepmall.com.cn
印 刷	北京七色印务有限公司		http://www.hepmall.com
开 本	850mm×1168mm 1/16		http://www.hepmall.cn
印 张	22		
字 数	577 千字	版 次	2025 年 8 月第 1 版
购书热线	010-58581118	印 次	2025 年 8 月第 1 次印刷
咨询电话	400-810-0598	定 价	59.80元

本书如有缺页、倒页、脱页等质量问题,请到所购图书销售部门联系调换
版权所有 侵权必究
物 料 号 64992-00

数字课程（基础版）

药物合成反应

主编　翟鑫　李念光

abooks.hep.com.cn/64992

使用方法：

1. 电脑或移动设备访问课程网站。

2. 注册并登录后，进入"个人中心"。

3. 刮开图书封底防伪码涂层，通过扫描二维码或手动输入 20 位密码，完成防伪码绑定。

4. 绑定成功后，即可开始本数字课程的学习。

如有使用问题，请点击页面下方的"疑问"按钮。

"药物合成反应"数字课程编委会

主　　编　翟　鑫　李念光
副 主 编　陈世武　韦思平

编　　者（按姓氏汉语拼音排序）
　　　　　陈冬寅　南京医科大学
　　　　　陈世武　兰州大学
　　　　　崔孙良　浙江大学
　　　　　丁振华　中国药科大学
　　　　　董　琳　四川大学
　　　　　韩文勇　遵义医科大学
　　　　　姜　楠　沈阳药科大学
　　　　　李念光　南京中医药大学
　　　　　李　政　广东药科大学
　　　　　韦思平　西南医科大学
　　　　　徐新芳　浙江理工大学／中山大学
　　　　　翟　鑫　沈阳药科大学

前 言

为认真贯彻落实党的二十大报告对教材建设与管理作出的新部署、新要求，全面推进习近平新时代中国特色社会主义思想和党的二十大精神进教材，打造一批将信息技术与教育教学深度融合的药学类专业本科新形态教材，助力高校"懂医精药、善研善成"的药学人才培养，高等教育出版社启动了高等学校"十四五"医学规划新形态教材（药学类系列）建设工作。

受高等教育出版社委托，我们联合国内长期从事新药研发及化学合成科研、教学工作的专家、学者，编写了这本《药物合成反应》新形态教材。

本教材编写紧密对接新医科建设对药学教育改革的要求，契合分类培养创新研究型、复合型和应用型药学人才的教育目标，支撑高素质、强能力、精专业、重实践的药学人才培养。

本教材以药物合成中常见的有机单元反应为纲，在分类介绍各类反应通式及机理的基础上，以药物合成反应的具体实例为抓手，通过剖析反应的影响因素并阐明其应用特点及范围，将理论知识与实际应用的融会贯通；同时，注重吸收行业发展的新知识、新技术和新方法，体现学科发展前沿，有效提升了教材的新颖性、科学性及实用性，增强了教材的可读性及质量，可有效支撑行业对药学人才在知识创新、实践能力、沟通交流及敬业精神等方面培养的要求。将立德树人贯穿教材建设全过程，注重融入各类课程思政资源建设，通过充分发掘、优化、充实可体现绿色高效、环境友好的"绿色化学"反应，以及融入提升大国工匠及科学家精神等思政元素，在强化培养学生的化学合成的专业能力、创新意识的同时，厚植"绿色化学"理念和爱国情怀，达到提升学生政治觉悟、思想品德及文化素养的效果。

本教材共 10 章，分别为卤化反应、硝化和重氮化反应、烃化反应、酰化反应、缩合反应、重排反应、氧化反应、还原反应、不对称合成和合成设计策略。

为着力打造精品教材，编写中全体编委精炼正文内容、拓展知识范围、突出学习重点、构建思维导图、力争做到提纲挈领、层次分明、化繁为简、纲举目张。教材采用"纸质教材 + 数字课程"的出版形式，将纸质内容与数字课程一体化设计，使教材建设与数字资源建设紧密结合。阅读时，扫描每章首二维码即可观看编者导学视频。此外，教材以数字链接的形式，在新形态教材网上还有"学习目标""思维导图""拓展阅读""学科前沿""案例讨论""微视频""课后习题""本章小结""教学课件"等内容资源。通过丰富数字资源，优化增值服务内容，有机融入化学合成的新试剂、新技术、学科前沿、典型反应的车间设备基础及工艺优化方法等内容，全面拓展学生的知识体系。这种出版模式让学习形式更加便利、多样化、更丰富多彩。

本教材主要供药学类、中药学类、化学类、化工与制药类及相关专业的本科生及研究生使用。

本教材的编写得到了各参编单位以及高等教育出版社的大力支持，在此表示衷心的感谢！由于编者水平有限，在教材编写过程中难免存在诸多不足，衷心希望广大读者批评指正。

翟　鑫　李念光

2024 年 12 月

目 录

第一章　卤化反应 ························· 1
　第一节　卤取代反应 ····················· 1
　　一、烃类化合物的卤取代反应 ········· 1
　　二、羰基α位的卤取代反应 ··········· 7
　第二节　卤加成反应 ···················· 12
　　一、卤素与不饱和烃的加成反应 ······ 12
　　二、卤化氢与不饱和烃的加成反应 ··· 15
　　三、其他卤化剂与不饱和烃的加成
　　　　反应 ····························· 17
　　四、不饱和羧酸的卤内酯化反应 ······ 19
　第三节　卤置换反应 ···················· 20
　　一、醇羟基的卤置换反应 ············· 20
　　二、酚羟基的卤置换反应 ············· 25
　　三、羧酸羟基的卤置换反应 ··········· 26
　　四、其他类型的卤置换反应 ··········· 28

第二章　硝化和重氮化反应 ············ 31
　第一节　硝化与亚硝化反应 ············· 31
　　一、硝化反应 ·························· 31
　　二、亚硝化反应 ······················· 36
　第二节　重氮化及叠氮化反应 ·········· 38
　　一、重氮盐的制备和性质 ············· 38
　　二、重氮盐的应用 ···················· 41
　　三、叠氮化反应 ······················· 48

第三章　烃化反应 ························· 50
　第一节　氧原子上的烃化反应 ·········· 50
　　一、醇的 O- 烃化反应 ················· 50
　　二、酚的 O- 烃化反应 ················· 55
　第二节　氮原子上的烃化反应 ·········· 61
　　一、脂肪胺的 N- 烃化反应 ············ 61
　　二、芳香胺的 N- 烃化反应 ············ 64
　　三、杂环胺的 N- 烃化反应 ············ 67
　　四、还原胺化反应 ···················· 69
　第三节　碳原子上的烃化反应 ·········· 71
　　一、芳烃的 C- 烃化反应 ··············· 71
　　二、烯烃的 C- 烃化反应（Heck
　　　　反应） ···························· 74
　　三、炔烃的 C- 烃化反应 ··············· 75
　　四、羰基α位的 C- 烃化反应 ·········· 77
　　五、有机金属化合物作用下的 C- 烃化
　　　　反应 ····························· 80
　第四节　相转移催化反应 ··············· 82
　　一、相转移催化剂的类型 ············· 82
　　二、相转移催化烃化反应 ············· 83

第四章　酰化反应 ························· 85
　第一节　氧原子上的酰化反应 ·········· 85
　　一、醇的 O- 酰化反应 ················· 85
　　二、酚的 O- 酰化反应 ················· 94
　第二节　氮原子上的酰化反应 ·········· 95
　　一、脂肪胺的 N- 酰化反应 ············ 95
　　二、芳胺的 N- 酰化反应 ············· 100
　第三节　碳原子上的酰化反应 ········· 101
　　一、芳烃的 C- 酰化反应 ·············· 101
　　二、烯烃的 C- 酰化反应 ·············· 107
　　三、羰基α位的 C- 酰化反应 ········· 108
　第四节　选择性酰化与基团保护 ······ 111
　　一、选择性酰化反应 ················· 111
　　二、羟基的保护 ····················· 112
　　三、氨基的保护 ····················· 113

第五章　缩合反应 ························ 117
　第一节　羟醛缩合反应 ················ 117
　　一、经典羟醛缩合反应 ·············· 117
　　二、选择性羟醛缩合反应 ············ 122
　第二节　形成碳 - 碳双键的缩合反应 ··· 126
　　一、Wittig 反应 ······················ 126
　　二、Knoevenagel 反应 ················ 128
　　三、Perkin 反应 ······················ 130

四、Stobbe 反应 ……………… 132
第三节　氨烷基化、卤烷基化、羟烷基化
　　　　反应 …………………………… 133
　　一、Mannich 反应 ……………… 133
　　二、Pictet-Spengler 反应 ……… 135
　　三、Prins 反应 ………………… 136
　　四、α-卤烷基化反应（Blanc 反应）… 138
第四节　其他缩合反应 ………………… 139
　　一、安息香缩合反应 …………… 139
　　二、Michael 加成反应 ………… 140
　　三、Darzens 反应 ……………… 142
　　四、Reformatsky 反应 ………… 143
　　五、Strecker 反应 ……………… 145
　　六、Claisen 反应和 Dieckmann 反应… 146

第六章　重排反应 ………………………… 148
　第一节　从碳原子到碳原子的重排 …… 149
　　一、Wagner-Meerwein 重排 …… 149
　　二、pinacol 重排 ………………… 151
　　三、Benzil 重排 ………………… 153
　　四、Favorskii 重排 ……………… 155
　　五、Wolff 重排 ………………… 156
　　六、乙烯基环丙烷重排 ………… 158
　第二节　从碳原子到杂原子的重排 …… 159
　　一、Beckmann 重排 …………… 159
　　二、Hofmann 重排 …………… 162
　　三、Curtius 重排 ……………… 164
　　四、Schmidt 重排 ……………… 166
　　五、Baeyer-Villiger 重排 ……… 169
　第三节　从杂原子到碳原子的重排 …… 170
　　一、Stevens 重排 ……………… 171
　　二、Sommelet-Hauser 重排 …… 173
　　三、Wittig 重排 ………………… 175
　　四、Neber 重排 ………………… 177
　第四节　σ 迁移重排 …………………… 178
　　一、Claisen 重排 ……………… 179
　　二、Cope 重排 ………………… 181

第七章　氧化反应 ………………………… 184
　第一节　醇、酚的氧化 ………………… 184
　　一、醇氧化成醛、酮 …………… 184
　　二、醇氧化成羧酸 ……………… 193

　　三、1,2-二醇的氧化 …………… 194
　　四、酚的氧化 …………………… 195
　第二节　醛、酮的氧化 ………………… 197
　　一、醛的氧化 …………………… 197
　　二、酮的氧化 …………………… 198
　第三节　烃的氧化 ……………………… 201
　　一、饱和烃的氧化 ……………… 201
　　二、烯烃的氧化 ………………… 206
　　三、芳烃的氧化 ………………… 215
　第四节　其他氧化 ……………………… 218
　　一、有机胺的氧化 ……………… 218
　　二、有机硫的氧化 ……………… 220
　　三、卤代烃的氧化 ……………… 222

第八章　还原反应 ………………………… 226
　第一节　不饱和烃的还原 ……………… 226
　　一、烯烃、炔烃的还原 ………… 226
　　二、芳烃的还原 ………………… 233
　第二节　醛、酮的还原 ………………… 236
　　一、还原成醇 …………………… 236
　　二、还原成烃 …………………… 241
　第三节　羧酸及其衍生物的还原 ……… 244
　　一、羧酸、酸酐的还原 ………… 244
　　二、酰卤的还原 ………………… 246
　　三、酯的还原 …………………… 247
　　四、酰胺的还原 ………………… 250
　第四节　含氮有机化合物的还原 ……… 251
　　一、硝基、亚硝基化合物的还原 …… 251
　　二、腈的还原 …………………… 255
　　三、其他含氮有机化合物的还原 …… 257
　第五节　氢解反应 ……………………… 259
　　一、脱卤氢解 …………………… 259
　　二、脱苄氢解 …………………… 261
　　三、脱硫氢解 …………………… 262
　　四、开环氢解 …………………… 263

第九章　不对称合成 ……………………… 265
　第一节　基本概念 ……………………… 265
　　一、手性及手性药物 …………… 265
　　二、手性的分类 ………………… 266
　　三、对映体组成的测定 ………… 268
　　四、绝对构型的测定 …………… 269

五、不对称合成策略 …………… 270
第二节　不对称催化反应 …………… 275
　　一、不对称加成反应 …………… 275
　　二、不对称成环反应 …………… 280
　　三、不对称还原反应 …………… 284
　　四、不对称环氧化反应 ………… 287
　　五、不对称偶联反应 …………… 290
　　六、其他不对称催化反应 ……… 291

第十章　合成设计策略 ………………… 296
第一节　常用术语 …………………… 296
　　一、目标分子及其合成转换 …… 296
　　二、合成模块及其等价试剂 …… 297
　　三、极性反转 …………………… 298
第二节　合成策略 …………………… 299
　　一、逆向转换策略 ……………… 299
　　二、逆向连接 …………………… 301
　　三、逆向重排 …………………… 301
　　四、逆向官能团变换 …………… 302
第三节　逆向合成分析 ……………… 302
　　一、含有单基团、双基团的目标分子
　　　　逆合成分析 ………………… 303
　　二、杂环结构母核的逆合成分析 …… 306
　　三、手性分子的逆合成分析 ………… 310
　　四、药物的逆向合成应用实例 ……… 313
第四节　正向合成分析 ……………… 319
　　一、寻找含有特定结构的起始原料 … 319
　　二、从药物重要结构母核出发 ……… 320

附录　缩略语表 ………………………… 323

参考文献 ………………………………… 328

中英对照索引 …………………………… 329

第 一 章
卤化反应

编者导学

📍 学习目标

✳ 思维导图

本章导航
第一节　卤取代反应
第二节　卤加成反应
第三节　卤置换反应

卤化反应（halogenation reaction）是指在有机分子中引入卤素原子（如氟、氯、溴、碘）制备新的含卤化合物的反应。通过卤化反应合成有机卤化物，在药物研发中具有重要作用，这些有机卤化物可能具有不同的生物活性，用于提高药效或发现新的适应症；也可能具有不同的理化性质，用于改善和提高成药性；同时，有机卤化物还容易参与其他官能团转化，用作重要的医药中间体。

卤化反应主要有卤原子与有机物中活泼氢原子之间的取代反应、卤原子与不饱和键的加成反应，以及卤原子与氢以外的其他原子或基团的置换反应。卤化反应按反应机理可分为自由基取代、自由基加成、亲电加成、亲电取代、亲核取代等类型。根据化合物中引入卤素的不同，卤化反应分为氟化、氯化、溴化和碘化反应。卤化反应中最常见的是氯化反应和溴化反应，近年来氟化反应的应用也越来越广泛。

 1-1　酶催化卤化反应

第一节　卤取代反应

卤取代反应是指卤原子取代有机物中的活泼氢原子，生成相应卤化物的反应，主要有烯丙位氢、苄位氢、芳基氢和羰基 α 位氢等的卤取代反应。

一、烃类化合物的卤取代反应

饱和烃卤取代反应一般较难发生，烃类化合物的卤取代反应主要是指双键（或叁键）上的氢原子或其他位置活泼氢原子的卤取代反应。其中，最常见的是烯丙位、苄位及芳基氢的卤取代反应。

（一）饱和烃的卤取代反应

1. 反应通式 烷烃性质比较稳定，一般情况下不发生卤取代反应。但在光照、加热（250~400℃）或自由基诱发剂存在时，会发生自由基卤取代反应。但由于产物复杂、收率较低，应用有限。

$$RCH_3 + X_2 \xrightarrow{\text{光照或加热}} RCH_2X + HX \quad (R = \text{烷基}; X = Br, Cl)$$

2. 反应机理 饱和烃的卤取代反应是典型的自由基反应机理，其反应历程包括链引发、链增长、链终止三个阶段。具体是在光照或加热的条件下，首先卤素单质生成自由基，再跟底物反应生成烷基卤化物。

$$\text{链引发} \quad X-X \xrightarrow{\text{光照或加热}} 2X\cdot$$

$$\text{链增长} \quad RCH_3 + X\cdot \longrightarrow RCH_2\cdot + HX$$

$$RCH_2\cdot + X_2 \longrightarrow RCH_2X + X\cdot$$

$$\text{链终止} \quad RCH_2\cdot + X\cdot \longrightarrow RCH_2X \text{（主产物）}$$

$$RCH_2\cdot + RCH_2\cdot \longrightarrow RCH_2CH_2R \text{（副产物）}$$

$$X\cdot + X\cdot \longrightarrow X-X \quad (X=Br, Cl)$$

反应的引发剂主要有偶氮二异丁腈（AIBN）、过氧化苯甲酰（BPO）和无机过氧化物等。

3. 反应影响因素及应用实例 烷烃卤化时，烷烃氢原子的活性次序是叔氢>仲氢>伯氢。卤素单质作卤化剂时，其活性次序是F>Cl>Br>I。氟太活泼，反应剧烈，反应较难控制，一般用氮气等惰性气体稀释使用。碘进行取代反应时，生成的碘化氢可将碘化烃还原，收率较低，应用较少。烷烃的卤取代反应中，溴化反应应用最广，其次是氯化反应。例如，抗病毒药物金刚烷胺（amantadine）的中间体1-溴金刚烷的合成，可以用溴单质作为卤化试剂与金刚烷反应；也可以用硫酰氯作为卤化试剂制备1-氯金刚烷。卤取代反应主要发生在桥头碳原子上。

升高温度有利于促进热诱导自由基的产生及反应的进行，但光解法产生的自由基与温度无关；不过温度高也会引起副反应的发生，对反应不利。

溶剂对反应影响较大，能与自由基发生溶剂化的溶剂会降低自由基的活性，故一般用非极性的惰性溶剂，如四氯化碳等。

自由基反应要控制好反应程度，否则易导致多取代反应，副产物增加。

（二）不饱和烃的卤取代反应

1. 烯烃的卤取代反应 烯烃双键上氢原子的活性较低，直接进行卤取代反应较少。但α,β-不饱和羧酸酯、共轭多烯或杂环中的双键碳上的氢可以进行卤代。例如，抗毒药物帕西洛韦（paxlovid）中间体可以用溴素直接取代烯烃双键上的氢来制备。

$$\underset{\underset{CH_3}{|}}{\underset{O}{H_3CO}}\diagdown C=C\diagdown CH_3 \xrightarrow[CH_2Cl_2, 20℃, 2\ h]{Br_2} \underset{\underset{CH_3}{|}}{\underset{O}{H_3CO}}\diagdown C=\underset{Br}{C}\diagdown CH_3$$
(99%)

2. 炔烃的卤取代反应 炔烃末端碳上氢原子具有一定的酸性，在碱性条件下和卤素可直接反应，生成卤代炔烃。该反应属于亲电取代反应机理，具体为末端炔键氢原子在强碱性条件下，C—H 键解离形成炔末端碳负离子，然后和卤素发生反应，得到卤代炔烃。

$$R-C\equiv C-H \xrightarrow{碱} R-C\equiv C^{\ominus} \xrightarrow[H_2O]{X-X} R-C\equiv C-X + HX$$

例如，苯乙炔在氢氧化钠溶液中，与溴反应得其溴取代产物。

$$Ph-C\equiv C-H \xrightarrow[\substack{r.t.,\ 60\ h \\ (73\%\sim83\%)}]{Br_2/NaOH/H_2O} Ph-C\equiv C-Br$$

（三）烯丙位和苄位的卤取代反应

1. 反应通式 在高温、光照或存在自由基引发剂的条件下，可用卤素或 *N*- 卤代酰胺等卤化剂对烯丙位和苄位碳原子上的活泼氢进行卤取代反应，分别生成 α- 卤代烯烃或 α- 卤代芳烃。其中，*N*- 卤代酰胺类卤化剂具有选择性高、副反应少等优点，常用的有 *N*- 氯代丁二酰亚胺（NCS）、*N*- 溴代丁二酰亚胺（NBS）和 *N*- 碘代丁二酰亚胺（NIS）。反应一般在四氯化碳、苯或石油醚等非极性惰性溶剂中进行。

$$H_2C=\underset{H}{C}-CH_2R \xrightarrow[光照或自由基引发剂]{卤化剂} H_2C=\underset{H}{C}-\underset{\underset{H}{|}}{\overset{\overset{R}{|}}{C}}-X$$

$$Ar-\underset{\underset{H}{|}}{\overset{\overset{H}{|}}{C}}-H \xrightarrow[光照或自由基引发剂]{卤化剂} Ar-\underset{\underset{H}{|}}{\overset{\overset{H}{|}}{C}}-X$$

2. 反应机理 烯丙位和苄基碳原子上的卤取代反应属于自由基反应机理。具体为卤素或 *N*- 卤代酰胺在自由基引发条件下均裂为卤素自由基或琥珀酰亚胺自由基，这些自由基夺取烯丙位或苄位上的氢原子，生成相应的碳自由基，接着与卤素或 *N*- 卤代酰胺进一步反应得到 α- 卤代烯烃或 α- 卤代芳烃。

3. 反应影响因素及应用实例　升高温度有利于卤化剂均裂产生自由基，同时也会增强自由基的活性。烯丙位的卤取代反应一般需要在高温下进行，低温有利于烯键与卤素的加成；苄基的单卤化反应的适宜温度约为 160℃，低温时容易发生苯环上的取代。光照产生自由基的过程与温度无关，在较低温度下也可发生。控制反应物浓度和光强度可以调节自由基产生的速率，便于控制反应进程。

反应溶剂对自由基卤取代反应有明显的影响，能溶剂化自由基的溶剂会降低自由基的活性，所以常用非极性的惰性溶剂。一般用四氯化碳，有时也用苯、石油醚等作溶剂，这是因为一方面避免溶剂化，另一方面 NBS 溶于四氯化碳，而生成的丁二酰亚胺不溶于四氯化碳，易于回收。

苄基氢取代的难易与芳环上取代基的性质有关，当连有吸电子基时，反应较难；而连有给电子基时反应较容易，芳杂环化合物的侧链也可以发生与苄位类似的卤取代反应。例如，疟疾治疗药物乙胺嘧啶（pyrimethamine）中间体的合成过程中，对氯甲苯在 AIBN 引发下和 NBS 反应，得到相应的苄位溴取代产物。

$$\text{Cl}-\text{C}_6\text{H}_4-\text{CH}_3 \xrightarrow[\text{CCl}_4,\ \text{reflux},\ 4\ \text{h}]{\text{NBS/AIBN}} \text{Cl}-\text{C}_6\text{H}_4-\text{CH}_2\text{Br}$$
（87%）

当烯丙位和苄位氢活性较低时，可通过提高卤素浓度和反应温度促进反应，也可选用活性更高的卤化剂直接反应，如一氧化二氯（Cl_2O）、1,3-二氯-5,5-二甲基-2,4-咪唑啉二酮（DCDMH，又称二氯海因）、1,3-二溴-5,5-二甲基-2,4-咪唑啉二酮（DBDMH，又称二溴海因）和 *N*-氟苯磺酰亚胺（NFSI）等。

Cl_2O 是一种高效的选择性氯化试剂，可用于活性较低的芳香族化合物侧链及芳香环的氯化，反应条件温和，收率高。例如，对硝基甲苯与 Cl_2O 反应，几乎定量地转化为苯甲基的全氯化物。

$$O_2N-\text{C}_6\text{H}_4-\text{CH}_3 \xrightarrow[\text{CCl}_4,\ 75℃,\ 3\ \text{h}]{Cl_2O} O_2N-\text{C}_6\text{H}_4-\text{CCl}_3$$
（89%）

在偶氮过氧化物引发剂 AIBN 存在下，烯丙基或苄基化合物用 DBDMH 作溴化剂，生成 α 位氢被溴取代的反应称为 Wohl-Zeigler 烯丙基溴取代反应。反应中 DBDMH 同时提供两个溴原子。例如，治疗 2 型糖尿病的药物曲格列汀（trelagliptin）中间体的合成。

$$\xrightarrow[\text{ClCH}_2\text{CH}_2\text{Cl},\ 75℃,\ 24\ \text{h}]{\text{DBDMH/AIBN}}$$
（95%）

NFSI 可对富电子芳香族化合物进行有效的氟取代反应。例如，抗病毒药物雷迪帕韦（ledipasvir）中间体合成中，在六甲基二硅基胺钾（KHMDS）和 NFSI 作用下得到其苄位二氟取代的产物。

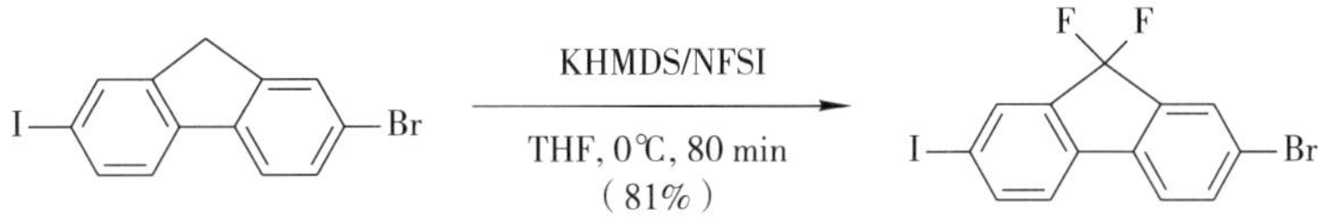

当烯烃键有两个 α 位氢时，烯键 α 位亚甲基氢一般比 α 位甲基氢更易反应。另外，为了形成更稳定的自由基过渡态，有时会发生重排，双键发生移位。

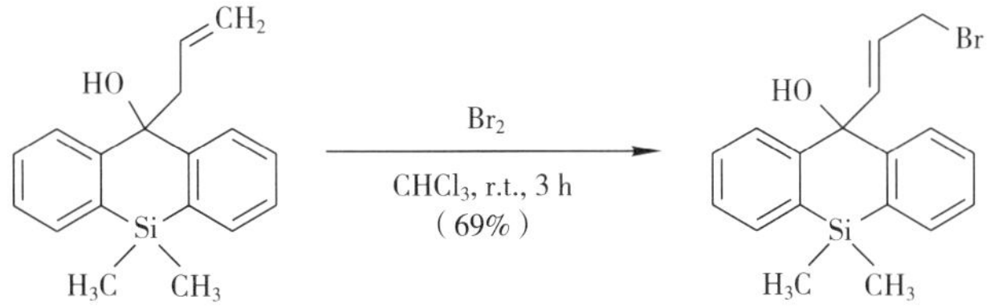

案例讨论 1-1 甲磺酸氟马替尼中间体的合成工艺优化

（四）芳烃的卤取代反应

1. 反应通式 在 Lewis 酸催化剂催化下，芳烃与卤化试剂反应生成芳环上氢被卤代的反应即芳烃的卤取代反应，主要指氯取代反应和溴取代反应。反应一般在稀乙酸、稀盐酸、三氯甲烷或其他卤代烷烃等极性溶剂中进行。

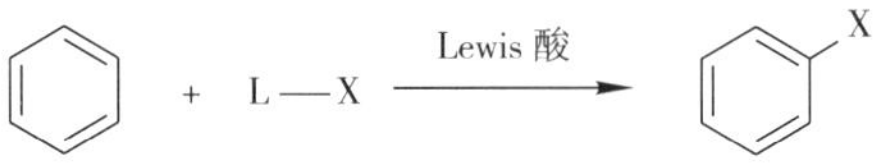

（L＝X, HO, RO, H, RCONH 等，X＝Cl, Br）

2. 反应机理 芳烃氢原子的卤取代反应，属于芳烃的亲电取代反应。芳烃首先进攻 Lewis 酸催化剂极化的卤素分子或卤素正离子等亲电试剂，形成 σ 络合物中间体，然后很快脱去一个质子，得到卤代芳烃。

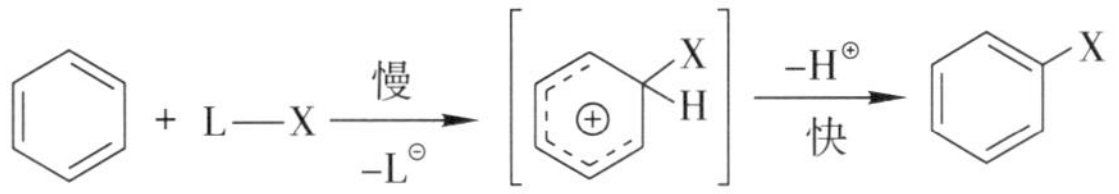

（L＝X, HO, RO, H, RCONH 等）

3. 反应影响因素及应用实例 芳环的卤取代反应常加入 Lewis 酸作催化剂，如 $AlCl_3$、$FeCl_3$、$FeBr_3$、$SnCl_4$、$TiCl_4$、$ZnCl_2$ 等。S_2Cl_2、SO_2Cl_2、$(CH_3)_3COCl$ 等也能提供氯正离子而具有催化作用。

芳环上有给电子基团（如—OH、—NH_2、—CH_3 等）时，使芳环活化，卤取代反应容易进行，甚至发生多卤化反应，产物以邻位、对位为主；芳环上有吸电子基团（如—COOH、—NO_2 等）时，使芳环钝化，以间位产物为主。例如，止吐药硫乙拉嗪（thiethylperazine）的中间体间硝基溴苯的合成。

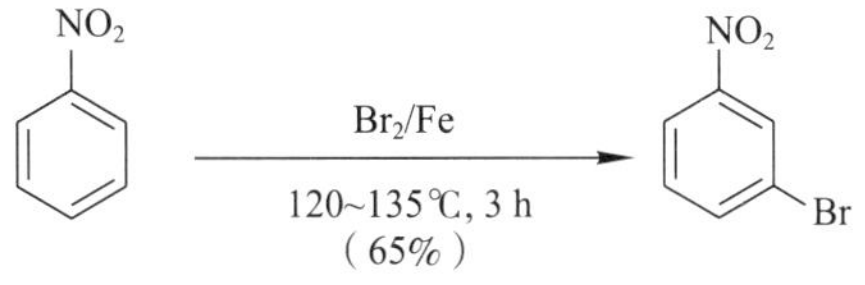

富电子的吡咯、噻吩、呋喃等芳杂环的卤化非常容易，但不同的五元杂环化合物卤化时异构体的比例差别很大，其反应活性次序为吡咯＞呋喃＞噻吩＞苯，且 2 位氢比 3 位氢更容易发生卤取代反应。例如，镇静催眠药物溴替唑仑（brotizolam）中间体的合成中，用溴素与噻吩环上的 α-氢发生亲电取代反应。

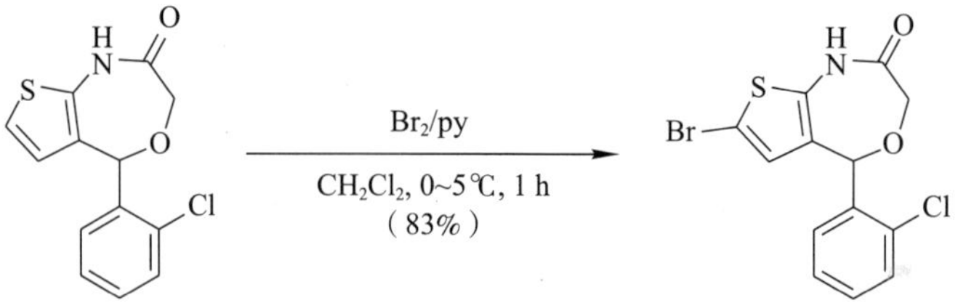

对于缺π电子的吡啶等芳杂环来说，其卤取代反应相对困难。吡啶卤代时，由于生成的卤化氢及加入的催化剂均能与吡啶环上的氮原子成盐，进一步降低了环上的电子云密度，反应更难进行。但选择适当的反应条件，仍能获得较好的效果。例如，抗菌药物巴洛沙星（balofloxacin）中间体的合成中，吡啶中加入氧化剂三氧化硫，可以用溴单质实现吡啶环 3 位氢的溴取代。

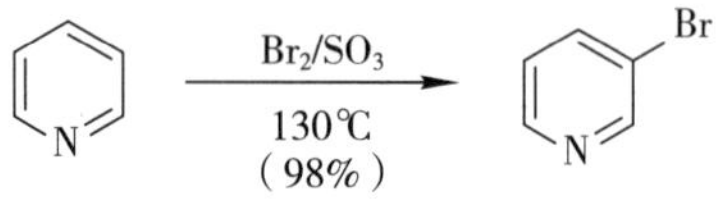

反应温度可以影响卤原子的引入位置和引入卤原子的数目。例如，萘与溴反应，低温时主要生成 1-溴萘，高温时则主要生成 2-溴萘。

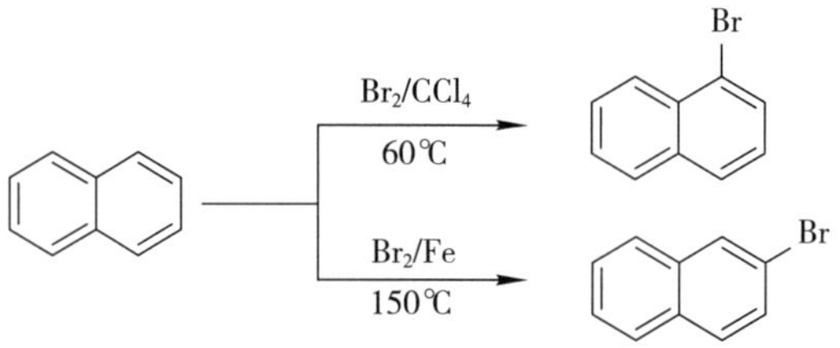

卤素单质作卤化剂时，其活性次序是 F > Cl > Br > I。由于氟素对芳烃直接氟化的反应过于剧烈，反应难以控制，缺少实用价值。但对于活性较低的芳杂环，可以用氮气等稀释氟素，并于低温下（-78℃）进行反应。例如，用氮气将氟稀释后，直接与尿嘧啶发生氟化生成抗代谢类抗肿瘤药物 5-氟尿嘧啶（5-fluorouracil）。

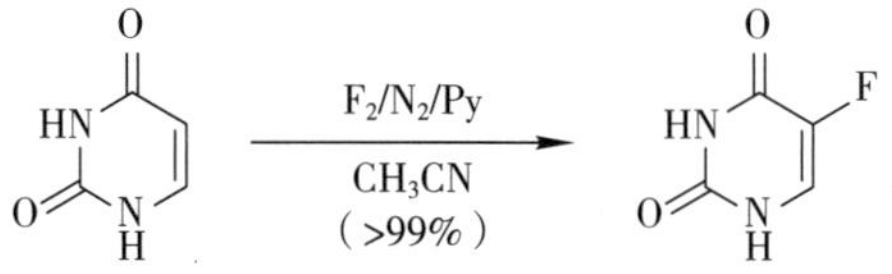

氯的电负性较强，它本身在反应中容易发生极化，因此，氯气在 Lewis 酸催化下可以对芳烃直接进行氯取代反应。例如，抗菌剂非那沙星（finafloxacin）的合成中，在 FeCl$_3$ 催化下用氯气作为卤源，由 3,5-二甲基氟苯制备其二氯代物。

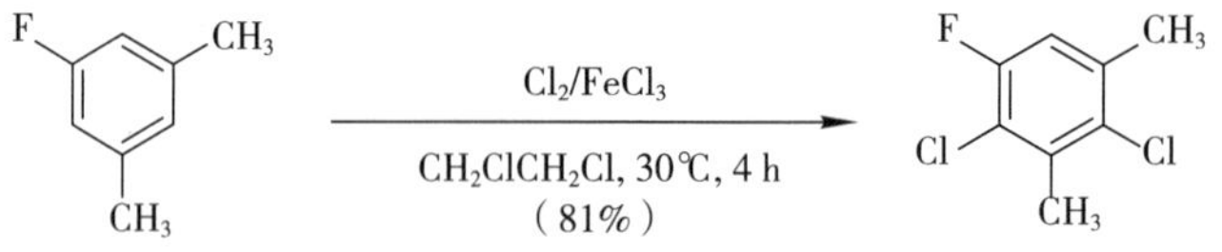

溴素对芳烃的取代反应，常需含溴的 Lewis 酸来极化溴分子，也可加入少量的碘来促进溴的极化。例如，用溴素直接溴化乙酰苯胺合成对溴乙酰苯胺。

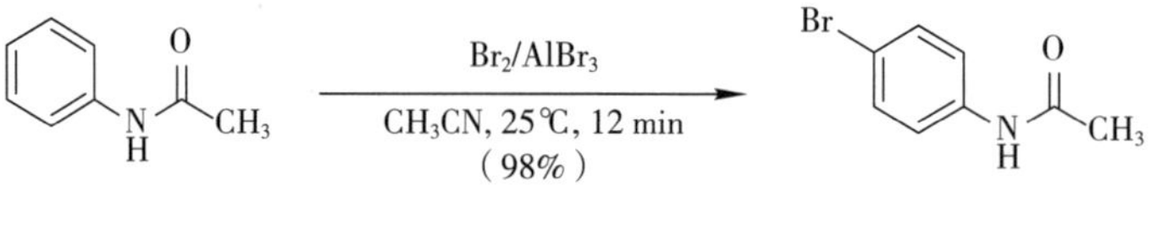

碘的活性最低，且苯环上的碘代与脱碘是可逆的，这是因为反应生成的碘化氢催化碘代物的脱碘作用，因此，只有不断除去反应体系中的碘化氢，才能使反应顺利进行。除去碘化氢最常用的方法是加入氧化剂（如硝酸、过氧化氢、碘酸钾、碘酸、次氯酸钠等），也可加入碱性物质（如氨、氢氧化钠、碳酸钙等）。例如，平喘药盐酸马布特罗（mabuterol hydrochloride）的中间体合成中，应用了芳烃的碘取代反应。

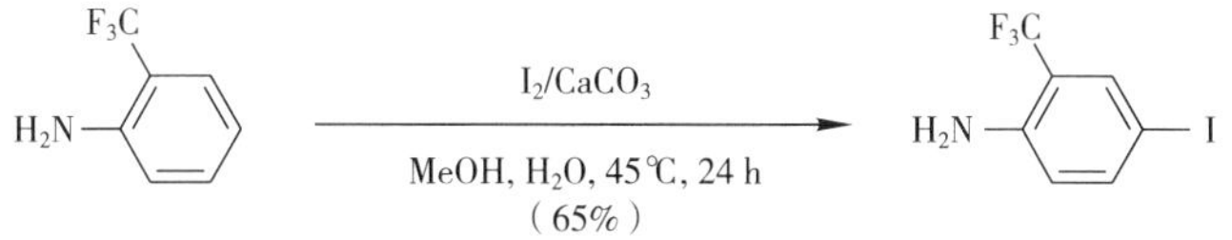

此外，芳烃的碘取代反应也可以直接用更强的碘化剂（如ICl等）来实现。例如，治疗偏头痛药物利扎曲坦（rizatriptan）中间体的合成中，用ICl和碳酸钙在甲醇–水溶液中实现碘取代反应。

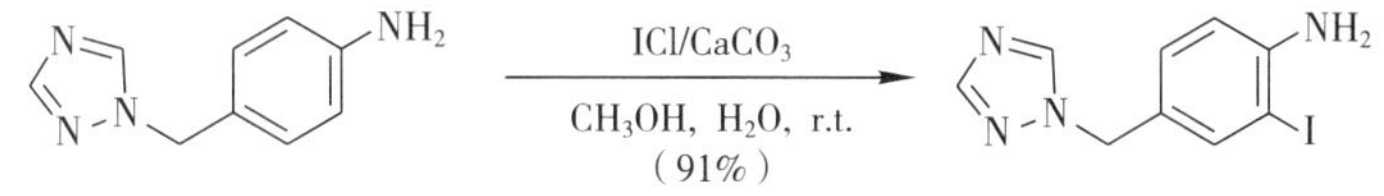

卤化反应常用的溶剂有二硫化碳、稀乙酸、稀盐酸、三氯甲烷或其他卤代烃，芳烃自身为液体时也可兼作溶剂。例如，祛痰药溴己新（bromhexine）中间体的合成就是邻甲苯胺在三氯甲烷中用溴素进行溴取代制备的。后来在NaBr溶液中加入溴素，在10℃下反应0.5 h，收率可提高至93%。

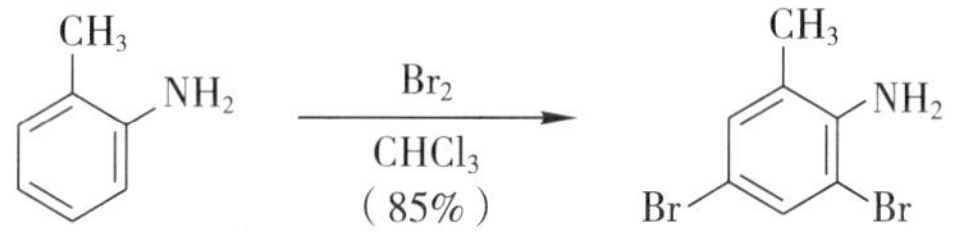

针对芳烃的直接氟化反应，目前已开发一些新型氟化试剂，如AgF_2在吡啶和二嗪类等杂环芳香类化合物的直接氟化中效果良好。例如，心血管治疗药物氟化吡格列酮（fluoro-pioglitazone）中间体的制备。

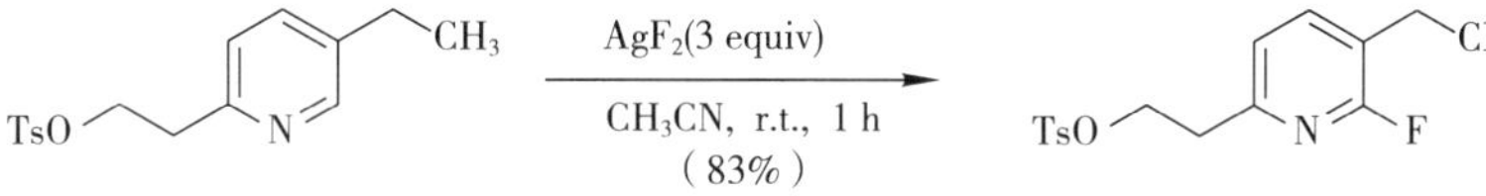

其反应机理属于加成消除反应。

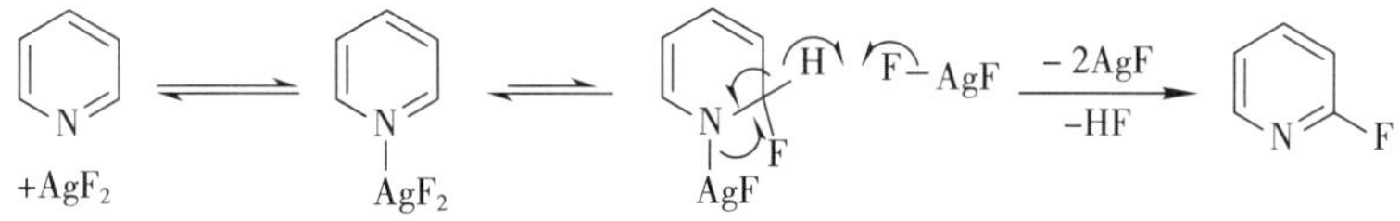

学科前沿 1-1　过渡金属催化的卤化反应

二、羰基 α 位的卤取代反应

（一）醛、酮的 α 位卤取代反应

1. 反应通式　由于酮羰基的诱导效应，其α位氢具有一定的酸性，可用卤素、N-卤代酰胺、次卤酸（酯）、硫酰卤化物等作为卤化试剂，在四氯化碳、三氯甲烷、乙醚和乙酸等溶剂中发生α-卤取代反应，生成相应的α-卤代酮。

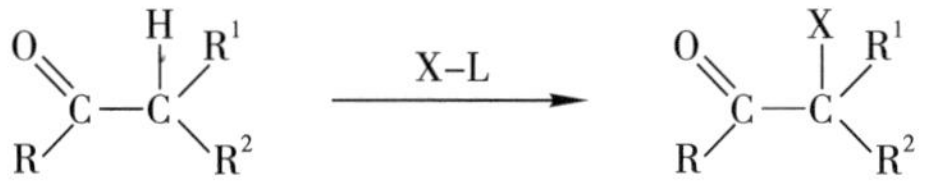

(L=X, HO, RO, H, RCONH 等)

2. 反应机理　羰基 α- 氢原子被卤素取代的反应属于亲电取代反应。通常羰基化合物在酸（Lewis 酸或质子酸）或碱催化下转化为烯醇式，再与卤化试剂反应。

（1）酸催化机理

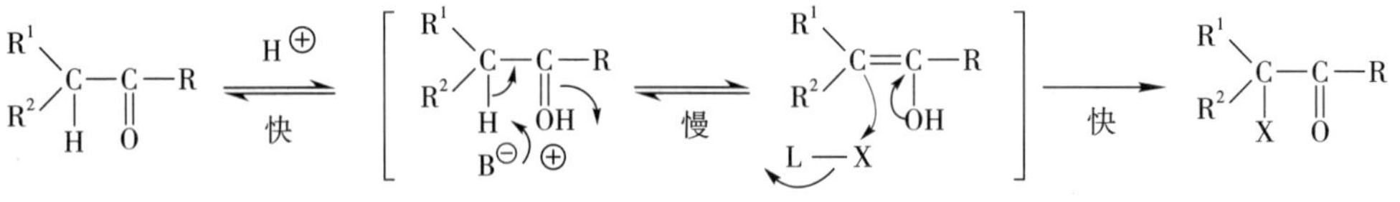

（2）碱催化机理

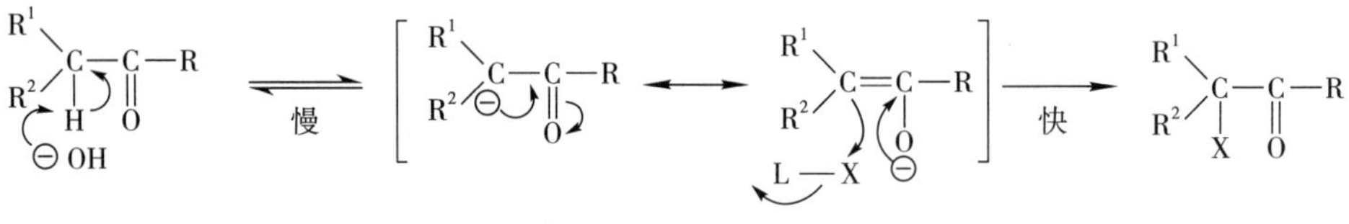

3. 反应影响因素及应用实例　酸催化剂可以是质子酸，也可以是 Lewis 酸。反应开始时烯醇化速率较慢，随着反应的进行，烯醇化速率加快，反应也相应加快。反应初期可加入少量氢卤酸以缩短诱导期，光照也常常起到明显的催化效果。例如，治疗支气管炎、喘息性支气管炎药物氯丙那林（clorprenaline）中间体的合成。

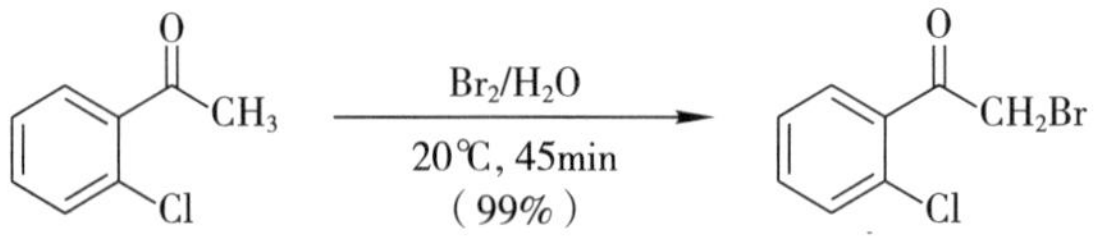

例如，麻醉剂盐酸氯胺酮（ketamine hydrochloride）中间体 1- 溴代环戊基邻氯苯甲酮的合成，可用溴接近定量地得到溴化产物。

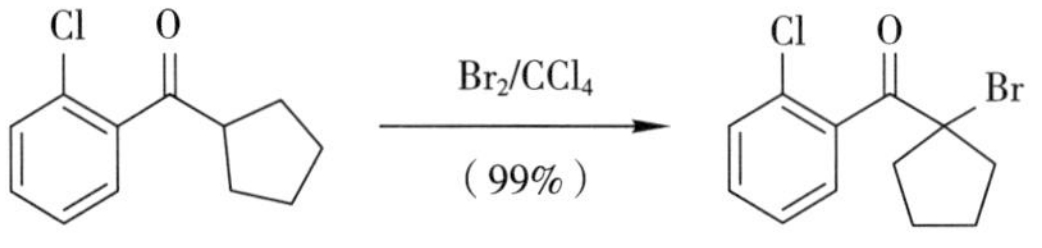

酸催化的酮羰基 α- 卤取代反应中，需要加入适当的碱，以帮助 α- 氢质子的脱去，未质子化的羰基化合物也可发挥有机碱的作用。例如，滴眼液布林佐胺（brinzolamide）中间体的合成，用溴吡啶盐实现化合物的 α- 氢溴取代。

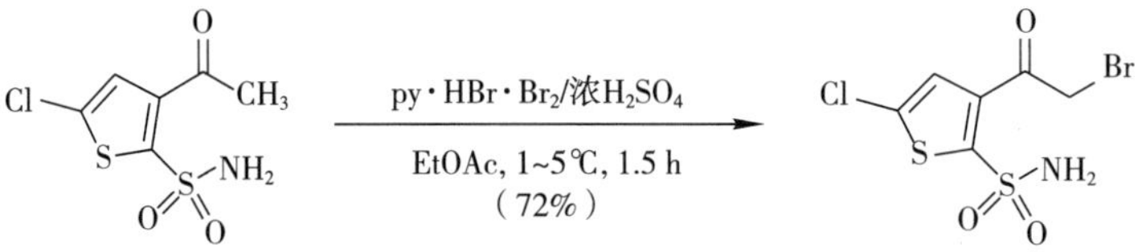

碱催化与酸催化不同，酮的 α- 碳上有给电子基团时，降低了 α- 氢原子的酸性；而吸电子基团使 α 位氢原子的酸性增强，质子易于脱去，有利于 α- 卤取代反应。在碱性条件下，同一碳上容易发生多元卤取代反应，如卤仿反应。碱性催化剂可以是氢氧化钠、氢氧化钾等无机

碱及有机碱类。例如，二肽基肽酶-Ⅳ抑制剂 DBPR108 中间体的合成，首先在碱性条件下与溴素发生 α-卤取代反应，然后酸水解。

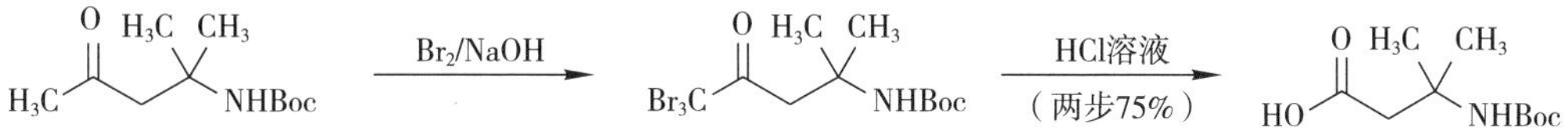

不对称酮中，给电子基团有利于羰基 α 位的酸催化烯醇化，反应亦主要发生在此 α-碳上。例如，抗生素头孢地嗪钠（cefodizime sodium）中间体 3-溴-4-氧代戊酸的合成。

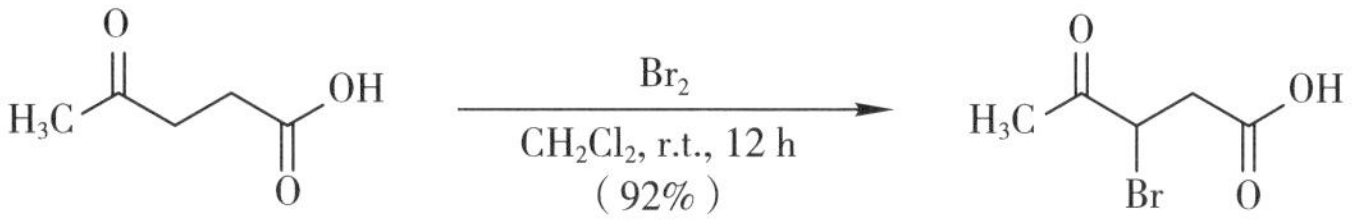

若羰基 α 位上有卤素等吸电子基，在酸催化下的卤取代反应受到阻滞，故在同一碳原子上欲引入第二个卤原子，相对比较困难。如果在羰基的另一个 α 位上具有活性氢，则第二个卤素原子优先取代另一侧的 α 位的氢原子。例如，由 4,4′-二乙酰基联苯合成病毒药达拉他韦（daclatasvir）中间体。

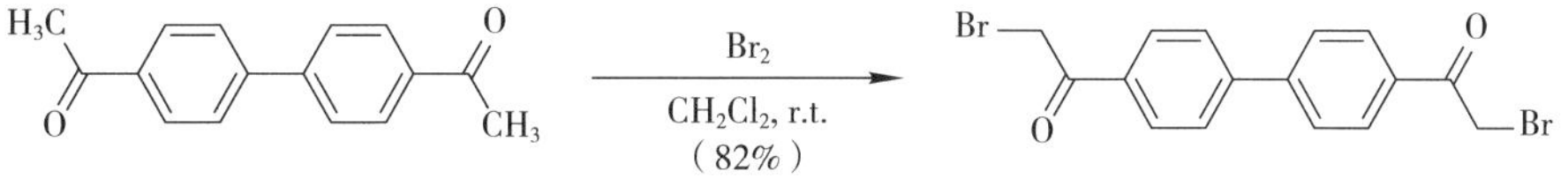

在酸或碱催化下，脂肪醛的 α 位氢和醛基氢都可被卤素原子取代，生成 α-卤代醛和酰卤。例如，抗感染药物磺胺-5-甲氧嘧啶（sulfamethoxydiazine）中间体的合成。

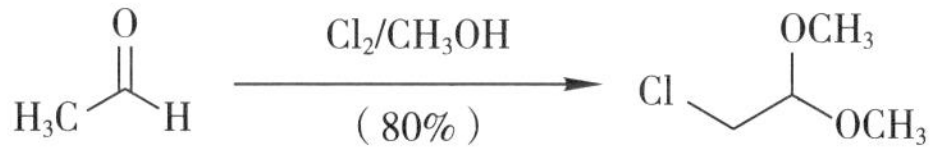

羰基 α-氢原子卤取代可用的卤化试剂较多。根据底物不同的活性，选择合适的卤化试剂、相应的催化剂及反应条件，均可达到满意的效果。例如，治疗胃溃疡药物沃诺拉赞（vonoprazan）中间体的合成过程中，由 2-氟苯乙酮可在多个条件下制备中间体 2-氟苯-α-溴乙酮。其中，氯化铜或溴化铜制备 α-卤代酮（醛）的反应，首先是铜-卤化物催化的烯醇化，然后由铜盐转移一个卤原子到烯醇盐上。

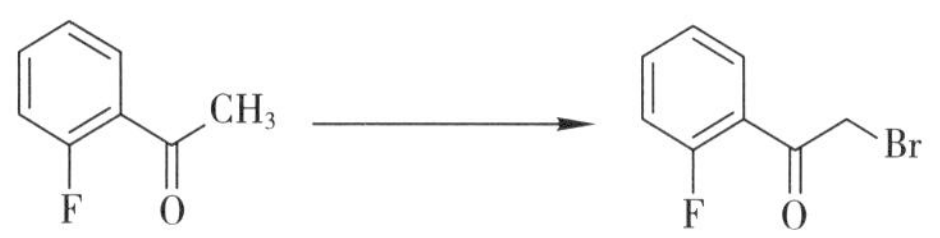

试剂和反应溶剂	收率
Br_2, H_2O, AcOH, r.t., 2 h	97%
NBS, MeOH, AcOEt, r.t., 72 h	95%
$CuBr_2$, $CHCl_3$, AcOEt, 85℃, 3 h	81%

PCl_5 也可以作为羰基 α-氢的卤化试剂，其作用机制是烯醇化后，双键进攻磷-氯键形成新的碳-氯键。例如，抗凝药阿哌沙班（apixaban）中间体的合成。

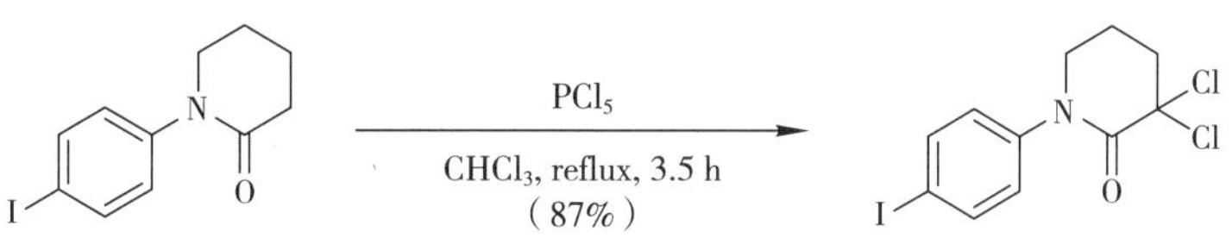

三溴化季铵盐也可作为溴化试剂用于羰基α-氢的取代。例如，类风湿关节炎治疗药物美洛昔康（meloxicam）中间体的合成。

$$CH_3CH_2CHO \xrightarrow[\text{CHCl}_3, \text{r.t.}, 2\text{ h}]{\text{PhN(CH}_3)_3\overset{\oplus}{\text{Br}}_3^{\ominus}} \underset{CH_3CHCHO}{\overset{Br}{|}}$$
（60%）

学科前沿 1-2 有机小分子催化的醛α位不对称卤化反应

（二）烯醇酯和烯胺衍生物的卤取代反应

不对称酮的α-卤化时，有两个反应位点，直接卤化的区域选择性不高。为了提高区域选择性，通常需先将不对称酮转化为相应的烯醇酯或烯胺衍生物，然后再进行卤取代反应。

1. 烯醇酯的卤取代反应 酮或醛用乙酸酐或乙酸异丙烯酯在酸催化下，先将其转化为相应的烯醇醋酸酯，再与卤素、N-卤代酰胺等卤化剂反应，得到α-卤代酮或醛。其反应机理和上述酮的α-卤取代反应的酸催化机理类似。

$$\underset{R^2}{\overset{R^1}{>}}C=C\overset{OAc}{\underset{R}{<}} \xrightarrow{} \underset{R^2}{\overset{R^1}{>}}\overset{X}{\underset{\oplus}{C}}-\overset{O-Ac}{\underset{R}{C}}-R \xrightarrow{} \underset{R^2}{\overset{R^1}{>}}\overset{X}{\underset{}{C}}-\overset{O}{\underset{R}{C}}-R$$

乙酸异丙烯酯在酸催化下反应生成的丙酮易于蒸馏除去。例如，6-甲基庚-5-烯-2-酮转化为(Z)-6-甲基庚-2,5-二烯-2-醇的乙酸酯，用$CuBr_2$作为卤化剂在乙腈中加热回流，能以中等收率得到其α-溴代酮。

$$\text{H}_3\text{C}\overset{CH_3}{\underset{}{>}}\!\!=\!\!\!\diagup\!\!\!\diagdown\!\!\!\diagup\!\!\overset{O}{\underset{}{\overset{\|}{C}}}\text{CH}_3 \xrightarrow[\text{(2) CuBr}_2/\text{MeCN/reflux/30 min}]{\text{(1) Ac}_2\text{O}} \text{H}_3\text{C}\overset{CH_3}{\underset{}{>}}\!\!=\!\!\!\diagup\!\!\!\diagdown\!\!\!\underset{Br}{\diagup}\!\!\overset{O}{\underset{}{\overset{\|}{C}}}\text{CH}_3$$
（46%）

2. 烯醇硅烷醚的卤取代反应 烯醇硅烷醚的卤化与烯醇酯的卤化类似，但烯醇硅烷醚β-碳原子的亲核性比相应的烯醇酯更强，故比烯醇酯更容易进行卤化反应。

$$\underset{X-X}{\overset{}{}}\overset{}{\underset{OSiMe_3}{>}}C=C\overset{}{\underset{}{<}} \xrightarrow{} \left[\overset{X}{\underset{X}{>}}C-\overset{}{\underset{O-SiMe_3}{C}}\right] \xrightarrow{\beta-\text{消除}} \overset{}{\underset{X}{>}}C-\overset{O}{\underset{}{\overset{\|}{C}}}- + \text{Me}_3\text{SiX}$$

烯醇硅烷醚可与卤素直接反应，首先卤素对烯醇双键进行亲电加成，加成中间体经β-消除后得到α-卤代酮或醛。利用此法还可制备某些难以得到的α-卤代醛，且不影响分子中原来存在的芳核和双键，或不发生酯羰基α位卤取代反应。例如，预防骨折的药物米诺膦酸（minodronic acid）中间体的合成，先用三甲基氯硅烷（TMSCl）制备烯醇硅烷醚，然后用溴单质处理即可合成其α-溴代醛。

$$\text{H}\overset{O}{\underset{}{\overset{\|}{C}}}\!\!\!\diagdown\!\!\!\diagup\!\!\overset{O}{\underset{}{\overset{\|}{C}}}\!\!\text{OCH}_2\text{CH}_3 \xrightarrow[\text{(2) Br}_2/\text{CCl}_4/\text{r.t.}/3\text{ h}]{\text{(1) Me}_3\text{SiCl/Et}_3\text{N}/0^\circ\text{C}\sim\text{reflux}/4\text{ h}} \text{H}\overset{O}{\underset{}{\overset{\|}{C}}}\!\!\!\diagdown\!\!\underset{Br}{\diagup}\!\!\overset{O}{\underset{}{\overset{\|}{C}}}\!\!\text{OCH}_2\text{CH}_3$$
（62%）

用烯醇硅烷醚中间体进行不对称酮区域选择性卤化，一方面是不同烯醇硅烷醚异构体易于制备和分离，另一方面是选择不同条件可以获得主要产物为动力学控制的或热力学控制的烯醇硅烷醚。一般来说，用TMSCl在低温下反应主要得到位阻较小、取代较少的动力学控制的烯醇硅烷醚；而在过量丙酮和三乙胺存在下长时间加热，则主要得到稳定的、取代较多的热力学控制的烯醇硅烷醚。

3. 烯胺的卤取代反应 酮与仲胺反应，首先脱水缩合转变为烯胺衍生物，然后卤化剂对烯胺双键亲电加成，再经水解可以得到α-卤代酮。烯胺的制备多用哌啶、吗啉、四氢吡咯等仲胺，卤化剂为可提供卤正离子的卤素、N-卤代酰胺等。其机理如下：

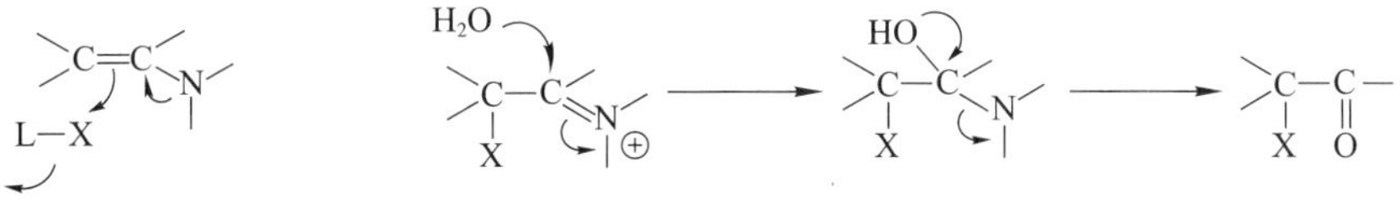

酮的烯胺衍生物的亲核能力比其母体结构强，且在卤化反应中区域选择性常常不同于母体羰基化合物或其烯醇衍生物，故常用于不对称酮的选择性α-卤取代反应。例如，2-甲基环己酮与吗啉反应生成烯胺 A 和 B，其中双键取代基较少的烯胺 A 较稳定，含量比取代基较多的 B 略高，亲核性 A 也比 B 更高，所以该混合物在低温下与 0.5 mol 的溴反应时，只有 A 可以反应，水解后直接得到 2-溴-6-甲基环己酮，而烯胺 B 留在反应液中。再将 B 溴化、水解，则得 2-溴-2-甲基环己酮。

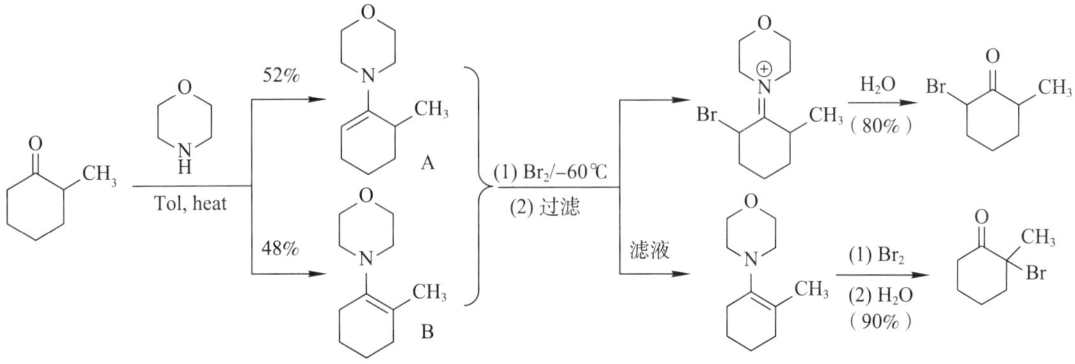

（三）羧酸衍生物羰基 α 位的卤取代反应

1. 反应通式 羧酸及其衍生物（羧酸酯、酰卤、酸酐、腈等）可以用提供卤正离子的卤化剂进行 α-卤取代反应。

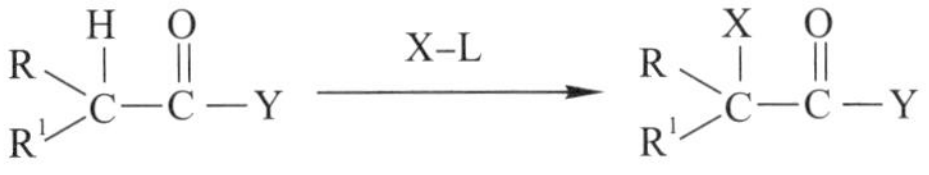

（Y = OR′, OCOR′, CN 等）

2. 反应机理 与醛、酮的 α-卤取代反应机理类似，羧酸及其衍生物的 α-卤取代反应属于亲电取代机理。

3. 反应影响因素及应用实例 羧酸的 α-氢原子活性较差，α-卤取代反应相对较难，一般需要将羧酸先转化成酰氯或酸酐，然后用卤素、N-卤代酰胺等卤化剂进行 α-卤取代反应。但也有一些羧酸可以直接用卤化剂进行 α-卤取代反应。例如，环己基甲酸在溴和磷酸催化下反应，可直接制备 α-溴代环己基甲酸。

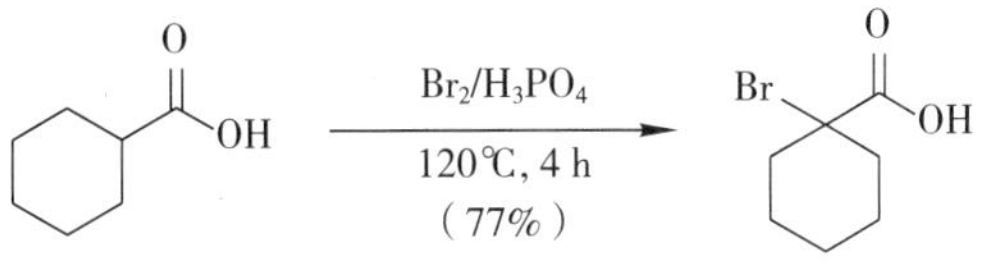

此外，羧酸与卤素在三卤化磷（也可用红磷和卤素代替）等催化下，α-氢可以被卤素直接取代生成 α-卤代羧酸，即 Hell-Volhard-Zelinsky 反应。反应是羧酸通过先形成酰卤，再发生卤取代，最后水解或与羧酸反应得相应的卤代羧酸。

$$R-CH_2-COOH \xrightarrow{PX_3} R-CH_2-COX \xrightarrow{X_2}{-HX} R-CHX-COX \xrightarrow{RCH_2COOH}{-RCH_2COX} R-CHX-COOH$$

$POCl_3$、PCl_5、$SOCl_2$ 等也能用作催化剂。控制卤素用量，可以得到一元或多元的卤代酸。

羧酸酯、酰卤、酸酐、腈的 α-氢原子活性较大，可以直接用各种卤化剂进行 α-卤取代反应。例如，己酸乙酯在强碱作用下和溴反应，以良好的收率得到其 α-溴代酯。

$$H_3C-(CH_2)_4-COOC_2H_5 \xrightarrow[\text{THF, }-78℃]{Br_2/C_6H_{13}NLi(i-Pr)} H_3C-(CH_2)_3-CHBr-COOC_2H_5$$
（92%）

2-(4-氯苯基)乙腈在 AIBN 存在下与 NBS 反应得其 α-溴取代产物。

$$\text{4-Cl-C}_6\text{H}_4\text{-CH}_2\text{-CN} \xrightarrow[\text{CCl}_4,\text{ reflux, 48 h}]{\text{NBS/AIBN}} \text{4-Cl-C}_6\text{H}_4\text{-CHBr-CN}$$
（66%）

第二节　卤加成反应

卤加成反应主要是指烯烃或炔烃等不饱和烃与卤化试剂反应，生成相应卤化物的反应。常用的卤化试剂有卤素单质、卤化氢或次卤酸（酯）等。

一、卤素与不饱和烃的加成反应

（一）卤素与烯烃的加成反应

1. 反应通式　卤素均可与烯烃双键发生加成反应，生成邻二卤代烷烃。

$$\underset{R^2}{\overset{R^1}{}}C=C\underset{R}{\overset{R^3}{}} + X_2 \longrightarrow \underset{R^2\;X}{\overset{R^1\;X}{}}C-C\underset{X\;R}{\overset{}{}} \quad (X = I, Br, Cl, F)$$

2. 反应机理　卤素与烯烃的加成反应通常属于亲电加成机理，即卤素作为亲电试剂对烯烃双键的加成，形成双卤代产物。具体为，溴素与烯烃反应时，烯烃双键的 π 电子首先进攻溴素分子生成溴鎓离子（也称溴环正离子）过渡态，同时产生溴负离子；接着溴负离子从背面进攻溴鎓离子中相对缺电子（或位阻较小）的碳原子，最终得到反式加成的二溴代烃。但氯原子的体积小，仅部分形成氯鎓离子；另有一些以碳正离子机理进行的，产物会部分外消旋化。

$$\begin{array}{c}\diagup\!\!\!\diagup\!\!\!\diagup + X-X \underset{\text{慢}}{\rightleftharpoons} \overset{X^{\ominus}}{\underset{X}{\diagup\!\!\!\diagup\!\!\!\diagup^{+}}} \xrightarrow{\text{快}} \underset{X}{\overset{X}{\diagup\!\!\!\diagup\!\!\!\diagup}}\end{array}$$

此外，若反应体系中存在易使卤素形成自由基的因素，也会发生自由基加成反应。即光照或加热等条件下，生成卤素自由基首先对不饱和键的一个碳原子进攻，形成碳-卤键及碳自由基；接着碳自由基和卤素进一步反应，生成卤加成产物。此时常用的溶剂是四氯化碳等惰性溶剂，若反应物为液体，可以不用溶剂。

3. 反应影响因素及应用实例 烯烃的结构影响烯烃的卤加成反应。当烯键碳原子连有烷基、烷氧基、苯基等给电子基团时，烯烃双键的电子云密度增加，加快反应的进行。例如，抗高血压药物非诺多泮（fenoldopam）中间体的合成过程中，对甲氧基苯乙烯与溴素反应制备1-(1,2-二溴乙基)-4-甲氧基苯。

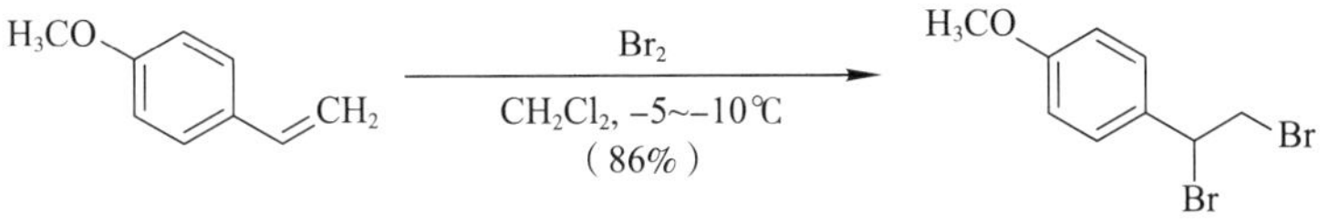

当双键碳原子上连有吸电子基团时，反应活性降低。此时可加入吡啶或 N,N-二甲基甲酰胺（DMF）等进行催化，促进反应的顺利进行。例如，丙烯腈与氯气在 DMF 催化下高收率得其氯加成产物。

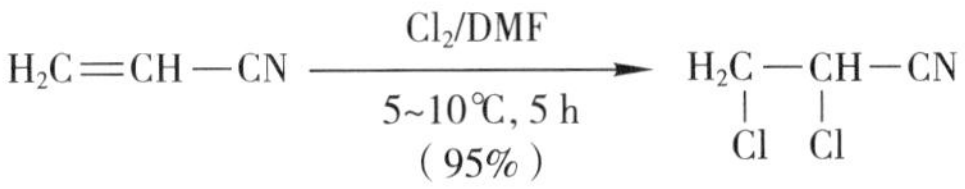

在邻位取代的环烯烃的卤加成反应中，由于空间位阻作用，使卤素必然在双键平面位阻较小的一侧进攻而形成卤鎓离子（尤其是溴鎓离子），然后卤负离子从环背面进攻，生成(反)-1,2-双直立键的二卤化物。例如，脱氢表雄酮（dehydroepiandrosterone）的溴化。

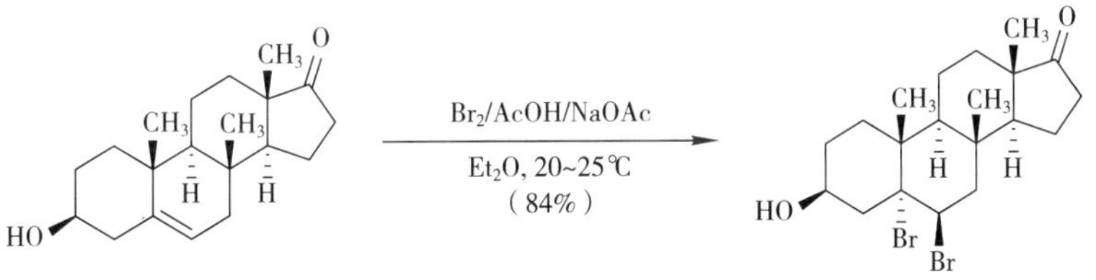

烯烃与卤素发生亲电加成反应，卤素的活性高低次序为：$F_2 > Cl_2 > Br_2 > I_2$。其中，氟和烯烃反应剧烈，且在加成的同时有取代、聚合等副反应发生，故其在药物合成中应用价值不大。而碘对烯烃的加成产物不稳定，碘加成的同时会发生消除碘分子的逆反应。所以烯烃的卤加成反应主要是指氯或溴对烯烃的加成反应。例如，抗肿瘤类药物甲氨蝶呤（methotrexate）中间体的合成。

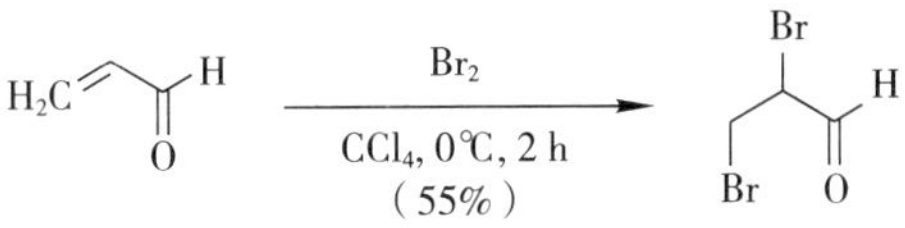

不同卤素不仅影响反应的难易程度，而且还影响产物的构型。极化能力较强的溴，一般以反式加成产物为主；与之相比，极化能力较弱的氯，则顺式加成产物的含量增加。例如，苊烯与溴素和氯气反应时，分别主要得到其反式加成的二溴化物和顺式加成的二氯产物。用吡啶氢溴酸盐（PyHBr）稳定单质溴，或亚硝酸原位氧化氢溴酸生成溴的方法，可将反式加成的二溴化物收率分别提高至 93% 和 96%。

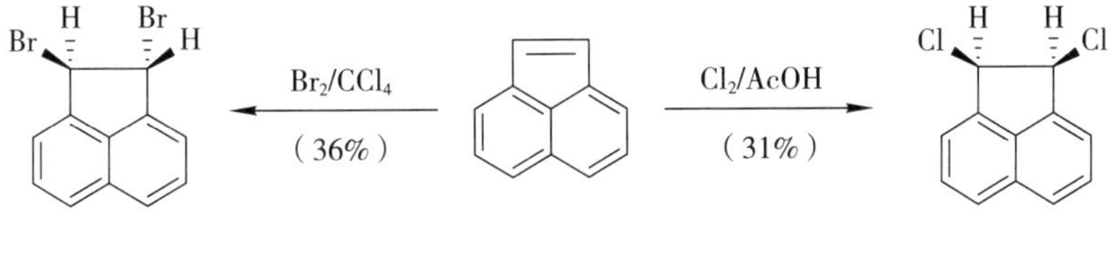

卤素对烯烃的加成反应一般在四氯化碳、三氯甲烷、二硫化碳、二氯甲烷等非质子性溶剂中进行。若以醇、水或乙酸作溶剂，由于它们解离产生的亲核性基团也可以进攻过渡态 π 络合物，反应在得到 1,2- 二卤化物的同时，还会有亲核基团（RO^-、HO^-、ROO^-）参与反应，生成 β- 溴醇或相应的醚等副产物。将烯烃和溴（或碘）加在惰性溶剂中，并加入有机酸盐反应，即可制得相应的 β- 溴醇（或 β- 碘醇）的羧酸酯。例如，等物质的量的环己烯、乙酸银和碘在乙醚中回流，可得到 89% 的 β- 碘代环己醇乙酸酯。

$$\text{环己烯} \xrightarrow[\text{Et}_2\text{O, reflux}]{\text{I}_2/\text{AcOAg}} \text{反式-2-碘代环己醇乙酸酯 (89\%)}$$

实际反应中可根据需要，通过调控反应的条件来提高需要产物的比例。通常通过加入无机卤化物提高卤负离子浓度，提高 1,2- 二卤化物的收率。

温度对烯烃卤化反应的反应机理和反应方向都有影响。在低温时通常是亲电加成反应，而在高温无催化剂存在时，则为自由基加成反应。在低温时，卤素对共轭双烯的加成主要是动力学控制的 1,2- 加成产物；温度较高时，1,2- 加成产物长时间放置，则生成热力学控制的 1,4- 加成产物。卤素与烯烃发生加成反应的温度不宜过高，否则生成的邻二卤代物有脱去卤化氢的可能。实际按加成消除机理得取代产物。

$$H_3C\text{—}CH_2CH_2CH_2\text{—O—CH=CH—C(O)CF}_3 \xrightarrow[\text{CH}_2\text{Cl}_2, 5\sim20\,°C, 2\,h]{\text{Br}_2} H_3C\text{—}CH_2CH_2CH_2\text{—O—CHBr—CHBr—C(O)CF}_3$$

$$\xrightarrow[\substack{\text{THF, 10\,°C, 12\,h}\\(\text{两步}73\%)}]{\text{Et}_3\text{N}} H_3C\text{—}CH_2CH_2CH_2\text{—O—CH=CBr—C(O)CF}_3$$

（二）卤素与炔烃的加成反应

1. 反应通式　与烯烃类似，炔烃也能与卤素发生亲电加成反应，但炔烃三键碳原子的电负性更高，对电子云的吸引较强，炔烃的亲电加成比烯烃困难。卤素对炔烃的加成反应主要生成反式二卤代烯烃。

$$R\text{—}C\equiv C\text{—}R^1 \xrightarrow{X_2} \begin{array}{c} R \\ X \end{array}\!\!\!C=C\!\!\!\begin{array}{c} X \\ R^1 \end{array}$$

2. 反应机理　炔烃与溴的加成反应一般为亲电加成机理，而炔烃与碘或氯的加成反应多为光催化的自由基加成机理。

自由基加成反应机理：首先，在加热、光照或自由基引发剂（如 BPO、AIBN 等）催化下，卤素首先形成卤自由基；接着，卤自由基对炔烃键的一个碳原子进攻，形成 C—X 键和烯烃碳自由基；最后，烯烃碳自由基进而和卤素反应生成卤加成产物和新的卤自由基，同时还会伴有两个碳自由基成键形成的副产物。

链引发　　$X_2 \xrightarrow{\text{光照}} 2X\cdot$

或　$ROOR \xrightarrow{\text{加热}} RO\cdot \quad RO\cdot + X_2 \longrightarrow R\text{—}O\text{—}X + X\cdot$

链增长　　$\text{—}C\equiv C\text{—} \xrightarrow{X\cdot} X\text{—}C=C\cdot$

$$X-\overset{|}{C}=\overset{|}{C}\cdot + X_2 \longrightarrow \overset{|}{\underset{X}{C}}=\overset{X}{\underset{|}{C}} + X\cdot$$

链终止 $X-\overset{|}{C}=\overset{|}{C}\cdot + X\cdot \longrightarrow \overset{|}{\underset{X}{C}}=\overset{X}{\underset{|}{C}}$ （主产物）

$X-\overset{|}{C}=\overset{|}{C}\cdot + \cdot\overset{|}{C}=\overset{|}{C}-X \longrightarrow X-\overset{|}{C}=\overset{|}{C}-\overset{|}{C}=\overset{|}{C}-X$ （副产物）

$2X\cdot \longrightarrow X_2$

3. 反应影响因素及应用实例 卤素对炔烃的加成反应是制备二卤烯烃的主要方法。通常在反应体系中添加含有相同卤离子的盐，提高卤负离子的浓度，减少溶剂参与引起的副反应。例如：

$$PhC\equiv CCH_3 \xrightarrow[HOAc, r.t.]{Br_2/LiBr} \underset{Br}{\overset{Ph}{>}}C=C\underset{CH_3}{\overset{Br}{<}} + \underset{Br}{\overset{Ph}{>}}C=C\underset{Br}{\overset{CH_3}{<}}$$

（98%）　　　　　　（2%）

另外，卤素与炔烃发生卤加成反应时，取代基的性质对产物的立体构型有重要影响。例如，取代苯炔与溴素加成时，如果对位是甲氧基会发生顺式加成生成 Z 构型二溴代烯烃；如果对位是三氟甲基，则发生反式加成生成 E 构型二溴代烯烃。

$$H_3CO-\text{Ar}-CH_2-C(Br)=C(Br)H \xleftarrow[HOAc]{Br_2} X-\text{Ar}-CH_2-C\equiv CH \xrightarrow[HOAc]{Br_2} F_3C-\text{Ar}-CH_2-C(Br)=C(H)Br$$

$X = OCH_3, CF_3$

三氟甲基取代苯丙炔的溴加成反应，属于正常的溴鎓正离子过渡态，然后溴负离子从背面进攻得反式加成产物。而甲氧基取代苯丙炔的溴加成反应，甲氧基参与反应过程，生成一个三元碳环状中间体。

双键和三键非共轭的烯炔与等物质的量卤素（氯或溴）反应时，反应优先发生在双键上。例如，戊-1-烯-4-炔的溴加成产物。

$$HC\equiv C-CH_2-CH=CH_2 \xrightarrow[CCl_4]{Br_2} HC\equiv C-CH_2-CH(Br)-CH_2Br$$

（90%）

二、卤化氢与不饱和烃的加成反应

（一）卤化氢对烯烃的加成反应
1. 反应通式

$$\underset{R^2}{\overset{R^1}{>}}C=C\underset{R}{\overset{R^3}{<}} \xrightarrow{HX} \underset{R^2}{\overset{R^1}{\underset{H}{|}}}\overset{|}{C}-\overset{|}{C}\underset{R}{\overset{R^3}{\underset{H}{|}}} \quad (X = I, Br, Cl, F)$$

2. 反应机理 卤化氢对烯烃的加成反应机理主要有通过碳正离子过渡态的亲电加成和自由基加成两种。

（1）碳正离子过渡态机理：在没有过氧化物的情况下，简单卤化氢与烯烃的加成按照亲电反应机理进行，产物遵循马尔科夫尼科夫规则（Markovnikov rule，简称马氏规则），即卤素原子加在给电子取代基较多的碳原子上。首先质子与烯烃的 π 电子结合，形成稳定碳正离子；随后，卤负离子与碳正离子结合形成卤代烃产物。烯烃双键上的电子云密度越高，氢卤酸的酸性越强，反应越容易进行。HF、HCl 和 HI 对烯烃的加成反应主要以碳正离子过渡态为主。

$$\underset{(R^1, R^2 > R^3, R)}{\overset{R^1}{\underset{R^2}{\diagdown}}\mathrm{C}=\mathrm{C}\overset{R^3}{\underset{R}{\diagup}}} + \mathrm{H-X} \longrightarrow \left[\overset{R^1}{\underset{R^2}{\diagdown}}\overset{\oplus}{\mathrm{C}}-\mathrm{C}\overset{R^3}{\underset{H}{\diagup}}\overset{X^{\ominus}}{}\right] \longrightarrow \overset{R^2}{\underset{R^1}{\diagdown}}\mathrm{C}-\mathrm{C}\overset{R^3}{\underset{R}{\diagup}}_H^X$$

（2）自由基加成机理：在光照、加热或过氧化物等自由基引发剂作用下，溴化氢生成溴自由基；然后，溴自由基进攻烯烃双键中位阻较小的碳原子，生成溴代碳自由基；最后，溴代碳自由基与溴化氢反应生成反马氏规则的加成产物。具体过程如下：

链引发 $\mathrm{H-Br} \xrightarrow{光照} \mathrm{H}\cdot + \mathrm{Br}\cdot$

或 $\mathrm{ROOR} \xrightarrow{加热} \mathrm{RO}\cdot \quad \mathrm{RO}\cdot + \mathrm{HBr} \longrightarrow \mathrm{ROH} + \mathrm{Br}\cdot$

链增长

$$\underset{H}{\overset{H}{\diagdown}}\mathrm{C}=\mathrm{C}\overset{R}{\underset{H}{\diagup}} \xrightarrow{\mathrm{Br}\cdot} \underset{H}{\overset{H}{\diagdown}}\mathrm{C}-\mathrm{C}\overset{R}{\underset{\mathrm{Br}}{\diagup}}\cdot$$

$$\underset{H}{\overset{H}{\diagdown}}\mathrm{C}-\mathrm{C}\overset{R}{\underset{\mathrm{Br}}{\diagup}}\cdot \xrightarrow{\mathrm{HBr}} \underset{H}{\overset{H}{\diagdown}}\mathrm{C}-\mathrm{C}\overset{R}{\underset{\mathrm{Br}}{\diagup}}_H + \mathrm{Br}\cdot$$

链终止

$$\underset{H}{\overset{H}{\diagdown}}\mathrm{C}-\mathrm{C}\overset{R}{\underset{H}{\diagup}}\cdot + \mathrm{Br}\cdot \longrightarrow \underset{H}{\overset{H}{\diagdown}}\mathrm{C}-\mathrm{C}\overset{R}{\underset{\mathrm{Br}}{\diagup}}_H$$

3. 反应影响因素及应用实例 烯烃的结构影响卤化氢加成反应的活性和产物的结构。当烯烃双键碳原子上连有给电子取代基时，卤素原子加在给电子取代基较多的双键碳原子上，即产物遵守马氏规则。如果双键碳原子上连有吸电子基团（如—CF_3、—CN、—COOH、—NO_2 等），加成反应的方向则是反马氏规则的。这是因为这些双键上的 π 电子向吸电子基团方向移动，使与之相连的烯烃碳带部分负电荷，而另一个碳则带部分正电荷，卤素负离子与带正电前的碳结合形成反马氏规则的产物。例如，高血压和充血性心力衰竭治疗药物卡托普利（captopril）中间体 3-氯-2-甲基丙酸的合成。

$$\underset{\underset{O}{\parallel}}{\overset{CH_2}{\underset{H_3C}{\diagdown}}\mathrm{C}-\mathrm{C}-OH} \xrightarrow[\mathrm{Et_2O, r.t., 72\ h}]{\mathrm{HCl}} \underset{\underset{O}{\parallel}}{\overset{CH_2Cl}{\underset{H_3C}{\diagdown}}\mathrm{CH}-\mathrm{C}-OH}$$
（93%）

对于碳正离子过渡态机理的反应而言，反应过程中生成的碳正离子越稳定，反应越容易发生。因此，反应中有时会重排为更稳定的叔碳正离子过渡态，进而生成相应的重排产物。例如，3-甲基-丁-1-烯的氯化氢加成产物就以重排产物为主。

$$\underset{H_3C}{\overset{CH_3}{\diagdown}}\mathrm{CH-CH=CH_2} \xrightarrow[\mathrm{r.t., 7\ weeks}]{\mathrm{HCl}} \underset{H_3C}{\overset{CH_3}{\diagdown}}\mathrm{CH-}\underset{\mathrm{Cl}}{\overset{CH_3}{\mathrm{CH}}} + \underset{H_3C}{\overset{Cl}{\diagdown}}\underset{CH_3}{\overset{|}{\mathrm{C}}}-\mathrm{CH_3}$$

（88%）　　　　　（40%）　　　　　（60%）

卤化氢作为卤化剂时，通常将卤化氢气体直接通入不饱和烃的溶液中反应即可，其活性顺序为 HI > HBr > HCl > HF。HI、HBr 和 HF 在室温就可以反应，而氯化氢较难，需要加热。由于碘化氢具有还原性，过量碘化氢会还原碘代烃成烷烃。若用碘化钾和 95% 的磷酸原位生成碘化氢的方法，即可顺利地实现碘化氢对烯烃的加成。例如，抗帕金森病药苯海索（benzhexol）中间体碘代环己烷的合成。

$$\text{环己烯} \xrightarrow[\text{reflux}]{\text{KI/H}_3\text{PO}_4} \text{碘代环己烷} \quad (90\%)$$

对于溴化氢参与的自由基反应，溴自由基首先进攻取代基较少的碳，得反马氏规则的产物。例如，降血脂药物吉非贝齐（gemfibrozil）中间体 1-氯-3-溴丙烷的制备。

$$\text{H}_2\text{C}=\text{CHCH}_2\text{Cl} \xrightarrow[\text{PhH, 20~100℃, 6 h}]{\text{HBr/BPO}} \text{BrCH}_2\text{CH}_2\text{CH}_2\text{Cl} \quad (92\%)$$

当反应在亲核性溶剂中进行时，会发生亲核溶剂参与的副反应。为减少溶剂分子参与的副反应，可在反应体系中加入含卤素负离子的试剂以提高卤代烃的收率。例如，辛-1-烯在溴化四烷基磷盐催化下很容易制备其溴化氢加成产物。

$$\text{H}_2\text{C}=\text{CH(CH}_2)_5\text{CH}_3 \xrightarrow[\text{115℃}]{\text{HBr/C}_{16}\text{H}_{33}\overset{\oplus}{\text{PBu}}_3 \cdot \overset{\ominus}{\text{Br}}} \text{CH}_3\text{CHBr(CH}_2)_5\text{CH}_3 \quad (94\%)$$

案例讨论 1-2 阿地溴铵中间体的合成工艺优化

案例讨论 1-3 磺胺甲噁唑中间体的合成工艺优化

（二）卤化氢与炔烃的加成反应

炔烃与卤化氢的加成反应常用于制备单卤代烯烃。加成产物卤原子的定位规则遵循马氏规则。在反应中添加相同卤离子的盐，可提高卤负离子的浓度，从而减少溶剂引起的副反应。

$$\text{Ph—C≡C—CH}_3 \xrightarrow[\text{50℃, 4 d}]{\text{HCl/CH}_3\text{COOH}} \underset{(\text{占}66\%)}{\overset{\text{Ph}}{\underset{\text{Cl}}{\text{C}}}=\overset{\text{CH}_3}{\underset{\text{H}}{\text{C}}}} + \underset{(\text{占}18\%)}{\overset{\text{Ph}}{\underset{\text{Cl}}{\text{C}}}=\overset{\text{H}}{\underset{\text{CH}_3}{\text{C}}}} + \underset{(\text{占}16\%)}{\text{Ph—CO—CH}_2\text{CH}_3} \quad (90\%)$$

三键上连有吸电子基团的炔类化合物在乙酸中与金属卤化物反应，特别适用于 3-卤代丙烯酸（酯）等的制备。例如，2-炔丙酸乙酯的碘加成反应。

$$\text{HC≡C—COOCH}_2\text{CH}_3 \xrightarrow[\text{70℃, 12 h}]{\text{NaI/CH}_3\text{COOH}} \text{产物} \quad (88\%)$$

拓展阅读 1-2 烯烃的硼氢化卤解反应

三、其他卤化剂与不饱和烃的加成反应

（一）N-卤代酰胺与不饱和烃的加成反应

N-卤代酰胺对烯烃的加成反应是指在酸催化下，在不同亲核性溶剂中反应，生成 β-卤醇或 β-卤醇衍生物。

1. 反应通式

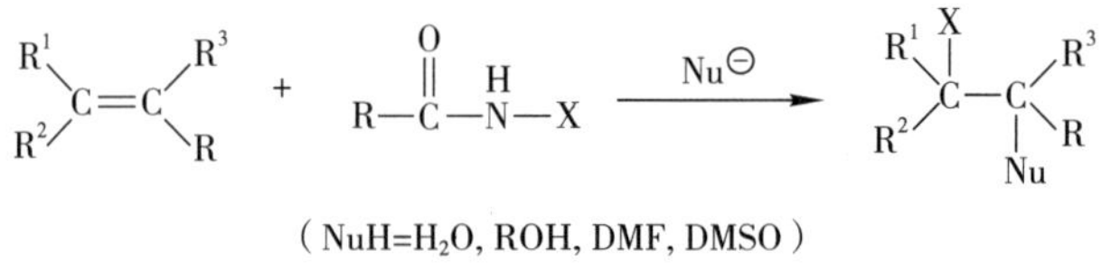

$$\underset{R^2}{\overset{R^1}{C}}=\underset{R}{\overset{R^3}{C}} + R-\underset{N-X}{\overset{O}{C}}-H \xrightarrow{Nu^\ominus} \underset{R^2}{\overset{R^1}{\underset{|}{C}}}\underset{Nu}{\overset{X}{\underset{|}{C}}}\underset{R}{\overset{R^3}{}}$$

（NuH=H$_2$O, ROH, DMF, DMSO）

2. 反应机理　N-卤代酰胺对烯烃的加成反应属于亲电加成反应。即质子化的 N-卤代酰胺提供卤正离子，烯烃进攻卤正离子形成卤鎓离子（主要是溴鎓离子），然后溶剂负离子（羟基、烷氧基等）从卤鎓离子的反面进攻得到 β-卤醇或 β-卤醇衍生物，反应遵循马氏规则。

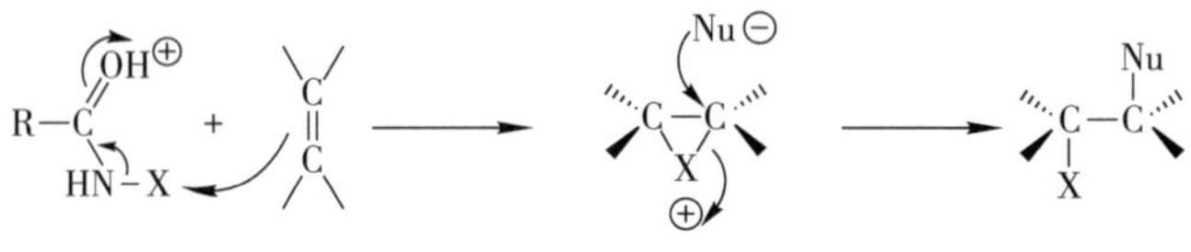

3. 反应影响因素及应用实例　NBS、NCS、N-溴代乙酰胺（NBA），N-氯代乙酰胺（NCA）是最常用的 N-卤代酰胺类卤化剂。其中，NCS 活性较弱，但是在 NaHCO$_3$ 存在时，可由 NCS 和 NaI 原位生成活性较高的 NIS 进行反应。例如，HIV-1 蛋白激酶抑制剂茚地那韦（indinavir）中间体的合成。

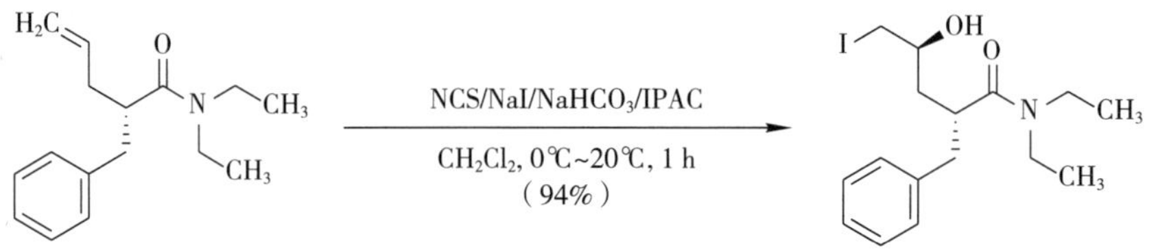

NBA 或 NBS 与烯烃反应，在含水二甲基亚砜中高收率得到反式加成产物，此反应称为 Dalton 反应。但在干燥的二甲基亚砜中反应，则发生 β-消除，生成 α-溴代酮，此法可用于由烯烃制备 α-溴代酮，其可能的反应历程如下：

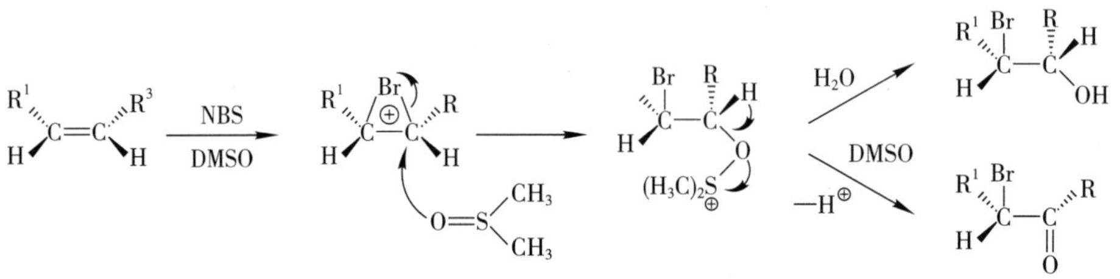

（二）次卤酸、次卤酸盐（酯）与不饱和烃的加成反应

1. 反应通式　次卤酸（HOX）对烯烃的加成反应生成 β-卤醇。

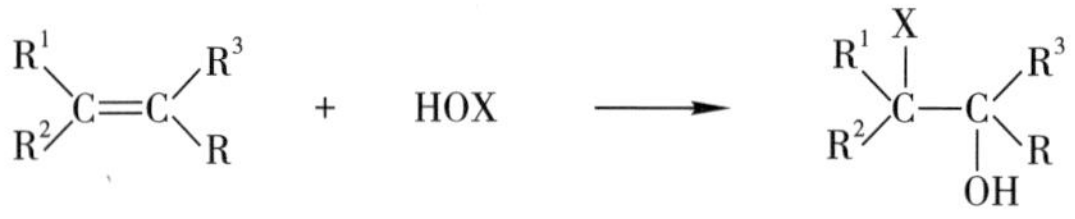

次氯酸酯（ROX）对烯烃加成在亲核性溶剂 NuH（H$_2$O、ROH、DMF、DMSO 等）中发生时，Nu$^\ominus$ 参与反应而生成 β-卤醇或 β-卤醇衍生物。

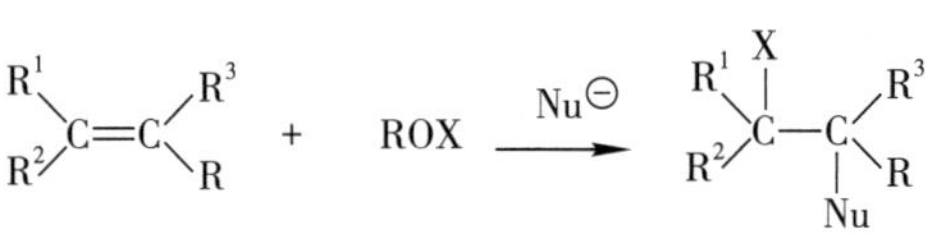

2. 反应机理　次氯酸或次氯酸酯对烯烃的加成反应机理，与烯烃的卤加成反应类似，属于亲电加成机理，形成碳正离子过渡态。反应遵循马氏规则，即卤素加成在双键取代基较少的碳上。

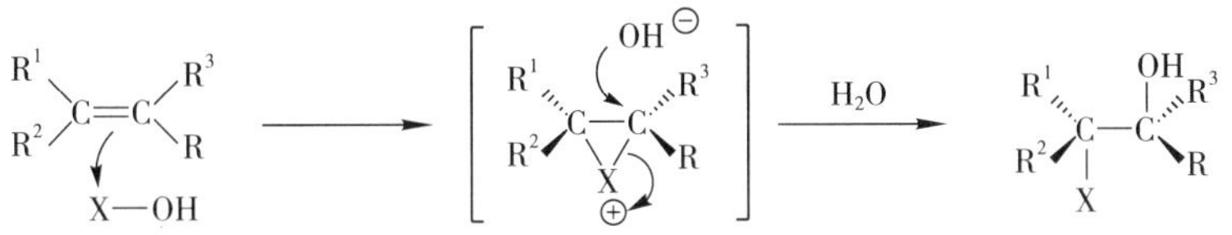

3. 反应影响因素及应用实例　次卤酸本身为氧化剂，且很不稳定，所以次氯酸和次溴酸常用氯气或溴和中性或含汞盐的碱性水溶液反应新鲜制备。而用此法制备次碘酸时，则必须添加碘酸（盐）、氧化汞等氧化剂，以除去还原性较强的碘负离子。例如，抗孕激素米非司酮（mifepristone）的合成中，3β-乙酰基脱氢表雄酮在次氯酸钙的乙酸体系中生成次卤酸加成产物。

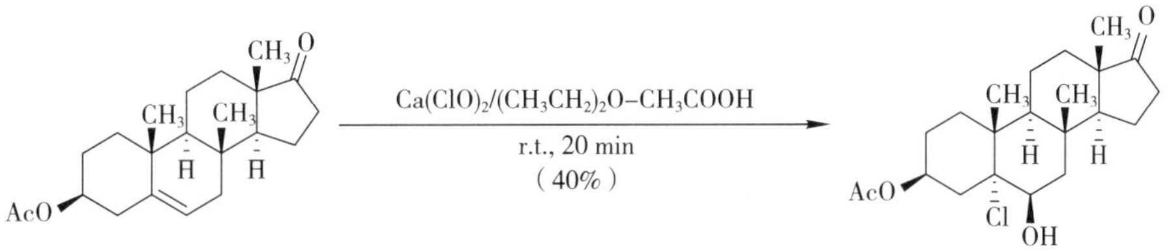

次卤酸酯比次卤酸稳定性高，最常用的是次卤酸叔丁酯。在非水溶液中反应时，根据亲核性溶剂的不同，生成相应的β-卤醇衍生物。

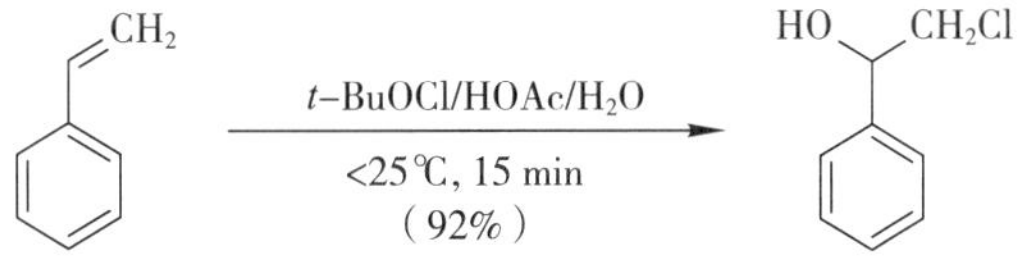

四、不饱和羧酸的卤内酯化反应

在碱性条件下，卤素对烯酸不饱和键进行卤加成，生成相应的卤代内酯的反应，即不饱和羧酸的卤内酯化反应（halolactonization）。烯酸的卤内酯化反应更倾向于形成五元环内酯，而不是四元环或六元环。

1. 反应通式

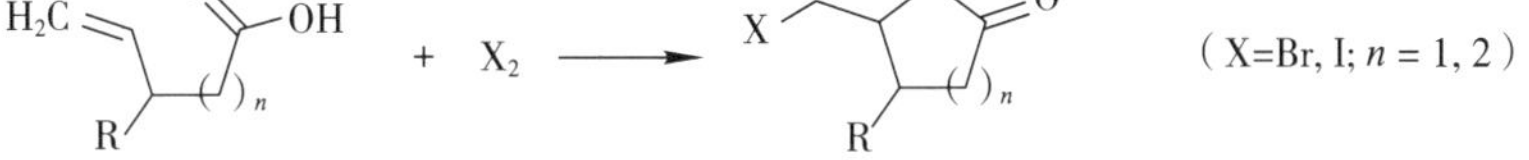

（X=Br, I; n = 1, 2）

2. 反应机理　卤内酯化反应具体过程为卤素与双键首先形成卤鎓离子中间体，然后亲核性的羧酸负离子进攻，进而生成稳定的卤代内酯。

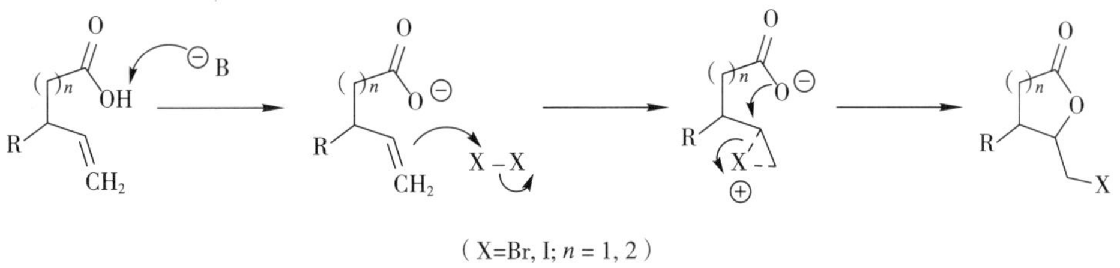

（X=Br, I; n = 1, 2）

3. 反应影响因素及应用实例　卤内酯化反应研究最早的是溴内酯化，应用最多的是碘内酯化，氯和氟内酯化报道的较少。反应条件对卤内酯化结果影响很大。例如，戊-4-烯酸用液溴进行的溴内酯化反应，在中性有机溶剂中主要发生溴加成反应，生成二溴戊酸；而有碱存在时，则生成内酯化产物，这主要是在碱性条件下生成的羧酸负离子的亲核性较溴大。

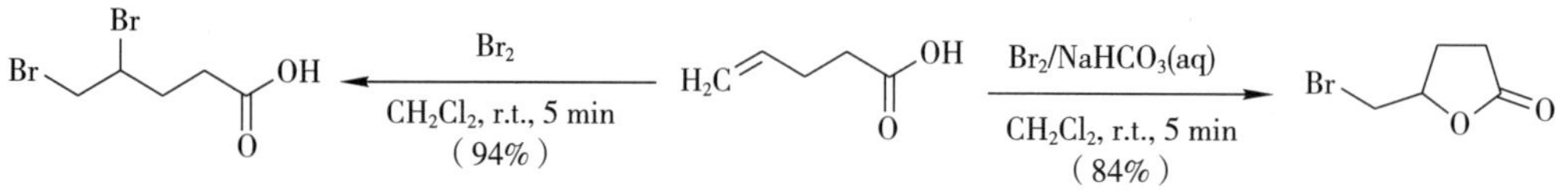

溴的反应活性比碘弱，生成的溴化物较碘化物稳定，碘内酯化最为常用，碘内酯化产物是重要的医药中间体。例如，抗肿瘤活性分子(dl)-vernolepin 和 (dl)-vernomenin 中间体的合成中，在弱碱性条件下可以发生不饱和羧酸的卤内酯化反应。

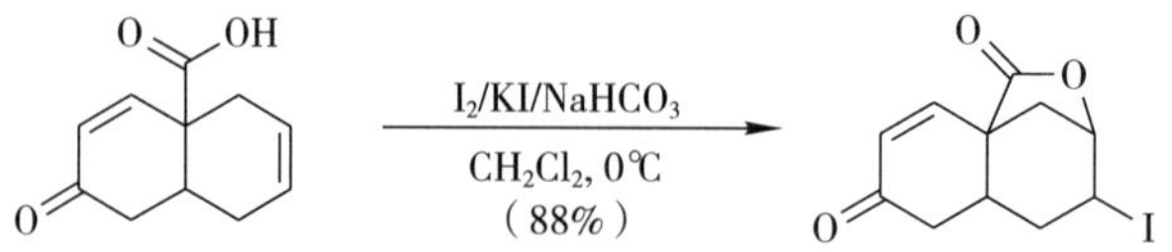

此外，用 NBS 或 NIS 作卤化剂，炔酸也可以发生类似的卤内酯化反应。例如，谷胱甘肽 S 移换酶抑制剂溴烯醇内酯的合成。

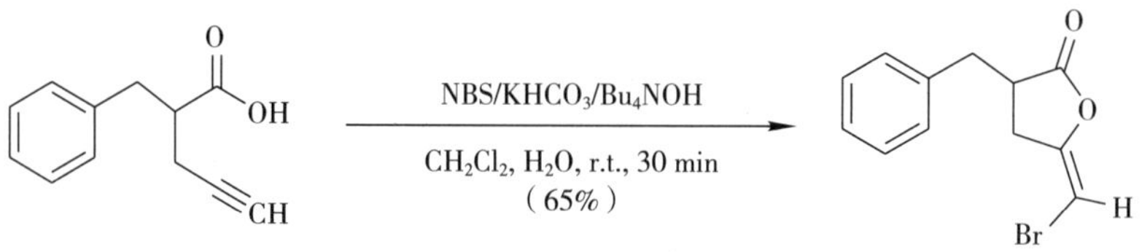

第三节　卤置换反应

卤置换反应是指用卤原子置换有机分子中与碳相连的其他原子或基团，得到相应卤化物的反应，主要包括羟基（醇羟基、酚羟基、羧酸羟基）、磺酰基、叠氮基的卤置换，以及卤素之间的置换反应等。

一、醇羟基的卤置换反应

醇羟基的卤置换反应是合成卤化物的重要方法，常用的卤化剂有氢卤酸、含硫卤化物、含磷卤化物等。

（一）卤化氢与醇的反应

1. 反应通式

$$R-OH + HX \rightleftharpoons R-X + H_2O \quad (R=烷基, X = Cl, Br, I)$$

2. 反应机理　醇羟基的卤置换反应属于亲核取代反应机理，主要有单分子亲核反应历程（S_N1）和双分子亲核反应历程（S_N2）。

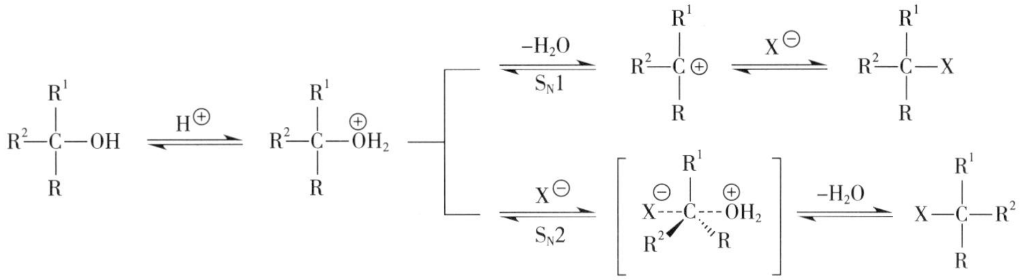

3. 反应影响因素及应用实例 醇的结构和卤化氢的种类都是影响卤化氢与醇卤置换反应的主要因素。对 S_N1 历程的反应，反应中生成的碳正离子越稳定，反应活性越高。不同类型醇的反应活性顺序通常为：烯丙醇 ≈ 苄醇 ≈ 叔醇 > 仲醇 > 伯醇。卤化氢的卤化活性顺序为：HI > HBr > HCl，即相应卤负离子的亲核能力越强，活性越高。同时，反应过程中不断除去生成的水，有利于反应的进行，提高收率。

醇与氢氟酸的置换反应中，一般在氢氟酸中需加入吡啶，形成聚氢氟酸吡啶（PPHF），才能得到满意的效果。为了有效地将醇类化合物转化为相应的氟化物，目前已开发一些脱氧氟化剂，如 N,N-二乙胺三氟化硫（DAST），Phenofluor 和 Selectfluor 等，其中 Phenofluor 能选择性地将各种含羟基化合物转化为相应的氟化物，尤其在药物合成后期可直接实现脱氧氟化反应。

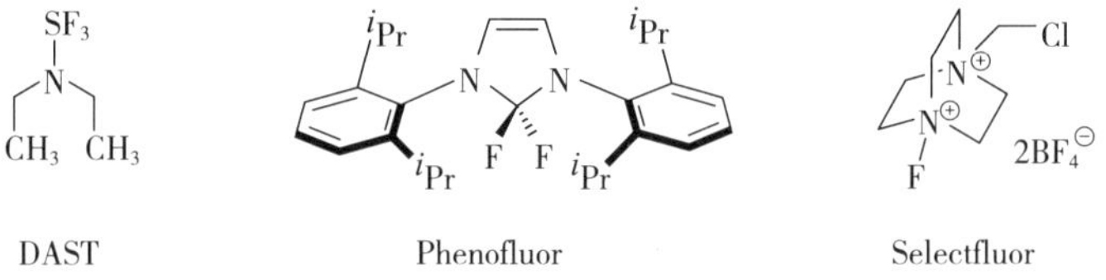

例如，激素类药物 17-氟-17-脱氧表睾酮的制备就是用 Phenofluor 直接氟化而得。

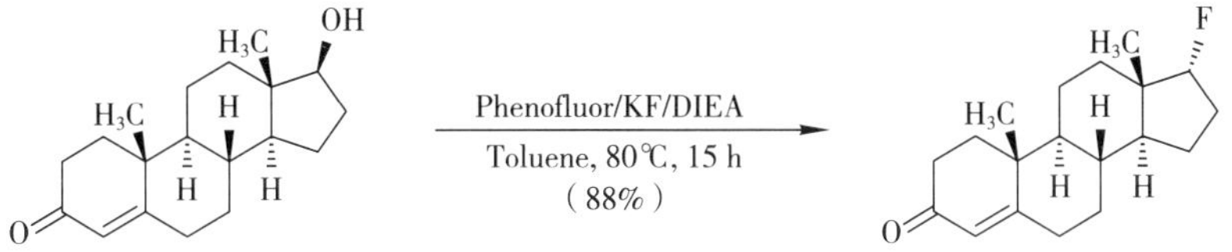

醇与氯化氢的置换反应中，叔醇和苄醇等反应活性较高，一般使用浓盐酸或氯化氢气体进行反应。对于反应活性较弱的伯醇等，常用 Lucas 试剂进行氯置换。例如，抗癫痫、痉挛药物盐酸苯海索（benzhexol hydrochloride）等的中间体氯代环己烷的合成。

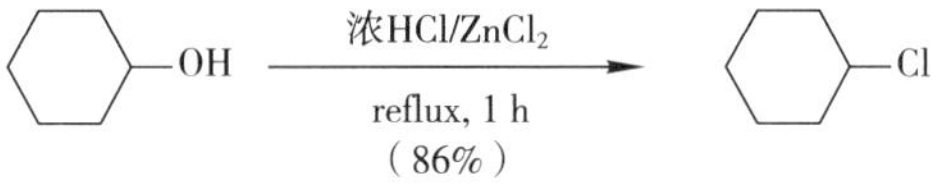

Lucas 试剂是浓盐酸与无水氯化锌的混合物，具体由无水氯化锌和冷的浓盐酸在 0~5℃ 按 1∶1.1 的物质的量比例混合而制得。为了提高 Lucas 试剂中金属锌的利用率，在反应结束后，可在除去产物的氯化锌溶液中鼓入氯化氢气体，形成 1∶1.1 的溶液继续使用。例如，薄荷醇用 Lucas 试剂在室温下快速地高收率合成薄荷氯，且手性保持。

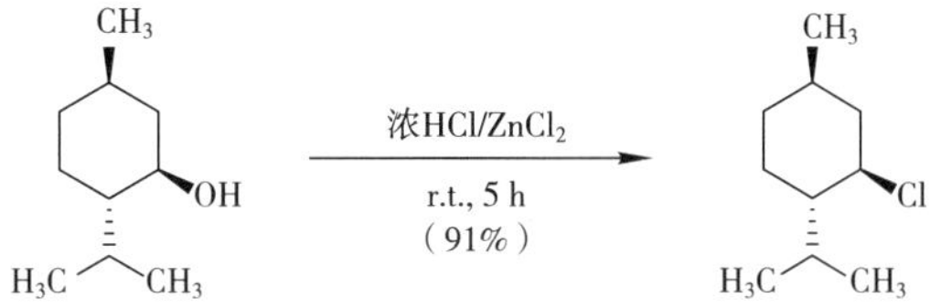

醇与氢溴酸反应，可以直接用 HBr 的乙酸溶液进行溴置换反应。例如，抗血栓药物利伐沙班（rivaroxaban）中间体的合成，选择性对伯醇基进行溴化。

$$\text{HO}\diagdown\overset{\text{OH}}{\diagup}\diagdown\text{N}\diagdown\text{C(=O)}\diagdown\text{thiophene-Cl} \xrightarrow[21\sim26℃,\ 30\ \text{min}]{\text{HBr/AcOH}} \text{Br}\diagdown\overset{\text{OH}}{\diagup}\diagdown\text{N}\diagdown\text{C(=O)}\diagdown\text{thiophene-Cl}$$
（71%）

溴化氢通常由浓硫酸滴入溴化钠和醇的水溶液中原位制备。反应过程中需及时蒸除生成的水，或加入添加剂 LiBr 等，以维持足够的氢溴酸浓度。例如，止痛药阿尔维林（alverine）合成过程中，中间体 γ-溴代苯的制备。

$$\text{Ph}-(CH_2)_3-\text{OH} \xrightarrow[\text{reflux, 4 h}]{\text{NaBr/H}_2\text{SO}_4} \text{Ph}-(CH_2)_3-\text{Br}$$
（87%）

醇与氢碘酸的反应速率虽然很快，但得到的碘代烃容易被碘化氢还原，因此需将生成的碘代烃及时移出。氢碘酸通常用碘化钾和 95% 磷酸或多聚磷酸（PPA）原位来制备。

$$\text{HO}-(CH_2)_6-\text{OH} \xrightarrow[20℃,\ 3\ \text{h}]{\text{KI/H}_3\text{PO}_4} \text{I}-(CH_2)_6-\text{I}$$
（95%）

醇的碘置换更多的情况是先将醇转化为氯化物、溴化物或磺酸酯，然后用碘化钠进行间接置换。

氢卤酸作为卤化试剂进行仲醇、叔醇和 β-碳原子为叔碳的伯醇卤取代反应时，容易发生重排、异构化和脱卤等副反应。若烯丙醇的 α 位上有苯基、苯乙烯基、乙烯基等基团时，由于这些基团能与烯丙基形成共轭体系，重排能形成稳定的碳正离子，几乎完全生成重排产物。

$$\text{Ph-CH(OH)-CH=CH}_2 \xrightarrow{\text{HBr}} [\text{Ph-}\overset{+}{\text{CH}}\text{-CH=CH}_2 \rightleftharpoons \text{Ph-CH=CH-}\overset{+}{\text{CH}}_2] \longrightarrow \text{Ph-CH=CH-CH}_2\text{Br}$$

学科前沿 1-3　*新型氟化试剂*

（二）卤化亚砜与醇的反应

醇和卤化亚砜（亚硫酰卤）反应生成卤代烃、二氧化硫和卤化氢。其中，氯化亚砜是最常用的卤化试剂。此类反应条件温和，速率快，产率高，易纯化。

1. 反应通式

$$\text{R}-\text{OH} + \text{SOCl}_2 \longrightarrow \text{R}-\text{Cl} + \text{SO}_2 + \text{HCl} \quad (\text{R}=\text{烷基})$$

2. 反应机理　氯化亚砜与醇首先形成氯代亚硫酸酯，然后氯代亚硫酸酯分解释放出二氧化硫，同时得到相应的氯化产物。

$$\underset{H}{\overset{R^1}{>}}\text{C(R)}-\text{O}-\text{H} + \text{Cl-S(=O)-Cl} \longrightarrow \left[\underset{H}{\overset{R^1}{>}}\text{C(R)}-\overset{+}{\text{O}}\text{H}-\text{S(Cl)}-\overset{-}{\text{O}}\right] \xrightarrow[-\text{Cl}^-]{-\text{H}^+} \underset{H}{\overset{R^1}{>}}\text{C(R)}-\text{O}-\text{S(Cl)}=\text{O} \xrightarrow{-\text{SO}_2} \underset{H}{\overset{R^1}{>}}\text{C(R)}-\text{Cl}$$

3. 反应影响因素及应用实例　醇和氯化亚砜的反应中，中间体氯代亚硫酸酯的分解方式与溶剂的极性有关，同时决定了产物的构型。

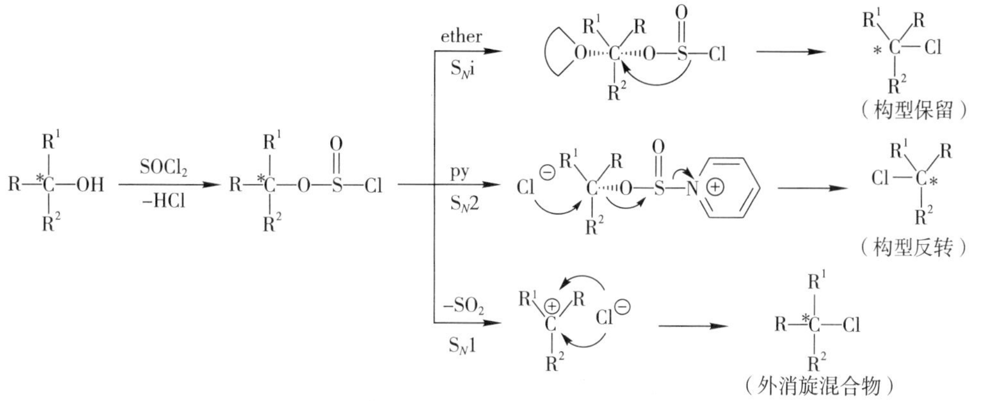

在二氧六环（1,4-dioxane）、二甲醚（DME）等醚类溶剂中，氧原子上的未共用电子对，与酯碳原子会形成一定的作用力，并增加了氯离子反向进攻的位阻，从而使与硫相连的氯进攻碳原子，得到构型保留的产物，该反应属于分子内的亲核取代反应机理。而在吡啶等碱性溶剂中，溶剂与氯化氢成盐，此时氯负离子能够从酯基的相反方向进行取代反应，得到构型翻转的产物，反应为 S_N2 机理。某些催化剂（如氯化锌等）存在的条件下，氯代亚硫酸酯会直接脱掉一分子二氧化硫形成离子对，得到外消旋产物，反应属于 S_N1 机理。例如，抗病毒药物利托那韦（ritonavir）或洛匹那韦（lopinavir）中间体 (*S*)-1- 氯 -3- 苯基丙 -2- 胺的合成。

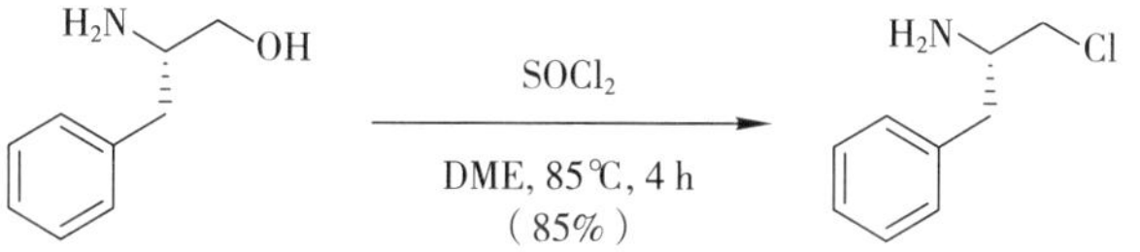

在反应中加入有机碱（如三乙胺，或吡啶等），或醇分子本身存在氨基等碱性基团，能与反应生成的氯化氢结合，有利于提高氯取代反应的速率，该法也适宜于一些对酸敏感的醇类的氯置换反应。例如，心血管治疗药物氟桂利嗪（flunarizine dihydrochloride）中间体的合成，就是在氯化亚砜中直接回流，几乎定量的得到其氯化产物。

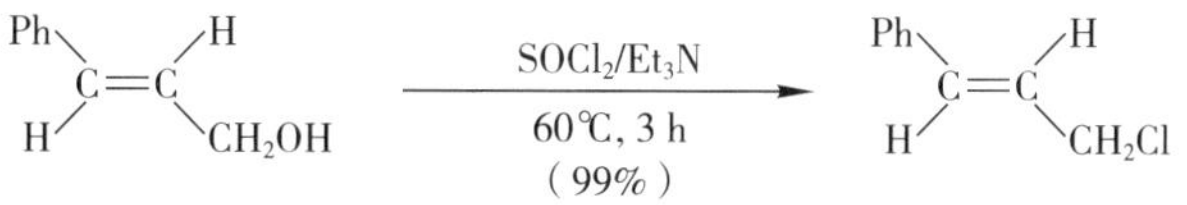

制备某些易于消除的氯化物时，若采用吡啶为催化剂，往往引起消除副反应，但加入 DMF、六甲基磷酰三胺（HMPT）作催化剂，一般可得到较好的效果。此时，氯化剂的实际存在形式为：

$$Me_2N-CHO \xrightarrow{SOCl_2} [Me_2\overset{\oplus}{N}=CHCl]Cl^{\ominus}$$

$$(Me_2N)_3PO \xrightarrow{SOCl_2} [(Me_2N)_2PCl=\overset{\oplus}{N}Me_2]Cl^{\ominus}$$

它们具有反应活性高、反应迅速、选择性好等优点，并能有效地结合反应中生成的 HCl，适宜于某些有特殊要求的醇羟基氯置换反应。例如，抗癫痫药物磷苯妥英钠（fosphenytoin disodium）中间体的合成。

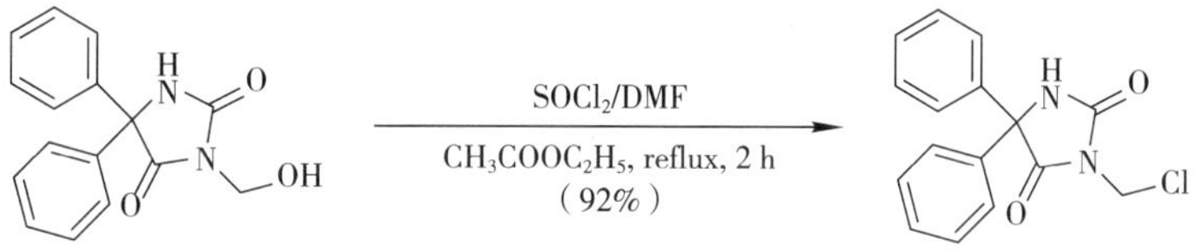

(三) 含磷卤化物与醇的反应

醇与卤化磷反应生成卤代烃和磷酸 (酯)。含磷卤化试剂主要有五氯化磷、三氯化磷、三溴化磷、三碘化磷、三氯氧磷及Rydan试剂等。由于红磷和溴或碘能迅速反应生成三溴化磷或三碘化磷，所以在实际反应过程中，通常用红磷和碘代替三碘化磷。

1. 反应通式

$$R-OH \xrightarrow{PX_3 \text{或} PX_5} R-X \quad (R = 烷基, X = Cl, Br, I)$$

2. 反应机理 醇与卤化磷的反应过程中，卤化磷中的磷原子首先向醇羟基中的氧原子进行亲电进攻，脱去一分子卤化氢，生成亚磷酸的单酯 (进一步可得双酯或三酯)，并立即被质子化，同时产生卤素负离子；然后卤素负离子作为亲核试剂，与亚磷酸酯中的亲电性烷基 (或进一步异裂产生的碳正离子) 反应，生成卤化物。大多数伯醇和仲醇按 S_N2 机理进行反应，叔醇主要按 S_N1 机理进行反应。

$$R-OH \xrightarrow[X^\ominus]{PX_3} \left[\begin{array}{c} X \\ X-P-O-R \\ H \end{array} \right] \xrightarrow{X^\ominus} R-X + \begin{array}{c} X \\ X-P-OH \end{array}$$

3. 反应影响因素及应用实例 三卤化磷是醇羟基置换最常用的卤化试剂。三氯化磷与伯醇反应时收率较用三溴化磷时低。这主要是由于氯负离子的亲核性较溴负离子弱，不易与卤代亚磷酸酯作用，而后者又会与醇继续反应，最后生成亚磷酸三酯 $P(OR)_3$。光学活性醇与三卤化磷反应得到构型反转的卤化物。例如，治疗阿尔茨海默病药物卡巴拉汀 (rivastigmine) 中间体的合成。

$$\text{(结构式)} \xrightarrow[\text{CH}_2\text{Cl}_2, \text{r.t., 2 h}]{\text{PBr}_3/\text{Na}_2\text{CO}_3} \text{(结构式)} \quad (90\%)$$

PCl_5 受热易分解为 PCl_3 和 Cl_2，进而发生取代或不饱和键的加成等副反应，所以使用 PCl_5 时温度不宜太高。

$POCl_3$ 的氯取代能力比 PCl_3 和 PCl_5 都要弱，且分子中的三个氯原子只有第一个氯原子的置换能力强，因此，反应时需要加入过量的 $POCl_3$，同时需要加入催化剂吡啶、DMF、N,N-二甲苯胺等。其中 $POCl_3$ 与 DMF 反应形成的氯代亚氨盐即 Vilsmeier-Haack 试剂，在氯置换反应中具有重要用途。例如，药物中间体 2-氯辛烷的合成。

$$POCl_3 + HCONMe_2 \xrightarrow{0℃, 10\text{ min}} [Me_2\overset{\oplus}{N}=CHCl]\overset{\ominus}{O}PHOCl_2$$

$$\text{(2-辛醇)} \xrightarrow[\text{CHCl}_3]{POCl_3/DMF} \text{(2-氯辛烷)} \quad (90\%)$$

Rydan试剂是一类新型的有机磷卤化物试剂，主要有 Ph_3PX_2、$Ph_3P^+CX_3X^-$ 等苯膦卤化物和 $(PhO)_3PX_2$ 和 $(PhO)_3P^+RX^-$ 等亚磷酸三苯酯卤化物。这些三苯基膦二卤化物和三苯基膦的四卤化碳复合物可由三苯基膦和卤素或四卤化碳新鲜制备；亚磷酸三苯酯卤代烷及其二卤化物均可由亚磷酸三苯酯与卤代烷或卤素直接制得，不需分离随即加入待反应的醇进行置换。

$$R\text{—}OH + Ph_3PX_2 \longrightarrow RX + Ph_3PO + HX$$

$$R\text{—}OH + Ph_3\overset{\oplus}{P}CX_3\overset{\ominus}{X} \xrightarrow{-CHX_3} Ph_3\overset{\oplus}{P}OR \xrightarrow{\overset{\ominus}{X}} RX + Ph_3PO$$

Rydan 试剂常用 DMF、HMPT 作溶剂,反应条件温和,可选择性地将伯醇置换为溴化物。例如,镇痛药舒芬太尼 (sufentanil) 中间体的合成。

噻吩-CH₂CH₂OH $\xrightarrow[\text{THF, r.t., overnight}]{\text{CBr}_4/\text{PPh}_3}$ 噻吩-CH₂CH₂Br (94%)

醇羟基的碘化还可以选择碘和三苯基磷作为碘化剂。例如,丙肝病毒 NS5A 聚合酶抑制剂雷迪帕韦 (ledipasvir) 中间体的合成。

HO–⟨环丙基⟩–OH $\xrightarrow[\text{CH}_2\text{Cl}_2, 0℃, 30 \text{ min; r.t., 2 h}]{\text{I}_2/\text{PPh}_3/\text{Imidazole}}$ I–⟨环丙基⟩–I (96%)

另外,对于反应活性弱的醇,若无合适的卤化试剂直接卤化,可用对甲苯磺酰氯 (TsCl) 或甲磺酰氯 (MsCl) 先将醇羟基制备成磺酸酯,再与碱金属的卤化物作为卤化试剂置换得到卤代烃。

$$R\text{—}OH \xrightarrow{R'SO_2Cl} R\text{—}O\text{—}\underset{O}{\overset{O}{\underset{\|}{\overset{\|}{S}}}}\text{—}R' \xrightarrow{X^{\ominus}} R\text{—}X + R'SO_3^{\ominus}$$

磺酸酯与亲核性卤化剂反应,通常在丙酮、醇、DMF 等溶剂中用钠盐、钾盐或锂盐等卤化剂反应。例如,在抗丙型肝炎病毒药物索磷布韦 (sofosbuvir) 中间体的合成过程中,原料首先在三乙胺条件下得其磺酰化产物,再用溴化锂取代得到其溴化物。

$$\text{H}_3\text{C-CO-C}_6\text{H}_3(\text{Br})\text{-CH}_2\text{OH} \xrightarrow[\text{(2) LiBr/THF/20℃/15 min}]{\text{(1) MsCl/TEA/DCM/0℃/1h}} \text{H}_3\text{C-CO-C}_6\text{H}_3(\text{Br})\text{-CH}_2\text{Br}$$ (85%)

二、酚羟基的卤置换反应

酚羟基的活性较弱,所以一般要用较强卤化试剂(如五卤化磷)或与氧卤化磷合用(兼作溶剂),才能高效地合成卤代芳烃。

1. 反应通式

$$Ar\text{—}OH \xrightarrow{PX_5/POX_3} Ar\text{—}X \quad (Ar=芳烃基)$$

2. 反应机理 酚与卤化磷的反应机理与醇羟基的卤置换机理相似,首先含磷卤化剂和酚形成亚磷酸酯,以削弱酚的 C—O 键,然后卤素负离子对酚碳原子进行亲核进攻而得到卤置换产物。

$$Ar\text{—}OH \longrightarrow Ar\text{—}O\text{—}P\text{—} \longrightarrow Ar\text{—}X$$
$$\quad\quad\quad\quad\quad X^{\ominus}$$

3. 反应影响因素及应用实例　酚结构中的苯环与氧原子上的孤电子对形成大 π 键,不易断裂,因此,卤置换反应条件一般比较苛刻,需要五卤化磷或与氧卤化磷合用,并在高温条件下才能发生反应。例如,抗菌药地喹氯胺（dequalinium chloride）中间体的合成。

$$\text{4-hydroxy-2-methylquinoline} \xrightarrow[80℃,5\,h]{POCl_3/PCl_5} \text{4-chloro-2-methylquinoline} \quad (93\%)$$

缺 π 电子芳杂环上羟基的卤置换反应相对比较容易,单独使用氧卤化磷即可达到较好效果。对于三氯氧磷难以直接氯化的酚羟基,在反应时加入吡啶、DMF 或 N,N- 二甲基苯胺等催化剂即可。例如,抗病毒药物利匹韦林（rilpivirine）中间体的合成。

$$\xrightarrow[reflux,2\,h\sim 3\,h]{POCl_3/TEA} \quad (92\%)$$

氧卤化磷不仅可以与酚羟基直接反应,还可与环内酰胺异构化的杂环酚羟基反应,生成相应的卤化物。例如,抗肿瘤候选药物莫塞替诺特（mocetinostat）中间体的合成。

$$\xrightarrow[50℃,5\,h]{POCl_3} \quad (60\%)$$

三、羧酸羟基的卤置换反应

羧酸可以与 PCl₃、PCl₅、POCl₃、SOCl₂ 和 (COCl)₂ 等卤化试剂进行羧羟基的卤置换反应,生成相应的酰卤。常用此法制备酰氯。

1. 反应通式

$$\text{R}-\overset{O}{\underset{}{C}}-\text{OH} \xrightarrow{PX_3(PX_5,POX_3,SOX_2)} \text{R}-\overset{O}{\underset{}{C}}-\text{X} \quad (R=脂肪烃基和芳香烃基)$$

2. 反应机理　PCl₃ 等卤化磷作为卤化剂时,卤化剂中的磷原子对羧基氧原子进行亲电进攻,失去一分子卤化氢,形成卤代磷酸酯过渡态,然后酯中的酰基碳原子被卤素负离子进行分子内亲核进攻,生成酰卤。

$$RCOOH + PCl_3 \xrightarrow{-HCl} R-\overset{O}{\underset{}{C}}-O-\overset{Cl}{\underset{Cl}{P}} \longrightarrow R-\overset{O}{\underset{}{C}}-X$$

3. 反应影响因素及应用实例　羧酸的反应活性顺序为脂肪族羧酸 > 给电子基取代的芳香族羧酸 > 无取代的芳香族羧酸 > 吸电子基取代的芳香族羧酸。

不同磷卤化剂对羧酸羟基置换的活性顺序为: PCl₅ > PBr₃(PCl₃) > POX₃。PCl₅ 活性高,生成的产品质量及外观较好,但反应中容易生成焦磷酸,使分离变得困难。PCl₅ 适用于具有吸电子基取代的芳香族羧酸或芳香族多元羧酸的卤置换反应,反应后生成的 POCl₃ 可借助分馏法除去。例如,抗生素苯唑西林（oxacillin）中间体的合成。

$$\text{（苯基-5-甲基异噁唑-4-甲酸）} \xrightarrow[\text{Toluene, 45°C, 1 h}]{\text{PCl}_5} \text{（对应酰氯）} \quad (90\%)$$

PCl$_3$ 和 PBr$_3$ 适用于脂肪羧酸的卤置换反应，活性最弱的 POX$_3$ 适用于羧酸盐的卤置换反应。例如，镇咳药咳美芬（caramipheni）中间体的合成。

$$\text{1-苯基环戊烷甲酸} \xrightarrow[\text{Ph, reflux, 4 h}]{\text{PCl}_3} \text{对应酰氯} \quad (93\%)$$

氯化亚砜是羧酸羟基置换成酰氯最常用的卤化试剂，但其本身的氯化活性并不高。若加入少量催化剂（如吡啶、DMF、Lewis 酸），则反应活性增强。其反应机理为：

（反应机理示意图）

反应结束后，蒸除多余的氯化亚砜，便可得到纯度较高的酰氯。若生成的酰氯与氯化亚砜沸点相近，可加入适量的无水甲酸，使氯化亚砜分解即可。例如，抗炎药物头孢磺啶（cefsulodin）中间体的合成。

$$\xrightarrow[\text{Et}_2\text{O, r.t., 10 h; 40°C, 4 h}]{\text{SOCl}_2/\text{DMF}} \quad (93\%)$$

氯化亚砜更多情况下用于制备脂肪族及环烷酸酰氯。例如，抗肿瘤药卡莫氟（carmofur）中间体的合成。

$$\text{H}_3\text{C}-\text{(CH}_2\text{)}_4\text{-COOH} \xrightarrow[\text{r.t., 1 h; reflux, 1 h}]{\text{SOCl}_2/\text{DMF}} \text{H}_3\text{C}-\text{(CH}_2\text{)}_4\text{-COCl} \quad (91\%)$$

此外，(COCl)$_2$ 也是羧酸羟基卤置换常用的氯化试剂，反应体系中需加入微量的 DMF 作催化剂。对分子中具有对酸敏感的官能团或在酸性条件下易发生构型转化的羧酸而言，草酰氯可有效将其转化为相应的酰氯，而分子中其他基团、不饱和键和高张力的桥环等不受影响。例如，广谱抗真菌药艾沙康唑（isavuconazonium）中间体的合成。

$$\text{2-氯烟酸} \xrightarrow[\text{CH}_2\text{Cl}_2, 0°C \sim \text{reflux}]{(\text{COCl})_2/\text{cat DMF}} \text{2-氯烟酰氯} \quad (99\%)$$

拓展阅读 1-3 流动化学在卤化反应中的应用
案例讨论 1-4 头孢匹林钠中间体的合成工艺优化

四、其他类型的卤置换反应

(一) 羧酸盐的脱羧置换反应

羧酸银盐（或汞盐）与溴素或碘单质反应脱去二氧化碳，生成比原反应物少一个碳原子的卤代烃，即 Hunsdiecker 反应。

1. 反应通式

$$\text{R—C(=O)—O—Ag} + X_2 \longrightarrow \text{R—X} + \text{AgX} \downarrow + CO_2 \uparrow$$

2. 反应机理 羧酸的脱卤置换反应属于自由基反应历程，具体为：羧酸负离子进攻卤素单质，形成的酰基次卤酸酐发生均裂生成酰氧自由基，然后脱除一分子 CO_2 成烷基自由基，再与卤自由基结合或与卤素单质反应得卤代烷。

$$RCO_2Ag + X_2 \xrightarrow{-AgX} RCOOX \xrightarrow{-X\cdot} RCOO\cdot \xrightarrow{-CO_2} R\cdot \xrightarrow[\text{or } X_2]{X\cdot} RX$$

3. 反应影响因素及应用实例 Hunsdiecker 反应对于含 2～18 个碳原子的饱和脂肪酸和芳香族羧酸都有较好的效果。对于芳香族羧酸，反应主要取决于与苯环连接的基团的性质，吸电子基团有利于反应的进行。

$$O_2N\text{—}C_6H_4\text{—}CH_2COOAg \xrightarrow[CCl_4, \text{reflux, 3 h}]{Br_2} O_2N\text{—}C_6H_4\text{—}CH_2Br$$
(85%)

Hunsdiecker 反应过程中需严格无水，否则收率很低甚至得不到产物，主要是银盐不稳定所致。改用羧酸的汞盐或亚汞盐代替银盐，便可解决稳定性问题。通常是在光照下，羧酸、过量氧化汞和卤素直接反应。该法操作简单，汞盐不需分离，收率较高。

$$O_2N\text{—}C_6H_4\text{—}COOH \xrightarrow[CCl_4, \text{光照, reflux, 3 h}]{Br_2/HgO} O_2N\text{—}C_6H_4\text{—}Br$$
(95%)

$$O_2N\text{—}C_6H_4\text{—}COOH \xrightarrow[CCl_4, \text{光照, reflux, 3 h}]{Br_2/HgO} O_2N\text{—}C_6H_4\text{—}Br$$
(95%)

用四乙酸铅（LTA）和氯化锂在苯、吡啶或乙醚中加热发生脱羧氯化作用，生成少一个碳原子的氯代烃的反应称为 Kochi 反应。该反应与 Hunsdiecker 反应有效互补，适用于伯、仲、叔氯代烃等的合成，且具有副反应少的优点。例如，抗菌药物环丙沙星（ciprofloxacin）中间体溴代环丙烷的合成。

$$RCOOH + Pb(OAc)_4 \xrightarrow{-HOAc} RCOOPb(OAc)_3 \xrightarrow{LiCl} RCl + LiPb(OAc)_3 + CO_2$$

$$\triangleright\text{—COOH} \xrightarrow[CCl_4, 80℃, 8\sim 10 \text{ h}]{LTA/LiBr} \triangleright\text{—Br}$$
(88%)

(二) 卤化物的卤置换反应

有机卤化物与无机卤化物之间进行的卤素交换反应称为卤化物的卤置换反应，又称

Finkelstein 反应。利用该反应常将氯（或溴）代烃转化成其他方法难以制备的碘代烃或氟代烃。

1. 反应通式

$$RX + Y^{\ominus} \longrightarrow RY + X^{\ominus} \quad (X = Cl, Br; Y = I, F)$$

2. 反应机理 卤素置换反应大多数属于 S_N2 反应机理。

3. 反应影响因素及应用实例 经典的 Finkelstein 反应是指在丙酮中用碘化钠将氯（或溴）代烃转变为碘代烃的反应。这是因为碘化钠在丙酮中的溶解度较大（25℃时 39.9 g/100 mL），而生成的氯化钠溶解度很小，会从反应液中析出，从而促使氯代烃不断地转化为碘代烃。

卤化物的卤置换反应难易程度取决于被交换卤素原子的活性。通常选用的无机卤化物具有较大的溶解度，而生成的无机卤化物溶解度甚小或几乎不溶解。常用的溶剂有：DMF、丙酮、四氯化碳、二硫化碳或丁-2-酮等非质子溶剂。例如，医药中间体（E）-3-碘-1-苯基丙-2-烯-1-酮的合成。

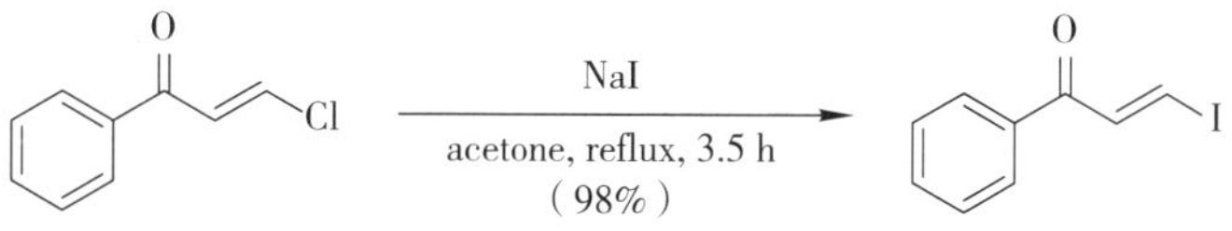

例如，眼病辅助治疗用药普罗碘铵（prolonium iodide）中间体的合成。

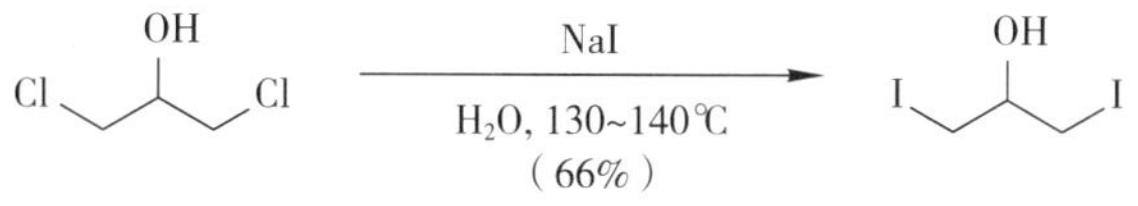

Lewis 酸可增强卤代烃的亲电活性，加入 Lewis 酸有利于卤素交换反应。例如，用氯代环己烷用 $FeBr_3$ 催化，可高效合成溴代环己烷。

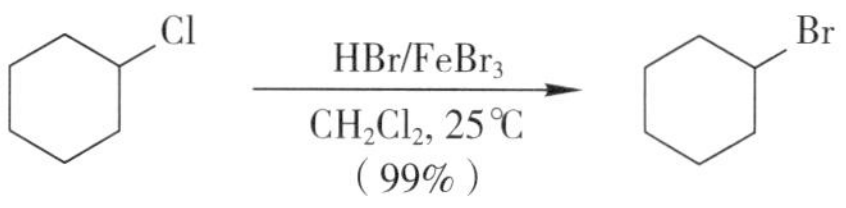

氟化物的合成，采用的试剂有氟化钾、氟化银、氟化锑、氟化氢等。例如，氟罗沙星（fleroxacin）中间体 1-溴-3-氟乙烷的合成，可以通过 1,2-二溴乙烷在乙腈中用 KF 进行卤素置换得到。

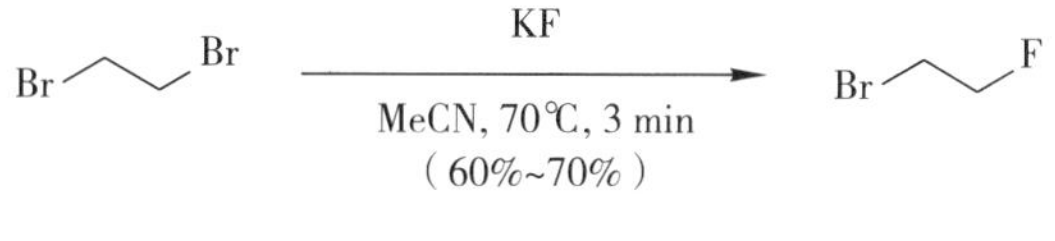

氟化锑（SbF_3，或 SbF_5）可选择性地取代同一碳原子上的多个卤原子，常用于三氟甲基化合物的制备，在药物合成中用途较广。一般溴代烃比氯代烃更容易发生氟置换反应。

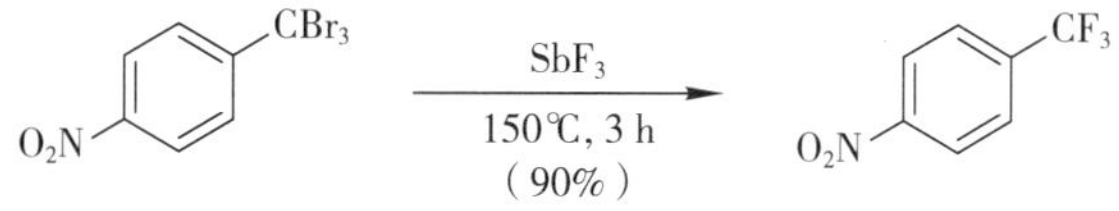

例如，抗肿瘤药物阿伐斯汀（acrivastine）中间体 1,3-二溴吡啶的合成。

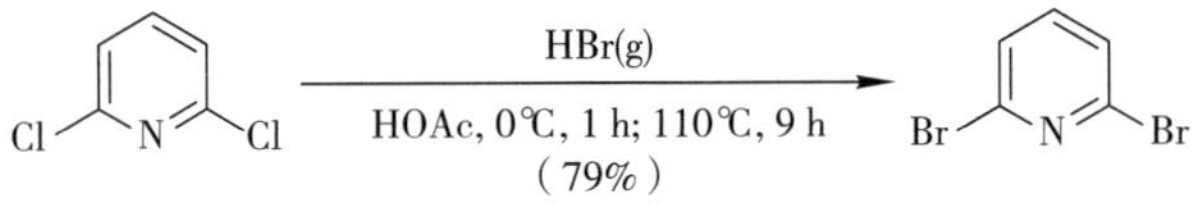

$$\underset{\text{Cl}}{\bigcirc}\underset{\text{N}}{\bigcirc}\underset{\text{Cl}}{\xrightarrow{\text{HBr(g)}}}\underset{\text{HOAc, 0℃, 1 h; 110℃, 9 h}}{\xrightarrow{}}\underset{\text{Br}}{\bigcirc}\underset{\text{N}}{\bigcirc}\underset{\text{Br}}{}$$
（79%）

除卤化物的卤置换反应外，芳香族重氮盐化合物也可与提供卤素负离子的卤化剂反应生成相应的卤代芳烃。利用该卤置换反应，可将卤素原子引入到难以引入的芳烃位置上，是制备卤代芳烃方法的重要补充。

用氯化亚铜或溴化亚铜在相应的氢卤酸存在下，将芳香族重氮盐转化为卤代芳烃的反应，称为 Sandmeyer 反应。若改用铜粉和氢卤酸，则称为 Gattermann 反应。利用这些反应可高效的制备氯代芳烃和溴代芳烃。例如，喹诺酮类消炎药克林沙星（clinafloxacin）中间体的合成。

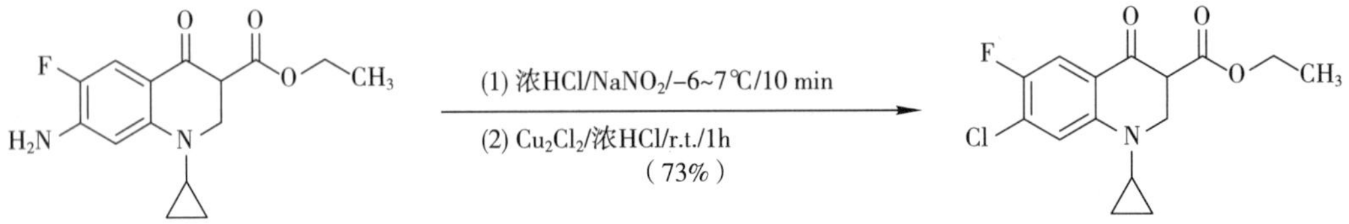

$$\text{结构式} \xrightarrow[\text{(2) Cu}_2\text{Cl}_2/\text{浓HCl/r.t./1h}]{\text{(1) 浓HCl/NaNO}_2/-6\sim7℃/10\ \text{min}} \text{结构式}$$
（73%）

（陈世武）

数字资源详见　新形态教材网

- 学习目标
- 思维导图
- 思政元素
- 案例讨论
- 微视频
- 拓展阅读
- 学科前沿
- 本章小结
- 课后习题
- 教学课件

第二章 硝化和重氮化反应

编者导学

📍 **学习目标**

🧠 **思维导图**

本章导航
第一节　硝化与亚硝化反应
第二节　重氮化及叠氮化反应

硝化反应（nitration reaction）是向有机物分子中的碳、氮或氧原子上引入硝基（—NO$_2$）的反应过程，可分为 C- 硝化反应、O- 硝化反应及 N- 硝化反应。本章主要讨论 C- 硝化反应。

亚硝化反应（nitrozation reaction）是向有机物中的碳或氮原子上引入亚硝基（—NO）的反应，在药物合成中有一定的应用，本章对亚硝化反应也做一简单介绍。

含伯胺的化合物在无机酸存在下与亚硝酸作用生成重氮盐的反应，称为重氮化反应。制备得到的重氮盐非常活泼，可发生许多反应，如取代、还原、偶联、水解反应等，从而转化为各种类型的化合物，在药物及其中间体合成中具有非常重要的意义。

第一节　硝化与亚硝化反应

一、硝化反应

（一）C- 硝化反应

C- 硝化反应包括芳香环和脂肪族碳的硝化反应，其中，芳香环硝化反应最为常见，一般采用直接硝化的方法。

1. 芳香环 C- 硝化反应

（1）反应通式：芳香环 C- 硝化反应常采用直接硝化的方法，所用硝化剂种类很多，可以是单一硝酸，也可用硝酸和各种质子酸、有机酸、酸酐及 Lewis 酸的混合物。

$$R-C_6H_5 \xrightarrow{硝化剂} R-C_6H_4-NO_2$$

（2）反应机理：硝化试剂产生的硝酰基正离子（又称硝鎓离子）向芳香环上电子云密度较大的碳原子发生亲电进攻，随后产生 σ 络合物，芳香环的共轭结构被破坏，容易失去质子恢复稳定的芳香环结构，得到芳香硝基化合物。

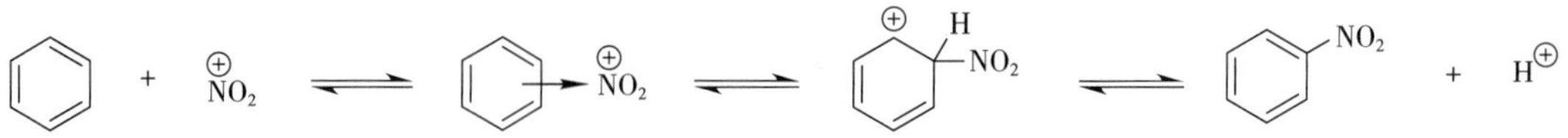

（3）反应影响因素及应用实例：芳香环上电子效应、立体效应对硝化反应难易程度及硝基的定位具有显著影响。以取代苯为例，给电子基团使硝化反应速率加快，且产物以邻、对位为主；吸电子基团使硝化反应速率下降，且产物以间位为主（卤素除外）。此外，由于硝基是强吸电子基团，芳香环发生二次硝化反应速率明显降低，需要采用更高浓度的混酸及更高的反应温度才能引入第二个硝基。如抗癌药埃克替尼（icotinib）中间体的合成。

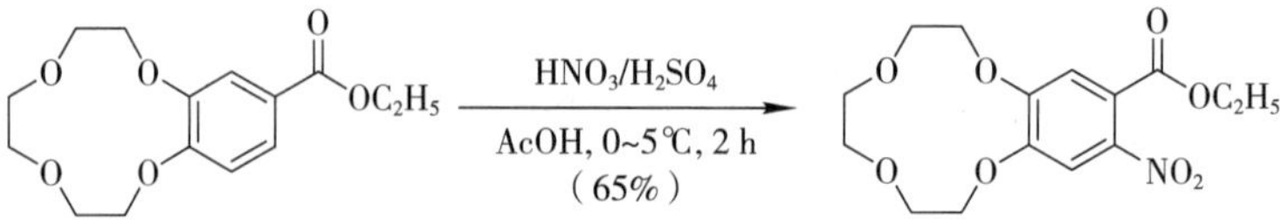

案例讨论 2-1 抗癌药 foretinib 中间体的合成工艺优化

当苯环上存在较大空间位阻的邻、对位定位基团时，硝化反应主要发生在对位，如抗癌药沙可来新（Sarcolysin）中间体的合成，其对位产物收率达 90%。

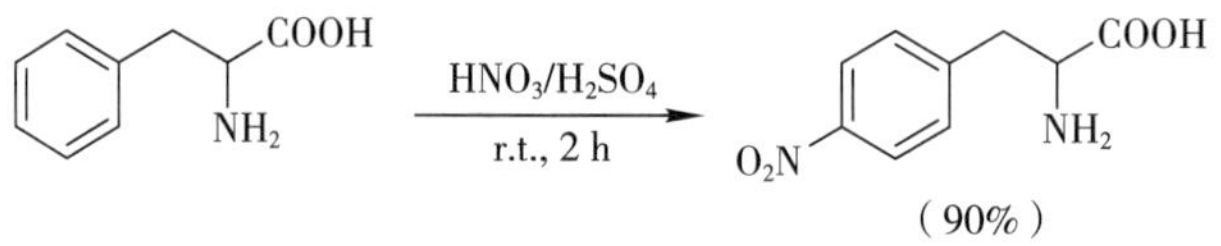

芳香胺易被硝酸氧化，因此硝化反应时需将氨基进行保护：①在过量强酸作用下，使氨基形成铵盐，避免氧化，同时成为间位定位基，使硝化反应速率下降；②将氨基转化为酰胺或磺酰胺，再进行硝化反应得到邻、对位产物，继而水解脱去保护基，如抗病毒药阿巴卡韦（abacavir）中间体的合成。

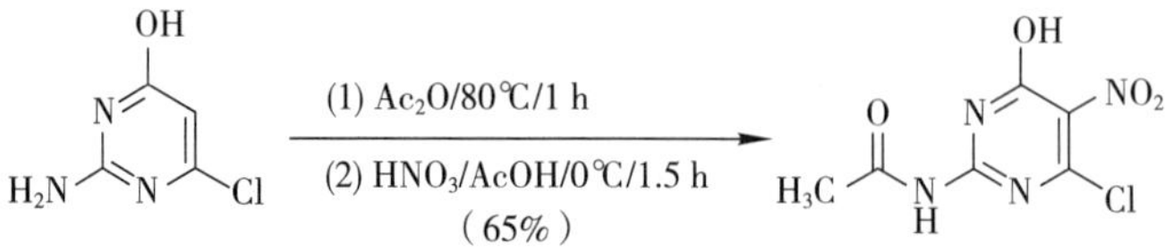

由于吡啶环中氮原子的强吸电子效应而难以发生硝化反应，在较高温度下，硝化反应发生在 β 位。可采用吡啶的 N- 氧化物发生硝化反应获得 γ- 硝基产物，如抗组胺药氯雷他定（loratadine）中间体 4- 氨基 -3- 甲基吡啶 -2- 甲酸甲酯的合成。

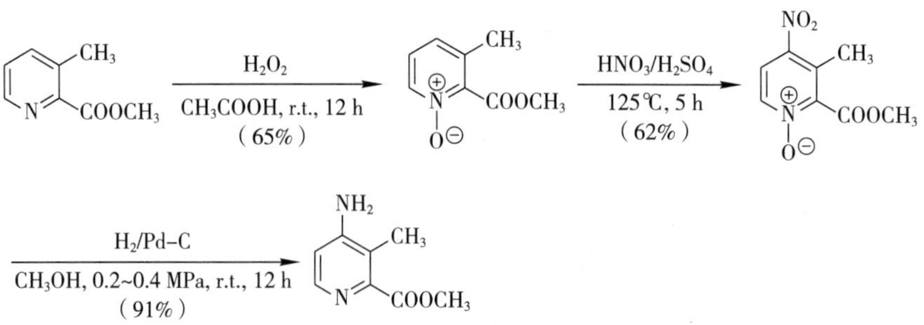

由于萘环 α 位电子云密度大于 β 位，因此萘环发生硝化反应时主要发生在 α 位，存在取代基时，电子云密度高的芳环易被硝化，如降尿酸药雷西纳德（lesinurad）中间体 1- 环丙基 -4- 硝基萘的合成。

$$\text{1-环丙基萘} \xrightarrow[\text{0℃~r.t., 1 h}]{\text{HNO}_3/\text{H}_2\text{SO}_4} \text{(84%)} \text{1-环丙基-4-硝基萘}$$

吡咯、呋喃、噻吩等五元芳杂环化合物在混酸硝化条件下极不稳定，可采用温和的硝化剂，如硝酸-乙酸酐进行硝化反应，硝基进入芳杂环电子云密度较高的α位，如抗菌药呋喃唑酮（furazolidone）的合成。

$$\xrightarrow[\text{0℃~r.t., 1 h}]{\text{HNO}_3/\text{Ac}_2\text{O}/\text{SnCl}_2} \text{(53%)} \text{呋喃唑酮}$$

咪唑、噻唑、噁唑等含两个杂原子的五元芳杂环化合物，混酸硝化时硝基进入 4 位或 5 位，如抗菌药甲硝唑（metronidazole）中间体 2-甲基-5-硝基咪唑的合成。

$$\xrightarrow[\text{130℃, 6 h}]{\text{HNO}_3/\text{H}_2\text{SO}_4} \text{(67%)}$$

硝化反应中主要的副反应是氧化和多硝化反应，温度越高，氧化反应发生的可能性越大，特别是芳香环上存在易被氧化的基团；减少多硝化副反应的方法是控制混酸的硝化能力、投料比、硝酸比、适宜的反应温度等。此外，去烃基化、置换、脱羧、开环及聚合也是常见的副反应，采用硝酸-乙酸酐作为硝化剂时，还会发生酰基化反应。酚类、芳胺类硝化时容易氧化成醌，有时可利用硝化反应的氧化副反应，使硝化与氧化反应同时进行，简化操作步骤、提高产品收率。

芳香族硝基化合物的合成通常采用混酸硝化法，反应过程中放热量大，升温速度快，反应不稳定，易造成冲料及爆炸的危险。微通道反应器是一种微型的连续流动的管道反应器，其尺寸一般在 10~1 000 μm。微通道反应器中含有众多的微型通道，流体能够以特定的物理状态充分混合连续流动，可实现连续化、自动化生产。与传统的反应器相比，微通道反应器具备比面积大、传热传质效率高的优点，基本无放大效应，安全性高，可操作性强，适合工业化放大生产，如抗病毒药奈韦拉平（netobimin）中间体 2,6-二氯-3-硝基-4-甲基吡啶的合成。

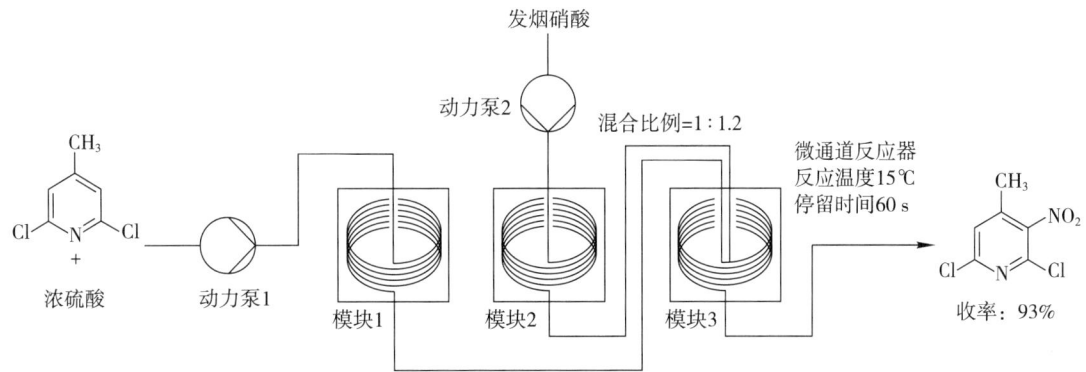

学科前沿 2-1　基于微通道反应器的芳香族化合物硝化反应

2. 脂肪链 C- 硝化反应

（1）反应通式：

$$RH \xrightarrow{HNO_3} RNO_2 \ (R = 脂肪烃基)$$

（2）反应机理：脂肪族化合物气相硝化法主要按照自由基反应机理进行，硝酸加热均裂产生硝基自由基，其与烷烃作用产生烷基碳自由基，进而与硝基自由基反应形成硝基烷烃。

$$HONO_2 \xrightarrow{加热} H\dot{O} + \dot{N}O_2$$

$$RH + \dot{N}O_2 \longrightarrow \dot{R} + HNO_2$$

$$\dot{R} + \dot{N}O_2 \longrightarrow RNO_2$$

（3）反应影响因素及应用实例：由于脂肪族化合物硝化时伴有氧化-断键副反应，工业上很少使用芳香族化合物的硝化方法。烷烃可与硝酸进行气相或液相硝化，生成硝基烷烃，硝化反应速率为：叔碳 > 仲碳 > 伯碳，且反应中既有正常的硝化反应，也存在碳链的断裂，导致产物混杂。如以正丙烷为原料，通过气相硝化法制备硝基甲烷、1-硝基丙烷和2-硝基丙烷等，迄今气相硝化法仍是制取硝基烷烃的主要工业方法。

$$CH_3CH_2CH_3 \xrightarrow[425℃]{HNO_3} \underset{25\%}{CH_3(CH_2)_2NO_2} + \underset{40\%}{CH_3\overset{NO_2}{\underset{|}{C}}HCH_3} + CH_3CH_2NO_2 + CH_3NO_2$$

环烷烃进行直接硝化时，可获得较好的产率，如降糖药维格列汀（vildagliptin）中间体的合成。

$$\text{H–(金刚烷)–NH}_2 \xrightarrow[0℃～r.t., 5\ h]{HNO_3/H_2SO_4} \text{O}_2\text{N–(金刚烷)–NH}_2$$
（78%）

（二）O- 硝化反应

在有机化合物的氧原子上引入硝基的反应称为 O- 硝化反应，其产物称为硝酸酯（R—ONO$_2$）。硝酸酯是一类非常重要的有机化合物，用途广泛，一些硝酸酯类化合物可被用作强心剂与血管扩张剂，包括硝酸甘油、二硝基异山梨酯等。

拓展阅读 2-1 诺贝尔和硝酸甘油

1. 反应通式 醇与硝酸或混酸发生酯化反应是制备硝酸酯的经典方法。

$$R-OH \xrightarrow{HNO_3} R-ONO_2$$

2. 反应机理 硝酸可解离成氢质子和硝酸根负离子，醇与产生的氢质子结合形成质子化醇中间体，随后发生脱水形成烷基碳正离子，继而被硝酸根负离子亲核进攻产生硝酸酯。

$$HNO_3 \longrightarrow H^{\oplus} + \overset{\ominus}{O}NO_2$$

$$R-OH + H^{\oplus} \longrightarrow R-\overset{\oplus}{O}H_2 \xrightarrow{-H_2O} \overset{\oplus}{R}$$

$$\overset{\oplus}{R} + \overset{\ominus}{O}NO_2 \longrightarrow R-ONO_2$$

3. 反应影响因素及应用实例 使用混酸硝化制备硝酸酯时，为了避免亚硝酸酯的形成，常加入少量尿素或硝基脲以破坏反应中生成的亚硝酸；也可使用硝酸-乙酸酐作为硝化试剂。反应一般采用向醇或醇的硫酸溶液中滴加混酸方式，并将迅速产生的酯蒸出或在反应混合物中注入冷水而得到酯，可以得到较高收率的一级或二级硝酸酯。多元醇的多元硝酸酯也可用这种方法来制备，如预防心绞痛药物单硝酸异山梨醇酯的合成。

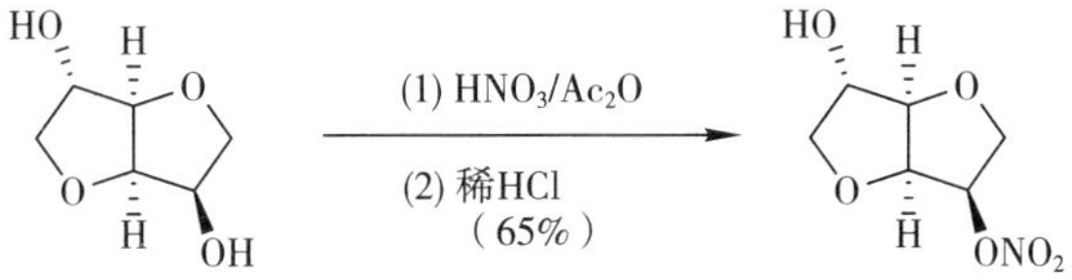

案例讨论2-2 *尼可地尔的合成工艺优化*

此外，硝酸酯还可采用其他方法制备，如卤代烃与硝酸盐或硝酸反应、三元或四元含氧杂环化合物开环合成多元硝酸酯等。

（1）卤代烃与硝酸盐或硝酸反应：卤代烃与硝酸银发生亲核取代反应是制备硝酸酯的经典方法，碘化物与溴化物常用于合成伯、仲硝酸酯；叔氯代烃、烯丙基氯或苄氯较活泼也可与硝酸银发生反应。反应可以多相进行，如将卤代烃溶解在苯、醚、硝基甲烷或硝基苯等惰性溶剂中，加入硝酸银并搅拌。由于硝酸银在乙腈中有相对较高的溶解度，因此乙腈是该反应常用的均相溶剂，如非甾体抗炎药萘普西诺（naproxcinod）的合成。

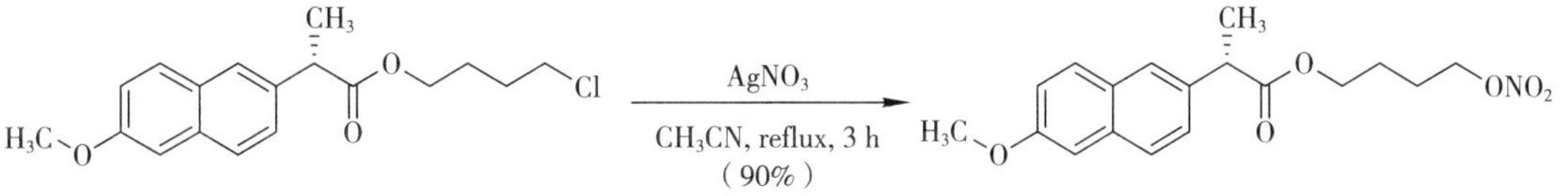

（2）三元或四元含氧杂环化合物开环合成多元硝酸酯：环氧乙烷衍生物采用 N_2O_5 氧化开环生成 1,2-二硝酸酯，如抗心绞痛药硝酸甘油（nitroglycerin）的合成。

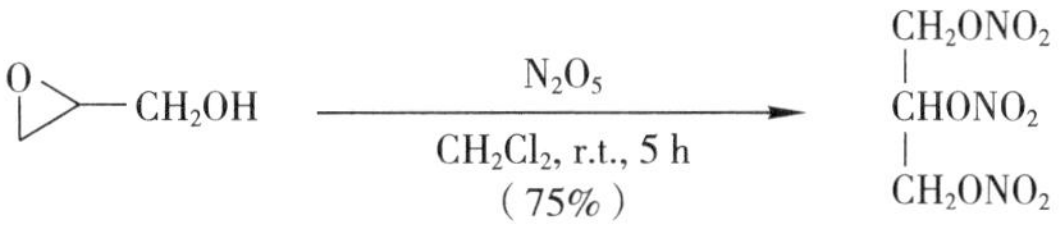

（三）N-硝化反应

在有机化合物的氮原子上引入硝基的反应称为 N-硝化反应，得到的硝基与氮相连的化合物称为硝胺化合物。

1. 反应通式

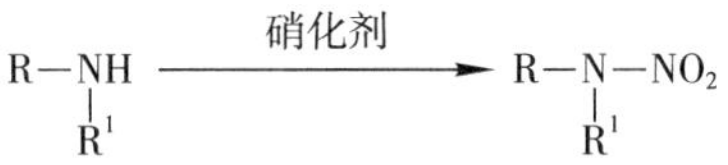

2. 反应机理 硝化试剂产生的硝酰基正离子与具有未共用电子对的胺相结合，形成质子化的 N-硝基中间体，随后失去质子得到硝胺化合物。

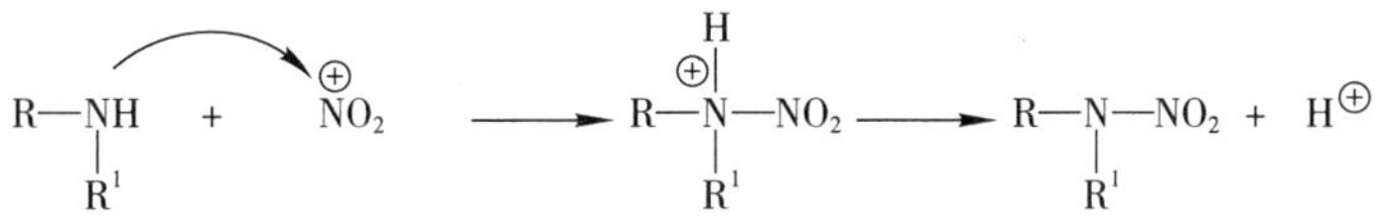

3. 反应影响因素及应用实例 有机胺类化合物的氮原子具有未共用电子对，易与正离子结合，因而胺类的反应活性大，容易硝化，也易于氧化和水解，故对不同类型的胺需要不同的硝化剂和反应条件。

（1）脂肪（环）族伯胺的间接硝化法：脂肪族伯胺在浓硝酸中易于氧化，不能直接硝化，常采用间接硝化法，即先用基团保护后进行硝化，再将保护基脱除。如以酰基保护氨基生成酰胺，再用较强的硝化剂硝解成硝化产物；也可将脂肪伯胺先与正丁基锂作用生成 $N-$ 锂化物，然后用硝酸乙酯作硝解剂制得相应的硝胺。

$$R-NH_2 \xrightarrow{(CH_3CO)_2O} R-\overset{H}{\underset{}{N}}-\overset{O}{\underset{}{C}}CH_3 \xrightarrow{硝化} R-NH-NO_2$$

$$R-NH_2 \xrightarrow{n-C_4H_9Li} RNHLi \xrightarrow{C_2H_5ONO_2} RN(NO_2)Li \xrightarrow{稀HCl} RNH-NO_2$$

（2）脂肪（环）族仲胺的间接硝化法：脂肪族仲胺的硝化相对于伯胺更容易，但只有碱性较弱的仲胺才易于直接硝化得到相应的硝胺。仲胺的碱性越强，硝化产率越低，如亚胺基双乙腈 $[HN(CH_2CN)_2]$ 的硝化产率为 93%，而碱性较强的哌啶硝化产率仅 22%，碱性更强的二甲基胺硝化产率仅 6%。脂肪族仲胺硝化的同时也易于氧化，因而可先制成铵盐再硝化，在低温下硝化剂常采用硝酸或硝酸–酸酐硝化剂，如哌嗪的硝化，先将其转化成盐酸盐，再硝化成 1,4-二硝基哌嗪。

$$HN\underset{}{\bigcirc}NH \xrightarrow{HCl} Cl^{\ominus}\overset{\oplus}{H_2N}\underset{}{\bigcirc}\overset{\oplus}{N}H_2Cl^{\ominus} \xrightarrow{硝化} O_2N-N\underset{}{\bigcirc}N-NO_2$$

（3）脂肪（环）族叔胺硝化：脂环族叔胺的直接硝化是制备硝胺化合物的常用方法，如用浓硝酸直接硝化乌洛托品制得环三次甲基三硝胺。

$$\text{（六亚甲基四胺）} \xrightarrow[20\sim70℃, 1\text{h}]{HNO_3} \text{（RDX）}$$
$$(35\%)$$

二、亚硝化反应

向有机化合物分子的碳或氮原子上引入亚硝基（—NO）的反应称为亚硝化反应（nitrozation reaction）。亚硝化反应常用的试剂是亚硝酸（亚硝酸盐加酸）和亚硝酸酯，亚硝化试剂可用 XNO 通式表示，真正起作用的是亚硝酰正离子 $NO^{\oplus}$。

$$NaNO_2 + HCl \rightleftharpoons HO-NO + NaCl$$

$$H^{\oplus} + HO-NO \rightleftharpoons H_2O + \overset{\oplus}{N}=O$$

$$R-O-NO + H^{\oplus} \rightleftharpoons R\overset{\oplus}{\underset{H}{O}}-NO \longrightarrow ROH + \overset{\oplus}{N}=O$$

亚硝基与硝基化合物相比，显示不饱和键的性质，可进行还原、氧化、缩合和加成等一系列反应，用以制备各类中间体，但不纯的 $N-$ 亚硝基化合物易分解，不宜久置。此外，亚硝基化合物，特别是 $N-$ 亚硝基化合物是很强的致癌物质。

（一）C- 亚硝化反应

1. 反应通式

$$R-C_6H_4-H \xrightarrow{XNO} R-C_6H_4-NO$$

（R = OH, OR¹, NR¹R²；其中，R¹和R²为烃基）

2. 反应机理
亚硝化试剂产生的 $NO^\oplus$ 首先向芳香环上电子云密度较大的碳原子发生亲电进攻，形成 σ- 络合物，芳香环的共轭结构被破坏，该 σ 络合物极不稳定，容易失去质子恢复稳定的芳香环结构，得到芳香族亚硝基化合物。

$$R-C_6H_5 + NO^\oplus \longrightarrow R-C_6H_5(H)(NO) \xrightarrow{-H^\oplus} R-C_6H_4-NO$$

（R = OH, OR¹, NR¹R²；其中，R¹和R²为烃基）

3. 反应影响因素及应用实例
由于 $NO^\oplus$ 亲电能力不如 $NO_2^\oplus$，故只能向芳环或其他电子云密度大的碳原子进攻，即主要与含活泼氢的脂肪族化合物、酚类、酚醚、芳香叔胺和某些富电子芳杂环发生反应，生成亚硝基化合物。

（1）酚类及酚醚的亚硝化：该反应通常在低温下进行，主要得到对位取代产物，若对位有取代基时，可在邻位取代。对亚硝基苯酚是制备药物的重要中间体，与醌肟为互变异构体，醌肟更稳定。醌肟也可采用对苯醌与羟胺反应制备得到。

苯酚 $\xrightarrow[-H_2O]{NaNO_2/HCl}$ 对亚硝基苯酚 $\rightleftharpoons$ 醌肟 $\xleftarrow[-H_2O]{NH_2OH}$ 对苯醌

（2）芳胺的亚硝化：伯、仲、叔胺与亚硝酸的作用各不相同，以芳香胺为例，芳伯胺与亚硝酸发生重氮化反应，芳仲胺发生 N- 亚硝化反应，芳叔胺则在芳环上发生 C- 亚硝化反应。无论芳香仲胺还是脂肪仲胺，与亚硝酸反应几乎都定量生成 N- 亚硝基化合物。向芳仲胺的环上引入亚硝基，总是先生成 N- 亚硝基化合物，然后在过量盐酸条件下发生异构化，通过分子内重排得到 C- 亚硝基化合物，这一转化被称为 Fischer-Hepp 重排。如橡胶抗老剂中间体对亚硝基二苯胺的合成。

二苯胺 $\xrightarrow[-26℃]{NaNO_2/H_2SO_4}$ N-亚硝基二苯胺 $\xrightarrow[重排]{HCl}$ 4-亚硝基二苯胺

向芳叔胺的环上引入亚硝基时，主要得到相应的对位取代产物，如合成抗麻风病药物丁氨苯硫脲（thiambutosine）的中间体 4- 亚硝基 -N,N- 二甲基苯胺。

N,N-二甲基苯胺 $\xrightarrow[CH_3CH_2OH, 0℃, 3\ h]{NaNO_2/HCl}$ 4-亚硝基-N,N-二甲基苯胺·HCl
（61%）

（3）活泼氢脂肪族化合物的亚硝化反应：活泼亚甲基化合物在酸性条件下与亚硝酸钠反

应，可以在活泼亚甲基上引入亚硝基，如抗肿瘤药物消瘤芥（nitrocaphar）中间体乙酰氨基丙二酸二乙酯的合成。

$$CH_2(COOC_2H_5)_2 \xrightarrow[0℃, 1.5\ h]{NaNO_2/CH_3COOH} \underset{NO}{\overset{|}{CH(COOC_2H_5)_2}} \xrightarrow[r.t.,\ 8\ h]{Zn/(CH_3CO)_2O} \underset{NHCOCH_3}{\overset{|}{CH(COOC_2H_5)_2}}$$
（62%） （74%）

（二）N-亚硝化反应

N-亚硝基化合物包括亚硝胺和亚硝酰胺两大类，N-亚硝基化合物是强致癌物质，在加工食品如烟熏鱼、腌肉、腌酸菜中含量较高。

N-亚硝基化合物不稳定，受热或长时间放置会缓慢分解，在酸性条件下分解加快。其稳定性与结构相关，含给电子基团稳定性提高。芳香族和脂肪族仲胺均能发生N-亚硝化反应，如抗精神病药物芦玛哌酮（lumateperone）中间体的合成。

酰胺类、尿素类衍生物也能发生N-亚硝化反应，如抗肿瘤药物洛莫司汀（lomustine）的合成。

第二节　重氮化及叠氮化反应

一、重氮盐的制备和性质

含有伯氨基的有机化合物在无机酸的存在下与亚硝酸钠作用生成重氮盐的反应称作重氮化反应（diazotization reaction）。脂肪胺的重氮盐极不稳定，在生成过程中易分解，形成碳正离子进而生成醇，且碳正离子往往存在重排现象，产生更复杂的重排产物。相比而言，芳胺则可形成较稳定的重氮盐，芳伯胺和芳杂环伯胺的强酸重氮盐一般可溶于水，呈中性，因全部解离成离子，不溶于有机溶剂。某些芳香重氮盐可以获得稳定的形式，如氯化芳香重氮盐与氯化锌的复盐、芳重氮-1,5-萘二磺酸盐等。重氮化合物对光不稳定，在光照下易分解。芳伯胺和芳杂环伯胺的重氮盐在水溶液、低温下一般比较稳定，并可发生许多反应，如取代、还原、偶联、水解等，在药物合成中具有非常重要的意义。

1. **反应通式**

$$R-NH_2 \xrightarrow{NaNO_2/HCl} R-\overset{\oplus}{N_2}\overset{\ominus}{Cl} + NaCl + H_2O$$

2. **反应机理**　关于重氮化反应的机理，目前基于反应动力学研究结果，认为是亚硝酰化合物对伯胺的亲电N-亚硝化-脱水反应，其中亚硝酰化合物的生成与使用的无机酸的性质及浓度密切相关。

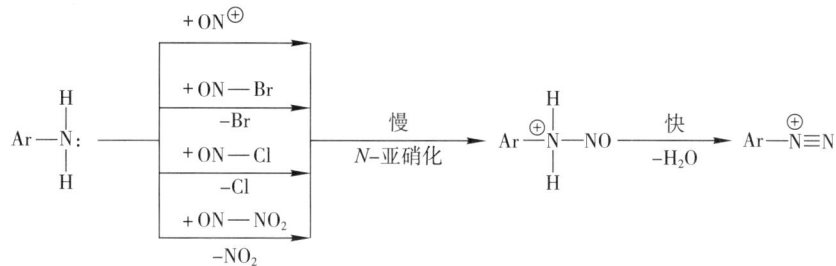

（1）亚硝酰卤（ONX）：在稀盐酸中进行重氮化时，生成的亚硝酰化合物是亚硝酰氯（ON—Cl），是亚硝酰正离子（$NO^{\oplus}$）的供给体，重氮化反应必须在酸性条件下进行，因为在碱性条件下重氮化试剂 HNO_2、N_2O_3、NOCl 等不能存在。芳胺在酸性条件存在铵盐–游离胺平衡，游离胺亲核性强，能与重氮化试剂反应。

$$NaNO_2 + HCl \longrightarrow ON-OH + NaCl$$

$$ON-OH + HCl \rightleftharpoons ON-Cl + H_2O$$

在稀盐酸中进行重氮化时，如果加入少量溴化钠或溴化钾，则亚硝酰化合物是亚硝酰溴（ON—Br），在水溶液中生成亚硝酰溴的反应平衡常数比生成亚硝酰氯强 300 倍，因而重氮化反应速率急剧增大。

（2）亚硝酸酐（ON—NO_2）：在稀硫酸中进行重氮化时，亚硝酸钠与稀硫酸反应生成亚硝酸，两分子亚硝酸反应生成亚硝酸酐（ON—NO_2，即三氧化二氮 N_2O_3）。

$$NaNO_2 + H_2SO_4 \longrightarrow ON-OH + Na_2SO_4$$

$$2\,ON-OH \rightleftharpoons ON-NO_2 + H_2O$$

（3）亚硝酰正离子（$ON^{\oplus}$）：在浓硫酸中进行重氮化时，亚硝酰化合物是亚硝酰正离子（$ON^{\oplus}$）。

$$ON-OH + 2H_2SO_4 \rightleftharpoons ON^{\oplus} + 2HSO_4^{\ominus} + H_3O^{\oplus}$$

除了上述亚硝酸钠与无机酸作为重氮化试剂之外，有时也采用亚硝酸酯。例如，亚硝酸丁酯、亚硝酸戊酯等，称为亚硝酸酯重氮化反应，该方法通常将芳伯胺溶于醇、乙酸或其他有机溶剂（丙酮、DMF）中，再加入亚硝酸酯进行重氮化。

上述各种用于重氮化的亚硝酰化合物的活泼性次序如下：

$$ON^{\oplus} > ON-Br > ON-Cl > ON-NO_2 > ON-OH$$

由于在稀硫酸中重氮化反应生成的亚硝酸酐亲电性弱，重氮化速率比较慢，因此重氮化反应一般是在稀盐酸中进行的，为了加速反应，可加入少量溴化钠或溴化钾。当芳伯胺在稀盐酸中难于重氮化时，则需要在浓硫酸中进行重氮化。

3. 反应影响因素及应用实例 芳胺的结构与其碱性强弱有关，而碱性强弱又与和酸成盐的能力有关，如芳胺碱性越强，越有利于 N-亚硝化反应，进而提高重氮化反应速率，但强碱性的芳胺容易与酸成盐，从而降低了游离胺浓度，反过来抑制了重氮化反应速率，因而不同芳胺所用的重氮化制备方法也有所不同。

碱性较强的芳伯胺在稀酸中生成的铵盐易溶于水，但游离胺的浓度很低，因此重氮化反应速率慢。另外，生成的重氮盐不易与尚未重氮化的游离胺发生反应生成偶氮氨基化合物。其重氮化方法常采用顺加法，即先在室温下将芳伯胺溶解于过量较少的稀酸中，冷却后先快后慢地加入亚硝酸钠水溶液，直到亚硝酸钠微过量为止，如抗血小板减少药物艾曲波帕（hetrombopag）的重氮盐中间体合成。

$$\text{四氢萘胺} \xrightarrow[0\ ℃,\ 1\ h]{\text{NaNO}_2/\text{HCl}} \text{四氢萘重氮氯化物}\ (>90\%)$$

碱性较弱的芳伯胺包括芳环有强吸电子基（如硝基、磺酸基、氰基等）的芳伯胺和芳环上含两个以上卤素的芳伯胺等。这类芳伯胺在稀酸中不易成盐，且生成的铵盐溶解度小，易水解为游离胺，因此重氮化反应速率快。但是生成的重氮盐容易与尚未重氮化的游离芳伯胺反应产生偶氮化合物。其重氮化方法常采用倒加法，即先将芳伯胺与亚硝酸钠水溶液混合，再慢慢加入冷的稀酸溶液中进行反应，如抗锥虫药贝尼尔（diminazene aceturate）中间体对硝基氯化重氮苯的合成。

$$\text{对硝基苯胺} \xrightarrow[0\sim 5\ ℃,\ 2\ h]{\text{NaNO}_2/\text{HCl}} \text{对硝基氯化重氮苯}\ (>90\%)$$

碱性很弱的芳伯胺如 2,4-二硝基苯胺、2-氰基-4-硝基苯胺、1-氨基蒽醌及某些杂环胺化合物如 2-氨基苯并噻唑、2-氨基苯并咪唑等。这类芳伯胺在稀酸中几乎全部以游离胺形式存在，不溶于水，难进行重氮化反应。但这类芳伯胺可溶于浓硫酸，并容易重氮化，生成的重氮盐也不会与尚未重氮化的芳伯胺反应而生成重氮氨基副产物。其重氮化方法通常是先将芳伯胺溶解于 4~5 倍质量的浓硫酸中，然后在一定温度下加入微过量的亚硝酸钠或亚硝酸钠的硫酸溶液。

$$\text{6-甲氧基-2-氨基苯并噻唑} \xrightarrow[-8\ ℃,\ 3\ h]{\text{NaNO}_2/\text{浓}\text{H}_2\text{SO}_4} \text{重氮盐}\ (>90\%)$$

氨基芳磺酸和氨基芳羧酸的特点是在稀酸中形成内盐，在水中溶解度很小，但它们的钠盐或铵盐则易溶于水。其重氮化方法通常是先将胺类悬浮在水中，加入微过量的氢氧化钠或氨水，使氨基芳磺酸转变成钠盐或铵盐而溶解，然后加入稀酸，并立即加入微过量的亚硝酸钠水溶液。得到的芳重氮盐单磺酸常形成内盐，不溶于水，可过滤得到粗品，如抗炎药 BMS-986251 中间体重氮苯磺酸的合成。

$$\text{对氨基苯磺酸} \xrightarrow[\text{H}_2\text{O}]{\text{NaOH}} \text{钠盐}\ (100\%) \xrightarrow[0\sim 5\ ℃,\ 2\ h]{\text{NaNO}_2/\text{HCl}} \text{重氮苯磺酸内盐}\ (>90\%)$$

学科前沿 2-2 连续流重氮化反应技术

4. 重氮盐的性质 重氮盐一般不稳定，干燥的重氮盐受热或剧烈振动会分解甚至爆炸，但在水溶液中低温下较稳定，因此，通常不分离重氮盐，而是在溶液中直接开展下一步反应。此外，重氮盐兼有酸和碱的特性，其结构随 pH 变化而改变，它既可以与酸生成盐，又可以与碱生成盐。在水介质中，重氮盐的结构转变如下所示。

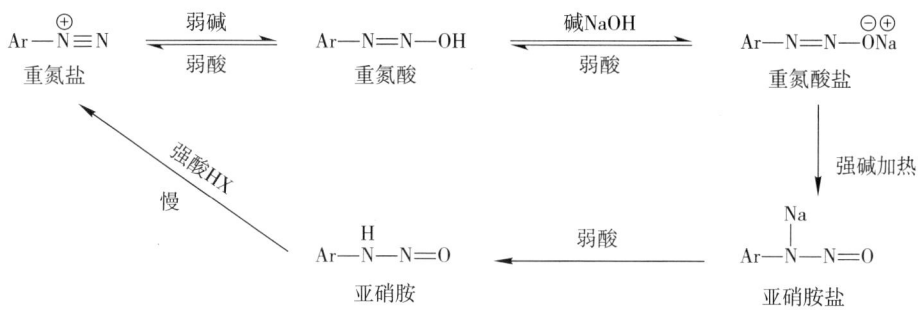

其中亚硝胺和亚硝胺盐较稳定，而重氮盐、重氮酸和重氮酸盐则较活泼，因此重氮盐的反应一般是在强酸性到弱碱性介质中进行的。值得注意的是，芳胺结构不同，生成的重氮盐发生上述转化的 pH 也不同。

二、重氮盐的应用

重氮盐具有很高的反应活性，可发生许多反应，如取代、还原、偶联、水解等。其中最重要的反应有两大类：一类是重氮基被其他取代基所置换，同时脱去两个氮原子而放出氮气的反应（放氮反应）；另一类是重氮基转化为偶氮基或肼基，并不脱去氮原子的反应（留氮反应），这些反应广泛运用于药物合成中。

（一）重氮盐的置换反应（放氮反应）

1. 重氮基被氢置换　将重氮盐用适当的温和还原剂进行还原时，使重氮基被氢置换（也称脱氨基反应），并放出氮气，是除去芳环上氨基的常用方法。

（1）反应通式：

$$Ar-N_2^{\oplus}X^{\ominus} \xrightarrow{\text{还原剂}} Ar-H + N_2$$

（2）反应机理：最常用的还原剂是乙醇、丙醇、异丙醇、次磷酸等，其反应历程是自由基型，用乙醇作还原剂的反应机理如下：

$$Ar-N_2^{\oplus}X^{\ominus} \longrightarrow Ar^{\cdot} + X^{\cdot} + N_2$$

$$Ar^{\cdot} + CH_3CH_2OH \longrightarrow Ar-H + CH_3\dot{C}HOH$$

$$CH_3\dot{C}HOH + X^{\cdot} \longrightarrow CH_3\underset{X}{CHOH} \longrightarrow CH_3CHO + HX$$

芳基重氮盐分解产生芳基自由基，其与乙醇作用产生芳烃及乙醇碳自由基，进而与卤素自由基结合成 1-卤代乙醇，随后脱卤化氢产生氧化产物乙醛。

用次磷酸还原时，不论芳环上有吸电子基或给电子基，均可高收率发生脱氨基反应。其反应历程也是自由基型，芳基重氮盐分解产生的芳基自由基与次磷酸作用产生芳烃及次磷酸自由基，并最终转化为氧化产物亚磷酸。

$$Ar^{\cdot} + H_3PO_2 \longrightarrow Ar-H + \dot{H_2PO_2}$$

$$Ar-N_2^{\oplus}X^{\ominus} + \dot{H_2PO_2} \longrightarrow Ar^{\cdot} + H_2PO_2X + N_2$$

$$H_2PO_2X + H_2O \longrightarrow H_3PO_3 + HX$$

(3) 反应影响因素及应用实例：用乙醇作还原剂时，Cu^{2+} 和 Cu^+ 有催化作用，反应中还会发生重氮基被乙氧基置换生成芳醚的离子型副反应。

$$Ar-N_2^{\oplus}X^{\ominus} + CH_3CH_2OH \longrightarrow Ar-OCH_2CH_3 + HX + N_2$$

重氮盐脱氨基反应与芳环上的取代基和醇种类有关，当芳环上有吸电子基（如硝基、卤基、羧基等）时，脱氨基反应收率良好。而无取代基的重氮苯及其同系物，主要生成芳醚。用甲醇代替乙醇有利于生成芳醚的反应，而用丙醇则主要生成脱氨基产物，如血管扩张剂丁洛地尔（buflomedil）中间体 1,3,5- 三溴苯的合成。

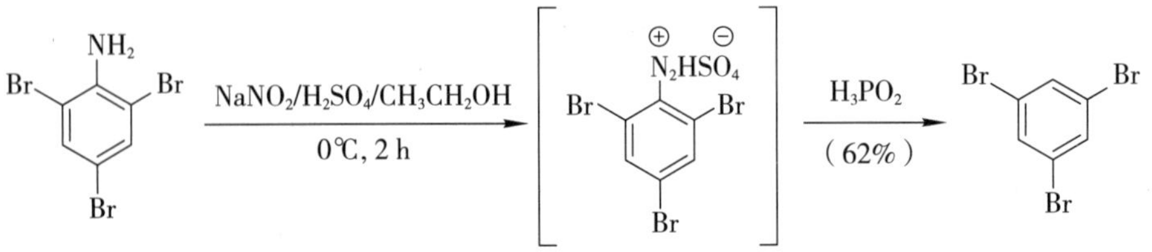

芳杂环胺也可发生脱氨基反应，如抗病毒药利巴韦林（ribavirin）中间体的合成，反应中以异丙醇作为还原剂。

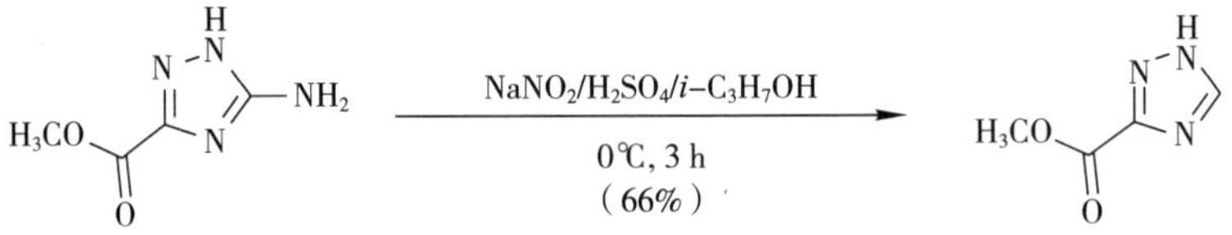

用次磷酸进行还原是在室温或较低温度下将反应液长时间放置而完成的，加入少量的 $KMnO_4$、$CuSO_4$、$FeSO_4$ 或 Cu 可大大加速反应。一般情况下次磷酸还原收率较乙醇更高，但次磷酸用量较大，芳胺与次磷酸摩尔比至少为 1∶5，如抗生素头孢唑啉（cefazolin）的中间体四氮唑的合成。

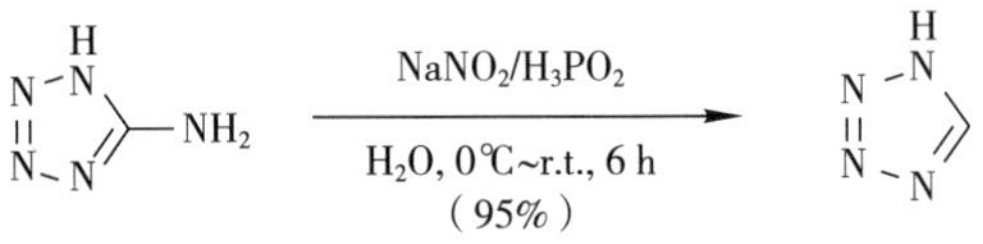

2. 重氮基被羟基置换

（1）反应通式：

$$Ar-N_2^{\oplus}X^{\ominus} \xrightarrow{H_2SO_4/H_2O} Ar-OH + N_2$$

（2）反应机理：重氮盐被羟基置换又称为重氮盐的水解反应，属于 S_N1 反应历程，当将重氮盐在酸性水溶液中加热煮沸时，重氮盐首先分解成芳基正离子，然后受到亲核试剂 H_2O 的进攻，快速生成中间体正离子，再脱质子生成酚类。

$$Ar-N_2^{\oplus}X^{\ominus} \xrightarrow{慢} Ar^{\oplus} + X^{\ominus} + N_2$$

$$Ar^{\oplus} + :\overset{H}{\underset{H}{O}} \xrightarrow{快} Ar-OH + H^{\oplus}$$

（3）反应影响因素及应用实例：由于芳基正离子非常活泼，可以与反应液中的亲核试剂发生反应，为避免其与氯负离子反应生成氯化副产物，芳伯胺的重氮化需要在稀硫酸介质中进行。为了避免芳基正离子与生成的酚负离子反应生成二芳基醚等副产物，最好是将生成的可挥发性酚立即采用水蒸气蒸馏方法蒸出，或者向反应液中加入氯苯等惰性有机溶剂，使生成的酚立即转入到有机相中，减少与水相的芳基正离子接触。为了避免重氮盐与水解生成的酚发生偶联反应生成羟基偶氮基化合物，水解反应要在适当浓度的硫酸中进行。该反应通常是将冷的重氮盐水溶液滴加到沸腾的稀硫酸中。水解的难易程度与重氮盐的结构有关，水解温度一般为 102~145℃，重氮盐越稳定，水解温度越高。加入硫酸铜对于重氮盐的水解有催化作用，可降低水解温度，提高收率。在实际应用中，当其他方法不易在芳环的指定位置上形成羟基时，可采用重氮盐的水解法，如去氧肾上腺素中间体间羟基苯乙酮的合成。

$$\text{H}_3\text{C-CO-C}_6\text{H}_4\text{-NH}_2 \xrightarrow[0℃\sim reflux,\ 3\ h]{\text{NaNO}_2/\text{H}_2\text{SO}_4/\text{H}_2\text{O}} \text{H}_3\text{C-CO-C}_6\text{H}_4\text{-OH}$$
(66%)

芳香杂环胺也可发生重氮盐的水解反应，如抗流感药法匹拉韦（favipiravir）中间体的合成。

$$\text{Br-pyrazine(NH}_2\text{)-COOCH}_3 \xrightarrow[-5℃\sim reflux,\ 3\ h]{\text{NaNO}_2/\text{H}_2\text{SO}_4/\text{H}_2\text{O}} \text{Br-pyrazine(OH)-COOCH}_3$$
(76%)

3. Sandmeyer 反应

（1）反应通式：

$$\text{Ar—NH}_2 \xrightarrow{\text{NaNO}_2,\ \text{HCl}} \text{Ar—N}_2^{\oplus}\text{Cl}^{\ominus} \begin{cases} \xrightarrow{\text{CuCl/HCl}} \text{Ar—Cl} \\ \xrightarrow{\text{CuBr/HBr}} \text{Ar—Br} \\ \xrightarrow{\text{KI}} \text{Ar—I} \\ \xrightarrow{\text{CuCN/NaCN}} \text{Ar—CN} \end{cases}$$

（2）反应机理：Sandmeyer 反应已被公认为自由基反应，以氯代反应为例，首先是重氮盐正离子与亚铜盐负离子生成配合物，然后经电子转移生成芳游离基 Ar·，最后，芳游离基 Ar· 与 $CuCl_2$ 反应生成氯代产物，并重新生成催化剂 CuCl。

$$\text{CuCl} + \text{Cl}^{\ominus} \xrightleftharpoons{\text{快}} [\text{CuCl}_2]^{\ominus}$$

$$\text{Ar—}\overset{\oplus}{\text{N}}\equiv\text{N} + [\text{CuCl}_2]^{\ominus} \xrightleftharpoons{\text{慢}} \text{Ar—}\overset{\oplus}{\text{N}}\equiv\text{N}\cdot\text{CuCl}_2^{\ominus}$$

$$\text{Ar—}\overset{\oplus}{\text{N}}\equiv\text{N}\cdot\text{CuCl}_2^{\ominus} \xrightarrow{\text{慢}} \text{Ar—N}=\text{N}\cdot + \text{CuCl}_2$$

$$\text{Ar—N}=\text{N}\cdot \longrightarrow \text{Ar}\cdot + \text{N}_2$$

$$\text{Ar}\cdot + \text{CuCl}_2 \longrightarrow \text{Ar—Cl} + \text{CuCl}$$

（3）反应影响因素及应用实例：上述反应机理中，第二、三两步反应速率较慢，是反应决速步骤，第二步反应中形成配合物的反应速率与重氮盐的结构有关。当芳环上有吸电子基时，有利于重氮盐端基氮正离子与 $[CuCl_2]^-$ 结合，而加快反应速率。芳环上已有取代基对反应速率的影响按以下顺序递减。

$$p\text{-NO}_2 > p\text{-Cl} > \text{H} > p\text{-CH}_3 > p\text{-OCH}_3$$

Sandmeyer 反应的常用操作方法有两种，一种是将亚铜盐的氢卤酸溶液加热到适当温度，慢慢加入重氮盐溶液，混合后立即发生反应，始终保持亚铜盐过量，该方法适用于反应速率快的重氮盐，如精神分裂症药物三氟哌多（trifluperidol）中间体 3-溴三氟甲苯的合成。

$$F_3C\text{-}C_6H_4\text{-}NH_2 \xrightarrow[0℃, 1h]{NaNO_2/HBr} F_3C\text{-}C_6H_4\text{-}N_2^+Br^- \xrightarrow[100℃, 1h]{CuBr/HBr} F_3C\text{-}C_6H_4\text{-}Br$$
（>90%）　　　　　　　　　　　　　　　（56%）

第二种方法是将重氮盐一次性加入冷却的亚铜盐氢卤酸溶液中，慢慢反应并加热使反应完全，重氮盐处于过量状态，该方法适用于反应速率较慢的重氮盐，如抗菌药加雷沙星（garenoxacin）中间体的合成。

$$\underset{OCHF_2}{\underset{H_2N}{\text{COOH}}} \xrightarrow[(2)\ CuBr/HBr/r.t./24h]{(1)\ NaNO_2/HBr/0℃/1h} \underset{OCHF_2}{\underset{Br}{\text{COOH}}}$$
（96%）

案例讨论 2-3　*2,3,4-三氟溴苯的合成工艺优化*

除了采用氯化亚铜或溴化亚铜以外，也可以将铜粉加入冷的重氮盐的氢卤酸水溶液中进行重氮基被氯（或溴）置换的反应，称为 Gatterman 反应。如抗抑郁药 SB-45570 中间体 2-溴-5-碘甲苯的合成。

$$\underset{CH_3}{\underset{I}{\text{-}NH_2}} \xrightarrow[0℃, 1h]{NaNO_2/HBr} \underset{CH_3}{\underset{I}{\text{-}N_2^+Br^-}} \xrightarrow[90℃, 0.5h]{Cu/HBr} \underset{CH_3}{\underset{I}{\text{-}Br}}$$
（两步 76%）

重氮基被碘置换，也可以采用 Sandmeyer 反应，但氢碘酸容易被氧化成碘，所以重氮化时不能在氢碘酸中进行，而要在乙酸中进行，然后再加入碘化亚铜-氢碘酸水溶液进行碘置换反应。更简单的方法是将芳伯胺在稀硫酸或稀盐酸中重氮化，然后向重氮液中加入碘化钾或碘化钠，或者将重氮盐液倒入碘化钠水溶液中，即可完成碘置换反应。这可能是一部分碘化钾被氧化成元素碘，后者与 I^- 形成了 I_3^-，而 I_3^- 亲核能力强，因此不需要亚铜盐催化。其反应历程是兼有离子型和自由基型的亲核置换反应，反应中有碘升华现象。

$$I^- + I_2 \longrightarrow I_3^-$$

$$Ar\text{-}N^+{\equiv}N + I_3^- \longrightarrow Ar\text{-}N_2^+ \cdot I_3^- \longrightarrow Ar\text{-}I + I_2 + N_2$$

如抗丁肝药洛那法尼（lonafarnib）中间体的合成。

$$\underset{Br}{\underset{H_2N}{\text{HOOC-}C_6H_3\text{-Cl}}} \xrightarrow[(2)\ KI]{(1)\ NaNO_2/H_2SO_4/0℃/1h} \underset{Br}{\underset{I}{\text{HOOC-}C_6H_3\text{-Cl}}}$$
（87%）

重氮盐极不稳定，受热或振动易爆炸，这给合成带来了很大的难度和危险性。为了减少与重氮化学相关的危险，使用硫代硫酸盐或二卤化铜作为电子供体可实现硝酸盐还原，该反应是决速步骤，产生的芳基重氮盐作为瞬态中间体，避免了易爆炸的重氮中间体积累，可一步将芳胺安全、高效地脱氨基卤化为相应的芳基卤化物，如前列腺癌药物尼鲁米特（nilutamide）的碘代衍生物合成。

$$\text{尼鲁米特} \xrightarrow[\text{CH}_3\text{CN, reflux, 16 h}]{\text{KNO}_3/1,2\text{-DIE}/\text{Na}_2\text{S}_2\text{O}_3} \text{(88\%)}$$

将重氮盐与氰化亚铜的配合物在水中发生反应,可以使重氮基被氰基置换,这个反应也称作 Sandmeyer 反应。氰化亚铜的配位盐水溶液是由氯化亚铜或氰化亚铜溶于氰化钠水溶液制得。

$$\text{CuCl} + 2\text{NaCN} \longrightarrow \text{Na}[\text{Cu}(\text{CN})_2] + \text{NaCl}$$

$$\text{CuCN} + \text{NaCN} \longrightarrow \text{Na}[\text{Cu}(\text{CN})_2]$$

重氮基被氰基置换的反应必须在弱碱性介质中进行,因为在强酸性介质中不仅副反应多,而且还会逸出剧毒的氰化氢气体。在弱碱性介质中不存在 CuCl_2^-,不易发生重氮基被氯置换的副反应,因此重氮化可以在稀酸中进行,所得的重氮盐应先中和到中性,再加入复盐溶液中反应。除了氰化亚铜配位盐以外,也可以用四氰氨铜配位盐 $\text{NaCu}(\text{CN})_4\text{NH}_3$ 或氰化镍配位盐 NaCNNiSO_4。含有铜氰配位盐的废液最好能循环使用,不能使用时应进行无毒化处理。

4. Schiemann 反应 由于氟离子是很弱的碱,且在水中形成很强的氢键,亲核性很差,不能取代重氮基。将重氮盐转化为氟硼酸重氮盐,而后将该复盐加热分解生成氟代芳烃,称为 Schiemann 反应。

(1) 反应通式:

$$\text{Ar}-\overset{\oplus}{\text{N}_2}\overset{\ominus}{\text{Cl}} \xrightarrow{\text{HBF}_4} \text{Ar}-\overset{\oplus}{\text{N}_2}\overset{\ominus}{\text{BF}_4} \xrightarrow{\triangle} \text{Ar}-\text{F}$$

(2) 反应机理:氟硼酸重氮盐的热分解属于 S_N1 反应,生成芳基碳正离子,亲核试剂不是 F^-,而是 BF_4^-,最终生成氟代芳烃和三氟化硼。

$$\text{Ar}-\overset{\oplus}{\text{N}_2}\overset{\ominus}{\text{Cl}} \xrightarrow{\text{HBF}_4} \text{Ar}-\overset{\oplus}{\text{N}_2}\overset{\ominus}{\text{BF}_4} \xrightarrow[-\text{N}_2]{\triangle} \text{Ar}^+ + \overset{\ominus}{\text{FBF}_3} \longrightarrow \text{Ar}-\text{F} + \text{BF}_3$$

(3) 反应影响因素及应用实例:氟硼酸重氮盐有两种常见制备方法,一种是向重氮盐中加入氟硼酸或氟硼酸盐溶液,析出氟硼酸重氮盐结晶,经过滤、洗涤、干燥后,小心加热释放氮气和三氟化硼气体,得到芳基氟。另一种是直接在氟硼酸中进行重氮化,如镇静药氟西泮(flurazepam)中间体 2-甲基氟苯的合成。

$$\text{邻甲基苯胺} \xrightarrow[-15\sim-5\text{℃, 1 h}]{\text{NaNO}_2/\text{HBF}_4} \text{重氮盐} \xrightarrow[\text{reflux, 1 h}]{} \text{2-甲基氟苯 (两步65\%)}$$

5. 重氮盐被含硫基团置换 与一些低价含硫化合物作用可以使重氮基被含硫基团置换。将冷的重氮盐水溶液倒入冷的 $\text{Na}_2\text{S}_2-\text{NaOH}$ 水溶液中,将生成的二硫化物 Ar-S-S-Ar 还原,可制得相应的硫酚,如医药中间体邻巯基苯甲酸的合成。

$$\text{邻氨基苯甲酸} \xrightarrow[0\text{℃, 1 h}]{\text{NaNO}_2/\text{HCl}} \text{重氮盐} \xrightarrow[0\text{℃, 3 h}]{\text{Na}_2\text{S}_2-\text{NaOH}} \text{二硫化物 (两步68\%)} \xrightarrow[\text{reflux, 6 h}]{\text{Fe/HCl}} \text{邻巯基苯甲酸 (84\%)}$$

将冷的重氮盐水溶液倒入乙基黄原酸钠水溶液中，分离出乙基黄原酸芳基酯，将后者在氢氧化钠水溶液中或稀硫酸中水解即得到相应的硫酚，称为 Leukardt 反应，但该方法不适合制备邻甲基苯硫酚和间溴苯硫酚等。

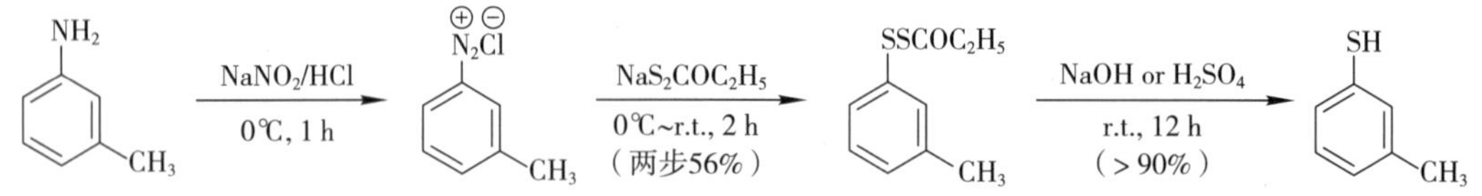

某些芳香重氮盐直接与亚硫酸氢钠的稀盐酸溶液在铜盐催化作用下，生成磺酰氯，如除草剂氯磺隆（chlorsulfuron）中间体邻氯苯磺酰氯的合成。

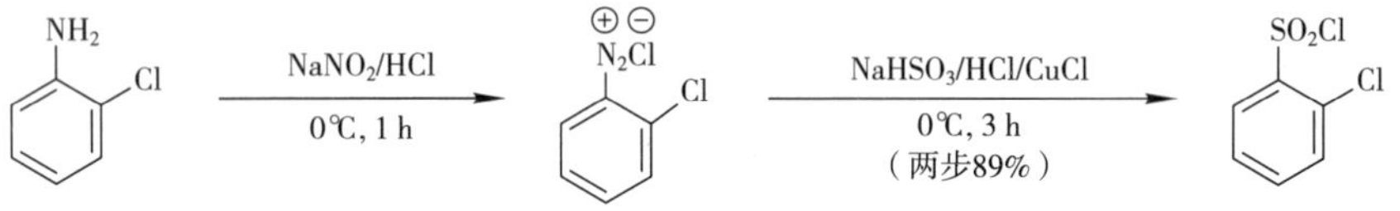

6. 重氮基被烃基置换　在适当的条件下，重氮基可以被烃基所置换，形成新的 C—C 键，该方法可用于制造不对称联芳基衍生物，即贡贝格（Gomberg）反应。这类反应常在碱性条件下进行，并需保持较低的反应温度，如医药中间体 4-溴联苯的合成。

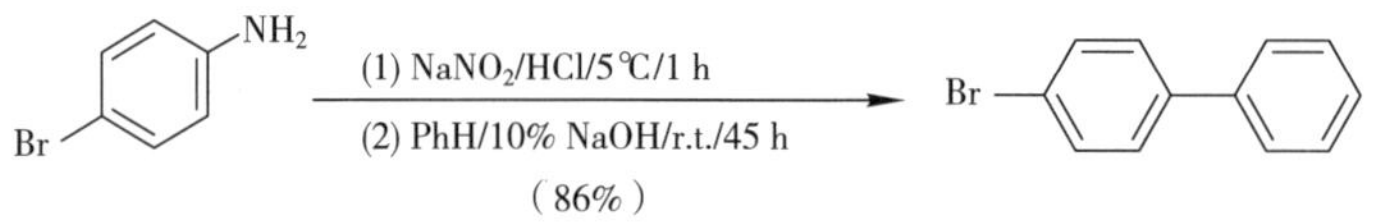

（二）重氮盐的还原反应

重氮盐在盐酸介质中用强还原剂（氯化亚锡或锌粉）进行还原时可以得到芳肼盐酸盐，具体操作方法是预先将氯化亚锡溶于浓盐酸中，低温下将其慢慢加入重氮盐溶液中，生成芳肼盐酸盐，中和后得到芳肼。如止吐药格拉司琼（granisetron）中间体 1H-吲唑-3-羧酸的合成。

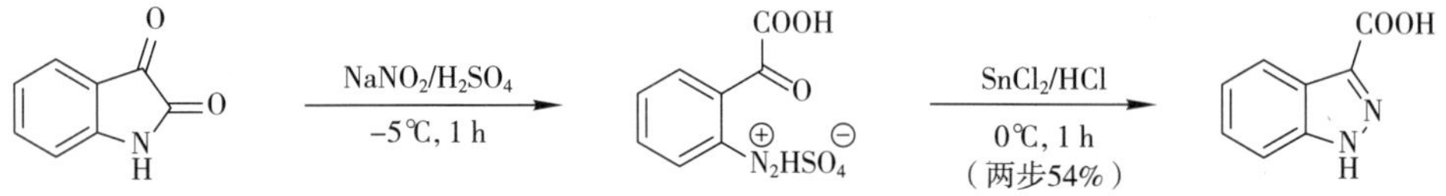

当前工业上最实用的还原剂是亚硫酸钠和亚硫酸氢钠，反应历程如下图所示，即先发生 N-加成磺化反应（Ⅰ）和（Ⅱ），分别得重氮-N-磺酸钠和芳肼-N,N'-二磺酸钠，然后再进行水解-脱磺酸反应（Ⅲ）和（Ⅳ），依次得到芳肼-N-磺酸钠与芳肼盐酸盐。

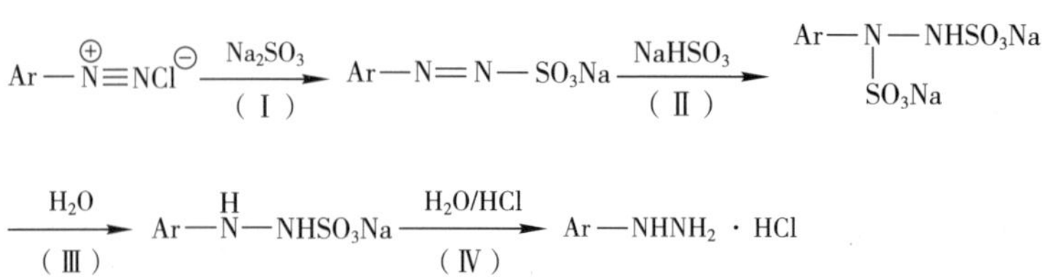

如镇痛药依托度酸（etodolac）的中间体 2-乙基苯肼盐酸盐的合成。

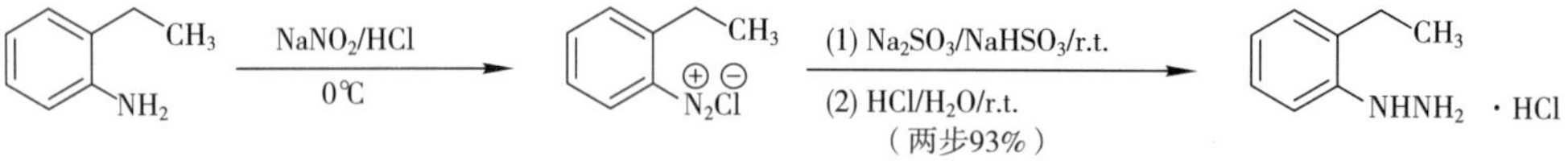

（三）重氮盐的偶联反应

重氮盐的偶联是制备偶氮染料常见的反应，且在制备某些药物中间体方面也有重要应用。在进行偶联反应时，重氮盐以亲电试剂的形式对酚类或芳胺类的芳环上的氢进行亲电取代而生成偶氮化合物。

1. 反应通式

$$Ar-\overset{\oplus}{N_2}X^{\ominus} + Ar'-OH \longrightarrow Ar-N=N-Ar'-OH + HX$$

$$Ar-\overset{\oplus}{N_2}X^{\ominus} + Ar'-NH_2 \longrightarrow Ar-N=N-Ar'-NH_2 + HX$$

2. 反应机理

（1）重氮盐与酚类偶联的反应机理如下：

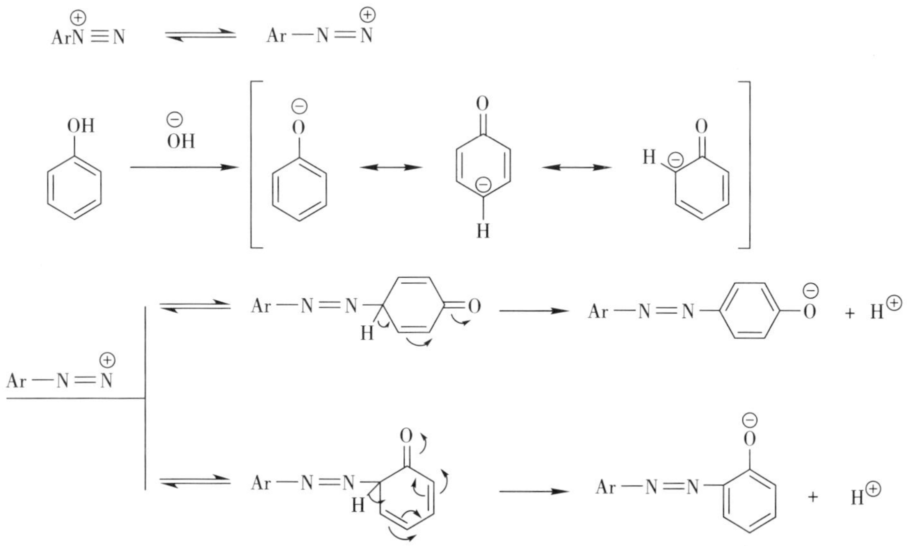

（2）重氮盐与芳胺的偶联机理如下：

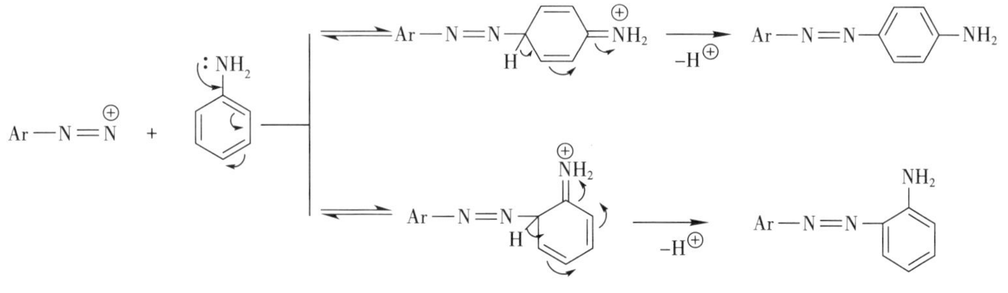

参与偶联反应的重氮盐称为重氮组分，与重氮盐发生反应的酚类和胺类称作偶联组分。反应时重氮盐正离子进攻偶联组分环上电子云密度高的碳原子（酚或芳胺的邻、对位）形成中间产物，进而迅速失去一个氢原子，恢复苯环的共轭结构，不可逆地转化为相应偶氮化合物。

3. 反应影响因素及应用实例　偶联反应的难易取决于反应物的结构和反应条件，重氮盐的芳环上有吸电子基时，能使 $-N_2^+$ 上的正电荷增加，偶联能力增强。反之芳环有给电子基时，则使偶联能力减弱。一般地，重氮盐的亲电能力较弱，它们只能与芳环上具有较大电子云密度的酚类、酚醚或芳胺类进行偶联。偶联时偶氮基常进入偶联组分中酚羟基、氨基等基团的对位，当对位被占用时，则进入邻位，若对位和两个邻位均被占据时，不发生偶联反应，如抗菌药柳氮磺胺吡啶（sulfasalazine）的合成。

案例讨论 2-4 柳氮磺胺吡啶的合成工艺优化

$$\text{ArSO}_2\text{NH-Py} \xrightarrow[0℃]{\text{NaNO}_2/\text{HCl}} \text{ArN}_2^+\text{Cl}^- \xrightarrow[5\sim10℃, 1\text{h}]{\text{水杨酸/NaOH}} \text{柳氮磺胺吡啶}$$
（两步85%）

拓展阅读 2-2 源于染料的抗菌药——偶氮磺胺

重氮盐的偶联反应通常是将重氮盐水溶液加入冷的含偶联组分的水溶液中而完成的。偶联介质的 pH 取决于偶联组分的结构，偶联组分是胺类时，要求介质 pH 为 4~7（弱酸性）；偶联时组分是酚类时，要求介质的 pH 为 7~10（弱碱性）。偶联组分中同时含有氨基和羟基时，则在酸性条件下偶联时，偶氮基进入氨基的邻、对位；在碱性条件下偶联时，偶氮基进入羟基的邻、对位。

三、叠氮化反应

叠氮化反应是制备有机叠氮化合物的主要方法，可在有机化合物中引入叠氮基高能活性官能团，有机叠氮化合物是一类重要的有机合成中间体，已广泛应用于有机合成、化学生物学、功能材料及医药原料，如艾滋病药物齐多夫定（zidovudine）、抗菌药阿度西林（azidocillin），特别是诺贝尔奖得主 Sharpless 等将叠氮化合物与端炔的 1,3- 偶极环加成发展成"点击化学"反应以来，有机叠氮化合物在合成 1,2,3- 三氮唑类化合物等相关领域的应用发展尤为迅速。

齐多夫定　　阿度西林

有机叠氮化合物主要是通过含不饱和键及某些极性键的底物与能提供叠氮基的前体发生加成或亲核取代反应获得，常见能提供叠氮基的前体有叠氮酸、叠氮化钠、三甲硅基叠氮等，其中最常用的叠氮化试剂是叠氮化钠。

学科前沿 2-3 点击化学

1. 芳基叠氮化反应　利用芳胺重氮化反应制备芳基叠氮化合物是该类化合物合成的经典方法，反应常分两步进行，第一步是将芳胺在亚硝酸作用下制备得到重氮盐，第二步是重氮盐的分解并进一步叠氮化得到芳基叠氮化合物。

$$\text{ArNH}_2 \xrightarrow[(2)\ \text{NaN}_3/0℃\sim\text{r.t.}]{(1)\ \text{NaNO}_2/\text{HCl}/0℃} \text{ArN}_3$$

此方法具有成本低廉、反应高效等优点，至今仍被广泛使用，其缺点是需要在强酸性环境下进行，有时会影响底物结构及官能团的兼容性。将硫酸负载于硅胶上，芳胺在室温条件下即可转化为相应叠氮化合物，该法制备的重氮盐中间体比较稳定，操作更为简便。例如，医药中间体 4- 叠氮基二苯甲酮的合成。

$$\text{(benzophenone-4-amine)} \xrightarrow[\text{(2) NaN}_3/0\ ^\circ\text{C} \sim \text{r.t.}]{\text{(1) H}_2\text{SO}_4\text{-SiO}_2/\text{NaNO}_2/\text{H}_2\text{O}} \text{(benzophenone-4-azide)} \quad (87\%)$$

2. 烷基叠氮化反应　烷基或苄基卤代烃与 NaN₃ 反应相对较容易，不需金属催化就能直接反应得到脂肪或苄基叠氮化合物。此外，三氟甲磺酸酯也可直接与叠氮钠反应获得相应叠氮化合物。

$$\text{RX} + \text{NaN}_3 \xrightarrow[\text{r.t. 或加热}]{\text{溶剂}} \text{R-N}_3$$

（R = 烷基，苄基；X = Cl, Br, I, OTf）

该反应对底物中的酯基、羧基、羰基、羟基等官能团均具有很好的兼容性，如镇痛药奥利替丁（oliceridine）中间体的合成。

$$\xrightarrow[\text{DMF, 50}\ ^\circ\text{C, 3 h}]{\text{NaN}_3} \quad (73\%)$$

3. 酰基叠氮化反应　酰基叠氮可用于制备酰胺、杂环类化合物，还可经 Curtius 重排形成异氰酸酯活泼中间体，常用于合成胺、氨基甲酸酯和脲等。酰肼的重氮化反应是合成酰基叠氮的经典方法，如胸腺 2A 受体抑制剂的中间体 4- 溴吡啶 -2,6- 二甲酰基叠氮的合成。

$$\xrightarrow[0\ ^\circ\text{C, 1 h}]{\text{NaNO}_2/\text{HCl}} \quad (>90\%)$$

此外，由酰氯制备得到酰基叠氮也是常用方法，酰氯除了通过转变成其他羧酸衍生物来合成酰基叠氮外，还可与叠氮化钠或叠氮酸直接反应制备相应的酰基叠氮化合物，如 A3 腺苷受体拮抗剂的中间体呋喃酰基叠氮的合成。

$$\xrightarrow[\text{CH}_3\text{CH}_2\text{OH, H}_2\text{O, r.t., 2 h}]{\text{NaN}_3} \quad (>90\%)$$

（李　政）

第三章

烃化反应

编者导学

📍 学习目标

🔆 思维导图

章节导航
第一节　氧原子上的烃化反应
第二节　氮原子上的烃化反应
第三节　碳原子上的烃化反应
第四节　相转移催化反应

　　烃化反应（alkylation reaction）是指用烃基取代有机分子某些官能团（如羟基、氨基、巯基）或碳原子上的氢原子的反应，此外有机金属化合物中的金属部分被烃基取代的反应，亦属于烃化反应范畴。引入的烃基包括脂肪族烃基和芳香族烃基。按照烃基引入位置的不同，可以分为氧原子上的烃化反应、氮原子上的烃化反应及碳原子上的烃化反应。

　　烃化反应大多数为亲核取代反应机理，即带负电荷或未共用电子对的氧、氮、碳原子对烃化试剂带正电荷的碳原子进行亲核进攻。另外，还可能涉及催化剂存在下，芳环上引入烃基的亲电取代反应，以及过渡金属催化的偶联反应。

第一节　氧原子上的烃化反应

　　氧原子上的烃化反应是指醇或酚类化合物的氧原子上引入烃基形成醚的反应，该反应一般为亲核取代反应。对称醚可以由醇在酸性条件下脱水制得，混合醚可通过羟基化合物与各种烃化试剂制备。常用的烃化试剂有卤代烃、磺酸酯、环氧乙烷、烯烃、醇等。

一、醇的 O- 烃化反应

　　醇可与各类烃化试剂进行反应，制备醚类化合物。根据烃化试剂的不同，其反应机理可以为单分子亲核取代反应历程（S_N1）或双分子亲核取代反应历程（S_N2）。

（一）卤代烃为烃化试剂

1. **反应通式**　醇在碱的作用下与卤代烃发生亲核取代反应生成醚，称为 Williamson 醚化反应。这是合成混合醚类化合物的重要方法。

$$ROH + R^1X \xrightarrow{\text{碱}} RO-R^1 \quad (R^1 = \text{烷基或芳基}; X = I, Br, Cl, F)$$

2. 反应机理　该反应为亲核取代反应机理，可以为单分子反应历程，也可以是双分子反应历程，这取决于卤代烃的结构。通常伯卤代烃发生双分子亲核取代反应（S_N2）。

$$ROH \underset{\text{酸}}{\overset{\text{碱}}{\rightleftharpoons}} RO^{\ominus}$$

$$RO^{\ominus} + R^1\overset{\delta+}{-}\overset{\delta-}{X} \longrightarrow [RO\cdots R^1\cdots X]^{\ominus} \longrightarrow RO-R^1 + X^{\ominus}$$

在卤代烃中，随着与卤素相连的碳原子上取代基的增多，而逐渐趋向于单分子亲核取代反应（S_N1）。

$$R^1X \underset{}{\overset{\text{慢}}{\rightleftharpoons}} R^{1\oplus} + X^{\ominus}$$

$$R^{1\oplus} + ROH \xrightarrow{\text{快}} \left[R^1\overset{\oplus}{\underset{H}{-O}}-R\right] \xrightarrow{\text{快}} ROR^1 + H^{\oplus}$$

3. 反应影响因素及应用实例　不同卤素的 C—X 键可极化性不同，极化度越大，反应能力越强。当烃基相同时，卤代烃的活性顺序为 RI > RBr > RCl > RF。如果在反应中所用卤代烃的活性不够强，可以加入适量的 KI，使卤代烃中的卤素被置换成碘，从而增加反应活性。当卤素相同时，主要考虑立体位阻的影响，伯卤代烃活性大于仲卤代烃。而叔卤代烃在强碱条件下极易发生消除反应生成烯烃，反应需在中性或弱碱性条件下进行。

醇的 O–烃化反应活性受到本身结构的影响。醇羟基的亲核能力越强，反应活性越大，烃化反应越容易进行。加入强碱，使醇生成亲核能力更强的烷氧负离子 RO⁻，促进反应的进行，但叔卤代烃不可用于强碱条件下的反应。

碘代烷的反应活性很高，对醇的烃化反应比较容易进行。例如，抗癫痫药拉考沙胺（lacosamide）中间体的合成中，在强碱氢化钠（NaH）的作用下，碘甲烷对伯醇进行烃化，零摄氏度下即可进行反应，以高收率得到 O–甲基化产物。

β_1 受体阻断剂倍他洛尔（betaxolol）中间体的合成中，伯溴代烷在强碱条件下对伯醇烃化，需在加热条件下进行。

案例讨论 3-1　苯海拉明的合成工艺优化

芳香卤代烃中卤素与芳环共轭，活性较低，一般不易发生反应。例如，抗菌药硝酸舍他康唑（sertaconazole）中间体的合成中，醇羟基选择性与烷基卤代烃反应，而芳基卤代烃不反应。

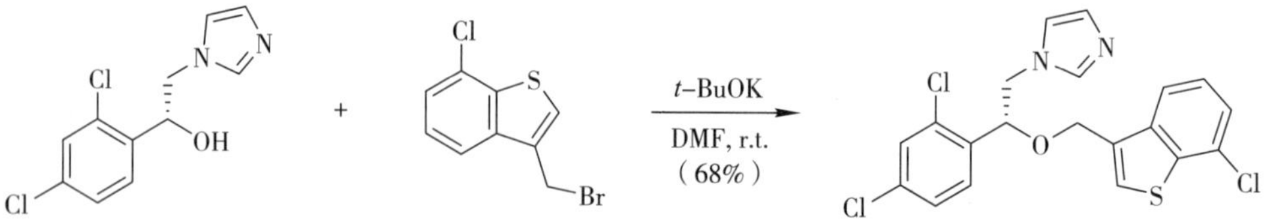

如果苯环上卤素的邻对位含有吸电子基，芳卤的活性会增强，能顺利与醇羟基发生反应得到烃化产物。芳环上含有吸电子基的卤原子活性顺序为 F > Cl > Br > I。例如，降糖药依帕列净（empagliflozin）中间体的合成中，含有吸电子基的氟代芳烃活性高，优先于氯及碘取代芳烃进行反应。

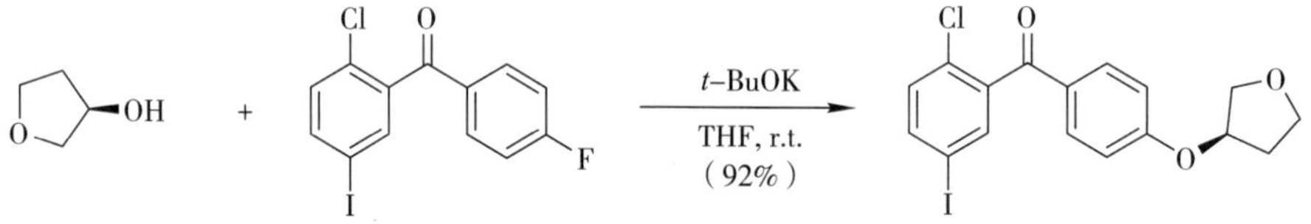

缺电子芳杂环化合物如吡啶、嘧啶、哒嗪及喹啉等芳香族卤代烃，卤原子位于氮原子的邻位或对位时，活性较大，可在碱性条件下与醇发生烃化反应。例如，PET 造影剂氟比他匹（florbetapir F 18）中间体的制备中，采用缺电子的 2-溴-5-碘吡啶与三甘醇在碱性条件下能够发生亲核取代反应。

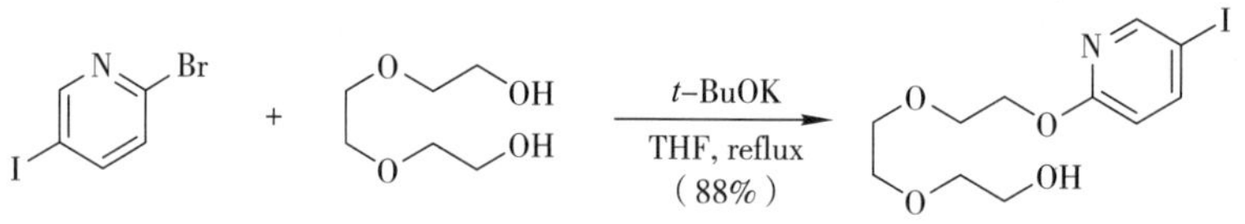

卤代醇在碱性条件下可发生分子内 Williamson 反应，该反应是制备环状醚类化合物的常用方法。例如，支气管舒张剂茚达特罗（indacaterol）中间体的制备中，手性 α-卤代醇在碱的作用下发生分子内醚化反应，得到环氧乙烷衍生物。

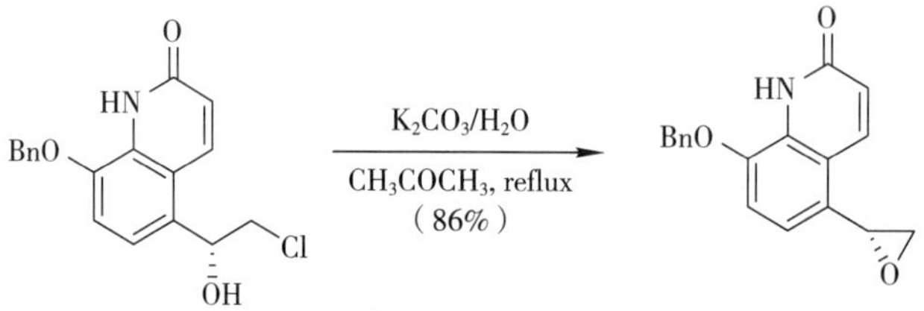

（二）磺酸酯为烃化试剂

1. 反应通式　芳基磺酸酯、甲磺酸酯及三氟甲磺酸酯是较强的烃化试剂，均可与醇发生 O-烃化反应。

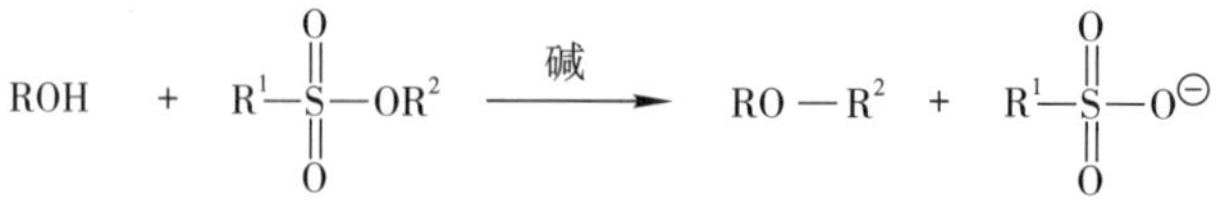

（R^1= 芳基，甲基或三氟甲基；R^2= 烷基）

2. 反应机理　磺酸根负离子是很好的离去基团，解离出烃基正离子后，其反应机理与卤代烃的亲核取代反应机理类似。

3. 反应影响因素及应用实例　对甲苯磺酸酯基（OTs）或甲磺酸酯基（OMs）应用较为广泛，常用于引入相对分子质量较大的烃基。例如，嗜睡症治疗药物替洛利生（pitolisant）的合成。

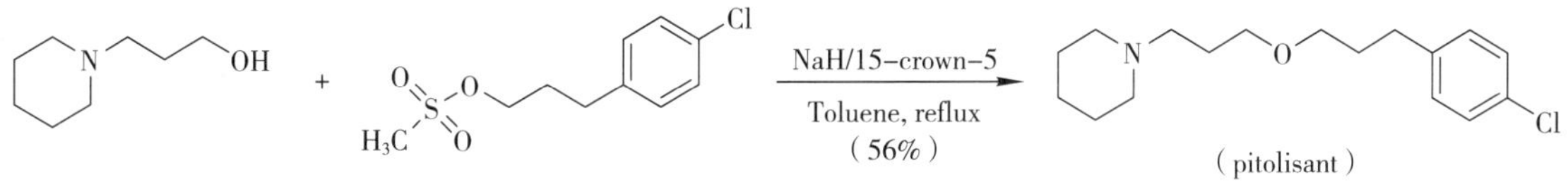

磺酸酯化合物中含有其他非离去性官能团，不影响烃化反应的进行。例如，乙肝治疗药物富马酸磷丙替诺福韦（tenofovir alafenamide fumarate）中间体的制备中，利用含有膦酸酯基的磺酸酯作为烃化试剂，反应后可得到膦酸酯化合物。

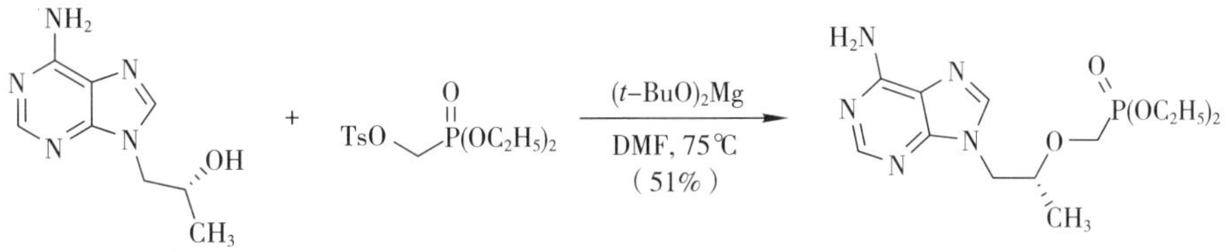

此外，磺酸酯类化合物还可以用于醇的分子内 O- 烃化反应。例如，抗菌药德拉马尼（delamanid）中间体的合成。

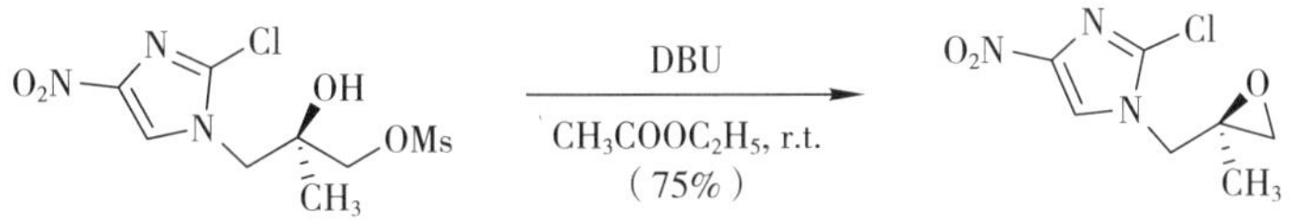

与磺酸酯类似，三氟乙酸酯也可以作为烃化试剂与醇发生反应。例如，化疗止吐药阿瑞匹坦（aprepitant）中间体的合成。

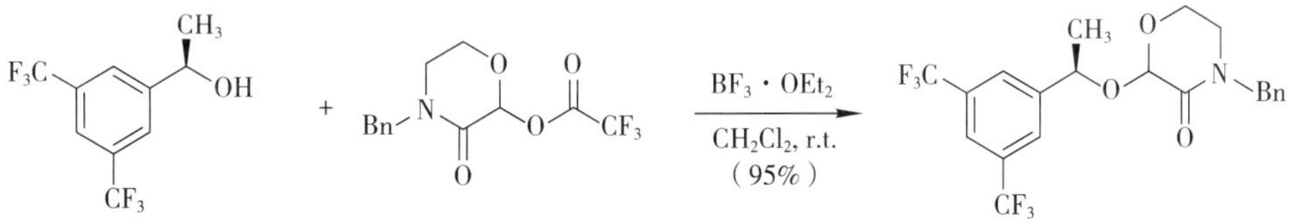

（三）环氧乙烷为烃化试剂

环氧乙烷属于小环化合物，其三元环的张力较大，比较活泼，能够发生开环反应。环氧乙烷作为烃化试剂与醇可在酸性或碱性条件下发生反应，在氧原子上引入羟乙基，又称为羟乙基化反应。

1. 反应通式

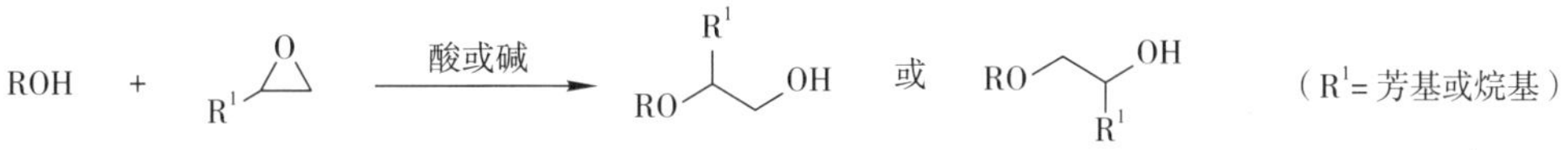

2. 反应机理 在碱性条件下，醇与环氧乙烷衍生物发生的是双分子亲核取代反应，由于位阻原因，烷氧负离子进攻环氧上取代基较少的碳原子，环氧开环。

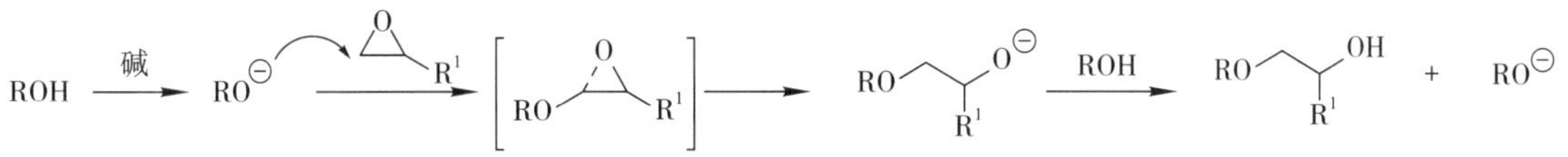

在酸性条件下，环氧乙烷的开环较为复杂。环上氧原子的质子化使 C—O 键变弱，有利于亲核试剂的进攻，C—O 键的断裂倾向于能形成更稳定的碳正离子。开环方向主要取决于电子因素，当 R^1 为给电子基或苯基时，a 侧键断裂；当 R^1 为吸电子基时，b 侧键断裂。

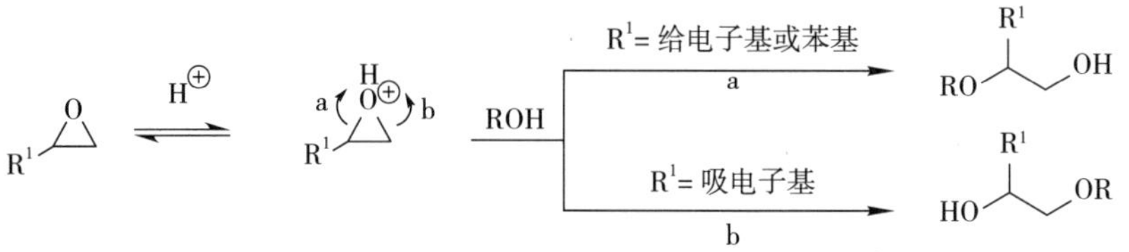

3. 反应影响因素及应用实例　醇与环氧乙烷在酸性条件下反应，可经碳正离子得到相应的烃化产物。例如，肺动脉高压治疗药物安倍生坦（ambrisentan）中间体的合成中，在4-甲基苯磺酸（TsOH）的作用下，与苯环相连的C—O键发生断裂，形成苄基碳正离子再与甲醇发生烃化反应。

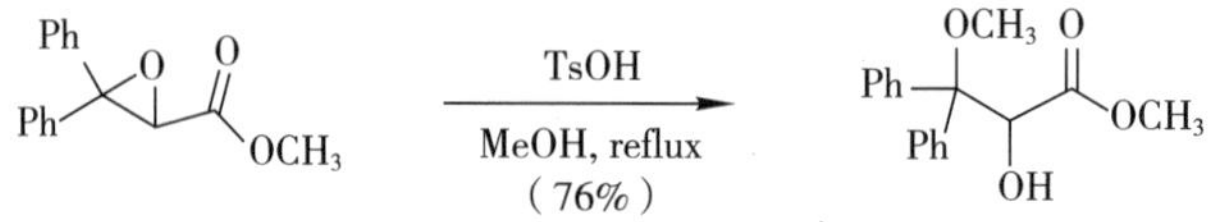

反应中如果采用手性环氧乙烷，开环可以得到手性醇。例如，骨质疏松症治疗药物艾地骨化醇（eldecalcitol）中间体的合成。

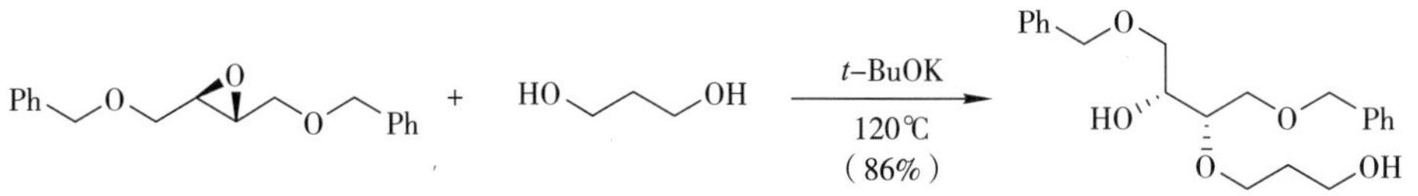

醇与环氧乙烷反应可引入羟乙基，但如果环氧乙烷过量，产物中的羟基可以继续与环氧乙烷反应而形成聚醚。例如，聚山梨酯80（polysorbate 80）的合成就是采用去水山梨油酸酯与过量环氧乙烷反应得到的。

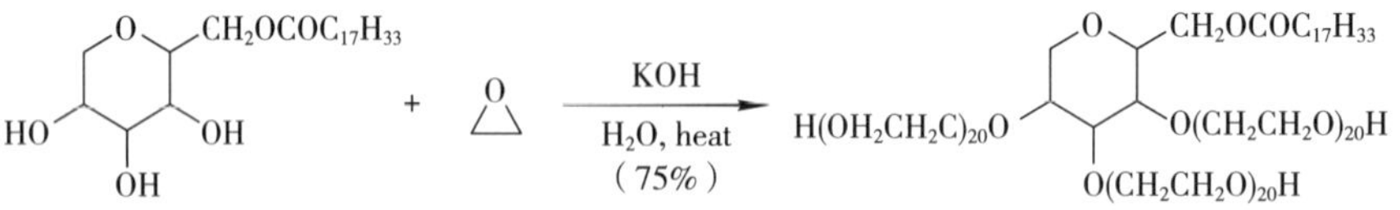

（四）烯烃及其他烃化试剂

1. 烯烃为烃化试剂　在碱性条件下，一般只有双键α位含有吸电子基团（如羰基、氰基、酯基等）的烯烃，才能对醇进行烃化反应。例如，醇在碱性条件下对丙烯腈的加成反应。

在酸性条件下，烯烃可质子化形成碳正离子再对醇进行烃化反应。例如，降糖药依沃格列汀（evogliptin）中间体的合成中，采用醇与2-甲基丙烯在酸性条件反应得到叔丁醚。

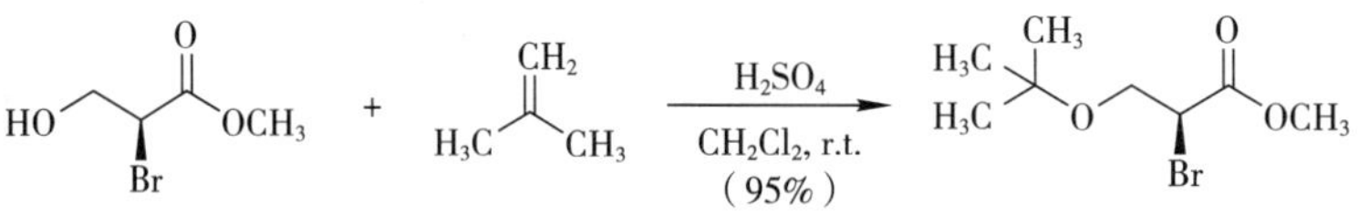

醇与烯烃还可以发生分子内反应生成环状化合物。例如，抗肿瘤药物高三尖杉酯碱（omacetaxine mepesuccinate）中间体的合成。

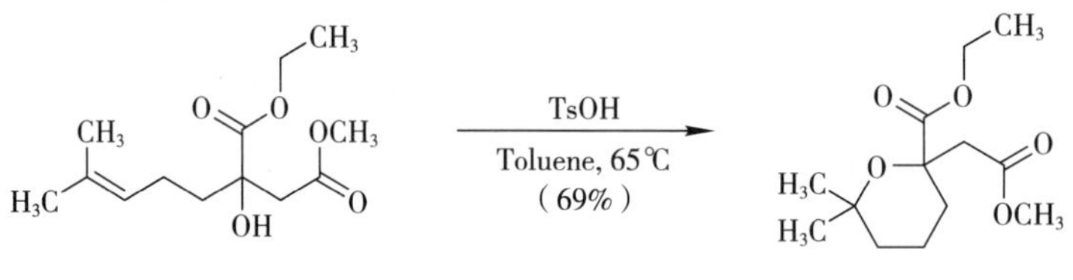

2. 醇为烃化试剂　两分子醇在酸性条件下加热脱水形成醚，可以理解为醇对醇的烃化。例如，工业上利用 1,2- 乙二醇在磷酸条件下加热得到 1,4- 二氧六环。

$$2\ HOCH_2CH_2OH \xrightarrow[\text{reflux, 12 h}]{H_3PO_4} \text{1,4-dioxane}$$
（98%）

3. 氟硼酸三烷基盐为烃化试剂　氟硼酸三烷基盐为高活性烃化试剂，可以对位阻较大的醇进行烃化，反应条件较为温和。例如，对手性醇进行烃化，如果用 Williamson 反应在强碱条件下进行，则容易发生消旋化。而采用氟硼酸三烷基盐进行烃化，可以避免消旋化的发生。

$$\underset{Ph}{\overset{OH}{\underset{|}{C}}}\,C_2H_5 \xrightarrow[\text{CH}_2\text{Cl}_2,\ \text{r.t.}]{Et_3O^{\oplus}BF_4^{\ominus}\,/i\text{-}Pr_2NEt} \underset{Ph}{\overset{OC_2H_5}{\underset{|}{C}}}\,C_2H_5$$
（65%）

二、酚的 O- 烃化反应

酚羟基的氧原子与芳环共轭，电子云密度降低，因此酚羟基上氢的解离能力增强，在弱碱条件下可形成酚氧负离子 ArO⁻，容易发生 O- 烃化反应。常用的烃化试剂除了卤代烃、磺酸酯、环氧乙烷等，醇也可以在 N,N′- 二环己基碳二亚胺（DCC）或三苯基膦（PPh₃）和偶氮二羧酸二乙酯（DEAD）的作用下，生成活性烃化试剂与酚发生反应。另外，还可以利用重氮甲烷（CH_2N_2）作为烃化试剂得到酚 O- 甲基化产物。

（一）卤代烃为烃化试剂

1. 反应通式　在碱性条件下，酚与卤代烃很容易发生醚化反应。

$$R\text{-}C_6H_4\text{-}OH + R^1X \xrightarrow{\text{碱}} R\text{-}C_6H_4\text{-}OR^1 \quad (R^1 = \text{芳基或烷基}; X = I, Br, Cl, F)$$

2. 反应机理　该反应一般按双分子反应历程（S_N2）进行，芳基氧负离子向显正电性的碳进行亲核进攻，卤负离子作为离去基团。

$$R\text{-}C_6H_4\text{-}OH \xrightarrow{\text{碱}} R\text{-}C_6H_4\text{-}O^- \xrightarrow{R^1\overset{\delta+}{\text{-}}\overset{\delta-}{X}} R\text{-}C_6H_4\text{-}OR^1 + X^-$$

3. 反应影响因素及应用实例　酚在较弱的碱性条件下，即可与烷基卤代烃发生取代反应，且收率较高。反应常用的碱可以是无机碱如 NaOH、Na₂CO₃、K₂CO₃ 等；也可是有机碱如 Et₃N、N,N- 二异丙基乙胺（DIPEA）等。反应可在质子性溶剂或非质子性溶剂中进行，常用的溶剂有水、醇类、四氢呋喃（THF）、丙酮、N,N- 二甲基甲酰胺（DMF）、二甲基亚砜（DMSO）、苯、甲苯等。

酚与伯、仲、叔卤代烃均可发生反应。例如，PDE5 抑制剂伐地那非（vardenafil）中间体可以通过 2- 羟基苯甲腈与伯卤代烃反应得到。

$$\underset{}{\overset{OH}{\underset{CN}{\bigcirc}}} + C_2H_5\text{-}Br \xrightarrow[\text{CH}_3\text{COCH}_3,\ \text{reflux}]{K_2CO_3} \underset{}{\overset{OC_2H_5}{\underset{CN}{\bigcirc}}}$$
（97%）

例如，抗癌药色瑞替尼（ceritinib）中间体的合成中，就是以取代酚和仲卤代烃反应得到相应 O- 烃化产物。

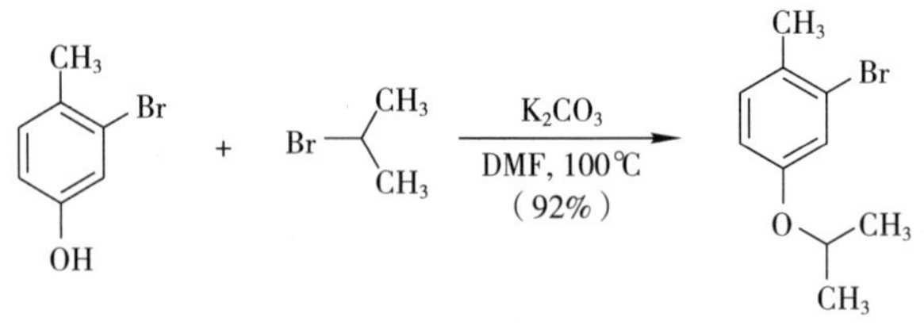

叔卤代烃的位阻较大，反应通常需要在较高的温度下进行。例如，降血脂药非诺贝特胆碱（choline fenofibrate）中间体的合成，即采用酚与叔卤代烃在高温下进行反应。

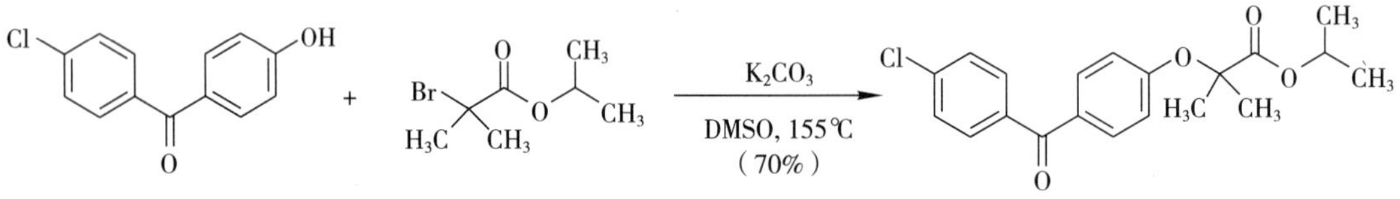

不同卤代烃活性不同，烷基卤代烃的活性顺序一般为：RI>RBr>RCl>RF。例如，抗精神分裂药物阿立哌唑（aripiprazole）中间体的合成中，采用 1-溴-4-氯丁烷作为烃化试剂，反应发生在溴所连的碳上。

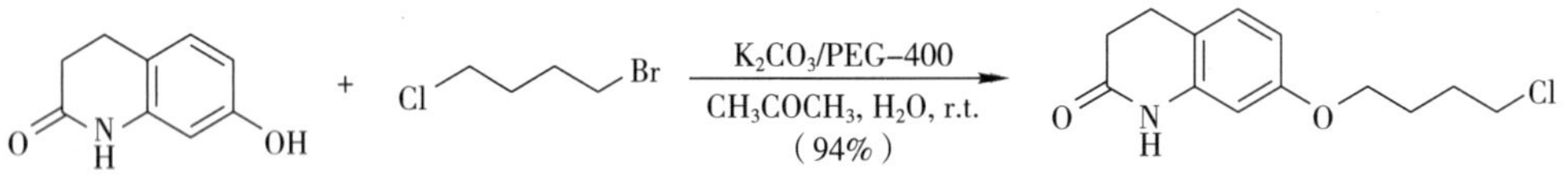

当酚羟基的邻位存在羰基时，羰基和羟基之间容易形成分子内氢键，使酚羟基的活性降低，基于这一性质，可实现多个羟基的选择性烃化。例如，2,4-二羟基苯乙酮与碘甲烷在碱性条件下反应时，只得到 4-甲氧基产物，而没有邻位烃化产物。

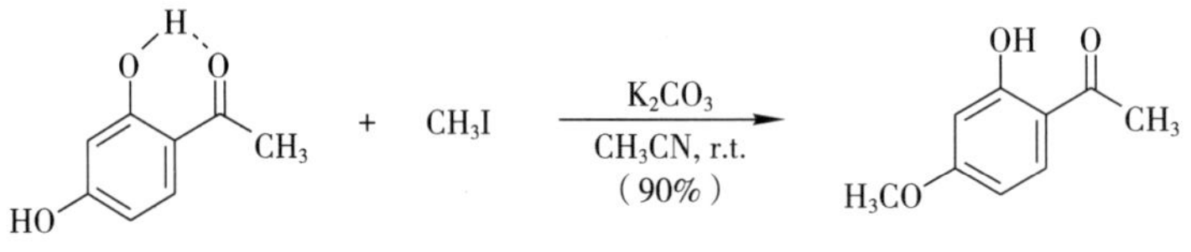

当化合物中同时存在酚羟基和醇羟基时，其活性顺序为：RO$^-$ > ArO$^-$ > ROH > ArOH。例如，骨质疏松治疗药物巴多昔芬（bazedoxifene）中间体的合成中，底物中含有酚羟基和醇羟基，在 NaOH 为碱的条件下，酚羟基形成了活性比醇强的酚氧负离子 ArO$^-$，因此得到酚羟基烃化的产物。

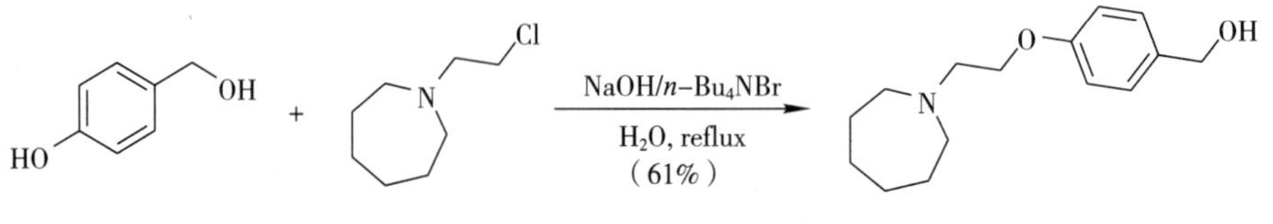

由于芳香族卤代烃的活性较低，与酚的烃化反应也不容易进行。缺电子的芳香卤代烃活性增加，可以与酚发生醚化反应。例如，抗肿瘤药物卡博替尼（cabozantinib）中间体的合成中，4-氨基苯酚与缺电子卤代芳烃反应得到 O-烃化产物。底物中同时含有芳香胺和酚羟基，在碱性条件下酚羟基可形成活性高于芳香胺的酚氧负离子 ArO$^-$，因此没有 N-烃化产物的生成。

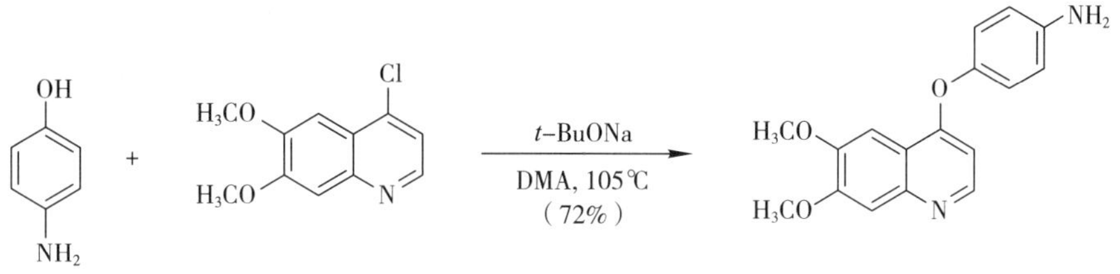

缺电子卤代芳烃与酚反应，卤原子活性顺序为 F > Cl > Br > I。例如，抗癌药维奈托克（venetoclax）中间体的合成中，在吸电子基酯基的存在下，氟的反应活性高于溴。

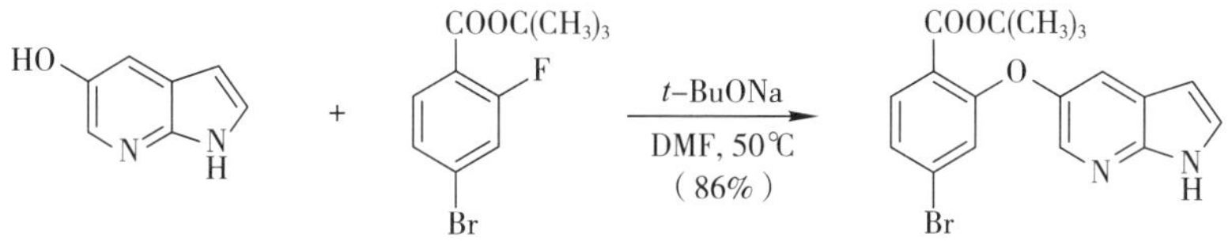

含有环氧乙烷结构的卤代烃与酚反应时，卤代烷的活性高于环氧乙烷。例如，β1 受体阻滞剂兰地洛尔（landiolol）中间体的合成中，溴代烷对酚羟基进行烃化，而环氧乙烷不受影响。

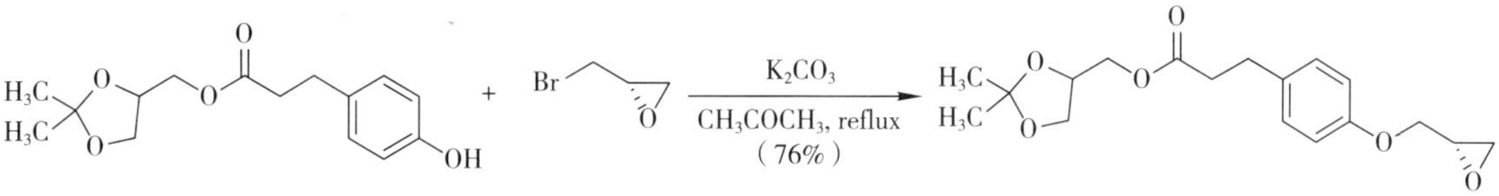

（二）硫酸二甲酯为烃化试剂

1. 反应通式 硫酸酯类化合物反应活性高，可以作为烃化试剂与酚进行 O- 烃化反应。

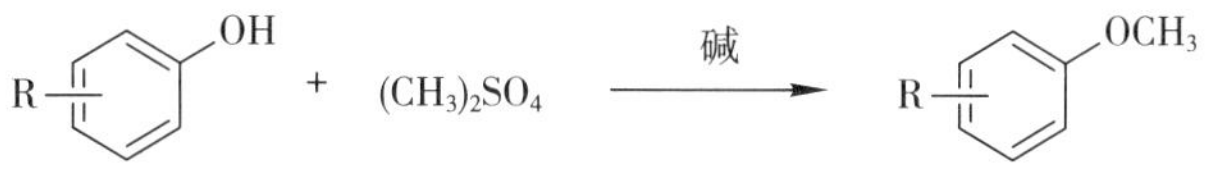

2. 反应机理 该反应为亲核取代反应机理。芳基氧负离子向显正电性的甲基进行亲核进攻，甲硫酸根作为离去基团，从而形成芳基醚。

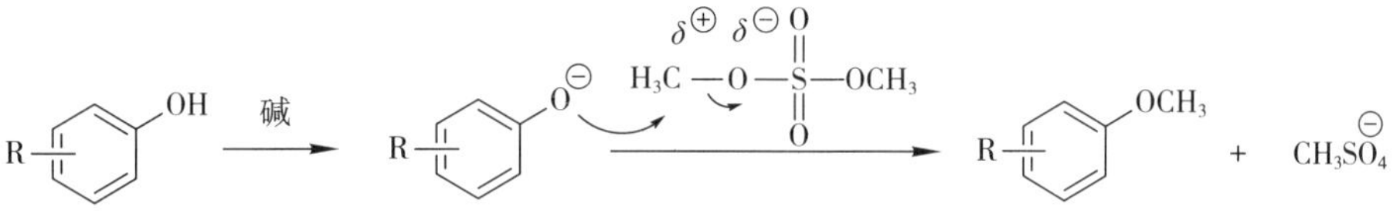

3. 反应影响因素及应用实例 由于碘甲烷价格昂贵，所以在药物生产中，常用价格比较便宜的硫酸二甲酯制备酚甲醚。但要注意的是，尽管硫酸二甲酯反应活性高，但毒性较大，使用时需谨慎。另外，硫酸二甲酯在水中溶解度小，易水解生成甲醇和硫酸氢甲酯而失活。硫酸二甲酯沸点比相应的卤代烃高，反应可以加热至较高温度。

例如，抗感染药物苹果酸奈诺沙星（nemonoxacin malate）中间体的合成中，采用硫酸二甲酯作为甲基化试剂，在甲苯中加热回流得到相应的酚甲基产物。

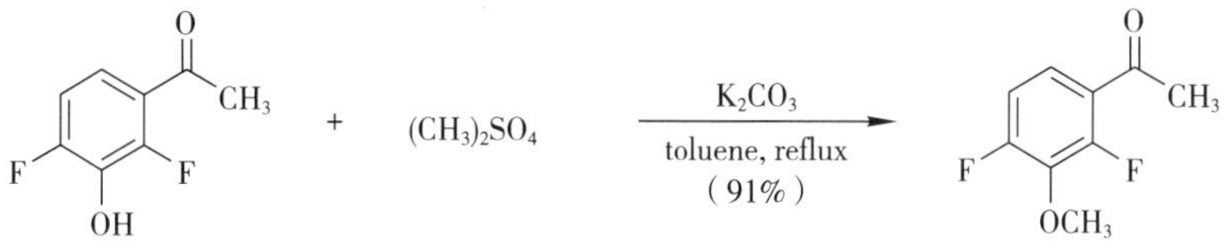

磺酸酯类化合物与硫酸酯类似，也可以进行酚的 O- 烃化反应。例如，PPAR 激动剂沙罗

格列扎（saroglitazar）中间体的合成中，利用甲磺酸酯对酚羟基进行烃化。

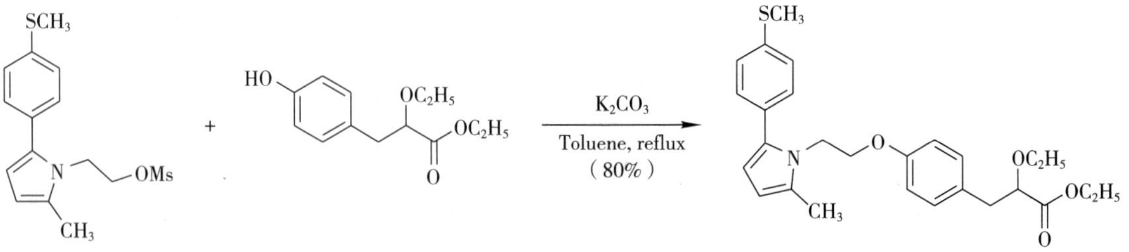

（三）重氮甲烷为烃化试剂

1. 反应通式 重氮甲烷（CH_2N_2）与酚可在甲醇、三氯甲烷、乙醚等溶剂中发生 O- 烃化反应制备酚甲醚。

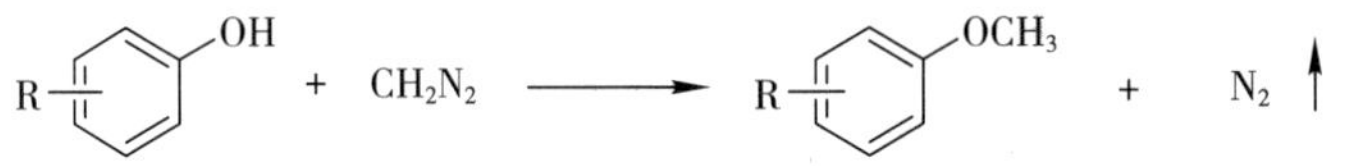

2. 反应机理 反应中酚羟基解离出质子转移至重氮甲烷的活泼亚甲基上形成重氮盐，再经分解放出氮气，形成甲基化产物。

3. 反应影响因素及应用实例 重氮甲烷是实验室常用的甲基化试剂，但由于重氮甲烷的毒性和易爆特点，不宜大量制备。重氮甲烷与酚的反应一般比较慢，可用三氟化硼（BF_3）或氟硼酸（HBF_4）催化。反应过程中放出氮气，无其他副产物生成，后处理简单，收率高。

重氮甲烷对酸比较敏感，易质子化形成非常活泼的重氮盐进行反应。因此，羧酸比酚类更容易进行该反应。例如，3,4- 二羟基苯甲酸与等物质的量的重氮甲烷反应，得到羧酸酯化的产物；而与 3 倍量的重氮甲烷反应，得到羧酸酯化及酚羟基烃化的产物。

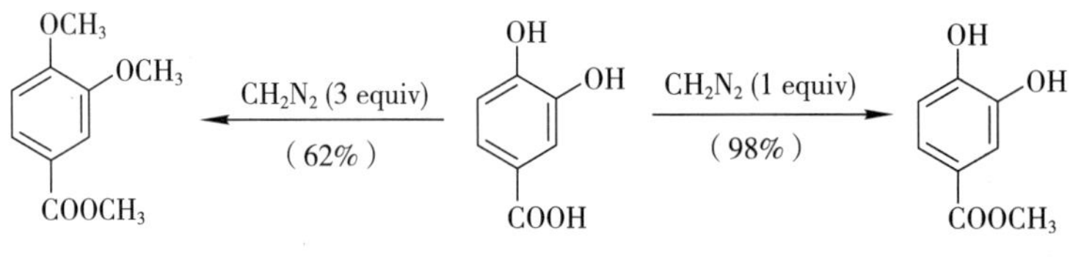

三甲基硅烷化重氮甲烷的制备和储存相对安全，很多时候可以替代重氮甲烷，应用于药物合成中。例如，白血病治疗药物依鲁替尼（ibrutinib）中间体的合成中，烯醇羟基的甲基化反应就采用了三甲基硅烷化重氮甲烷。

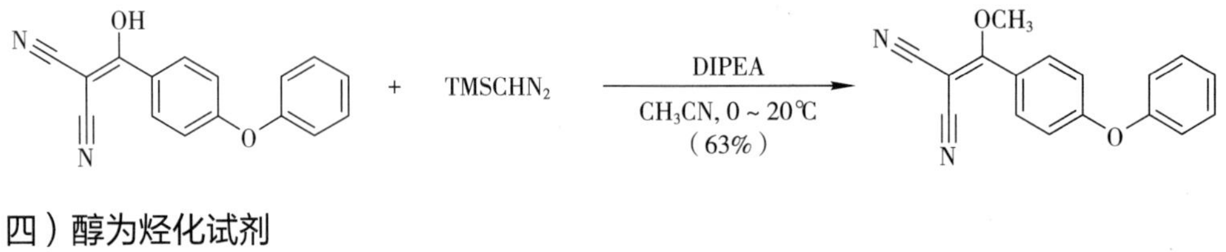

（四）醇为烃化试剂

1. DCC 缩合法 在 DCC 的存在下，醇可以作为烃化试剂与酚进行反应，制备芳基烷基醚。DCC 是一种重要的脱水剂，常用于羧酸与胺的缩合。在较强烈的条件下，可促进酚与醇的烃化反应，一般伯醇反应较好。

（1）反应通式：

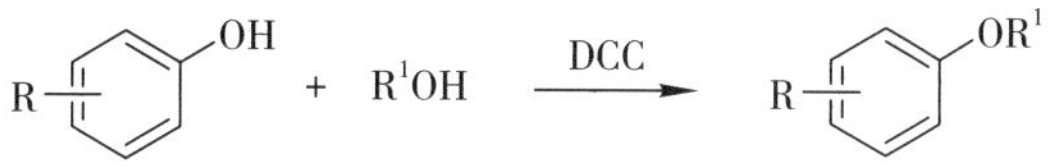

$$R\text{—}C_6H_4\text{—}OH + R^1OH \xrightarrow{DCC} R\text{—}C_6H_4\text{—}OR^1$$

（2）反应机理：醇与DCC生成活泼中间体O-烷基异脲，然后酚羟基进攻中间体O-烷基异脲的烷基部分，生成酚醚及副产物N,N'-二环己基脲（DCU）。

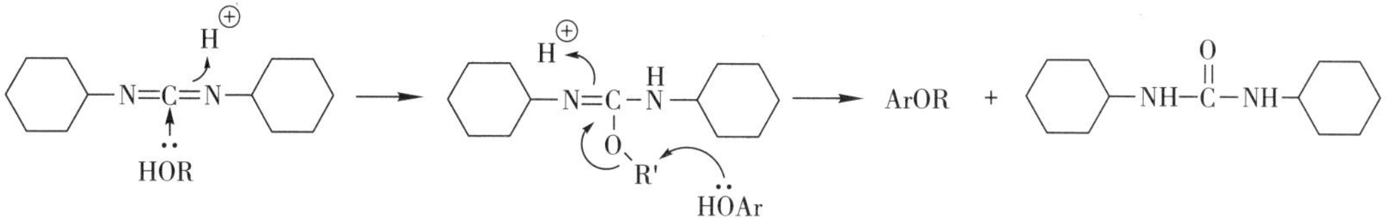

（3）反应影响因素及应用实例：利用DCC缩合法对酚进行烃化，以伯醇为烃化试剂的收率较高。例如，苯酚和苯甲醇在DCC的作用下生成苯基苄基醚，该反应的副产物DCU通常很难除去，一般需进行柱层析纯化。另外，可以避免使用DCC，选择其他缩合剂如N-乙基-N'-(3-二甲基氨丙基)碳二亚胺（EDC），产生的副产物可以通过水洗除去，从而避免复杂化处理过程。

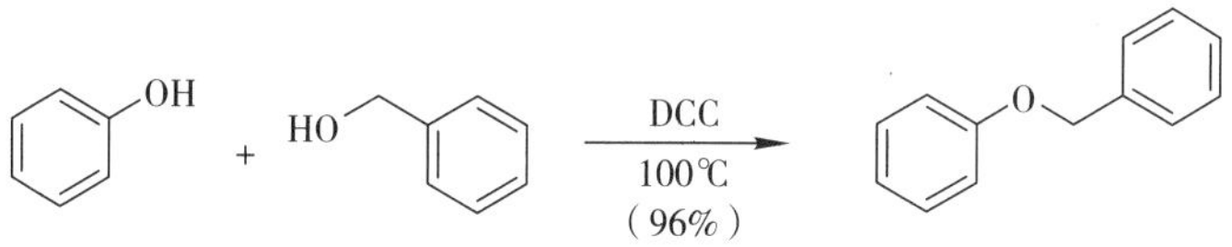

$$PhOH + HOCH_2Ph \xrightarrow[100℃]{DCC} PhOCH_2Ph \quad (96\%)$$

2. Mitsunobu 醚化反应　伯醇或仲醇在三苯基膦及偶氮二羧酸酯作用下生成烷氧磷盐，可对酚进行烃化反应，称为 Mitsunobu 反应。该反应适用范围比较广泛，许多酸性底物都可以进行反应，如羧酸、苯酚等。苯酚与醇之间的 Mitsunobu 反应可以看作是醇对酚的烃化反应。

（1）反应通式：

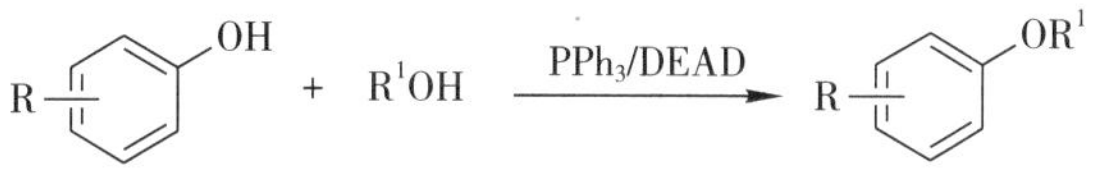

$$R\text{—}C_6H_4\text{—}OH + R^1OH \xrightarrow{PPh_3/DEAD} R\text{—}C_6H_4\text{—}OR^1$$

（2）反应机理：首先，三苯基膦对DEAD进行加成生成两性离子中间体，夺取酚羟基中的质子生成季磷盐。接着，醇羟基中的氧原子对季磷盐进行亲核进攻生成烷氧基磷中间体和1,2-肼二羧酸二乙酯副产物。由于受到三苯基膦的屏蔽作用及P—O键具有强的键能，酚氧离子从背面进攻烷氧基磷中间体的碳原子，得到构型反转的O-烃化产物及三苯氧膦副产物。

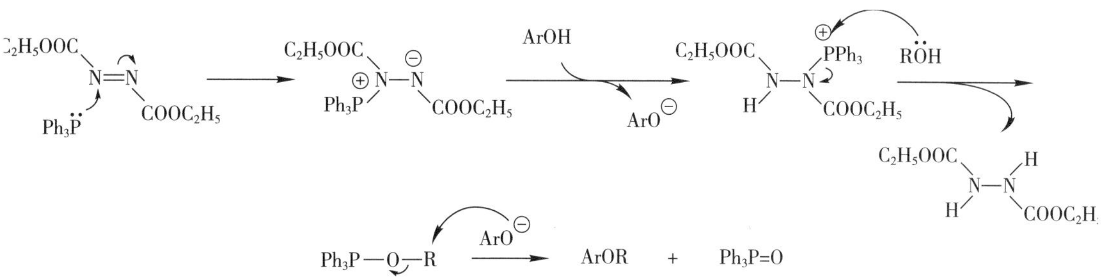

（3）反应影响因素及应用实例：Mitsunobu 醚化反应在较为温和的条件下即可进行，且大

部分官能团不受影响。例如，抗肿瘤药物凡德他尼（vandetanib）中间体的合成中，采用喹唑啉酮衍生物与醇通过 Mitsunobu 偶联反应直接完成 O- 烷基化。

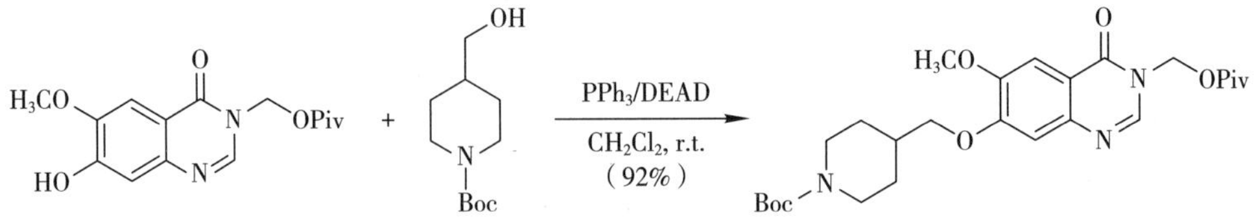

常用的偶氮二羧酸酯除了偶氮二甲酸二乙酯（DEAD），还有偶氮二甲酸二异丙酯（DIAD），偶氮二甲酸二叔丁酯（DBAD）等。Mitsunobu 反应中如果使用手性醇，则产物中的手性构型反转。例如，抗肿瘤药物克唑替尼（crizotinib）中间体的合成中采用了 Mitsunobu 反应，产物中手性碳构型发生了反转。

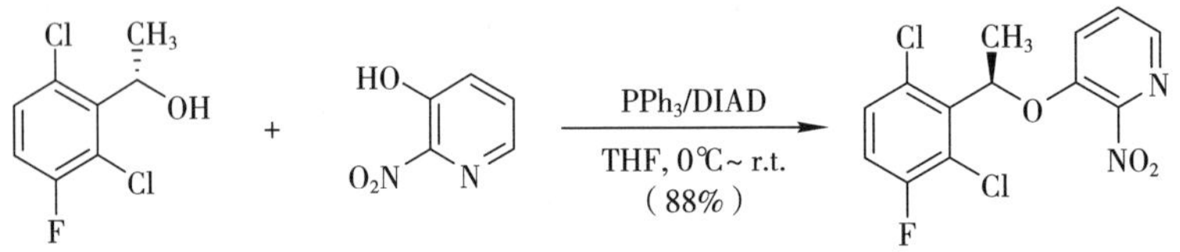

（五）Ullmann 反应

卤代烃与酚盐在铜粉或铜盐的存在下，加热发生反应可得到二芳醚，这就是 Ullmann 醚化反应。Ullmann 醚化反应可以看作是卤代芳烃对酚羟基进行的 O- 烃化反应。

1. 反应通式

2. 反应机理 Ullmann 反应的机理尚不完全确定，其中可能的一种机理是，卤代烃对铜进行氧化加成后，酚与卤素进行交换，最后还原消除得到氧烃化产物。

3. 反应影响因素和应用实例 在 Ullmann 反应中，卤代烃反应活性为 ArI > ArBr > ArCl，溴代芳烃是常用的反应试剂。例如，杀虫剂苯醚菊酯（phenothrin）的合成，采用了溴代芳烃与酚的 Ullmann 醚化反应。

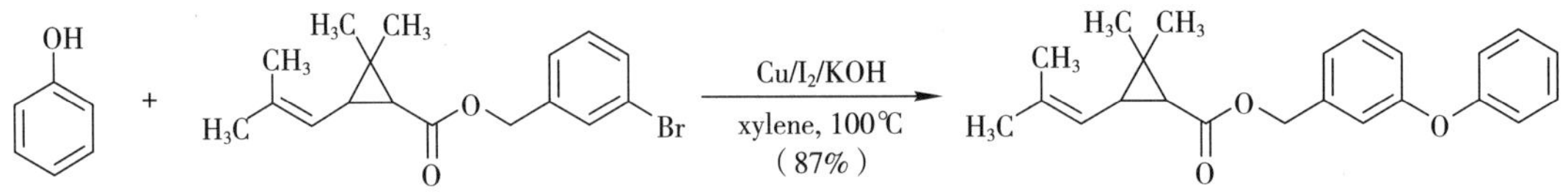

如果芳环上卤素邻、对位含有吸电子基团，则卤代烃的活性增强。例如，消炎镇痛药尼美舒利（nimesulide）中间体的合成，卤素邻位的硝基增加了氯代芳烃的反应活性。

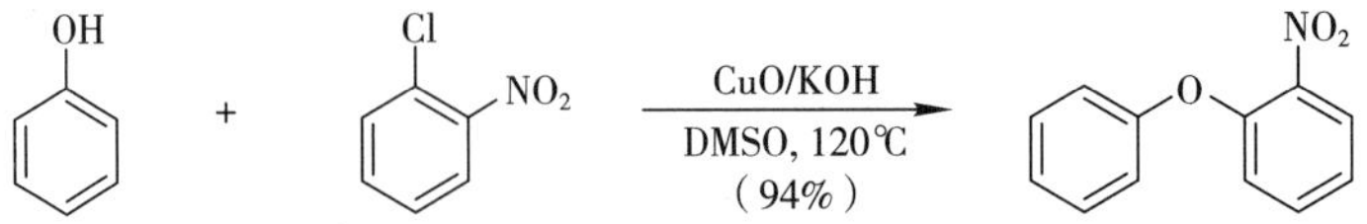

Ullmann 反应不仅能在分子间进行，分子内也可以发生。例如，抗精神病药阿塞那平（asenapine）中间体的合成，就采用分子内 Ullmann 反应制备环状醚。

第二节　氮原子上的烃化反应

氮原子上的烃化反应是指氨、脂肪胺、芳香胺或其他胺类结构的氮原子上引入烃基的反应。该反应一般为亲核取代反应。氨或胺的氮原子上拥有孤对电子，具有一定的碱性，亲核能力较强，因此它们比羟基化合物更容易发生烃化反应。一般情况下，脂肪胺的活性高于芳香胺，无位阻的胺活性大于有位阻的胺。

一、脂肪胺的 N- 烃化反应

脂肪胺可与各类烃化试剂如卤代烃、环氧乙烷、磺酸酯等发生反应，制备各级胺类化合物。

（一）卤代烃为烃化试剂

1. 反应通式　氨与卤代烃的反应称为氨基化反应，氨的三个氢原子被不同数目的烃基所取代，可生成伯、仲、叔胺及季铵盐。所以氨或伯胺的直接烃化容易得到混合物。

$$NH_3 + R\text{—}X \longrightarrow RNH_2 + HX$$
$$RNH_2 + R\text{—}X \longrightarrow R_2NH + HX$$
$$R_2NH + R\text{—}X \longrightarrow R_3N + HX$$
$$R_3N + R\text{—}X \longrightarrow R_4N^{\oplus}X^{\ominus}$$

（R = 烷基；X = I, Br, Cl）

2. 反应机理　该反应为亲核取代反应机理，胺中带有孤对电子的氮原子向卤代烃显正电性的碳进攻，得到高一级的胺或季铵盐。

$$R\overset{..}{N}H_2 + R'\underset{\delta^{\oplus}}{\overset{\frown}{\text{—}}}\underset{\delta^{\ominus}}{X} \longrightarrow RR'\overset{\oplus}{N}H_2X^{\ominus}$$

3. 反应影响因素及应用实例　由于氨或脂肪伯胺与卤代烃直接烃化可能产生混合物，可使用卤代烃与大大过量的氨反应，抑制生成物的进一步烃化，但应用价值不大。对于伯胺的合成通常采用 Gabriel 合成法、Délépine 反应等方法。

（1）Gabriel 合成法：该反应使用卤代烃对邻苯二甲酰亚胺进行烃化，由于邻苯二甲酰亚胺中氮原子亲核性较弱，只能进行单烃化。中间体 N- 烃基邻苯二甲酰亚胺可以通过肼解得到伯胺和副产物邻苯二甲酰肼；也可在酸性条件下水解得到伯胺和副产物邻苯二甲酸。由于在酸性条件下水解条件比较剧烈（通常需与盐酸在密闭体系中加热至 180℃），现多用肼解法。

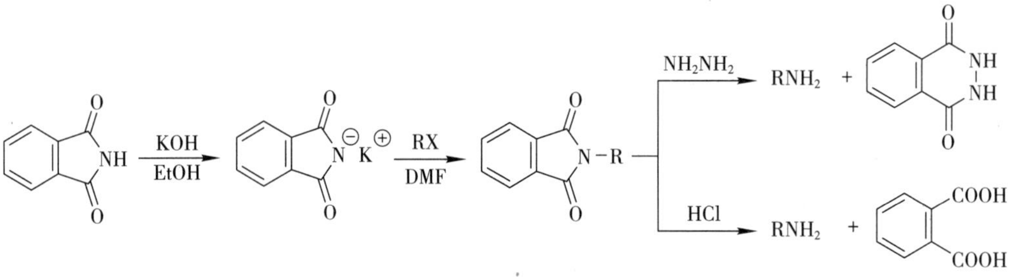

Gabriel 反应是合成伯胺较好的方法，应用比较广泛。例如，抗凝药利伐沙班（rivaroxaban）的制备中，即采用 Gabriel 合成法，利用氨基醇类卤代烃与邻苯二甲酰亚胺发生 N- 烃化反应，再将氨基和羟基通过 N,N- 碳酰二咪唑（CDI）酰化成环，最后经肼解得到伯胺。

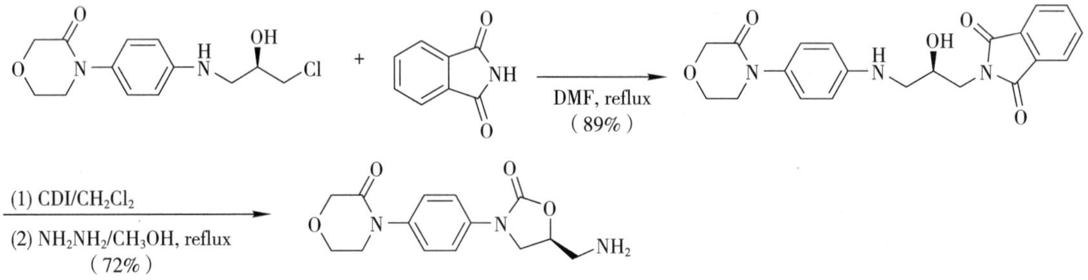

（2）Délépine 反应：该反应采用卤代烃与乌洛托品（环六亚甲基四胺）反应得到季铵盐，然后在乙醇中用盐酸水解获得伯胺。

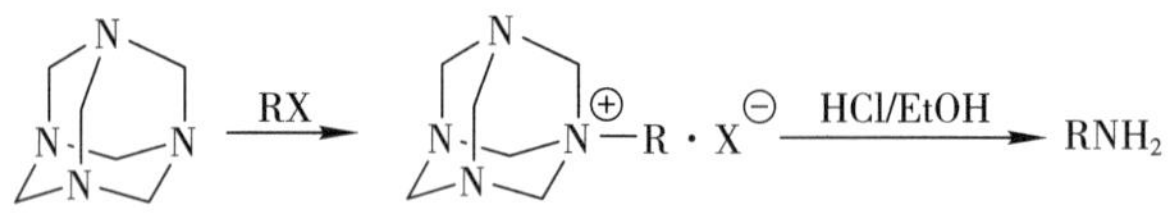

Délépine 反应是制备伯胺的有效方法之一，在药物合成中也有较多应用。例如，抗抑郁药盐酸左旋体米那普仑（levomilnacipran hydrochloride）就采用 Délépine 反应来制备。

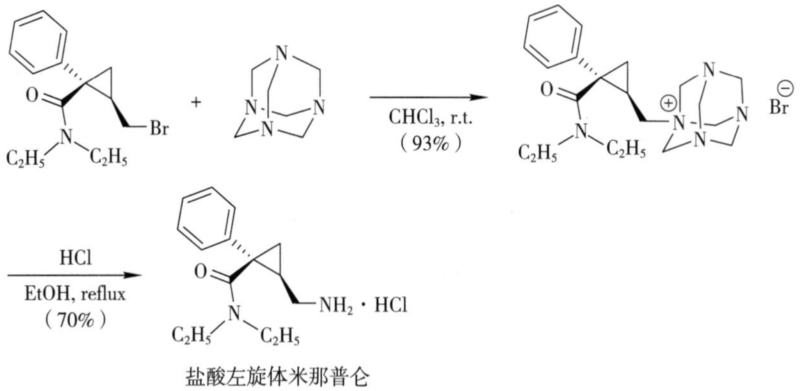

盐酸左旋体米那普仑

伯胺可以与卤代烃发生单烃化反应生成仲胺。例如，抗病毒药物艾尔巴韦（elbasvir）中间体的合成中，伯胺与芳基卤代烃在铜的催化下发生分子内 N- 烃化反应，得到环状仲胺产物。

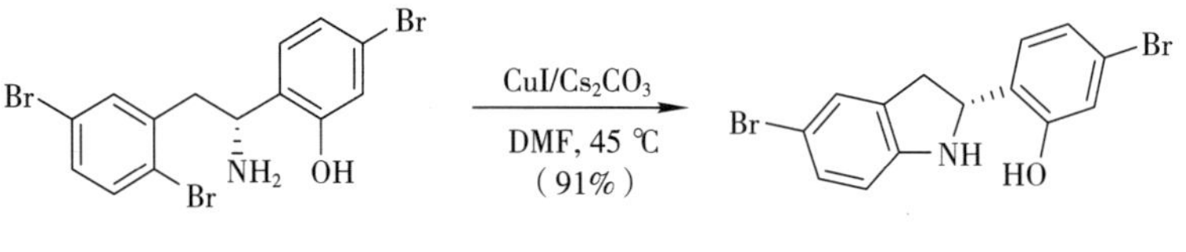

磺酸酯与卤代烃类似，也可以与伯胺进行烃化反应得到仲胺。例如，α1 肾上腺素受体拮抗剂西洛多辛（silodosin）中间体的合成。

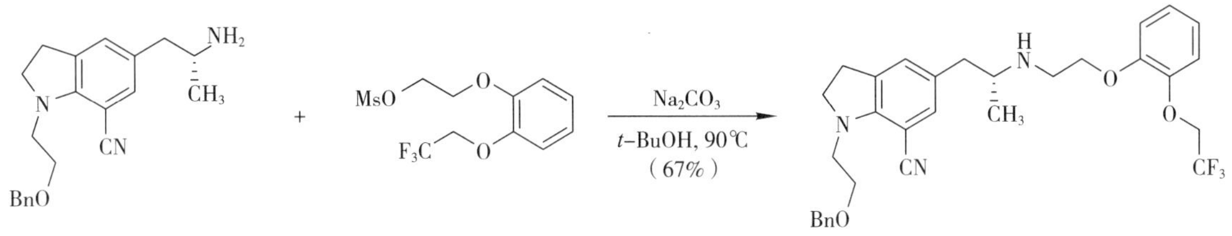

氨基的亲核性高于羟基，当底物中同时存在氨基和羟基时，氨基优先发生烃化反应。例如，青光眼治疗药物利舒地尔（ripasudil）中间体的合成中，氨基醇与甲磺酸酯反应得到 N-烃化产物。

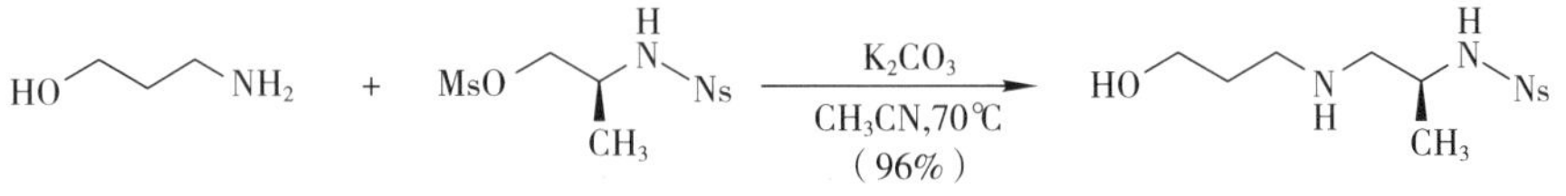

叔胺的合成可以采用仲胺与卤代烃直接进行反应。例如，MTP 抑制剂洛美他派（lomitapide）的合成。

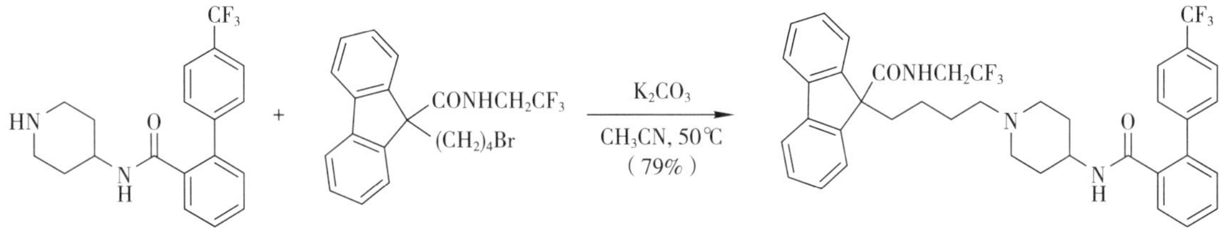

胺类化合物与卤代烃反应时，反应条件都比较温和。反应体系中加入适量的 KI，可使卤代烃中的卤素被置换成碘，从而增加反应活性。例如，放射性诊断药物碘 [^{123}I] 氟潘（ioflupane ^{123}I）的合成。

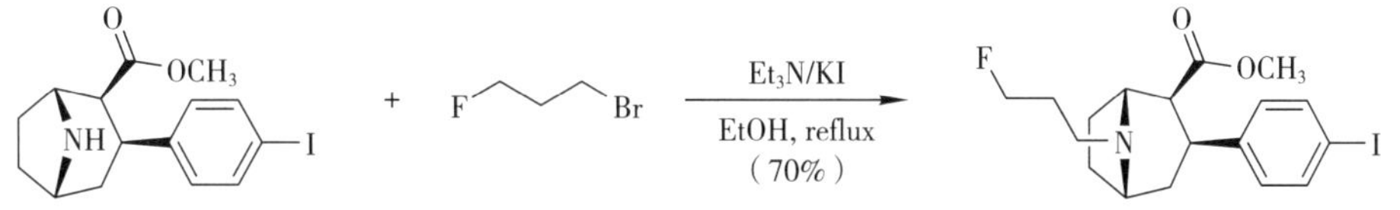

脂肪仲胺还可以与芳香卤代烃反应得到芳香胺。例如，抗菌药普卢利沙星（prulifloxacin）中间体的合成。

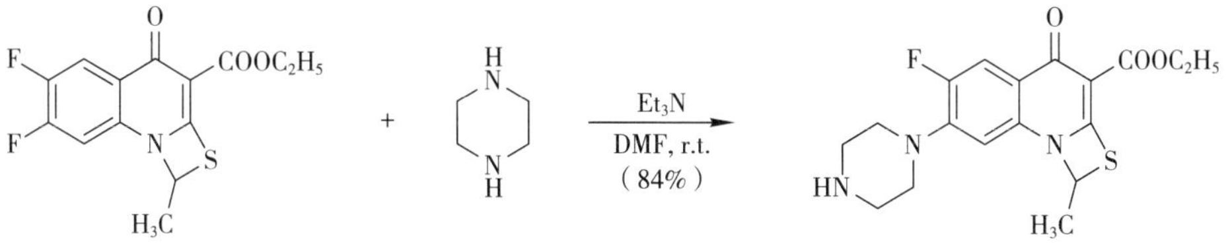

（二）环氧乙烷为烃化试剂

1. 反应通式 脂肪胺可与环氧乙烷发生反应，在氨基上引入羟乙基，得到乙醇胺衍生物。

$$RNH_2 + \underset{R^1}{\triangle\!\!\!\!\!O} \xrightarrow{\text{碱}} RHN\!\!-\!\!\underset{R^1}{CH}\!\!-\!\!OH \qquad (R^1 = \text{烷基或芳基})$$

2. 反应机理 该反应与醇在碱性条件下对环氧乙烷开环的反应机理类似，参见本章第一节相关内容。

3. 反应影响因素及应用实例 胺类化合物对环氧乙烷进行开环，反应发生在位阻较小的碳上。例如，抗艾滋前药福沙那韦钙（fosamprenavir calcium）中间体的合成。

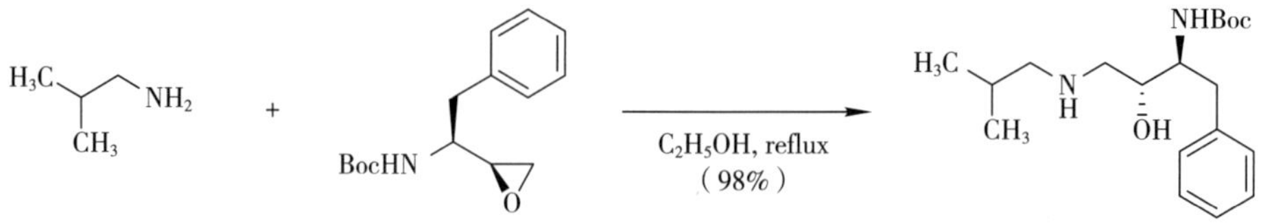

位阻较大的伯胺与环氧乙烷及其衍生物反应时，通常需要较强的反应条件。例如，肺病治疗药物奥达特罗（olodaterol）中间体的制备。

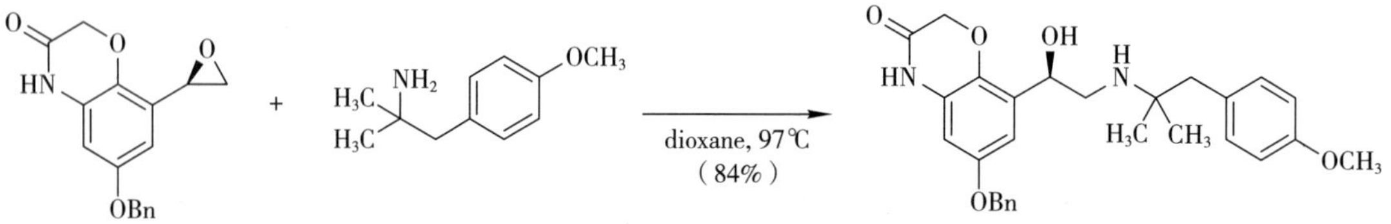

伯胺与环氧氯丙烷反应时，与卤代烃反应得到仲胺后，可进一步与环氧乙烷发生分子内反应形成四元环叔胺。例如，降压药阿折地平（azelnidipine）中间体的合成。

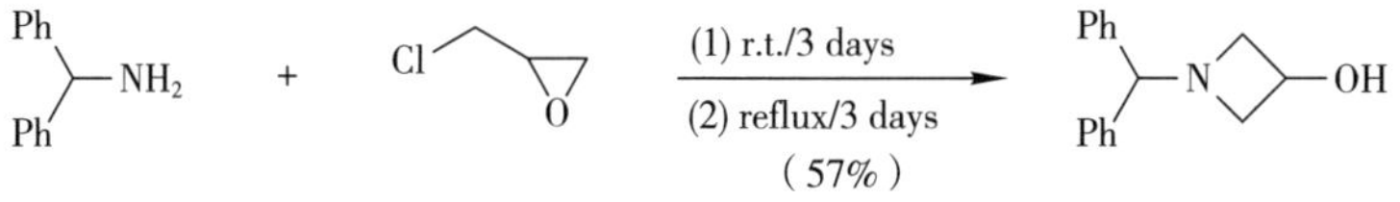

除了卤代烃、环氧乙烷之外，醇也可以作为烃化试剂对脂肪胺进行烃化反应。例如，高眼压治疗药物瑞舒地尔（ripasudil）中间体的合成中，就以醇为烃化试剂，通过分子内 Mitsunobu 反应得到环状 N- 烃化产物。

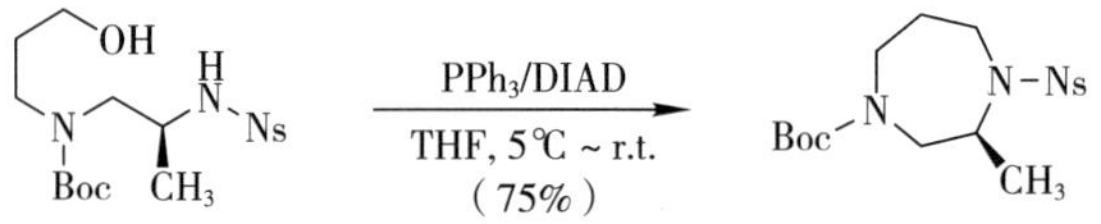

二、芳香胺的 N- 烃化反应

芳香胺上氮原子的孤对电子与芳环共轭，其氨基的碱性比脂肪胺弱，亲核能力较弱，因此芳香胺发生 N- 烃化反应需要更强的条件。卤代烃、磺酸酯、环氧乙烷等烃化试剂均可用于对芳香胺的烃化。

（一）卤代烃为烃化试剂

1. 反应通式

$$ArNH_2 + R-X \longrightarrow ArNHR + HX$$
$$ArNHR + R-X \longrightarrow ArNR_2 + HX$$

（R= 芳基或烷基，X = I, Br, Cl, F）

2. 反应机理 与脂肪胺的反应机理类似，芳香胺氮原子上孤对电子对卤代烃正电性的碳进行亲核进攻。

3. 反应影响因素及应用实例　伯芳胺可与卤代烃反应生成仲胺，进一步反应可得到叔胺。控制反应中卤代烃的量，可以主要得到单烃化产物。例如，放射性诊断试剂富特米他（flutemetamol F18）中间体的合成中，采用芳香胺化合物与碘甲烷发生亲核取代，得到 N- 甲基化产物。

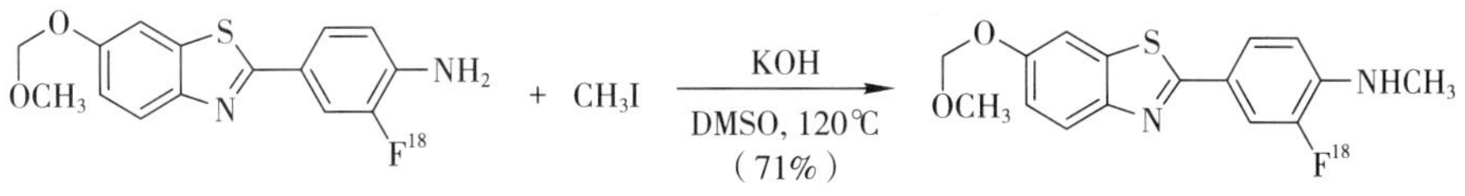

芳香卤代烃在吸电子基的存在下，F 的反应活性大于 Cl。例如，抗抑郁药氯巴占（clobazam）中间体的合成中，以 2- 氟 -4- 氯硝基苯为烃化试剂，对苯胺进行反应，以近乎定量的收率得到氟代芳烃反应的 N- 烃化产物。

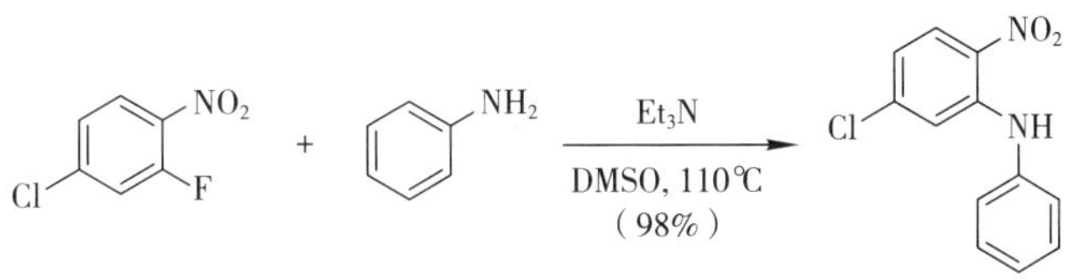

芳香伯胺还可以与双卤代烃化合物发生两次烃化反应，生成环状胺。例如，抗癌药维奈妥拉（venetoclax）中间体的合成。

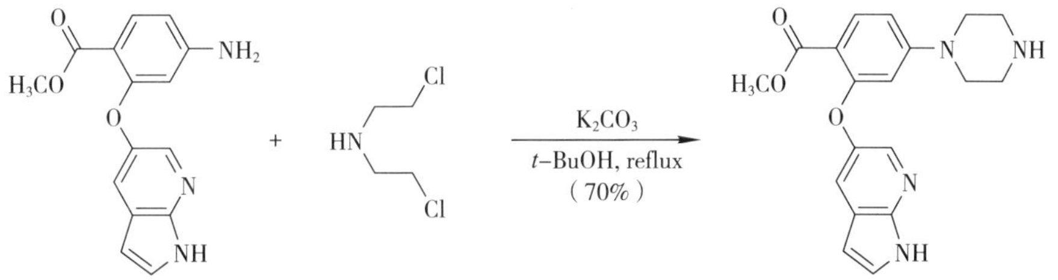

当底物中同时存在芳香胺和酚羟基，其活性顺序为：$ArO^->ArNH_2>ArOH$。例如，在抗肿瘤药物库潘尼西（copanlisib）中间体的合成中，以 K_2CO_3 为碱，酚羟基可以形成酚氧负离子 ArO^- 与卤代烃反应，而芳香氨基不反应。

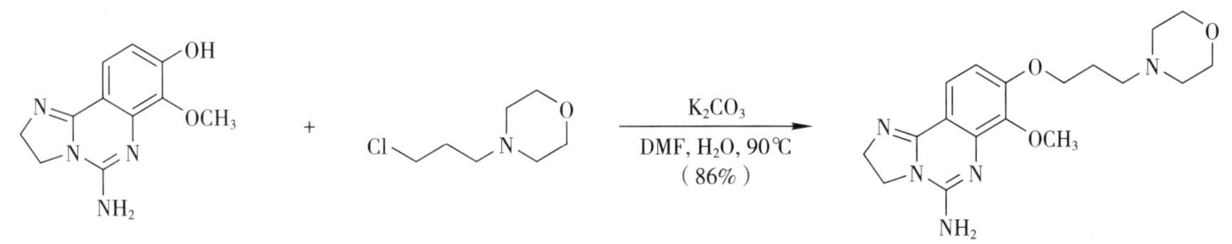

（二）其他烃化试剂

磺酸酯类化合物活性较高，可以作为芳香胺的烃化试剂。例如，抗肿瘤药物艾德拉尼（idelalisib）中间体的合成中就采用甲磺酸酯为烃化试剂。

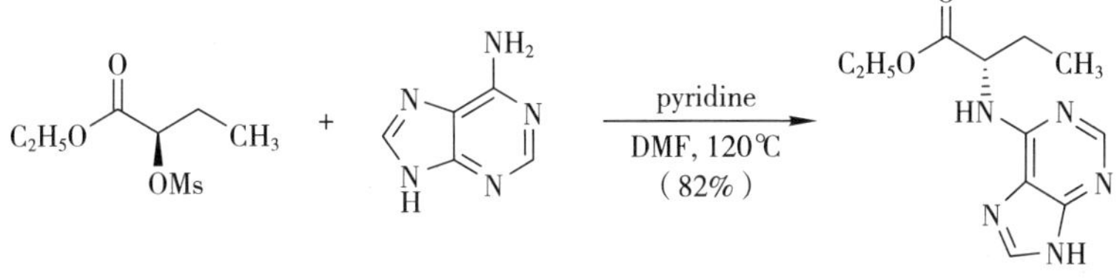

醇与芳香胺可以在三苯基膦/偶氮二羧酸酯的条件下发生 Mitsunobu 反应，得到构型反转的 N- 烃化产物。例如，类风湿性关节炎治疗药物托法替尼（tofacitinib）中间体的合成。

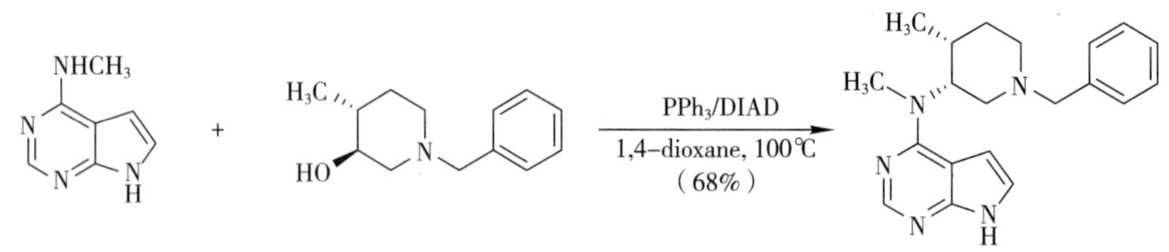

（三）Buchwald-Hartwig 反应

芳基卤代烃及其类似物与胺类化合物在钯催化下的交叉偶联反应称为 Buchwald-Hartwig 反应，是合成芳香胺类化合物的重要方法。

1. 反应通式

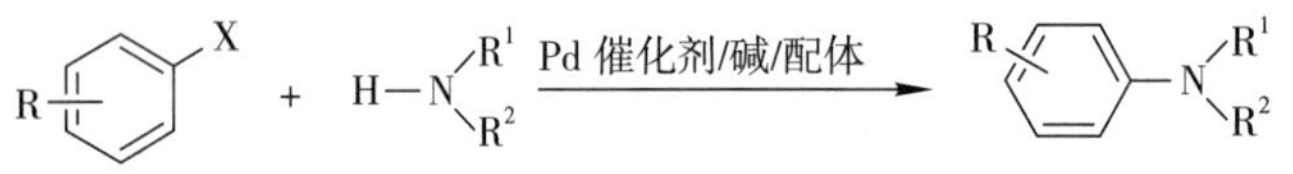

（R^1、R^2= 芳基或烷基；X = I, Br, Cl, OTf）

2. 反应机理 首先芳基卤代烃对 Pd（0）进行氧化加成形成 Pd（Ⅱ）配合物，然后胺与 Pd（Ⅱ）配位形成过渡态 T2，在碱的作用下脱掉质子形成过渡态 T3，最后进行还原消除得到芳香胺产物，同时生成 Pd（0）继续进行下一轮催化循环。

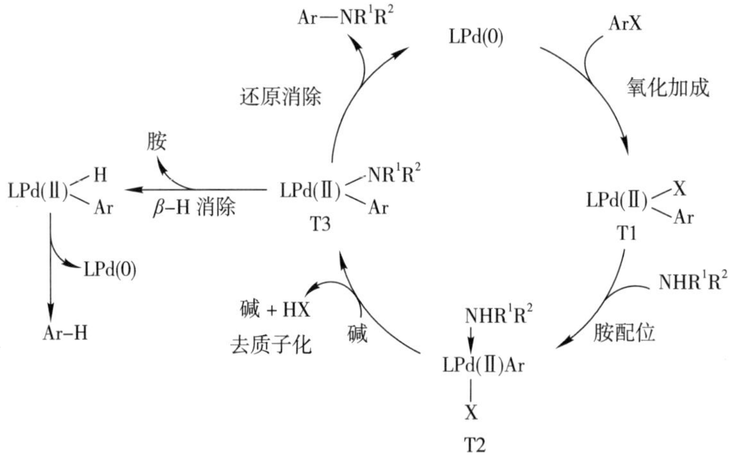

3. 反应影响因素及应用实例 Buchwald-Hartwig 反应需要无氧环境，一般需在惰性气体保护中完成。该反应能够得到仲胺、叔胺且收率一般较高，特别适合芳基卤代烃与胺的反应。例如，在 DHFR 抑制剂的合成中，采用 Buchwald-Hartwig 反应对苯胺的氮进行了芳烃化。

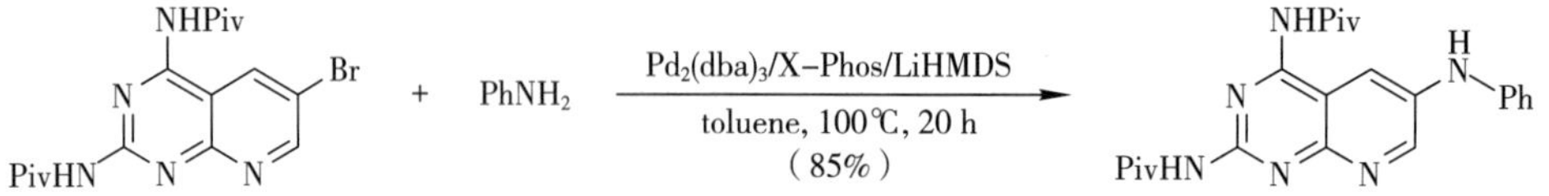

反应中可以直接使用 Pd（0）催化剂，也可以使用 Pd（Ⅱ）催化剂。Pd（0）是反应真正的催化剂，若使用的是 Pd（Ⅱ），必须还原为 Pd（0）才能参与催化循环。使用含有 α-H 的胺或醚类溶剂可以将 Pd（Ⅱ）还原为 Pd（0）。常用的二价钯催化剂有乙酸钯 [Pd(OAc)$_2$]、[1,1'-二（二苯基膦基）二茂铁] 二氯化钯 [Pd(dppf)Cl$_2$] 等。例如，抗癌药色瑞替尼（ceritinib）中间体的合成中，就利用 Pd(OAc)$_2$ 原位生成零价钯再催化反应。

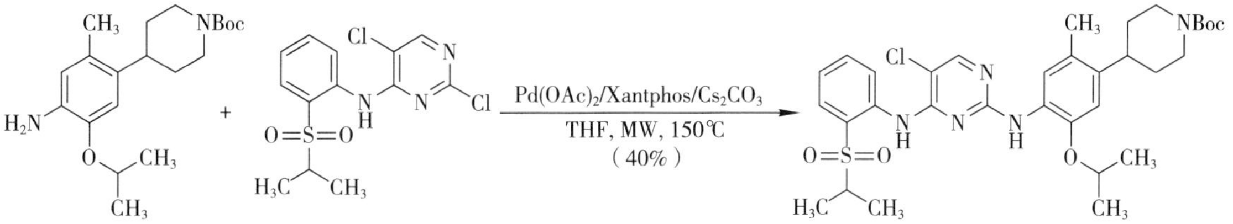

不仅芳香胺可以与卤代烃在钯催化下发生 Buchwald-Hartwig 反应，脂肪胺也能进行该偶联反应。例如，抗抑郁药维拉佐酮（vilazodone）中间体的合成。

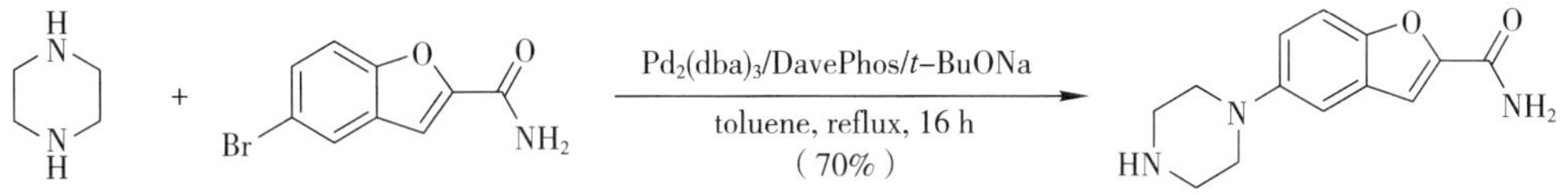

反应底物中如果含有羟基，不会影响胺与卤代芳烃的 Buchwald-Hartwig 反应。例如，抗结核药德拉马尼（delamanid）中间体的合成。

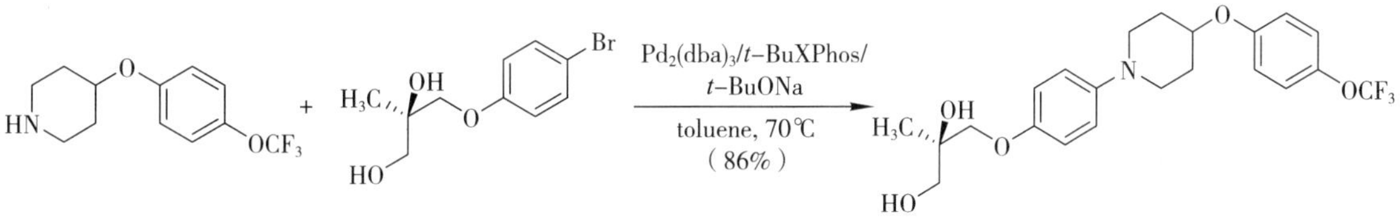

一般来说，Buchwald-Hartwig 反应中卤代芳烃的活性顺序为：ArI > ArBr > ArCl，氟代芳烃一般不能发生反应。例如，乳腺癌治疗药物阿贝西利（abemaciclib）中间体的合成。

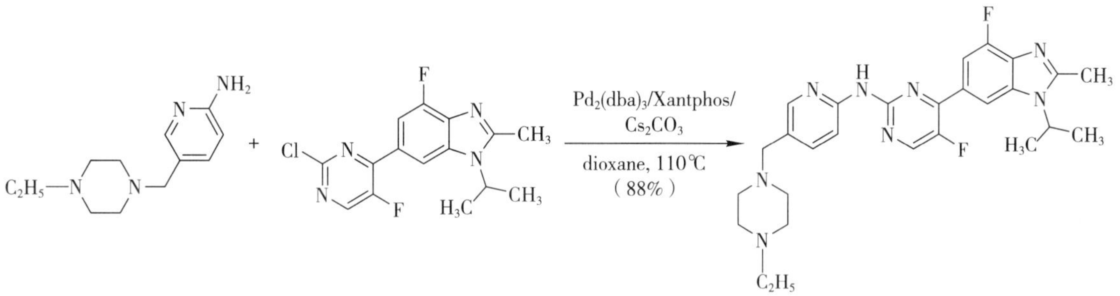

除了 Buchwald-Hartwig 反应外，胺还可以与芳香族卤代烃发生 Ullmann 反应得到 N-烃化产物。例如，雄激素受体抑制剂恩杂鲁胺（enzalutamide）中间体的合成。

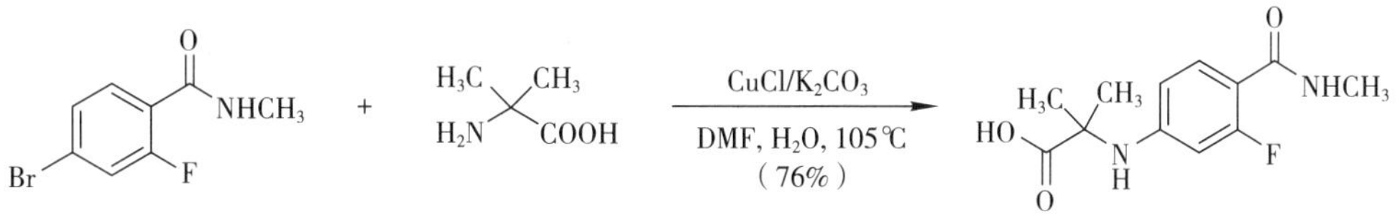

三、杂环胺的 N-烃化反应

杂环胺的氮原子由于孤对电子的存在，也有一定的亲核性，可以与卤代烃等试剂发生烃化反应。

杂环胺与烷基卤代烃可以在强碱条件下发生反应，得到烃化产物。例如，抗过敏药阿卡他定（alcaftadine）中间体的合成。

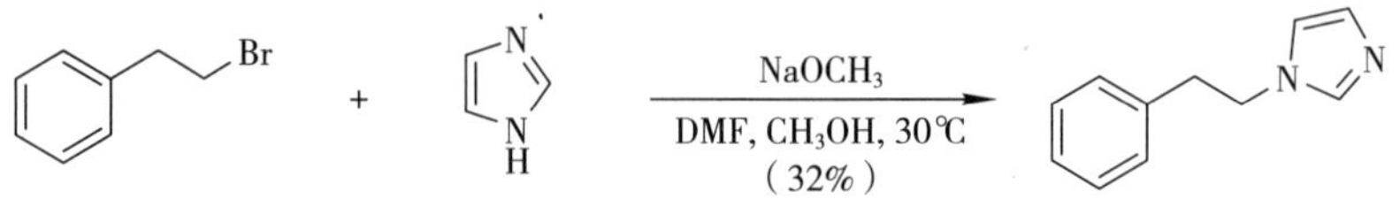

如果杂环胺的环上含有多个氮原子，根据氮原子的碱性不同，控制反应条件可以进行选择性烃化。例如，降糖药利拉利汀（linagliptin）中间体的合成中，底物中 N-7 的亲核性比 N-1 的亲核性强，因此在弱碱条件下只对 N-7 进行了烃化，而 N-1 并没有烃化。

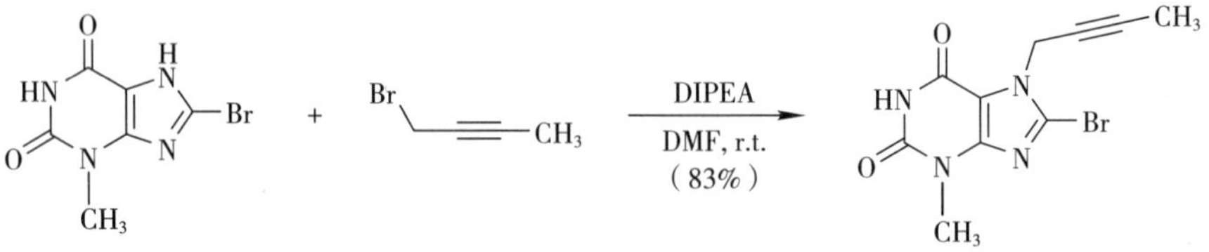

杂环胺与卤代烃进行亲核取代反应时，芳基卤代烃的活性低于烷基卤代烃。例如，抗菌药依柏康唑（eberconazole）中间体的合成中，咪唑选择性地与烷基卤代烃发生反应，而芳基卤代烃不反应。

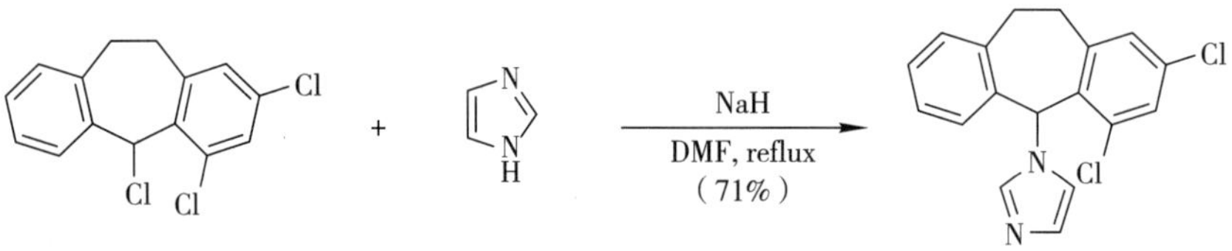

杂环胺与芳基卤代烃可以采用 Ullmann 反应进行偶联。例如，抗肺纤维化药物吡非尼酮（pirfenidone）的合成中，采用杂环胺与碘苯在铜催化的条件下进行 N- 烃化反应。

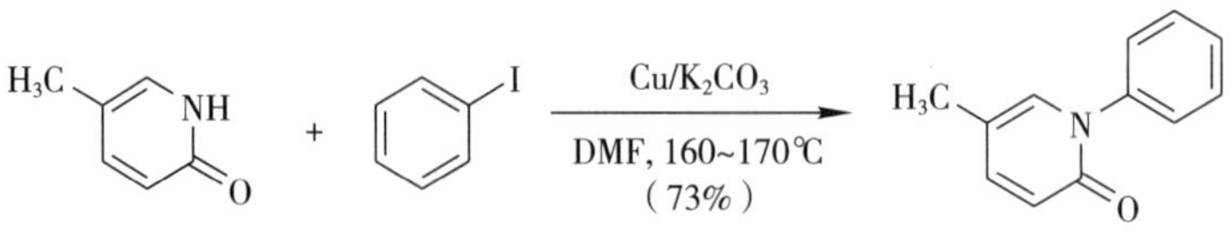

其他烃化试剂如磺酸酯、环氧乙烷等也可用于杂环胺的烃化反应。例如，抗癌药克唑替尼（crizotinib）中间体的合成中，就采用吡唑与甲磺酸酯进行反应引入烃基。

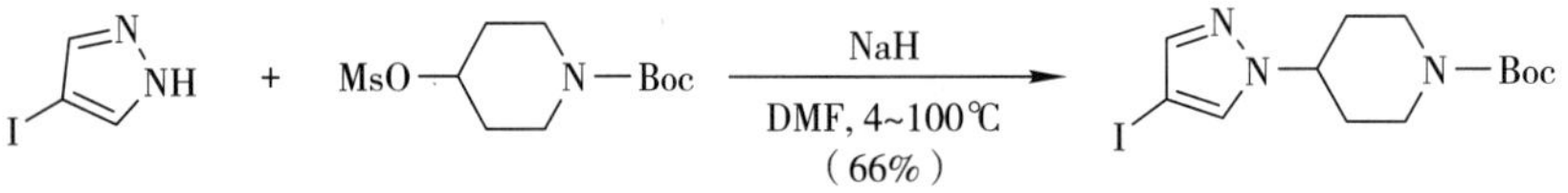

杂环胺还可以与环氧乙烷反应引入羟乙基。例如，抗病毒药物恩替卡韦（entecavir）中间体的合成。

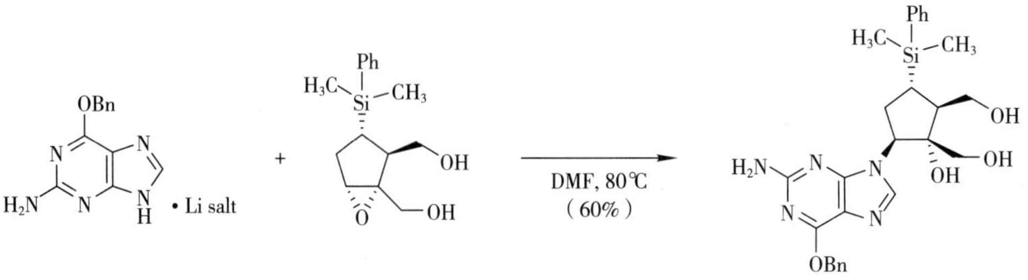

学科前沿 3-1　电化学在 N- 烃化反应中的应用

四、还原胺化反应

还原胺化反应是指在还原剂存在下，醛、酮与氨、伯胺或仲胺反应，在氮原子上引入烃基的反应，也可称为还原烃化反应。该反应可以使用的还原方法较多，有催化氢化、甲酸及其衍生物还原、金属复氢化物还原、碱金属还原等。其中，催化氢化、甲酸及其衍生物还原是比较常用的方法。

1. 反应通式

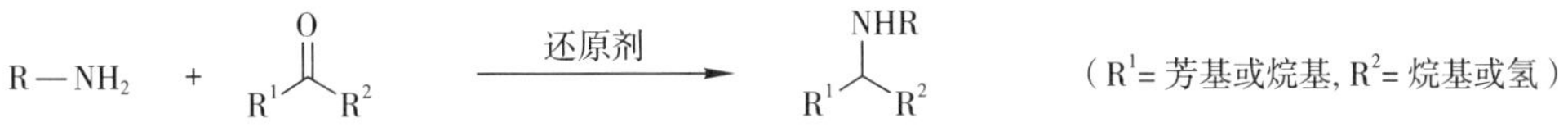

$$R-NH_2 + R^1COR^2 \xrightarrow{\text{还原剂}} R^1R^2CH-NHR \quad (R^1=\text{芳基或烷基}, R^2=\text{烷基或氢})$$

2. 反应机理 氨或胺对醛酮的羰基进行亲核进攻，经脱水形成亚胺，然后亚胺在还原剂的作用下生成相应的 N- 烃化产物。

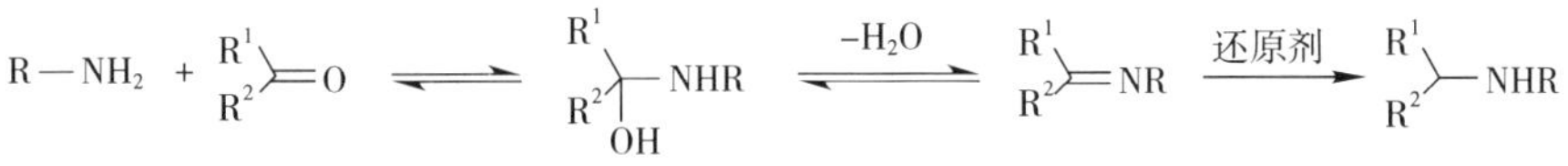

$$R-NH_2 + R^1R^2C=O \rightleftharpoons R^1R^2C(OH)NHR \xrightarrow{-H_2O} R^1R^2C=NR \xrightarrow{\text{还原剂}} R^1R^2CH-NHR$$

3. 反应影响因素及应用实例 伯胺、仲胺及叔胺都可以通过还原胺化反应制备。氨与醛（或酮）进行还原胺化可以得到伯胺。例如，抗帕金森症药物酒石酸匹莫范色林（pimavanserin tartrate）中间体的合成。

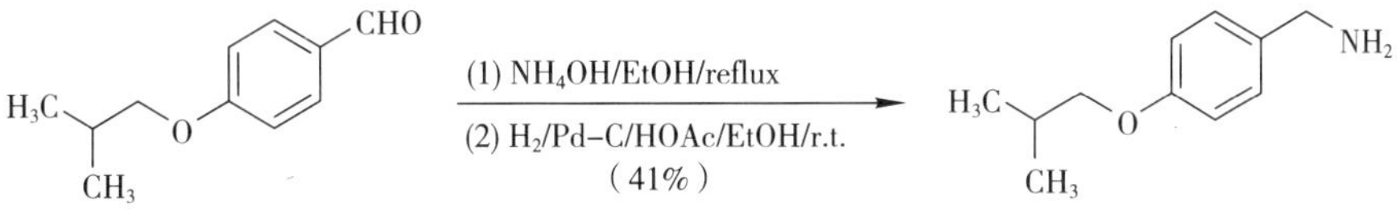

（反应式：4-异丁氧基苯甲醛 (1) NH₄OH/EtOH/reflux (2) H₂/Pd-C/HOAc/EtOH/r.t. （41%）→ 4-异丁氧基苄胺）

伯胺与醛（或酮）发生还原胺化反应得到仲胺。例如，偏头痛治疗药物夫罗曲坦（frovatriptan）中间体的合成。

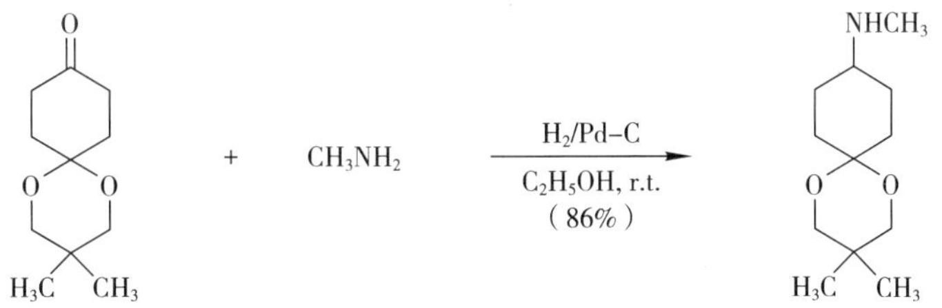

（反应式：螺环酮 + CH₃NH₂ → H₂/Pd-C, C₂H₅OH, r.t. （86%）→ N-甲基胺产物）

叔胺也可以用还原胺化的方法制备。例如，抗心律失常药伊伐布雷定（ivabradine）的合成中，使用醛与仲胺进行还原胺化得到叔胺产物。

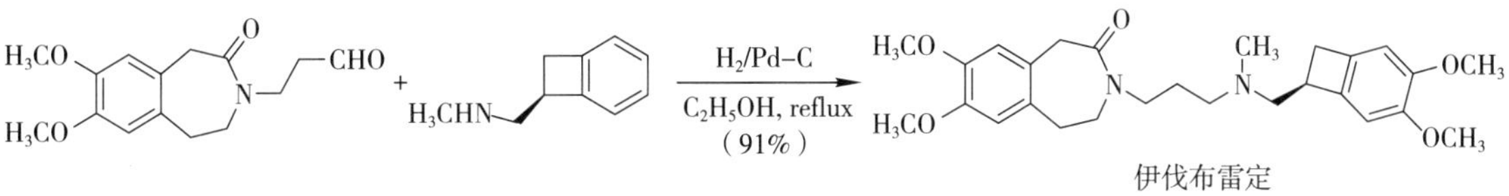

（反应式：H₂/Pd-C, C₂H₅OH, reflux （91%）→ 伊伐布雷定）

在过量甲酸或甲酸衍生物的存在下，醛或酮与氨或胺的还原胺化反应称为 Leuckart 反应。例如，抗病毒药物艾尔巴韦（elbasvir）中间体的合成中就采用 Leuckart 反应。

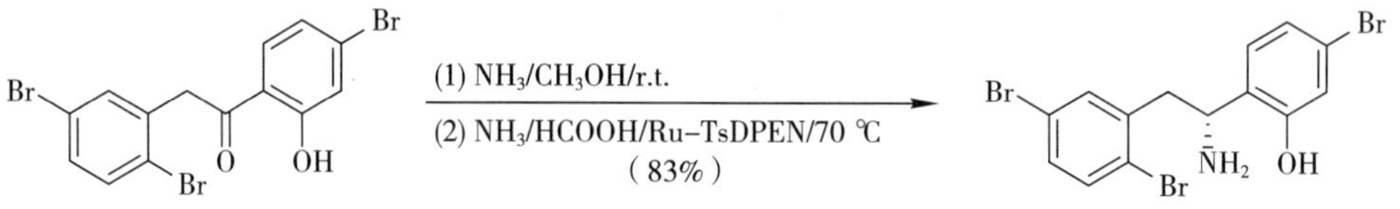

胺与甲醛在过量甲酸存在下的还原胺化反应称为 Eschweiler-Clarke 反应，该反应是 Leuckart 反应的特例。例如，抗癌药凡德他尼（vandetanib）的合成中，采用该方法在脂肪胺上引入甲基。

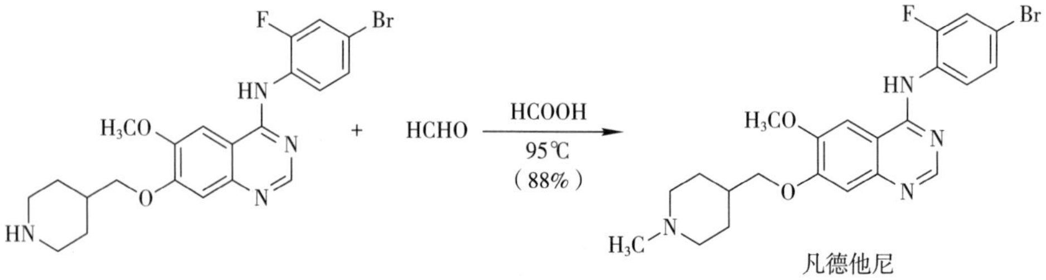

在金属复氢化合物的存在下，醛或酮也可与氨或胺进行还原胺化反应。例如，催眠药苏沃雷生（suvorexant）中间体的合成中，即采用硼氢化钠（$NaBH_4$）作为还原剂进行还原胺化。

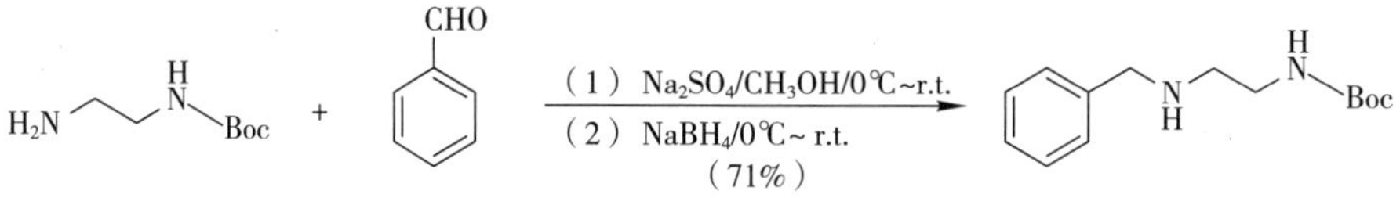

三乙酰氧基硼氢化钠 $[NaBH(OAc)_3]$ 是一种比 $NaBH_4$ 更为温和的还原剂，可以避免醛酮被还原的副反应发生。例如，抗癌药维奈托克（venetoclax）中间体的合成中，就使用 $NaBH(OAc)_3$ 为还原剂进行还原胺化。

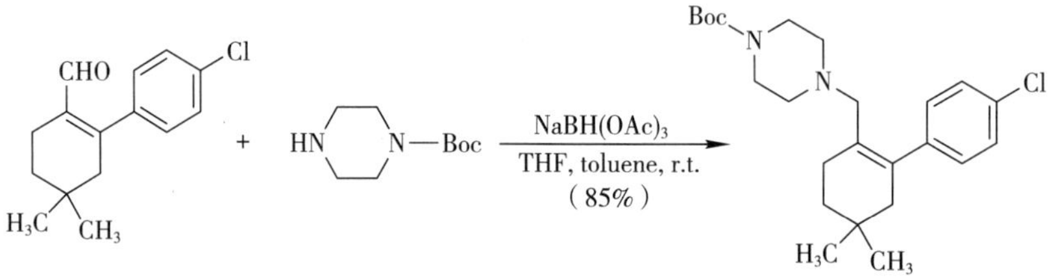

当底物为手性化合物时，采用 $NaBH(OAc)_3$ 为还原剂，可以避免反应过程中发生消旋化。例如，抗 HIV 药物可比司他（cobicistat）的中间体的合成。

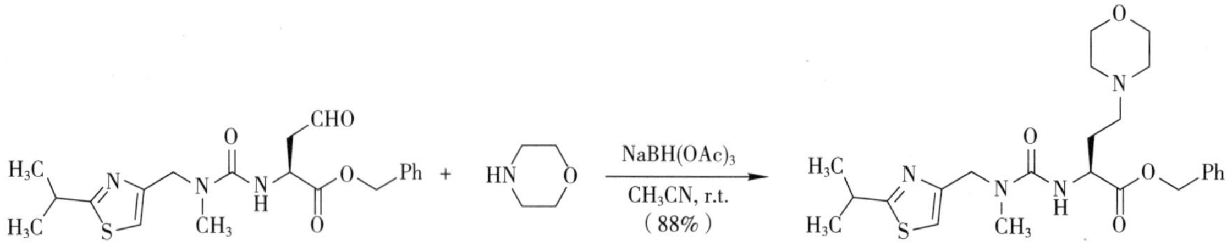

如果底物中同时含有醛（或酮）羰基和氨基，则可以发生分子内还原胺化反应得到环状胺。例如，催眠药苏沃雷生（suvorexant）中间体的合成。

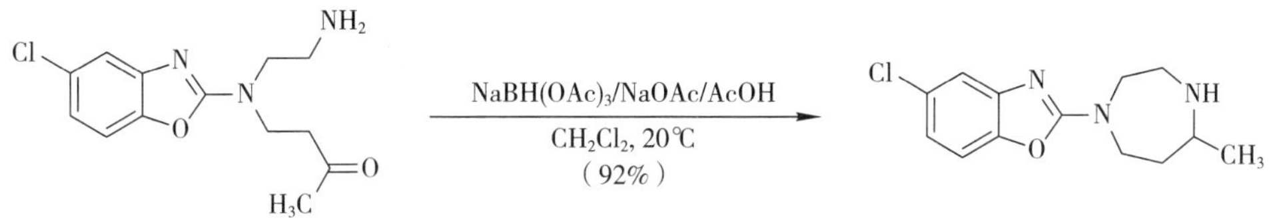

学科前沿 3-2 生物催化技术在还原胺化中的应用

第三节 碳原子上的烃化反应

碳原子上的烃化反应是增加烃基、延长碳链的重要方法。芳烃、烯烃、炔烃及羰基的α位均可发生烃化反应。主要方法包括：芳烃上引入烃基的 Friedel-Crafts 烃化反应，Suzuki 交叉偶联反应，烯烃上引入芳烃基的 Heck 反应，炔烃上引入烃基的 Sonogashira 反应，以及利用羰基化合物的α位氢的酸性，在碱性条件下与卤代烃反应引入烃基的反应。

一、芳烃的 C- 烃化反应

（一）Friedel-Crafts 烃化反应

Friedel-Crafts 烃化反应是指在酸性催化剂的作用下，芳香族化合物与卤代烃发生反应，在芳环上引入烃基。

1. 反应通式

（R = H 或供电子基；R^1、R^2、R^3 = 烷基）

2. 反应机理 该反应为碳正离子对富电子芳环的亲电取代反应机理。碳正离子可以是来自卤代烃与路易斯酸的络合物，也可以是其他质子化的醇或烯烃。

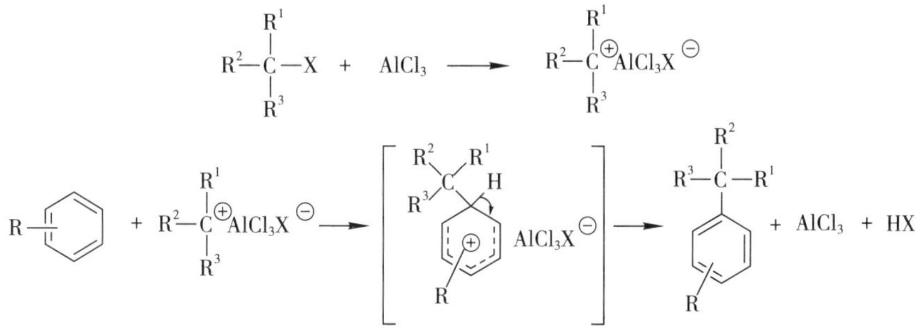

3. 反应影响因素及应用实例 Friedel-Crafts 烃化反应是亲电取代反应，芳环上电子云密度对反应的影响较大，缺电子芳烃反应难度增加，甚至不能发生反应；富电子芳烃反应容易进行，且有时会继续发生烃化反应得到多烃基衍生物。反应的催化剂包括路易斯酸（如 $AlCl_3$、$SbCl_5$、$FeCl_3$、$SnCl_4$、$TiCl_4$、$ZnCl_2$ 等）和质子酸（如 HF、H_2SO_4、H_3PO_4 等），无水 $AlCl_3$ 是最常用的路易斯酸催化剂，其催化作用强，价格较便宜，在药物合成中应用较多。

最常用的烃化试剂为卤代烃、烯烃及醇等，卤代烃 RX 的活性与烃基 R 的结构和卤素 X 的性质有关。当 R 为苄基或叔烃基时活性最高，仲烃基次之，伯烃基反应最慢。$AlCl_3$ 催化卤代烷与苯的 Friedel-Crafts 烃化反应中，烷基卤代烃的活性顺序为：RF > RCl > RBr > RI。

长链卤代烃在进行 Friedel-Crafts 烃化反应时可能会发生重排反应，得到烃基异构化产物。例如，苯与 1- 氯丙烷进行 Friedel-Crafts 烃化反应时，得到混合烃化产物。

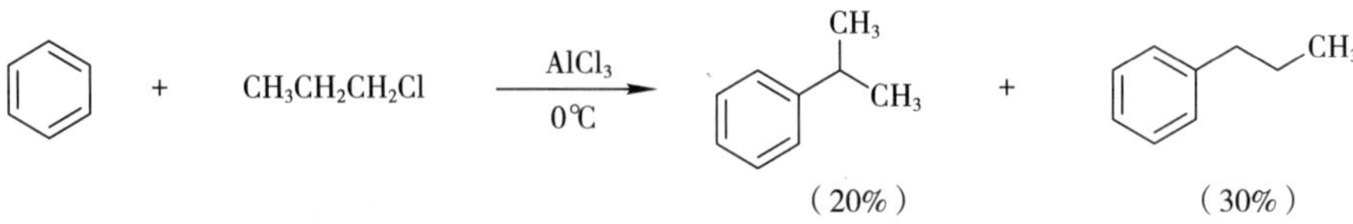

链状二卤代烃可以与富电子芳烃发生两次 Friedel-Crafts 烃化反应，得到并环化合物。例如，白血病治疗药物他米巴罗汀（tamibarotene）的合成。

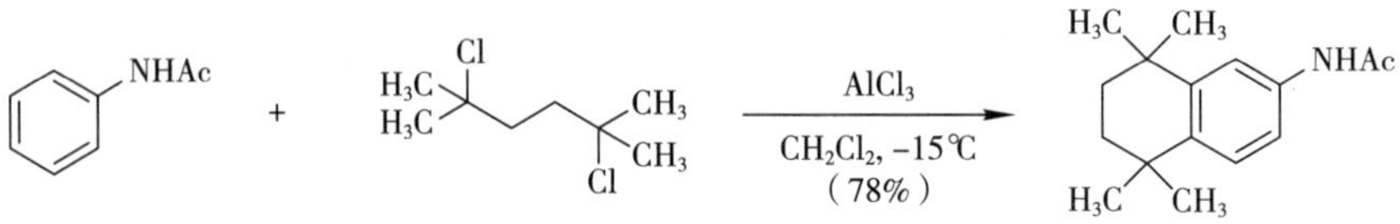

Friedel-Crafts 烃化反应不仅可以在分子间进行，也可以在分子内发生。例如，抗精神分裂药阿立哌唑（aripiprazole）的合成，就是卤代烃与富电子芳环进行的分子内反应，得到环状化合物。

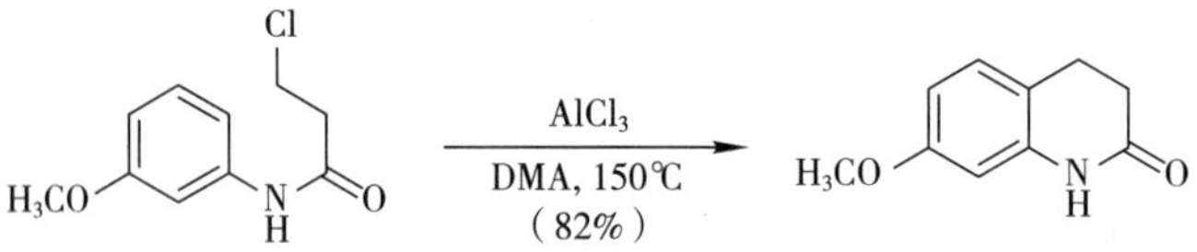

除了卤代烃，烯烃或醇等可质子化的试剂也能与芳烃进行 Friedel-Crafts 烃化反应。例如，食欲抑制药物盐酸绿卡色林（lorcaserin hydrochloride）中间体的合成中，烯烃作为烃化试剂进行分子内 Friedel-Crafts 烃化反应。

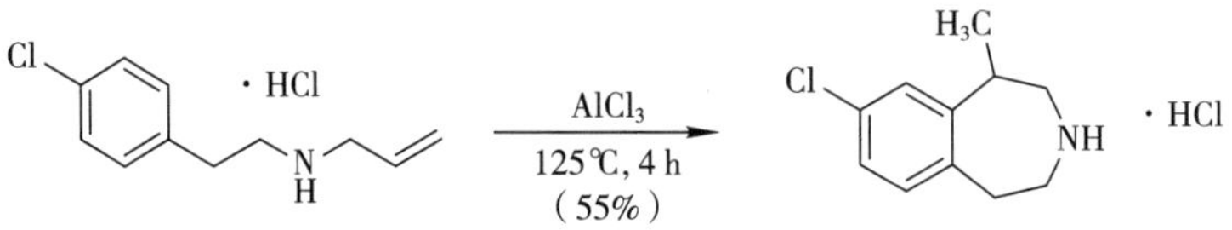

（二）Suzuki 交叉偶联反应

除了经典的 Friedel-Crafts 烃化反应，芳烃的 C- 烃化还可以通过 Suzuki 交叉偶联反应实现。Suzuki 交叉偶联反应是指在钯催化下，有机硼试剂与卤代烃或三氟甲磺酸酯类化合物发生的交叉偶联反应。该反应具有较强的底物适应性及官能团耐受性，在药物合成中有着广泛的应用。

1. 反应通式

$$R^1-B(OR)_2 + R^2-X \xrightarrow{\text{Pd催化剂/碱/配体}} R^1-R^2 + X-B(OR)_2$$

（R = H 或烷基；R^1, R^2 = 芳基、烷基或烯基；X = I, Br, Cl, F, OTf）

2. 反应机理 该反应的催化循环分为四步，首先卤代烃对 Pd（0）进行氧化加成得到 Pd（Ⅱ），然后与 Pd（Ⅱ）相连的阴离子和碱的阴离子进行交换，随后 Pd（Ⅱ）与烷基硼酸酯进行金属交换反应，最后还原消除形成 C—C 键并重新生成 Pd（0）进入下一个循环。

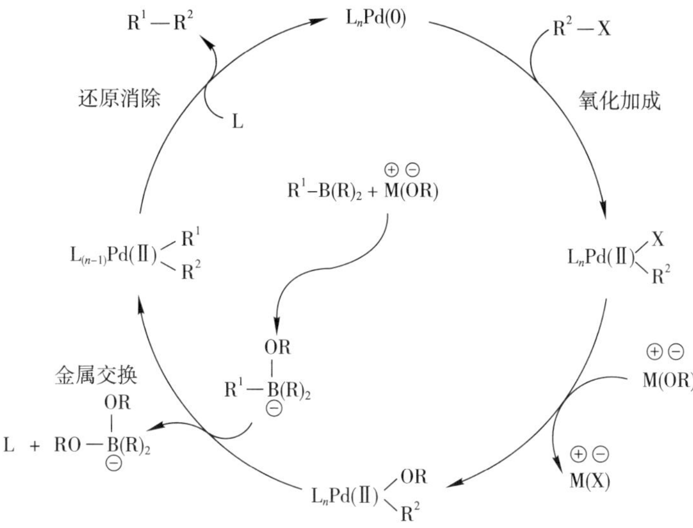

3. 反应影响因素和应用实例　在 Suzuki 反应中，芳基硼酸和硼酸酯具有较好的反应活性，且对水不敏感，因此可用于含水反应体系。卤代烃的反应活性为：ArI > ArOTf > ArBr > ArCl。例如，抗肿瘤药物克唑替尼（crizotinib）的合成中，溴代芳烃优先进行反应。

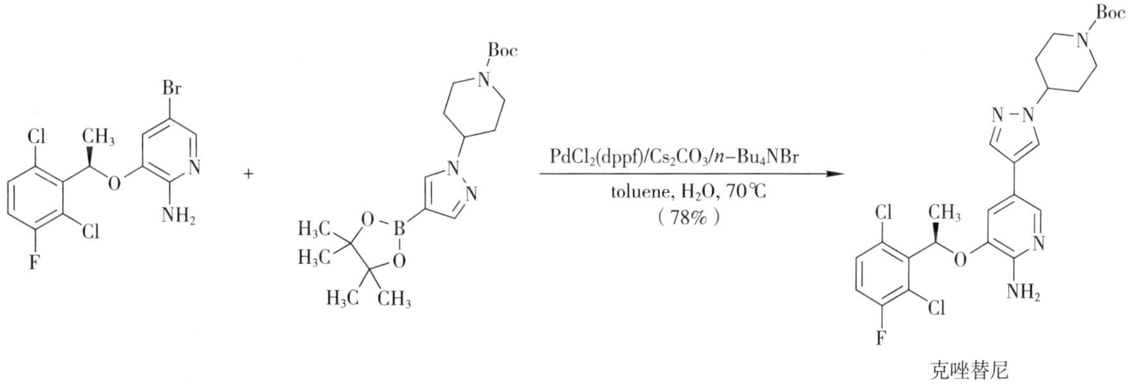

氯化物的活性较低，与硼酸的偶联反应通常需在较高温度下进行。例如，抗癌药色瑞替尼（ceritinib）中间体的合成，氯代物与硼酸的 Suzuki 偶联反应温度为 150℃。

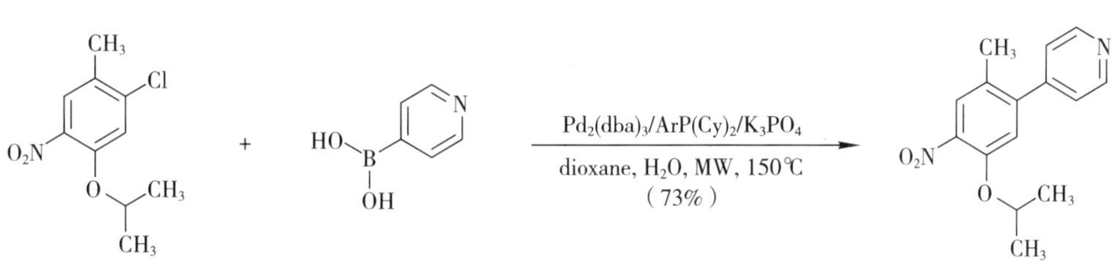

另外，Suzuki 偶联反应没有碱的参与很难进行，甚至不反应。例如，烯基硼酸酯与碘苯反应，没有碱存在时不能发生反应，而加入 NaOH 后，以几乎定量的收率得到偶联产物。

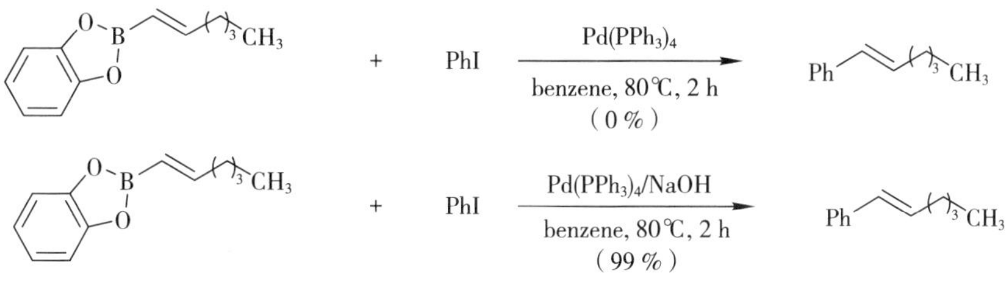

拓展阅读 3-1　芳烃的三氟甲基化反应

二、烯烃的 C- 烃化反应（Heck 反应）

Heck 反应是指在过渡金属钯催化下，乙烯基化合物与卤代芳烃、卤代烯烃及其类似物之间的交叉偶联反应。

1. 反应通式

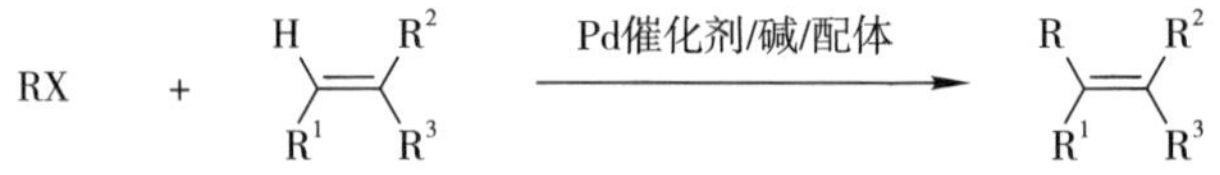

$$RX + \underset{R^1}{\overset{H}{}}C=C\underset{R^3}{\overset{R^2}{}} \xrightarrow{\text{Pd催化剂/碱/配体}} \underset{R^1}{\overset{R}{}}C=C\underset{R^3}{\overset{R^2}{}}$$

（R = 芳基, 烷基或烯基; R^1, R^2, R^3 = 芳基, 烷基或烯基; X = I, Br, Cl, OTf, N_2X）

2. 反应机理　首先卤代烃对 Pd(0) 进行氧化加成，然后烯烃与钯配位产生 π 配合物，配位的烯烃再顺式插入 Pd—C 键中，通过键的旋转得到扭张力较小的反式异构体，发生 β-H 消除得到烯烃产物与 Pd(Ⅱ)，Pd(Ⅱ) 在碱的作用下发生还原消除，重新获得 Pd(0)。因此，该反应中钯是催化量的，而碱是需要化学计量的。

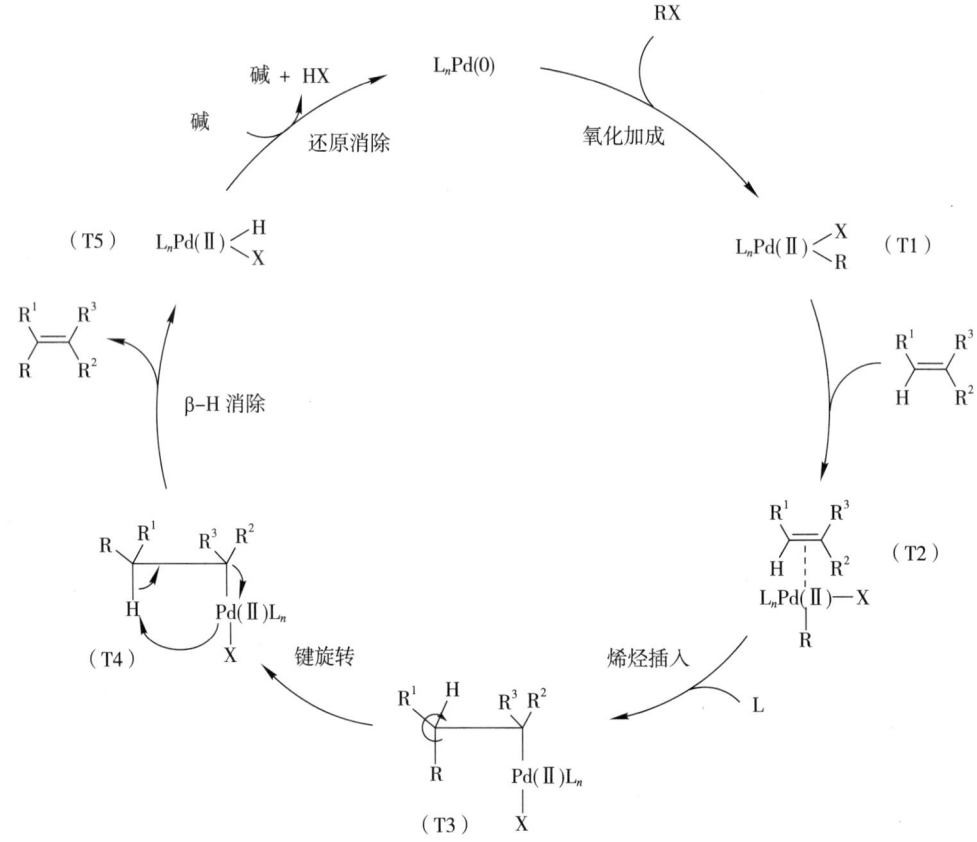

3. 反应影响因素及应用实例　在 Heck 反应中，常用的烃化试剂为卤代烃、三氟甲磺酸酯，烃化试剂的活性顺序为：RI>ROTf>RBr>RCl，卤代烃及其类似物对 Pd(0) 的氧化加成是反应的决速步骤。

取代烯烃一般为连有吸电子基团的烯烃，反应发生在取代基较少的一侧。例如，抗病毒药物利匹韦林（rilpivirine）的合成。

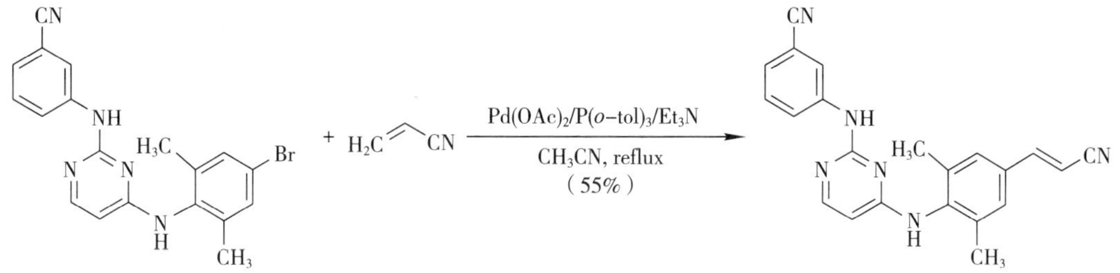

杂芳基卤代烃也可以与烯烃发生 Heck 反应。例如，抗肿瘤药物阿西替尼（axitinib）的合成。

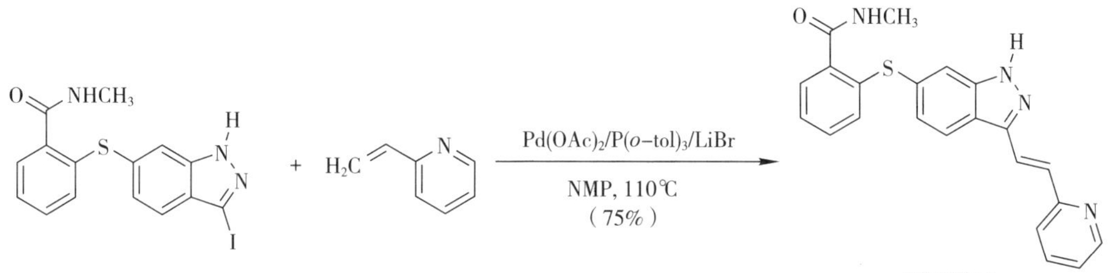

Heck 反应官能团耐受性较好，底物中的磺酰氨基、酯基等不受影响。例如，抗肿瘤药物贝林司他（belinostat）中间体的合成。

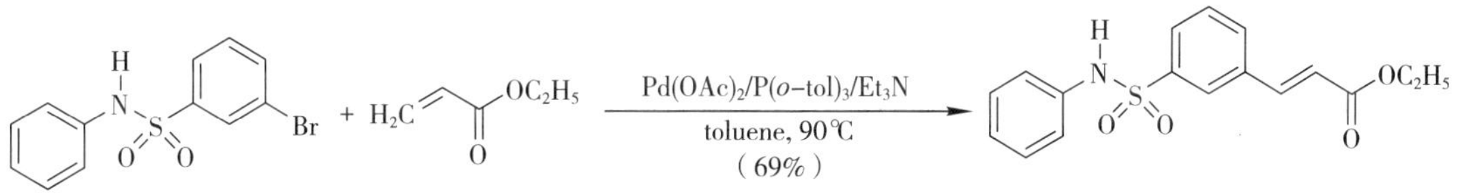

三、炔烃的 C- 烃化反应

炔基氢有一定的酸性，可以在强碱的作用下与卤代烃发生直接的亲核取代反应实现 C- 烃化；也可以利用 Sonogashira 反应引入烃基。

（一）卤代烃为烃化剂的亲核取代反应

1. 反应通式

$$RC\equiv C-H + R^1-X \xrightarrow{强碱} RC\equiv C-R^1 + HX \quad (R^1=烷基; X=I, Br, Cl 等)$$

2. 反应机理 该反应为亲核取代反应机理，端基炔在强碱作用下形成炔负离子，进攻烃化试剂中正电性的碳。

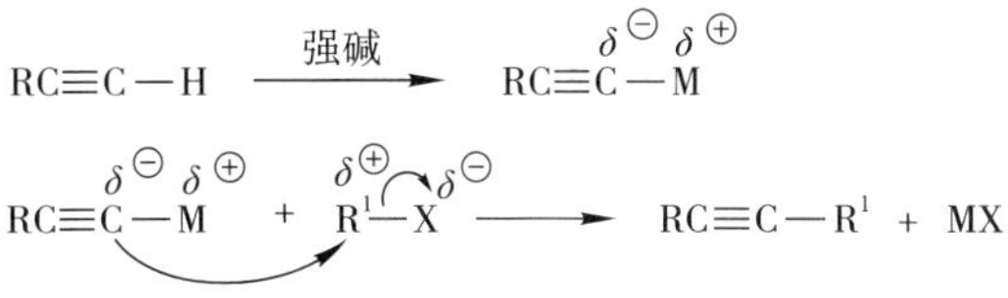

$$RC\equiv C-H \xrightarrow{强碱} RC\equiv \overset{\delta^-}{C}-\overset{\delta^+}{M}$$

$$RC\equiv \overset{\delta^-}{C}-\overset{\delta^+}{M} + \overset{\delta^+}{R^1}-\overset{\delta^-}{X} \longrightarrow RC\equiv C-R^1 + MX$$

3. 反应影响因素及应用实例 在端基炔与卤代烃的亲核取代反应中，卤代烃的活性顺序为：RI > RBr > RCl > RF。卤代芳烃活性太低，不能与炔负离子发生 C- 烃化反应。需用强碱拔氢形成炔负离子，通常只有伯卤代烃的 β 位没有侧链时，才能较好地进行反应，伯卤代烃的β位有侧链、仲卤代烃及叔卤代烃在此条件下,通常会发生消除反应得到烯烃。例如,碘甲烷与端基炔在正丁基锂的条件下反应良好,得到 C- 烃化产物。

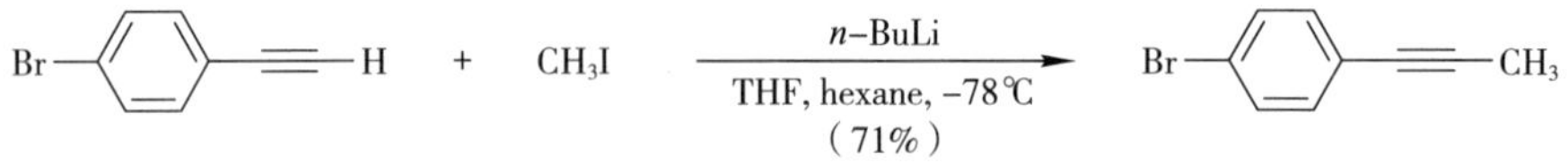

$$\text{Br-C}_6\text{H}_4\text{-C≡C-H} + \text{CH}_3\text{I} \xrightarrow[\text{THF, hexane, -78℃}]{n\text{-BuLi}} \text{Br-C}_6\text{H}_4\text{-C≡C-CH}_3$$
（71%）

在强碱条件下,端基炔不仅可以与卤代烃发生亲核取代反应,还可以对环氧乙烷进行开环。例如,骨质疏松症治疗药物艾地骨化醇（eldecalcitol）中间体的合成,就是炔负离子对环氧乙烷进行亲核进攻开环,得到炔的 C- 烃化产物。

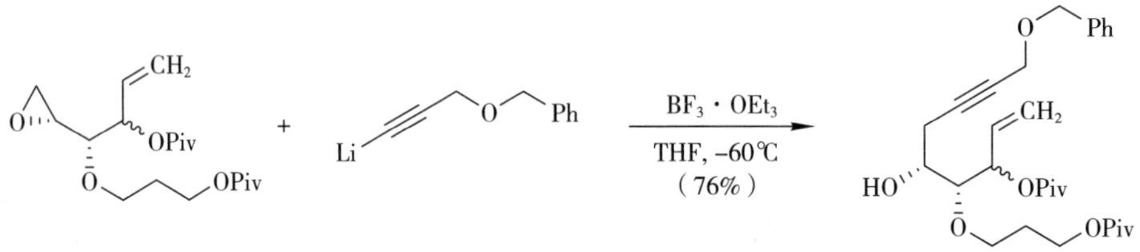

（二）Sonogashira 反应

Sonogashira 反应是指在钯和铜共催化的作用下,末端炔烃与芳基卤代烃、乙烯基卤代烃及其类似物发生的交叉偶联反应。

1. 反应通式

$$\text{RC≡C-H} + \text{R}^1\text{-X} \xrightarrow{\text{Pd/Cu催化剂}} \text{RC≡C-R}^1$$
（R^1 = 芳基或烯基; X = I, Br, Cl, OTf）

2. 反应机理 经典的 Sonogashira 反应是钯/铜共催化的交叉偶联反应,首先卤代烃对 Pd(0) 进行氧化加成,端基炔在铜的作用下被活化形成炔铜中间体,随后发生金属交换,再进行还原消除得到取代炔烃,同时产生 Pd(0) 催化剂。

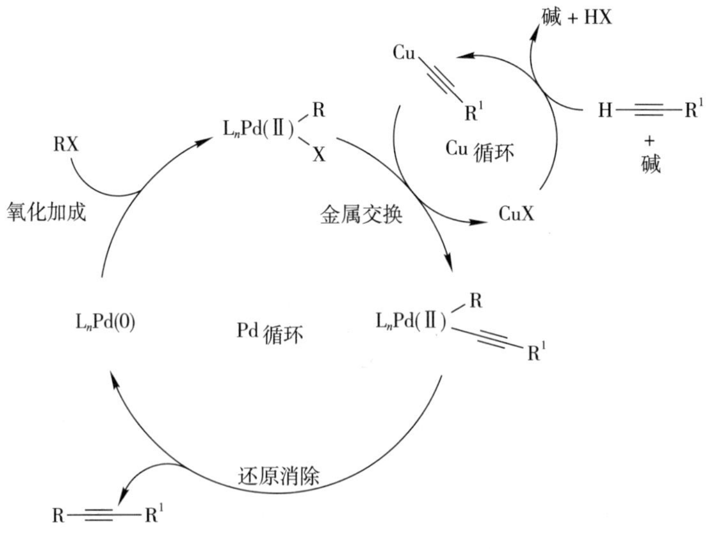

3. 反应影响因素及应用实例 在 Sonogashira 反应中,卤代烃的活性顺序为:ArI > ArOTf > ArBr > ArCl。例如,抗肿瘤药物琥珀酸瑞博西尼（ribociclib succinate）中间体的合成中,溴代芳烃优先发生反应。

选择合适的反应条件如溶剂、碱、配体等，可以使 Sonogashira 反应在无铜盐的条件下进行。例如，抗癌药芦卡帕利（rucaparib camsylate）中间体的合成中，没有铜催化剂的参与也可以完成偶联反应。

四、羰基 α 位的 C- 烃化反应

由于羰基的吸电子作用，羰基化合物 α 位的氢具有一定的酸性，在碱性条件下能与卤代烃反应引入烃基。

（一）活泼亚甲基化合物的 C- 烃化

活泼亚甲基化合物是指亚甲基上连有两个相同或不同的吸电子基团的化合物。活泼亚甲基化合物中亚甲基的酸性明显增强，与亚甲基相连的吸电子基团越强，亚甲基的酸性越大。

1. 反应通式 活泼亚甲基化合物在碱性条件下可与卤代烃反应，生成 C- 烃化产物。常见的吸电子基团的强弱顺序为：—NO_2 > —COR > —SO_2R > —CN > —COOR > —SOR > —Ph。

$$R-CH_2-R^1 + R^2-X \xrightarrow{\text{碱}} R-\underset{H}{\overset{R^2}{C}}-R^1 \quad (R, R^1 = \text{吸电子基}; R^2 = \text{烷基}; X = I, Br, Cl \text{等})$$

2. 反应机理 该反应为亲核取代反应机理，活泼亚甲基在碱的作用下形成碳负离子，进攻烃化试剂中正电性的碳。

$$R-CH_2-R^1 \xrightarrow{\text{碱}} R-\overset{\ominus}{C}H-R^1 \xrightarrow{R^2\overset{\delta+}{\text{—}}X^{\delta-}} R-\underset{H}{\overset{R^2}{C}}-R^1 + X^\ominus$$

3. 反应影响因素及应用实例 活泼亚甲基化合物的烃化反应与亚甲基上所连的吸电子基、烃化剂的性质、碱及溶剂等因素密切相关。活泼亚甲基上有两个活性氢，与卤代烃反应时可发生单烃化或双烃化，这取决于活泼亚甲基化合物与卤代烃的活性和反应条件。过量的碱和烃化试剂会促进双烃化反应的发生。一般来说，若引入两个相同而较小的烃基，可先后用等物质的量碱、卤代烃和活泼亚甲基化合物进行两次烃化；若引入两个不同的伯烃基，应先引入较大基团，后引入较小基团；若引入一个伯烃基、一个仲烃基，则先引入伯烃基，再引入仲烃基。引入第二个烃基时难度较大，需用更强的碱。

活泼亚甲基化合物的 C- 烃化反应在药物中间体的合成中有着广泛的应用。例如，治疗胃酸相关疾病药物富马酸沃诺拉赞（vonoprazan fumarate）中间体的合成中，采用 α- 卤代酮与活泼亚甲基化合物在弱碱性条件下反应得到 C- 烃化产物。

[反应式：2'-氟-α-溴苯乙酮 + 氰基乙酸乙酯，K₂CO₃/CH₃COCH₃, 45℃（99%）生成相应烃化产物]

在适当的条件下，活泼亚甲基化合物可与卤代烃发生两次烃化反应。例如，抗肿瘤药物普拉曲沙（pralatrexate）中间体的合成中，利用活泼亚甲基化合物的两次烃化反应引入两个不同的烃基。

[反应式：对甲氧羰基苯乙酸甲酯 + HC≡C-CH₂Br，KH/THF（83%）；再与 2-氨基-4-氨基-6-溴甲基蝶啶反应，KH/DMF, <10℃（90%）]

活泼亚甲基化合物与双卤代烃发生两次烃化反应，可以得到环状产物。例如，雌激素受体调节剂奥培米芬（ospemifene）中间体的合成。

[反应式：苯乙酮衍生物 + BrCH₂CH₂Cl，NaOH/n-Bu₄NHSO₄，toluene, r.t.（65%）生成环丙基酮产物]

案例讨论 3-2　苯巴比妥中间体的合成工艺优化

（二）醛、酮及羧酸衍生物 α 位 C- 烃化

当亚甲基只连有一个吸电子基（如醛、酮或羧酸衍生物），进行烃化反应情况比较复杂，需要控制反应条件。醛的 α 位 C- 烃化比较少见，因为碱性条件下易发生羟醛缩合反应。

1. 反应通式　以酮的 α 位 C- 烃化为例

$$RH_2C-\overset{O}{\underset{\|}{C}}-CH_2R^1 + R^2-X \xrightarrow{\text{碱}} RHC-\overset{O}{\underset{\|}{C}}-CH_2R^1 + RH_2C-\overset{O}{\underset{\|}{C}}-CHR^1 \quad (R^2=\text{烷基}; X=I, Br, Cl)$$
$$\quad\quad\quad\quad\quad\quad\quad\quad\quad\quad\quad\quad\quad\quad\quad |\quad\quad\quad\quad\quad\quad\quad\quad\quad\quad |$$
$$\quad\quad\quad\quad\quad\quad\quad\quad\quad\quad\quad\quad\quad\quad R^2\quad\quad\quad\quad\quad\quad\quad\quad\quad\quad R^2$$

2. 反应机理　在碱存在的条件下，酮可以生成烯醇负离子 A、B 的混合物，其组成由动力学或热力学因素决定。当动力学因素控制时，产物组成由两个竞争性夺氢反应的相对速率决定。假如烯醇负离子 A、B 能相互迅速转变，将达到平衡，产物组成由烯醇的相对热稳定性决定，此为热力学控制。

[反应机理示意图：酮经碱作用分别通过 K_A 和 K_B 生成烯醇负离子 A 和 B，平衡常数 $K=[A]/[B]$，分别与 R^2-X 反应生成两种烃化产物]

3. 反应影响因素及应用实例　通过条件控制，可以使得酮所形成的烯醇负离子为热力学控制或动力学控制产物。动力学控制条件通常有利于生成取代较少的烯醇负离子，主要原因是夺取位阻较小的氢速率更快。但在热力学控制下，一般多取代的烯醇负离子占优势，因为碳碳

双键的稳定性随着取代基增多而增强。

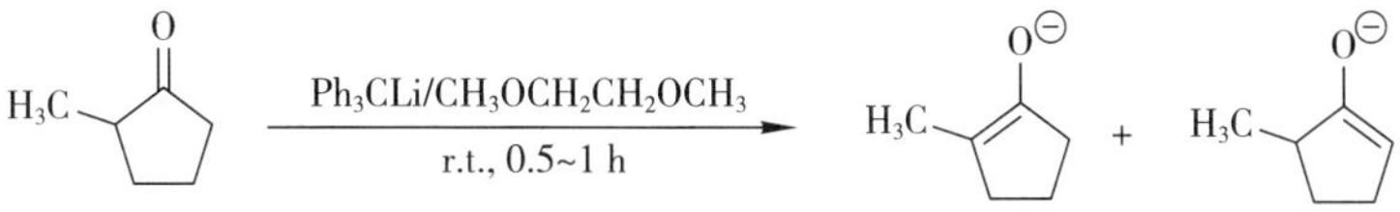

动力学控制：　28%　72%
热力学控制：　94%　6%

其他羧酸衍生物的反应，如酯的 α 位进行烃化需要在很强的碱性条件下进行，否则会发生酯缩合反应。例如，抗病毒药伐尼瑞韦（vaniprevir）中间体的合成中，对酯的 α 位进行烃化采用了强碱己基锂。

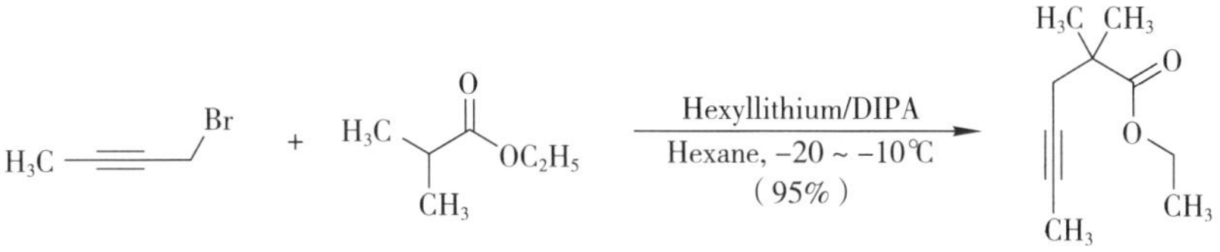

为了避免副反应的发生，酯的 α 位 C- 烃化可以通过先形成烯醇硅醚中间体再与卤代烃反应。例如，抗病毒药那拉匹韦（narlaprevir）中间体的合成。

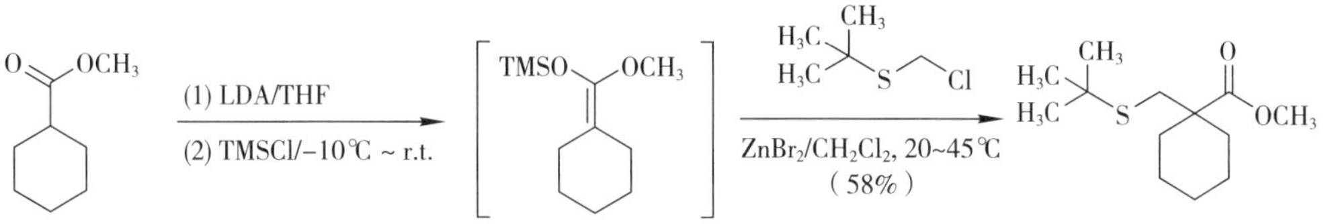

（三）烯胺的 C- 烃化

醛、酮与胺缩合脱水得到亚胺，具有 α-H 的醛酮形成的亚胺可以转化为更为稳定的烯胺。烯胺的 α,β- 碳碳双键与氮原子共轭，因此 β- 碳原子具有亲核性，可与卤代烃反应，再经过水解得到醛、酮 α 位 C- 烃化产物。

1. 反应通式

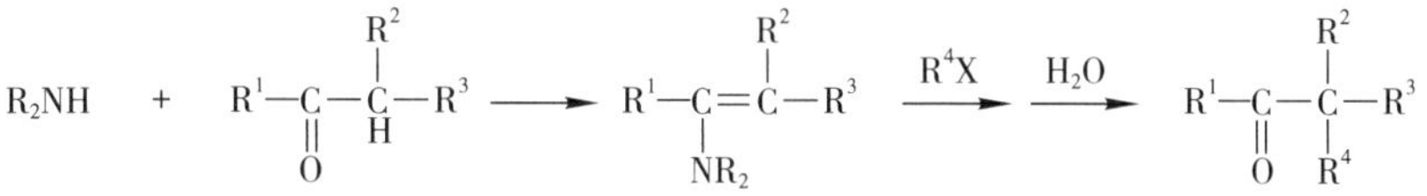

（R, R^4 = 烷基；X = I, Br, Cl, OTs 等）

2. 反应机理　该反应为亲核取代反应机理，烯胺形成后，具有亲核性的 β- 碳原子进攻卤代烃的正电性碳原子，再进行水解后得到烃化产物。

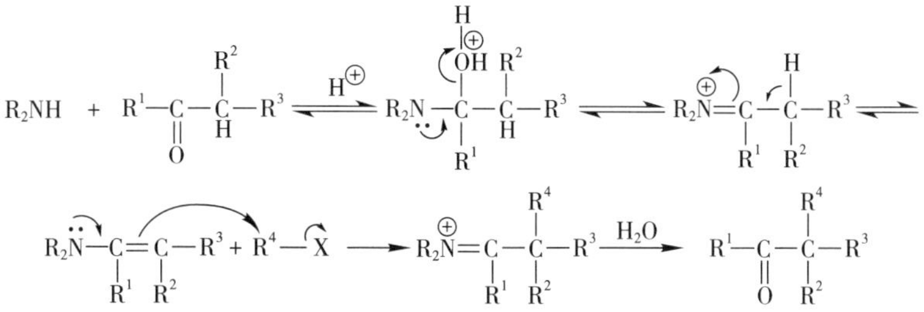

3. 反应影响因素及应用实例　对称酮形成的烯胺进行 C- 烃化，操作比较简单，且收率

高。例如，环己酮与四氢吡咯生成的烯胺，与3-溴丙烯发生 C- 烃化反应。

$$\text{环己酮} \xrightarrow{\text{吡咯烷}} \text{烯胺} \xrightarrow[(2) H_2O]{(1) H_2C=CHCH_2Br} \text{2-烯丙基环己酮} (83\%)$$

而不对称酮形成的烯胺，C- 烃化存在选择性。例如，甲基环己酮与四氢吡咯生成烯胺的混合物，分别为少取代烯胺和多取代烯胺。双键 π 轨道和氮上未共用电子对相互要求共平面，多取代烯胺非键排斥作用不利于多取代烯胺的生成，因此少取代烯胺更占优势。

（少取代烯胺 90%　多取代烯胺 10%　←非键排斥）

五、有机金属化合物作用下的 C- 烃化反应

有机金属化合物是由金属原子与碳原子直接相连成键的有机化合物，即含有 M—C 键的化合物。有机金属化合物可提供碳负离子、自由基和卡宾等活泼中间体，因此在合成中有着广泛的应用，其中格氏试剂、有机锂试剂、有机锌试剂等应用较多。

（一）格氏试剂的 C- 烃化反应

格氏试剂有很强的碱性和亲核性，不仅可以与醛、酮及酯反应生成醇，还可以与卤代烃、环氧乙烷、磺酸酯等烃化试剂进行亲核取代反应生成 C- 烃化产物。

1. 反应通式

$$R-MgX + R^1-X \longrightarrow R-R^1 + MgX_2$$

（R, R^1 = 芳基或烷基；X = I, Br, Cl, OTs 等）

2. 反应影响因素及应用实例　格氏试剂可以通过卤代烃与金属镁在无水乙醚中制备得到。制备格氏试剂时，卤代烃的反应活性与烃基结构和卤素性质有关。当卤代烃中烃基 R 相同而卤素不同时，其活性顺序为：RI>RBr>RCl。卤素相同时，烃基的反应活性一般为：烯丙基、苄基 > 一级烷基 > 二级烷基 > 三级烷基、芳基 > 乙烯基。

格氏试剂与卤代烃在镍催化下进行的交叉偶联反应为 Kumada 反应，该反应条件温和，操作简单，具有较高的实用性。例如，痛风治疗药物雷西纳德（lesinurad）中间体的合成，就采用烷基格氏试剂与芳基卤代烃进行 Kumada 反应。

$$\text{1-溴萘} + \text{环丙基-MgBr} \xrightarrow[\text{THF, 0℃}]{NiCl_2(dppp)} \text{1-环丙基萘} (82\%)$$

不仅烷基格氏试剂可以反应，芳基格氏试剂也能够与卤代烃发生偶联。例如，降糖药卡格列净（canagliflozin）中间体的合成。

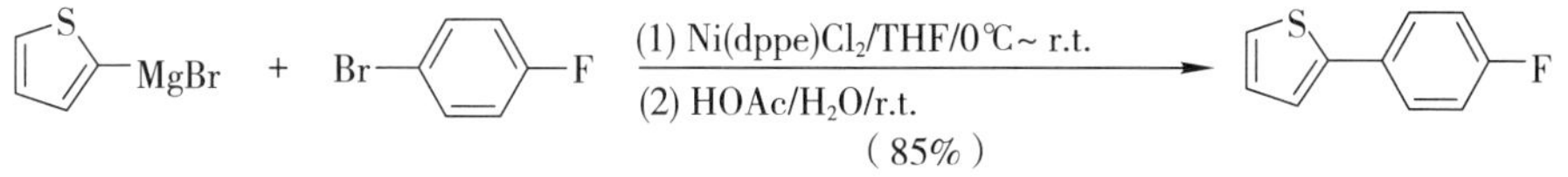

格氏试剂还可以对环氧乙烷进行开环，得到羟乙基化产物。例如，抗结核药富马酸贝达喹啉（bedaquiline fumarate）中间体的合成。

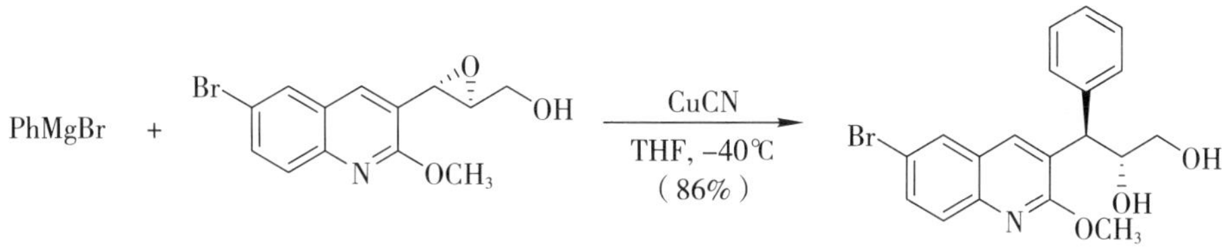

（二）有机锂试剂作用下的 C- 烃化反应

有机分子中的氢被锂取代所得的化合物为有机锂化合物，它在合成上具有广泛的应用。有机锂试剂的制备通常采用卤代烃与金属锂进行反应，一般使用氯代烷或溴代烷进行反应。

有机锂试剂的性能类似于格氏试剂，可与卤代烃偶联、与羰基化合物加成制备相应的醇、环醚开环等。例如，降糖药卡格列净（canagliflozin）中间体的合成就采用芳基锂试剂与卤代烃反应得到 C- 烃化产物。

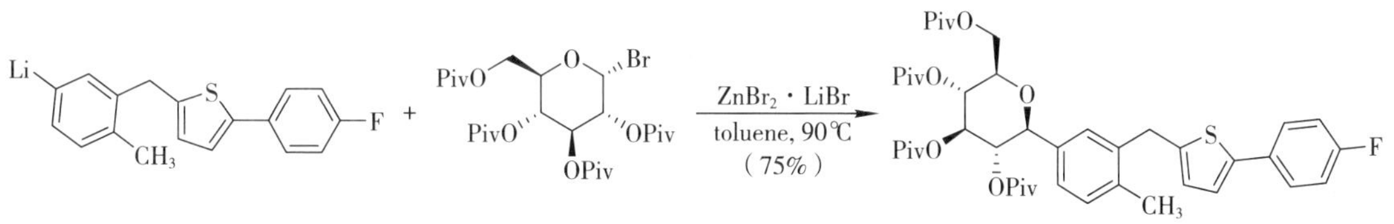

（三）其他有机金属试剂作用下的 C- 烃化反应

其他的有机金属试剂如有机锌试剂、有机锡试剂等在药物合成中也比较常见。有机锌试剂在钯或镍催化下与卤代烃或类似亲电试剂如磺酸酯等发生的偶联反应，称为 Negishi 偶联反应，这也是碳-碳键构建的重要方法之一。该反应具有选择性好、催化效率高、反应条件温和等特点，在合成化学中应用较多。例如，抗癌药维莫地吉（vismodegib）中间体的合成，利用有机锌试剂与芳基卤代烃在钯催化剂的作用下进行偶联。

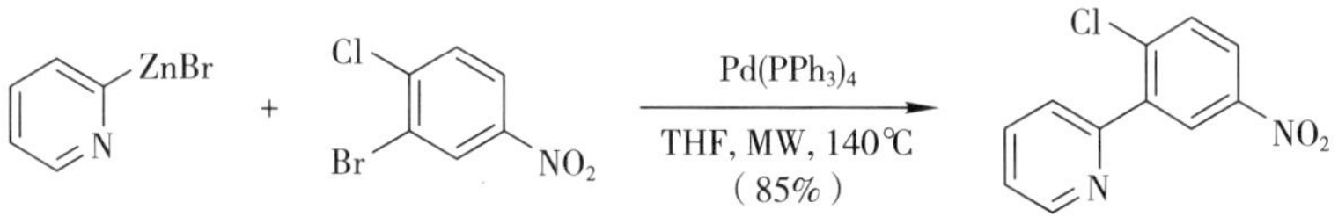

除了直接利用有机锌试剂进行反应，金属锂化合物在锌添加剂如氯化锌（$ZnCl_2$）的作用下可以原位生成有机锌试剂，再与卤代烃反应得到偶联产物。例如，在浅蓝霉素（caerulomycin）中间体的合成中，就采用锂试剂与 $ZnCl_2$ 进行金属交换得到有机锌试剂，再与卤代烃发生 Negishi 偶联反应。

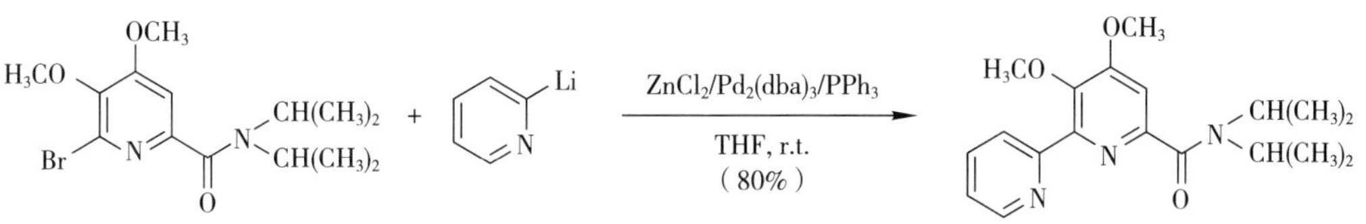

有机锡化合物和不含 β-H 的卤代烃（或三氟甲磺酸酯）在钯催化下发生的交叉偶联反应，称为 Stille 偶联反应。该反应底物的兼容性、反应选择性好，在药物合成中有一定的应用。例如，抗菌药奥泽沙星（ozenoxacin）中间体的合成。

第四节　相转移催化反应

相转移催化反应是指一种催化剂能让分别处于互不相溶的两相体系（液—液两相体系或固—液两相体系）中的物质发生反应。通过相转移催化技术可以使一相反应物转入另一相中，从而加快反应速率，简化反应的操作过程，提高产品收率。相转移催化反应现已应用于各种反应类型中。

一、相转移催化剂的类型

用于相转移催化反应的催化剂称为相转移催化剂（phase-transfer catalyst，PTC）。常见的相转移催化剂主要包括季铵盐类和聚醚类催化剂。季铵盐（$R_4N^+X^-$）是最常用的一类相转移催化剂，为了与亲核试剂负离子 Nu^- 结合成有机离子对，季铵盐中的正离子部分 Q^+（Q^+ 为 R_4N^+）必须有足够的碳原子数，使形成的有机离子对有较大的亲有机溶剂能力。常见的季铵盐及其缩写如表 3-1。

表 3-1　常用的季铵盐相转移催化剂及其缩写

催化剂	缩写	催化剂	缩写
$(CH_3)_4NBr$	TMAB	$(C_8H_{17})_3NCH_3Cl$	TOMAC
$(C_3H_7)_4NBr$	TPAB	$C_6H_{13}N(C_2H_5)_3Br$	HTEAB
$(C_4H_9)_4NBr$	TBAB	$C_8H_{17}N(C_2H_5)_3Br$	OTEAB
$(C_4H_9)_4NI$	TBAI	$C_{10}H_{21}N(C_2H_5)_3Br$	DTEAB
$(C_4H_9)_4NCl$	TBAC	$C_{12}H_{25}N(C_2H_5)_3Br$	LTEAB
$(C_2H_5)_3N(C_6H_5CH_2)Cl$	TEBAC	$C_{16}H_{33}N(C_2H_5)_3Br$	CTEAB
$(C_2H_5)_3N(C_6H_5CH_2)Br$	TEBAB	$C_{16}H_{33}N(CH_3)_3Br$	CTMAB
$(C_4H_9)_4NHSO_4$	TBAHS		

另一类相转移催化剂是聚醚类，包括冠醚、开链聚醚及一些杂环聚醚类化合物。冠醚结构中无正离子，氧原子可利用其未共用电子对许多正离子络合，并溶于有机溶剂中，如 15-冠-5 可以与 Na^+ 络合，18-冠-6 可以与 K^+ 络合，而相应的 Nu^- 由于无溶剂化效应，称为"裸"离子，其活性很高。由于冠醚的价格昂贵且具有毒性，除实验室应用外，在工业生产中并没有应用。

15-冠-5　　　18-冠-6　　　二环己基-18-冠-6　　　2,2,2-穴醚

二、相转移催化烃化反应

本章介绍的烃化反应中，除了芳烃 C- 烃化反应外，大部分反应在机理上都属于亲核取代反应类型。亲核取代反应首先要求亲核试剂 NuH 中的活性氢与碱作用形成相应的负离子 Nu^-，然后进行亲核进攻。Nu^- 一般以钠盐或钾盐存在，不溶或难溶于非极性溶剂。采用相转移催化剂，可将在碱性水溶液中形成的 Nu^- 转入非极性（或极性较小）的溶剂相中。

1. 反应通式

$$RCl + NaNu \longrightarrow RNu + NaCl$$
有机相　水相　　　　　有机相　水相

2. 反应原理　相转移催化反应中，催化剂把一种实际参加反应的实体从一相转移到另一相中，以便使它与底物相遇而发生反应。

有机相　　$RCl + Q^+Nu^- \longrightarrow RNu + Q^+Cl^-$

水相　　$NaNu \longrightarrow Q^+Nu^- \longrightarrow Na^+ + Q^+Cl^- \longrightarrow NaCl$

3. 反应影响因素及应用实例　在没有相转移催化剂的情况下，两相反应很难进行。例如，苄氯对丁 -1- 醇的 O- 烃化反应，在 50% 的 NaOH 水溶液下，反应很难进行，加入相转移催化剂后，反应能以高收率得到 O- 烃化产物。

$$n\text{-BuOH} + PhCH_2Cl \xrightarrow[45℃, 6\,h]{50\%\ NaOH} n\text{-BuOCH}_2Ph$$
（4%）

$$n\text{-BuOH} + PhCH_2Cl \xrightarrow[C_6H_6,\ 35℃,\ 1.5\,h]{TBAHS/50\%\ NaOH} n\text{-BuOCH}_2Ph$$
（92%）

在原料药的制备工艺中，相转移催化反应已得到了广泛的应用。例如，在降压药依贝沙坦（irbesartan）中间体的制备中，卤代烃对内酰胺的 N- 烃化反应在 NaOH 水溶液和二氯甲烷两相中进行，以甲基三丁基氯化铵为相转移催化剂，室温条件下即可得到 N- 烃化产物。该反应避免了强碱如氢化钠或烷氧基盐的使用，也避免了 DMSO 或 DMF 等非质子极性溶剂的使用，从而使反应后处理简单，而且能高收率地获得结晶产品。

虽然比较常用的是液-液相转移催化反应,但固-液相转移催化反应也可以进行。例如,降压药波生坦(bosentan)中间体的制备中就采取了固-液相转移催化烃化反应。反应以 K_2CO_3 为碱,甲苯为溶剂,对 4-叔丁基苯磺酰胺进行 *N*-烃化反应,然后再向反应体系中加入固体 NaOH 及乙二醇衍生物,发生醇的 *O*-烃化反应。

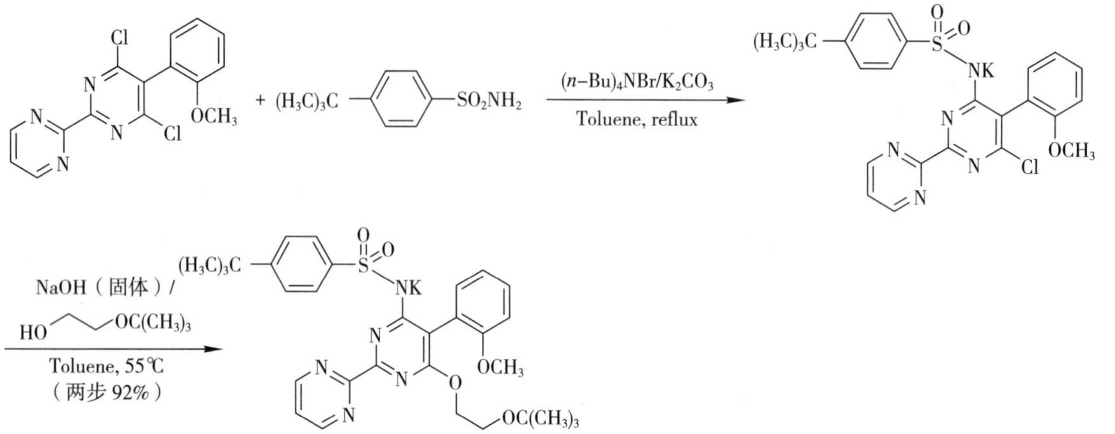

案例讨论 3-3 *dl*-扁桃酸的合成工艺优化

(丁振华)

数字资源详见　新形态教材网

- 学习目标
- 思维导图
- 思政元素
- 案例讨论
- 微视频
- 拓展阅读
- 学科前沿
- 本章小结
- 课后习题
- 教学课件

第四章 酰化反应

编者导学

📍 学习目标

🔬 思维导图

本章导航
第一节　氧原子上的酰化反应
第二节　氮原子上的酰化反应
第三节　碳原子上的酰化反应
第四节　选择性酰化与基团保护

在有机化合物中的氧、氮、碳等原子上引入酰基分别得到酯、酰胺、酮（醛）的反应称为酰化反应或酰基化反应（acylation reaction）。酰基包括碳酰基、（亚）磺酰基和膦酰基等，是一类重要的功能基团。特别是碳酰基，是药物分子的常见基团，亦是某些药物重要的药效基团，具有改变药物的理化性质、降低药物的毒副作用、改善药物的代谢稳定性、提升药物的生物利用度等作用。例如，抗心绞痛药物硝苯地平（nifedipine）结构中的酯基等。同时，酰基可以通过氧化、还原、加成、肟化、重排等反应转化为其他官能团，并可作为羟基和氨基的保护基团。

根据接受酰基的原子类型不同，酰化反应分为 O- 酰化反应（产物为酯类化合物）、N- 酰化反应（产物为酰胺类化合物）和 C- 酰化反应（产物为醛酮类化合物）。根据酰基导入的方式不同，酰化反应可以分为直接酰基化和间接酰基化。其中，氧原子和氮原子上的酰化反应以直接酰基化为主，而碳原子酰基化包括直接酰基化和间接酰基化。根据反应机理不同，酰化反应可以分为亲电酰化反应、亲核酰化反应和自由基酰化反应，由于自由基酰化反应通常产物较为复杂，在药物合成中应用较少，本章未涉及相关自由基酰化反应。

第一节　氧原子上的酰化反应

氧原子上的酰化反应是指醇或酚类化合物中的羟基（—OH）氢原子被酰基取代而生成酯的反应，也称酯化反应（esterification）。

一、醇的 O- 酰化反应

醇羟基的氧原子拥有两对孤对电子，具有亲核性，可以与羧酸、羧酸酯、酸酐、酰氯、酰胺、乙烯酮等酰化试剂发生直接酯化反应生成相应的羧酸酯，其反应机理根据所使用的酰化试剂种类的不同可分为单分子历程或双分子历程。

（一）羧酸为酰化剂

1. 反应通式　以伯、仲、叔醇和羧酸为原料，在催化剂或缩合剂作用下，生成相应的酯。

$$RCOOH + R_1OH \xrightarrow[\text{溶剂}]{\text{催化剂或缩合剂}} RCOOR^1$$

2. 反应机理

（1）酸催化机理：在质子酸（如硫酸或盐酸）催化作用下，醇和羧酸经历一个平衡过程生成相应的酯和水，是经典的酯化反应。从反应历程上看，该酯化反应主要包括质子化、亲核加成和消除过程。首先，催化剂的质子与羧酸羰基的氧原子结合，形成具有强亲电性的质子化羰基，接着醇羟基的氧原子作为亲核试剂对其进行亲核加成，生成四面体过渡态，再经后续的质子转移、水分子消除和去质子过程得到酯化产物。该反应机理适用于伯醇和仲醇。其中，醇脱氢，而羧酸的酰氧键发生断裂，失去羟基，是双分子反应历程。

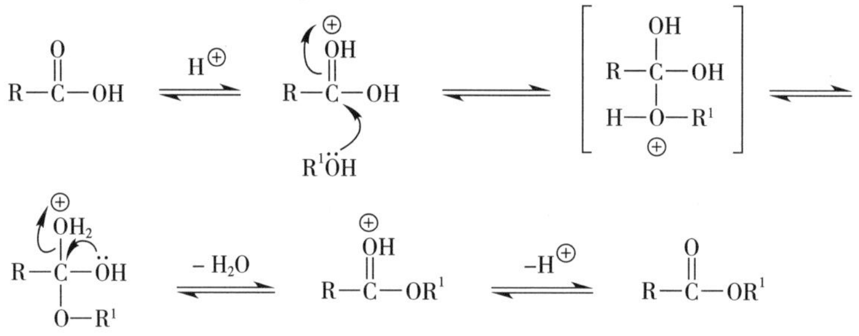

此外，Lewis 酸（如 BF_3、$AlCl_3$、$FeCl_3$、$TiCl_4$ 等）与羧酸羰基形成络合物，使羰基碳原子的亲电性增强，从而提高羧酸的反应活性。其反应机理与质子酸催化反应类似。

（2）DCC 为缩合剂：二环己基碳二亚胺（DCC）及其类似物是良好的酯化反应缩合剂，可使羧酸转化为活性酯，再与醇作用，经质子转移生成酯和 N,N- 二环己基脲。

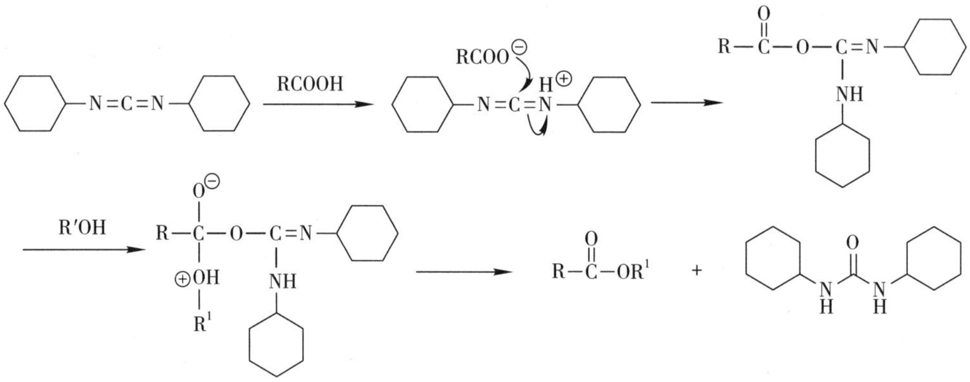

（3）DEAD/PPh$_3$ 为缩合剂：偶氮二甲酸二乙酯（DEAD）或其类似物与三苯基膦组合是另一类酯化缩合剂，与 DCC 及其类似物活化羧酸促进酯化反应的机理不同，该方法是将醇活化从而促进其酯化反应，被称为光延反应（Mitsunobu reaction）。首先，三苯基膦对 DEAD 进行加成生成两性离子化合物，并夺取羧酸中的质子生成季鏻盐。接着，醇羟基中的氧原子对其进行亲核进攻生成烷氧基鏻中间体和肼二甲酸乙酯副产物。由于受到三苯基膦的屏蔽作用及 P—O 键具有强的键和能，羧酸根阴离子从背面进攻烷氧基鏻中间体的碳原子，发生 S_N2 亲核取代反应，得到构型反转的酯和三苯基氧膦副产物。

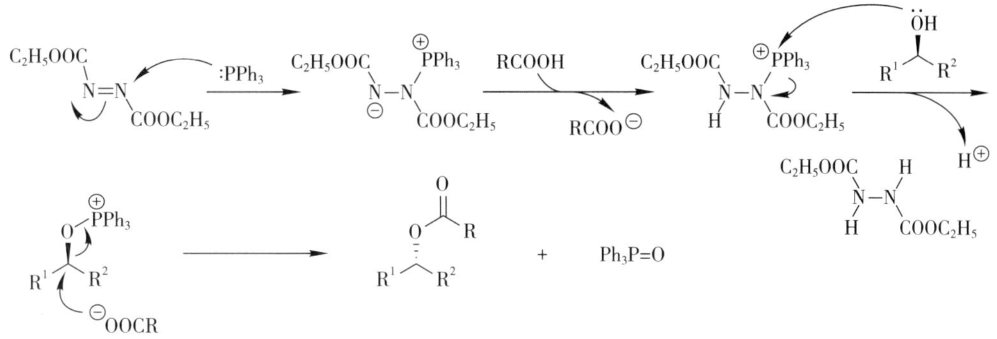

3. 反应影响因素及应用实例 在酸催化剂作用下，羧酸与醇的酯化反应为可逆平衡反应，可通过适当的策略促使平衡向生成酯的方向移动，提高酯的收率。主要的方法包括：①加入大量的醇或直接用醇作溶剂；②通过共沸或蒸馏（要求反应物和产物的沸点均高于水）除去反应生成的水；③蒸出反应生成的酯（要求生成酯的沸点低于反应物的沸点）；④加入分子筛、无水 $CaCl_2$、H_2SO_4、H_3PO_4 等。例如，在磷酸和对甲苯磺酸催化下，3-(4-氯苯基)-2,2-二甲基丙酸与乙二醇反应得到治疗高血脂药物依托贝特（etofibrate）的中间体。

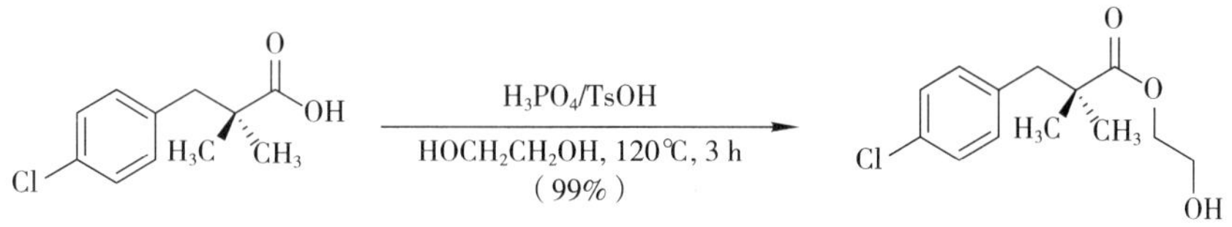

相比于脂肪族羧酸，由于芳香族羧酸芳环的共轭效应导致其酸性强于脂肪族羧酸，因而芳香族羧酸的酰化活性强于脂肪族羧酸。例如，治疗高血压药物奥美沙坦酯（olmesartan medoxomil）中间体的合成即采用2-丙基咪唑-4,5-二甲酸为酰化剂的酰化反应。

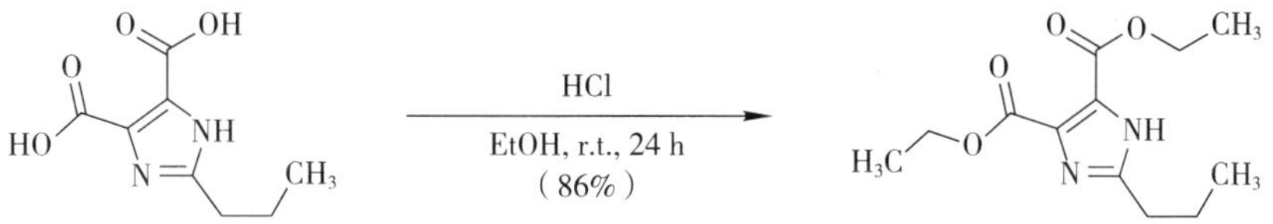

此外，醇羟基的亲核能力越强，反应活性越强，酯化反应越容易进行，其亲核能力受醇结构的电子效应和立体效应的影响。就电子效应而言，羟基α位的吸电子基团（如氟、氯、硝基等）可以通过吸电子诱导效应降低羟基氧原子的电子密度，使其亲核能力减弱，从而导致其活性降低。由于苄醇和烯丙醇中氧原子上的孤对电子与苄醇中的苯环和烯丙醇中的不饱和碳-碳双键间存在共轭效应使氧原子上亲核能力减弱，导致其活性降低。就立体效应而言，羟基α位的立体位阻影响氧原子对羧酸羰基碳原子的亲核进攻，导致其活性降低。一般情况下，醇的酯化反应活性顺序为：甲醇＞伯醇＞仲醇＞叔醇、苄醇、烯丙醇。对于低活性醇的酯化反应，一般采用DCC缩合法，其催化能力强、反应条件温和。例如，治疗高血压药物阿折地平（azelnidipine）中间体的合成采用DCC缩合法。

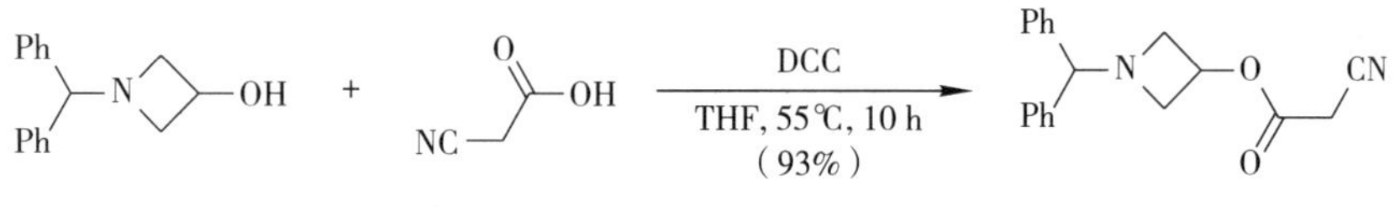

对于活性更低的醇类化合物，一般加入4-二甲氨基吡啶（DMAP）或4-吡咯烷基吡啶（PPY）等来增强反应活性而提高收率。例如，具有抗肿瘤活性的雷公藤甲素硬脂酸酯

（triptolide stearate）的合成即采用 DCC/DMAP 缩合法。

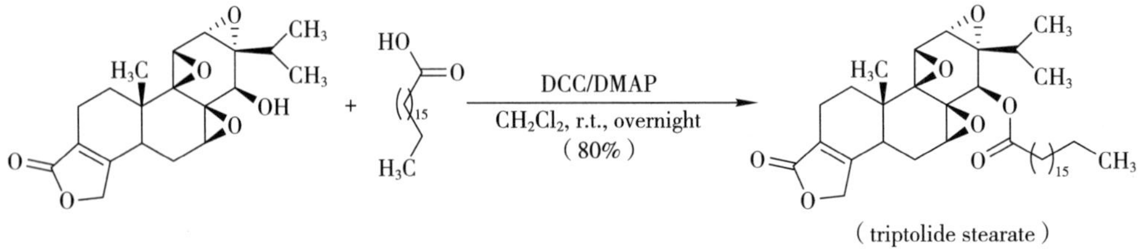

酸性条件下，相比于伯醇和仲醇，叔醇容易质子化脱水生成叔碳正离子，并发生后续的消除反应生成烯烃而得不到酯化产物，反应历程如下：

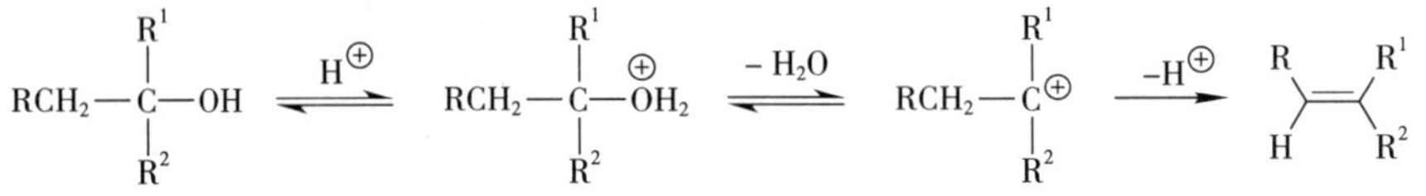

因此，对于叔醇，一般采用酸酐或酰氯为酰化试剂进行酯化反应。

光延反应可用于手性仲醇的构型转化。例如，抗菌药物左氧氟沙星（levofloxacin）中间体的制备，可以利用光延反应生成苯甲酸酯，并经酯的水解反应使其手性醇的立体中心发生翻转，再经后续转化合成左氧氟沙星。

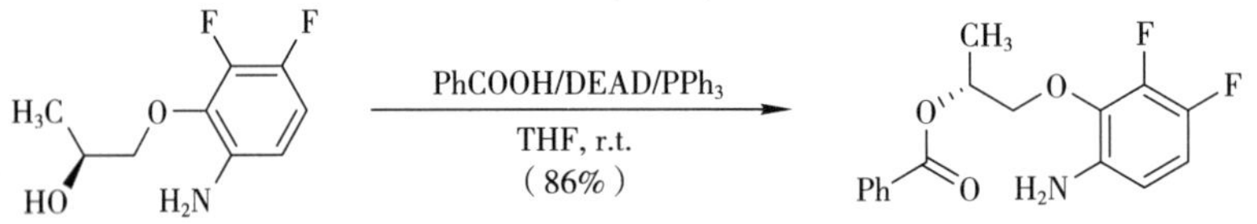

学科前沿 4-1 催化的 Mitsunobu 反应

（二）羧酸酯为酰化剂

1. 反应通式 羧酸酯是一种弱酰化剂，通过与醇发生醇解反应完成醇的 O-酰化，得到另一种酯，也称酯交换反应。

$$RCOOR^1 + R^2OH \underset{催化剂}{\rightleftharpoons} RCOOR^2 + R^1OH$$

2. 反应机理 在酸性条件下，质子与羧酸酯（$RCOOR^1$）中的氧原子结合形成𬭩盐，使羰基碳原子的亲电性增强。接着，具有亲核性的醇（R^2OH）进攻羰基碳原子，离去一分子醇（R^1OH），并生成另一分子𬭩盐。最后，新生成的𬭩盐脱去质子得到新生成的羧酸酯（$RCOOR^2$）。

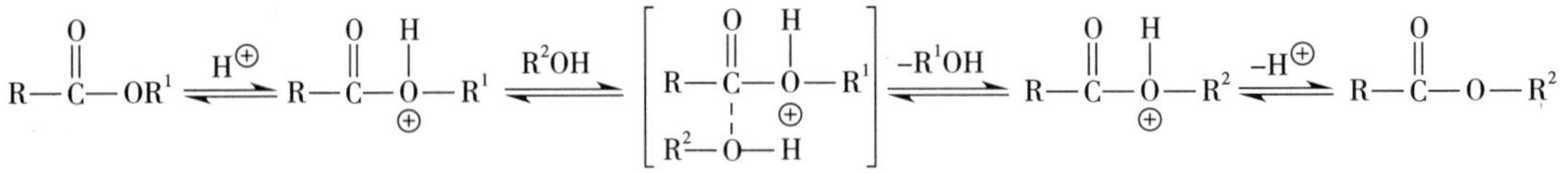

与酸催化增强羧酸酯活性相比，碱（$B^\ominus$）催化则通过增强醇的活性来促进反应进行。在醇钠等强碱性条件下，醇（R^2OH）脱去质子得到的碱性较强的烷氧基负离子（$R^2O^\ominus$）进攻羧酸酯羰基碳原子形成四面体过渡态，并进一步离去 $R^1O^\ominus$ 基团生成新的羧酸酯（$RCOOR^2$）。

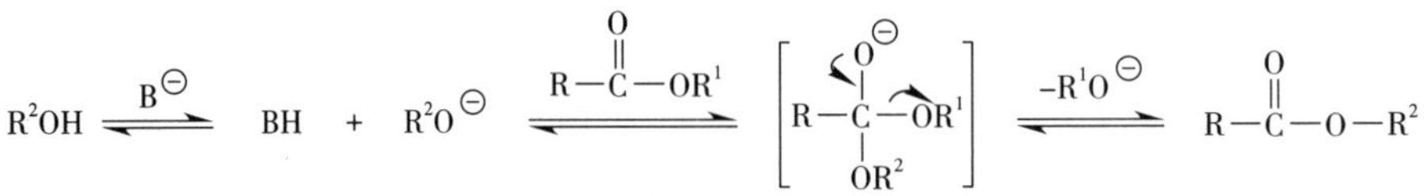

3. 反应影响因素及应用实例　酸催化或碱催化的羧酸酯醇解反应都是可逆的，一般需要反应物中醇（R²OH）的沸点高于新生成醇（R¹OH）的沸点，这样可以通过不断蒸出反应过程中新生成的醇使平衡向右移动，从而促进羧酸酯醇解反应的顺利进行。甲醇、乙醇沸点低，易于蒸馏除去，一般用甲醇酯或乙醇酯制备其他醇酯。与羧酸直接酯化相比，羧酸酯为酰化剂的反应条件温和，蒸出醇的温度低，适用于一些热敏性、反应活性低的羧酸及结构复杂的醇参与的酯化反应。对于含有碱性基团的醇或对酸不稳定的叔醇，一般采用醇钠、氢化钠等强碱催化。例如，麻醉药物盐酸丁卡因（tetracaine hydrochloride）的合成采用了甲醇钠催化的羧酸酯的酯化反应。

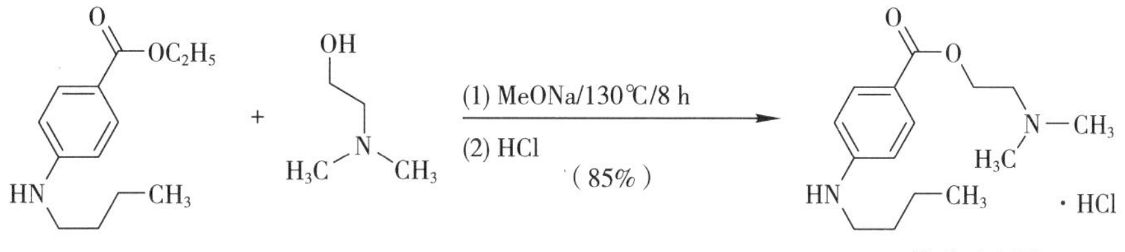

基于酰化反应机理，为提升羧酸酯（RCOOR¹）的活性，需要增加—OR¹的离去能力，即增加R¹OH的酸性。一些硫醇酯、苯酚酯和芳杂环酯酰化活性较强，可以在温和反应条件下进行，收率高，通常用于低活性醇的酯化及大环内酯等复杂分子的合成。例如，羧酸吡啶-2-硫醇酯可以在三苯基膦存在条件下，由2,2′-二吡啶二硫化物与羧酸反应得到，也可以通过酰氯与吡啶-2-硫酚反应制备。

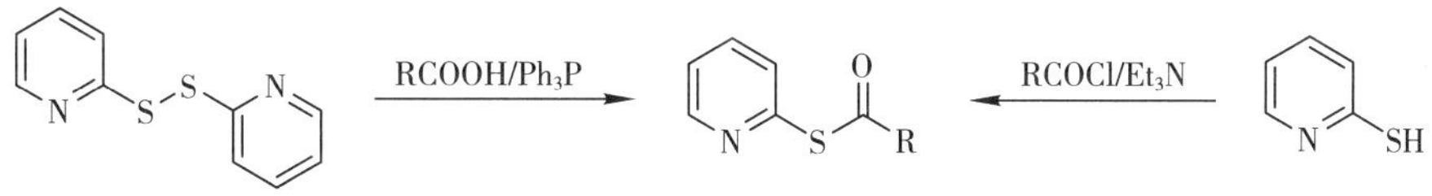

该高活性的羧酸硫醇酯可用于大环内酯化合物的高效合成。例如，该反应可用于十六环的大环内酯天然产物 (−)-aplyolide A 的高效合成。

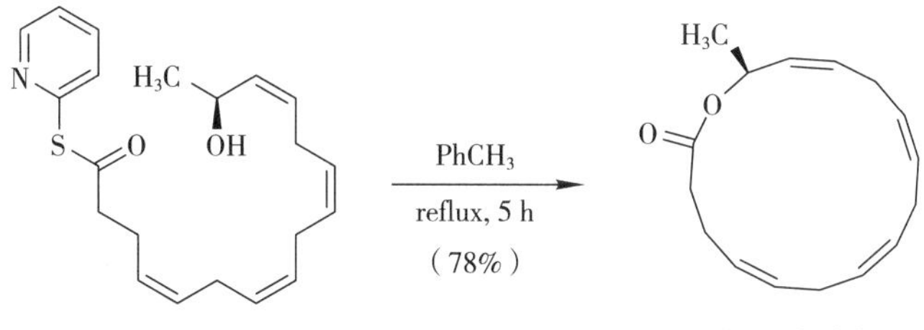

在有机碱促进作用下，羧酸吡啶-2-酯可以由羧酸分别与2-卤代吡啶季铵盐或氯甲酸吡啶季铵盐-2-酯反应而得到。

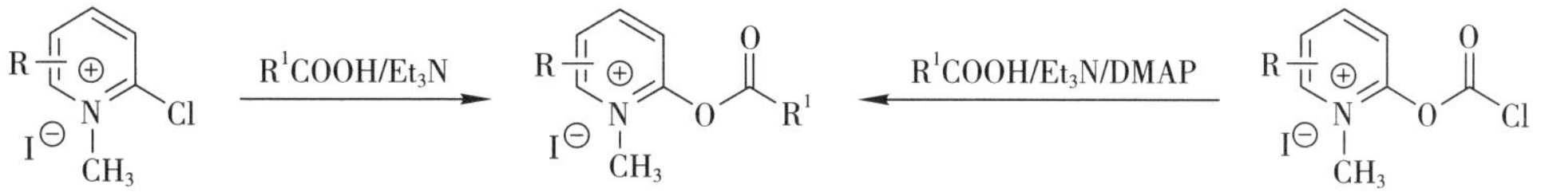

由于吡啶盐的强吸电子作用，羧酸吡啶-2-酯的羰基活性增强，通常在加热条件下可与醇进行酯交换反应。例如，在大环内酯合成中采用了该方法。

（三）酸酐为酰化剂

1. 反应通式 酸酐是一种活性较高的酰化剂，且稳定性较好。被酰化物包括各种类型的伯、仲、叔醇，一般在质子酸、Lewis 酸或 Lewis 碱的催化作用下，与酸酐反应生成羧酸酯，并产生一分子羧酸副产物。

$$R-\overset{O}{\underset{}{C}}-O-\overset{O}{\underset{}{C}}-R + R^1OH \xrightarrow{\text{催化剂}} R-\overset{O}{\underset{}{C}}-OR^1 + R-\overset{O}{\underset{}{C}}-OH$$

2. 反应机理 酸酐为酰化试剂时一般按照 S_N1 历程进行，质子酸（如硫酸、高氯酸、对甲苯磺酸等）、Lewis 酸（三氯化铝、三氟化硼、氯化锌、三氟甲磺酸钪等）和 Lewis 碱（吡啶、对二甲氨基吡啶、喹啉、三乙胺、二甲基苯胺等）对酸酐均有催化作用，可使之释放出酰基正离子或生成酰基吡啶鎓盐中间体，使其亲电性增强。

（1）质子酸或 Lewis 酸催化：质子与酸酐中的氧原子结合后解离出亲电性较强的酰基正离子，接着对醇的氧原子进行单分子亲电酰化得到羧酸酯，同时生成一分子羧酸。

与质子酸催化反应类似，Lewis 酸同样活化酸酐，与酸酐的氧原子络合后解离出酰基正离子，进一步与醇发生单分子亲电酰化反应得到羧酸酯。

（2）Lewis 碱催化：吡啶及其衍生物可作为 Lewis 碱催化剂促进酸酐的解离，生成高活性的酰基吡啶鎓盐，再与醇进行单分子亲电反应得到醇的酰化产物。

3. 反应影响因素及应用实例 酸酐的结构影响其酰化活性，当酸酐的羰基 α 位上带有吸电子基团时，由于吸电子诱导效应的影响，羰基碳原子的电子云密度降低，其酰化能力增强，如三氟乙酸酐的酰化能力强于乙酸酐。例如，治疗抑郁症药物阿瑞匹坦（aprepitant）中间体的合成采用了三氟乙酸酐为酰化剂的酯化反应。

与羧酸为酰化剂相比，对应酸酐的酰化能力较强，一般在较低温度下将其滴加到含有醇和催化剂的反应体系中，在室温或升温条件下反应。例如，在吡啶和 DMAP 催化下，(S)-10-羟基二氢-5H-二苯并[b,f]氮杂卓-5-甲酰胺与乙酸酐反应得到抗癫痫药物艾司利卡西平乙酸酯（eslicarbazepine acetate）。

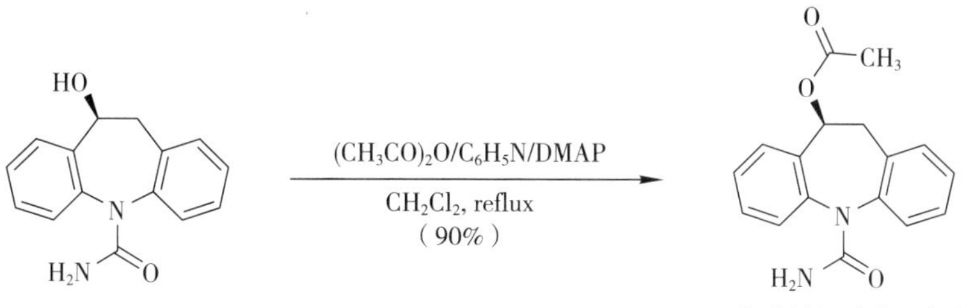

除了常用的乙酸酐、三氟乙酸酐、丙酸酐、苯甲酸酐、邻苯二甲酸酐、丁二酸酐、顺丁烯二酸酐外，其他单一酸酐较少，常通过制备混合酸酐来引入多种酰基。混合酸酐容易制备，且酰化能力强，因而更具应用价值。一般将羧酸与三氟乙酸酐反应可以原位生成羧酸–三氟乙酸混合酸酐，无需分离直接使用。由于三氟甲基的吸电子能力强于普通的烃基，三氟乙酸根是好的离去基团，当羧酸–三氟乙酸酐与醇反应时，三氟乙酸根容易作为离去基团离去，因此适用于大位阻醇的酰化反应。例如，原位生成的十一碳酸–三氟乙酸混合酸酐可以在温和条件下与胆固醇反应合成胆固醇十一碳酸酯（cholesteryl undecyl carbonate）。

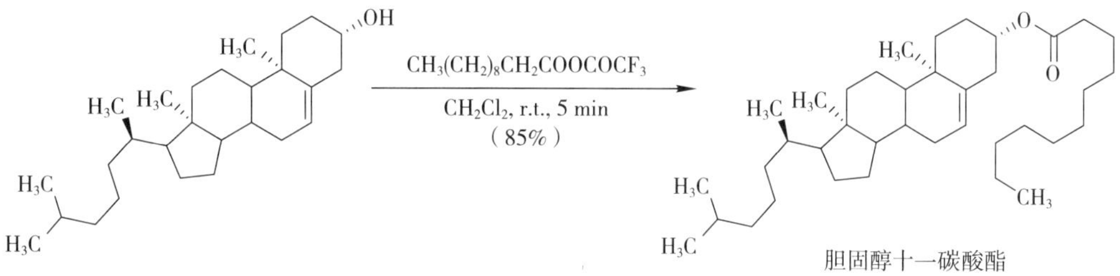

羧酸与磺酰氯或2,4,6-三氯苯甲酰氯在Lewis碱催化下得到相应的混合酸酐，用于结构复杂酯类化合物的合成。例如，具有抗真菌活性Sch-725674中间体的合成采用了该方法。

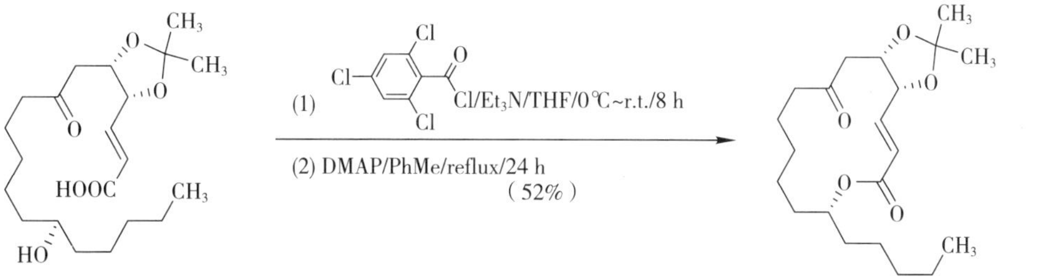

（四）酰氯为酰化剂

1. 反应通式 酰氯是最活泼的酰化剂，易于制备。在Lewis碱或Lewis酸催化下，脂肪族和芳香族酰氯均可作为酰化剂与伯、仲、叔醇发生O-酰化反应，广泛应用于酯类化合物的合成。

$$R-\overset{O}{\underset{\|}{C}}-Cl + R^1OH \xrightarrow{催化剂} R-\overset{O}{\underset{\|}{C}}-O-R^1 + HCl$$

2. 反应机理 酰化反应一般按照S_N1历程进行，Lewis碱（吡啶、对二甲氨基吡啶、喹啉、三乙胺、N,N-二甲基苯胺等）和Lewis酸（三氯化铝、三氟化硼等）对酰氯均有催化作用，可使之生成酰基吡啶鎓盐或解离出酰基正离子中间体，使其亲电性增强。

（1）Lewis碱催化：吡啶类Lewis碱与酰氯可生成酰基吡啶鎓盐，再与被酰化的醇进行单分子亲电反应得到四面体加成产物，然后脱去质子得到羧酸酯，反应中产生的氯化氢被碱中和。因此，反应体系中的吡啶类碱，除了作为催化剂外，还可以兼作缚酸剂。

$$R-\underset{\underset{O}{\|}}{C}-Cl \xrightarrow{C_6H_5N} \text{[吡啶-酰基中间体]} \xrightarrow{R^1OH} \text{[过渡态]} \longrightarrow R-\underset{\underset{O}{\|}}{C}-O-R^1 + \text{吡啶盐酸盐}$$

（2）Lewis 酸催化：Lewis 酸与酰氯生成羰基复合物，并解离出强亲电性的酰基正离子，进一步与被酰化的醇进行单分子亲电反应得到羧酸酯。

$$R-\underset{\underset{O}{\|}}{C}-Cl \xrightarrow{AlCl_3} R-\underset{\underset{O\cdots AlCl_3}{\|}}{C}-Cl \longrightarrow \text{[络合中间体]} \rightleftharpoons \text{[酰基正离子]} \cdot AlCl_4^- \xrightarrow[AlCl_3+HCl]{R^1OH} R-\underset{\underset{O}{\|}}{C}-O-R^1$$

3. 反应影响因素及应用实例　　酰氯的活性与结构有关，由于酰基与芳基存在共轭效应，导致芳香族酰氯活性低于脂肪族酰氯。由于立体位阻效应，邻位取代芳香族酰氯活性进一步降低。吸电子效应使羰基碳原子上的电子云密度降低，亲电性增强，因此羰基 α 位上连有吸电子基团时，其酰化能力增强。反应溶剂选用卤代烃、乙醚、THF、DMF、DMSO 等，也可以直接采用过量的酰氯或被酰化的醇作为溶剂。一般采用三乙胺、吡啶、N,N-二甲基苯胺、DMAP、氢氧化钠、碳酸钠等碱催化反应，并作为缚酸剂中和反应生成的氯化氢。例如，疥疮治疗药物苯菊酯（phenothrin）是菊花酸经草酰氯氯代后生成相应的酰氯，在吡啶催化作用下进一步与 3-苯氧基苄醇发生酰化反应而制得。

$$\text{菊酰氯} + \text{3-苯氧基苄醇} \xrightarrow[CH_2Cl_2, \text{r.t.}]{C_6H_5N} \underset{\text{苯菊酯}}{\text{苯菊酯}} \quad (96\%)$$

在某些羧酸为酰化剂的反应中，加入 $SOCl_2$、$POCl_3$、PCl_3、PCl_5 等氯化剂，使其原位生成酰氯参与后续的酰化反应。对甲氧基苯甲酸通过原位生成对甲氧基苯甲酰氯，再与乙醇进行酯化反应制得对甲氧基苯甲酸乙酯。

$$H_3CO-\underset{}{\text{C}_6H_4}-COOH \xrightarrow[\text{EtOH, reflux}]{SOCl_2} H_3CO-\underset{}{\text{C}_6H_4}-COOC_2H_5 \quad (99\%)$$

（五）酰胺为酰化剂

由于酰胺结构中氮原子的给电子共轭效应使羰基碳原子的亲电性降低，很少将其作为酰化试剂，只有一些具有芳杂环结构的活性酰胺，才可用于醇的酰化反应中。通常以醇钠、氨基钠等强碱为催化剂。

1. 反应通式

$$R-\underset{\underset{O}{\|}}{C}-NR^1R^2 + R^3OH \xrightarrow{\text{催化剂}} R-\underset{\underset{O}{\|}}{C}-O-R^3 + HNR^1R^2$$

2. 反应机理　　活性酰胺中酰胺键的 N 原子处于缺电子的芳杂环结构单元上，诱导效应使羰基碳原子的亲电性增强，可与醇的氧原子进行亲电酰化反应生成羧酸酯，五元氮杂芳烃作为稳定的基团离去。

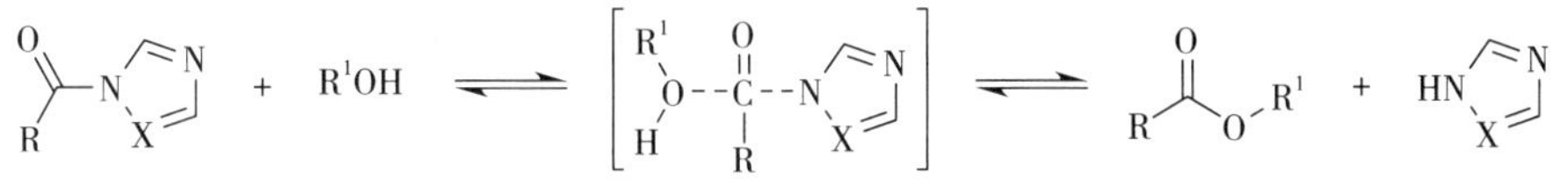

3. 反应影响因素及应用实例 普通的酰胺作为酰化剂的反应为可逆反应，反应效果较差，一般采用活性酰胺为酰化剂。酰基咪唑是最常用的活性酰胺类酰化剂，可由 N,N'-羰基二咪唑（CDI）与羧酸直接反应制得。其他类似的常见活性酰胺还包括酰基吡唑、酰基三氮唑和酰基四氮唑等。

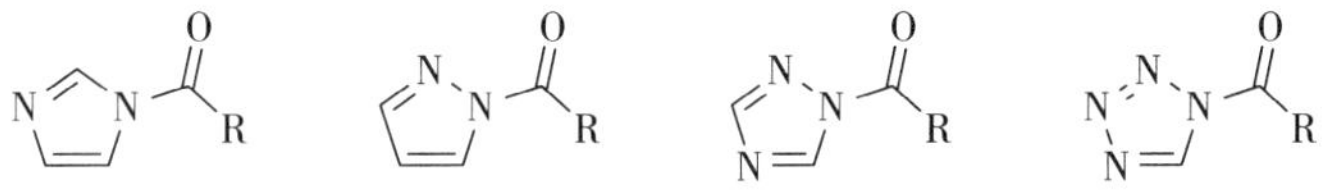

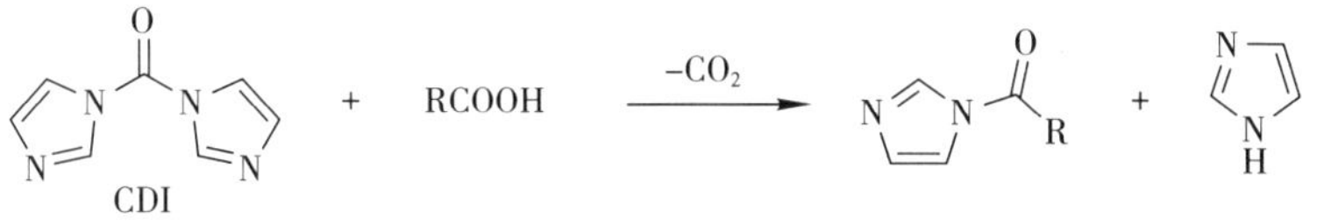

抗血栓药物磺达肝癸钠（fondaparinux sodium）中间体的合成，采用了 N-乙酰基咪唑为酰化试剂。

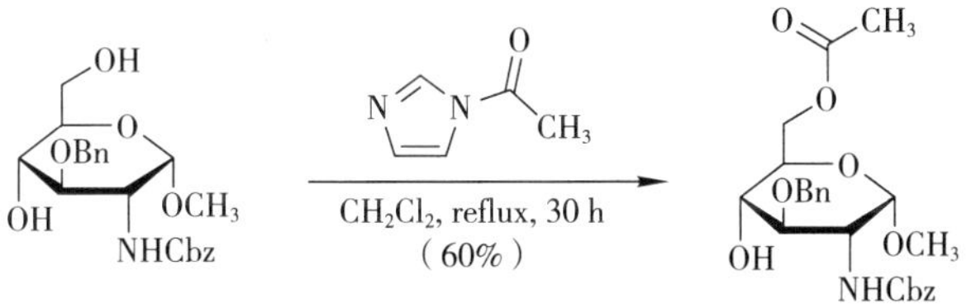

如果同时加入 N-溴代丁二酰亚胺（NBS），可使咪唑环生成活化形式的中间体而活性更强，在室温下即可反应。

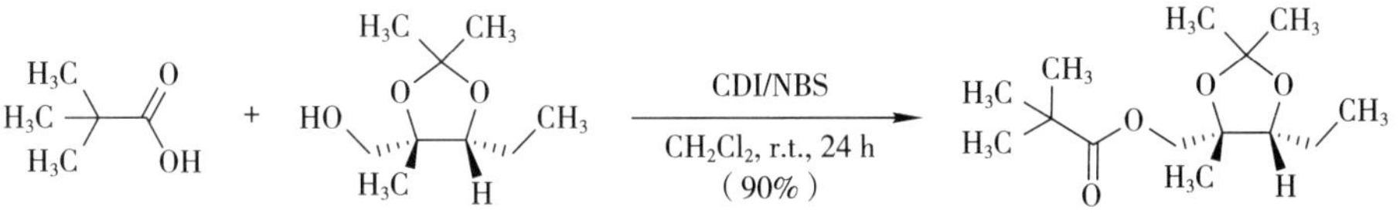

1,3-噻唑烷-2-硫酮酰胺衍生物为高活性的酰胺酰化剂，与醇反应可以方便地制备相应的羧酸酯。使用该方法可实现不同类型醇的区域选择性酯化。选择性一方面取决于酰胺衍生物中酰基片段位阻的大小，叔戊酰基给出最好的结果；另一方面取决于羟基的类型，活性次序是伯醇 > 仲醇 > 酚。

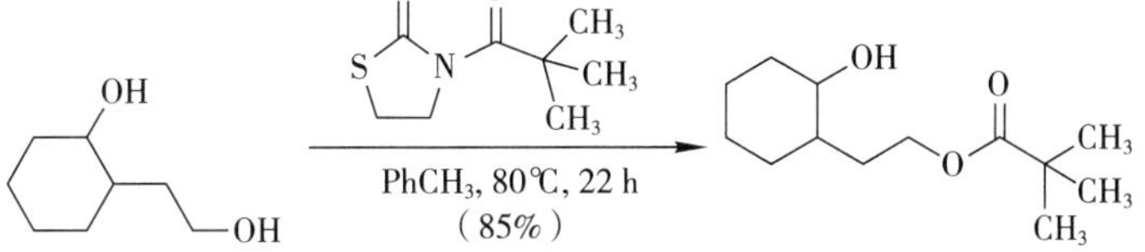

拓展阅读4-1 乙烯酮为酰化剂

二、酚的 O-酰化反应

酚的 O-酰化反应机理与醇相同，但由于酚羟基的氧原子与苯环存在 p-π 共轭效应导致电子云密度降低，其反应活性比醇羟基弱，因此通常在碱性催化剂存在下，采用酰氯、酸酐等强酰化剂进行酚的 O-酰化反应，生成相应的羧酸芳基酯类化合物。

1. 反应通式

$$R-\underset{\underset{O}{\|}}{C}-Z + ArOH \xrightarrow{催化剂} R-\underset{\underset{O}{\|}}{C}-O-Ar + HZ \quad (Z=Cl, Br, OCOR^1)$$

2. 反应机理
酚的氧酰化机理为各类酰化试剂对酚氧原子的亲电反应机理。

3. 反应影响因素及应用实例
酰化剂结构对酚的 O-酰化反应的影响与醇的 O-酰化反应类似。酚羟基所在苯环上取代基的电子效应和立体位阻效应均影响其酰化反应的活性。当苯环上连有给电子基团时，会导致酚羟基氧原子的电子云密度增加，从而增强其酰化活性。反之，吸电子基团会导致酚羟基氧原子的电子云密度降低，减弱其酰化活性。例如，具有抗锥虫活性的 1,2-二氢喹啉衍生物以乙酰氯为酰化剂进行酚的 O-酰化反应制得。

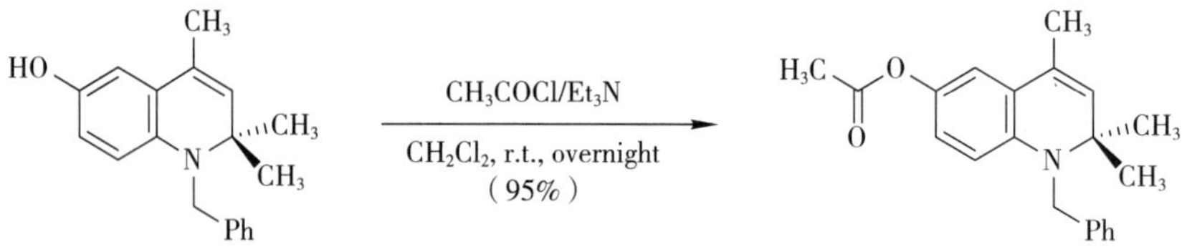

解热止痛药物阿司匹林（asprin）的合成采用乙酸酐为酰化剂，浓硫酸催化下进行酚的 O-酰化反应。

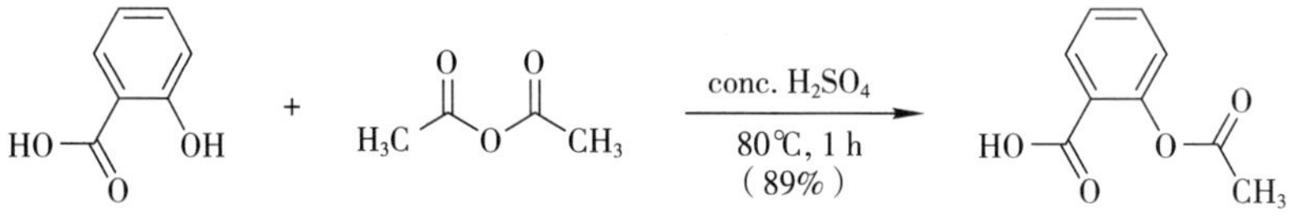

拓展阅读 4-2 阿司匹林的中试生产工艺

解热镇痛药物布洛芬愈创木酚酯（ibuprofen guaiacol ester）的合成，是以布洛芬与二氯亚砜反应后生成的酰氯为酰化试剂，接着在三乙胺的催化下与愈创木酚（2-甲氧基苯酚）进行 O-酰化反应制得。

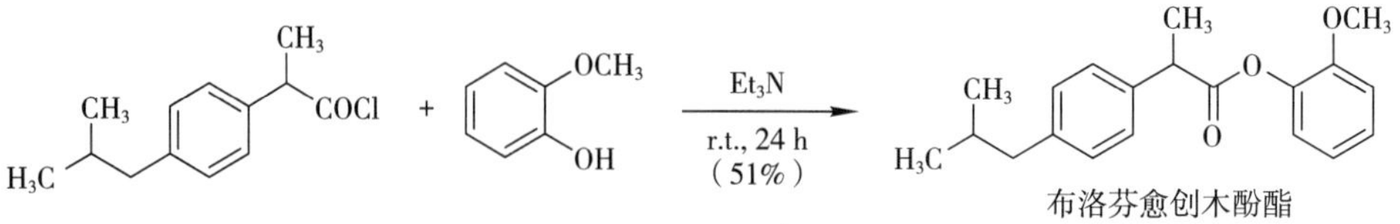

当取代基团存在于酚羟基的邻位时，由于其空间位阻增大，其亲核性降低，导致其酰化活性降低。通常加入三氟乙酸酐、三氟甲基磺酸酐、氯甲酸酯、磺酰氯等，通过形成混合酸酐再与酚作用，从而适用于有位阻的酚与羧酸的酰化反应。例如，2,4,6-三甲基苯甲酸 2,4,6-三甲基苯酯的合成采用了该方法。

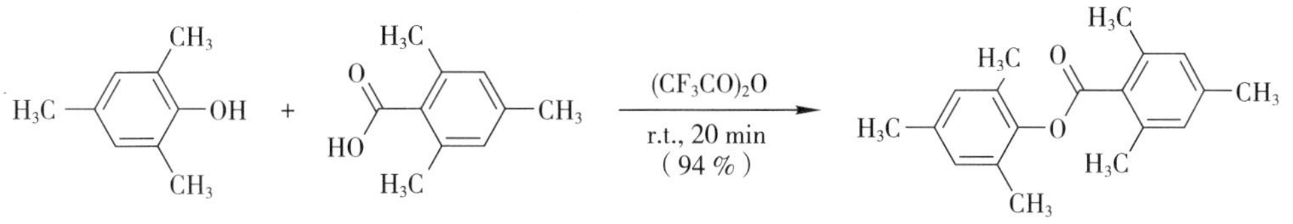

此外，以羧酸为酰化剂时，常需要加入 DCC、多聚磷酸（PPA）、N,N'-二异丙基碳亚胺（DIC）、N-乙基-N'-(3-二甲基氨丙基)碳二亚胺（EDC）、N-乙基-N'-(3-二甲基氨丙基)碳二亚胺盐酸盐（EDCI）等缩合剂增加其反应活性。例如，具有抗帕金森病药理活性的 D_2 & $5\text{-}HT_{1A}$ 激动剂即通过硫辛酸在 EDC 和 DMAP 的催化下与酚进行酰化反应制得。

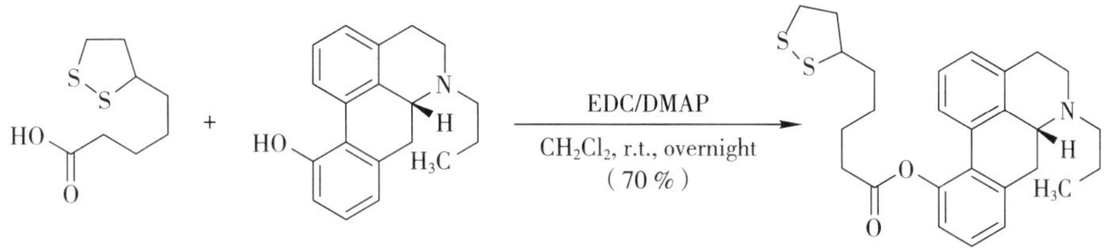

案例讨论 4-1 贝诺酯合成工艺优化

第二节 氮原子上的酰化反应

氮原子上的酰化反应是指在胺的氮原子上引入酰基生成酰胺的反应，属于亲电反应。胺类化合物包括脂肪胺和芳香胺，酰化试剂包括羧酸、羧酸酯、酸酐、酰氯、酰胺等。因氨基氮原子上电子云密度比醇氧原子高，其亲核能力更强，故酰化反应更易发生。芳胺氮上的孤对电子由于与芳环存在 p-π 共轭效应，导致其电子云密度降低而活性低于脂肪胺。基于同样的原因，芳环上含有吸电子基团或其邻位存在空间位阻时，芳胺的亲核性减弱，酰化反应活性降低。常用的酰化试剂的活性与醇的 O-酰化活性顺序一致，一般为酰氯 > 酸酐 > 羧酸、酯 > 酰胺，但活性酯或活性酰胺的反应活性反而提高。

一、脂肪胺的 N-酰化反应

脂肪伯胺和仲胺可与各类酰化剂反应制备酰胺，根据酰化剂种类的不同，可分别以 S_N1 反应历程或 S_N2 反应历程进行。

（一）羧酸为酰化试剂

从理论上讲，羧酸与胺进行缩合反应是合成酰胺的最理想方法之一。然而，由于羧酸为弱酰化剂，且羧酸与胺成盐后会使氨基氮原子的亲核能力降低，所以一般不宜直接以羧酸为酰化剂进行胺的 N-酰化反应，通常加入缩合剂如 DCC、EDC，或将羧酸转变为活性较高的酰氯、酸酐、活性酰胺等再进行胺的 N-酰化反应。

1. 反应通式 羧酸与脂肪伯胺或仲胺进行 N-酰化反应，得到酰胺，同时生成一分子水。

$$RCOOH + R^1R^2NH \xrightarrow{\text{缩合剂}} RCONR^1R^2 + H_2O$$

2. 反应机理 胺的碱性氮原子作为亲核试剂向羧酸的羰基碳原子进行亲核进攻，生成四面体过渡态，经脱水后得到酰胺。

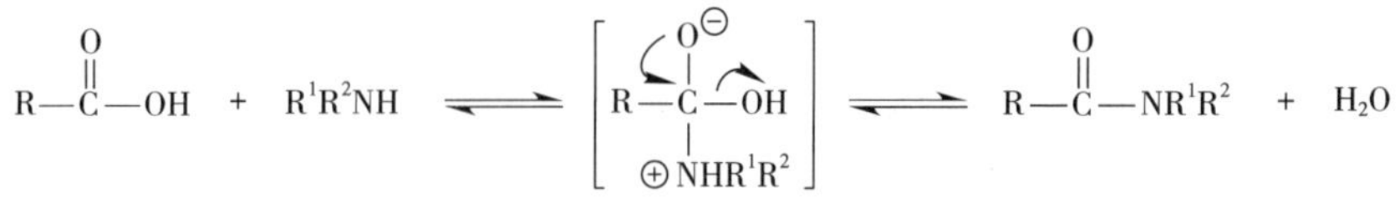

$$R-\underset{\underset{}{\overset{O}{\|}}}{C}-OH + R^1R^2NH \rightleftharpoons \left[R-\underset{\underset{\oplus NHR^1R^2}{|}}{\overset{\overset{O^{\ominus}}{|}}{C}}-OH\right] \rightleftharpoons R-\underset{\underset{}{\overset{O}{\|}}}{C}-NR^1R^2 + H_2O$$

3. 反应影响因素及应用实例 羧酸为酰化剂的 N- 酰化反应是可逆的，胺与羧酸的直接酰化反应在大多数情况下是难以进行。为使平衡向生成酰化产物的方向移动，需要添加过量的反应物或除去反应生成的水。通常以苯或甲苯为溶剂，在加热回流条件下与水形成共沸物，通过油水分离器除去生成的水。该方法需要在较高温度下进行，故不适合对热敏感的酸或胺参与的酰化反应。例如，静脉麻醉药依托咪酯（etomidate）中间体的合成即采用了该方法。

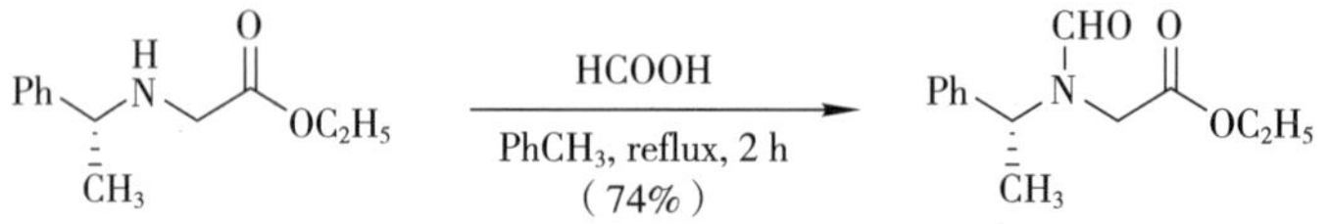

由于羧酸的酰化能力极弱，且易与胺成盐进一步降低胺的酰化能力，为促进羧酸进行酰化反应，常需添加缩合剂提高酰化活性，其作用与醇的酯化反应类似。例如，以 DCC 为缩合剂，在三乙胺催化下，L- 苯丙氨酸甲酯的 N- 酰基化反应得到高血压治疗药物阿拉普利（alacepril）的中间体。

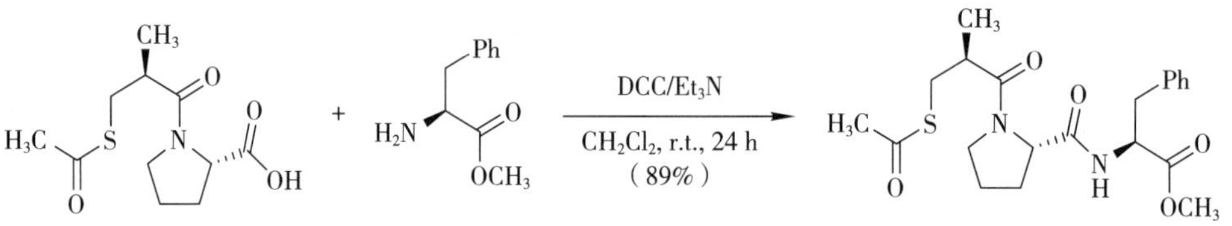

除了 DCC，DIC 和 EDC 等碳二亚胺类缩合剂外，其他类型的缩合剂如 1- 羟基苯并三唑（HOBT）、1- 羟基 -7- 氮杂苯并三唑（HOAT）等苯并三唑类，以及 O-(7- 氮杂苯并三唑)-N, N, N', N'- 四甲基脲六氟磷酸盐（HATU）、O- 苯并三唑 -N, N, N', N'- 四甲基脲六氟磷酸盐（HBTU）、2- 琥珀酰亚胺基 -1,1,3,3- 四甲基脲四氟硼酸盐（TSTU）等盐类缩合剂也被广泛应用于羧酸与胺的酰化反应。

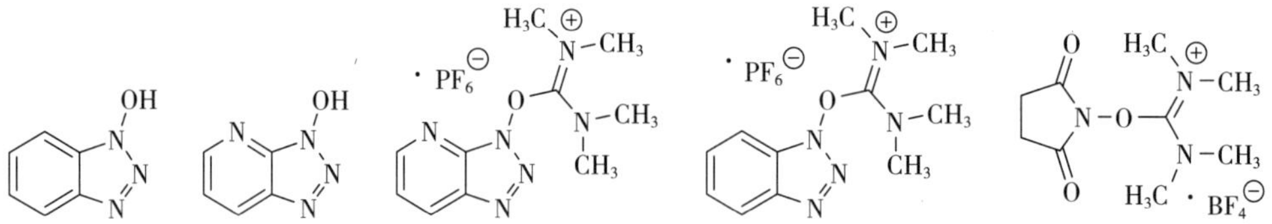

例如，以 HOBT 和 DCC 为缩合剂，5- 甲基烟酸和 4- 羟基哌啶反应得到治疗鼻炎、荨麻疹药物富马酸卢帕他定（rupatadine fumarate）的中间体。

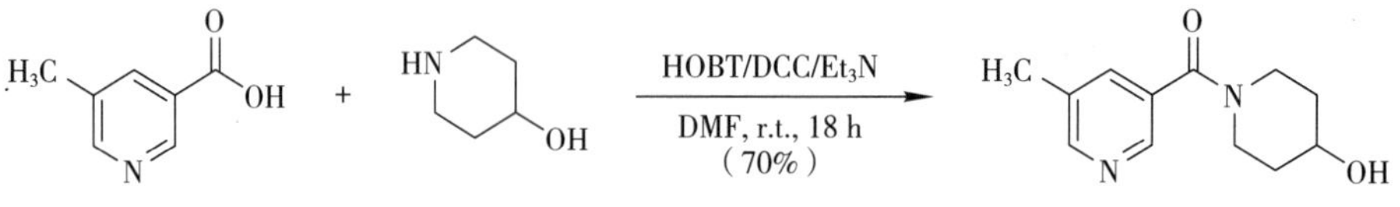

学科前沿 4-2 炔酰胺与联烯酮多肽缩合试剂的发现
拓展阅读 4-3 多肽药物的发展简史

(二)羧酸酯为酰化剂

羧酸酯的酰化活性虽比酸酐、酰氯弱,但它易于制备且性质稳定,具有不与胺成盐的优点,因此在 N- 酰化反应中广泛应用。

1. 反应通式 脂肪羧酸酯或芳香羧酸酯与脂肪伯胺、仲胺或氨进行 N- 酰化反应生成酰胺,同时产生一分子醇。该反应为双分子的可逆反应,常在醇钠等强碱的催化下完成。

$$RCOOR^1 + R^2R^3NH \rightleftharpoons RCONR^2R^3 + R^1OH$$

2. 反应机理 羧酸酯的 N- 酰化反应也是酯的氨解反应,其反应历程与酯的醇解反应类似,为 S_N2 反应历程。胺的氮原子对酯羰基碳原子进行亲核进攻生成正四面体过渡态,并在胺或强碱性催化剂的作用下离去烷氧基负离子 $R^1O^\ominus$,即可得到酰胺。

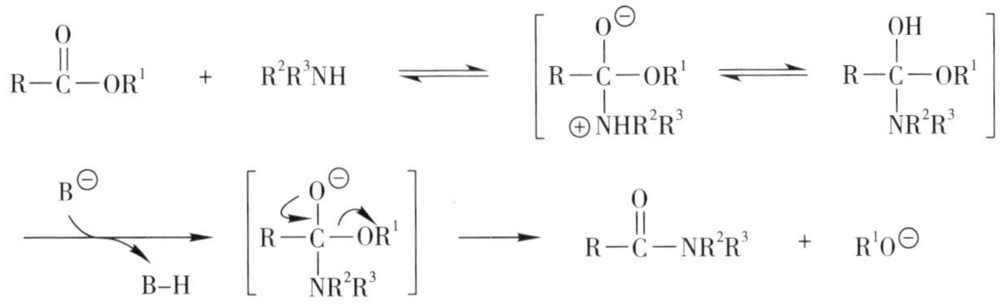

3. 反应影响因素及应用实例 N- 取代酰胺一般采用相应的伯胺或仲胺与酯直接反应得到,若被酰化的胺的碱性较弱,需在较高的温度下进行酰化反应,通常加入金属钠、醇钠、氢化钠等强碱性催化剂增强胺的亲核能力。需要严格控制反应体系的水分,防止催化剂分解及酯和酰胺水解。大多数情况下,采用羧酸甲酯、乙酯和苯酯为酰化剂。例如,2-(二苯甲硫基)乙酸甲酯在氨的甲醇溶液中发生酯的氨解反应,可用于抗抑郁症药物阿莫非尼(armodafinil)中间体的合成。

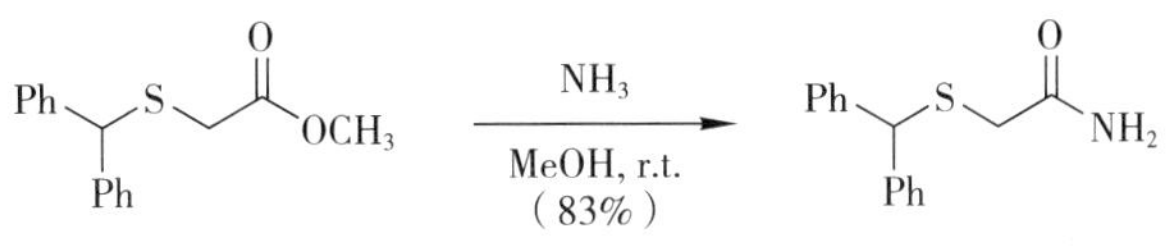

一般情况下,芳香羧酸酯活性低于脂肪酸酯。例如,治疗艾滋病药物拉替拉韦(reltagravir)中间体的合成即采用羧酸甲酯为酰化剂的酰化反应。

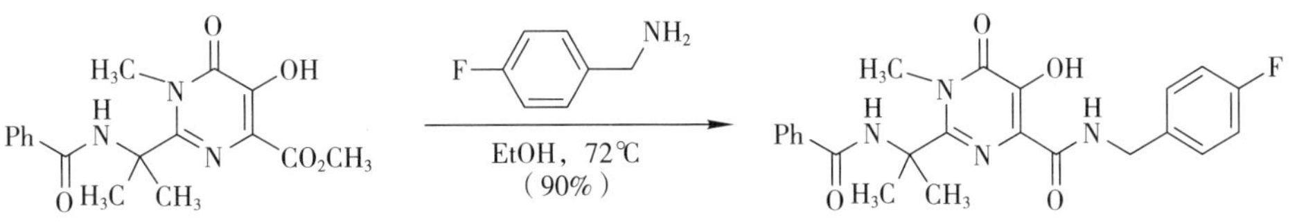

在本章第一节醇的 O- 酰化中讨论过的一些活性酯也可用于胺的 N- 酰化反应,这些活性酯参与的 N- 酰化反应条件温和、收率较高,广泛应用于半合成抗生素及肽类化合物等结构较为复杂酰胺的合成。例如,在三乙胺催化下,羧酸吡啶 -2- 酯与 (R)-2- 苯甘氨醇反应得到双环内酰胺。

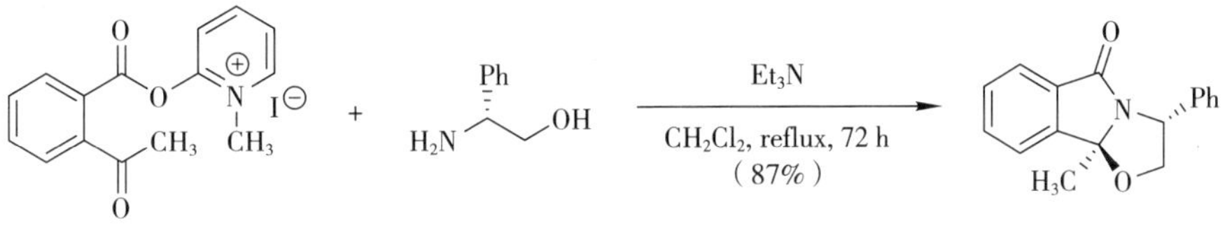

(三)酸酐为酰化剂

酸酐为强酰化剂,其活性比相应的酰氯稍弱,但性质比较稳定。

1. 反应通式　酸酐可对胺或氨进行 N- 酰化反应以制备酰胺,同时产生一分子羧酸。酰化剂可为脂肪酸酐、芳香酸酐或者混合酸酐。

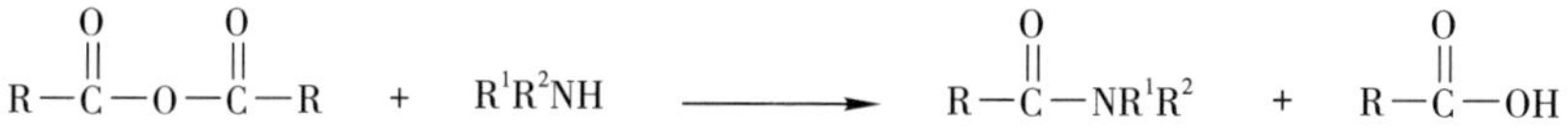

$$R-\overset{O}{\underset{}{C}}-O-\overset{O}{\underset{}{C}}-R + R^1R^2NH \longrightarrow R-\overset{O}{\underset{}{C}}-NR^1R^2 + R-\overset{O}{\underset{}{C}}-OH$$

2. 反应机理　胺的氮原子对酸酐的碳原子进行亲核进攻,生成四面体过渡态,经重排过程离去羧酸根离子,并脱去质子后得到酰胺。

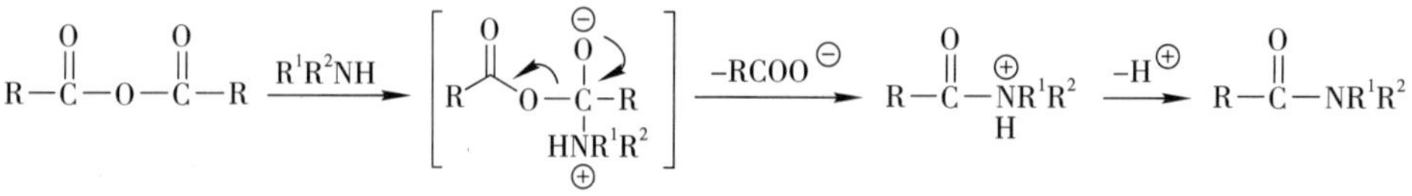

在质子酸催化下,酸酐可与质子形成锌盐,离去一分子羧酸生成高活性的酰基正离子,并进一步对胺的氮原子进行亲电反应而得到酰胺。同时生成的羧酸可以进行自催化。此外,也可以加入碱,加速酰化反应的进行。

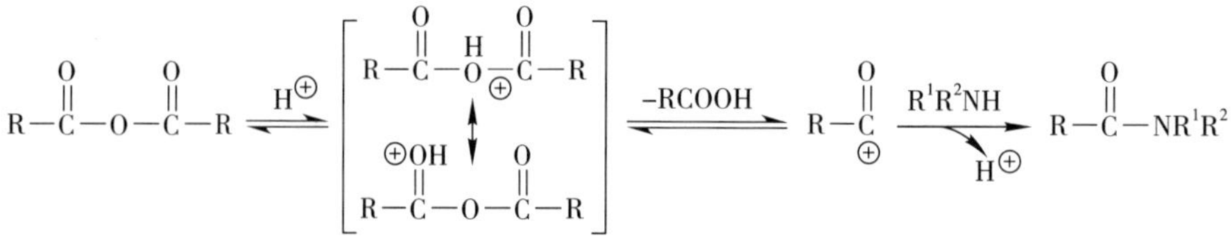

3. 反应影响因素及应用实例　对于一些难以酰化的胺类,可加入酸、碱等催化剂加快反应进行,常用的催化剂为硫酸、过氧酸等。当采用碱催化时,加入三乙胺、吡啶、DMAP 等碱,也可直接加入过量的胺中和反应所产生的羧酸。例如,以吡啶为碱,采用 2,3,4,5- 四氢 -1,5- 甲桥 -1H-3- 苯并氮杂䓬盐酸盐的 N- 三氟乙酰化反应即可得到戒烟药物伐尼克兰(varenicline)的中间体。

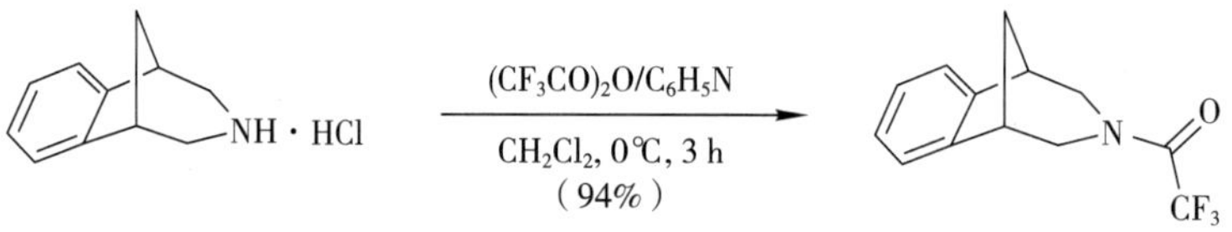

虽然酸酐的酰化能力较强,但除了常见的乙酸酐、三氟乙酸酐、丙酸酐、苯甲酸酐,以及丁二酸酐、邻二甲酸酐等二元酸酐外,其他种类的单一酸酐较少,从而限制了该方法的应用。为了解决这一不足,醇的 O- 酰化反应的混合酸酐,同样适用于胺的 N- 酰化。例如,先将芳香羧酸与氯甲酸乙酯混合,使之在三乙胺催化下生成羧酸碳酸混合酸酐,无需分离直接与 1-(3- 甲氧丙基)-4- 氨基哌啶进行 N- 酰化反应即可得到改善肠道动力药物琥珀酸普卡必利(prucalopride succinate)的中间体。

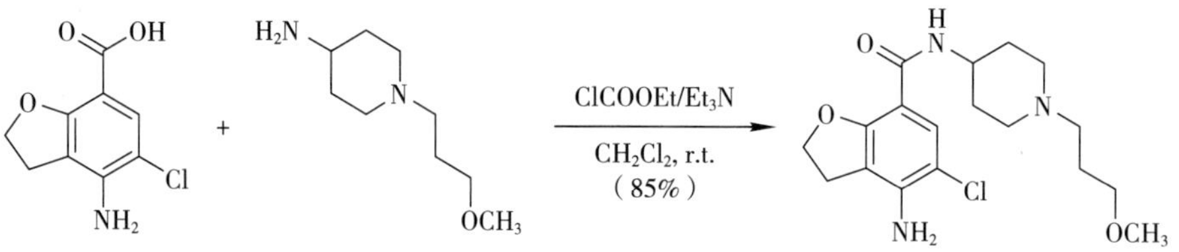

（四）酰氯为酰化剂

酰氯的酰化能力强，通常用于较大位阻胺、热敏性胺和芳胺的 N- 酰化。

1. 反应通式　酰氯易于制备，可与胺类化合物反应生成酰胺，并产生一分子氯化氢。

$$\text{R–CO–Cl} + \text{R}^1\text{R}^2\text{NH} \longrightarrow \text{R–CO–NR}^1\text{R}^2 + \text{HCl}$$

2. 反应机理　胺的氮原子对酰氯羰基碳原子进行亲核进攻，形成四面体过渡态，进一步转化为酰化产物。

$$\text{R–CO–Cl} + \text{R}^1\text{R}^2\text{NH} \longrightarrow \left[\begin{array}{c}\text{R–C(O}^-\text{)(Cl)–NHR}^1\text{R}^2{}^+\end{array}\right] \longrightarrow \text{R–CO–NR}^1\text{R}^2 + \text{HCl}$$

3. 反应影响因素及应用实例　胺的氮原子亲核能力较强，易于与酰氯发生酰化反应，并且是放热反应，故反应通常在室温或低温条件下进行。由于反应中生成的氯化氢与胺成盐，从而降低了氮原子的亲核能力，通常加入氢氧化钠、碳酸钠、乙酸钠等无机碱或吡啶、三乙胺等有机碱作为缚酸剂除去反应产生的氯化氢。例如，以三乙胺为缚酸剂，2,3,4,5- 四氢 -N,N- 二甲基 -1H-1- 苯并氮杂䓬 -5- 胺与对硝基苯甲酰氯反应得到非肽类 V_2 受体拮抗剂莫扎伐普坦（mozavaptan）的中间体。

酰氯易于制备，无需分离可进一步与胺发生 N- 酰化反应生成酰胺。例如，静脉血栓药物利伐沙班（rivaroxaban）中间体的合成采用了该方法。

（五）酰胺为酰化试剂

普通的酰胺因其结构中的氮原子与羰基存在 p-π 共轭效应，使其酰化能力减弱，很少作为酰化剂。在本章第一节醇的 O- 酰化反应中讨论过的底物羧酸与 CDI 反应形成的高活性酰基咪唑及其类似物，均可用于胺的 N- 酰化反应。例如，以 (S)- 四氢呋喃基咪唑碳酸酯为酰化剂对伯胺进行 N- 酰化反应，即可得到抗艾滋病药物福沙那韦钙（fosamprenavir calcium）的中间体。

二、芳胺的 N- 酰化反应

芳胺中氮原子上的孤对电子与苯环存在 p-π 共轭效应,导致氮原子的亲核性减弱,使其酰化活性比脂肪胺低,因此一般采用酸酐、酰氯等较强的酰化剂进行芳胺的 N- 酰化反应。芳胺与各类酰化剂的 N- 酰化反应机理同脂肪胺的 N- 酰化反应,为亲电反应机理。例如,以三乙胺为碱,2,6- 二甲基苯胺与氯乙酰氯反应得到抗心绞痛药物雷诺拉嗪(ranolazine)的中间体。

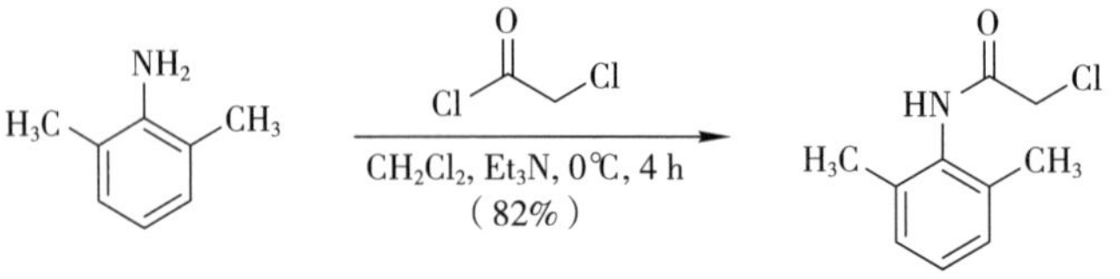

以 N,N- 二异丙基乙胺(DIPEA)为碱,3-(4- 甲基咪唑 -1- 基)-5- 三氟甲基苯胺与 3-碘 -4- 甲基苯甲酰氯反应得到治疗白血病药物尼罗替尼(nilotinib)的中间体。

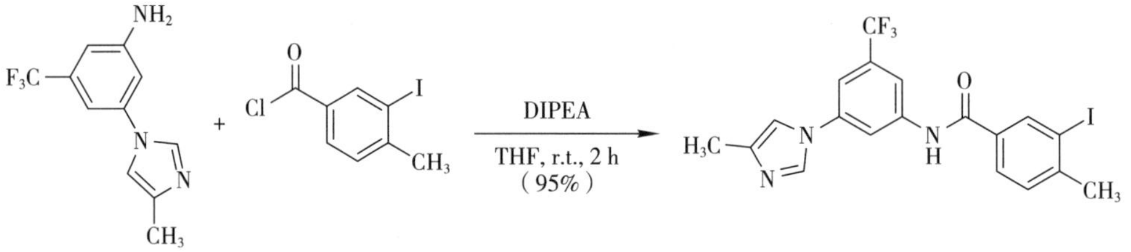

某些芳胺也可以用羧酸酰化,如在 DCC 和 HOBT 共同催化下,苯胺与辛二酸单甲酯缩合得到治疗皮肤 T 细胞淋巴瘤药物伏立诺他(vorinostat)的中间体。

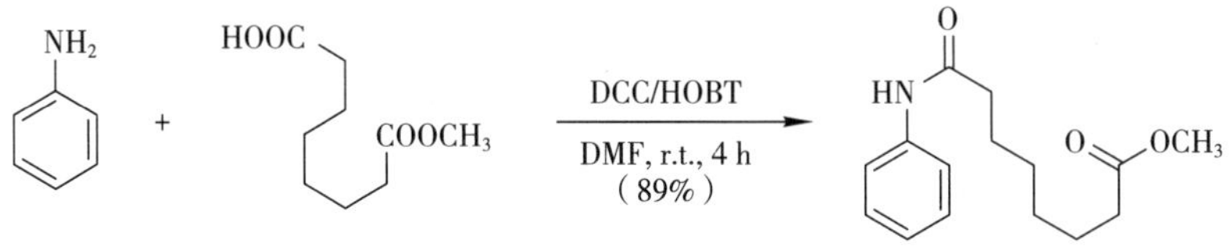

吸电子基团的引入会降低芳胺氮原子的电子云密度,使其亲核性减弱,通常需使用酰氯、活性酰胺等高活性酰化剂。例如,以 DMAP 为催化剂,原位生成的酰氯与 2,5- 二(三氟甲基)苯胺反应得到治疗前列腺增生药物度他雄胺(dutasteride)。

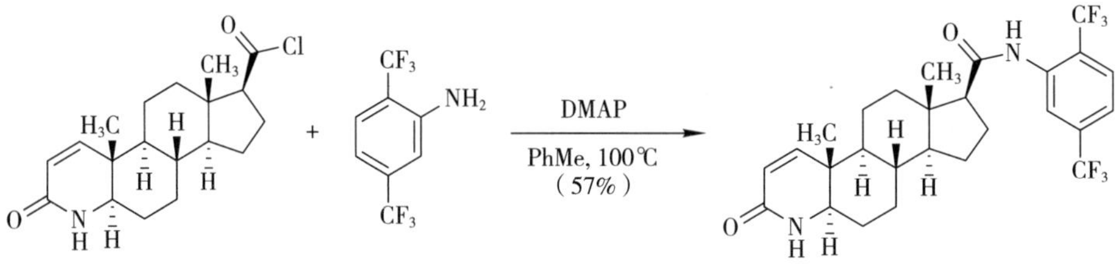

度他雄胺

案例讨论 4-2 对乙酰氨基酚的合成工艺优化

第三节 碳原子上的酰化反应

碳原子上的酰化反应是用来制备醛、酮类化合物的主要方法，可发生酰化反应的位点主要包括电子云密度较高的（杂）芳烃、烯烃和活性亚甲基化合物的 α 位。其反应机理大多数为亲电反应历程。

一、芳烃的 C-酰化反应

芳烃的酰化反应包括直接酰化反应和间接酰化反应。直接酰化是直接在芳环上引入酰基的反应，如 Friedel-Crafts 反应；而间接酰化反应是在芳环上引入一些可以转化为酰基的基团，如 Houben-Hoesch 反应、Gattermann 反应、Vilsmeier-Haack 反应、Reimer-Tiemann 反应等。

（一）Friedel-Crafts 反应

羧酸及羧酸的衍生物在 Lewis 酸或质子酸催化下，对芳烃进行亲电取代生成芳香酮的反应，称为 Friedel-Crafts 酰化反应。

1. 反应通式 被酰化物为电子云密度较高的芳烃或杂芳烃；常见的酰化剂为脂肪族或芳香族的羧酸、酰氯、酸酐及酯。

$$R\text{—}C_6H_4\text{—}H + R^1\text{—CO—}X \xrightarrow{\text{Lewis酸或质子酸}} R\text{—}C_6H_4\text{—CO—}R^1 + HX$$

（X= OH, Cl, Br, OCOR^2, OR^2）

2. 反应机理 Friedel-Crafts 酰化反应机理较为复杂，由于不同的酰化试剂在不同的催化条件下形成的亲电物种不同，导致其反应历程有所区别。以三氯化铝催化酰氯与芳烃的反应为例，活性中间体可能以自由离子、复合物或离子对形式存在。

$$R^1\text{—}\overset{O}{\underset{}{C}}{}^{\oplus} + AlCl_4^{\ominus} \quad\quad R^1\text{—}\overset{Cl}{\underset{}{C}}{=}O\text{---}AlCl_3 \quad R^1\text{—}\overset{O}{\underset{}{C}}\text{—}Cl\text{---}AlCl_3 \quad [R^1\text{—}\overset{O}{\underset{}{C}}{}^{\oplus}] \cdot AlCl_4^{\ominus}$$

自由离子　　　　　　　复合物　　　　　　　　　离子对

通常认为三氯化铝与酰氯结合后以游离态酰基正离子、三氯化铝与酰氯羰基氧形成的复合物或离子对形式进行芳环上的亲电取代反应，生成 σ 络合物，接着脱去氯化氢后生成羰基络合物，再经水解得到酰化产物芳香酮。

$$\text{[反应式图]} \xrightarrow{-HCl} \xrightarrow{H_2O} \text{芳香酮} + Al(OH)Cl_2 + HCl$$

3. 反应影响因素及应用实例 酰卤是最常用的酰化剂，其反应活性与催化剂有关，以

AlX₃ 为催化剂，其活性顺序是：酰碘＞酰溴＞酰氯＞酰氟。若以 BX₃ 为催化剂时，则活性顺序相反，即酰碘＜酰溴＜酰氯＜酰氟。通常情况下，多用酰氯和酰溴为酰化剂，且一般采用羧酸和二氯亚砜或草酰氯原位生成酰氯，无需分离可进一步在 Lewis 酸催化下与芳烃发生 Friedel-Crafts 酰化反应。例如，糖尿病药物恩格列净（empagliflozin）中间体的合成采用了该方法。

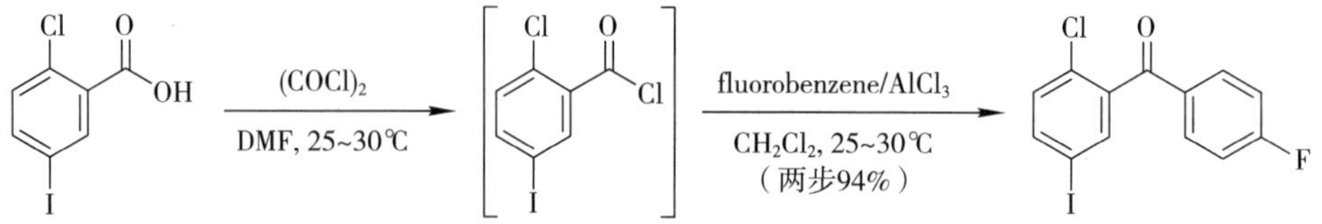

常见酰化剂的反应活性次序为酰氯＞酸酐＞酯≈羧酸，酸酐和羧酸的酰化反应通常需要在加热条件下进行。例如，抗肿瘤药物马来酸匹衫琼（pixantrone dimaleate）中间体的合成采用了酸酐为酰化剂的 Friedel-Crafts 酰化反应。

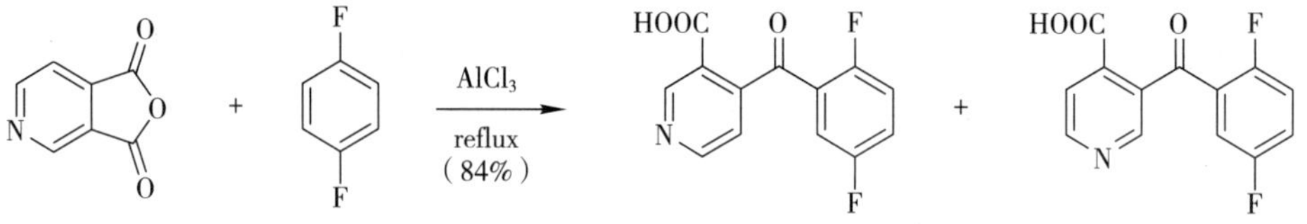

案例讨论 4-3 对氨基苯乙酮的合成工艺优化

若酰化剂的烃基中有芳基时，且芳基在 β、γ、δ 位上则易发生分子内酰化而得到环酮。成环的难易与环的大小有关，一般六元环＞五元环＞七元环。例如，抗抑郁药物舍曲林（sertraline）中间体的合成采用分子内 Friedel-Crafts 酰化反应。

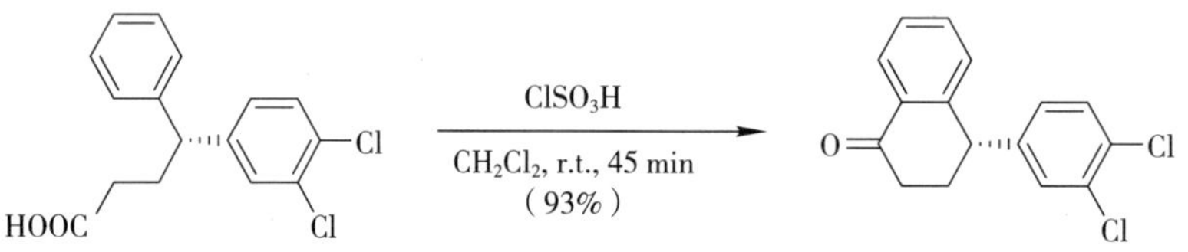

富电子的杂环芳烃如呋喃、噻吩、吡咯等易发生 Friedel-Crafts 酰化反应，而缺电子的杂环芳烃如吡啶、嘧啶、喹啉等则难以发生酰化反应。如果被酰化底物同时存在芳环和杂芳环，酰化反应主要发生在电子云密度较大的杂芳环上。例如，抗肿瘤药物维莫非尼（vemurafenib）的合成采用了酰氯对富电子芳烃吡咯 C-3 位进行的 Friedel-Crafts 酰化反应。

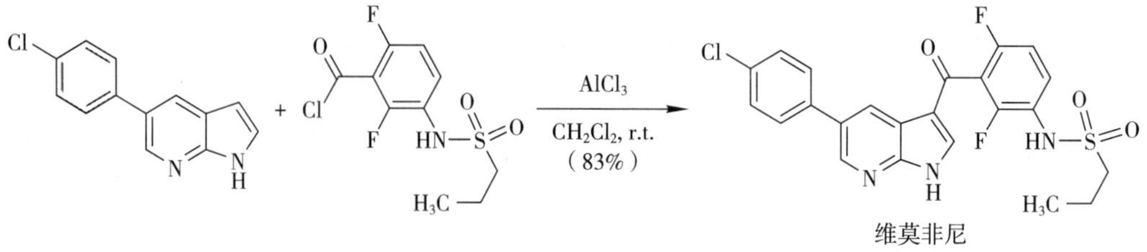

当芳环上连给电子基团时，反应容易进行，酰基优先进入对位，其次是邻位；当芳环上连吸电子基团时，一般不发生 Friedel-Crafts 酰化反应。因此，一般难以通过 Friedel-Crafts 酰化反应引入第二个酰基。例如，在三氯化铝催化下，正辛基苯与溴乙酰氯反应得到治疗多发性硬化症药物盐酸芬戈莫德（fingolimod hydrochloride）的中间体。

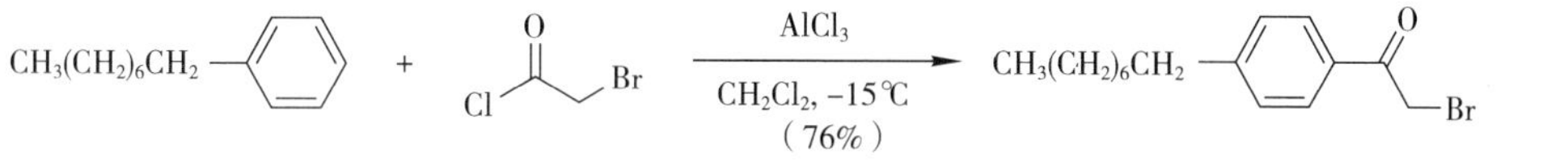

通常根据酰化剂的强弱、被酰化物的结构,并考虑引起的副反应来选择合适的催化剂。Friedel-Crafts 酰化反应常用的催化剂有 Lewis 酸和质子酸两类。Lewis 酸包括(活性由大到小)$AlBr_3$、$AlCl_3$、$FeCl_3$、BF_3、$SnCl_4$、$ZnCl_2$,其中无水 $AlCl_3$ 及 $AlBr_3$ 最为常用,且价格便宜、活性高,但产生大量的铝盐废液,一般用于酰氯和酸酐为酰化剂的反应。常用质子酸有 HF、HCl、H_2SO_4、H_3BO_3、$HClO_4$、PPA 等无机酸,以及 CF_3CO_2H、CH_3SO_3H、CF_3SO_3H 等有机酸,多用于羧酸为酰化剂的反应。呋喃、噻吩、吡咯等容易分解破坏的芳杂环选用活性较小的 BF_3、$SnCl_4$、$FeCl_3$ 等弱催化剂进行 Friedel-Crafts 酰化反应较为适宜。例如,在 $FeCl_3$ 催化下,2-丁基-5-硝基苯并呋喃与对甲氧基苯甲酰氯反应得到抗心律失常药物盐酸决奈达隆(dronedarone hydrochloride)的中间体。

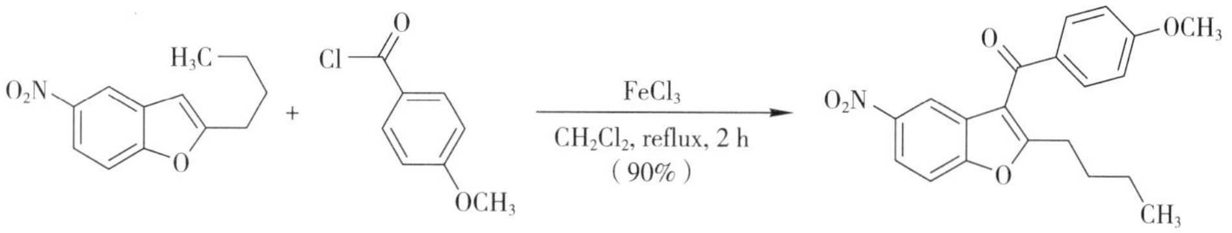

(二) Houben-Hoesch 反应

腈和酚或其醚类在无水氯化氢和 Lewis 酸催化剂的存在下反应生成芳香酮,称为 Houben-Hoesch 反应。

1. 反应通式 Houben-Hoesch 反应是在无水氯化氢和 Lewis 酸存在下,用腈作亲电试剂对芳环的亲电芳香取代反应,生成相应的酮亚胺,再经水解生成芳香酮,是间接将酰基引入酚或芳醚的芳环上的方法。

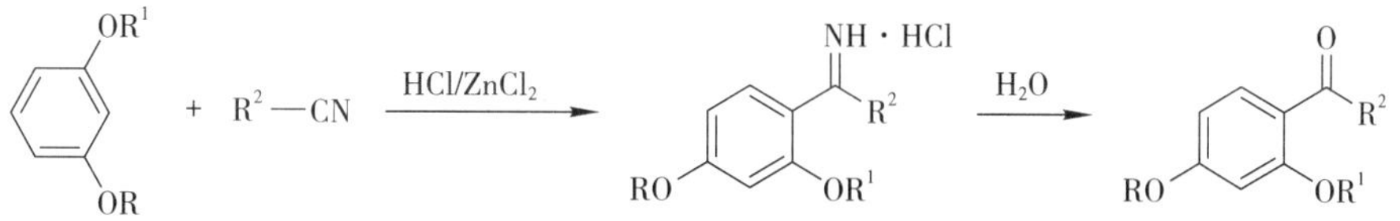

2. 反应机理 腈与氯化氢在无水氯化锌的催化下生成腈鎓离子和亚胺正离子,接着对酚或芳醚进行亲电取代反应生成 σ 络合物,脱去质子后得到酮亚胺盐酸盐中间体,再经水解得到酚或芳醚的酰化产物。

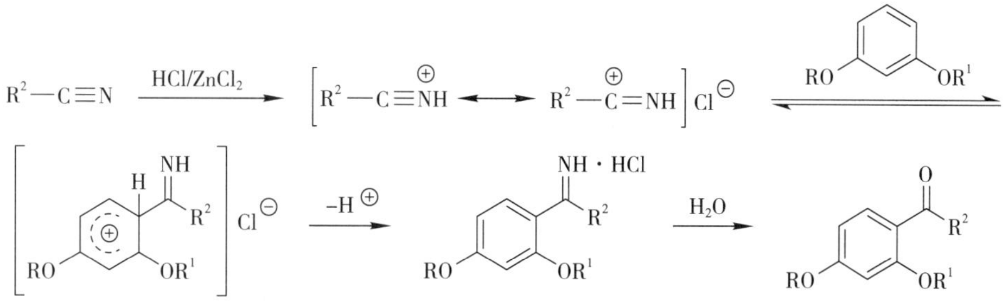

3. 反应影响因素及应用实例 该反应为芳环上的亲电取代反应,芳环上有较高的电子云密度有利于反应进行。对于一元酚或苯胺来说,通常得到 O-酰化或 N-酰化产物而得不到酮。一般被酰化物为间苯二酚、间苯三酚及其相应的醚,以及某些多 π 的芳杂环等。例如,在

$ZnCl_2$ 和干燥 HCl 存在下，间苯三酚与对羟基苯乙腈反应，再经水解得到具有抗肿瘤活性的金雀异黄素（genistein）的中间体。

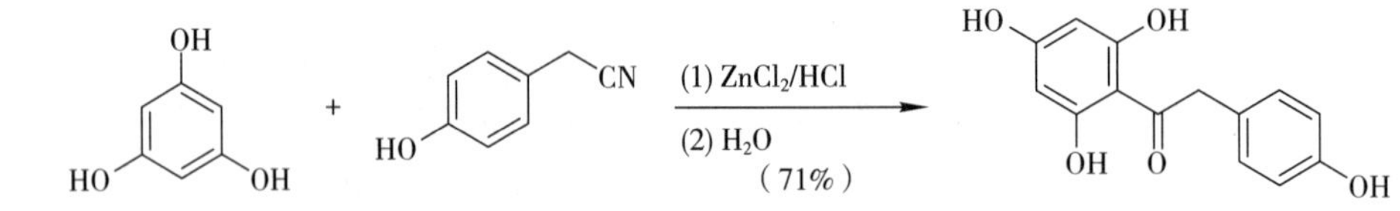

若氰基的 α 位存在亲电基团如羰基，通常不与酚发生 Houben-Hoesch 反应得到预期的 1,2- 二酮产物。例如，间二苯酚与苯甲酰腈在 Houben-Hoesch 反应条件下发生了三组分的环加成反应，仅得到具有抑菌活性的苯并呋喃并 [2,3-b] 苯并呋喃衍生物。

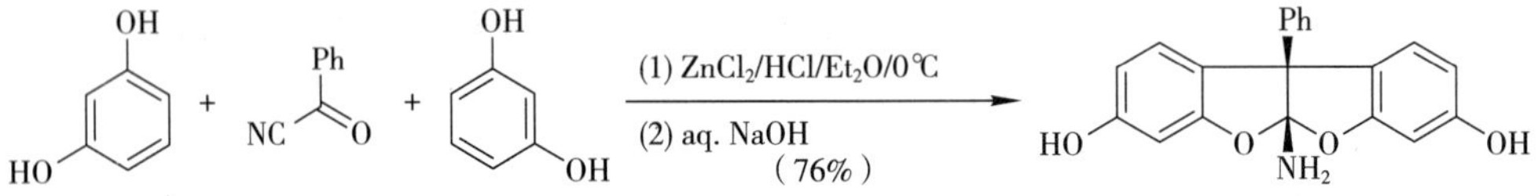

Houben-Hoesch 反应的催化剂通常为无水 $ZnCl_2$、$AlCl_3$、$FeCl_3$ 等 Lewis 酸，当采用 BCl_3、BF_3 为催化剂时，一元腈和苯胺可得到邻位酰化产物。例如，环氧合酶 -2 抑制剂中间体的合成采用了该方法。

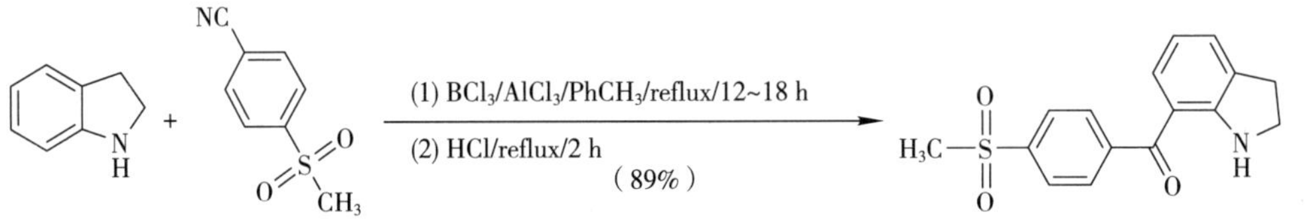

当一个分子中同时存在腈和酚或其醚时，可以发生分子内 Houben-Hoesch 反应得到环状芳香酮类化合物。例如，在 BCl_3 和干燥 HCl 存在下，6- 甲基 -4-(2,3,5- 三甲氧基苯甲酰基) 烟腈发生分子内 Houben-Hoesch 反应得到天然产物葡萄孢镰菌素（bostrycoidin）。

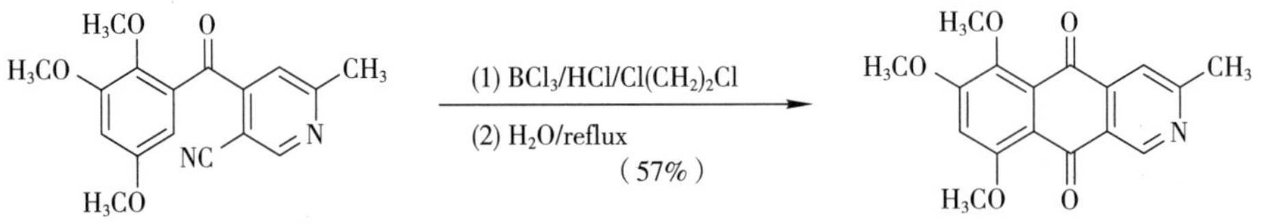

（三）Gattermann 反应

在 $AlCl_3$ 等 Lewis 酸催化下，芳香族化合物与氢氰酸和氯化氢反应生成芳香醛，该反应称为 Gattermann 反应。

1. 反应通式 在 $AlCl_3$、$ZnCl_2$ 等 Lewis 酸催化下，羟基或烷氧基取代的芳香族化合物与 HCN 及 HCl 作用，得到芳香醛。

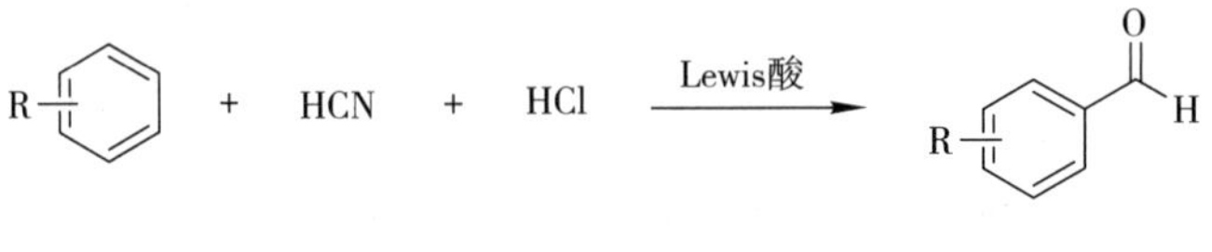

2. 反应机理 HCN 与 $AlCl_3$ 或 $ZnCl_2$ 等 Lewis 酸作用先生成亚胺甲酰氯，进一步与芳烃发生亲电取代反应生成酰亚胺中间体，再经水解生成芳香醛。

$$\text{HCN} \xrightarrow[\text{AlCl}_3\text{或ZnCl}_2]{\text{HCl}} \text{H}-\underset{\text{Cl}}{\overset{\text{Cl}}{\text{C}}}=\text{NH} \xrightarrow[\text{AlCl}_3\text{或ZnCl}_2]{R\text{—}C_6H_5} \underset{H}{\overset{\text{HCl·NH}}{R\text{—}C_6H_4\text{—}C}} \xrightarrow[-\text{NH}_4\text{Cl}]{\text{H}_2\text{O}} R\text{—}C_6H_4\text{—CHO}$$

3. 反应影响因素及应用实例 相比 Houben-Hoesch 反应, Gattermann 反应中酰化剂的活性较强。因此, 芳环上有一个给电子基团, 如羟基、烷氧基即可顺利发生反应, 富电子的杂环芳烃也可顺利进行酰化反应。为避免使用剧毒的 HCN 气体, Adams 选用 Zn(CN)$_2$/HCl 代替 HCN/HCl/ZnCl$_2$ 原位产生 HCN, 实现活泼芳烃的甲酰化, 该反应称为 Gattermann 反应 Adams 改进法。例如, 3,4,5-三甲氧基苯酚在 Zn(CN)$_2$/HCl 存在条件下得到天然产物 caleprunin A 的合成前体。

Gattermann 反应属于芳香亲电取代反应, 易于在富电子的杂环芳烃上发生甲酰化反应。例如, 苯并呋喃衍生物 C-3 位的电子云密度高于 C-4 位和 C-6 位, 易于在 C-3 位发生甲酰化反应得到腺苷 A1 受体潜在配体。

对活性较低的芳环, 可采用改良的 Gattermann-Koch 反应, 即在 AlCl$_3$ 和 CuCl 存在下, 用 CO/HCl 的混合物与芳烃反应生成芳香醛。该反应主要用于烷基苯、联苯等富电子芳香醛的合成, 收率较高, 是工业上制备芳香醛的主要方法。例如, 联苯在 Gattermann-Koch 反应条件下得到抗炎药物联苯乙酸 (felbinac) 的中间体。

(四) Vilsmeier-Haack 反应

在 POCl$_3$ 作用下, 富电子的芳烃或杂芳烃与 N-取代甲酰胺反应, 生成甲酰化产物, 称为 Vilsmeier-Haack 反应。

1. 反应通式

2. 反应机理 N-取代甲酰胺与 POCl$_3$ 反应生成加成物, 进一步形成带正电荷的氯代亚甲基铵盐 (Vilsmeier 试剂)。该活性中间体作为亲电试剂进攻芳环经由 σ 络合物生成亚胺盐, 最后经水解得到芳香醛, 同时生成一分子胺。

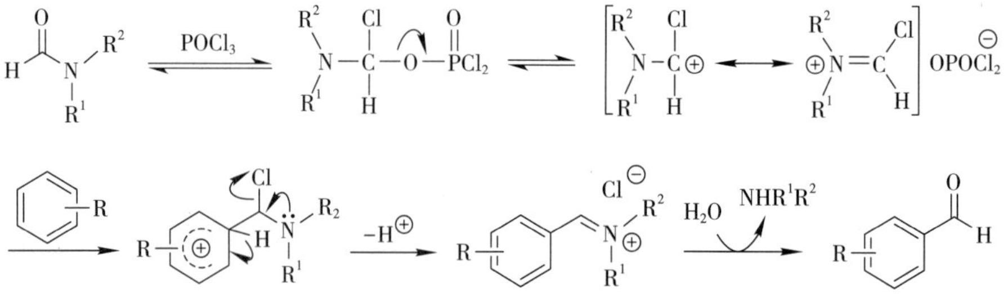

3. 反应影响因素及应用实例 Vilsmeier 试剂是弱亲电试剂，大多数的富电子芳烃、杂环芳烃和富电子烯烃均可以发生此反应。例如，在 POCl₃ 和 DMF 混合溶液中，2,3-二氢苯并呋喃发生甲酰化反应得到治疗失眠症药物雷美替胺 (ramelteon) 的中间体。

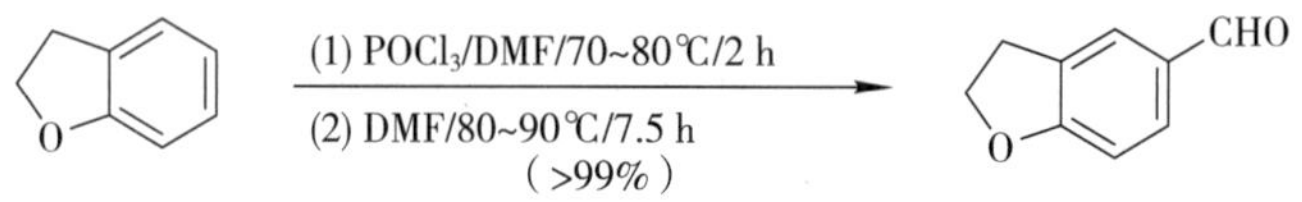

Vilsmeier-Haack 反应为亲电进攻机理，易于在吡咯、呋喃、噻吩、吲哚等富电子芳杂环上发生甲酰化反应得到芳杂醛。例如，潜在抗肿瘤试剂 FR-900482 中间体的合成即采用该方法。

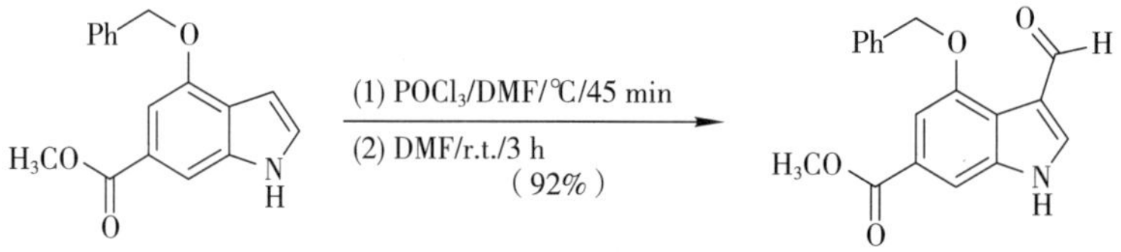

N-取代甲酰胺除 DMF 外，其他 N,N-二取代甲酰胺如 N-甲酰基哌啶、N-甲酰基吗啉、N-甲基-N-苯基甲酰胺等也可作为酰化剂。例如，在 POCl₃ 存在下，香豆素衍生物与 N-甲基-N-苯基甲酰胺反应得到天然产物 (−)-calanolide A 的合成前体。

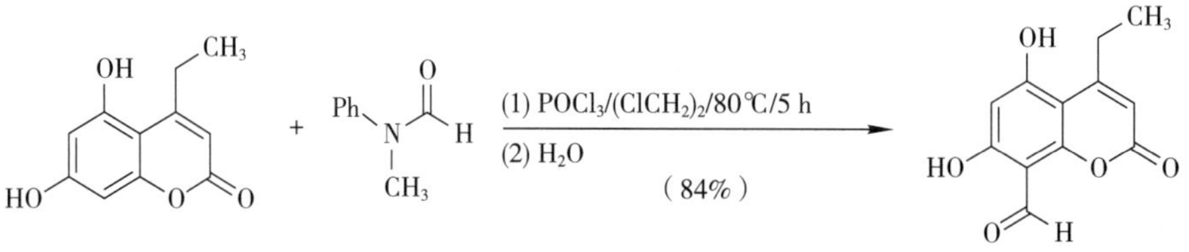

如果用苯甲酰胺等替代 N-取代甲酰胺，则引入相应的苯甲酰基生成芳香酮。例如，在 POCl₃ 存在下，二甲基苯胺与 N-苯基苯甲酰胺反应得到对二甲氨基二苯甲酮。

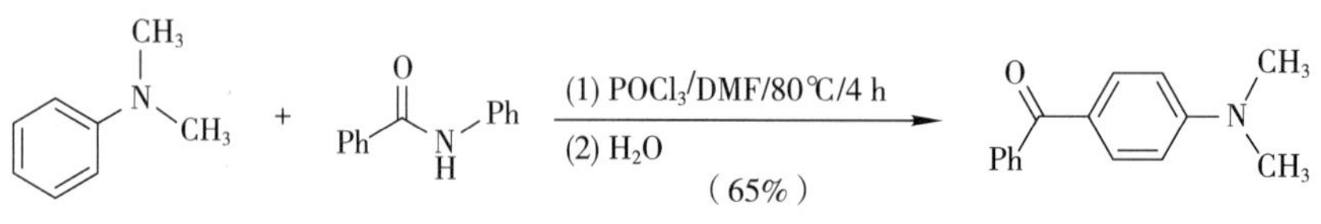

（五）Reimer-Tiemann 反应

苯酚和三氯甲烷在碱性溶液中加热，生成芳香醛的反应称为 Reimer-Tiemann 反应。产物一般以邻位为主，少量为对位产物。

1. 反应通式

$$\text{C}_6\text{H}_5\text{OH} + \text{CHCl}_3 \xrightarrow[\text{加热}]{\text{NaOH, H}_2\text{O}} \text{邻-HOC}_6\text{H}_4\text{CHO} + \text{对-HOC}_6\text{H}_4\text{CHO}$$

2. 反应机理 三氯甲烷与碱作用发生 α- 消除形成二氯卡宾，它作为缺电子的亲电试剂，与酚的氧负离子发生亲电取代反应生成偕二氯甲基取代物随后水解得到水杨醛。

3. 反应影响因素及应用实例 该反应以过程简短，操作便捷，成本低廉而被广泛关注，是合成羟基苯甲醛的重要方法。然而，由于反应过程中涉及高活性的二氯卡宾中间体，导致大分子聚合物副产物的生成，同时产物醛在碱性高温条件下易于被氧化成羧酸，导致该反应的收率不高（一般均低于 50%）。被酰化物一般包括酚类、N,N- 二取代的苯胺类和某些带有羟基取代的芳杂环类化合物，喹啉、吡咯、茚等也能进行该反应。产物为羟基的邻、对位混合物，但邻位产物的比例较高。例如，在沸石 ZSM-5 催化下，邻甲氧基苯酚在三氯甲烷的碱性溶液反应即可得到天然抑菌剂香兰素（vanillin）。

$$\text{邻-H}_3\text{CO-C}_6\text{H}_4\text{-OH} \xrightarrow[\text{ZSM-5, reflux, 6 h}]{\text{CHCl}_3/\text{NaOH}} \text{产物 (61\%)} + \text{香兰素 (35\%)}$$

学科前沿 4-3 Eschenmoser's 盐在吲哚嗪甲酰化反应中的应用

二、烯烃的 C- 酰化反应

从电子定域的角度看，烯烃的 π 键与芳烃类似，电子云密度较高，能与酰氯发生 C- 酰化反应，亦可看作脂肪族碳原子的 Friedel-Crafts 反应。

1. 反应通式 在 Lewis 酸或质子酸催化下，烯烃与酰氯可发生 C- 酰化反应，产物为 α,β- 不饱和酮类化合物。除各种芳香族或脂肪族的酰氯外，酸酐、羧酸等其他羧酸衍生物也可以作为酰化剂。反应通式如下：

$$\text{RCOCl} + \text{H}_2\text{C}=\text{CHR}^1 \xrightarrow{\text{Lewis酸或质子酸}} \text{RCOCH}=\text{CHR}^1$$

2. 反应机理 酰氯与 $AlCl_3$ 反应生成的络合物或酰基正离子对烯烃进行亲电进攻得到碳正离子中间体，并与 $Cl^\ominus$ 结合得到 β- 氯代酮后进一步消除一分子 HCl 得到 α,β- 不饱和酮类产物。

$$\underset{R}{\overset{O}{\|}}\underset{Cl}{C} \xrightarrow{AlCl_3} [R-\overset{O}{\underset{}{C}}\oplus] \cdot AlCl_4^{\ominus} \xrightarrow{H_2C=\!\!\!=\!\!CHR^1} [\underset{R}{\overset{O}{\|}}\underset{}{C}-\overset{H}{\underset{}{C}}-\overset{+}{C}HR^1] \cdot AlCl_4^{\ominus}$$

$$\xrightarrow{-AlCl_3} \underset{R}{\overset{O}{\|}}\underset{}{C}-\overset{H}{\underset{}{C}}-\overset{Cl}{\underset{}{C}}HR^1 \xrightarrow{-HCl} \underset{R}{\overset{O}{\|}}\underset{}{C}-CH=\!\!=\!\!CHR^1$$

3. 反应影响因素及应用实例 烯烃的 C- 酰化反应为酰基对烯烃的亲电加成反应，加成的方向符合马氏规则，酰基优先进攻氢原子较多的碳原子。以酰氯为酰化剂时采用 Lewis 酸为催化剂，酸酐或羧酸为酰化剂时则用质子酸为催化剂。这是由不饱和烃制备不饱和酮的方法，适用于不饱和脂肪酮及不饱和脂环酮的制备。例如，在 AlCl$_3$ 催化下，乙酰氯与烯丙基氯反应得到天然产物 Clavosolide A 的中间体。

$$H_3C-\overset{O}{\underset{}{C}}-Cl + H_2C=\!\!=\!\!CH-CH_2Cl \xrightarrow[\text{(2) r.t./1 h}]{\text{(1) AlCl}_3/CH_2Cl_2/0\text{°C/2 h}} H_3C-\overset{O}{\underset{}{C}}-CH=\!\!=\!\!CH-CH_2Cl \quad (34\%)$$

Vilsmeier-Haack 反应条件也可以实现烯烃的甲酰化反应。例如，在 POCl$_3$ 和 DMF 存在下，3,3- 二甲基环己酮的烯醇式发生甲酰化和氯化反应可以得到治疗白血病药物维奈托克（venetoclax）的中间体。

$$\text{3,3-二甲基环己酮} + H-\overset{O}{\underset{}{C}}-N(CH_3)_2 \xrightarrow[\text{reflux}]{POCl_3} \text{产物} \quad (>99\%)$$

三、羰基 α 位的 C- 酰化反应

羰基化合物 α 位 C—H 键与羰基存在 σ-π 超共轭效应使其具有一定的酸性，较活泼，在碱性催化剂的存在下可与酰氯、酸酐等发生 C- 酰化反应而生成 β- 二羰基化合物。

（一）活性亚甲基 α 位的 C- 酰化反应

活性亚甲基化合物如丙二酸酯类、乙酰乙酸酯类、氰基乙酸酯类、β- 二酮类等在碱性试剂（如氢氧化钠、醇钠、氢化钠、氨基钠、三乙胺、吡啶等）的存在下，与酰氯、酸酐、羧酸等发生酰化反应而得到 β- 二羰基化合物。

1. 反应通式

$$\underset{R}{\overset{O}{\|}}\underset{}{C}-Z + \underset{X}{\overset{H}{\underset{}{C}}}\underset{Y}{\overset{H}{\underset{}{}}} \xrightarrow{\text{碱}} \underset{R}{\overset{O}{\|}}\underset{}{C}-\underset{X}{\overset{Y}{\underset{}{C}}}H + HZ$$

(X, Y = COOR^1, COR^1, CN; Z = Cl, OCOR^1, OH)

2. 反应机理 活性亚甲基化合物的 α 位碳原子在碱性催化剂作用下离去一个质子生成 α- 碳负离子中间体，该中间体对酰化剂羰基碳原子进行亲核进攻得到正四面体过渡态，经分子内重排离去基团 Z 负离子得到酰化产物。

$$\underset{X}{\overset{H}{\underset{}{C}}}\underset{Y}{\overset{H}{\underset{}{}}} \xrightleftharpoons[-BH]{B^{\ominus}} \underset{X}{\overset{H}{\underset{}{C}^{\ominus}}}\underset{Y}{\overset{}{\underset{}{}}} \xrightarrow{R-\overset{O}{\underset{}{C}}-Z} \underset{CHXY}{\overset{O^{\ominus}}{\underset{R-C-Z}{\|}}} \xrightarrow{-Z^{\ominus}} \underset{R}{\overset{O}{\|}}\underset{}{C}-\underset{X}{\overset{Y}{\underset{}{C}}}H$$

3. 反应影响因素及应用实例　活性亚甲基化合物的活性与所连的两个吸电子基的种类有关，吸电子能力越强，其α位氢原子的酸性越强，反应越容易发生。α位氢原子的酸性可通过活性亚甲基化合物的pK_a来判定，pK_a越小，酸性越强。碱的选择与活性亚甲基化合物的活性有关，α位氢原子的酸性强，则可选择相对较弱的碱。利用该反应可以获得其他方法不易制得的β-酮酸酯、1,3-二酮、不对称酮等化合物。例如，在三乙胺和2-甲基-2-[（三甲基甲硅烷基）氧代]丙腈催化下，1,3-环己二酮与2-硝基-4-三氟甲基苯甲酰氯反应即可得到治疗Ⅰ型酪氨酸血症药物尼替西农（nitisinone）。

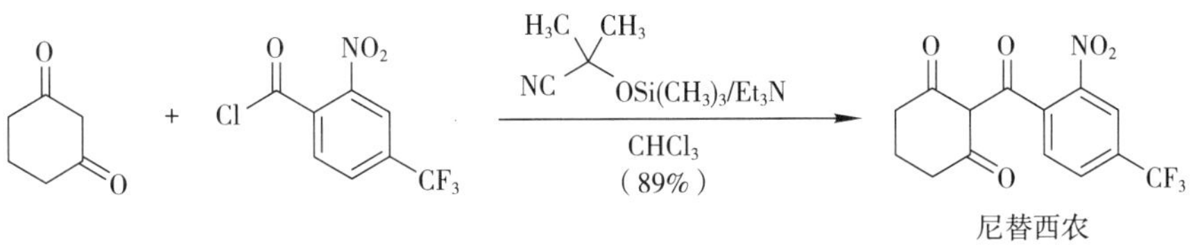

此外，利用该方法可由丙二酸酯制取α-酰基丙二酸酯，该中间体在碱性条件下加热则可发生脱羧反应，从而制备用其他方法不易获得的β-酮酸酯类化合物。例如，在三乙胺催化下，2,4,5-三氟苯乙酰氯与丙二酸亚异丙酯反应，再经水解得到治疗2型糖尿病药物西他列汀（sitagliptin）的中间体。

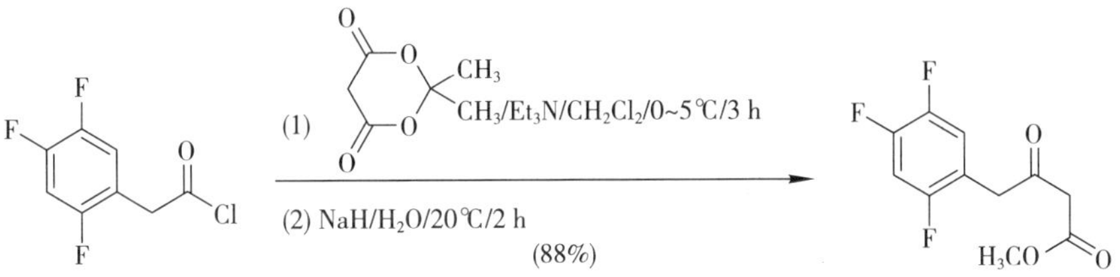

（二）Claisen 反应和 Dieckmann 反应

在碱性条件下，具有α-活泼氢的酯与另一分子羧酸酯进行缩合失去一分子醇得到β-酮酸酯的反应称为 Claisen 反应，可看作是羧酸酯α位的C-酰化反应。发生在同一分子内的 Claisen 缩合反应称为 Dieckmann 反应，是 Claisen 反应的特例。这两类反应在第五章缩合反应进行详细讲述。

（三）酮、腈α位的C-酰化反应

在碱性条件下，含有α-活泼氢的酮或腈均可以与羧酸酯等发生C-酰化反应，生成相应的β-二酮或β-羰基腈类化合物。

1. 反应通式

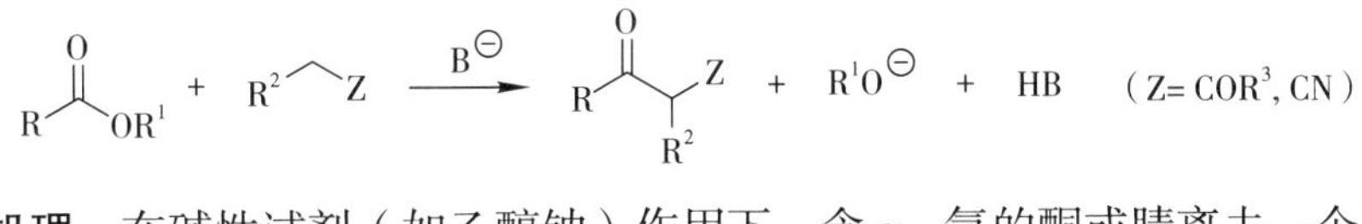

2. 反应机理　在碱性试剂（如乙醇钠）作用下，含α-氢的酮或腈离去一个质子形成碳负离子中间体，并对酰化剂羧酸酯的羰基碳原子进行亲核进攻形成四面体过渡态，再经分子内重排脱去烷氧基负离子，得到β-二酮或β-羰基腈类酰化产物，进一步与醇钠作用以不可逆形式转化成其钠盐，其反应机理与 Claisen 反应类似。

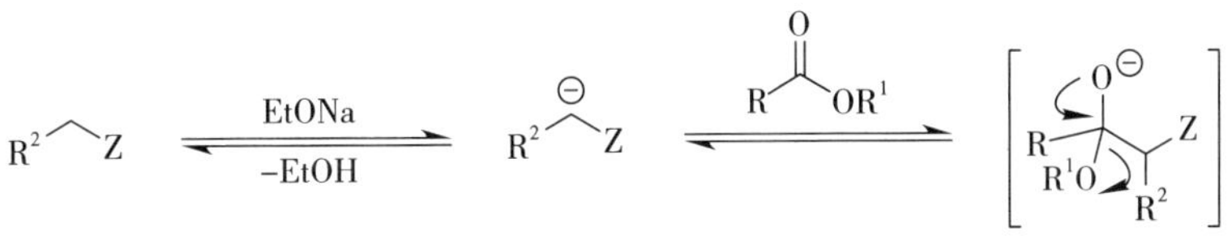

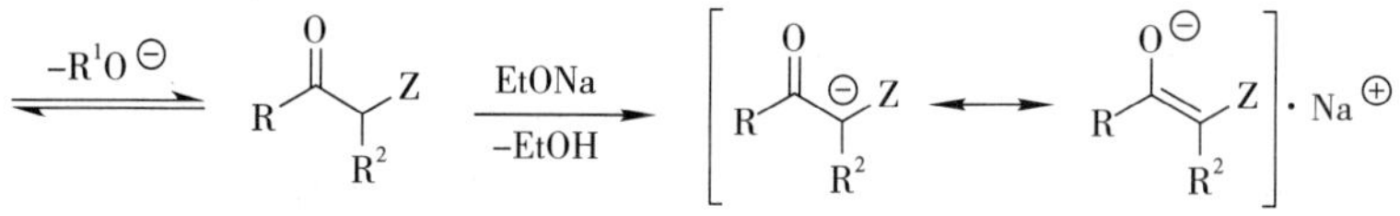

3. 反应影响因素及应用实例 对于不对称的酮，具有两个可酰化的反应位点，通常不对称酮取代基少的 α- 碳原子进攻酯羰基，一般的活性顺序为：CH_3CO- > RCH_2CO- > R_2CHCO-，即甲基酮优先被酰化。例如，在氢化钠存在条件下，环丙基甲基酮与碳酸二乙酯反应得到降脂药物匹伐他汀钙（pitavastatin calcium）的中间体。

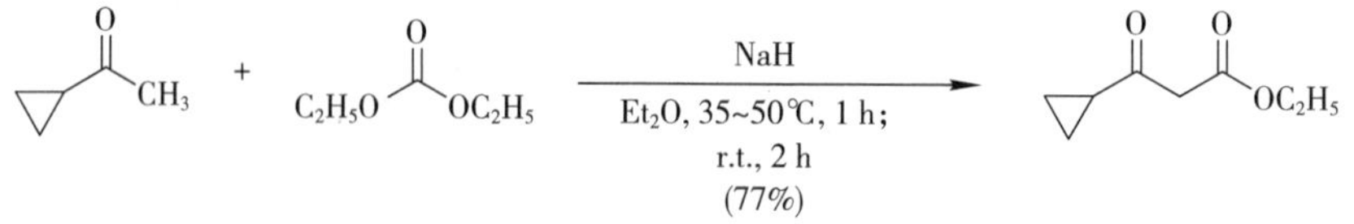

有时还需要考虑立体效应和电子效应对不对称酮的 α- 碳原子活性的影响。例如，在六甲基二硅胺基锂（LiHMDS）存在条件下，N-Boc-3-哌啶酮与三氟乙酸乙酯反应得到治疗糖尿病药物吉格列汀（gemigliptin）的中间体。

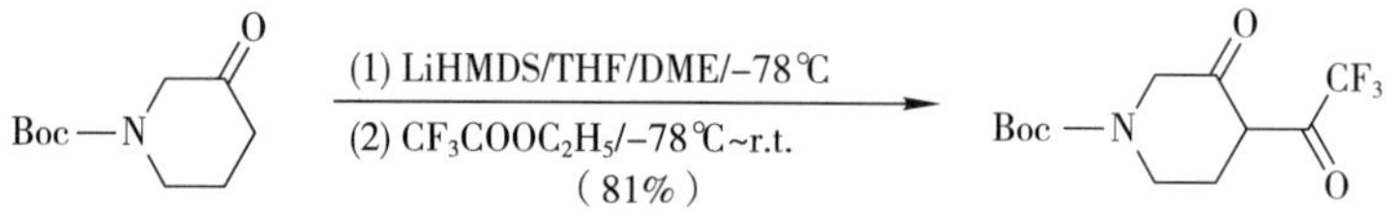

酮与含 α- 活泼氢的酯反应时，酮 α- 氢的酸性较强，在碱性条件下更容易形成碳负离子。因此，酰化反应趋于发生在酮羰基的 α 位从而得到 1,3- 二酮衍生物。分子中同时存在酮羰基和酯基，如果位置合适可发生分子内羰基 α 位碳酰化反应，生成五元或六元环状二酮。例如，石松生物碱（+）-paniculatine 中间体的合成采用了分子内酮 α 位的 C- 酰化反应和分子间烷基化反应。

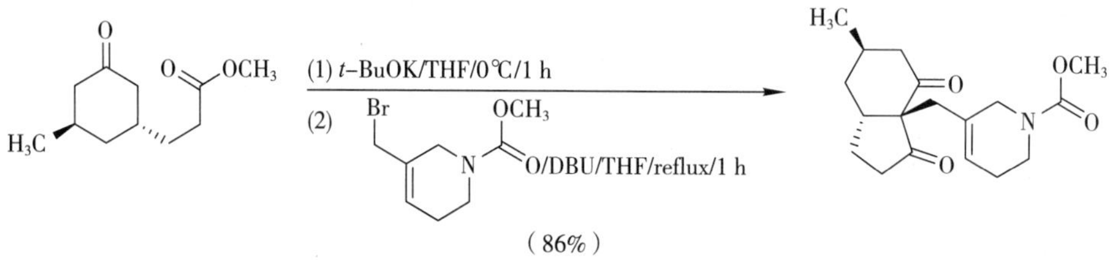

氰类化合物与酮一样，氰基 α 位的酸性较强，易被碱夺取质子生成碳负离子，并对酯羰基进行亲核进攻，进一步离去烷氧基生成 β- 羰基腈类化合物。例如，抗利尿激素抑制剂盐酸考尼伐坦（conivaptan hydrochloride）中间体的合成采用了分子内腈 α 位的 C- 酰化反应。

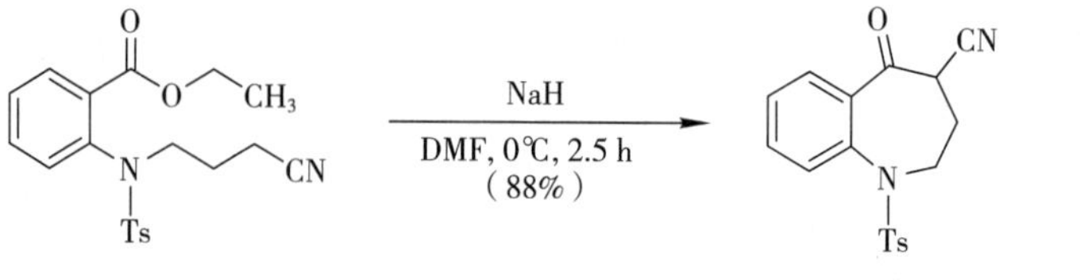

将醛、酮与仲胺（如哌啶、吗啉、四氢吡咯等）缩合脱水后转化为烯胺，其 β 位碳原子（原羰基 α 位）的亲核性增强，可以与酰氯等亲电试剂反应。利用该策略可在醛、酮的 α 位导入酰基，且在反应中未使用强碱性催化剂，从而避免了醛、酮在碱性条件下的自身缩合反应。例如，抗真菌活性分子中间体 2- 乙酰基环己酮的合成采用了该方法。

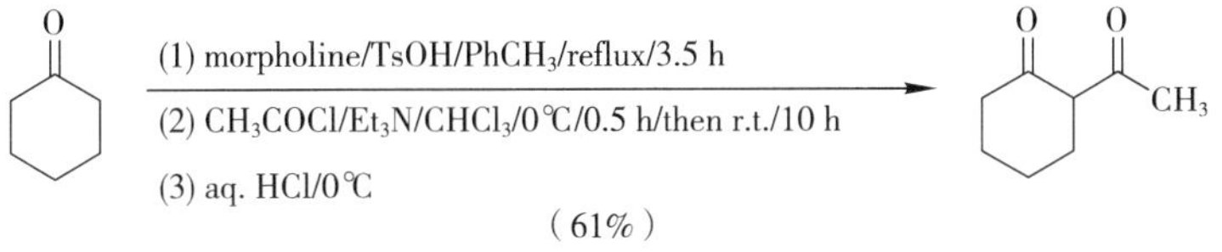

第四节　选择性酰化与基团保护

在酰化反应中，如果被酰化物中有两个或两个以上可被酰化的基团，但只需酰化其中的一个或一部分基团，则需要进行选择性酰化。通常可利用被酰化基团在分子中的不同位置或自身的性质产生的立体空间效应和电子效应上的差别，选用合适的酰化剂、催化剂、适当的反应条件进行选择性酰化反应。如果无法利用立体效应和电子效应上的差别进行选择性酰基化，又要使反应只发生在所期望的基团，避免其他基团干扰，则需要对醇（酚）和胺进行酰化保护，当反应完成后再进行脱保护。

一、选择性酰化反应

（一）立体选择性酰化反应

治疗便秘药物纳地美定（naldemedine）中间体的合成过程中，由于立体空间位阻的影响，酚羟基易于发生酰化反应。

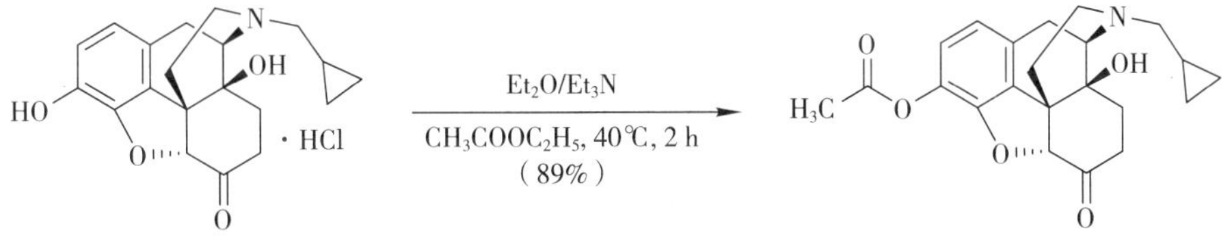

单酰化的哌嗪类化合物是一类非常重要的中间体，广泛应用于药物分子的合成中。例如，具有 HIV-1 抑制活性的 BMS-378806 含有选择性苯甲酰化甲基哌嗪单元。以苯甲酰氯为酰化剂，(R)-2-甲基哌嗪的酰化产物没有选择性，得到单酰化和双酰化产物的混合物，且两种单酰化产物难以分离纯化。针对 (R)-2-甲基哌嗪中两个氮原子立体位阻效应的差异，利用原位生成的 N-苯甲酰咪唑为酰化剂，可以选择性制备 (R)-1-苯甲酰基-3-甲基哌嗪。

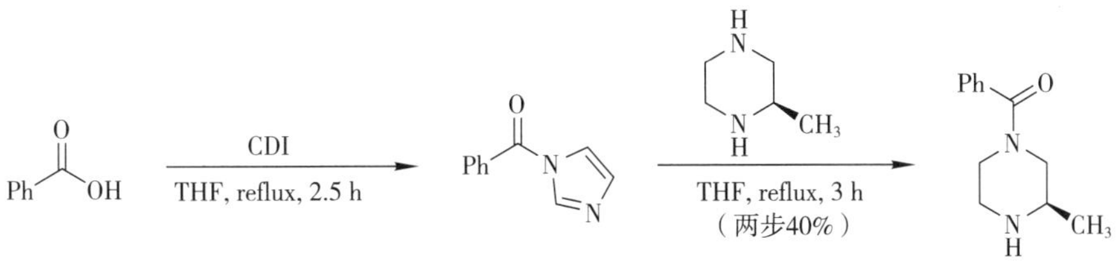

（二）电性选择性酰化反应

由于氨基的亲核性强于羟基，当苯环上同时含有羟基和氨基时，氨基易于发生酰化反应。例如，以吡啶为催化剂，4-氨基-3-羟基苯甲酸甲酯和 3,5-二氯苯甲酰氯反应得到治疗神经退行性疾病药物他发米帝司甲葡胺（tafamidis meglumine）的中间体。

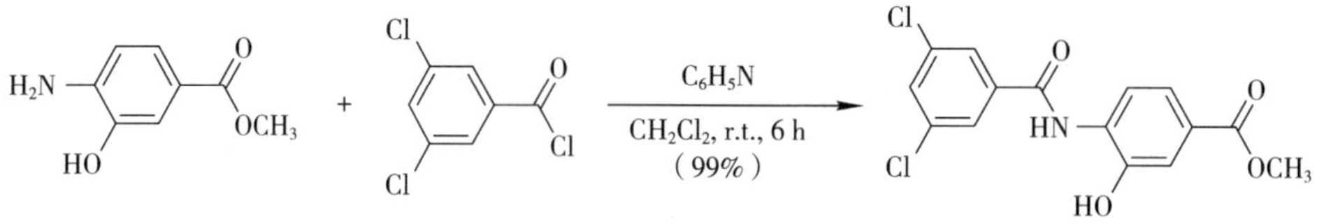

脂肪伯胺氮原子的亲核性高于芳香环碳原子的亲核性，若需对其进行选择性酰化，通常使用低活性的酰化剂如羧酸酯对氨基进行 *N*- 酰化，再使用高活性的酰化剂如酰氯对芳烃进行 *C*- 酰化。例如，采用不同活性的酰化剂，可以分步得到治疗阻塞性肺疾病药物马来酸茚达特罗（indacaterol maleate）的中间体。

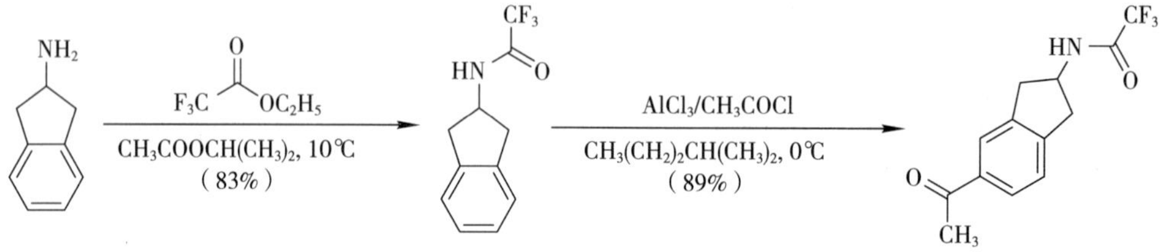

二、羟基的保护

羟基存在于许多药物活性分子和合成中间体中，如核苷、糖类、甾族化合物、大环抗生素、多肽或蛋白质氨基酸的侧链。在这些化合物的氧化、酰化、卤化、脱水等反应中，羟基均需要进行保护。引入酰基生成酯是保护羟基的常用方法，具有保护试剂价格低廉、引入方便且易于脱保护的优点，广泛应用于药物合成中，酯类保护基的形成方法参见本章第一节。常见的保护基有乙酰基（CH_3CO，Ac），氯乙酰基（$ClCH_2CO$），新戊酰基（*t*-BuCO，Piv），苯甲酰基（PhCO，Bz），甲氧羰基（CH_3OCO）、叔丁氧羰基（*t*-BuOCO，Boc），苄氧羰基（$PhCH_2OCO$，Cbz），9- 芴甲氧羰基（Fmoc）等，形成相应酯的常见结构类型如下所示：

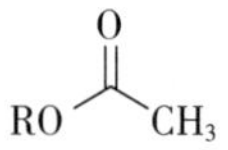
乙酸酯（Ac-OR）

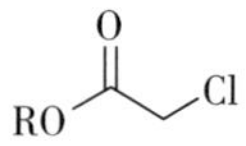
氯乙酸酯

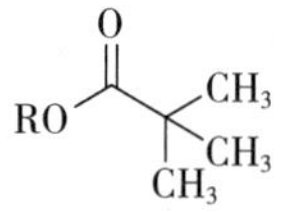
新戊酸酯（Piv-OR）

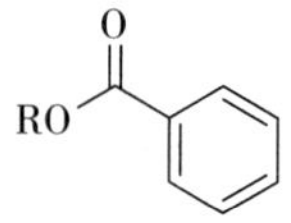
苯甲酸酯（Bz-OR）

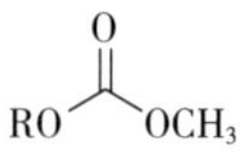
碳酸甲酯

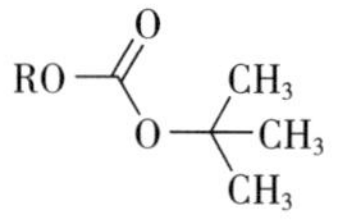
碳酸叔丁酯（Boc-OR）

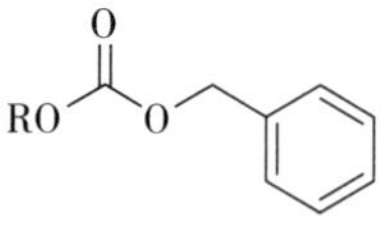
碳酸苄酯（Cbz-OR）

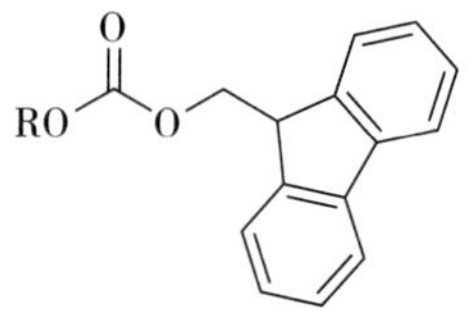
9-(芴甲基)碳酸酯（Fmoc-OR）

乙酸酐和羟基底物在吡啶溶液中反应是引入乙酰基的常用方法，也可以加入其他碱性催化剂（如三乙胺、DIPEA、DMAP 等）、酸性催化剂（如无水 $ZnCl_2$、BF_3、硫酸等）。用乙酰基保护醇羟基，在苷（包括核苷）的合成、氧化、磷酸化反应中应用较多。例如，遗传性尿酸症药物尿苷三乙酸酯（uridine triacetate）的合成采用了该方法。

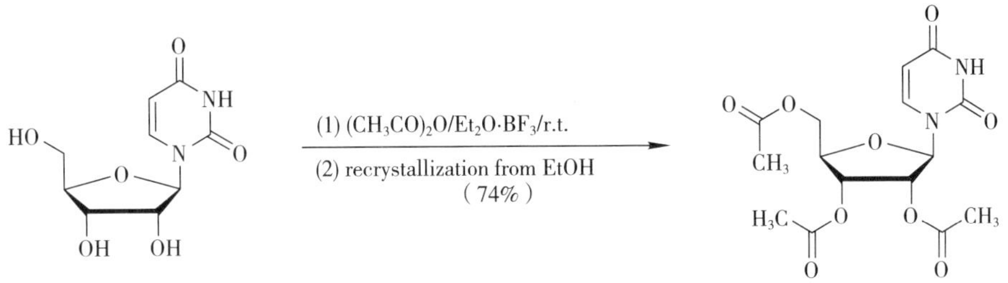

尿苷三乙酸酯

除乙酰基外，苯甲酰基、甲氧羰基也被广泛应用于羟基的保护。例如，在 DMAP 存在下，以氯甲酸甲酯为酰化剂可以得到治疗 2 型糖尿病药物托格列净（tofogliflozin hydrate）的中间体。

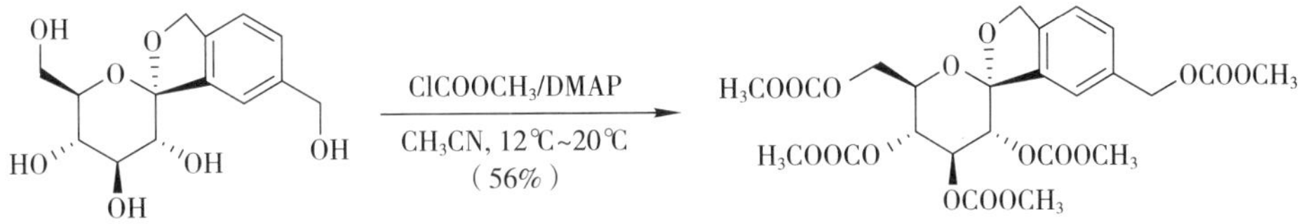

如果存在空间位阻的差异，可以对多羟基化合物进行选择性酰化。在室温条件下，乙酸酐/吡啶反应体系可以对多羟基化合物中的伯羟基和仲羟基进行酰化，不能对位阻较大的叔醇乙酰化。若要使叔醇乙酰化，需加入催化剂 DMAP 等，并能加速乙酰化；对位阻特别大的叔醇，可通过添加 Lewis 酸如三氟甲磺酸三甲基硅脂（TMSOTf）或质子酸如 $HClO_3$ 催化叔醇乙酰化。例如，孕酮受体调节剂醋酸乌利司他（ulipristal acetate）的合成采用了该方法。

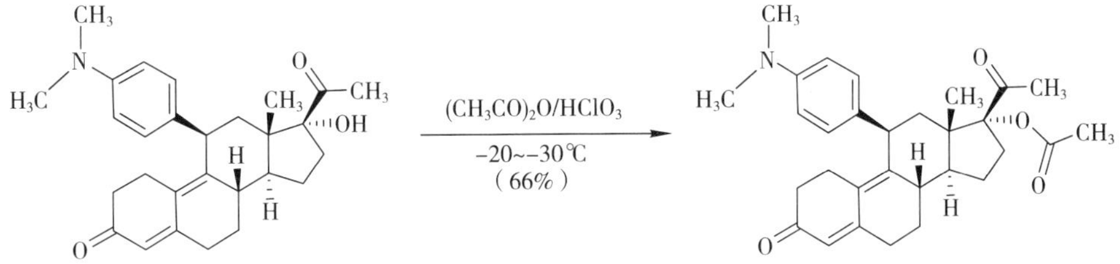

醋酸乌利司他

拓展阅读 4-4　连续微反应加氢技术在 O-Bn 脱保护中的应用

三、氨基的保护

与羟基中的氧原子性质不同，氨基中氮原子容易发生氧化反应，尤其是伯胺和仲胺类化合物。同时，氨基中氮原子亲核性较强，易于发生烷基化、酰基化、与醛酮缩合等亲核反应。此外，许多生物活性分子，如多肽、蛋白质、氨基糖、核苷和生物碱，以及各类药物分子中都含有氮原子及其所构成的官能团。因此，在药物合成过程中需要对氨基进行保护，以便进行后续的官能团转化，这对药物化学、生物化学等领域的研究具有重要意义。引入酰基和烃氧羰基生成相应的酰胺和氨基甲酸酯是保护氨基的常用方法，酰胺类和烃氧羰基类保护基的形成方法参见本章第二节。常见的酰基保护基包括甲酰基（HCO）、乙酰基、新戊酰基、苯甲酰基、邻苯二甲酰基（Pht）、对甲基苯磺酰基（Ts）等；常见的烃氧羰基保护基包括甲氧羰基、叔丁氧羰基、苄氧羰基、9-芴甲氧羰基等。

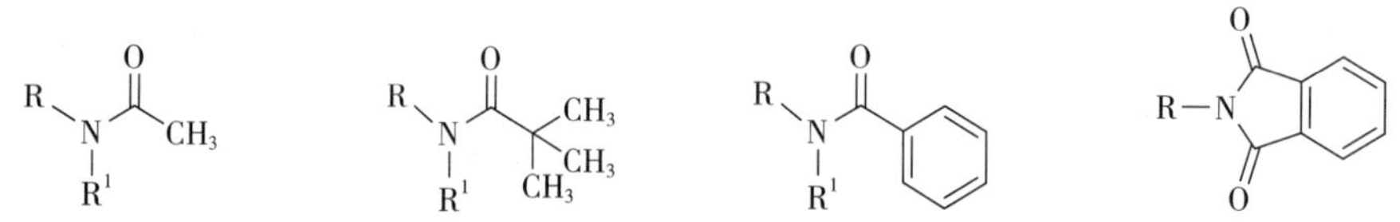

乙酰胺（Ac-NRR¹）　新戊酰胺（Piv-NRR¹）　苯甲酰胺（Bz-NRR¹）　邻苯二甲酰亚胺（Pht-NR）

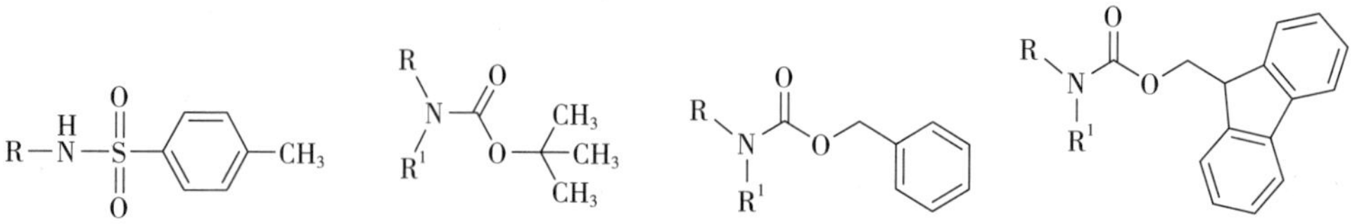

对甲基苯磺酰胺（Ts-NHR）　氨基甲酸叔丁酯（Boc-NRR¹）　氨基甲酸苄酯（Cbz-NRR¹）　9-芴甲基氨基甲酸酯（Fmoc-NRR¹）

（一）酰基保护基

1. 甲酰基　N-甲酰化容易进行，通常将胺与 94%～98% 甲酸共热，或与甲酸乙酯通过氨解反应实现。此外，乙酰氯与甲酸钠或 98% 甲酸与乙酸酐混合可以原位生成高活性的甲酰化试剂——甲乙酸酐。对于易发生消旋化氨基酸的 N-甲酰化保护，一般使用甲酸和 DCC 在 0℃ 条件下进行。N-甲酰基的脱除通常是在强酸或强碱溶液中且强加热条件下完成。此外，使用肼或 15% 过氧化氢也可以脱除甲酰基保护基。例如，治疗精神病药物伊潘立酮（iloperidone）中间体的合成采用了 N-甲酰化保护和脱保护方法。

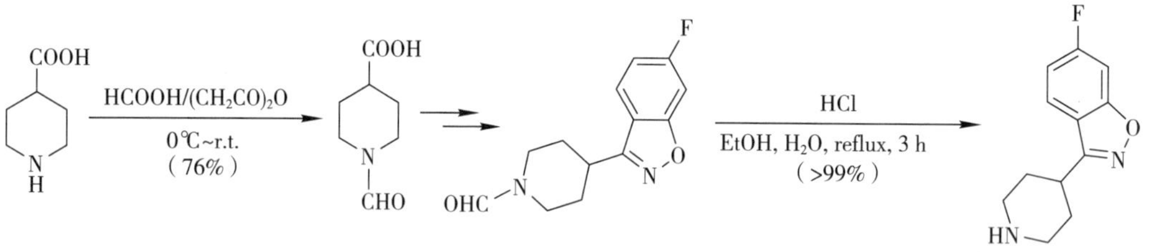

2. 乙酰基（Ac）　乙酰基在氨基保护上用得最多，它的稳定性大于甲酰基。胺的乙酰化可用乙酰氯或乙酸酐通过酰化反应来制备，也可以在 DCC 存在下用乙酸直接酰化。然而，在合成多肽及核酸时，乙酰基的应用受到限制，因为脱乙酰基的酸性或碱性水解条件对分子中的其他部分会产生影响。例如，在吡啶催化下，5-溴-3-甲基-2-(甲氨基)吡啶与乙酸酐反应得到抗菌药物奥泽沙星（ozenoxacin）的中间体。

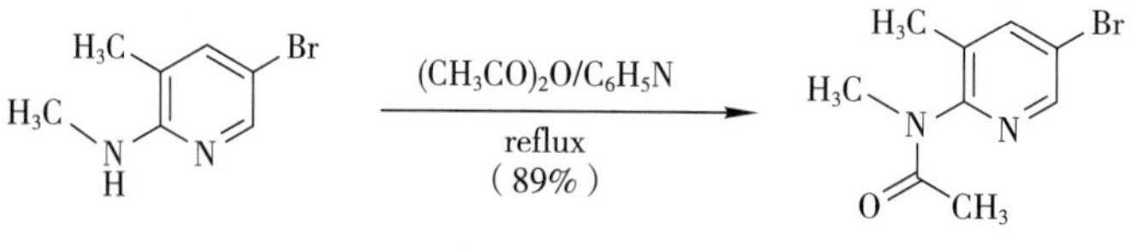

3. 邻苯二甲酰基（Pht）　邻苯二甲酰亚胺衍生物是保护伯胺的另一种方法，可用胺与邻苯二甲酸酐或 N-乙氧羰基邻苯二甲酰亚胺制备。邻苯二甲酰基，在绝大多数脱氨基保护基的条件下是稳定的，它不受催化氢化、过氧化氢氧化、Na-NH₃（液）还原、醇解等所用试剂的影响。它可用酸碱水解或肼解法脱除，还可以用 NaBH₄ 在 i-PrOH-H₂O 中进行脱除。例如，在 NaHCO₃ 存在下，(2S,3R)-2-氨基-3-甲基戊-4-烯酸甲酯与 N-乙氧羰基邻苯二甲酰亚胺反应得到天然抗炎环肽 cyclomarin C 的中间体。

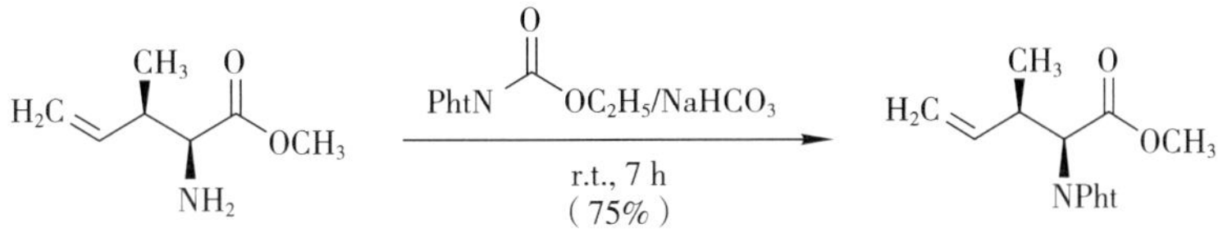

4. 磺酰基　以磺酰基保护的磺酰胺是氨基保护基中最稳定的，且晶型好，易于产物的分离纯化。芳香磺酰基如苯磺酰基或对甲基苯磺酰基是最常用的 N-磺酰基型氨基保护基，形成的难易程度取决于胺底物的结构。具有弱碱性的吲哚、吡咯类芳香磺酰基保护需要使用强碱如 NaOH 或 n-BuLi 先夺取氨基上的质子形成强亲核试剂，再与磺酰氯反应得到相应的磺酰胺，一般在碱性条件下回流即可完成保护基的脱除。脂肪伯胺或仲胺的磺酰化存在保护容易、脱保护难的问题，通常需要强的还原条件如 Li-NH₃（液）、Na-萘等。芳香胺通常在吡啶、三乙胺等存在下与芳香磺酰氯发生磺酰化反应，脱除通常使用 Mg-CH₃OH、PPA 等。例如，血管升压素 V₂ 受体拮抗剂莫扎伐普坦（mozavaptan）中间体的合成采用了该方法。

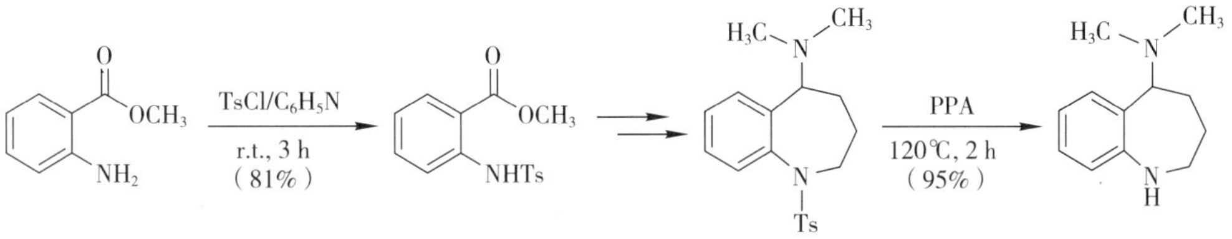

（二）烃氧羰基保护基

这是一类广泛使用的氨基保护基，常见有苄氧羰基保护基、叔丁氧羰基和芴甲氧羰基。这类保护基方便引入，且脱除的方法又各不相同，为药物分子合成中的选择性官能团化提供了简便的策略。

1. 苄氧羰基　通常在碱性条件下，苄氧羰基氯（CbzCl）与伯胺或仲胺反应，生成相应的的氨基甲酸苄酯。此保护基不仅可在酸性条件下脱除，还可以在室温、常压、醇溶液中用 Pd/C 催化氢化脱除，而苄酯同时被氢解为二氧化碳及甲苯，所得产物较干净。同时，该保护基对于肼、热稀乙酸、三氟乙酸（室温）和氯化氢/甲醇（室温）等试剂和条件是稳定的，而这些试剂和条件正是选择性地脱除其他保护基的条件。例如，治疗艾滋病药物拉替拉韦钾（reltagravir potassium）中间体的合成采用了 N-苄氧羰基保护和脱保护方法。

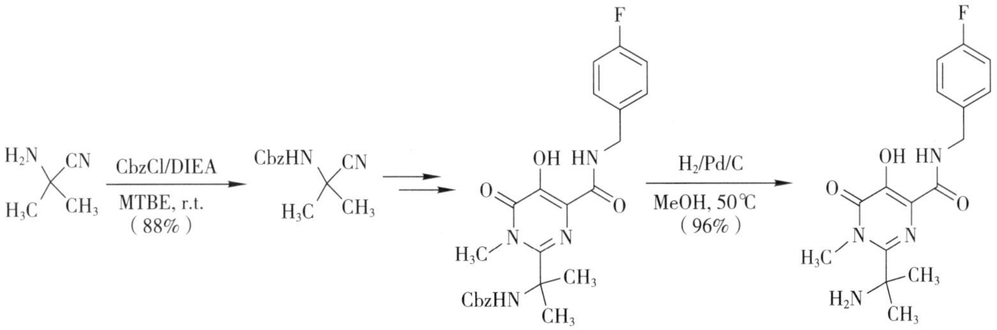

学科前沿 4-4　N-Cbz 保护基的脱除新方法

2. 叔丁氧羰基　该保护基的引入通常采用碳酸酐二叔丁酯（Boc₂O）或氯甲酸叔丁酯（BocCl）与胺反应。它们分别在碱性条件下与伯胺或仲胺反应，制得 Boc 保护的胺。对一些亲核性较大的胺，一般可在甲醇中和 Boc₂O 直接反应即可，无需额外加入碱。对水较为敏感的氨基衍生物，采用 Boc₂O/NEt₃/THF 进行反应。对有空间位阻的氨基酸，可以采用 Boc₂O/

$[Me_4N]^+OH^- \cdot 5H_2O/CH_3CN$ 进行反应。Boc 保护基通常使用 HBr–HOAc、HCl–HOAc、HCl– 二氧六环或三氟乙酸（TFA）即可脱除。例如，治疗认知功能障碍药物拉多替吉（ladostigil）中间体的合成采用了 *N*–Boc 保护和脱保护方法。

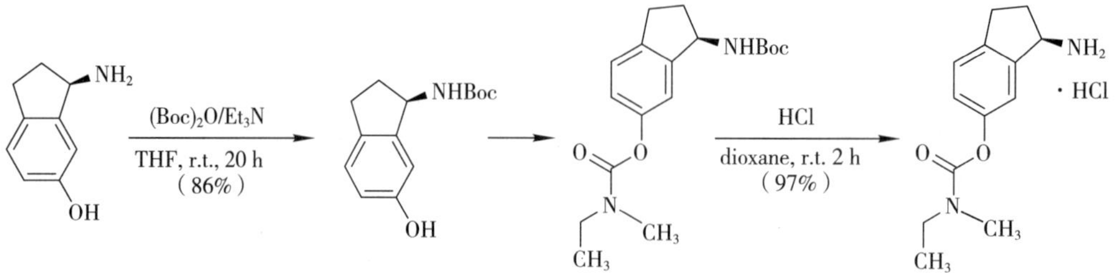

该保护基具有以下优点：①被 Boc 保护的氨基化合物能耐受催化氢化、亲核反应，以及较强碱性环境；② Boc 保护的氨基酸大多数为结晶性固体，易于较长时间保存且不易分解；③相对于 Cbz，Boc 对酸更敏感，在酸性条件下易于脱除，酸解产物为异丁烯和 CO_2，易从反应体系中逸出，一般不会带来副反应。因此，在一个分子中，Cbz 与 Boc 可根据需要选择不同的反应条件优先脱除其中一个保护基，如先催化氢化脱除 Cbz，或先酸解脱除 Boc。因此，两者能很好地配合使用。

案例讨论 4–4　氨基的 *N*–Boc 保护及其脱除

3. 芴甲氧羰基　通常在碱性条件下，使用氯甲酸 9– 芴甲基酯（FmocCl）或 9– 芴甲基 –*N*– 琥珀酰亚胺基碳酸酯（Fmoc–OSu）与胺反应，得到 Fmoc 保护的 9– 芴甲基氨基甲酸酯。例如，在 Na_2CO_3 存在下，L– 羟基脯氨酸与 Fmoc–OSu 反应得到治疗肢端肥大症药物帕西瑞肽（pasireotide）的中间体。

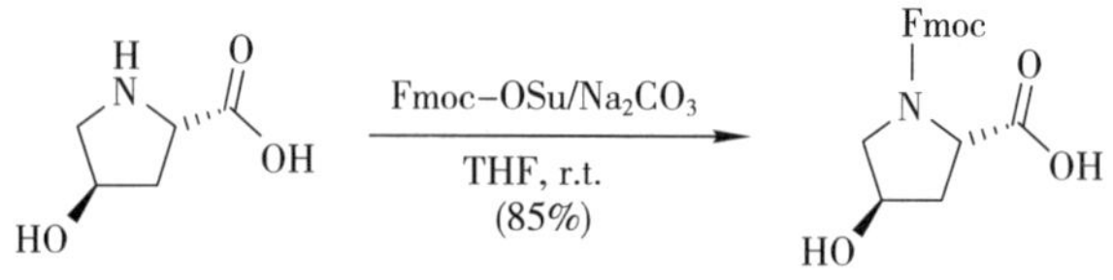

Fmoc 与 Cbz 和 Boc 不同，它对酸极其稳定，但较易通过简单的胺（二乙胺、三乙胺、哌啶、环己胺、吗啡啉、DBU、浓氨水等）脱保护，被保护的胺以游离碱释放，方便分离纯化。例如，抗肿瘤药物维布妥昔单抗（brentuximab vedotin）中间体的合成采用了该方法。

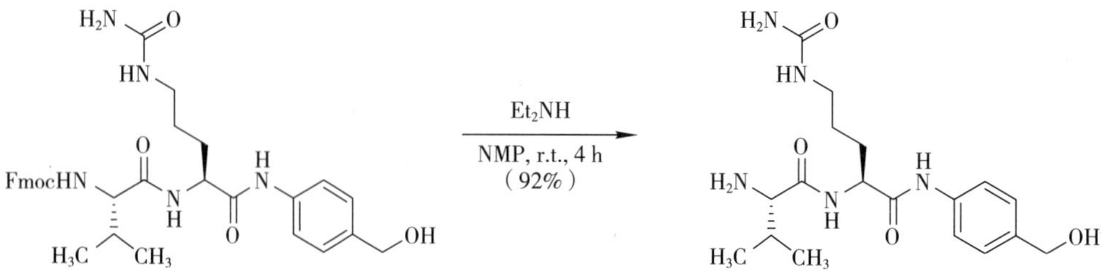

（韩文勇）

数字资源详见　新形态教材网

学习目标　思维导图　思政元素　案例讨论　微视频
拓展阅读　学科前沿　本章小结　课后习题　教学课件

第五章 缩合反应

编者导学

📍 学习目标

🧠 思维导图

本章导航

第一节　羟醛缩合反应
第二节　形成碳–碳双键的缩合反应
第三节　氨烷基化、卤烷基化、羟烷基化反应
第四节　其他缩合反应

缩合反应的含义广泛，两个或多个有机化合物分子通过反应形成一个新的较大分子或同一个分子发生分子内反应形成新的分子的反应统称为缩合反应。在反应过程中，一般同时脱去一些简单的小分子（如水、醇），也有一些是加成缩合，不脱去任何小分子。就化学键而言，缩合反应可以建立碳–碳键以及碳–杂键。缩合反应的机理主要包括亲核加成–消除、亲核加成、亲电取代等。本章介绍的内容仅限于形成新的碳–碳键的反应，重点是具有活性氢的化合物与羰基（醛、酮、酯等）化合物之间的缩合。

第一节　羟醛缩合反应

有 α-氢的醛或酮在酸或碱的催化作用下，缩合形成 β-羟基醛或 β-羟基酮的反应称为羟醛缩合反应（Aldol condensation）。其中，β-羟基醛和 β-羟基酮在强碱或强酸的作用下很容易失水，生成 α,β-不饱和醛和 α,β-不饱和酮。因此，羟醛缩合反应是合成 β-羟基醛、酮及 α,β-不饱和醛、酮的一个很好的方法。

一、经典羟醛缩合反应

（一）羰基 α 位碳原子的 α-羟烷基化反应（Aldol 缩合）

在碱或酸的催化下，含有 α-活性氢的醛或酮可发生自身缩合，或与另一分子的醛或酮发生缩合，生成 β-羟基醛或酮类化合物的反应，称为 α-羟烷基化反应。该类化合物不稳定，易发生消除反应脱水生成 α,β-不饱和醛、酮。这类反应又称醛醇缩合反应（Aldol 缩合）。

1. 反应通式

$$2R-CH_2\overset{O}{\underset{\|}{C}}-R^1 \underset{}{\overset{酸或碱}{\rightleftharpoons}} R-CH_2\overset{R^1}{\underset{OH}{C}}\overset{R}{\underset{H}{C}}\overset{O}{\underset{\|}{C}}-R^1 \xrightarrow{-H_2O} R-CH_2\overset{R^1}{\underset{}{C}}=\overset{R}{\underset{}{C}}-\overset{O}{\underset{\|}{C}}-R^1$$

（R, R^1 = H 或烃基）

2. 反应机理
羟醛缩合反应既可以在酸催化下进行，也可以在碱催化下进行。

（1）碱催化反应机理：大多数羟醛缩合反应是在碱催化下进行的。首先含 α-H 的醛、酮在碱催化下生成烯醇负离子，然后烯醇负离子再对另一分子的醛、酮发生亲核加成反应，加成产物从溶剂中夺取一个质子生成 β- 羟基醛或酮，由于生成的 β- 羟基醛或酮中 α-H 受羰基的影响具有弱酸性，极易在碱作用下失水生成 α,β- 不饱和醛、酮。

（2）酸催化反应机理：在酸催化下，首先醛或酮分子中的羰基被质子化，转变为烯醇式，其中 α- 碳原子带有一定负电性，与另一分子被质子化的醛或酮发生亲核加成反应，得到质子化的 β- 羟基醛或酮，再经质子转移、消除水生成 α,β- 不饱和醛、酮。

3. 反应影响因素及应用实例
催化剂和反应温度对反应影响较大。常用的碱性催化剂主要有氢氧化钾、氢氧化钠、碳酸钠、氢氧化钡、乙醇钠及叔丁醇铝等，有时也可用碱性阴离子交换树脂作催化剂。酸催化剂应用较少，主要有硫酸、盐酸、对甲苯磺酸、阳离子交换树脂及三氟化硼等。对于活性差、空间位阻大的反应物之间的缩合，往往需要使用强碱（如氢化钠、氨基钠等），并且要在非质子性溶剂中进行反应。

反应温度在一定程度上影响反应速率及产物类型。羟醛缩合反应是一个可逆反应，温度低有利于正向反应，加热回流有利于逆向反应。对活性醛而言，如反应温度较高或催化剂的碱性较强，有利于打破平衡，进而脱水得 α,β- 不饱和醛。例如，丙醛在不同温度下的自身缩合，低温下主要得到 2- 甲基 -3- 羟基戊醛，高温下主要得到 2- 甲基戊 -2- 烯醛。

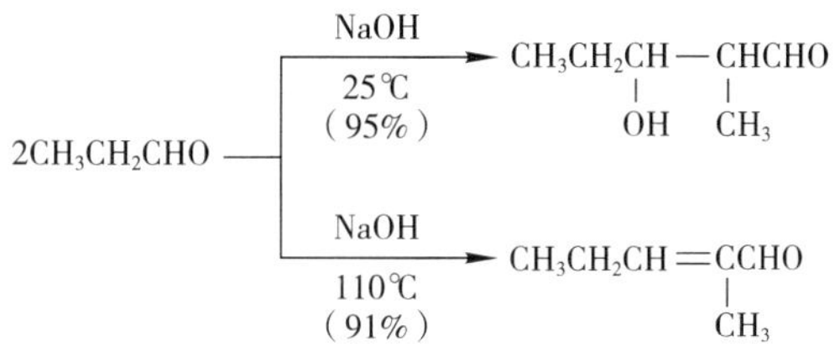

$$2CH_3CH_2CHO \xrightarrow[\substack{NaOH \\ 25℃ \\ (95\%)}]{} CH_3CH_2CH\underset{OH}{-}\underset{CH_3}{CH}CHO$$

$$2CH_3CH_2CHO \xrightarrow[\substack{NaOH \\ 110℃ \\ (91\%)}]{} CH_3CH_2CH=\underset{CH_3}{C}CHO$$

在酮类化合物中，甲基酮与脂环酮因空间位阻相对较小而表现出较高的活性，易于发生缩合反应。例如，在碱性催化剂条件下，甲基脂肪酮会优先在甲基位置上进行缩合，而选用氯化氢作为催化剂时，缩合反应发生在次甲基上。

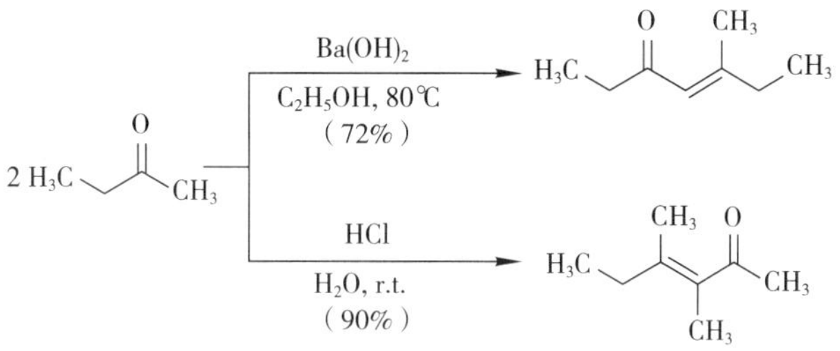

此外，脂环酮通常能够与两分子醛在α,α′位发生缩合反应。

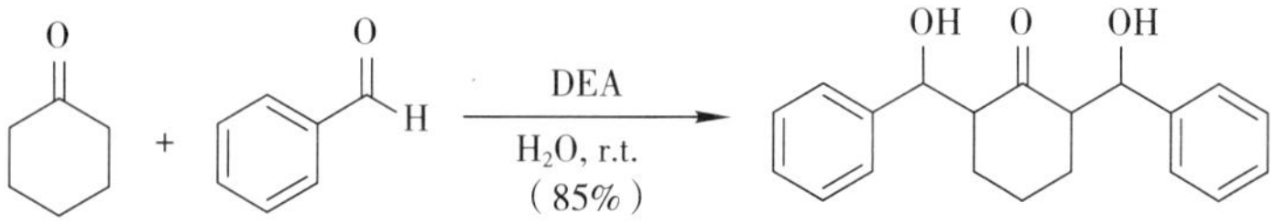

许多脂肪酮进行羟醛缩合反应时，由于其位阻较大，反应很难向右进行，往往需要用特殊的方法，才能使反应朝右进行。例如，当3-戊酮的自身缩合反应到达平衡时，缩合产物的量却非常低，可在碘催化下发生不可逆的脱水反应生成α,β-不饱和酮，也可使用索氏（Soxhlet）抽提将生成的缩合产物不断从平衡体系中移去。

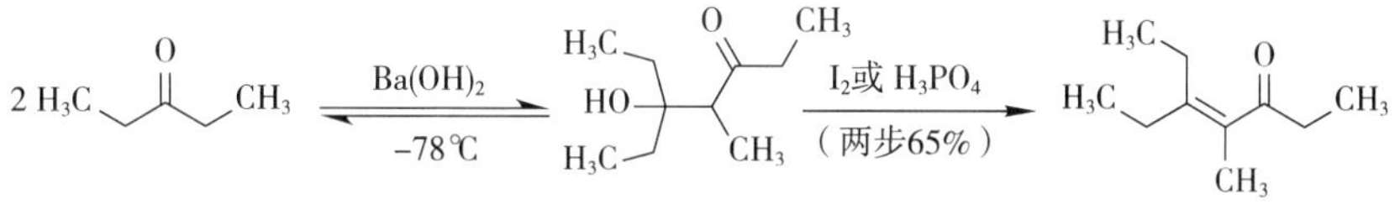

酮的自身缩合，若是对称酮，产品较单一。若是两个α位均具有氢原子的不对称酮，产品则较复杂，不论是碱或酸催化，反应主要发生在羰基α位上取代基较少的碳原子上，得β-羟基酮或其脱水产物。例如，血管扩张药己酮可可碱（pentoxifylline）可发生自身缩合再脱水生成α,β-不饱和酮，下面是己酮可可碱合成反应中的杂质生成过程。

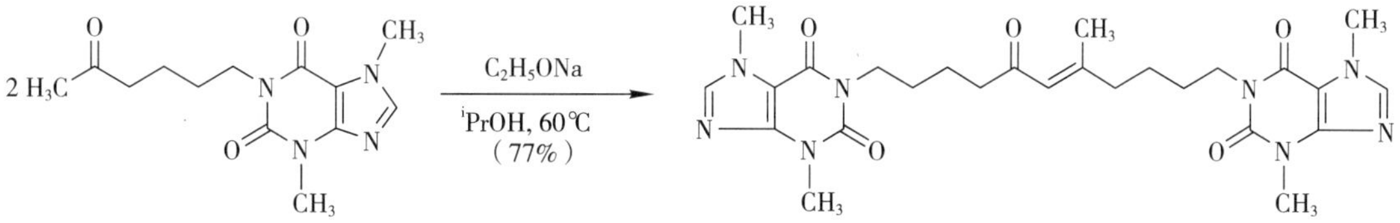

例如，3-甲基-2-环戊烯酮的合成也可以采用Aldol缩合反应。

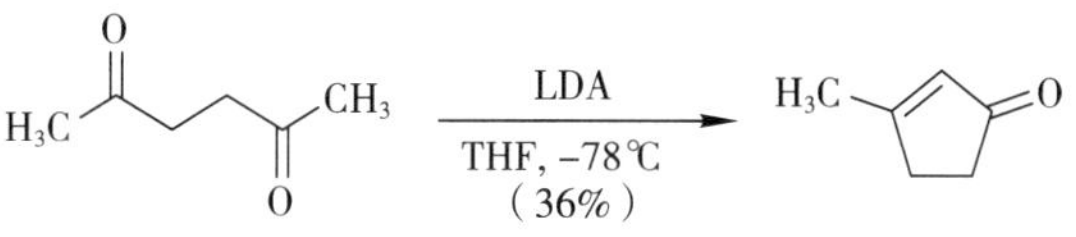

（二）Tollens 反应

甲醛在碱（如氢氧化钠、氢氧化钙、碳酸钾、碳酸氢钠、三乙胺等）的催化下，与含 α-H 的醛或酮进行羟醛缩合，在醛或酮的 α- 碳原子上引入羟甲基的反应称为 Tollens 缩合（也称作羟甲基化反应），产物是 β- 羟基醛、酮或其脱水物 α,β- 不饱和醛、酮。

1. 反应通式

$$HCHO + R-CH_2CR^1(=O) \xrightarrow{\text{碱}} H_2C(OH)-CR(H)-CR^1(=O) \xrightarrow{-H_2O} H_2C=CR-CR^1(=O)$$

（R, R¹ = H 或烃基）

2. 反应机理
该反应机理与 Aldol 缩合类似，含 α-H 的醛、酮在碱催化下生成烯醇负离子继而与甲醛发生亲核加成反应。

3. 反应影响因素及应用实例
甲醛本身不含 α- 活性氢，不能烯醇化，反应时只能作为亲电体起反应，其分子中的羰基可与含有 α- 活性氢的醛、酮进行醛醇缩合，从而引入羟基，进行羟甲基化反应。例如，非甾体类抗炎药氟比洛芬（flurbiprofen）结构类似物中间体的合成。

Tollens 反应还可用于 D- 丝氨酸（D-serine）的合成。

案例讨论 5-1 依他尼酸的合成工艺优化

Tollens 缩合反应中，若碱的浓度过大，会发生 Cannizzaro 反应，有时可利用这一点，使缩合与 Cannizzaro 反应相继发生，缩短反应步骤，从而在分子中引入多个羟基，该反应是合成多元醇的重要方法之一。例如，甲醛和丁醛在碱作用下先发生 Tollens 反应生成 2,2- 二（羟甲基）丁醛，然后再发生 Cannizzaro 反应得到 2- 乙基 -2-（羟甲基）丙 -1,3- 二醇。

（三）Claisen-Schmidt 反应

芳醛和脂肪族醛、酮在碱催化下缩合而生成 α,β- 不饱和醛、酮的反应称为 Claisen-Schmidt 反应。

1. 反应通式

$$ArCHO + RCH_2C(=O)R^1 \xrightleftharpoons{\text{碱}} Ar-CH(OH)-CR(H)-C(=O)R^1 \xrightarrow{-H_2O} ArHC=CR-C(=O)R^1$$

（R, R¹ = H 或烃基）

2. 反应机理 该反应机理与 Aldol 缩合类似，含 α-H 的醛、酮在碱催化下生成烯醇负离子继而与芳醛发生亲核加成反应。

3. 反应影响因素及应用实例 芳香醛无 α-H，若不对称酮 α 位仅有一个活性氢，不论酸催化或碱催化均得到同一产物，实用价值高。例如，银屑病治疗药物阿维 A 酯（etretinate）中间体的合成。

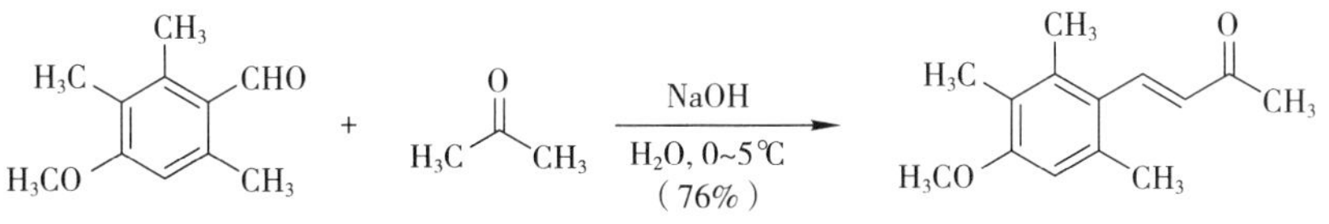

若芳香醛与两个 α 位均有活性氢的酮缩合时，则可能得到两种不同产物。例如，当对甲基苯甲醛与甲基脂肪酮缩合，由于碱催化时，在 1 位上形成碳负离子较 3 位容易，则较易发生 1 位缩合，一般得甲基位上的缩合产物。而在酸催化时，由于烯醇异构体双键碳原子上烷基取代基越多越稳定（$CH_3\overset{OH}{\underset{|}{C}}=CHCH_2CH_3$ > $CH_3CH_2CH_2\overset{OH}{\underset{|}{C}}=CH_2$），故缩合反应主要发生在 3 位上，则带支链的不饱和酮为缩合产物。

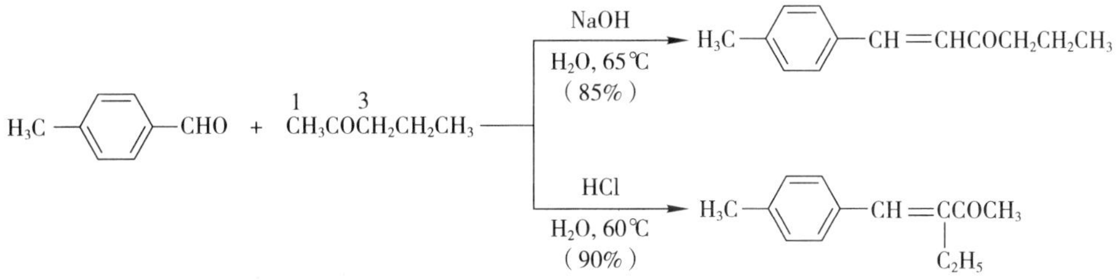

通过 Claisen-Schmidt 反应可以直接得到反式烯醛（酮）化合物。例如，2-羟基查耳酮的合成。

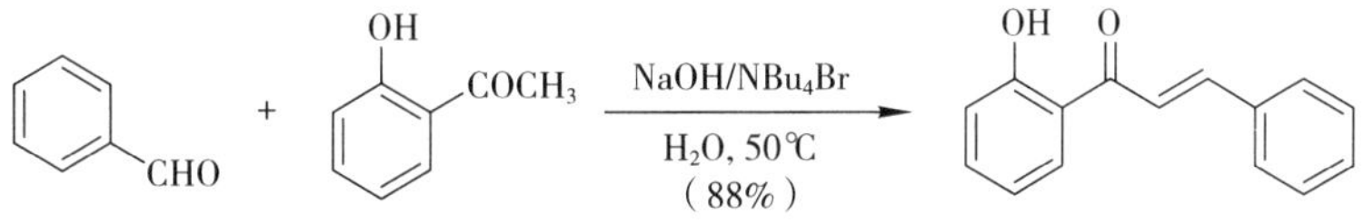

芳醛、杂芳醛、不含 α-H 的芳酮及杂芳酮也可发生类似的缩合反应。

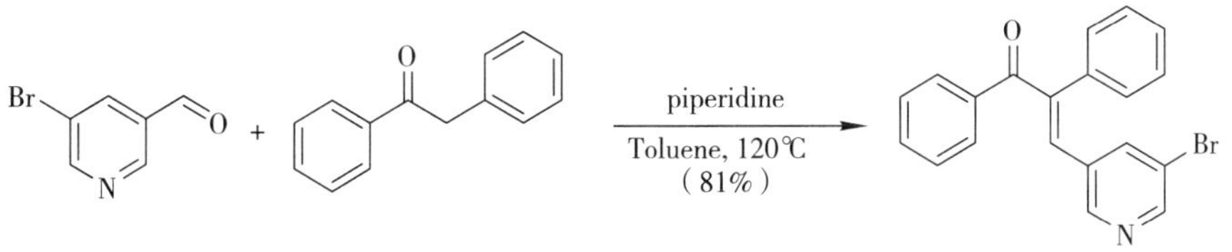

（四）Robinson 环化反应

含 α-H 的酮（通常是环状酮）与 α,β-不饱和酮，在碱的催化下生成 1,5-二酮中间体，随后进行分子内缩合反应生成取代环己酮衍生物的反应称为 Robinson 环化反应，该方法可以用来合成稠环化合物。

1. 反应通式

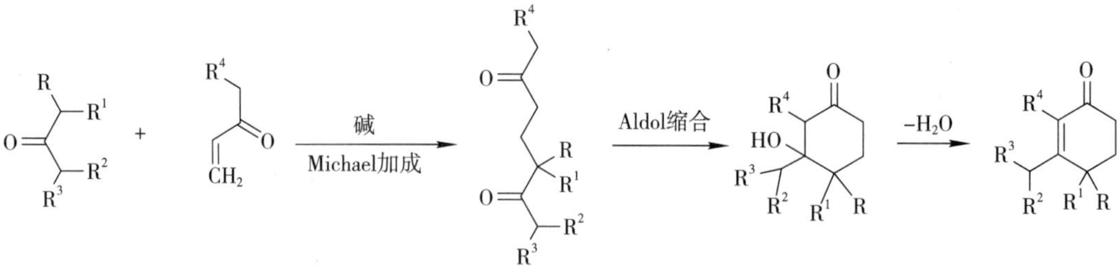

（R, R¹, R², R³, R⁴ = H 或烃基）

2. 反应机理 Robinson 环化其实是 Michael 加成反应与分子内羟醛缩合反应的结合，属于亲核加成机理。

3. 反应影响因素及应用实例 Robinson 环化反应在碱催化下，羰基 α- 碳原子失去氢质子形成碳负离子，可能导致副反应的发生。因此常用其前体代替，亦可用烯胺代替碳负离子，在取代基较少的碳负离子上进行环化反应。

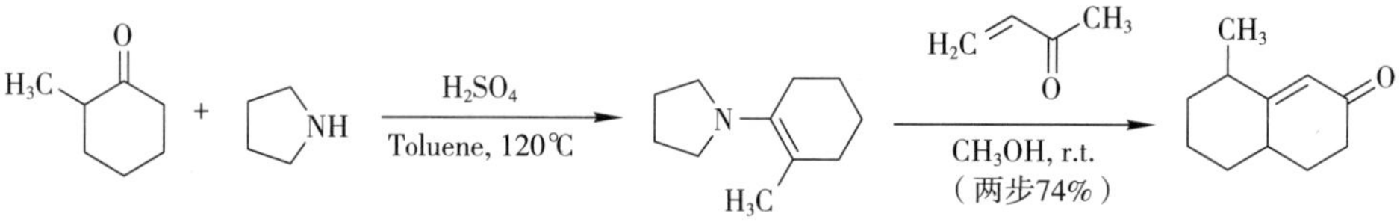

Robinson 环化法经常被用来合成稠环化合物，如甾体、萜类等。脂环酮与 α,β- 不饱和酮的共轭加成产物发生的分子内缩合反应，可在原有环结构基础上再引入一个环，还可在两个环相稠合的碳原子上引入角甲基。

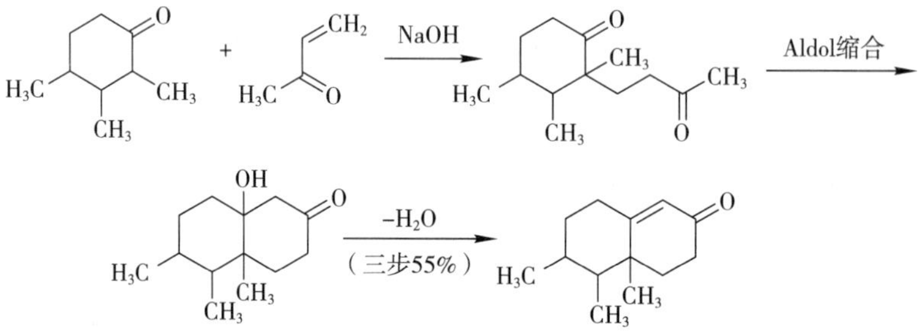

例如，聚酮萜类代谢产物 (−)-austalide B 中间体的合成中就用到了 Robinson 环化反应。

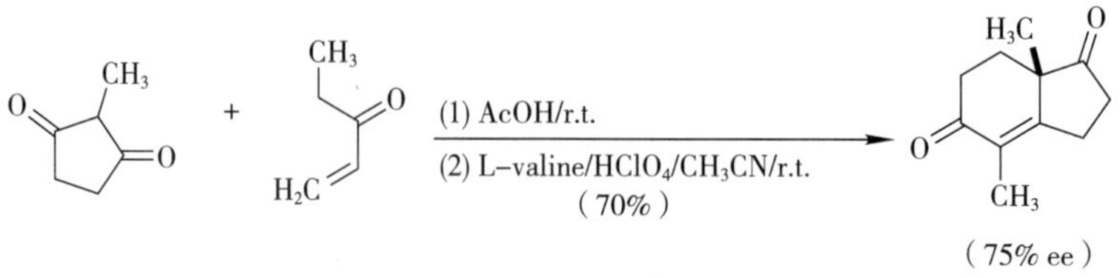

二、选择性羟醛缩合反应

含 α- 活性氢的不同醛、酮分子之间可以进行交叉的羟醛缩合，通常情况下会存在着化学选择性、区域选择性和立体选择性等问题，因此往往生成复杂的混合物，造成实际应用上的困难。例如，把丙醛和丙酮混合反应，理论上可以得到四种羟醛缩合产物。

$$\text{CH}_3\text{CH}_2\text{CHO} + \text{CH}_3\overset{\text{O}}{\overset{\|}{\text{C}}}\text{CH}_3 \xrightarrow{\text{碱}} \begin{cases} \text{CH}_3\text{CH}_2\overset{\text{OH}}{\underset{\text{CH}_3}{\text{C}}}\text{H}\text{CHCHO} \xrightarrow{-\text{H}_2\text{O}} \text{CH}_3\text{CH}_2\text{CH}=\overset{\text{CH}_3}{\underset{|}{\text{C}}}\text{CHO} \quad \text{丙醛自身缩合后再失水的产物} \\ + \\ (\text{CH}_3)_2\overset{\text{OH}}{\text{C}}\overset{\text{O}}{\overset{\|}{\text{C}}}\text{CH}_3 \xrightarrow{-\text{H}_2\text{O}} (\text{CH}_3)_2\text{C}=\text{CH}\overset{\text{O}}{\overset{\|}{\text{C}}}\text{CH}_3 \quad \text{丙酮自身缩合后再失水的产物} \\ + \\ \text{CH}_3\text{CH}_2\overset{\text{OH}}{\text{C}}\text{H}\text{CH}_2\overset{\text{O}}{\overset{\|}{\text{C}}}\text{CH}_3 \xrightarrow{-\text{H}_2\text{O}} \text{CH}_3\text{CH}_2\text{CH}=\text{CH}\overset{\text{O}}{\overset{\|}{\text{C}}}\text{CH}_3 \quad \text{丙酮提供}\alpha\text{-H，丙醛提供羰基，交叉缩合后再失水的产物} \\ + \\ (\text{CH}_3)_2\overset{\text{OH}}{\text{C}}\overset{\text{CH}_3}{\underset{|}{\text{C}}}\text{HCHO} \xrightarrow{-\text{H}_2\text{O}} (\text{CH}_3)_2\text{CH}=\overset{\text{CH}_3}{\underset{|}{\text{C}}}\text{CHO} \quad \text{丙醛提供}\alpha\text{-H，丙酮提供羰基，交叉缩合后再失水的产物} \end{cases}$$

近年来，定向羟醛缩合已成为构建新的碳-碳键的一种重要方法，具有较高的区域选择性及立体选择性。选择性羟醛缩合主要有以下几种方法。

（一）烯醇盐法

先将醛、酮在大位阻碱，如二异丙基氨基锂（LDA）的作用下，定量的转化为烯醇负离子，再与另一分子的醛、酮反应，可得到单一产物，实现区域或立体选择性的醛酮缩合。

$$\text{PhCH}_2\text{CH}_2\overset{\text{O}}{\overset{\|}{\text{C}}}\text{CH}_3 \xrightarrow[\text{THF, }-78^\circ\text{C}]{\text{LDA}} \text{PhCH}_2\text{CH}_2\overset{\text{CH}_2}{\underset{\text{OLi}}{\text{C}}} \xrightarrow[\text{(2) H}_3\text{O}^\oplus]{\text{(1) R}^1\text{COR}^2} \text{PhCH}_2\text{CH}_2\overset{\text{O}}{\overset{\|}{\text{C}}}\text{CH}_2\overset{\text{OH}}{\underset{\text{R}^2}{\text{C}}}\text{R}^1$$

烯醇盐与羰基加成会经过能量低的椅式过渡态，因此缩合产物的立体化学取决于烯醇盐的构型。在动力学控制的条件下，(*E*)-烯醇盐的反应立体选择性得到苏式（*threo*）产物。例如，降糖药西格列汀（sitagliptin）中间体的合成。

$$\underset{\text{OLi}}{\overset{\text{OH}}{\text{H}_3\text{CO}-\text{C}=\text{C}}} + \text{2,4,5-F}_3\text{C}_6\text{H}_2\text{CH}_2\text{CHO} \xrightarrow[\text{(87\%)}]{\text{C}_2\text{H}_5\text{OH-H}_2\text{O, r.t.}} \text{2,4,5-F}_3\text{C}_6\text{H}_2\text{CH}_2\overset{\text{OH}}{\text{C}}\text{H}\overset{\text{OH}}{\text{C}}\text{H}\text{COOCH}_3$$

threo

（*Z*）-烯醇盐的反应可立体选择性得到赤式（*erythro*）产物。

$$\text{CH}_3\text{CH}_2\text{CH}=\overset{\text{OLi}}{\underset{\text{CH(CH}_3)_2}{\text{C}}} + \text{4-CH}_3\text{C}_6\text{H}_4\text{CHO} \xrightarrow[(90\%)]{1,4\text{-dioxane, 20}^\circ\text{C}} \text{4-CH}_3\text{C}_6\text{H}_4\overset{\text{OH}}{\text{C}}\text{H}\overset{\text{O}}{\overset{\|}{\text{C}}}\text{CH(CH}_3)_2\text{C}_2\text{H}_5$$

（*erythro*：*threo*=90:10）

在热力学控制的条件下，*Z*型烯醇盐通过平衡转化过程转变为更稳定的*E*型烯醇盐参加反应，(E)- 和 (Z)- 烯醇盐都生成苏式产物。通常，开链的酮倾向于生成 (Z)- 烯醇盐，最后得到顺式产物。若反应条件变化，产物的立体选择性也会发生改变。

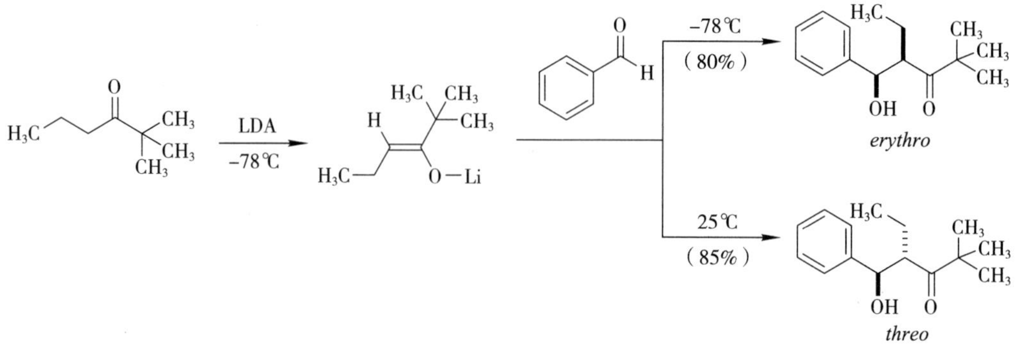

环状酮只能生成 (E)- 烯醇盐，通常以苏式产物为主。例如，咪唑类衍生物的生成。

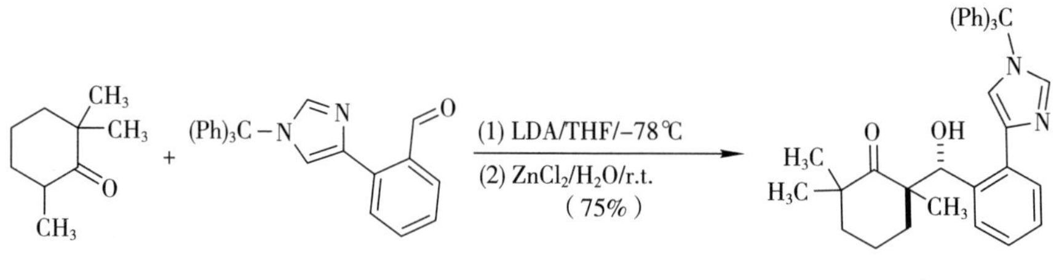

（二）烯醇硅醚法

先将醛、酮转变成烯醇硅醚，然后在 Lewis 酸催化下，与另一分子醛、酮发生羟醛缩合，这一反应也称作 Mukaiyama 羟醛缩合反应。

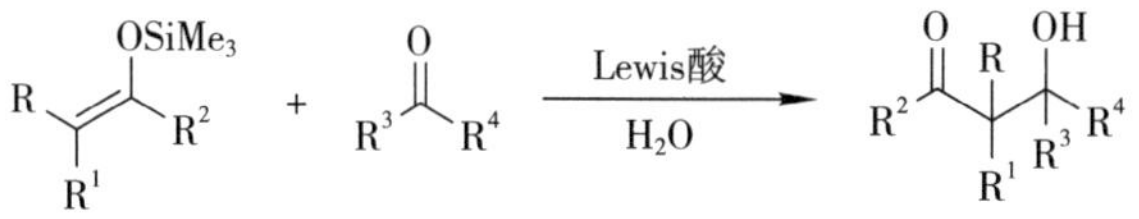

(R, R¹, R², R³, R⁴ = H 或烃基)

烯醇硅醚可先用醛、酮在具有位阻的碱，如 LDA 的作用下，生成烯醇盐，再与三甲基氯硅烷反应制得。

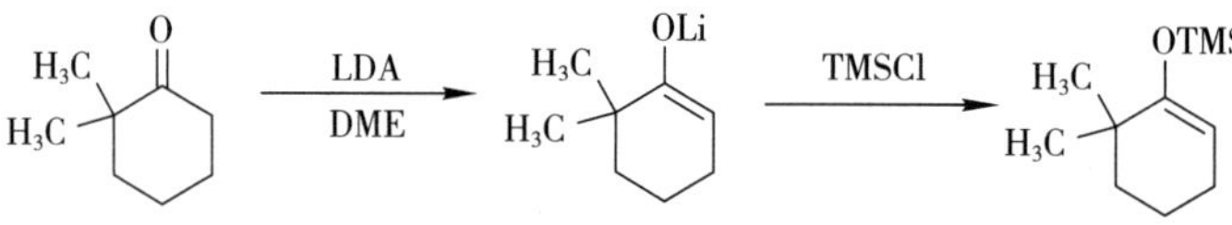

烯醇硅醚为烯醇负离子的等效体，但其亲核性不够强，不能直接与酮反应，因此需要加入 Lewis 酸以活化羰基。常用的 Lewis 酸催化剂有四氯化钛、三氟化硼、四烃基铵氟化物等。例如，苯丙酮先与三甲基氯硅烷反应生成烯醇硅醚，然后与戊酮缩合得羟醛缩合产物。

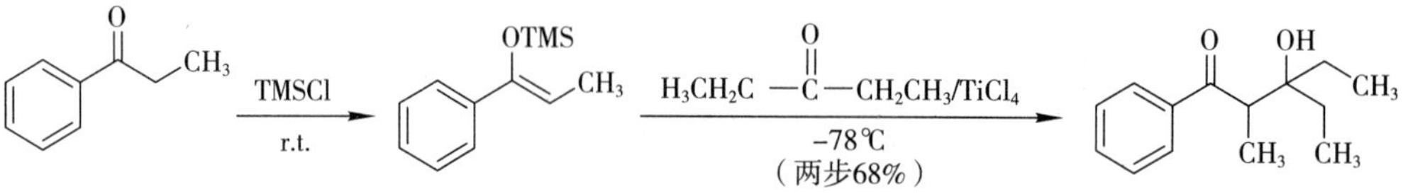

烯醇硅醚与醛可在 -78℃ 下反应，而与酮反应温度则要求较高，有时会在 0℃ 下反应。因

而可通过控制温度对醛和酮羰基进行选择性反应。缩醛或缩酮也可作为亲电体进行反应。例如，黄曲霉毒素抑制剂（aflastatin A）的中间体合成就采用了烯醇硅醚法。

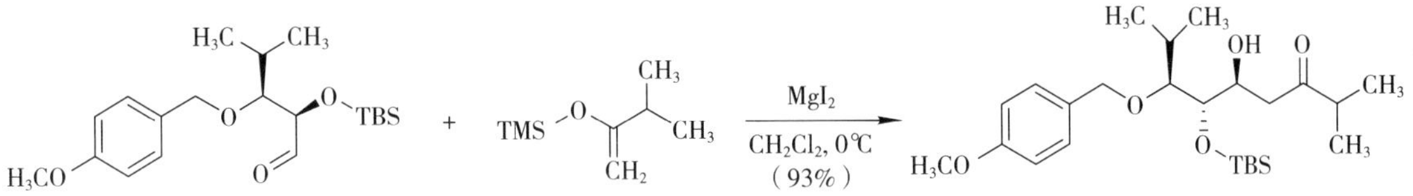

（三）亚胺法

醛由于易发生自身缩合，一般较难形成相应的烯醇负离子，可先将醛与胺类反应形成亚胺，再与LDA作用转变成亚胺锂盐，然后与另一分子的醛、酮发生羟醛缩合得到α,β-不饱和醛。

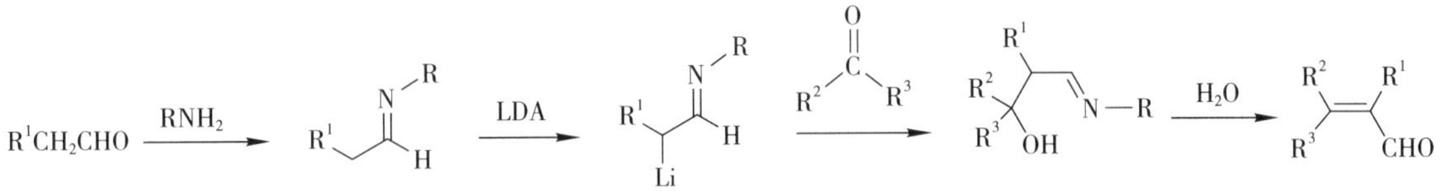

（R, R¹, R², R³ = H或烃基）

醛与胺类形成亚胺后，亲电性会减弱，可抑制醛的自身缩合；此外，当醛形成亚胺锂盐后，会使醛α-碳原子具有较强的亲核性，可以顺利发生交叉羟醛缩合。例如，制备3-羟基-3-甲基丁醛时，可先将乙醛与环己胺形成亚胺，再用LDA将其转化成亚胺锂盐，亚胺锂盐和丙酮发生羟醛缩合反应，水解得到目标产物。

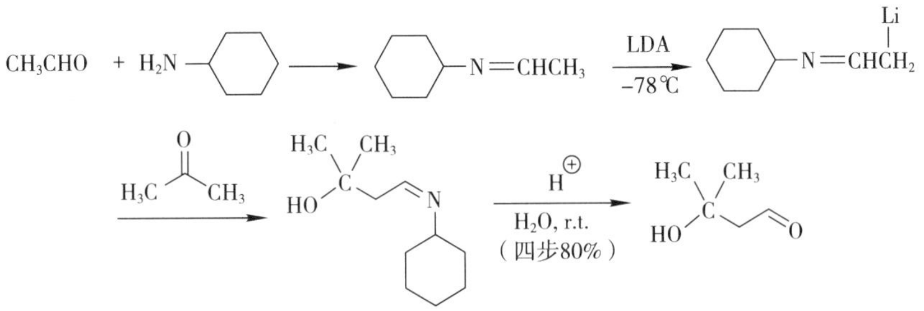

例如，天然产物α-姜黄烯（α-curcumene）中间体的合成就用到了亚胺法。

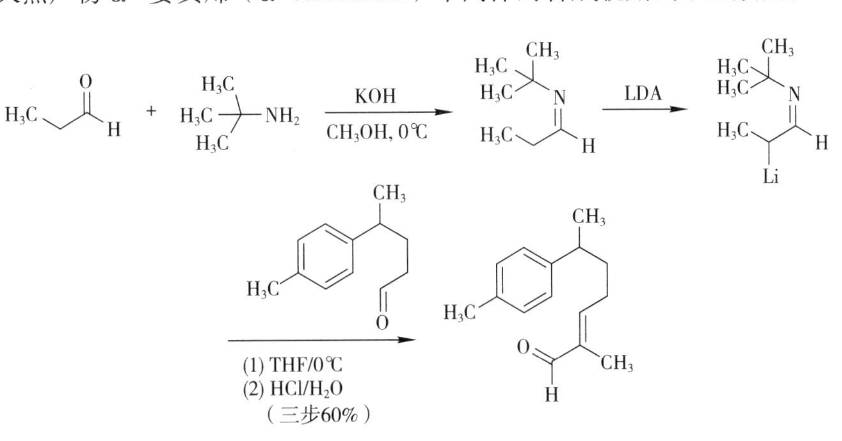

学科前沿 5-1　国内羟醛缩合研究进展

第二节 形成碳-碳双键的缩合反应

一、Wittig 反应

醛或酮与磷叶立德（亚甲基三苯基膦或烃代亚甲基三苯基膦）反应，醛或酮分子中羰基的氧原子被亚甲基所取代，生成相应的烯类化合物及氧化三苯基膦，该反应称为羰基烯化反应，又称 Wittig 反应，其中磷叶立德（Ylide）称为 Wittig 试剂。

1. 反应通式

$$\begin{array}{c} R^3 \\ R^4 \end{array}\!\!C\!=\!O \;+\; (R)_3\overset{\oplus}{P}\!-\!\overset{\ominus}{C}\!\!\begin{array}{c} R^1 \\ R^2 \end{array} \longrightarrow \begin{array}{c} R^3 \\ R^4 \end{array}\!\!C\!=\!C\!\!\begin{array}{c} R^1 \\ R^2 \end{array} \;+\; (R)_3P\!=\!O$$

（R= 芳基；R^1, R^2 = H, 烃基, 烷氧羰基, 羰基, 氰基等；R^3, R^4 = H 或烃基）

2. 反应机理 三苯基膦与有机卤化物作用生成季鏻盐，随后在非质子性溶剂中加碱，失去一分子卤化氢生成 Wittig 试剂，Wittig 试剂中碳负离子对醛、酮羰基进行亲核进攻，形成内鎓盐或氧磷杂环丁烷中间体，随后经顺式消除得到烯烃及三苯氧膦。

（X=Cl, Br, I, OTs）

3. 反应影响因素及应用实例 Wittig 试剂的合成步骤需要在无水条件下进行，由于 Wittig 试剂对水、空气都不稳定，因此在合成时一般不进行分离，直接与醛、酮进行反应。

Wittig 试剂的反应活性和稳定性取决于其 α- 碳原子上取代基的性质。若取代基为给电子基团，稳定性小，反应活性高；若为吸电子基团，可通过电性效应使 α- 碳上的负电荷减弱或分散，从而使 Wittig 试剂的亲核性及与羰基的反应性降低，但稳定性却增大。因此，反应条件的选择要根据 Wittig 试剂的稳定性来进行选择。例如，对氯苄基三苯基膦比亚丙基三苯基膦更稳定。

$$(C_6H_5)_3\overset{\oplus}{P}\!-\!CH_2\!-\!\!\!\bigcirc\!\!\!-\!Cl \quad\xrightarrow[CH_2Cl_2,\,r.t.]{Et_3N}\quad (C_6H_5)_3P\!=\!CH\!-\!\!\!\bigcirc\!\!\!-\!Cl$$
$$\overset{\ominus}{Br} \qquad\qquad (99\%)$$

$$(C_6H_5)_3\overset{\oplus}{P}\!-\!CH_2CH_2CH_3 \quad\xrightarrow[THF,\,-20℃]{BuLi}\quad (C_6H_5)_3P\!=\!CHCH_2CH_3$$
$$\overset{\ominus}{Br} \qquad\qquad (99\%)$$

在制备 Wittig 试剂时，反应条件的选择需根据其稳定性来确定，对于活泼卤代烷形成的鏻盐，可用较弱的碱，如碳酸钠、氢氧化钠、醇钠等夺去质子，形成磷叶立德；对于不活泼卤代烷形成的磷盐，则需用强碱，如烷基锂等。

Wittig 反应的速率和收率受醛或酮的活性影响。通常情况，反应速率快慢顺序为醛 > 酮 > 酯。可利用羰基活性的差别，选择性地进行亚甲基化。例如，醛基羧酸酯类化合物进行 Wittig 反应时，得到仅醛基参与反应的单一产物。

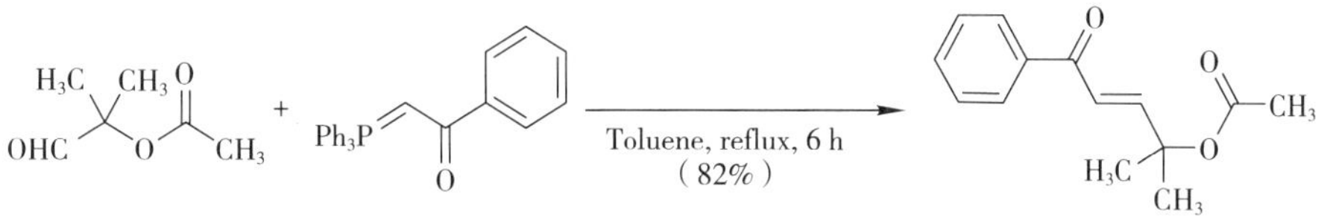

溶剂极性、含盐与否、Wittig 试剂的稳定性与反应活性等因素可对烯烃的 Z、E 两种异构体的选择性造成影响。因此，通过使用不同的试剂并控制反应条件，可获得单一构型的产物。例如，若活性较大的 Wittig 试剂与苯甲醛在无盐的条件下反应，E 型和 Z 型异构体的组成比例为 1:1；当用稳定性大的 Wittig 试剂与苯甲醛在无盐条件下反应，主要得 E 型异构体。

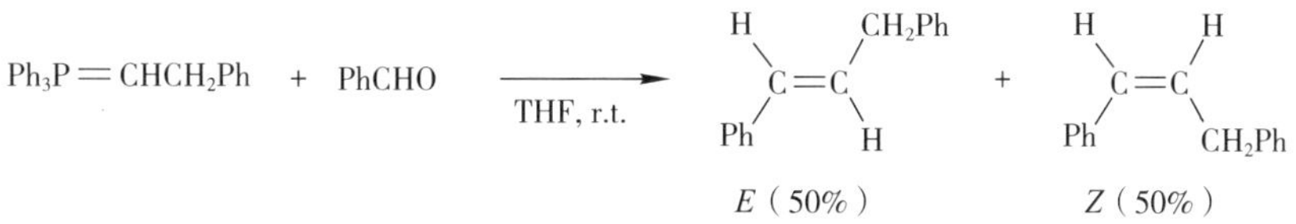

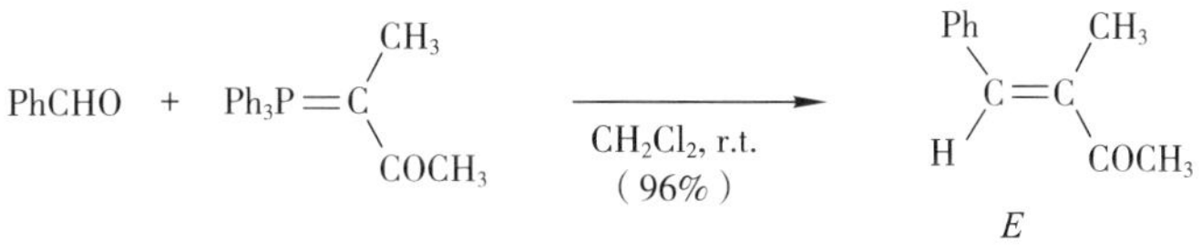

Wittig 反应条件比较温和，收率较高，产物中碳-碳双键的位置处于原来羰基的位置，通常不会发生异构化，可用来制备能量上不利的环外双键化合物。例如，抗抑郁药舒拉诺龙（zuranolone）中间体的合成。

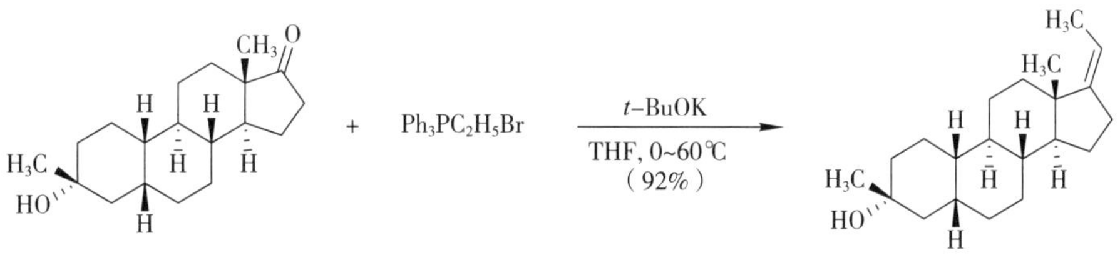

Wittig 试剂与 α,β- 不饱和醛反应时，不发生 1,4- 加成，双键位置固定，利用此特性可合成许多共轭多烯化合物，如维生素 D_2 的合成。

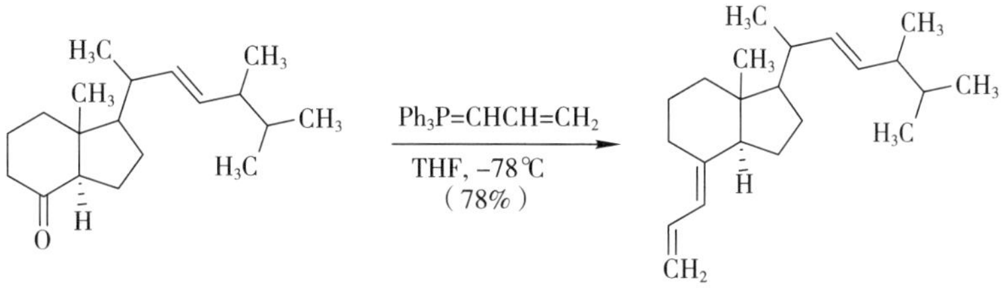

除醛、酮外，烯酮、异氰酸酯、酰亚胺、酸酐、亚胺、亚硝基化合物等也可与 Wittig 试剂发生类似反应，生成烯类化合物。例如，天然产物荧光素（luciferin）中间体的合成。

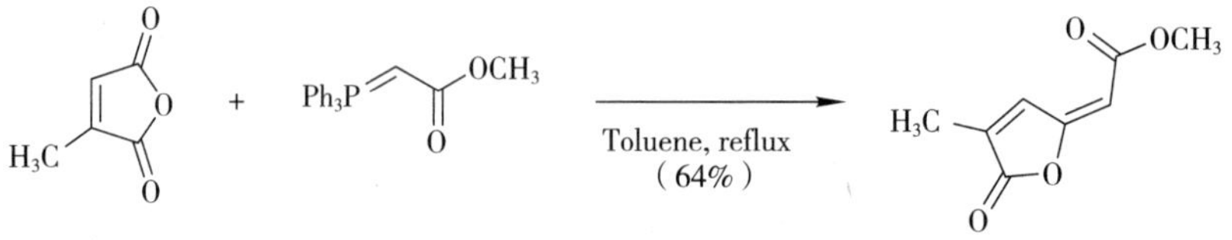

Wittig 试剂有很多改良方法，膦酸酯、硫代膦酸酯和膦酰胺等可代替内鎓盐。其中，膦酸酯在氢化钠的作用下放出一分子氢形成 Wittig-Horner 试剂。Wittig-Horner 试剂与醛、酮类化合物在碱存在下反应生成烯烃，此反应称为 Wittig-Horner 反应。

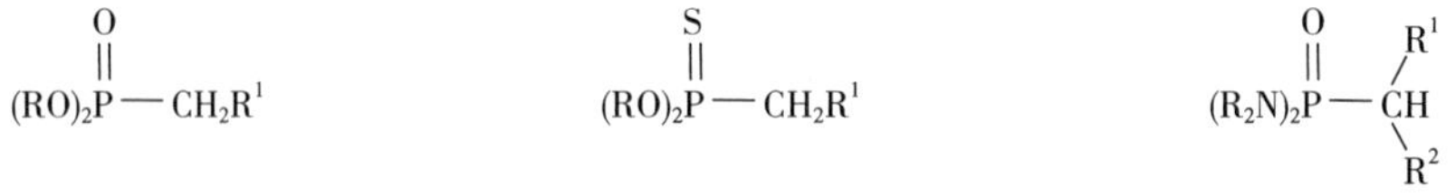

膦酸酯　　　　　硫代膦酸酯　　　　　膦酰胺

Wittig-Horner 反应机理与 Wittig 反应相似。该方法立体选择性高，其烯烃产物主要是 E 型异构体。但金属离子、溶剂、反应温度及膦酸酯中醇的结构均可影响其立体选择性，如膦酸酯与芳醛在通常条件下得到的是单一的 E 型异构体，而在低温下反应产物则主要是 Z 型异构体。例如，抗血小板减少症药物芦曲泊帕（lusutrombopag）中间体的合成。

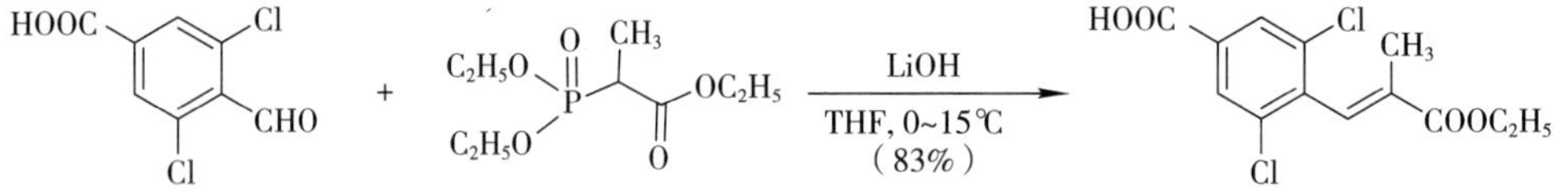

Wittig-Horner 反应结束后，膦酸酯形成水溶性的膦酸盐，易与烯烃产物分离，后处理更容易。例如，治疗偏头痛药物扎维格坦（zavzpret）中间体的合成。

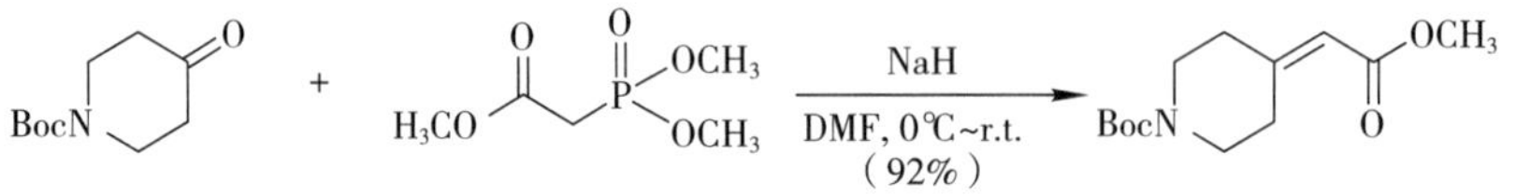

Wittig-Horner 反应亦可在相转移催化条件下进行反应，避免了无水操作。

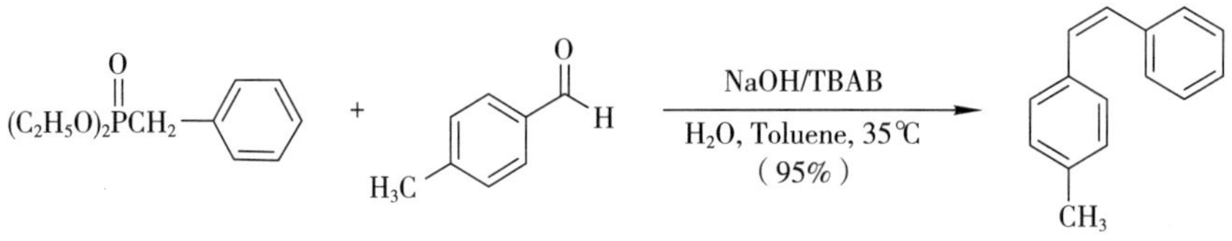

二、Knoevenagel 反应

在弱碱的催化下，具有活性亚甲基的化合物与醛或酮发生脱水缩合，生成 α,β- 不饱和化合物的反应称为 Knoevenagel 反应。

1. 反应通式

（R，R^1 = 氰基、硝基、烷氧羰基、羰基、氨基羰基等；R^2，R^3 = H 或烃基）

2. 反应机理
该反应主要有两种解释。伯胺、仲胺或铵盐的催化下，反应经由亚胺正离子中间体，其与活性亚甲基在催化剂作用下脱去 α-H 形成的烯醇负离子发生加成反应，生成缩合产物。

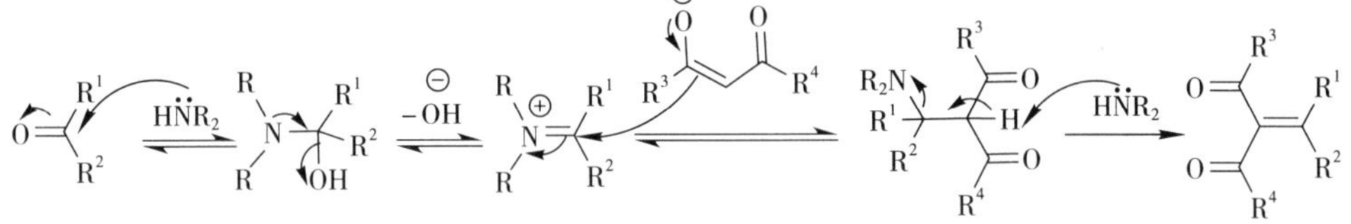

叔胺催化下，Knoevenagel 反应可能依据类似羟醛缩合机理进行，反应在极性溶剂中进行，活性亚甲基形成碳负离子或烯醇负离子作为亲核试剂，直接进攻羰基底物生成缩合产物。

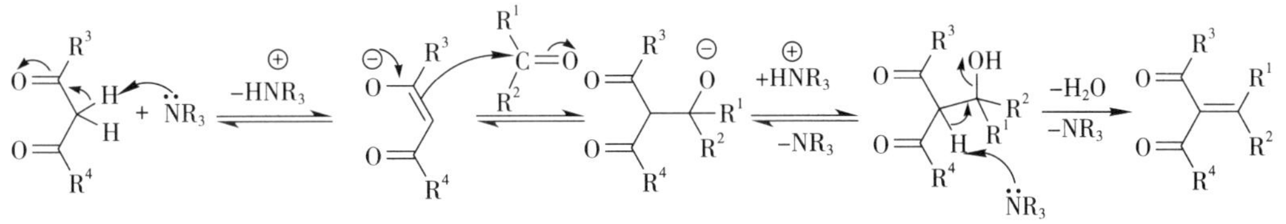

3. 反应影响因素和应用实例 Knoevenagel 反应与活性亚甲基的活性、醛或酮的位阻有很大关系。活性较弱的丙二酸酯、β-酮酸酯及 β-二酮在碱性催化剂存在下可以与醛发生反应，但它们只能与活性较强的酮发生缩合。若使用 Lehnert 改进法，用 Lewis 酸/吡啶（如 $TiCl_4$/吡啶）作催化剂，则和醛、酮均可以顺利反应。

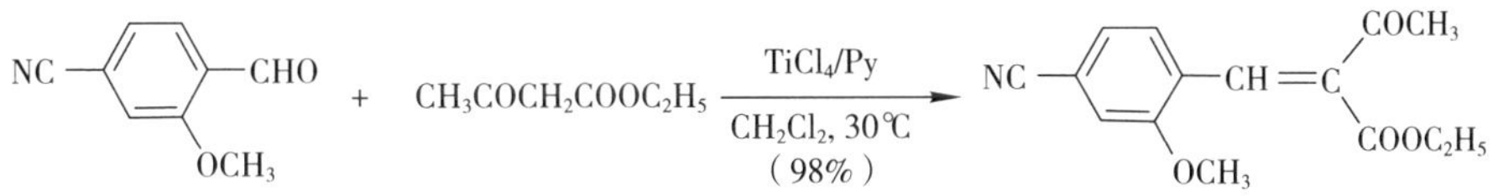

非质子性溶剂（如 DMF）对反应有利，因为质子会阻碍最后的 1,2-消除步骤。反应常用甲苯、苯等有机溶剂共沸除去生成的水，促进平衡向生成产物的方向移动，提高反应收率。

丙二酸、丙二酸单酯、氰乙酸等在碱催化下与醛缩合，产物受热可自行脱羧，制备纯度较高的 α,β-不饱和羧酸，称作 Knoevenagel-Doebner 改良方法。例如，抗阿尔茨海默病药物多奈哌齐（donepezil）中间体的合成。

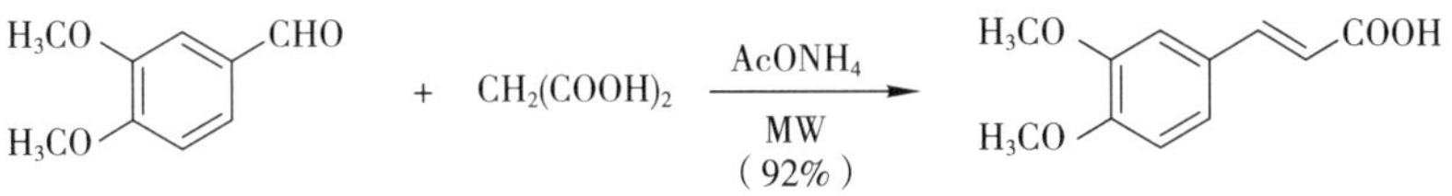

拓展阅读 5-1　微波合成技术在缩合反应中的应用

苯乙腈与醛基吡啶在相转移催化条件下，经 Knoevenagel 反应可制备二芳基乙烯类化合物。该法与 Wittig 反应、Grignard 反应法相比，具有反应条件简单、收率高等特点。

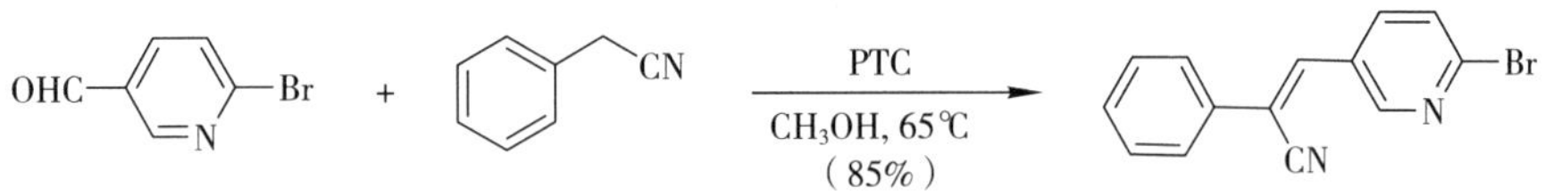

Knoevenagel 反应是对 Perkin 反应的改进，它将酸酐改为活泼亚甲基化合物后，由于氢非常活泼，因此仅在弱碱的作用下，就可以产生足够浓度的碳负离子进行亲核加成。弱碱的使用可以避免醛、酮的自身缩合，使得各种醛、酮均能进行反应，扩大了使用范围。位阻小的醛、酮更容易反应，收率更高。例如，可用于抗帕金森病药罗匹尼罗（ropinirole）中间体的合成。

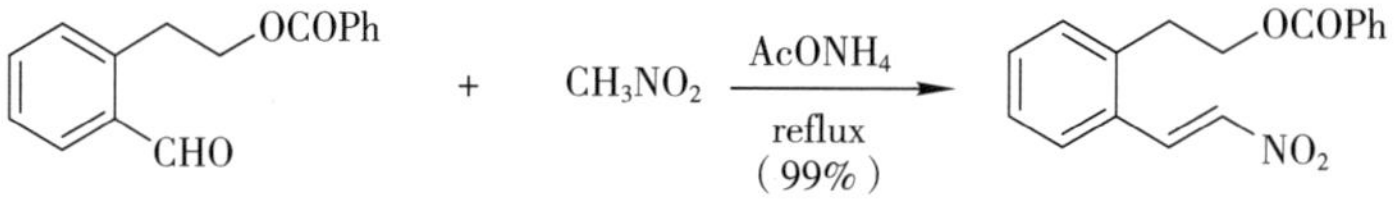

也可用于降压药尼莫地平（nimodipine）中间体的合成。

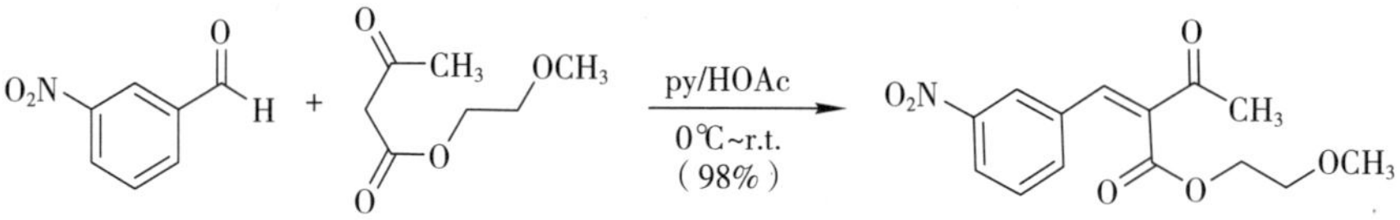

三、Perkin 反应

芳香醛与脂肪酸酐在相应的脂肪酸碱金属盐的作用下，缩合反应生成 β- 芳基 -α,β- 不饱和酸的反应称为 Perkin 反应。

1. 反应通式

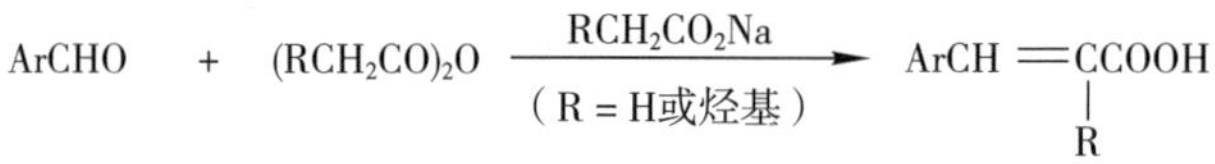

$$ArCHO + (RCH_2CO)_2O \xrightarrow[\text{（R = H或烃基）}]{RCH_2CO_2Na} ArCH{=}\underset{R}{C}COOH$$

2. 反应机理

Perkin 反应实质是酸酐的亚甲基与醛进行缩合。在羧酸盐作用下，酸酐先脱去 α- 氢形成烯醇负离子，继而与芳醛发生 Aldol 缩合生成烷氧负离子中间体，随后经过分子内酰基转移得到的酸根负离子再进攻另一分子酸酐，其在羧酸盐作用下发生消除及水解反应，得到 β- 芳基 -α,β- 不饱和酸。

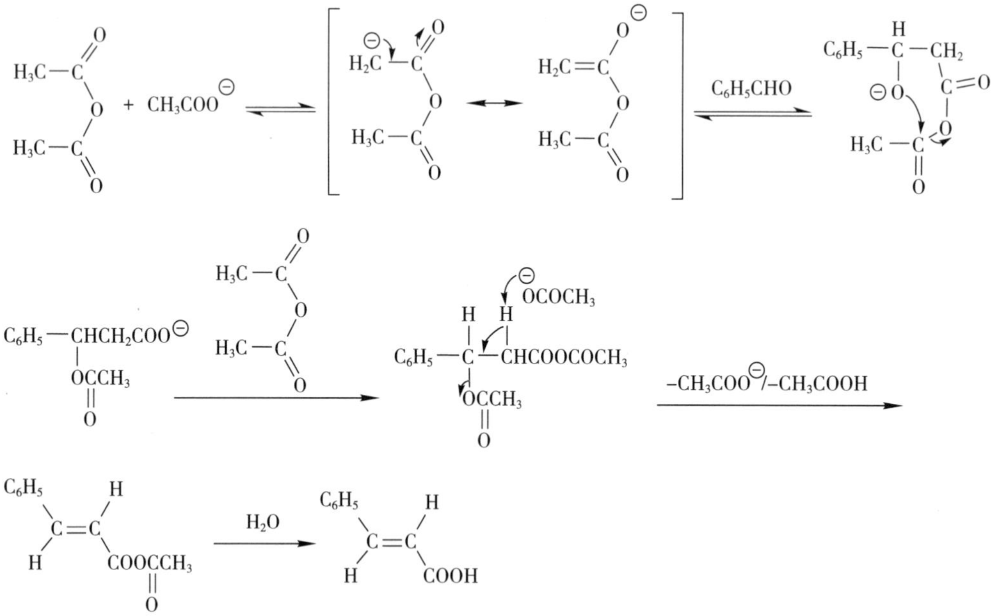

3. 反应影响因素及应用实例

Perkin 反应通常仅限于芳香族醛、杂环醛、不含 α-H 的脂肪族醛以及某些 α,β- 不饱和醛。脂肪族醛不适合该反应，因为当与乙酸酐一起加热时，它们经常产生烯醇乙酸酯和二乙酸酯。

取代芳醛中取代基的性质决定该反应的活性，带有吸电子取代基时，活性增加，反应易于进行；若带有给电子基时，则反应速率减慢，收率也低，甚至不能发生反应。例如，抗癫痫药抗痫灵（anliepilepserine）中间体的合成。

$$\text{benzo[d][1,3]dioxole-5-carbaldehyde} + (CH_3CO)_2O \xrightarrow[140℃, 12\,h]{CH_3COOK} \text{(48%)} \text{ArCH=CHCOOH}$$

通常用酸酐或叔胺相对应的羧酸的碱金属盐作为催化剂，其中铯盐的催化效果最好，反应速率快，收率也较高。由于羧酸酐是活性较弱的亚甲基化合物，而催化剂羧酸盐又是弱碱，因此反应要在较高温度（150～200℃）下进行。例如，诊断剂碘泊酸钙（calcium iopodate）中间体的合成。

$$\text{3-nitrobenzaldehyde} + (CH_3CO)_2O \xrightarrow[170℃, 6\,h]{CH_3COONa} \text{(75%)} \text{3-O_2N-C_6H_4-CH=CHCOOH}$$

Perkin 反应优先生成 β 位大基团与羧酸处于反式的产物。

$$\text{3,5-diisopropoxybenzaldehyde} + (PhCH_2CO)_2O \xrightarrow[reflux]{PhCH_2COONa} \text{(83%)} \text{产物}$$

而在乙酸钠存在下，三氟乙酰 4-氯-苯与乙酸酐加热反应，可得到 E 型产物。

$$\text{4-Cl-C_6H_4-CO-CF_3} \xrightarrow[reflux]{AcONa/Ac_2O} \text{(78%)} \text{产物}\ (E/Z\ 95:5)$$

2-乙酰基-4-氯苯氧乙酸在吡啶存在下与酸酐共热，则可发生分子内的 Perkin 反应，生成苯并呋喃甲酸类衍生物。

$$\text{2-acetyl-4-chlorophenoxyacetic acid} \xrightarrow[reflux]{py/Ac_2O} \text{(60%)} \text{5-chloro-3-methylbenzofuran-2-carboxylic acid}$$

当邻羟基、邻氯基芳香醛进行反应时，常伴随闭环反应的发生。例如，香豆素（coumarin）的合成。

$$\text{salicylaldehyde} + (CH_3CO)_2O \xrightarrow[170℃, 3\,h]{AcONa} \text{(90%)} \text{香豆素}$$

若酸酐只有一个 α-氢原子，则得到 β-羟基羧酸。高级酸酐制备较难，来源较少，可通过该羧酸盐与乙酸酐反应先制得混合酸酐再参与缩合。

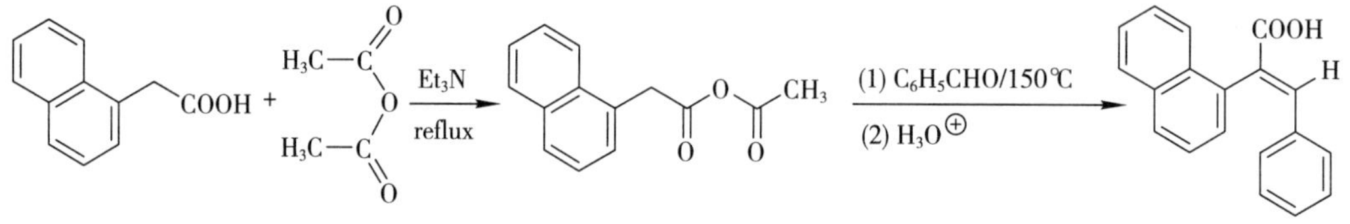

四、Stobbe 反应

醛或酮与丁二酸酯或 α-烃代丁二酸酯，在强碱催化下，缩合生成 α,β-不饱和羧酸的反应，称为 Stobbe 反应。

1. 反应通式

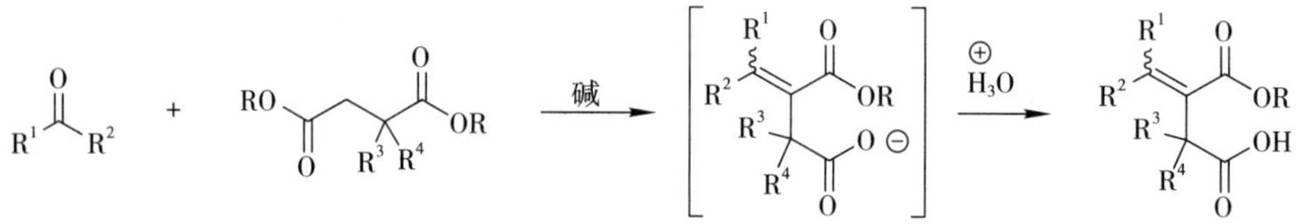

（R = 烃基；R^1, R^2, R^3, R^4 = H 或烃基）

2. 反应机理

在碱的作用下，丁二酸酯去质子化，得到烯醇酯，烯醇酯在原位与丙酮发生羟醛缩合反应，形成烷氧基酯中间体。随后分子内酰基取代产生 γ-内酯中间体，该中间体随后被烷氧基离子去质子化，去质子化的同时伴随着 γ-内酯的开环和双键形成。

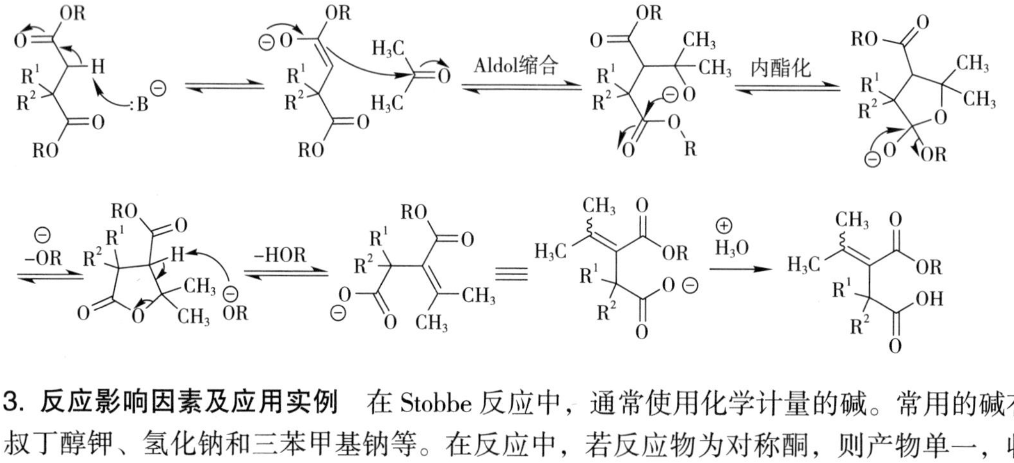

3. 反应影响因素及应用实例

在 Stobbe 反应中，通常使用化学计量的碱。常用的碱有醇钠、叔丁醇钾、氢化钠和三苯甲基钠等。在反应中，若反应物为对称酮，则产物单一，收率较高。如反应物为不对称酮，则产物是顺、反异构体的混合物。当羰基组分具有 α 位质子时，可能造成双键迁移而形成多种产物。例如，天然产物木脂素（lignan）中间体的合成。

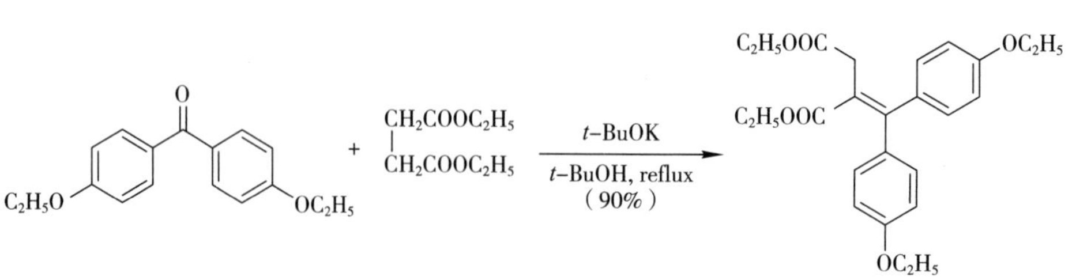

Stobbe 反应所得产物在碱性条件下水解，再酸化，可制备二元羧酸，也可在酸性条件下加热水解，脱羧，得到较起始原料醛、酮增加三个碳原子的不饱和羧酸。例如，天然产物倍半木

脂素（sesquilignan）中间体的合成。

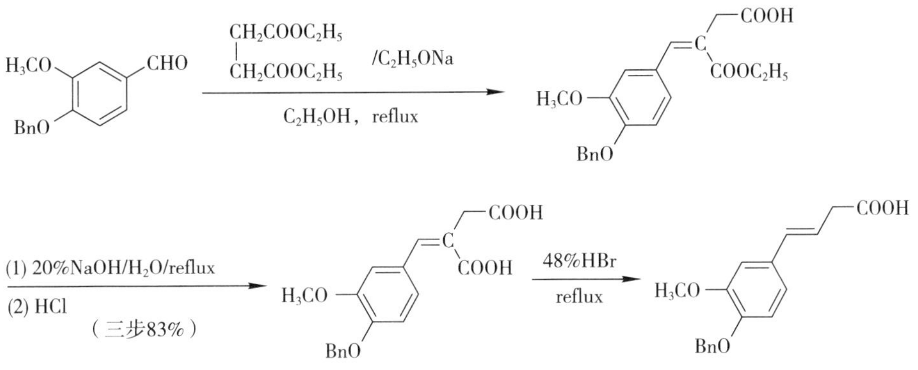

案例讨论 5-2 Stobbe 反应在曲舍林合成中的应用

Stobbe 缩合反应中，醛或酮底物可发生自身缩合；若底物为芳香醛，则伴有 Cannizzaro 反应发生；如果酮在反应过程中是高度烯醇化的，则产率往往较低；当使用乙醇钠作为碱时，由于所使用的乙醇溶剂会氧化为乙醛，造成酮底物被还原，使用叔丁醇钾可最大程度减少副反应。

第三节　氨烷基化、卤烷基化、羟烷基化反应

一、Mannich 反应

具有活性氢的化合物与伯胺、仲胺和不可烯醇化的醛、酮（通常是甲醛），进行三组分缩合生成氨烷基化衍生物的反应称为 Mannich 反应，也称为 α- 氨烷基化反应。反应的产物是取代的 β- 氨基羰基化合物，通常被称为 Mannich 碱。

1. 反应通式

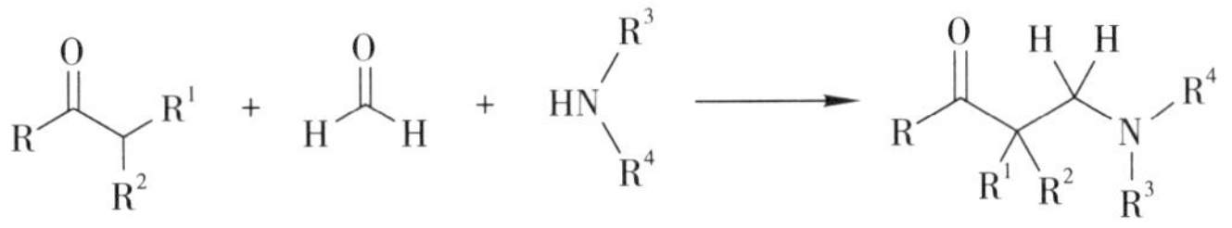

（R, R^1, R^2, R^3, R^4 = H 或烃基）

2. 反应机理　Mannich 反应在酸性或碱性，甚至中性条件下均能发生，通常酸性条件下反应更为常见。在酸性条件下，以甲醛为例，首先是胺与质子化的甲醛反应生成中间体，该中间体失去一分子的水生成亲电性的亚胺离子。然后，亚胺离子与烯醇化的羰基化合物（亲核试剂）反应，生成 Mannich 碱。

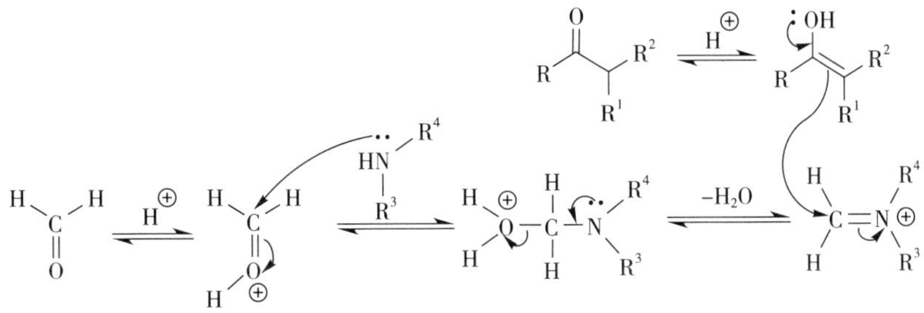

$$\longrightarrow \underset{\underset{R^2}{R^1}}{\overset{\overset{H}{\overset{\oplus}{O}}}{R}}\!\!-\!\!\underset{R^3}{\overset{H}{\underset{|}{C}}}\!\!-\!\!\underset{R^3}{\overset{R^4}{N}} \underset{-H^{\oplus}}{\rightleftharpoons} \underset{\underset{R^2}{R^1}}{\overset{O}{\underset{\|}{R}}}\!\!-\!\!\underset{}{\overset{H}{\underset{|}{C}}}\!\!-\!\!\underset{R^3}{\overset{R^4}{N}}$$

3. 反应影响因素及应用实例 脂肪族或芳香族醛或酮、羧酸衍生物、酯、腈、硝基烷烃、端基炔烃、酚等可作为 Mannich 反应的活性氢化合物。参加反应的胺可以为伯胺、仲胺、氨或酰胺。参加反应的醛可以为甲醛、活性较大的其他脂肪醛和芳香醛。反应溶剂通常为质子溶剂，如乙醇、甲醇、水或乙酸等。

在 Mannich 反应中，化合物的性质与用量对反应结果有相当大的影响。当使用氨或伯胺时，且活性氢化合物与醛过量，胺上所有的氢均可参与反应，生成叔胺的 Mannich 碱。由于仲胺氮原子只有一个氢，产物较为单一，因而应用更广。

$$CH_3NH_2 \cdot HCl + 2\,HCHO + 2\,PhCOCH_3 \xrightarrow[CH_3OH,\,25\,℃]{HCl} PhCOCH_2CH_2N(CH_3)(CH_2CH_2COPh)$$
（89%）

当活性氢化合物具有两个及以上的活性氢时，且醛与胺过量，活泼氢可以被逐步取代而生成多胺甲基化产物。

$$3\,CH_3NH_2 \cdot HCl + 3\,HCHO + PhCOCH_3 \xrightarrow[CH_3OH,\,25\,℃]{HCl} PhCOC(CH_2NHCH_3)_3$$
（80%）

若含有多个 α- 活泼氢的不对称酮参与 Mannich 反应，则所得产品常为混合物。可以用亚胺盐作为 Mannich 试剂与具有活性氢的酮、醛进行二组分的 Mannich 反应来提高反应的区域选择性。例如，使用 N,N- 二甲基氯烯亚胺为 Mannich 试剂，与活性氢化合物反应，可直接制备抗抑郁药物盐酸氟西汀（fluoxetine hydrochloride）的中间体。

$$(CH_3)_2\overset{\oplus}{N}=CH_2 \cdot Cl^{\ominus} + PhCOCH_3 \xrightarrow[MeCN,\,100\,℃,\,1\,h]{} PhCOCH_2CH_2N(CH_3)_2$$
（86%）

另外，可以将酮反应生成烯醇式钾盐，然后加入亚胺的三氟乙酸盐反应合成 Mannich 碱。当直接用亚胺进行 Mannich 反应时，反应溶液不再需要质子性溶剂。

$$\text{环己酮} \xrightarrow[THF]{t\text{-BuOK}} \text{烯醇钾} \xrightarrow[\text{r.t.}]{(CH_3CH_2)_2\overset{\oplus}{N}=CH_2 \cdot CF_3COO^{\ominus}} \text{2-[(二乙氨基)甲基]环己酮}$$
（两步88%）

Mannich 反应也受 pH 影响。体系中必须有一定浓度的质子才有利于形成亚胺正离子，因此使用的胺或氨通常为其盐酸盐。而所需的质子浓度和活性氢化合物的自身酸度有关。例如，镇痛药曲马多（tramadol）中间体以乙酸为溶剂发生 Mannich 反应制得 Mannich 碱。

$$\text{环己酮} + (HCHO)_n + (CH_3)_2NH \cdot HCl \xrightarrow[\text{AcOH, reflux}]{} \text{2-[(二甲氨基)甲基]环己酮}$$
（68%）

酚类、酯、杂环化合物及端基炔烃也可应用于 Mannich 反应。例如，抗疟疾药物阿莫地喹（amodiaquine）中间体的合成。

$$\text{AcHN-C}_6\text{H}_3(\text{OH}) + \text{HCHO} + (\text{CH}_3\text{CH}_2)_2\text{NH} \xrightarrow[\text{CH}_3\text{OH, reflux}]{\text{HCl}} \text{AcHN-C}_6\text{H}_3(\text{OH})\text{CH}_2\text{N}(\text{CH}_2\text{CH}_3)_2$$
（79%）

抗胃溃疡药雷尼替丁（ranitidine）的关键中间体，即通过以二甲胺和多聚甲醛将糠醇进行胺甲基化反应得到的。

$$\text{HOH}_2\text{C-furan} \xrightarrow[100\,^{\circ}\text{C}]{(\text{HCHO})_n/(\text{CH}_3)_2\text{NH}} \text{HOH}_2\text{C-furan-CH}_2\text{N}(\text{CH}_3)_2$$
（81%）

解痉药奥昔布宁（oxybutynin）可通过 α-苯基-α-环己基乙醇酸的丙炔酯、甲醛和二乙胺发生 Mannich 反应得到。

$$\xrightarrow[12\text{ h, }100\,^{\circ}\text{C}]{\text{HCHO}/(\text{CH}_3\text{CH}_2)_2\text{NH}}$$
（63%）

奥昔布宁

案例讨论 5-3 硫酸阿托品的合成工艺优化

二、Pictet-Spengler 反应

β-芳基乙胺与醛、酮在质子或 Lewis 酸存在下缩合生成取代的四氢异喹啉的反应称为 Pictet-Spengler 反应。常用的羰基化合物为甲醛或甲醛缩二甲醇。

1. 反应通式

（R, R^1, R^2, R^3, R^4 = H 或烃基）

2. 反应机理

Pictet-Spengler 反应实际上是 Mannich 氨甲基化反应的特殊例子，其机理与 Mannich 反应类似。首先生成亚胺正离子，芳环邻位作为亲核试剂进攻亚胺正离子中间体，发生分子内亲电取代反应而形成六元杂环，最后脱去质子，形成最终产物——四氢异喹啉类化合物。

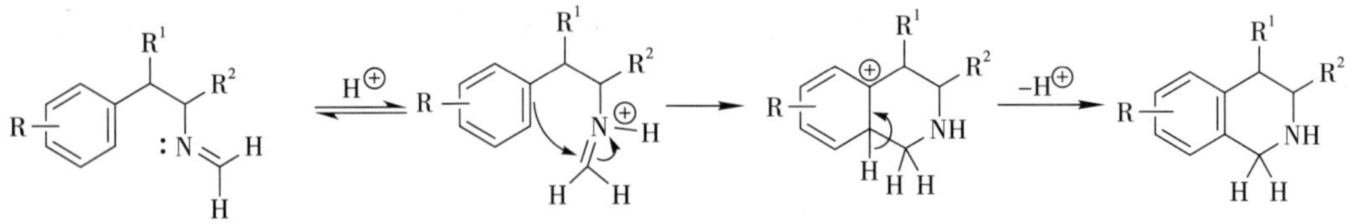

学科前沿 5-2 我国 Pictet-Spengler 反应机理研究进展

3. 反应影响因素及应用实例 Pictet-Spengler 反应可以发生在富电子苯环上用于制备四氢异喹啉，其难易程度与芳乙胺中的芳环活性有很大关系。当芳环上的电子云密度增加，有利于反应进行；若电子云密度减少，则不利于反应进行。

Pictet-Spengler 反应具有一定的区域选择性，可通过芳环上取代基的诱导产生。例如，3,4-二甲氧基苯乙胺与甲醛在甲酸催化下反应时，由于甲氧基的给电子效应和空间位阻影响，仅生成 6,7-二甲氧基四氢异喹啉，这是抗肿瘤天然产物谷田霉素（yatakemycin）的中间体。

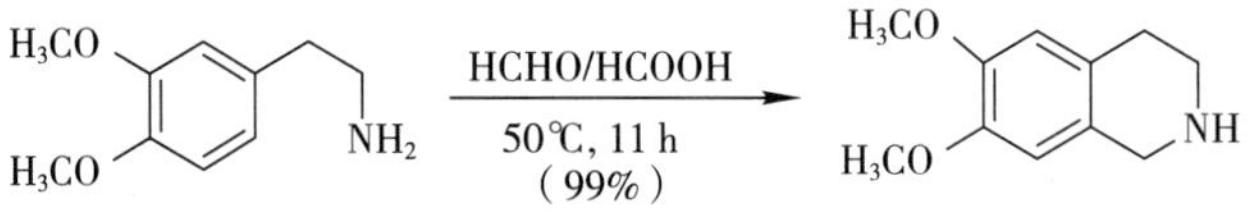

Pictet-Spengler 反应还可以发生在杂环上。例如，吲哚生物碱(±)-subincanadine F 的合成是先以吲哚乙胺类似物和 α,β-二酮酯类似物为原料，通过 Pictet-Spengler 关环反应合成重要中间产物，再经过四步反应得到最终产物。

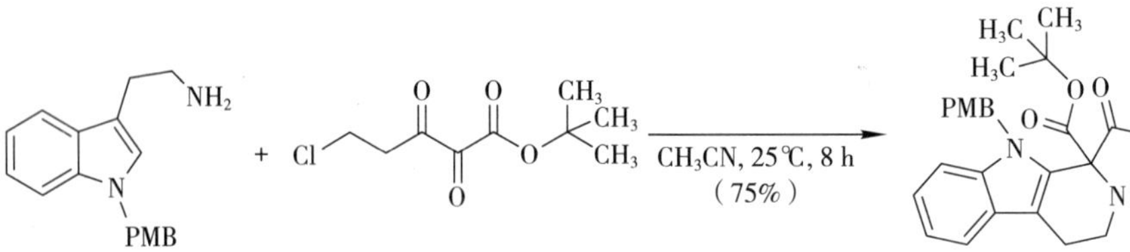

采用 Pictet-Spengler 反应，可用于合成作为广谱抗生素的天然产物(±)-deoxyfrenolicin 的重要中间体。

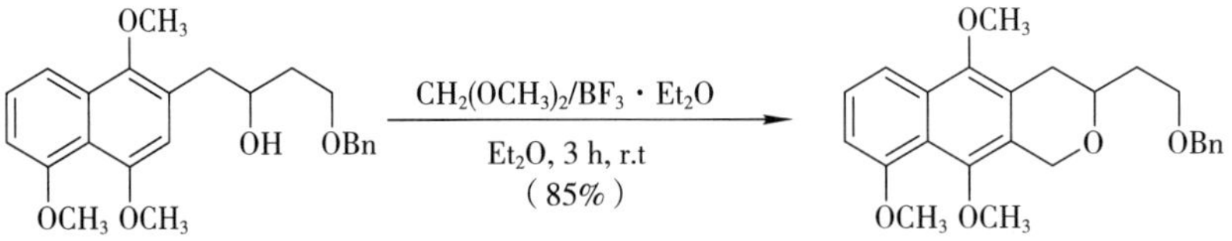

三、Prins 反应

烯烃与醛（通常为甲醛、三氯乙醛等）在酸催化下发生的缩合反应称为 Prins 反应。

1. 反应通式

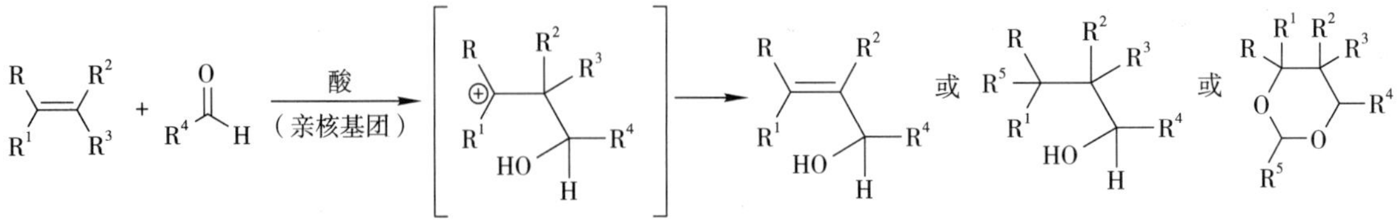

（R, R^1, R^2, R^3, R^4 =H 或烃基；R^5 = 亲核基团）

2. 反应机理 该反应是历经氧鎓离子中间态的烯烃与羰基的加成。在酸催化下，醛经氧鎓离子中间态形成碳正离子,与烯烃进行亲电加成,得到碳正离子中间体。然后,该中间体可以与水反应生成1,3-二醇;当烯烃取代基存在氢原子,可脱水生成烯丙醇类化合物;该中间体可以与另一分子醛反应并脱质子,生成1,3-二氧六环化合物。另外,该中间体还可以被亲核试剂(溶剂或由质子酸衍生的共轭碱)进攻,从而生成3取代醇类化合物。

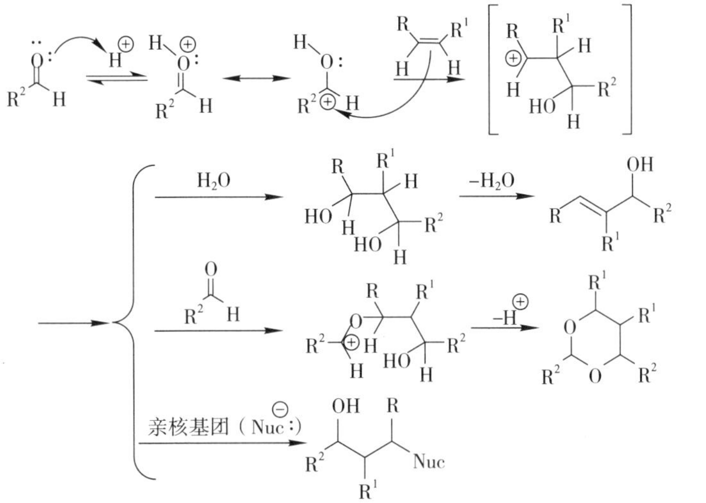

3. 反应影响因素及应用实例 Prins反应受烯烃结构影响,其中多烃基取代的烯烃活性最高,而乙烯反应活性较低。非末端双取代烯烃经反应主要得到1,3-二醇,如抗青光眼药物比马前列素(bimatoprost)的关键中间体——Corey内酯二醇的制备。

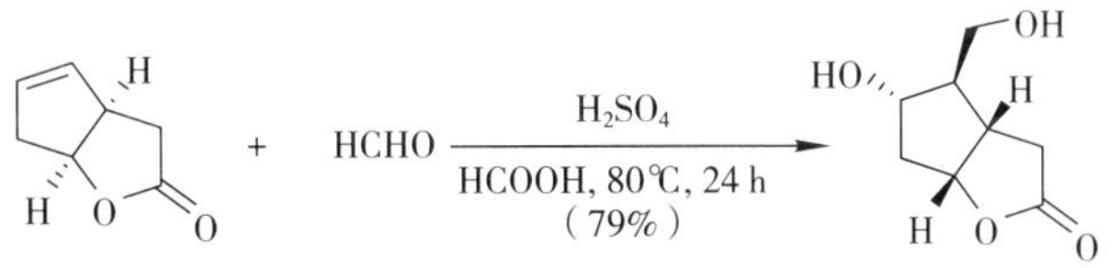

末端双取代烯烃或单取代烯烃经反应主要得到环状缩醛。

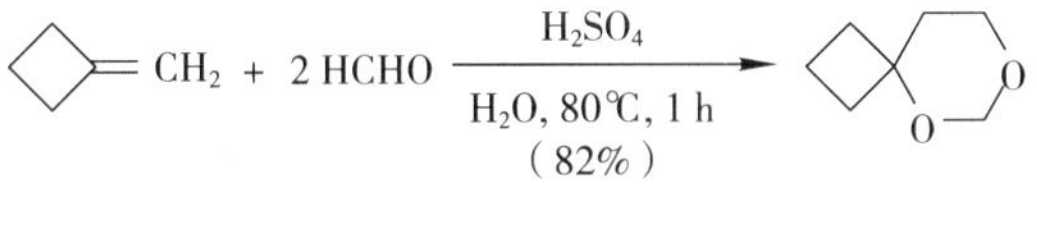

在低pH或高温环境下,会使生成的环状缩醛水解或者醇解为1,3-二醇。

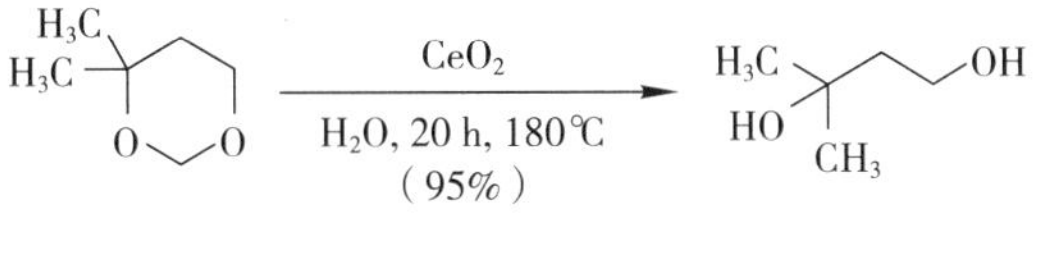

质子酸和Lewis酸均能催化该反应,通常使用稀硫酸,也可用硝酸、磷酸、强酸性离子交换树脂,以及BF_3、$ZnCl_2$、$AlCl_3$、$TiCl_4$等Lewis酸作催化剂。某些情况下用盐酸催化的反应,可能发生羟基被氯取代的副反应生成γ-氯代醇。

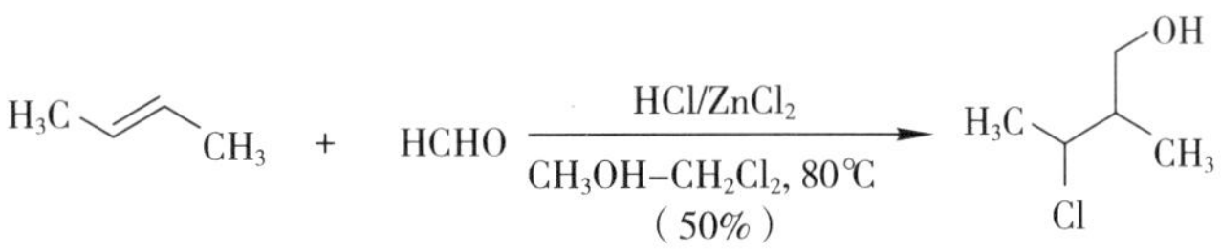

例如,杀虫剂拟除虫菊酯(pyrethroid)的重要中间体3-甲基丁-2-烯-1-醇即利用Prins

反应制备的。

$$(HCHO)_n + \underset{CH_3}{H_3C-C=CH_2} \xrightarrow[CH_3OH,\ 150\sim 250\ ℃]{H_2SO_4} HO-CH_2CH_2-\underset{CH_3}{C=CH_2} \rightleftharpoons HO-CH_2-\underset{CH_3}{CH=C-CH_3}$$
（75%）

四、α-卤烷基化反应（Blanc 反应）

在 Lewis 酸或质子酸等催化下，芳烃与甲醛及氯化氢发生反应，在芳环上引入氯甲基的反应，称为 Blanc 反应，又称氯甲基化反应。多聚甲醛/氯化氢，氯甲基甲醚/氯化锌是最为常见的氯甲基化试剂。溴化氢、碘化氢可替代氯化氢发生反应而引入溴、碘甲基。

1. 反应通式

$$R-C_6H_4-H + R^1CHO + HX \xrightarrow{酸} R-C_6H_4-CHR^1X + H_2O$$

（R, R¹ = H 或烃基；X = Cl, Br, I）

2. 反应机理

Blanc 反应机理类似于傅-克酰基化反应。甲醛在质子存在时，生成羟基碳正离子，然后与芳香族化合物发生亲电取代反应生成羟甲基化中间体，然后进一步氯代得到氯甲基化产物。

$$HCHO \xrightarrow{H^+} \left[\overset{+}{C}H_2OH \leftrightarrow CH_2\overset{+}{O}H_2 \right] \xrightarrow{ArH} ArCH_2OH \xrightarrow{HCl} ArCH_2Cl + H_2O$$

3. 反应影响因素及应用实例

芳环上的取代基对反应有很大影响。芳环上有给电子基团，有利于反应进行。而由于甲醛/浓盐酸/氯化锌催化体系的羟甲基化中间体活性不强，通常该催化体系只用于给电子基团取代的芳环。例如，当芳环连有氨基、羟基等活性较大基团时，反应极易进行，生成的氯甲基化产物甚至能进一步缩合，生成二芳基甲烷。比如抗菌药盐酸小檗碱（berberine chloride）的中间体合成。

$$\text{（亚甲二氧基苯）} \xrightarrow[\text{toluene-H}_2\text{O, 8 h, 5 ℃}]{HCHO/HCl} \text{（亚甲二氧基苄氯）}$$
（100%）

而芳环上的吸电子基团使电子云密度降低，不利于反应的进行。因此，活性较小的芳香族化合物常用氯甲基甲醚作为氯甲基化试剂。

$$p\text{-}O_2N\text{-}C_6H_4\text{-}OCH_3 \xrightarrow[60\ ℃,\ 10\ h]{ClCH_2OCH_3/HCl} O_2N\text{-}C_6H_3(OCH_3)(CH_2Cl)$$
（97%）

反应温度的升高也有利于反应的进行。

拓展阅读 5-2 无溶剂条件下由氯化锌催化的 Blanc 反应

氯甲基化反应在工业生产中应用广泛，引入的氯甲基可以转化成—CH_2OH、—CH_2OR、—CH_2CN、—CHO、—$CH_2NH_2(NR_2)$ 及—CH_3 等基团，还可以延长碳链。例如，抗真菌药物盐酸布替萘芬（butenafine hydrochloride）中间体的合成。

$$\text{萘} \xrightarrow[\text{5 h, 40℃}]{(HCHO)_n/HCl} \text{1-氯甲基萘}$$
（84%）

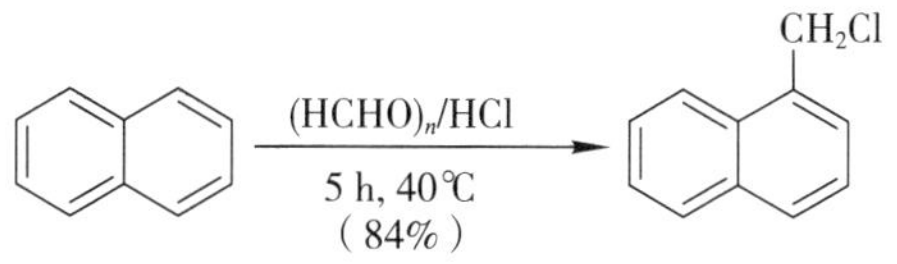

该反应也可应用于抗组胺药物盐酸布可立嗪（buclizine hydrochloride）中间体的合成，中间还涉及氯甲基与氨基的转化。

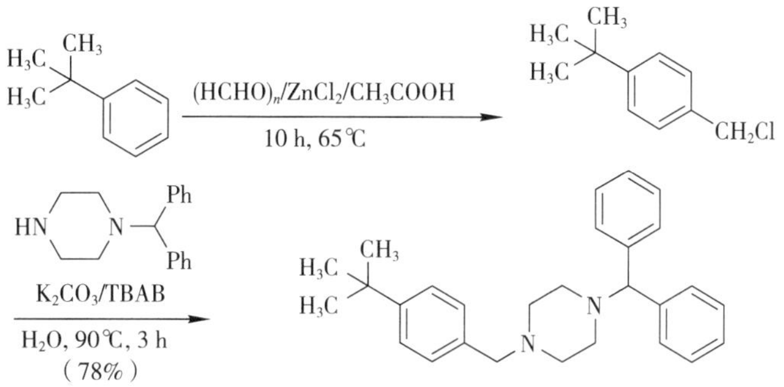

$$\text{异丙苯} \xrightarrow[\text{10 h, 65℃}]{(HCHO)_n/ZnCl_2/CH_3COOH} \text{4-异丙基氯苄}$$

$$\xrightarrow[\substack{K_2CO_3/TBAB \\ H_2O, 90℃, 3\,h}]{HN\text{-}piperazine\text{-}CHPh_2} \text{布可立嗪}$$
（78%）

第四节　其他缩合反应

一、安息香缩合反应

芳醛或杂环醛在醇–水溶液中，以氰化钠（或氰化钾）为催化剂，在加热条件下发生双分子缩合生成 α- 羟基酮的反应称为安息香缩合（Benzoin 缩合）。

1. 反应通式

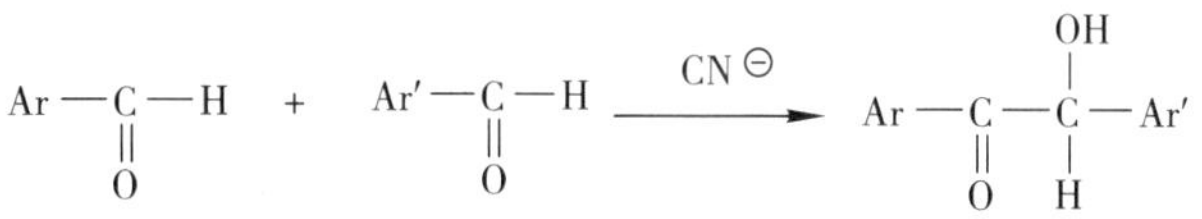

$$Ar-\underset{O}{\overset{\|}{C}}-H + Ar'-\underset{O}{\overset{\|}{C}}-H \xrightarrow{CN^{\ominus}} Ar-\underset{O}{\overset{\|}{C}}-\underset{H}{\overset{OH}{\underset{|}{C}}}-Ar'$$

2. 反应机理　氰离子催化的安息香缩合的所有步骤都是完全可逆的。羰基首先与氰离子发生亲核加成，质子转移，使其碳原子由亲电性变为亲核性的碳负离子中间体，该碳负离子通过对另一个分子醛的亲核加成，把两个分子连接在一起，随后质子转移再消去氰负离子，得到α- 羟基酮。在氰离子的作用下，原本呈正电性的羰基碳原子变为负电性，这种极性相反变化的反应被称为极性反转（umpolung）反应。

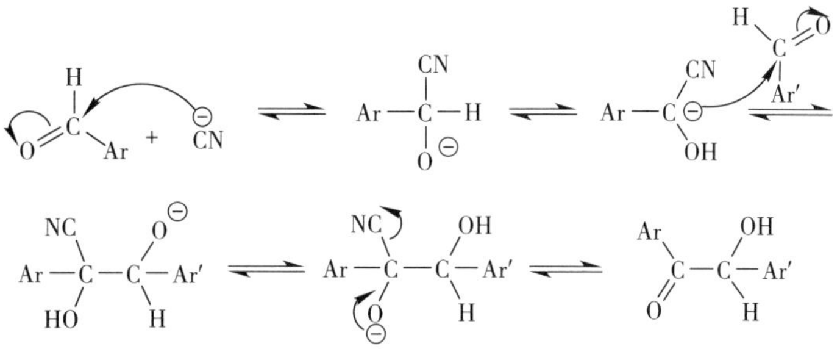

3. 反应影响因素及应用实例　安息香缩合是两个芳醛之间发生了氢的转移。此反应相当

于两分子醛发生了羰基的加成反应。一分子醛把与羰基碳相连的氢给予了另一分子醛的羰基上的氧，而两个醛的羰基碳原子彼此连接在一起。给出氢的醛称为供体（donor），接受氢的醛称为受体（acceptor）。某些具有烷基、烷氧基、卤素等释电子基团的苯甲醛，可发生自身缩合；而部分醛不能自缩合，只能作为供体或受体，如对二甲氨基苯甲醛不易进行自身缩合。

安息香缩合为可逆反应，受热力学控制。若两分子不同的芳香醛发生交叉安息香缩合反应，氰基先进攻富电子的醛基，所得产物热力学稳定，为主产物。

$$H_3CO-C_6H_4-CHO + O_2N-C_6H_4-CHO \xrightarrow[70℃]{NaCN/C_2H_5OH/H_2O} O_2N-C_6H_4-C(O)-CH(OH)-C_6H_4-OCH_3 \quad (66\%)$$

通常安息香缩合要在氰化钠或氰化钾的热醇－水溶液中进行，在反应体系中加入冠醚、离子交换树脂和相转移催化剂能催化安息香缩合。由于氰化钾（钠）催化剂为剧毒化学品，后期发展了一系列环境友好且安全的催化剂，如 N-烷基噻吩鎓盐、咪唑鎓盐、氮杂化卡宾、维生素 B_1、金属磷酸盐等。该条件下的安息香缩合在合成上用途更广，适用于可烯醇化和不可烯醇化的醛，并且可以引入不对称催化剂。

$$ArCHO + Ar'CHO \xrightarrow[\text{THF, r.t.} \;(8\sim83\%)]{\text{catalyst}/t\text{-BuOK}} Ar-C(O)-CH(OH)-Ar' \quad (80\sim95\% \; ee)$$

选择性 COX-2 抑制剂帕瑞昔布钠（parexib sodium）中间体的合成就是以苯甲醛为原料，在维生素 B_1 的催化下的安息香缩合反应。

$$2\; PhCHO \xrightarrow[\text{C}_2\text{H}_5\text{OH-H}_2\text{O, reflux}]{\text{Vit B}_1} Ph-C(O)-CH(OH)-Ph \quad (96\%)$$

此外，还可以一锅法 NHC（N-heterocyclic carbene，N-杂环卡宾）催化安息香分子内缩合-氧化反应，在非常温和的条件下合成 α-羟基酮。该化合物也可以合成一些常见药物，包括抗精神病药物阿塞那平（asenapine）。

二、Michael 加成反应

Michael 加成是碳负离子对 α,β-不饱和醛、酮、酯、硝基、腈、羧酸等含有吸电子基团化合物的共轭加成反应。其中，能形成碳负离子的活性亚甲基化合物常称为 Michael 供电体。而 α,β-不饱和羰基化合物及其衍生物则称为 Michael 受电体。

1. 反应通式

$$R\text{—}CH_2\text{—}EWG + \underset{R^2}{\overset{R^1}{\diagdown}}C=C\underset{R^3}{\overset{H}{\diagup}} \xrightarrow{\text{碱}} \underset{}{\overset{EWG}{|}}R\text{—}CH\text{—}\underset{R^2}{\overset{R^1}{|}}C\text{—}CH\text{—}R^3$$

（EWG = 羰基, 烷氧羰基, 氰基, 氨基羰基等; R, R^1, R^2 = H或烃基; R^3 = 羰基, 烷氧羰基, 氰基等吸电子基团）

2. 反应机理 Michael 反应属于亲核加成机理。首先含活泼氢的化合物被碱夺去一个质子，形成碳负离子（或烯醇负离子），然后碳负离子作为亲核试剂进攻 α, β- 不饱和羰基化合物等亲电的共轭体系，发生亲核加成而缩合成 β- 羰烷基化合物。

3. 反应影响因素及应用实例 Michael 加成可使用不同的碱催化剂，碱催化剂的选择与供电体的活性和反应条件有关。根据吸电子基团的类型和强度，甚至可以使用相对较弱的碱（如 Et_3N），反之应选用较强的碱。当使用强碱时，反应物与碱的（物质的量）比为 1∶0.1~0.3，反应温度也不宜过高，以减少副反应的发生。通常 Michael 加成在质子性溶剂中，仅使用催化量的碱进行反应，若使用等物质的量的碱时，产物是可以进一步与各种亲电试剂反应的阴离子。

Michael 加成也可在质子酸、Lewis 酸、氧化铝等催化下进行。一些简单的无机盐，如三氯化铁、氟化钾等，亦可催化 Michael 反应。例如，α, β- 不饱和酮与丙二腈，在氟化钾/三氧化铝催化下，可得到 Michael 加成产物。

若受体 α, β- 不饱和化合物的 α 位或 β 位上连有烷基或苯基，则由于给电子效应和空间位阻效应的影响，会降低加成反应的速率，使加成产物的收率降低。给电子体酸度越大，越易形成碳负离子，其活性更大。不对称酮在进行 Michael 加成时，反应主要发生在多取代的 α 位碳上，是由于烷基取代基越多，烯醇负离子的活性越强，有利于加成。

Michael 反应产物的几何异构体为 Z 型或 E 型，取决于活性亚甲基化合物的烯醇式的结构，E 型得到顺式 Michael 加成产物；反之，得到反式加成产物。

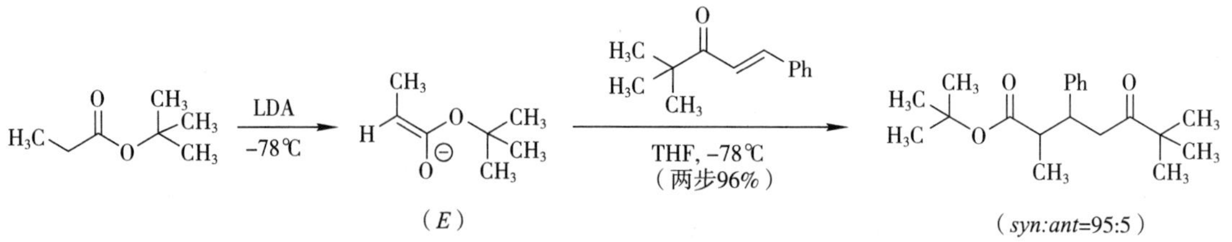

在合成中，Michael 反应应用较广，α,β-不饱和酮与甲基格氏试剂发生 Michael 加成得到抗肿瘤药物托法替尼（tofacitinib）中间体。

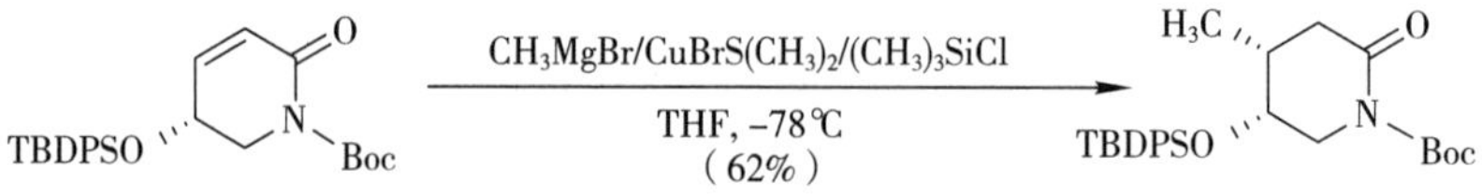

此外，降压药依那普利（enalapril）可通过 Micheal 反应制得其中间体。

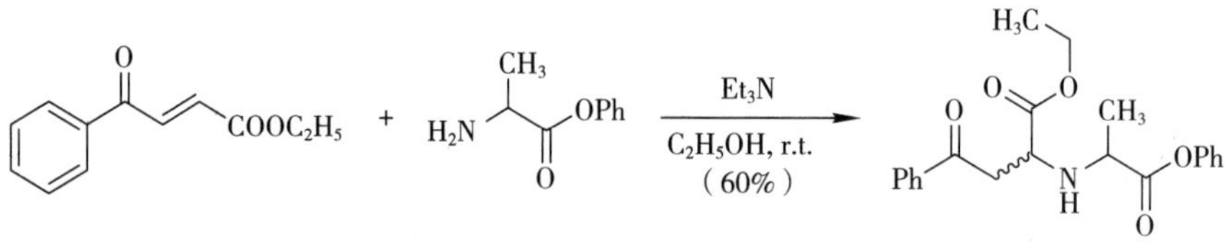

案例讨论 5-4 普瑞巴林的合成工艺优化
拓展阅读 5-3 从 Micheal 加成开始连续流合成磷酸奥司他韦

三、Darzens 反应

在碱性条件下醛或酮与 α-卤代酸酯缩合生成 α,β-环氧羧酸酯（缩水甘油酸酯）的反应称为 Darzens 反应。

1. 反应通式

（R, R^1, R^2 = 烃基；$X = Cl, Br, I$；EWG = 羰基、烷氧羰基、氰基、氨基羰基等）

2. 反应机理
Darzens 缩合反应中，α-卤代羧酸酯在碱的作用下脱去 α-氢形成碳负离子，碳负离子与醛或酮的羰基进行亲核加成后，形成烷氧负离子中间体，氧上的负电荷进攻 α 碳，卤离子离去，得到 α,β-环氧羧酸酯。

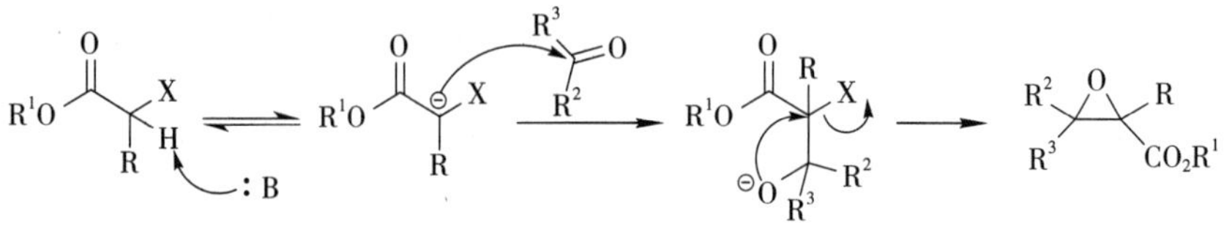

3. 反应影响因素及应用实例
Darzens 缩合通常使用乙醇钠作为缩合剂，氨基甲酸钠、醇钠（钾）、氨基钠、叔丁醇钾、LDA/InCl 等也可催化反应。

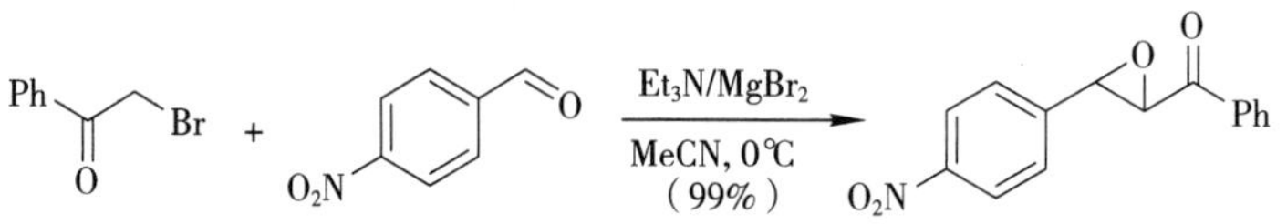

脂肪醛、芳香醛、脂肪酮、脂环酮及 α,β- 不饱和酮等均可顺利地进行反应。脂肪醛由于易自身缩合，产率较低，可先用强碱对 α- 卤代酯进行去质子化再加入醛来提高产率。

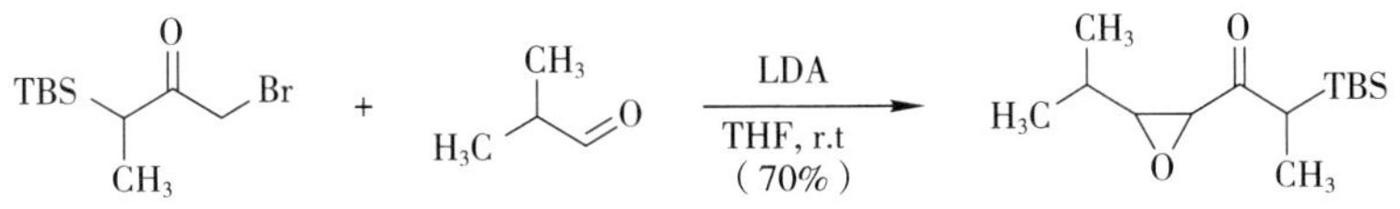

其中氯代酯的反应具有更高的收率，因而使用最为广泛。此外，还可以使用 α- 卤代砜和亚砜、α- 卤代腈、α- 卤代酮、α- 卤代硫醇酯、α- 卤代 N,N- 二取代酰胺及苄基卤代物来获得相应的 α,β- 环氧烷基化合物。

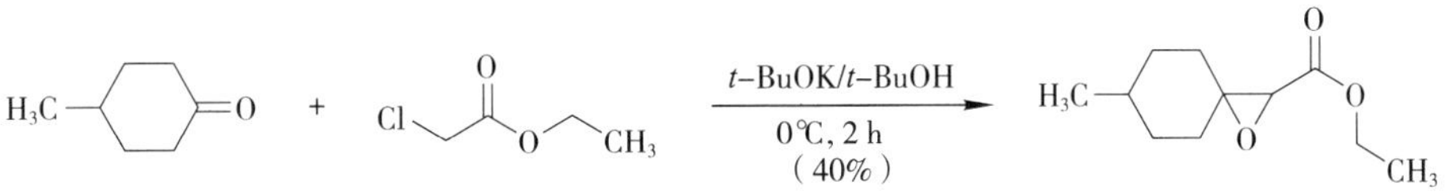

Darzens 缩合可以制备比原有醛、酮反应物增加一个碳原子的醛、酮。亲核试剂可以使得环氧官能团发生开环，从而水解得到游离的酸，游离的酸很不稳定，受热后变成烯醇，再互变异构为醛或酮。

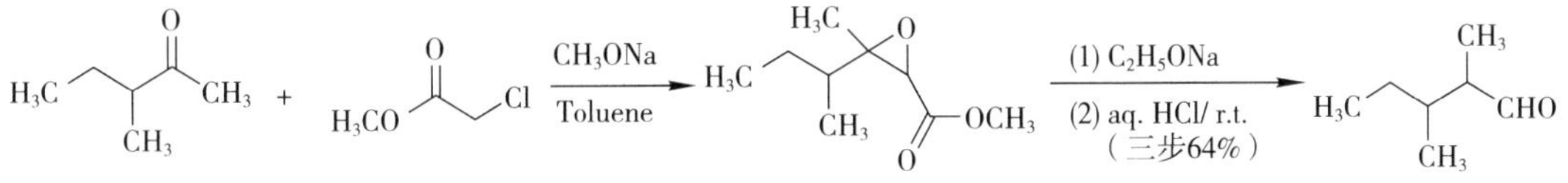

Darzens 反应在合成中应用十分广泛，如，非甾体抗炎药布洛芬（ibuprofen）中间体的合成。

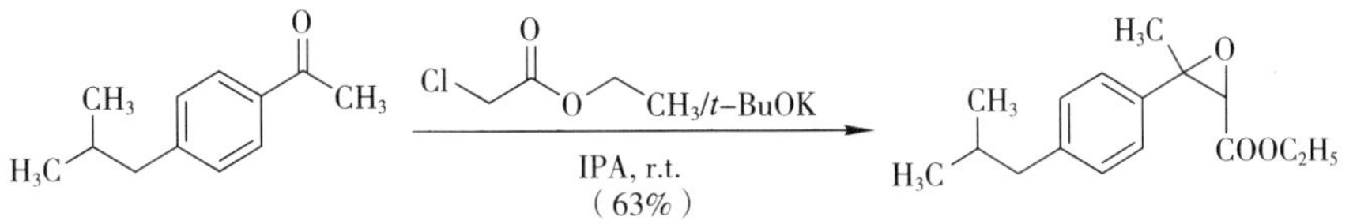

治疗肺动脉高压的药物安贝生坦（ambrisentan）中间体的合成也使用了 Darzens 反应。

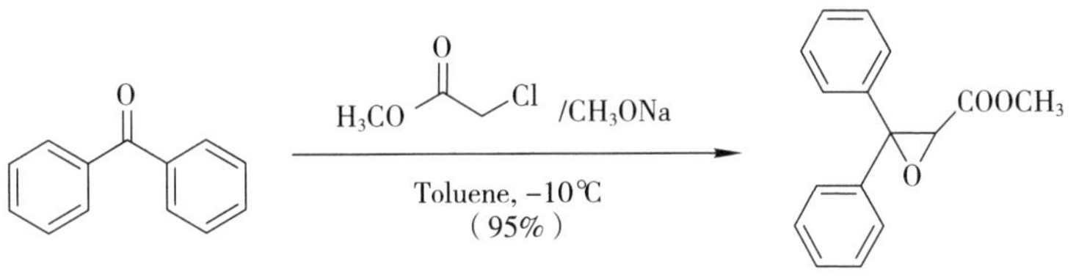

四、Reformatsky 反应

在金属锌粉存在下，醛或酮与 α- 卤代酸酯于惰性溶剂中缩合生成 β- 羟基酸酯或脱水得 α,β- 不饱和酸酯的反应称为 Reformatsky 反应。更广泛地来说，在金属存在下的 α- 羰基卤化物与各种亲电体的反应被称为 Reformatsky 反应。

1. 反应通式

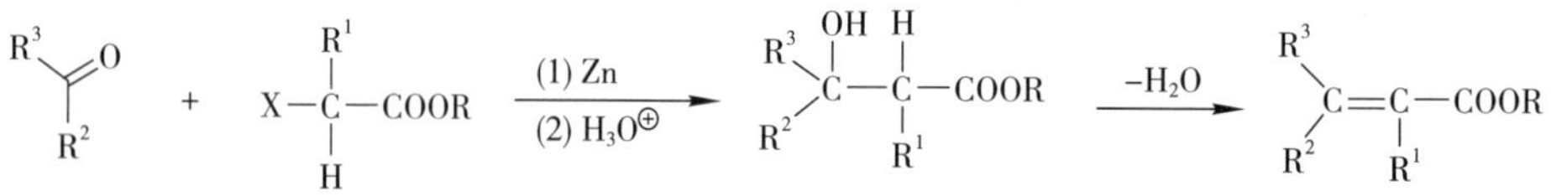

（X = Cl, Br, I；R = 烷基；R¹, R², R³ = H或烃基）

2. 反应机理

α-卤代酸酯先与金属锌作用形成有机锌化合物，金属锌首先插入到α-卤代酯的碳-卤键中，在四氢呋喃溶剂中有机锌试剂以二聚体的形式存在，形成环状-锌烯醇化物。当有机锌试剂二聚体与醛、酮亲核加成，有机锌试剂裂解成单体并转化成相应的O-烯醇盐。经过一个六元椅式过渡态，再经酸性条件下水解，得β-羟基酸酯。

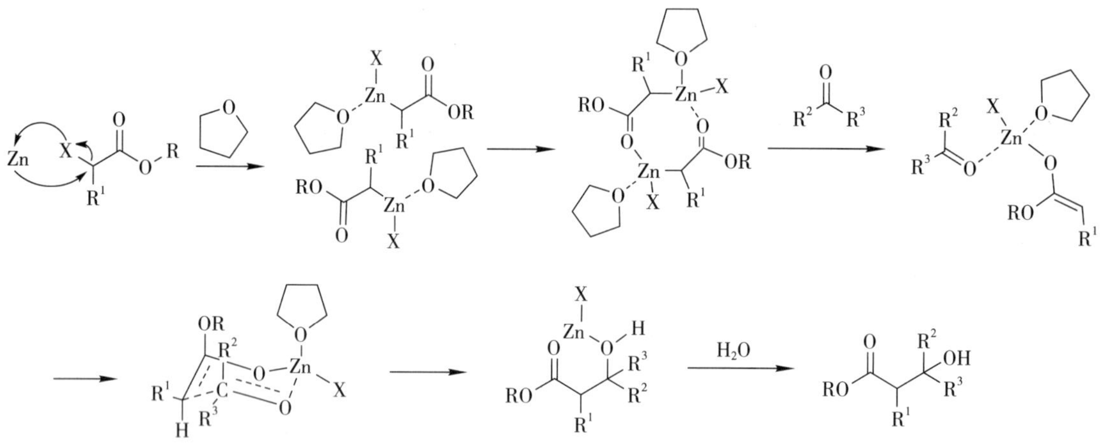

3. 反应影响因素及应用实例

Reformatsky 反应中，α-碘代酸酯的活性虽大，但欠稳定，而α-氯代酸酯的活性小，与锌的反应速率慢甚至不能反应。因此，α-溴代酸酯使用最为广泛，且其α-碳上有烷基或芳基也可进行反应。α-多卤代羧酸酯也可发生 Reformatsky 反应。

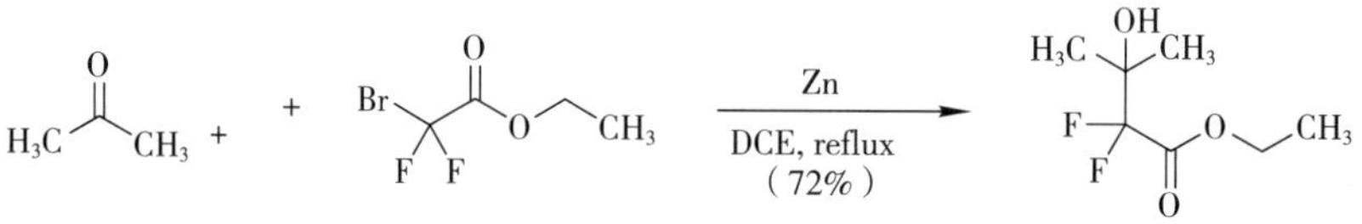

通常情况下，醛反应活性大于酮，脂肪醛大于芳香醛。但活性大的脂肪醛易发生自身缩合等副反应，若分子空间位阻太大时又难以反应。

镁、镉、钡、铟、镍、钴、铈等金属或碘化钐（Ⅱ）、氯化铬（Ⅱ）等金属盐也可代替锌粉参与 Reformatsky 反应。例如，埃博霉素（epothilone B）中间体的合成。

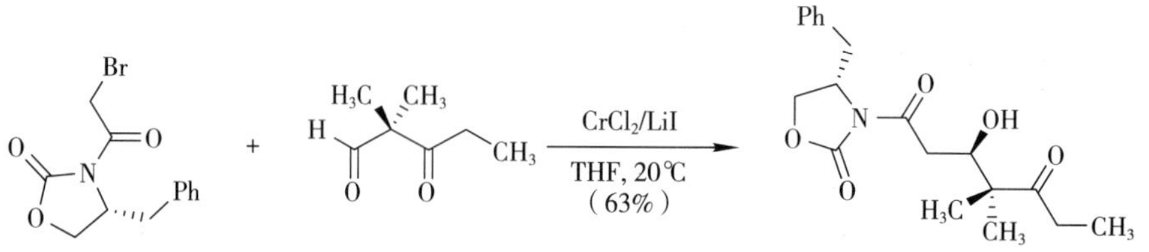

与格氏试剂和锂试剂相比，Reformatsky 试剂具有低亲核反应性的优点，因此在化学反应中具有更好的选择性。由于镁太活泼，生成的有机镁化合物会立即和未反应的α-卤代酸酯中的羰基发生反应，因此需使用位阻大的叔丁酯参与反应，避免卤代酸酯自身缩合。

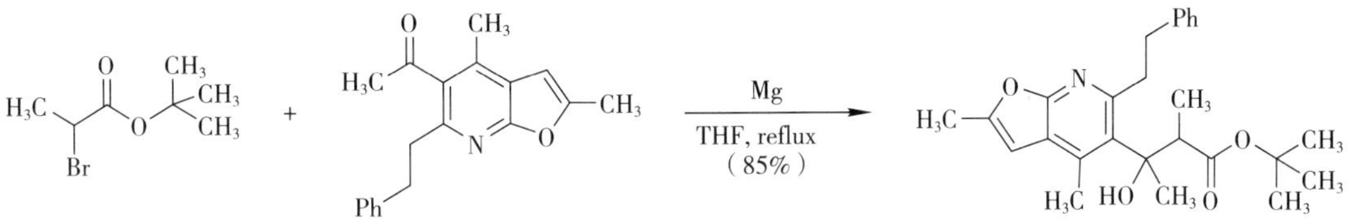

除了醛、酮外，Reformatsky 试剂还可以与其他的亲电试剂反应，如腈、磷脂、酰胺、酰亚胺等；一些非经典亲电试剂，如甲基亚胺、内酯、酯、原甲酸酯、环氧乙烷、环丙烷亚胺、缩醛胺、硝酮、炔等也能发生相似的反应。

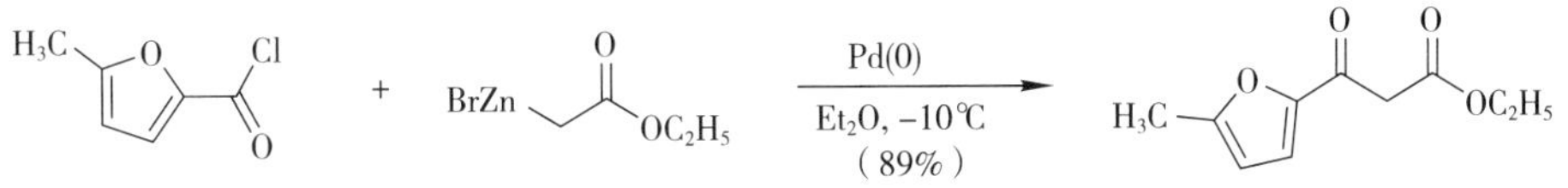

α-卤代酸酯与锌粉反应需要在无水条件下，常用的溶剂有乙醚、苯、四氢呋喃、二氧六环、二甲氧基甲（乙）烷，以及极性更大的二甲基亚砜、二甲基甲酰胺等，不同的溶剂极性对反应的选择性有一定影响。

锌粉活化时先用 20% 盐酸处理，再用丙酮、乙醚洗涤，真空干燥而得。还可以通过各种还原剂如钾、钠或萘化锂和钾–石墨层合物，在溶液中还原卤化锌，以形成精细分散的高活性锌金属。

在维生素 A 的 Arens-van Dorp 合成路线中，也可通过 Reformatsky 反应得到酯类中间体。

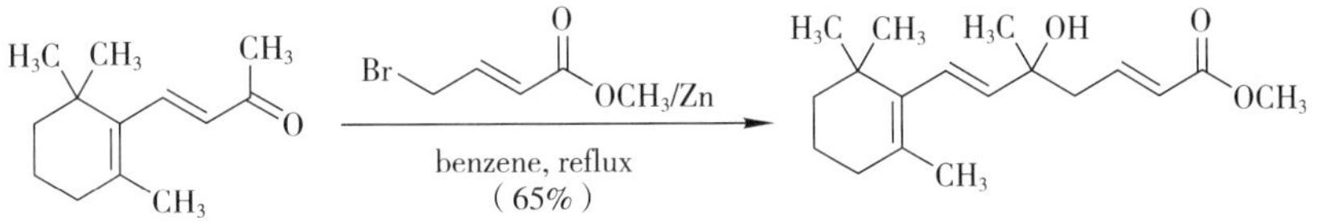

五、Strecker 反应

羰基化合物与氨、胺或铵盐在氰化钠或氢氰酸催化下，首先生成 α-氨基腈，再经酸或碱水解得到（dl）-α-氨基酸类的反应称为 Strecker 反应。

1. 反应通式

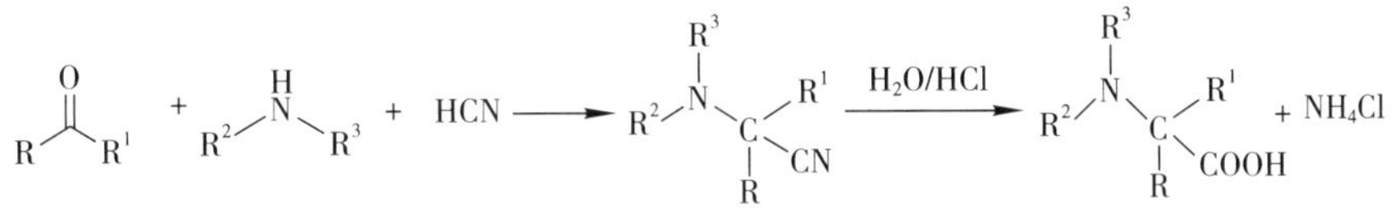

（R, R^1, R^2, R^3 = 烷基, 芳基, 杂芳基）

2. 反应机理

在弱酸性条件下，氨（或胺）向醛、酮羰基碳原子发生亲核进攻，生成 α-氨基醇，α-氨基醇不稳定，经脱水成亚胺离子，进而氰基负离子与亚胺发生亲核加成，生成 α-氨基腈，最后水解成 α-氨基酸。

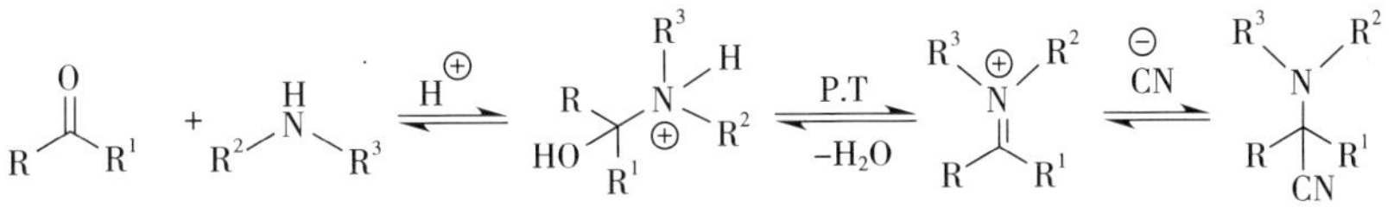

3. 反应影响因素及应用实例

当用伯胺或仲胺，可得 N-单取代或 N,N-二取代的 α-氨基酸，脂肪族胺的活性大于芳香族胺。亲核加成反应的活性顺序是：醛 > 脂肪酮 > 芳香酮。

由于 HCN 很不活泼且有剧毒，可采用氰化钾（或钠）和氯化铵的混合水溶液代替 HCN-NH_3。

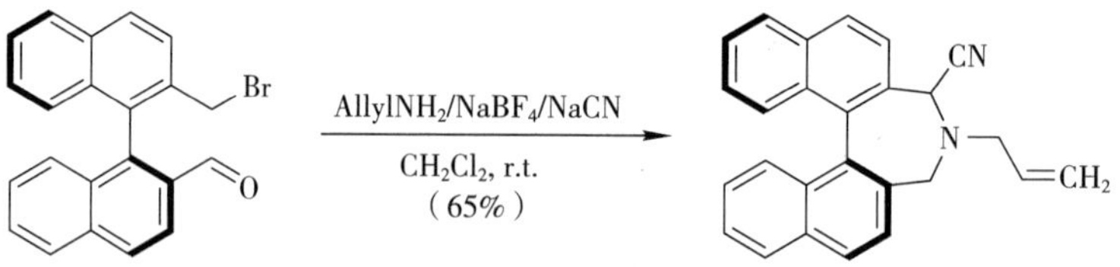

也可以用氰化三甲基硅烷、三正丁基锡氰化物等有机氰化物代替氢化氰进行 Strecker 反应。氰化三甲基硅烷通常需要 Brønsted 酸（如三氟甲磺酸、三氟乙酸等）、Lewis 酸（如 $TiCl_4$、$BF_3 \cdot Et_2O$、$ZnCl_2$、$InCl_3$ 等）或 Lewis 碱（如三乙胺等）作为催化剂来提高反应性能。

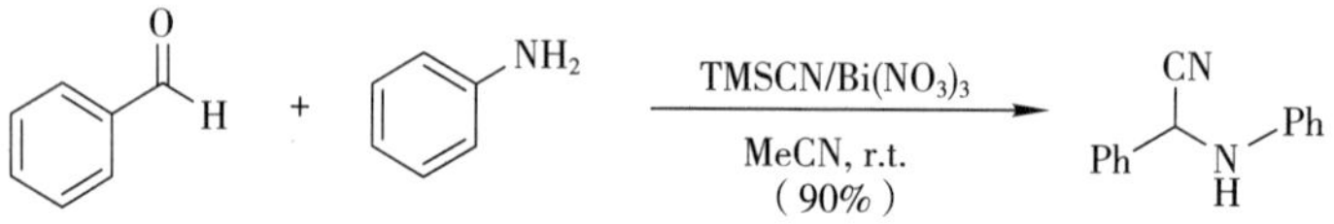

Strecker 反应也可在水相中进行。丙酮腈醇极易溶于水，在水中解离生成丙酮和氰化氢，可作为大规模和商业可用的氰化物来源。

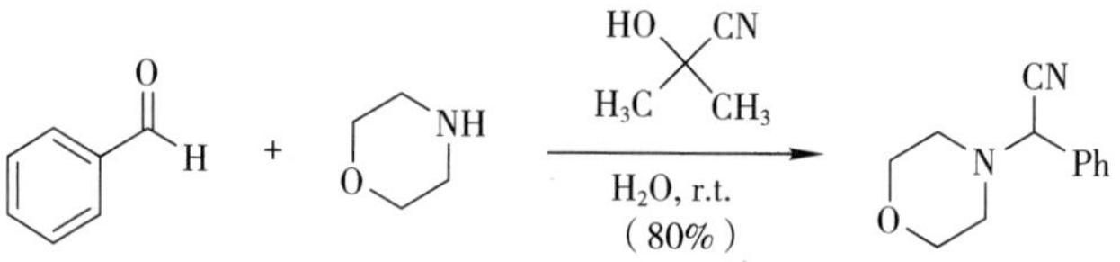

α- 氨基腈是一种重要的合成天然和非天然氨基酸的前体物质，也是合成许多天然产物及药物分子如番红霉素 A、海鞘素等的中间体。中枢神经系统兴奋剂红藻氨酸（kainic acid）可采用 Strecker 反应合成天然产物的 α- 氨基酸部分。

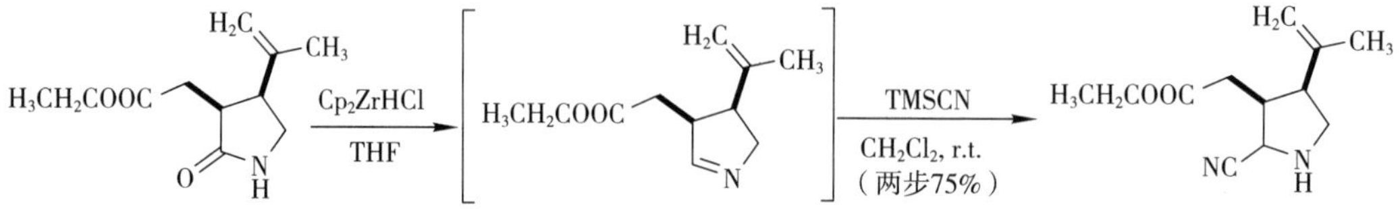

六、Claisen 反应和 Dieckmann 反应

羧酸酯与另一分子具有 α- 活泼氢的酯进行缩合的反应称为 Claisen 反应，为羧酸酯的 α 位的 C- 酰化反应，其产物是 β- 酮酸酯；发生在同一分子内的 Claisen 缩合反应称为 Dieckmann 反应，是 Claisen 反应的特例。

1. 反应通式　各种脂肪族或芳香族羧酸酯作为酰化剂，在碱性试剂（如金属钠、醇钠、氨基钠、氢化钠、氢氧化钠、叔丁醇钾、三乙胺、吡啶等）存在下，对另一分子具有 α- 活泼氢的羧酸酯进行 C- 酰化反应生成 β- 酮酸酯。

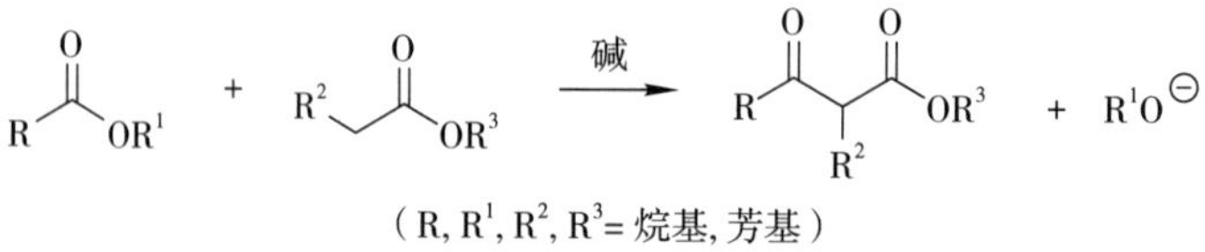

（R, R^1, R^2, R^3 = 烷基，芳基）

2. 反应机理　由于酯 α- 氢原子具有一定的酸性，在碱性催化剂（如乙醇钠）作用下离去一个质子形成碳负离子中间体，并对酰化剂羧酸酯的羰基碳原子进行亲核进攻形成四面体过渡态，再经分子内重排脱去烷氧基负离子，得到酰化产物 β- 酮酸酯，β- 酮酸酯与醇钠作用以不

可逆形式转化成其钠盐，而使反应趋于完成。

$$R^2CH_2CO_2R^3 \underset{-C_2H_5OH}{\overset{C_2H_5ONa}{\rightleftharpoons}} R^2\overset{\ominus}{C}HCO_2R^3 \overset{RCO_2R^1}{\rightleftharpoons} \left[\begin{array}{c}\text{四面体中间体}\end{array}\right]$$

$$\overset{-R^1O^\ominus}{\rightleftharpoons} \underset{R^2}{\overset{O}{\underset{\|}{R-C-CH-CO_2R^3}}} \underset{-C_2H_5OH}{\overset{C_2H_5ONa}{\rightleftharpoons}} \left[\text{烯醇钠盐共振结构}\right] \cdot Na^\oplus$$

3. 反应影响因素及应用实例 由于存在交叉缩合，两种含 α- 活泼氢的酯进行缩合时理论上应该有四种缩合产物生成，缺乏实用价值。要想得到相对单一的产物，通常要求其中一种酯不含 α- 活泼氢，如甲酸酯、苯甲酸酯、草酸酯及碳酸酯等不含 α- 活泼氢的酯与另一分子含 α- 活泼氢的酯进行 Claisen 反应时，通过适当控制反应条件可以得到单一的产物。

Claisen 反应过程为可逆平衡反应，当催化剂的用量在等物质的量以上时，产物全部转化为稳定的 β- 酮酸酯的钠盐，使反应平衡右移。例如，在氢化钠存在下，(R)-N-(α- 甲基苄基)-N- 甲酰基甘氨酸乙酯与甲酸乙酯反应得到麻醉药物依托咪酯（etomidate）的中间体。

二元羧酸酯在碱性条件下可发生分子内的 Claisen 反应，即 Dieckmann 反应，得到单一的环状 β- 酮酸酯。若分子中同时存在羧酸酯和其衍生物如酰胺，也可以发生 Dieckmann 类型环化反应，得到相应的环状 β- 羰基酰胺。例如，抗精神病药物阿塞那平马来酸盐（asenapine maleate）的中间体采用 Dieckmann 反应制备。

拓 展 阅 读 5-4 Roskamp-Feng 反应——手性 α 取代 β- 酮酸酯的合成

（董 琳）

第六章 重排反应

编者导学

📍 **学习目标**

🔗 **思维导图**

本章导航
第一节 从碳原子到碳原子的重排
第二节 从碳原子到杂原子的重排
第三节 从杂原子到碳原子的重排
第四节 σ 迁移重排

重排反应是指分子内原子间成键顺序变化，导致分子碳骨架改变或基团迁移的化学反应。

重排反应种类繁多，按迁移基团迁移起点原子 A 和重排终点原子 B 的相对位置，可分为 1,2- 重排、1,3- 重排、1,5- 重排等，其中 1,2- 重排最为常见。

按反应机理，重排反应可分为亲核重排、亲电重排、自由基重排和 σ 迁移重排等。如果 M 带一对成键电子迁移到带有正电荷的 B 原子上称为亲核重排；如果 M 以正离子形式迁移到带有负电荷的 B 原子上称为亲电重排；若 M 带着单电子迁移到带有单电子的 B 原子上则称为自由基重排；若 M–A 之间 σ 键的断裂与 M–B 之间新 σ 键的形成是协同过程，则称为 σ 迁移重排。亲核重排和亲电重排较为常见，σ 迁移重排次之，自由基重排较为少见。

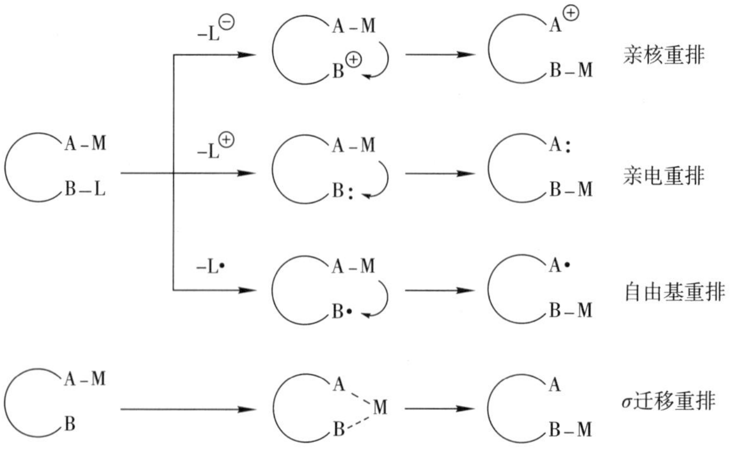

按迁移起点和终点的原子，重排反应可分为从碳原子到碳原子的重排、从碳原子到杂原子的重排、从杂原子到碳原子的重排和从杂原子到杂原子的重排等。

通过重排反应可以合成出按照常规合成路线难以得到的药物分子或中间体。

第一节　从碳原子到碳原子的重排

从碳原子到碳原子的重排反应中，大多属于亲核重排，如 Wagner-Meerwein 重排、pinacol 重排等，另外还有部分亲电重排，如 Favorskii 重排。

一、Wagner-Meerwein 重排

β- 碳原子为仲碳或叔碳原子的醇类化合物，在质子酸或 Lewis 酸催化下，发生 1,2- 重排形成新的化合物的反应称为 Wagner-Meerwein 重排。

1. 反应通式

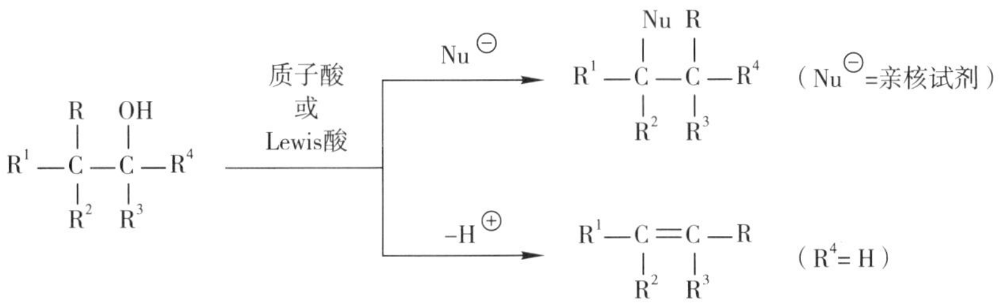

2. 反应机理　Wagner-Meerwein 重排反应的驱动力是得到更稳定的碳正离子或降低环张力，大多数情况下按照分子内 S_N1 机理进行。醇羟基首先在酸性条件下发生质子化，之后脱水形成碳正离子，紧接着 β- 碳原子上的 R 基团发生 1,2- 重排，生成一个热力学更稳定的新碳正离子，该碳正离子可以与亲核试剂发生加成得到新的化合物，或消去一个 β- 氢生成烯烃。当有多个可以消去的 β- 氢时，遵从札依采夫规则（Zaitsev rule）。

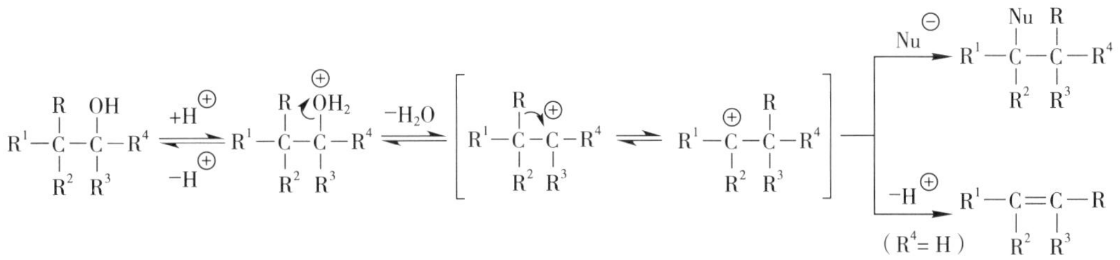

当反应物中的迁移基团可以通过与离去基团所在的碳原子产生邻基效应时，也可以经由邻基参与的方式促进离去基团的离去，重排反应的速率较快，此时 Wagner-Meerwein 重排按照分子内 S_N2 机理进行。其中，当迁移基团是具有大 π 键的芳基时，此时的机理又被称为苯鎓离子机理。

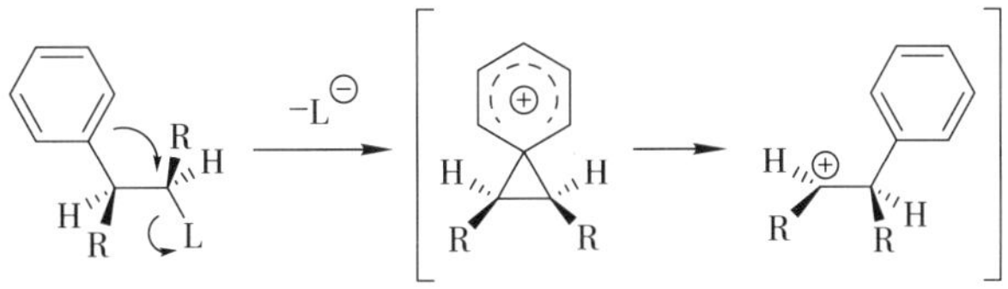

3. 反应影响因素及应用实例　凡是能够生成碳正离子的化合物均有可能发生 Wagner-Meerwein 重排，因此，能够发生该重排反应的化合物种类很多，以醇、烯烃、卤代烃和脂肪

族伯胺最为常见。重排产物的结构受碳正离子稳定性、环张力大小、迁移基团的迁移能力、亲核试剂种类等多种因素的影响。碳正离子可以通过多种方式产生,其中醇在酸催化下脱去水分子是形成碳正离子最常见的方式。

在酸性条件下,醇羟基接受质子生成质子化的醇,失水生成碳正离子。例如,异冰片(isoborneol)经酸催化重排生成莰烯(camphene)。

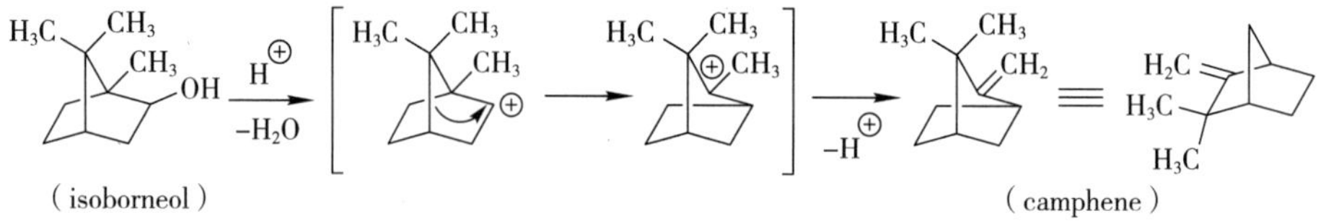

一般来说,叔醇容易生成碳正离子,仲醇次之,伯醇较难生成碳正离子。但伯醇能够接受质子生成质子化的伯醇,在一定程度上提高了其发生亲核取代反应的能力。

相较于醇羟基和水分子,磺酸基是较好的离去基团,将醇转化为对甲苯磺酸酯、甲烷磺酸酯或三氟甲烷磺酸酯等更容易生成碳正离子。但若将醇转化为磺酸酯进行活化,则增加了合成步骤,实际应用中需要根据具体情况进行选择。

某些多环烯烃在质子酸催化下生成的碳正离子可以发生重排反应,生成碳正离子的过程遵循马氏规则。例如:

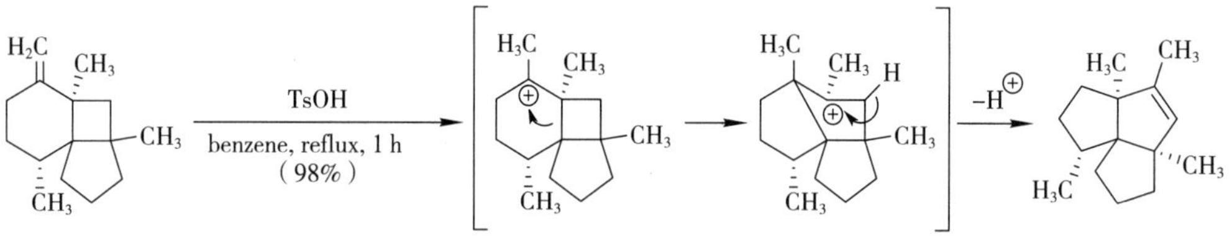

对于卤代烃而言,失去卤原子的反应速率为: I > Br > Cl > F,因此,碘代物更容易发生Wagner-Meerwein重排。可采用Lewis酸作为催化剂使卤代烃生成碳正离子,其中银离子可催化 I、Br、Cl 取代的卤代烃形成碳正离子。例如,治疗痛风的秋水仙碱(colchicine)所具有的7,7,6-三环骨架可由 $AgBF_4$ 催化螺环酮的 Wagner-Meerwein 重排反应进行构建。

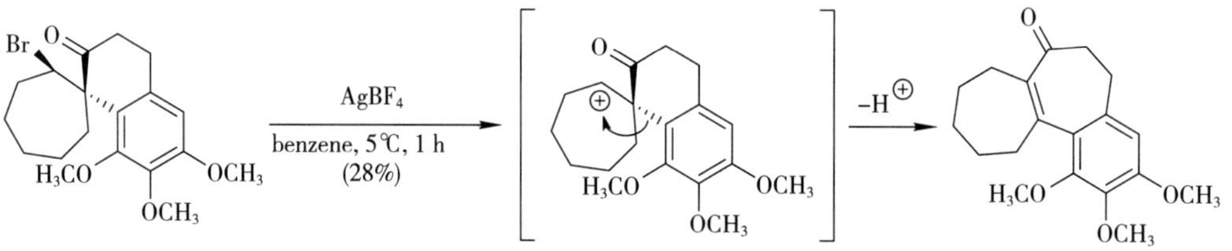

脂肪族伯胺经亚硝酸或亚硝酸酯重氮化,失去氮分子而生成碳正离子后发生的重排称为Demjanov重排。

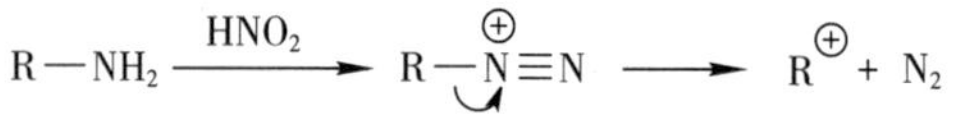

$$R-NH_2 \xrightarrow{HNO_2} R-\overset{+}{N}\equiv N \longrightarrow R^{+} + N_2$$

例如,皮质抑素(cortistatin)骨架的合成。

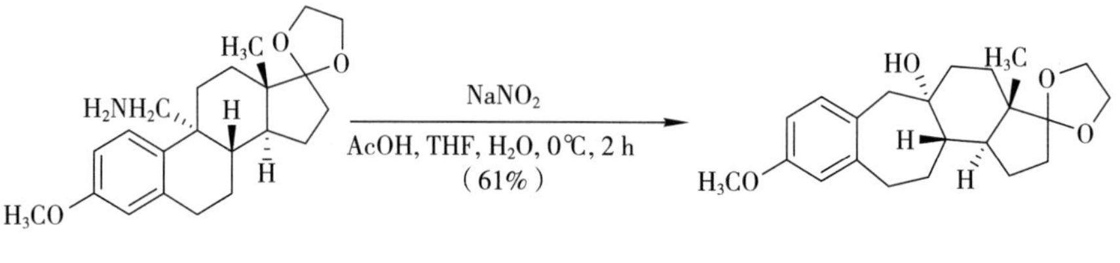

环氧、酮类化合物等在酸催化下，也可以生成碳正离子并发生重排。

在 Wagner-Meerwein 重排中，迁移基团可以是烃基、芳基或氢，而碳正离子也倾向于重新排列成热力学更稳定的结构。如果同时存在多个可能发生迁移的基团，则基团迁移的活泼性顺序大致为：

$$\text{4-MeO-C}_6\text{H}_4- > \text{C}_6\text{H}_5- > \text{4-Cl-C}_6\text{H}_4- > \text{H}_2\text{C}=\text{CH}- > \text{R}_3\text{C}- > \text{R}_2\text{HC}- > \text{RH}_2\text{C}- > \text{H}_3\text{C}- > \text{H}-$$

就苯基而言，其对位取代基的给电子能力越强，则迁移能力越强。如果迁移基团位于手性碳原子，由于反应一般按 S_N1 机理进行，因此将得到消旋化的产物。如果迁移基团本身含有手性碳原子，则该碳原子的构型在重排反应后保持不变。

对于同一反应物，不同基团发生迁移往往会形成不同的碳正离子，且碳正离子又可能发生加成或消去反应，所以 Wagner-Meerwein 重排反应一般很难得到单一产物。例如，以松节油的主要成分 α-蒎烯（α-pinene）为原料，合成樟脑（camphor）是这一反应最经典的应用。

二、pinacol 重排

取代邻二醇在酸催化下，重排生成醛或酮的反应称为 pinacol 重排，也称为片呐醇重排。

1. 反应通式 在 pinacol 重排中，当 R^1 为氢时生成醛，当 R^1 为烷基或芳基时生成酮。

$$R^1-\underset{OH}{\underset{|}{C}}(R)-\underset{OH}{\underset{|}{C}}(R^2)-R^3 \xrightarrow{H^{\oplus}} R^1-\underset{O}{\underset{\|}{C}}-\underset{R}{\underset{|}{C}}(R^2)-R^3 \quad (R=\text{烷基,芳基或氢})$$

2. 反应机理 pinacol 重排为亲核重排反应机理。首先，邻二醇的一个羟基质子化后脱去一分子水，生成碳正离子中间体，之后，邻位碳原子上的 R 基团发生 1,2-迁移产生更稳定的碳正离子，最后失去质子生成相应的羰基化合物。

3. 反应影响因素及应用实例 如果反应物邻二醇的四个取代基均相同，pinacol 重排反应生成的产物较为单一。例如，2,3-二甲基丁-2,3-二醇（pinacol，片呐醇）在酸性条件下重排生成的 3,3-二甲基丁-2-酮（pinacolone，片呐酮），可以作为合成抗真菌药特比萘芬（terbinafine）的中间体。这是此类重排反应命名为 pinacol 重排的原因。

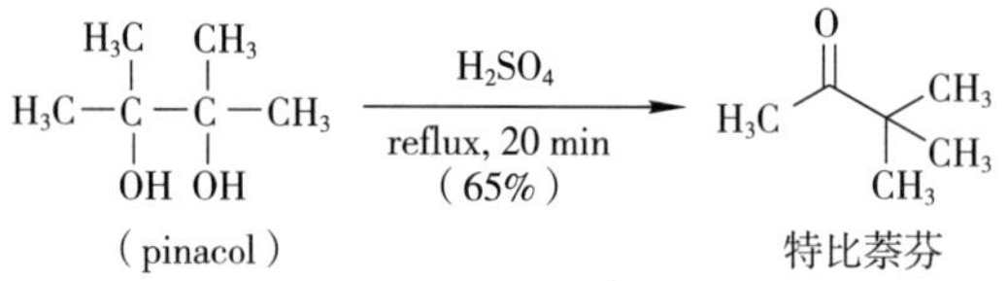

以（1R,2R）-环丁-1,2-二醇为原料，在 Lewis 酸催化下，可以得到喹诺酮类抗菌药环丙沙星（ciprofloxacin）的重要中间体环丙基甲醛。

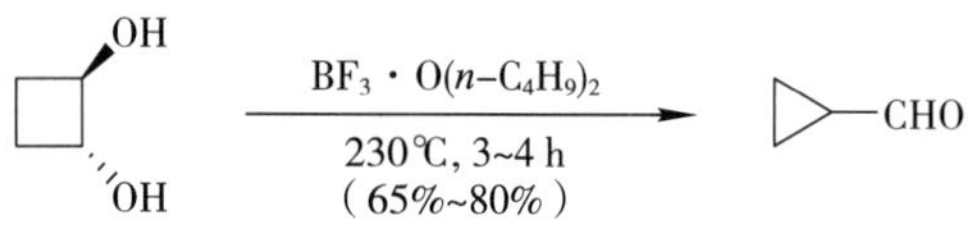

如果反应物邻二醇的四个取代基不相同，不仅生成碳正离子的位置不同，基团迁移能力也有差异，此时重排产物通常是由生成的最稳定碳正离子中间体决定的。例如，1-甲基环己-1,2-二醇在酸性条件下生成更加稳定的叔碳正离子，继而通过氢迁移得到 2-甲基环己酮。

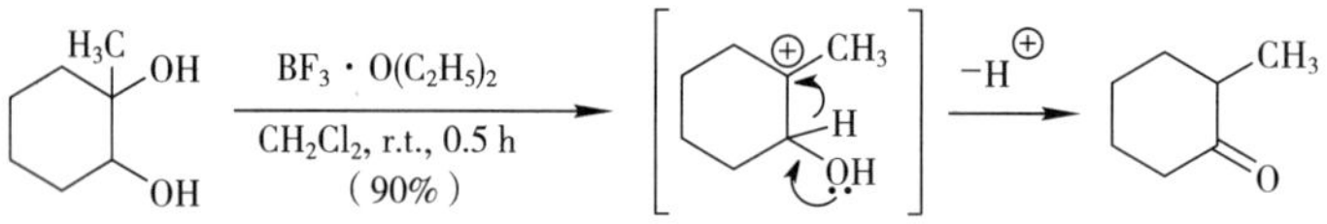

如果邻二醇中的一个羟基连接在脂环上，经过重排可得到扩环产物。

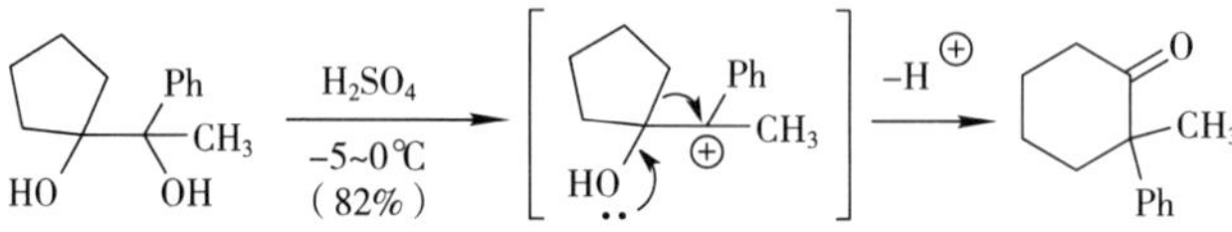

如果邻二醇的两个羟基都分别与脂环相连，则得到螺环化合物。

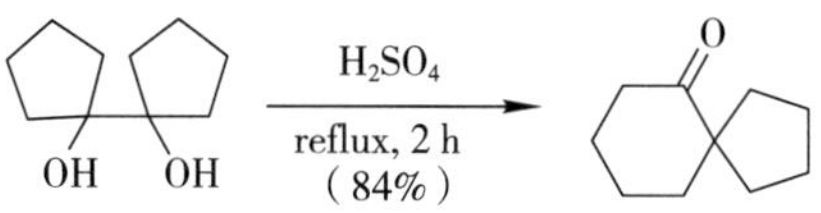

在 pinacol 重排反应中，电子云密度高的基团优先迁移，如果两个基团的电子云密度相近，则空间位阻小的基团优先迁移。常见基团的相对迁移能力顺序为：带给电子基团的芳基 > 带吸电子基团的芳基、氢、乙烯基（烷烯基）> 叔烷基 > 环丙基 > 仲烷基 > 伯烷基。

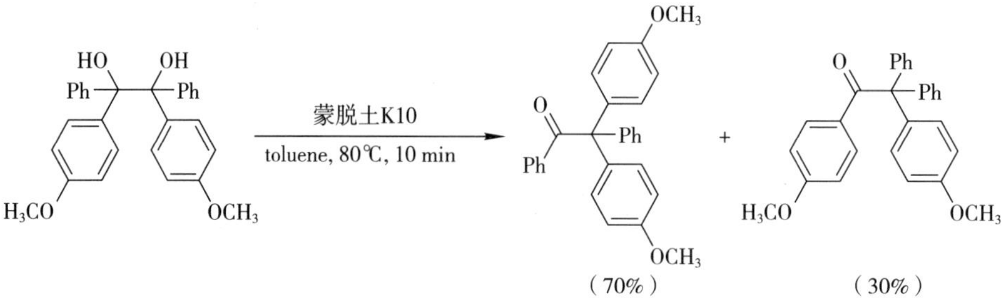

在脂环系统中，由于环上的 σ 键不能自由旋转，基团能否迁移需考虑立体化学因素。当离去基团与迁移基团处于反式共平面时，即满足迁移的立体化学要求，迁移才能顺利进行。例如，顺式 1,2- 二甲基环己 -1,2- 二醇中，直立键的甲基和离去基团处于反式共平面，该甲基进行迁移；而反式二醇的甲基和离去基团不满足反式共平面，只有与离去基团处于反式共平面的亚甲基才能发生迁移，最终得到缩环产物。

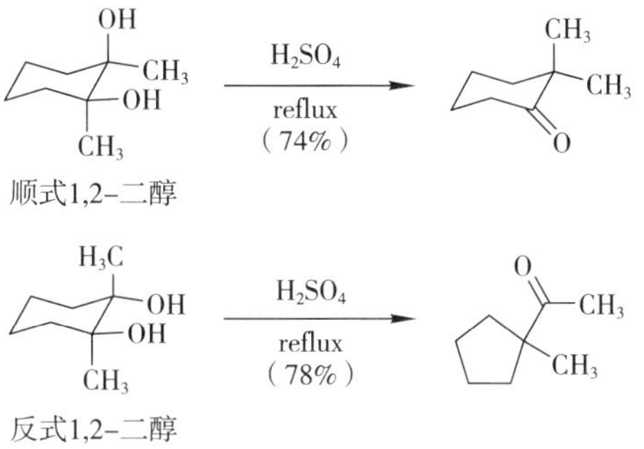

某些化合物中羟基的 β- 碳原子在一定条件下也能产生正电荷，也可发生 pinacol 重排得到酮类化合物，这种重排称为 Semipinacol 重排，也称为半片呐醇重排。能发生 Semipinacol 重排的底物常见的有 β- 氨基醇、β- 卤代醇、β- 羟基磺酸酯及环氧化合物等。例如，抗高血压药硫酸胍乙啶（guanethidine sulfate）中间体环庚酮的合成中就利用了 Semipinacol 重排的方法。该类 β- 氨基醇在 NaNO₂ 条件下反应生成扩环的酮类化合物的反应也称为 Tiffeneau-Demjanov 重排。

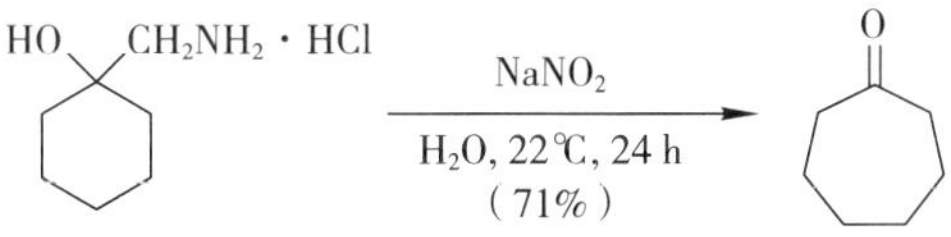

学科前沿 6-1　串联反应中的 Semipinacol 重排

三、Benzil 重排

邻二酮类化合物在碱性条件下，重排生成 α- 羟基羧酸的反应称为 Benzil 重排（苯偶酰重排或二苯基乙二酮重排），也称为 Benzilic acid 重排（二苯羟乙酸重排或二苯乙醇酸重排）。

1. 反应通式

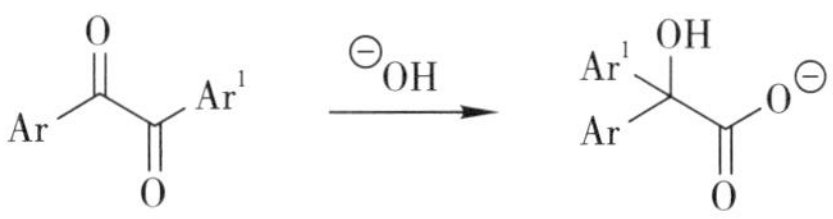

2. 反应机理　Benzil 重排为亲核重排反应机理。首先，碱对酮羰基进行亲核加成，之后迁移基团发生重排，迁移过程是反应的决速步骤。重排产物进行质子转移，得到羧酸盐。生成的稳定的羧酸盐使反应不可逆，是该重排反应的驱动力。羧酸盐经酸化后可生成二芳基乙醇酸。

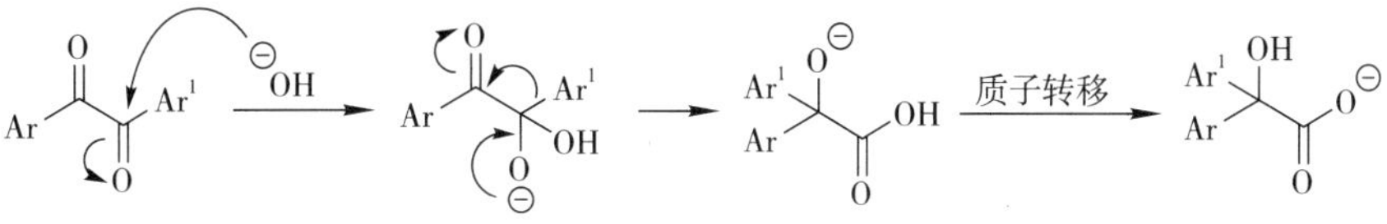

3. 反应影响因素及应用实例　芳基邻二酮和脂肪邻二酮均可发生 Benzil 重排，不论对称与否，均生成相同的产物。芳基邻二酮的重排收率更高，含吸电子基的芳环更易发生重排，但取代基处于邻位时，由于位阻影响，导致反应速率降低。例如，抗癫痫药苯妥英钠（phenytoin sodium）就是利用 Benzil 重排作为关键步骤，以二苯基乙二酮和尿素为原料，在 NaOH 催化下合成的。

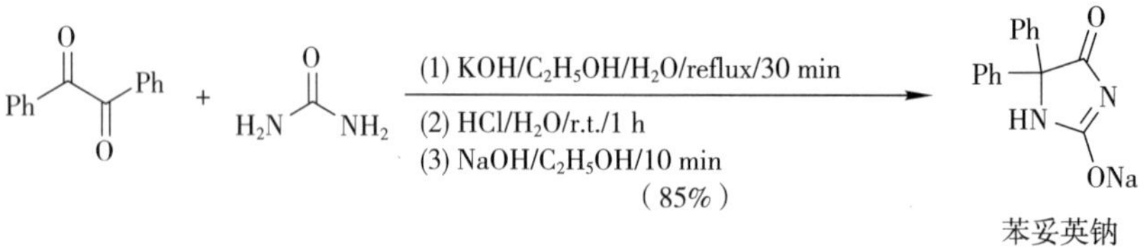

脂肪邻二酮 β，β'-己二酮二酸在碱作用下可发生重排反应生成柠檬酸（citric acid）。

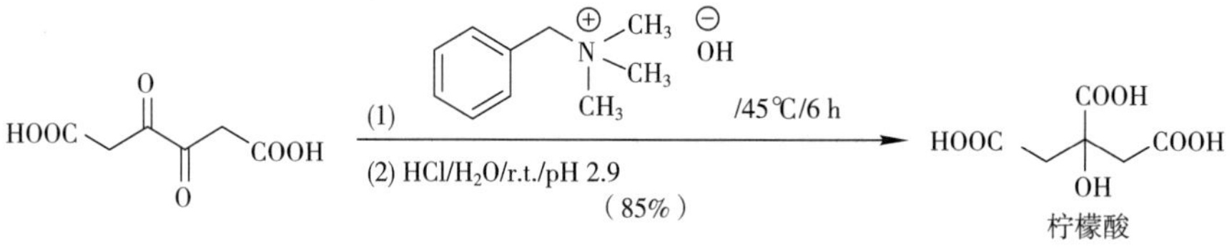

脂肪邻二酮反应物如果含有 α-氢，会在碱性条件下发生 Aldol 反应，与重排反应产生竞争，使重排反应收率降低，有时甚至只生成缩合产物。

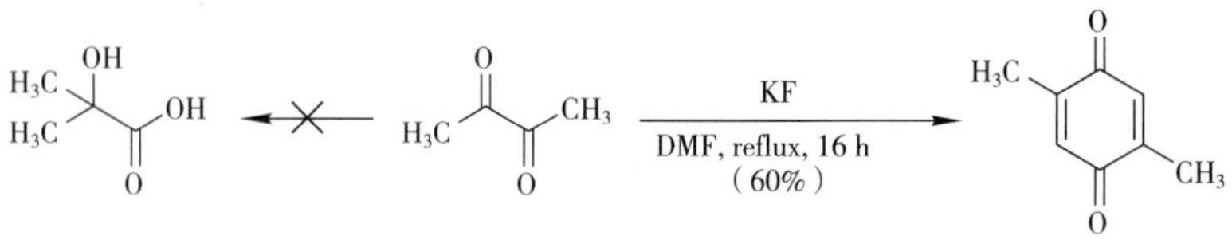

环状邻二酮在进行重排时，生成缩环的 α-羟基羧酸。

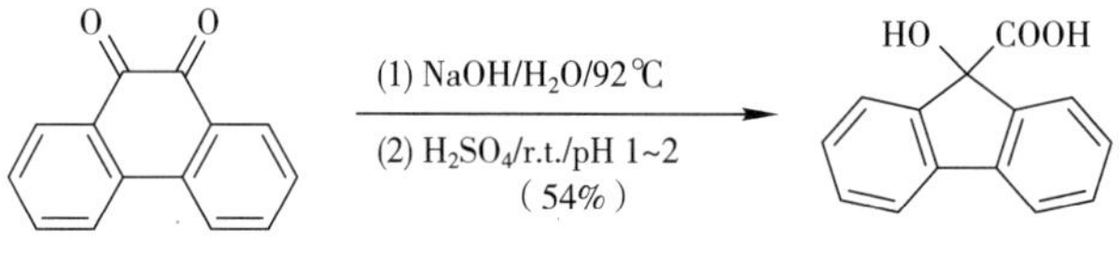

甾体药物常利用 Benzil 重排反应进行缩环来制备。

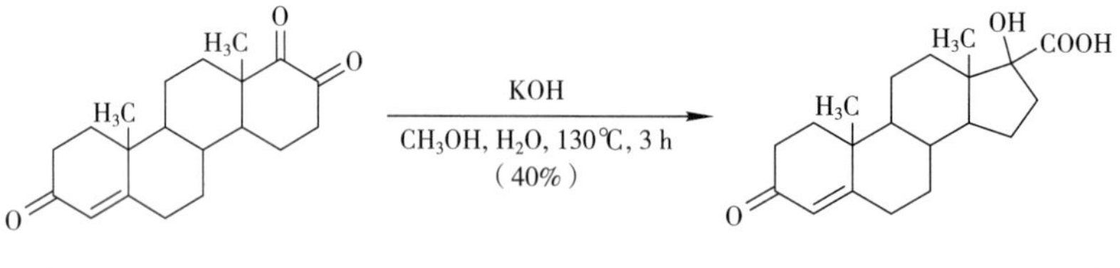

Benzil 重排除了使用无机碱作催化剂外，还可以使用醇钠或醇钾作为催化剂，此时生成物为酯而不是羧酸盐，也被称为 Benzilic ester 重排（二苯乙醇酸酯重排）。

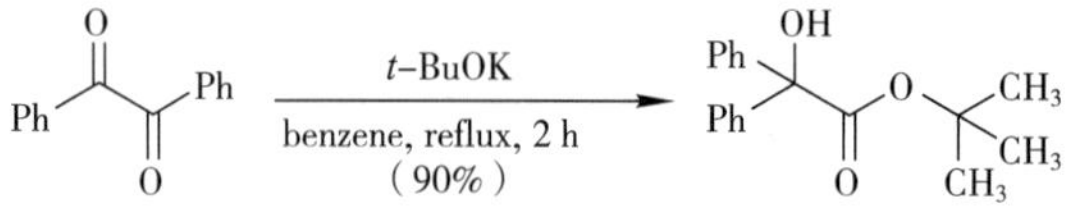

四、Favorskii 重排

含有 α′- 氢的 α- 卤代酮在碱性条件下重排生成羧酸及其衍生物的反应称为 Favorskii 重排。

1. 反应通式

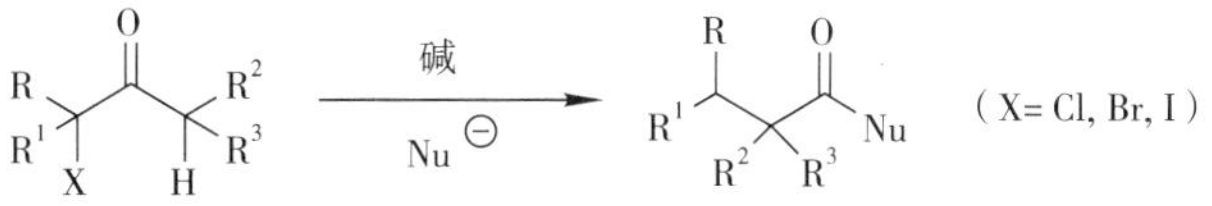

$$\underset{X\;H}{\overset{R\;\;\;\;O\;\;\;\;R^2}{R^1\text{—C—C—C—}R^3}} \xrightarrow[Nu^{\ominus}]{\text{碱}} \underset{R^2\;R^3}{\overset{R\;\;\;\;O}{R^1\text{—C—C—}Nu}} \quad (X=Cl, Br, I)$$

2. 反应机理   α- 卤代酮在碱性条件下失去一个 α′- 氢后形成碳负离子，之后碳负离子发生分子内 S_N2 反应，生成环丙酮中间体，随后亲核试剂进攻环丙酮的羰基碳发生环丙酮的开环并形成碳负离子，最后碳负离子得到质子形成最终产物。亲核试剂进攻环丙酮中间体时有两种不同的开环方式，以能生成更稳定碳负离子的方向占优。

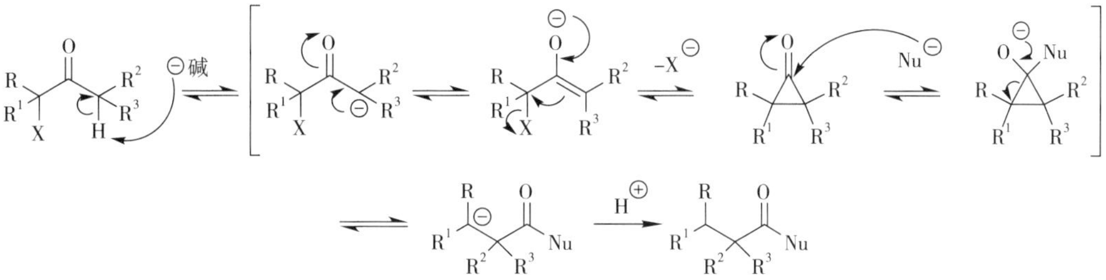

3. 反应影响因素及应用实例   Favorskii 重排反应不仅适用于开链的脂肪族 α- 卤代酮及环状的 α- 卤代环酮，还适用于 α 位连有其他离去基团的酮类化合物，甚至某些 α- 卤代酰胺也能发生 Favorskii 类型的重排。例如，含 α′- 氢的链状 α- 氯代酮在乙醇钠催化下可实现 3,3-二苯基丙酸乙酯的合成。

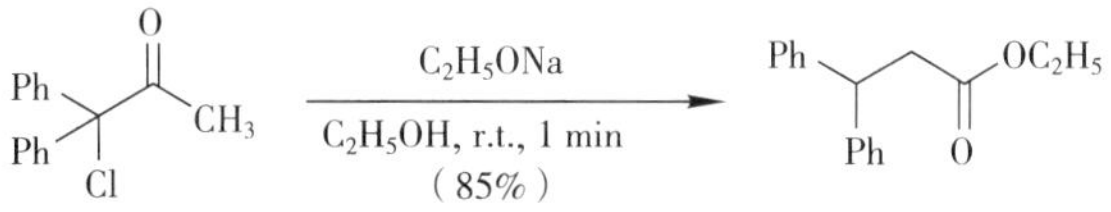

具有 α′- 氢的 α,α- 二卤代酮或具有 α′- 氢的 α,α′- 二卤代酮发生重排时，重排产物会同时失去卤化氢，得到 α,β- 不饱和羧酸或其衍生物。

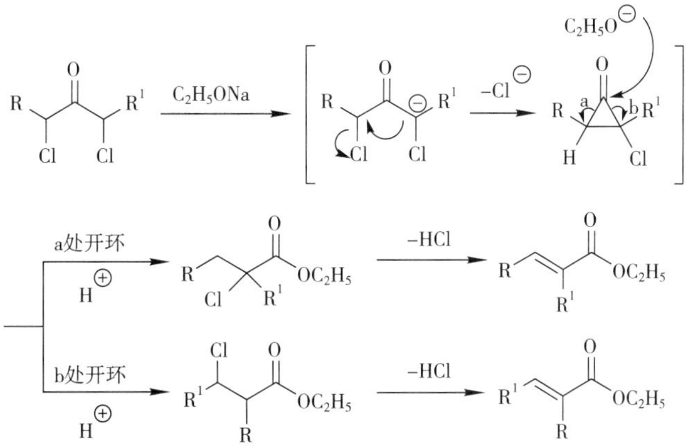

如果反应物为 α- 卤代环酮，则发生缩环反应，生成碳环上少一个碳原子的环状羧酸或

其衍生物，这在合成具有较大张力的环状化合物时非常有效。例如，驱虫剂二氢假荆芥内酯（dihydronepetalactone）可由香芹酮的氯代衍生物以 Favorskii 重排作为关键反应进行合成。

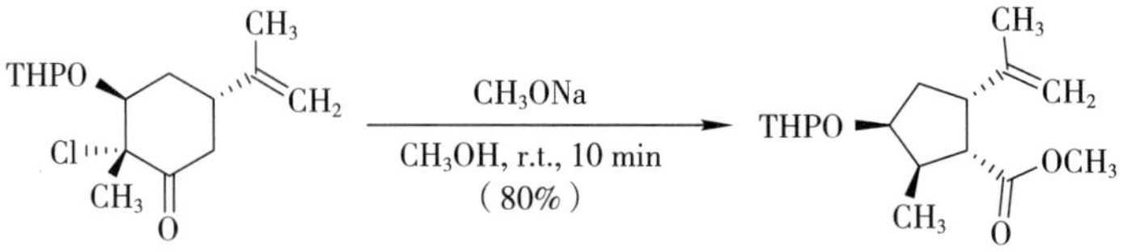

案例讨论 6-1　DGAT-1 抑制剂中间体的合成工艺优化

抗结核药吡嗪酰胺（pyrazinamide）的中间体哌嗪-2-甲酸，可以通过 α-溴代酰胺的 Favorskii 重排反应而合成，反应中氨基甲酸酯在酸性条件下发生水解得到仲胺。

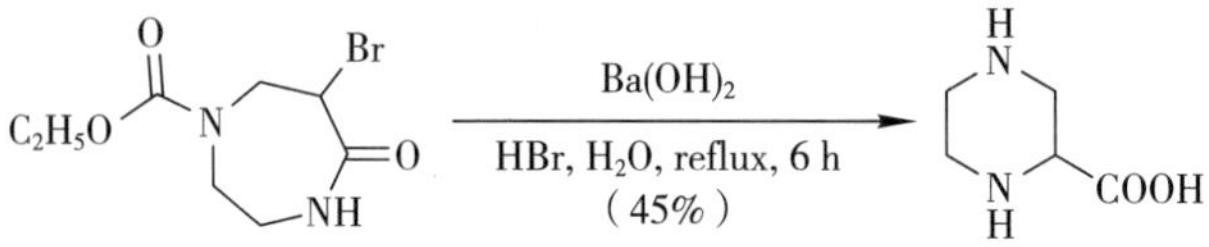

在 Favorskii 重排中，可使用碱金属氢氧化物、醇钠、氨基钠等作为催化剂，催化剂同时作为亲核试剂，产物依次为羧酸、酯、酰胺等。例如，治疗胰岛素抵抗的活性分子环戊基羧酸中间体的合成中使用 KOH 作为催化剂，产物为羧酸。

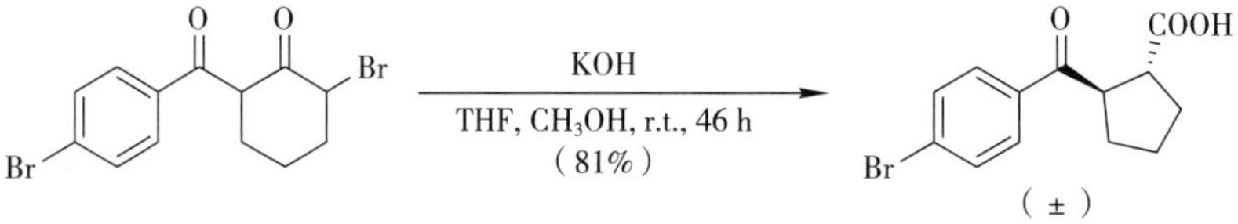

当反应底物为 α,β-环氧基酮，或者羰基 α 位含有离去基团且不含 α'-氢，即没有可烯醇化的 α'-氢时，在碱性条件下也能发生重排，这类反应称为准 Favorskii 重排。例如，甲烷磺酰氧基（methanesulfonyloxy，MsO）作为离去基团可发生此类反应。

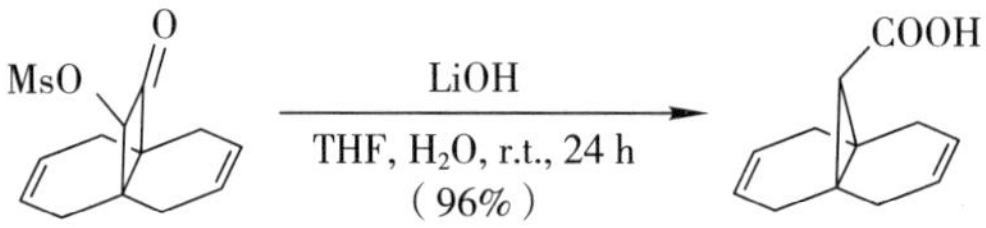

当反应底物为 β 位含离去基团的酮时，在碱性条件下也能发生类似的反应，此时反应经历环丁酮中间体，这类反应称为高 Favorskii 重排（homo-Favorskii 重排）。

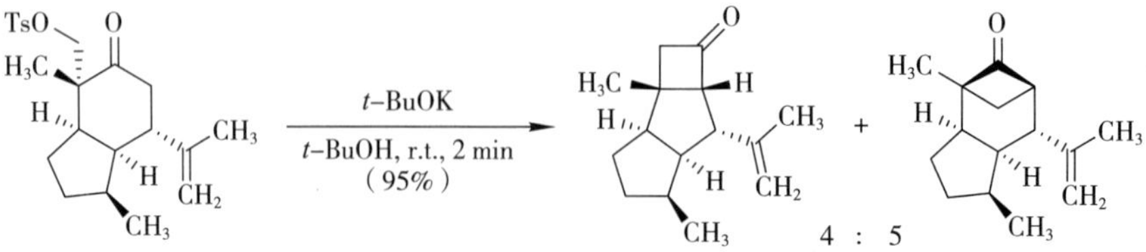

五、Wolff 重排

α-重氮酮在加热或光照或金属化合物的作用下，重排成活性很高的烯酮（ketene），烯酮可分别与水、醇、氨或胺反应，生成相应的羧酸、酯、酰胺，这类反应称为 Wolff 重排。

1. 反应通式

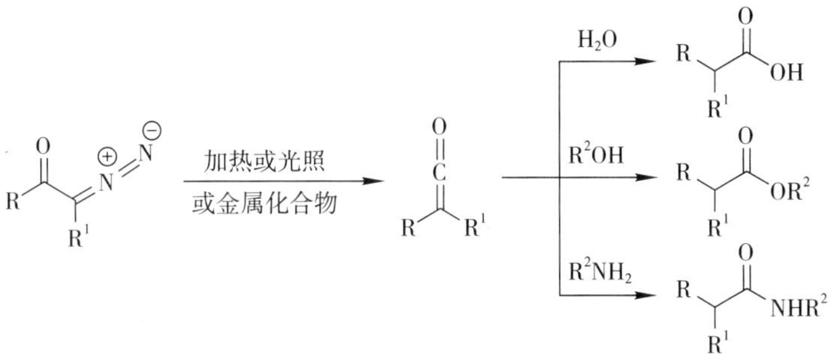

[反应式图示：α-重氮酮在加热或光照或金属化合物条件下生成烯酮中间体，再与 H_2O、R^2OH、R^2NH_2 反应分别生成羧酸、酯、酰胺]

（R=烷基，芳基，杂芳基）
（R^1，R^2=烷基，芳基，氢等）

2. 反应机理 α-重氮酮（α-diazo ketone）失去氮分子后形成α-酮碳烯（α-keto carbene），此时酮的α-碳外层只有六个电子，R 迁移基团带着其成键电子向碳烯的碳原子进行 1,2-迁移生成烯酮（ketene）。烯酮能迅速的与水、醇、氨或胺等亲核试剂反应，生成相应的羧酸、酯、酰胺。

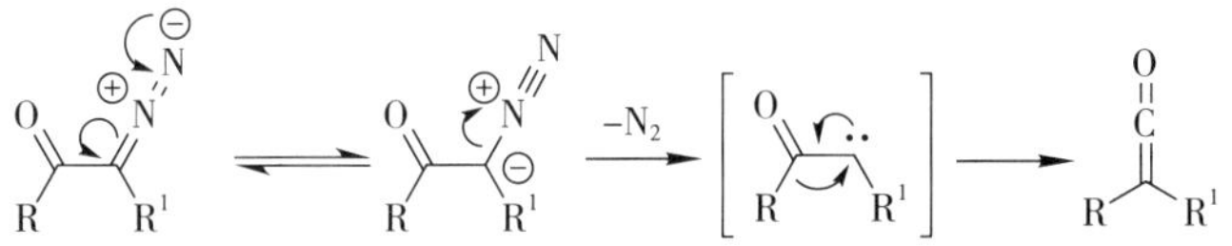

[反应机理图示：α-重氮酮 ⇌ 共振结构 $\xrightarrow{-N_2}$ [α-酮碳烯] → 烯酮]

Wolff 重排属于碳烯重排。碳烯（carbene）又称为卡宾、碳宾，是含有 2 个未成键电子的电中性二价碳原子中间体。常见碳烯的稳定性顺序排列如下：

$\ddot{C}H_2$ < $RO_2C\ddot{C}H$ < $Ph\ddot{C}H$ < $Br\ddot{C}H$ < $Cl\ddot{C}H$ < $Br_2\ddot{C}$ < $Cl_2\ddot{C}$

拓展阅读 6-1 光化学反应器

3. 反应影响因素及应用实例 Wolff 重排可制备多一个碳原子的羧酸或其衍生物。例如，含有 α-重氮酮结构的 2-重氮 -1-(萘 -1-基)乙 -1-酮在 Ag_2O 的催化下发生 Wolff 重排，可得到植物生长调节剂 2-(萘 -1-基)乙酸乙酯。

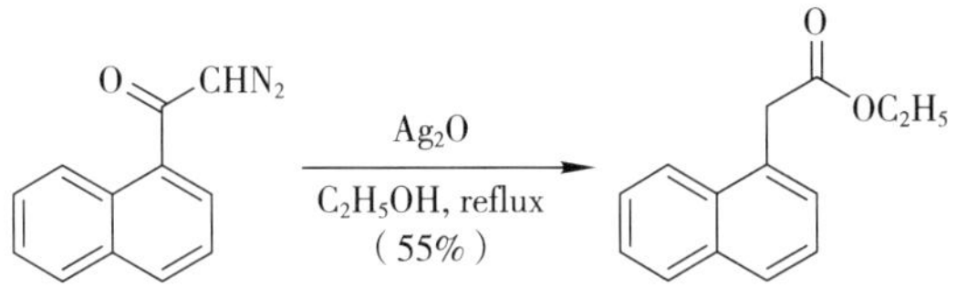

[反应式：1-萘基-COCHN₂ $\xrightarrow[C_2H_5OH, reflux]{Ag_2O}$ 1-萘基-CH₂COOC₂H₅ （55%）]

若反应物为环状 α-重氮酮，则可得到缩环的产物。例如，抗 HIV 病毒药物欧芹籽油（oxetanocin）的四元环中间体可由五元环 α-重氮酮经 Wolff 重排得到。

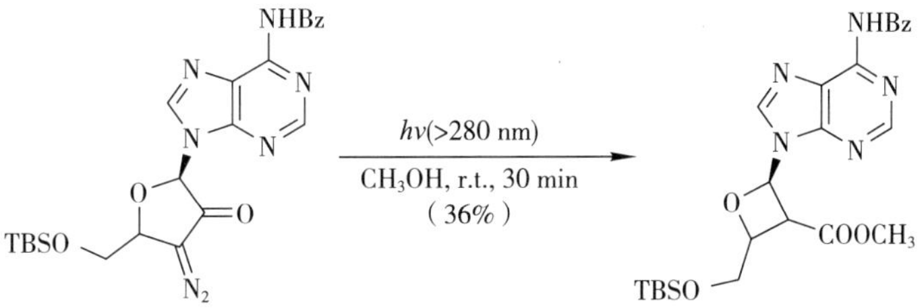

[反应式：五元环α-重氮酮核苷衍生物 $\xrightarrow[CH_3OH, r.t., 30 min]{h\nu(>280 nm)}$ 四元环产物 （36%）]

α-重氮酮重排生成的烯酮活性很高，当反应以醇作为亲核试剂时，会生成羧酸酯。如果迁移基团具有手性，则迁移后基团的构型保持不变。例如，离子型谷氨酸受体激动剂 (-)-α-

红藻氨酸（α-kainic acid）可通过 PhCOOAg 催化的 Wolff 重排反应进行制备。

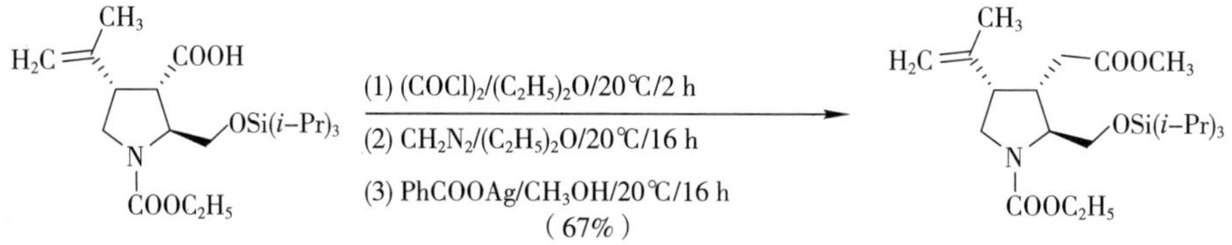

由羧酸制得的酰氯与重氮甲烷（CH_2N_2）反应生成 α-重氮酮，之后再发生 Wolff 重排，可生成比原料羧酸多一个碳原子的羧酸，称为 Arndt-Eistert 合成。

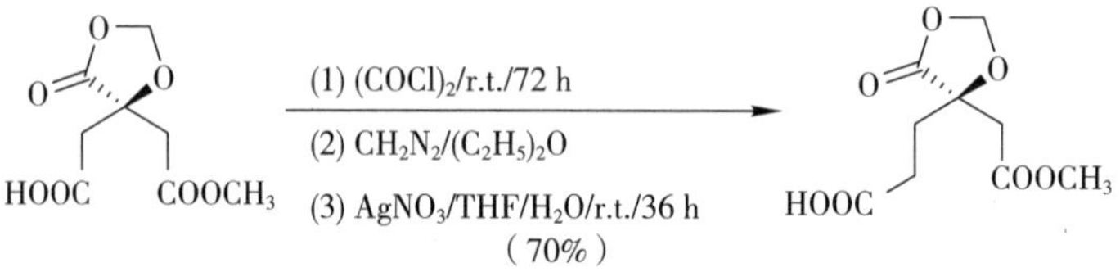

六、乙烯基环丙烷重排

乙烯基环丙烷转化为环戊烯的反应称为乙烯基环丙烷重排，也称为乙烯基环丙烷－环戊烯重排（vinylcyclopropane-cyclopentene 重排）。

1. 反应通式

2. 反应机理 乙烯基环丙烷重排有两种不同的反应机理。第一种为环丙基的 C—C 键均裂形成双自由基（biradical）中间体，之后形成环戊烯；第二种为协同反应过程，环丙基的开环与环戊烯的成环同时发生。

（1）自由基机理

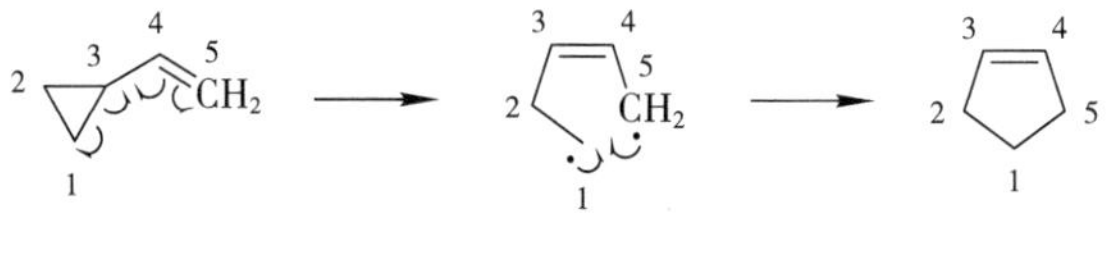

（2）协同反应机理

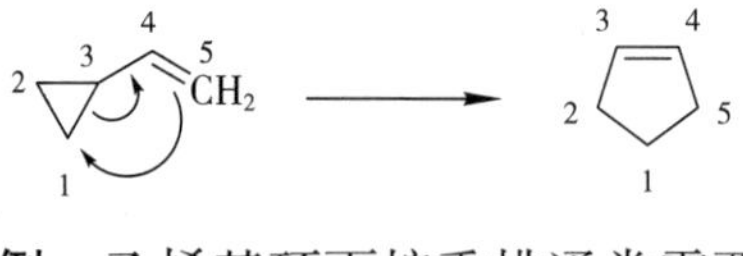

3. 反应影响因素及应用实例 乙烯基环丙烷重排通常需要较高的温度，因此一般在闪蒸真空热解（flash vacuum pyrolysis，FVP）装置中进行。例如，抗生素阿非迪霉素（aphidicolin）即采用该重排反应来合成。

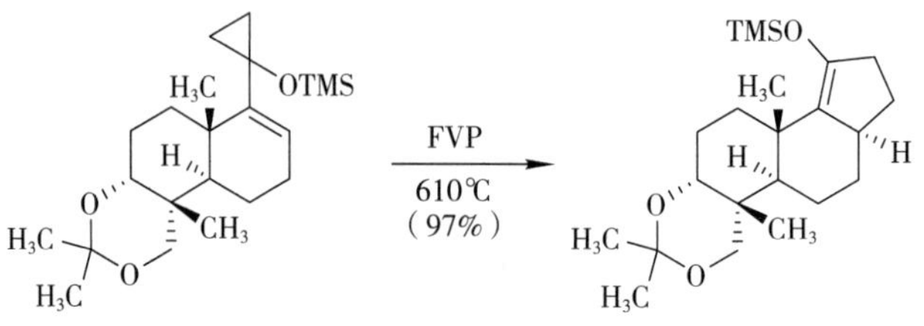

反应底物中环丙基的碳原子被杂原子替代，则重排反应的温度会显著降低，此法可用于制备吡咯、呋喃、噻吩等杂环衍生物。例如，抗生素茴香霉素（anisomycin）中间体可由乙烯基氮杂环丙烷经重排制备。

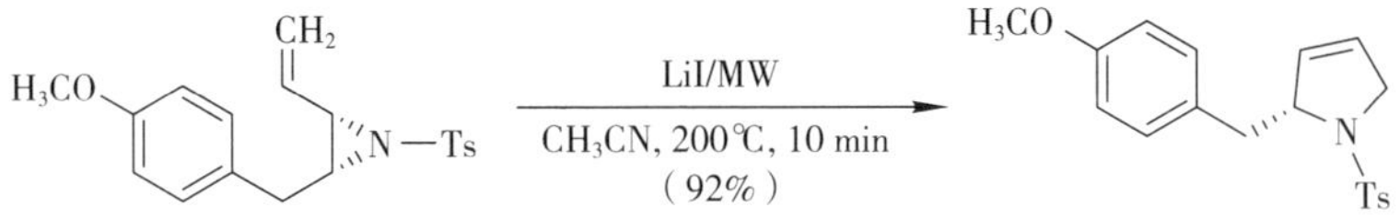

使用 Lewis 酸有利于重排反应的发生。例如，成精子囊素（antheridiogen）的合成中，$(C_2H_5)_2AlCl$ 的使用大大降低了反应温度。

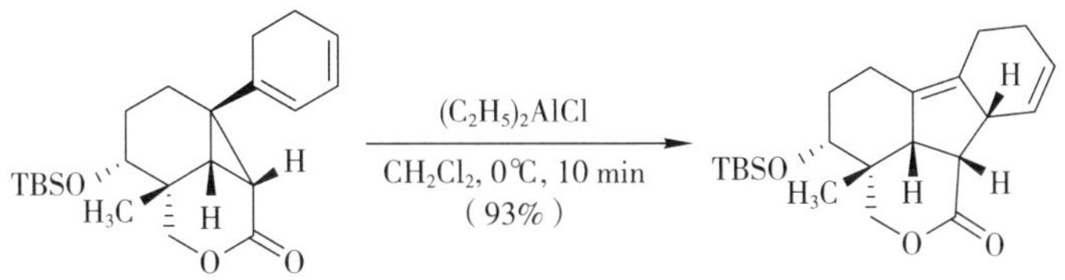

过渡金属可促进重排反应发生。例如，使用三氟乙酰丙酮化铜 $[Cu(tfacac)_2]$ 催化可制备抗血小板药氯吡格雷（clopidogrel）的中间体。

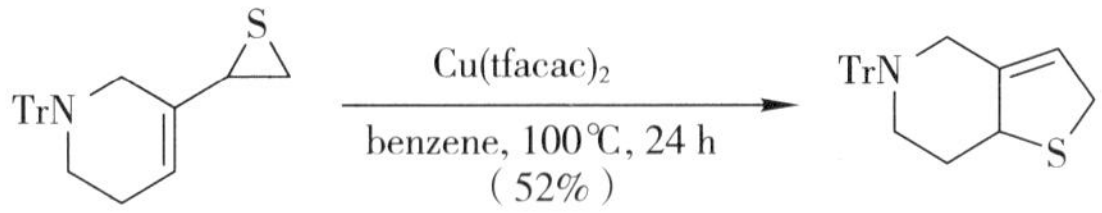

乙烯基环丙烷重排在光照条件下也可进行。例如，环丙烷化合物可在甲苯中光照制备棉籽象鼻虫的信息素诱杀烯醇（grandisol）的中间体。

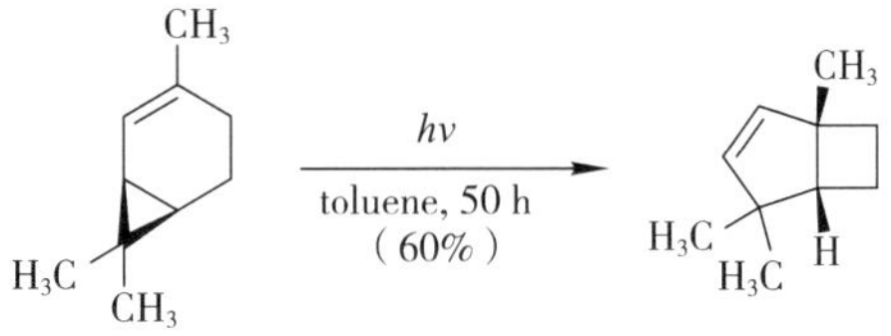

第二节　从碳原子到杂原子的重排

从碳原子到杂原子的重排反应大多属于亲核重排，主要分为从碳原子到氮原子的重排和从碳原子到氧原子的重排。前者大多经历氮烯（nitrene）中间体，如 Beckmann 重排、Hofmann 重排、Curtius 重排和 Schmidt 重排等；后者经历正电性的氧中间体，如 Baeyer-Villiger 重排。

氮烯又称为乃春、氮宾，是碳烯（卡宾）的氮取代类似物。氮烯中的氮原子只有六个电子，具有亲电性。氮烯的产生方法主要有磺酰胺在碱性条件下的消除、叠氮化合物的光解或热分解、异氰酸酯脱一氧化碳等。

一、Beckmann 重排

醛类或酮类化合物与羟胺生成的羟亚胺（也被称为"肟"）在酸性条件下可重排生成 N-取代酰胺，该反应称为 Beckmann 重排。

1. 反应通式

$$\underset{R^1}{\overset{R}{>}}\!\!=\!O + NH_2OH \cdot HCl \longrightarrow \underset{R^1}{\overset{R}{>}}\!\!=\!N\text{-}OH \xrightarrow{H^{\oplus}} R^1\text{-}C(=O)\text{-}NH\text{-}R \quad (R, R^1 = 烷基, 芳基, 氢)$$

2. 反应机理 Beckmann 重排是亲核重排反应。肟在酸（质子酸或 Lewis 酸）催化下生成氮烯，处于羟基反式的 R 基团迁移至氮原子上，生成的碳正离子与亲核试剂（如 H_2O）加成后脱去质子形成亚胺酸（imidic acid），最后异构化为 N- 取代酰胺。在迁移过程中，离去基团（如 H_2O）离去和迁移基团的迁移同时发生。

$$\underset{R^1}{\overset{R}{>}}\!\!=\!N\text{-}OH \xrightarrow{H^{\oplus}} \underset{R^1}{\overset{R}{>}}\!\!=\!N\text{-}OH_2^{\oplus} \xrightarrow{-H_2O} \left[\underset{R^1}{\overset{R}{>}}\!\!=\!\overset{\oplus}{N} \longrightarrow R^1\text{-}C\!\equiv\!\overset{\oplus}{N}\text{-}R \rightleftharpoons R^1\text{-}\overset{\oplus}{C}\!=\!N\text{-}R \right]$$
氮烯

$$\xrightarrow{H_2O} \underset{R^1}{\overset{H_2\overset{\oplus}{O}}{>}}\!\!=\!N\text{-}R \xrightarrow{-H^{\oplus}} \underset{R^1}{\overset{HO}{>}}\!\!=\!N\text{-}R \rightleftharpoons R^1\text{-}C(=O)\text{-}NH\text{-}R$$
亚胺酸

3. 反应影响因素及应用实例 在 Beckmann 重排中，发生迁移的是与肟羟基处于反式的基团。绝大多数情况下，形成的肟的羟基都与大基团处于反式，因此，在 Beckmann 重排中主要发生的是体积较大基团的迁移。特殊条件下，处于顺式的基团也能发生迁移，这可能是由肟质子化后形成的 C—N 单键发生旋转导致的异构化引起的。

$$\underset{R^1}{\overset{R}{>}}\!\!=\!N\text{-}OH \xrightarrow{H^{\oplus}} \left[\underset{R^1}{\overset{R}{>}}\!\!=\!\overset{\oplus}{N}(H)\text{-}OH \rightleftharpoons \underset{R^1}{\overset{R}{>}}\!\!=\!\overset{\oplus}{N}(OH)\text{-}H \right] \xrightarrow{-H^{\oplus}} \underset{R^1}{\overset{R}{>}}\!\!=\!N\text{-}OH \longrightarrow R\text{-}C(=O)\text{-}NH\text{-}R^1$$

在 Beckmann 重排中，通常氢不发生迁移，所以不能以醛为底物通过 Beckmann 重排制备伯酰胺。在脂肪 - 芳香酮肟的重排中，通常是芳基发生迁移，得到 N- 芳基酰胺。例如，解热镇痛药对乙酰氨基酚（paracetamol）可通过 4- 羟基苯乙酮与盐酸羟胺经缩合、重排反应制得，在重排过程中芳基发生迁移。

$$\text{4-HO-C}_6\text{H}_4\text{-C(=O)-CH}_3 \xrightarrow[\substack{70℃, 16h \\ (71\%)}]{NH_2OH \cdot HCl/CF_3COOH} \text{4-HO-C}_6\text{H}_4\text{-NH-C(=O)-CH}_3$$
对乙酰氨基酚

当迁移芳基的邻位上有氨基、羟基或巯基等原子基团时，重排后易环合生成苯并咪唑衍生物、苯并噁唑衍生物或苯并噻唑衍生物。

$$\text{2-HO-C}_6\text{H}_4\text{-C(=NOH)-CH}_3 \xrightarrow[\substack{toluene, reflux, 5 min \\ (86\%)}]{(C_2H_5O)_2P(=O)Cl} \text{2-methylbenzoxazole}$$

脂环酮肟经 Beckmann 重排可发生扩环反应，生成内酰胺。例如，由环己酮可得到 ε-己内酰胺（caprolactam），它是抗血小板药 6-氨基己酸和高效皮肤渗透促进剂月桂氮䓬酮（laurocapram）的中间体，也是工业上合成尼龙-6 的原料。

$$\text{环己酮} \xrightarrow[\text{H}_2\text{O, 70℃, 4 h}]{\text{NH}_2\text{OH·HCl/CF}_3\text{COOH}} \text{己内酰胺} \quad (99\%)$$

脂环酮肟在发生 Beckmann 重排时，迁移基团的构型保持不变。例如，脂环酮肟在 TsCl 的作用下发生 Beckmann 重排，是制备大环内酯类抗生素阿奇霉素（azithromycin）的重要步骤。

$$\xrightarrow[\text{CH}_2\text{Cl}_2, 5℃, 2\text{ h}]{\text{TsCl}} \quad (74\%)$$

除了肟之外，肟的有机酸酯、无机酸酯也能发生 Beckmann 重排。例如，螺[3.5]壬烷-2-酮和羟胺-O-磺酸在甲酸溶剂中反应，可得到酮肟硫酸酯，再经过盐酸催化的 Beckmann 重排，可制得抗癫痫药加巴喷丁（gabapentin）。

$$\xrightarrow[(2)\text{ HCl/H}_2\text{O/reflux/9 h}]{(1)\text{ HCOOH/ HO-S(=O)}_2\text{-ONH}_2\text{ /reflux/4.5 h}} \text{加巴喷丁} \quad (43\%)$$

Beckmann 重排一般使用酸性催化剂，酮肟作底物时常用的催化剂是浓硫酸、PCl_5 的醚溶液、HCl 的乙酸和乙酸酐溶液（Beckmann 混合液）、多聚磷酸（PPA）及三氟乙酸酐（trifluoroacetic anhydride, TFAA）等。也可使用甲酸、液态 SO_2、六甲基磷酰三胺（hexamethylphosphoramide，HMPA）、P_2O_5-甲磺酸、$SOCl_2$ 及硅胶等作催化剂进行反应。

除了使用非金属酸性催化剂之外，过渡金属催化剂或中性催化剂如 PPh_3-CBr_4、$(NH_4)_2S_2O_8$-DMSO 等也可以实现 Beckmann 重排。中性催化剂更加适用于在酸性条件不稳定的酰胺的合成。例如，酮肟以过硫酸铵 [$(NH_4)_2S_2O_8$, ammonium persulphate, APS] 和 DMSO 催化，在中性条件下发生的 Beckmann 重排作为关键反应，可以合成具有抗疟疾作用的天然产物异榭皮素（isocryptolepine）的中间体。

$$\xrightarrow[\text{1,4-dioxane, 100℃, 6 h}]{\text{APS/DMSO}} \quad (51\%)$$

在反应过程中应用微波可以大大缩短 Beckmann 重排的反应时间，甚至提高收率。

拓展阅读6-2　微波在重排反应中的应用

Beckmann 重排反应是一个理想的原子经济性反应，符合环境友好的原则，广泛应用于 N-取代酰胺或胺类化合物的合成。

二、Hofmann 重排

氮原子上无取代基的酰胺在次卤酸盐（一般为 NaOCl、NaOBr）或卤素（Cl_2、Br_2）与碱的作用下，重排成比原来的酰胺少一个碳原子的胺的反应称为 Hofmann 重排。

1. 反应通式

$$R-CONH_2 \xrightarrow{\text{NaOX 或 NaOH/X}_2} R-NH_2 \quad (X = Cl, Br)$$

2. 反应机理

Hofmann 重排是亲核重排。酰胺在卤素和 NaOH 作用下生成 N-卤代酰胺，碱夺去质子生成 N-卤代酰胺负离子，随后发生卤素阴离子的离去和迁移基团 R 重排到氮原子上的协同过程，生成异氰酸酯（isocyanate）。之后生成不稳定的氨基甲酸（carbamic acid），并分解为少一个碳原子的伯胺和二氧化碳。

（反应机理示意图，中间体 X = Cl, Br；最终生成异氰酸酯）

$$\xrightarrow{H_2O} R-NH-COOH \longrightarrow R-NH_2 + CO_2$$

氨基甲酸

3. 反应影响因素及应用实例

Hofmann 重排是由酰胺制备难以直接合成的少一个碳原子伯胺的重要方法，反应物可以是脂肪族、脂环族、芳香族或杂环的酰胺。如果芳环上含有取代基，则含有给电子基团的芳基酰胺的重排产率要高于含有吸电子基团的芳基酰胺。例如，在抗病毒药奈韦拉平（nevirapine）中间体的合成中，利用了 Hofmann 重排反应。

（反应式：2,6-二氯-4-甲基-3-吡啶甲酰胺 $\xrightarrow{\text{NaOH/Br}_2, H_2O, 70℃, 15 h}$ 对应的 3-氨基吡啶，93%）

用光学活性的酰胺进行 Hofmann 重排反应，结果得到构型保持的伯胺。

（反应式：光学活性的 2-（4-氯苯基）-3-甲基丁酰胺 $\xrightarrow{\text{NaOH/Br}_2, CH_3OH, H_2O, 80℃, 5 h}$ 对应伯胺，97%）

若反应物是低级脂肪族酰胺，合成伯胺的收率较高，8 个碳原子以下的酰胺通常可以较高收率制备伯胺。例如，环内基酰胺能以 80% 的收率制备抗血小板药替格瑞洛（ticagrelor）的关键中间体——手性环丙胺。

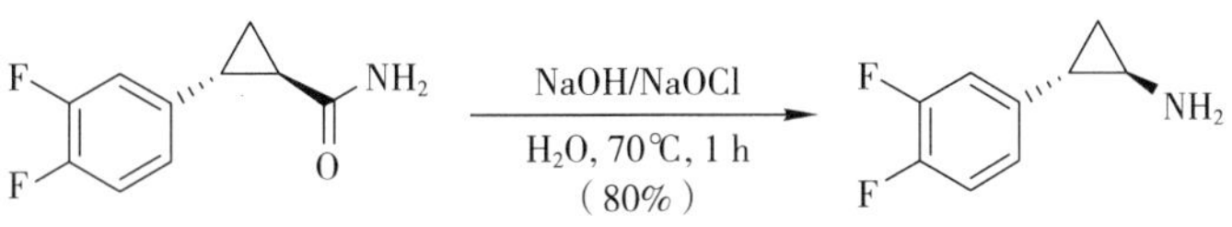

链状二酰胺为原料的 Hofmann 重排，若两个酰胺基团彼此靠近，则生成环状酰脲或环状脲类化合物。例如，使用丁二酰胺为原料，在 NaOBr 作用下，重排生成二氢尿嘧啶，而不是乙二胺。二氢尿嘧啶水解后生成的 β- 氨基丙酸（β-alanine）可用于非甾体抗炎药巴柳氮（balsalazide）的合成。

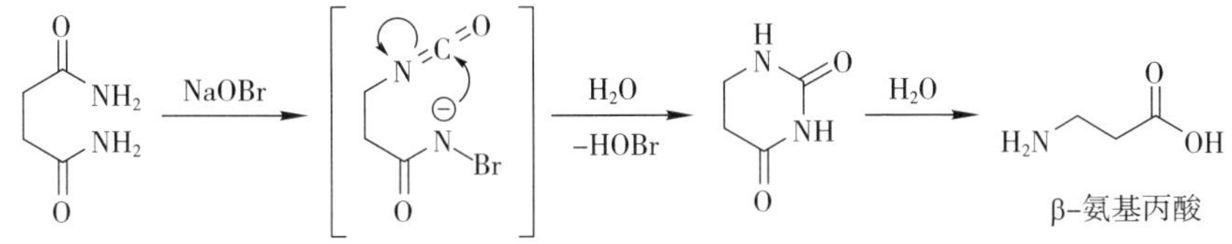

若两个酰胺基团距离较远，则可正常反应生成二胺。例如，辛二酸二酰胺可通过 Hofmann 重排生成少两个碳的己二胺，而辛二酸二酰胺的高级同系物也得到类似的结果。

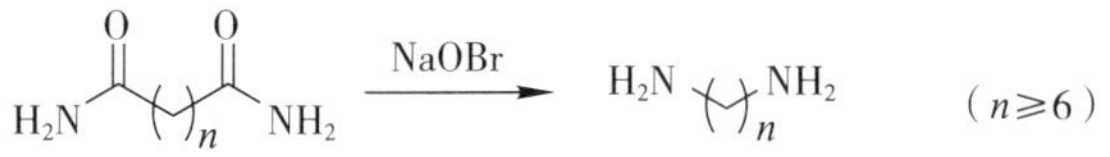

当底物是含有 α- 羟基或 α- 卤素的酰胺时，重排水解后生成不稳定的半缩醛（或半缩酮）胺或 1- 卤代胺，进一步水解生成醛或酮。

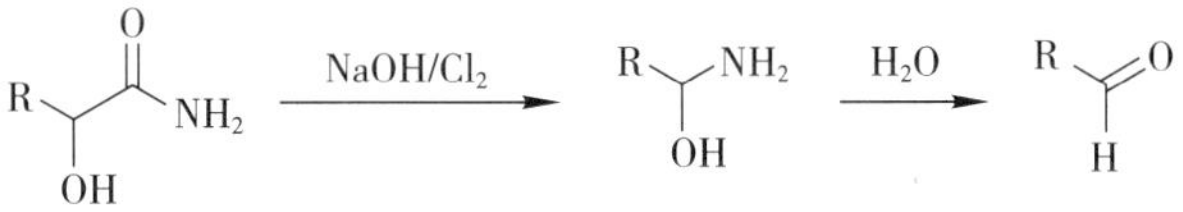

当底物含有 α,β- 不饱和双键时，通过 Hofmann 重排可生成烯胺。烯胺可水解得到醛或酮，利用这一性质，可以制备醛、酮及腈类化合物。

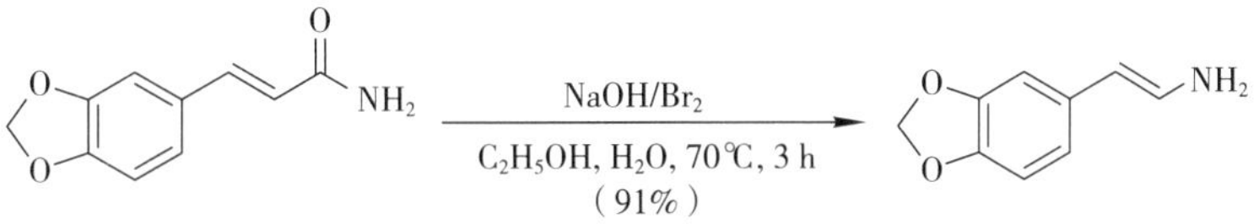

学科前沿 6-2 Hofmann 重排的电化学合成

若 Hofmann 重排反应的产率较低，则可使用醇钠的醇溶液（或 NBS/NaOCH$_3$）代替 NaOX（或 NaOH/X$_2$）溶液，在此条件下，反应生成稳定的氨基甲酸酯，水解即可得到相应的伯胺。

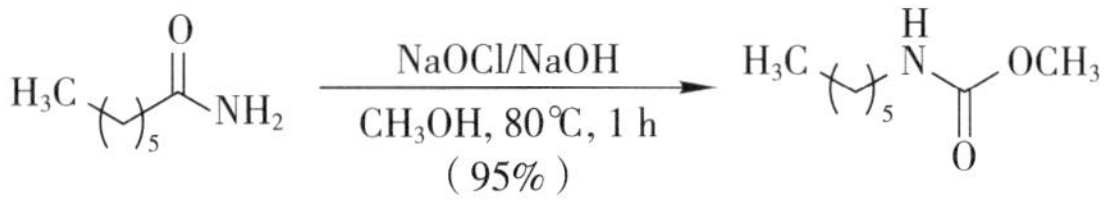

使用四乙酸铅 [Pb(OAc)$_2$] 或高价碘试剂 [如苯基二乙酰基碘（PIDA）、苯基二（三氟乙酰基）碘（PIFA）、PhI(OH)OTs 等] 为反应试剂，在胺或醇存在下进行 Hofmann 重排，可获得氨基甲酸酯或脲衍生物。在高价碘参与的反应过程中，酰胺与高价碘生成 N- 碘（Ⅲ）物种，由于 N—I 键的不稳定性，不需要碱性条件，重排就能发生，该条件适用于对碱敏感的底物。

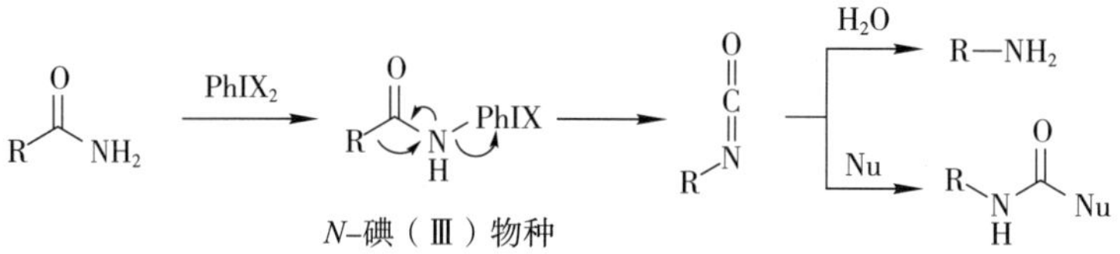

例如，抗流感药物奥司他韦（oseltamivir）的中间体氨基甲酸烯丙酯可由酰胺在 PhI(OAc)$_2$ 的条件下通过 Hofmann 重排制得。

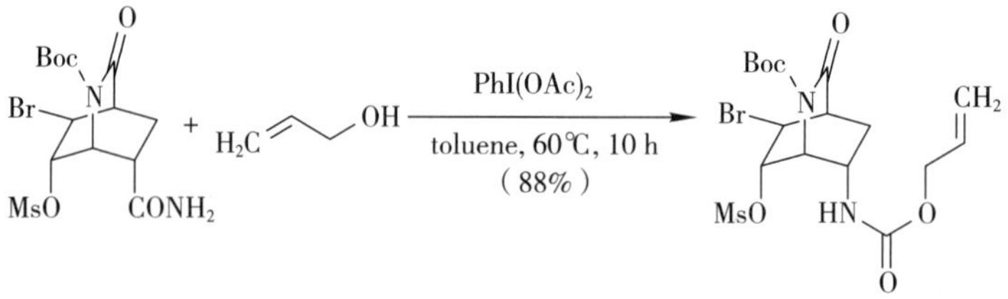

三、Curtius 重排

酰基叠氮化合物经过加热分解放出氮气，重排生成异氰酸酯的反应称为 Curtius 重排。

1. 反应通式

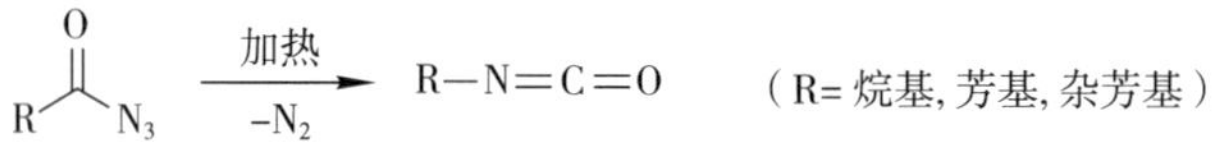

$$R-C(=O)-N_3 \xrightarrow[-N_2]{\text{加热}} R-N=C=O \quad (R=\text{烷基, 芳基, 杂芳基})$$

2. 反应机理

Curtius 反应机理与 Hofmann 重排反应机理类似。酰基叠氮化合物发生热分解，消除氮分子的同时 R 基团发生迁移，生成异氰酸酯。

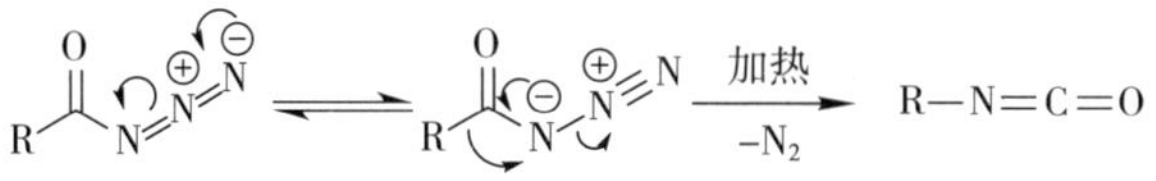

3. 反应影响因素及应用实例

酰基叠氮化合物的重排反应实际就是其热分解反应，如果使用质子酸或 Lewis 酸作为催化剂，可使反应温度显著降低。当反应在苯、甲苯或三氯甲烷等非质子溶剂中进行时，可以高收率的得到异氰酸酯。如果反应体系中存在水、胺、醇等亲核试剂，异氰酸酯则可以继续反应生成相应的胺、脲、氨基甲酸酯等产物，其中取代脲和氨基甲酸酯还可以进一步水解生成胺。

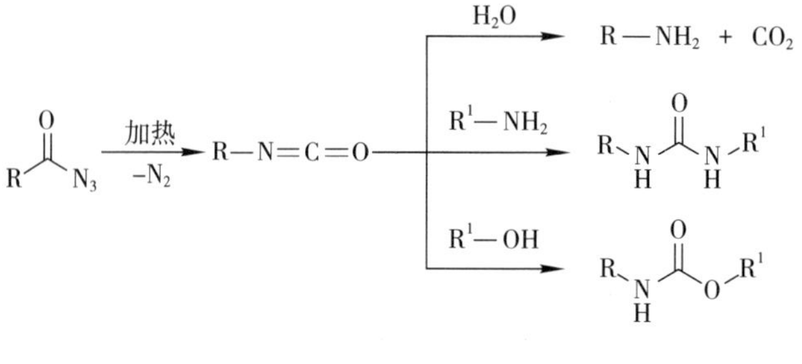

Curtius 重排适用于各种类型的羧酸（如脂肪基羧酸、脂环基羧酸、芳香基羧酸、杂环基羧酸等）所形成的酰基叠氮。羧酸与氯化亚砜（SOCl$_2$）或草酰氯[(COCl)$_2$]等反应形成酰氯，之后与叠氮钠反应生成酰基叠氮化合物。例如，羧酸叔丁酯通过酸性水解、酰氯化、叠氮化"一锅法"（one-pot method）可制得酰基叠氮，该化合物通过 Curtius 重排可制得奥司他韦中间

体环己基胺衍生物。

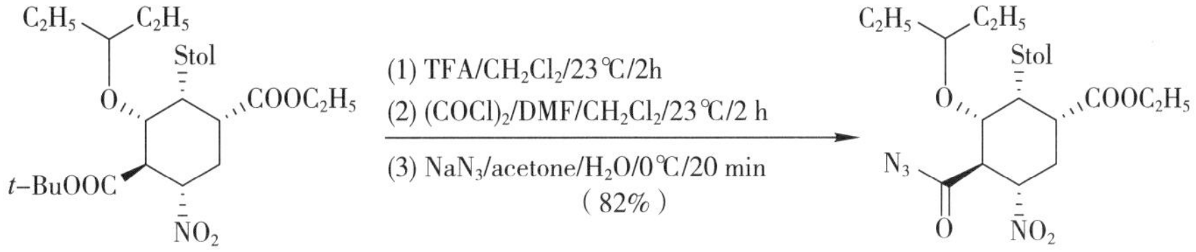

混合酸酐与 NaN₃ 反应得到酰基叠氮化合物，之后在叔丁醇中加热发生 Curtius 重排生成氨基甲酸叔丁酯。

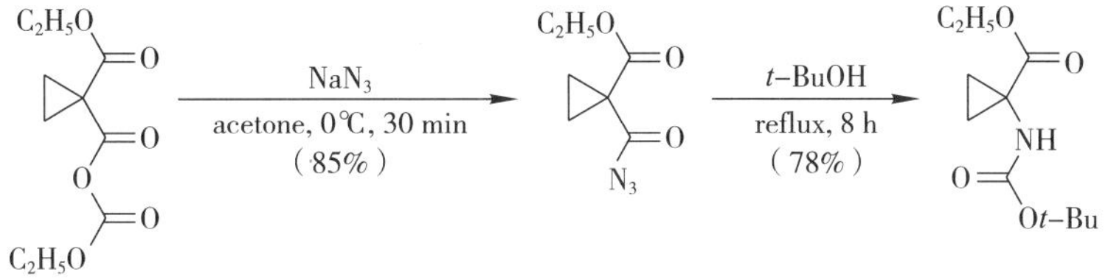

案例讨论 6-2　*N*-甲基环丙氟喹诺酮 C-3 胺盐酸盐的合成工艺优化

由酰氯、酸酐或酯的肼解可制备酰肼。酰肼与亚硝酸反应生成 *N*-亚硝基酰肼，后者脱水生成酰基叠氮。

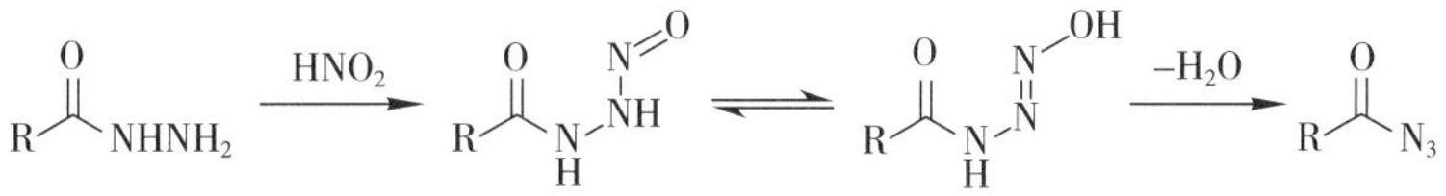

例如，β-咔啉类抗肿瘤药物中间体 1-氨基 -7- 甲氧基 -β- 咔啉盐酸盐的合成中就利用了酰肼与亚硝酸反应制备酰基叠氮的方法。

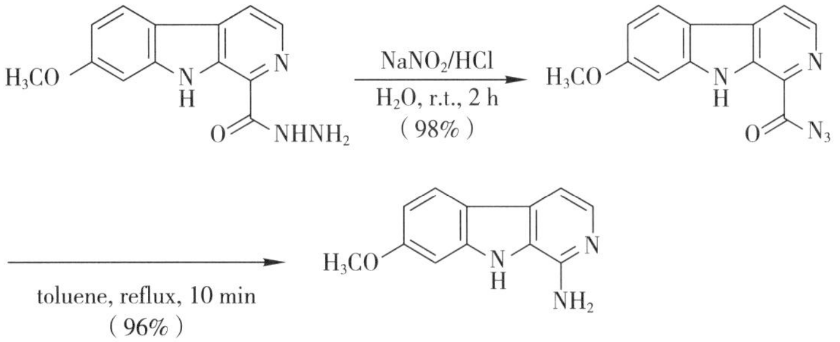

若分子中含有对水或强酸敏感的官能团，可以利用羧酸与叠氮磷酸二苯酯（DPPA）一步反应直接制备酰基叠氮化合物。例如，羧酸与 DPPA 在苄醇存在下反应可生成 Cbz 保护的胺，该化合物经过后续转化可合成抗高血压药阿利吉仑（aliskiren）。

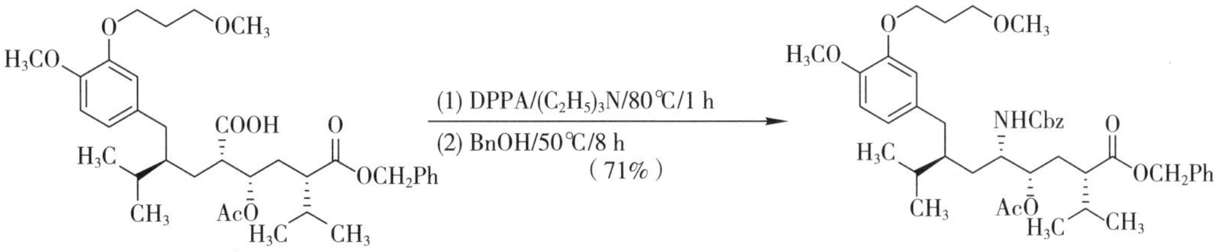

在 Curtius 重排反应中，重排基团的构型保持不变。

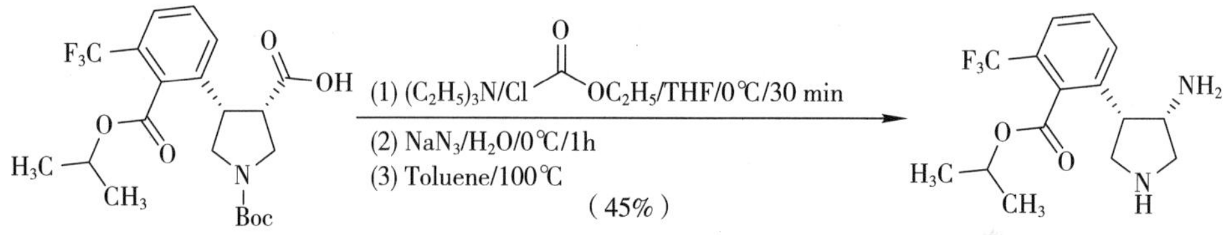

在芳环酰基叠氮中，若芳环上酰基的邻位有 N、O、S 等亲核性的基团，则重排时可发生分子内反应生成相应的杂环化合物。例如：

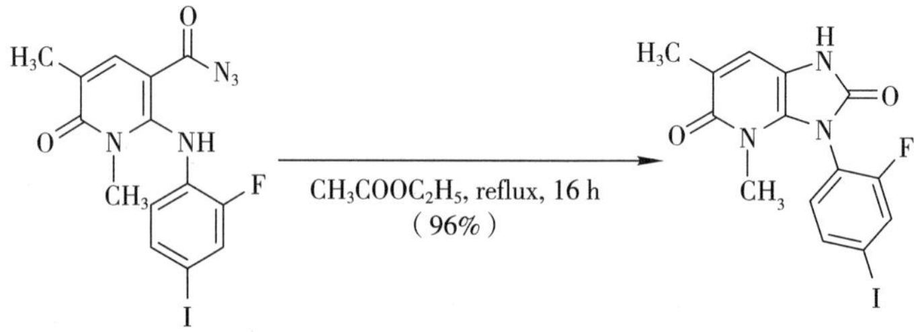

Curtius 重排是非光气法合成异氰酸酯的方法之一。Hofmann 重排和 Curtius 重排都可由羧酸制备少一个碳原子的胺。酯类化合物肼解容易得到酰肼，因此，以羧酸酯为原料制备胺时宜选用 Curtius 重排，以酰胺制备胺时宜选用 Hofmann 重排。酰基叠氮化合物在高温下，放大量反应时有爆炸的风险，此时宜选用 Hofmann 重排进行制备。

四、Schmidt 重排

醛、酮、羧酸在酸性条件下与叠氮酸（HN$_3$）反应，经重排后分别得到腈、N-取代酰胺、伯胺的反应称为 Schmidt 重排。

1. 反应通式

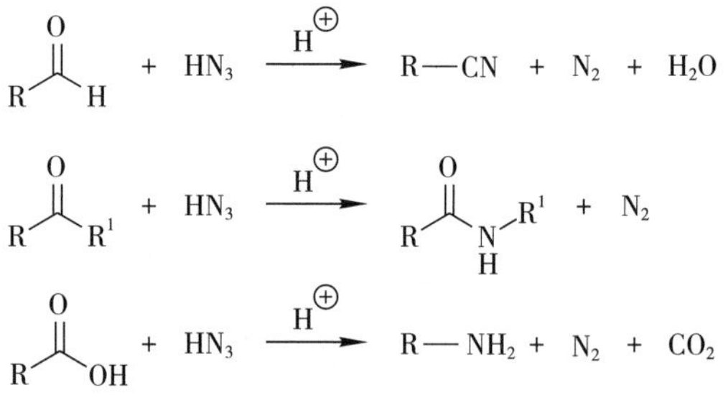

$$RCHO + HN_3 \xrightarrow{H^{\oplus}} R\text{—}CN + N_2 + H_2O$$

$$RCOR^1 + HN_3 \xrightarrow{H^{\oplus}} RCONHR^1 + N_2$$

$$RCOOH + HN_3 \xrightarrow{H^{\oplus}} R\text{—}NH_2 + N_2 + CO_2$$

（R, R^1 = 烷基，芳基，杂芳基）

2. 反应机理 Schmidt 重排经历不同的反应机理，但均属于亲核重排。

（1）醛与叠氮酸的反应机理：醛在酸性条件下质子化后与叠氮酸生成叠氮醇，经脱水生成亚胺，氢原子重排和氮分子离去同时发生，最后失去质子得到腈。

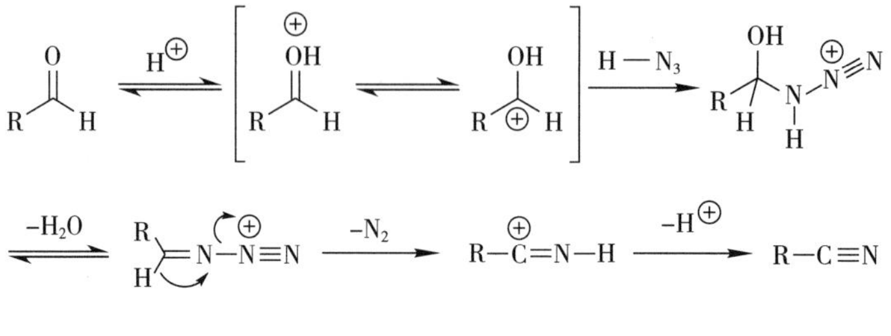

（2）酮与叠氮酸的反应机理：酮在酸性条件下发生质子化后生成叠氮醇，经脱水生成亚胺，R^1 基团发生重排后生成的 $N-$ 取代亚胺碳正离子与水分子结合后失去质子，最终生成 $N-$ 取代酰胺。

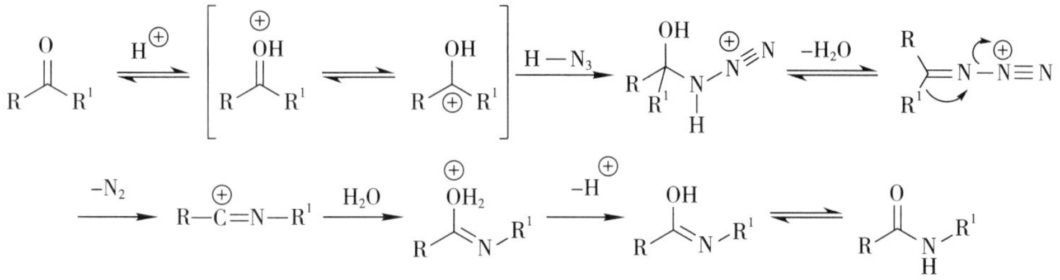

（3）羧酸与叠氮酸的反应机理：羧酸发生质子化后与叠氮酸反应生成叠氮偕二醇，经脱水生成 $N-$ 取代亚胺酸，其 R 基团发生重排，失去氮分子和质子后生成异氰酸酯，之后与水反应生成氨基甲酸，脱去 CO_2 后得到伯胺。

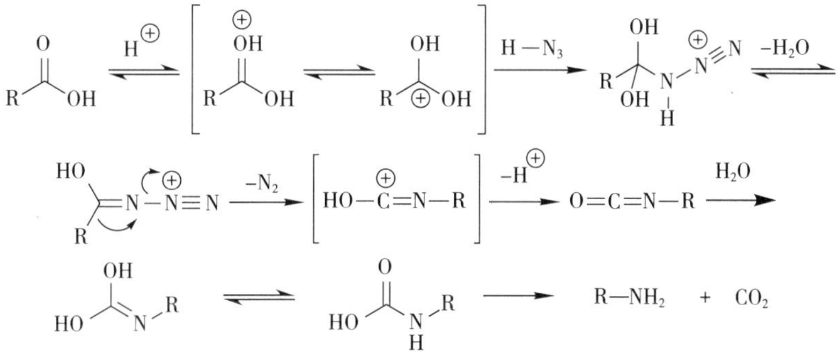

3. 反应影响因素及应用实例 Schmidt 重排反应适用范围很广，醛、酮、羧酸、酯类化合物都可以发生该反应，甚至叔醇、部分烯烃、腈、亚胺或酰亚胺等能够在酸性条件下形成碳正离子中间体的化合物与叠氮酸的反应也能归类为 Schmidt 重排。

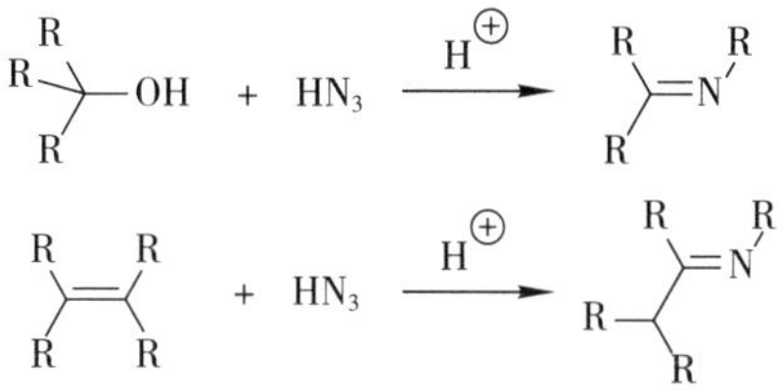

羧酸与叠氮酸的反应类似于 Curtius 重排，反应物羧酸可以是直链脂肪酸、脂环酸、芳香酸、杂芳酸等，通常使用质子酸如 H_2SO_4，PPA，TFA，TFAA 等作催化剂。由于叠氮酸有毒，而且在大量使用时有爆炸的危险，因此常用 NaN_3 和质子酸原位生成的叠氮酸进行反应。

Schmidt 重排反应常用于由脂肪族一元羧酸、脂肪族二元羧酸、脂环族羧酸及芳香族羧酸等作为反应物来合成胺，若反应物含有手性中心，则重排之后手性中心的构型保持不变。

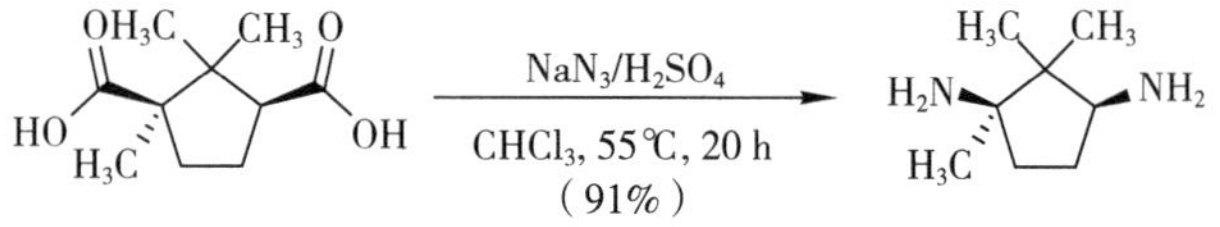

$\alpha,\beta-$ 不饱和羧酸通过 Schmidt 重排生成不稳定的烯胺，烯胺水解生成羰基化合物。例如，以 $\alpha,\beta-$ 不饱和羧酸作为反应物，可合成抗冠心病药物麝香酮（muscone）。

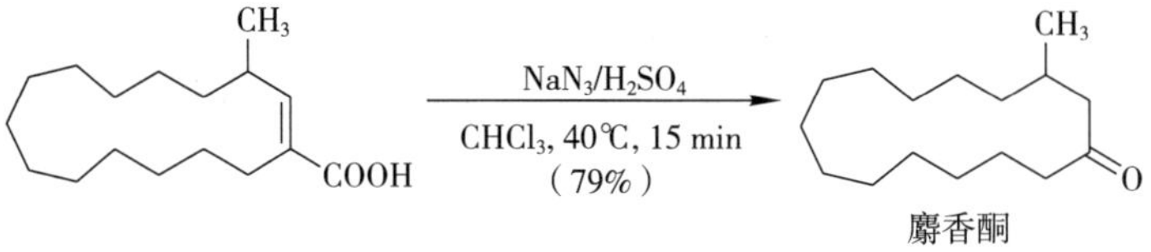

麝香酮

酮类化合物的 Schmidt 重排反应生成 N- 取代酰胺。烷基酮、环酮、芳基酮及烷基芳基混合酮等都能发生该重排反应。当酮羰基的取代基相同时，只生成一种重排产物即 N- 取代酰胺。

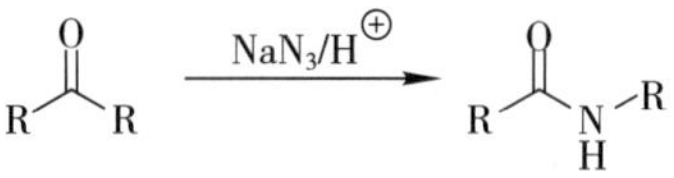

当酮羰基的取代基不同时，重排后可得到两种酰胺的混合物，混合物的比例取决于基团迁移能力的大小，通常体积相对较大的基团易发生迁移。这主要是因为体积大的基团往往处于离去基团的反式，这一点与 Beckmann 重排类似。例如，(R)-N- 乙酰基 -α- 甲基苯丙氨酸的合成如下：

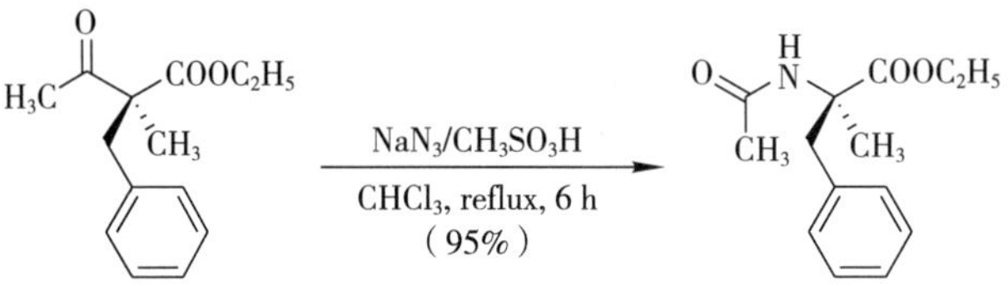

环酮在发生 Schmidt 重排反应后生成内酰胺。与烷基酮类似，体积较大的基团优先发生迁移，迁移基团的构型也保持不变。例如，甾体化合物（如类固醇 azasteriod）的合成即为此类反应的代表。

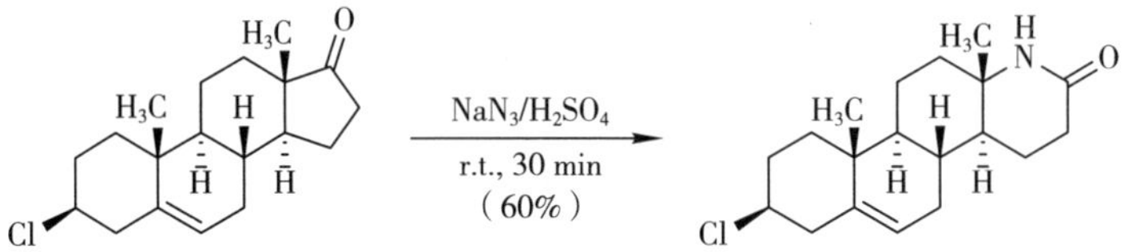

在烷基芳基酮作为反应物时，除非脂肪烷基的体积很大，否则一般都是芳基优先迁移。例如，治疗神经退行性疾病的咪唑二氮杂䓬化合物中间体的合成中为芳基优先迁移。

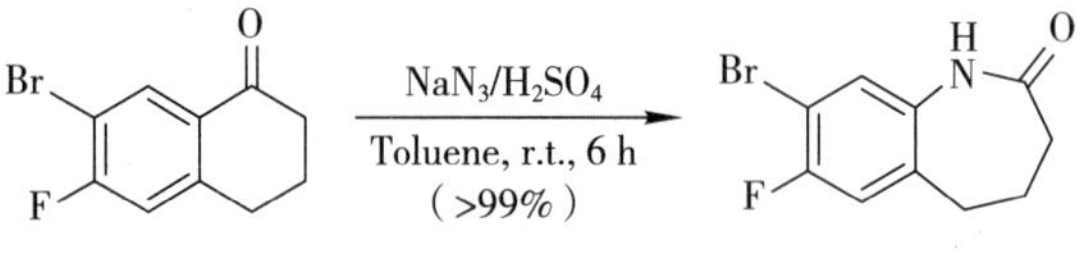

分子内的 Schmidt 重排反应也有应用，反应的底物可以是不同的环酮和含叠氮基的侧链，尤其是羰基与叠氮基相隔四个碳原子的底物，由于形成了六元环中间体，反应更易进行。该反应过程与 Semipinacol 重排类似，可看成氮杂 Semipinacol 重排。

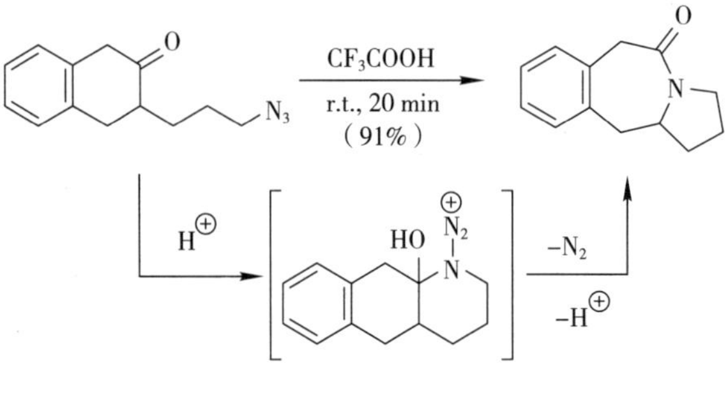

分子内含有双键的叠氮化合物也可以发生 Schmidt 重排，生成环状胺。

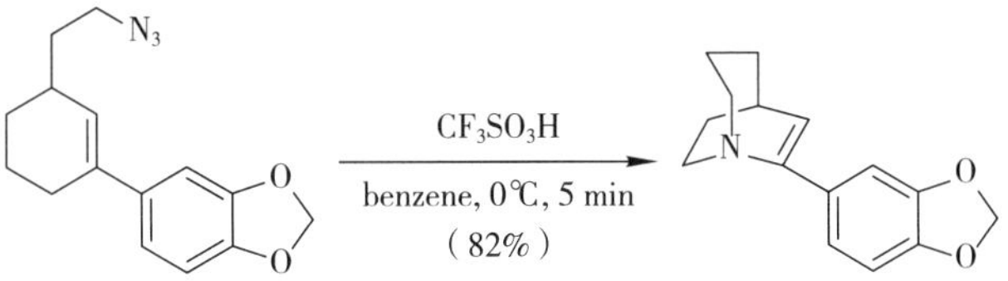

五、Baeyer-Villiger 重排

醛、酮类分子在酸催化下与过氧酸反应生成酯的反应称为 Baeyer-Villiger 重排，又称为 Baeyer-Villiger 氧化。

1. 反应通式

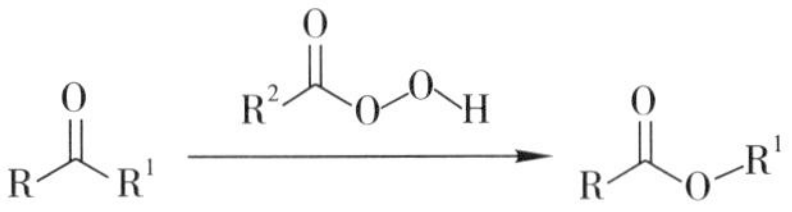

（R, R^1 = 烷基, 芳基, 杂芳基, 氢; R^2 = 芳基）

2. 反应机理　Baeyer-Villiger 重排是亲核重排。在反应过程中，羰基首先被质子化，过氧酸对质子化的羰基进行亲核加成，生成 Criegee 中间体，之后 R^1 基团迁移至邻位氧，同时脱去离去基团羧酸根离子和氢离子，最终生成酯。

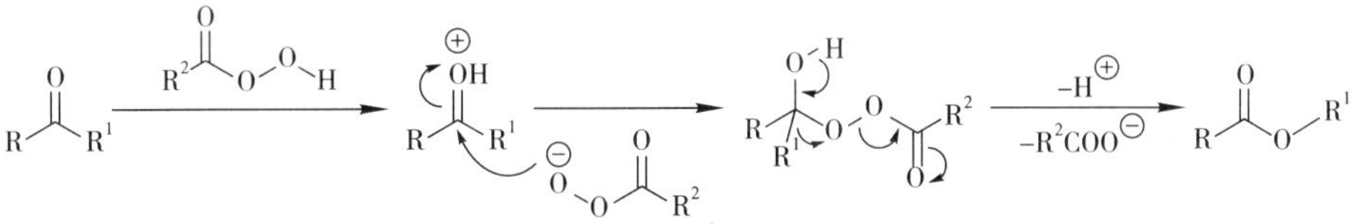

3. 反应影响因素及应用实例　Baeyer-Villiger 重排适用于脂肪酮、芳香酮、烷基芳基酮等多种底物。酮类化合物经 Baeyer-Villiger 重排得到酯，反应中基团的迁移能力如下：叔烷基＞环己基＞仲烷基＞苄基＞苯基＞伯烷基＞环丙基＞甲基。例如，环丙基甲基酮经过氧三氟乙酸催化可得到乙酸环丙酯。

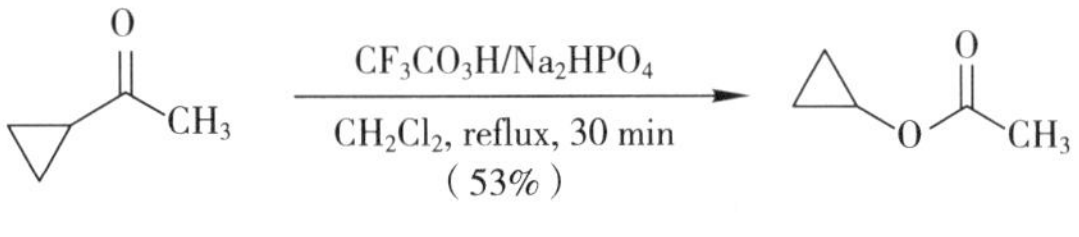

环酮经过 Baeyer-Villiger 重排得到扩环的内酯。例如，抗血小板药西洛他唑（cilostazol）的中间体 δ-戊内酯就是以环戊酮为底物与间氯过氧苯甲酸（m-CPBA）反应得到的。

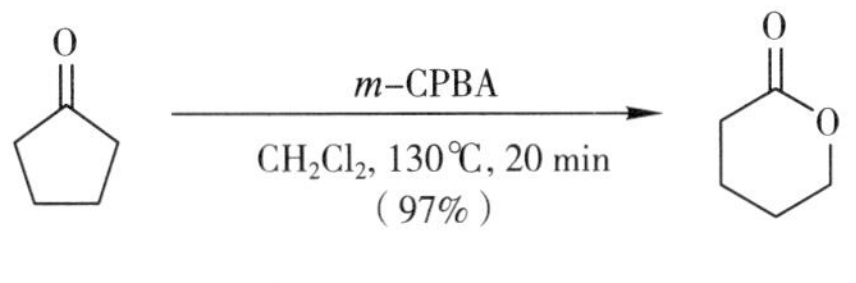

反应物为芳基酮时，芳环上的取代基对于重排反应有很大影响。通常，苯环上取代基的给电子能力越强，相应的芳环的迁移能力也越强。如苯环的对位含有以下取代基时，芳基的迁移能力为：甲氧基＞甲基＞氢＞氯＞硝基。

此外，由于甲基的迁移能力较弱，可利用该重排由甲基酮制备乙酸酯。除过氧酸外，其他

过氧化物如 H_2O_2，t-BuOOH 等也能催化该重排反应。例如，降血脂药环丙贝特（ciprofibrate）的合成中使用 Baeyer-Villiger 重排作为关键反应。

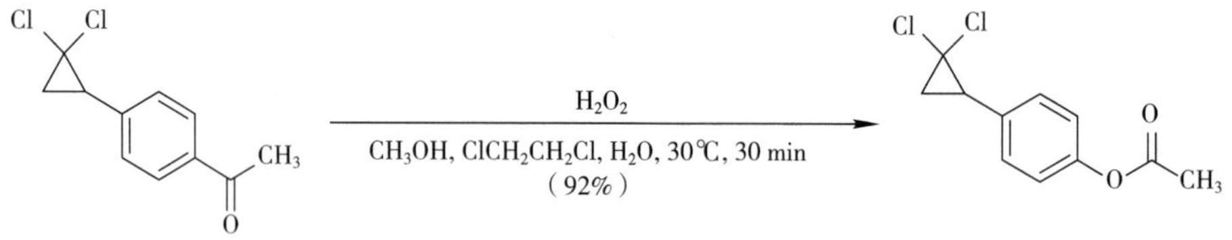

由甲基酮制备的乙酸酯经水解后可得到醇或酚，这也是制备酚的一种重要方法。

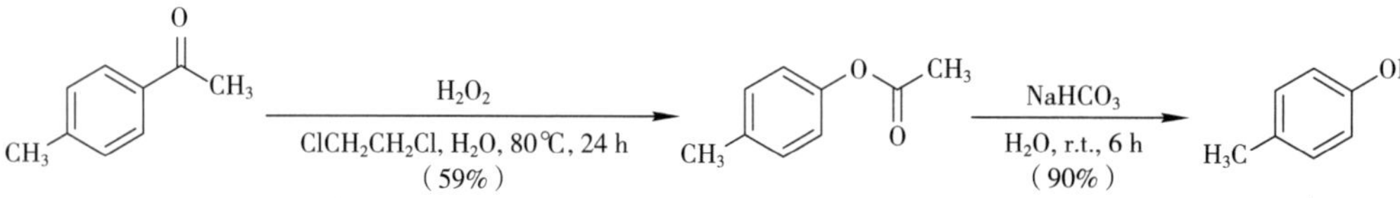

含手性基团的酮类化合物在发生该重排时，迁移基团的构型保持不变。

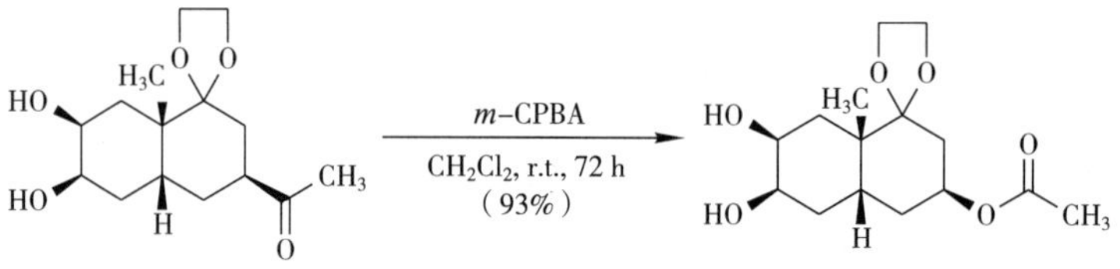

醛在 Baeyer-Villiger 重排反应中一般发生氢迁移生成羧酸。但若反应条件为 m-CPBA 在二氯甲烷中反应时，可以高收率的得到甲酸酯。例如：

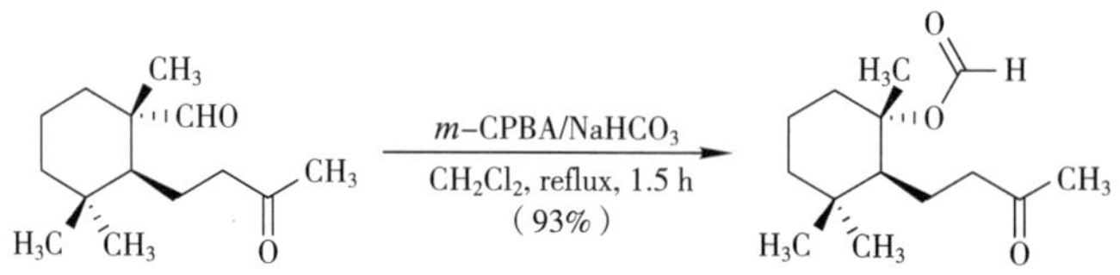

Baeyer-Villiger 重排反应常使用的催化剂有过氧乙酸、过氧三氟乙酸、过氧苯甲酸、过氧化氢/三氟化硼、过氧顺丁烯二酸、过氧邻苯二甲酸、间氯过氧苯甲酸、过硫酸、过磷酸等。磺酸树脂制成的过氧磺酸树脂也可用作催化剂，还可使用生物酶作为催化剂。使用 Lewis 酸可加速该重排反应。例如：

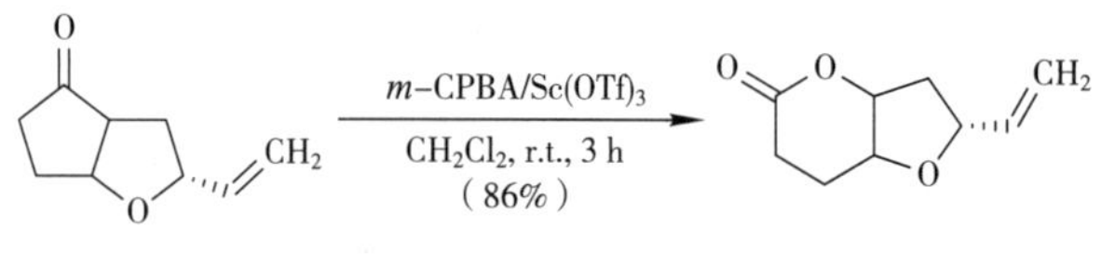

第三节　从杂原子到碳原子的重排

从杂原子到碳原子的重排反应既有亲核重排也有亲电重排，主要包括从氮原子到碳原子的重排（Stevens 重排、Sommelet-Hauser 重排和 Neber 重排）和从氧原子到碳原子的重排（Wittig 重排）。

一、Stevens 重排

α 位带有吸电子基团的季铵盐在碱性条件下重排生成叔胺的反应称为 Stevens 重排。

1. 反应通式

(R, R¹ = 芳基, 不含 β-氢的烷基, 烯丙基, 苄基等)
(R² = 烷基, 烯丙基, 苄基等)
(Z = 芳基, 杂芳基, 烷氧羰基, 氰基等吸电子基团)
(碱 = NaOH, NaNH₂, NaH, KH, RLi, ArLi, RONa, ROK 等)

2. 反应机理 Stevens 重排为典型的亲电重排反应机理。在碱作用下，连有吸电子基 Z 的 α-氢可被夺去，形成过渡态叶立德（ylide），氮原子上的烃基 R² 基团迁移到邻位的碳负离子上，形成叔胺。

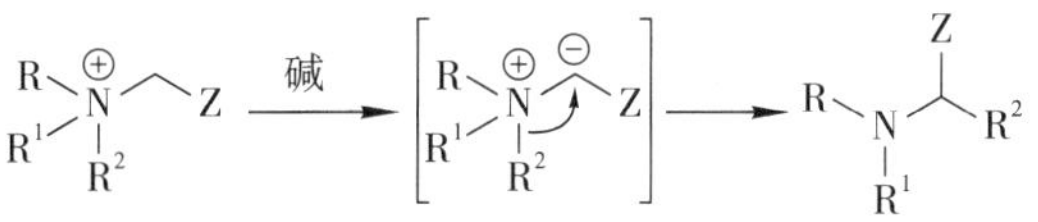

3. 反应影响因素及应用实例 Stevens 重排过程中形成的氮叶立德是反应的关键中间体，常见有三种产生氮叶立德的方法。

在碱性条件下，通过叔胺的烃基化形成季铵盐来制备叶立德。碱的强弱要根据叶立德的稳定性进行选择，较稳定的叶立德可使用 NaOH、RONa，ROK 等常用的碱，而稳定性较差的叶立德需使用 NaNH₂、NaH、KH、RLi、ArLi 等强碱。例如，使用 PhLi 作为碱，可将季铵盐转化为具有镇痛作用的脱氧可待因（desoxycodeine-D）。

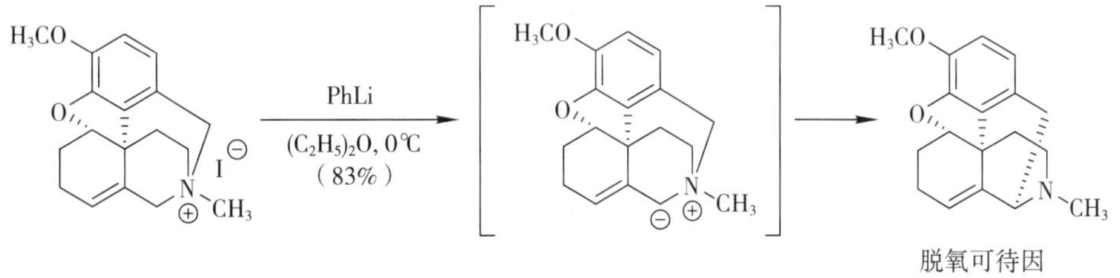

脱氧可待因

季铵盐的 β 位含有氢时，可能会发生诸如 Hofmann 消除之类的副反应，甚至有时以消除反应为主。当季铵盐含有一个以上的含 α-氢的反应位点时，每个位点都能形成碳负离子，反应的区域选择性差。为避免碱性条件下可能发生 Hofmann 消除反应及叶立德区域选择性不高的问题，可使用氟离子对三甲基硅基取代的季铵盐脱硅制备叶立德的方法。然而，这种方法产生的叶立德仍存在动力学产物和热力学产物的竞争。

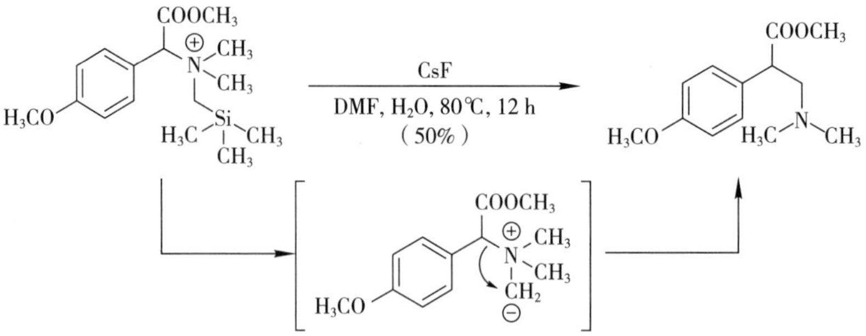

重氮化合物在光、热或过渡金属（例如 Rh 或 Cu）催化下产生卡宾，卡宾被带有孤电子对的氮原子进攻形成氮叶立德，迁移基团带一个正电荷迁移到碳负离子上。通过金属卡宾产生叶立德的方式避免了碱性试剂的使用，在底物拓展和区域选择性控制等方面具有优势。例如，α-重氮酮在 Cu(acac)₂ 催化下可生成苄酯，该化合物是合成农药杀虫剂羽扇豆碱（epilupinine）的中间体。

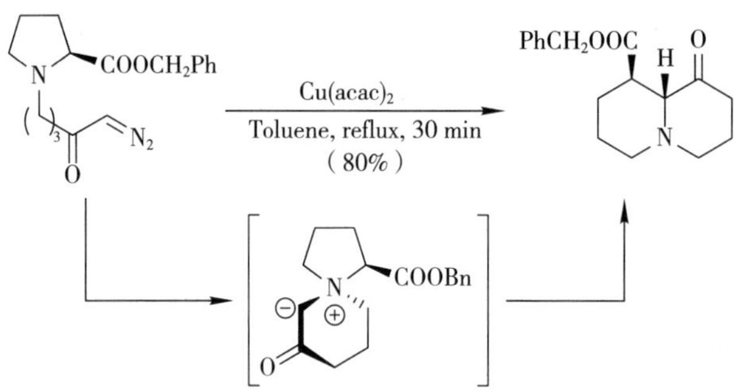

在 Stevens 重排反应中，迁移基团的优先顺序一般为：炔丙基 > 烯丙基 > 苄基 > 烷基，苄基苯环上取代基电子效应对迁移能力的影响一般为：p-NO$_2$ > p-卤素 > p-CH$_3$ > p-OCH$_3$。例如，化合物 A 在进行 Stevens 重排时，得到苄基迁移的产物。

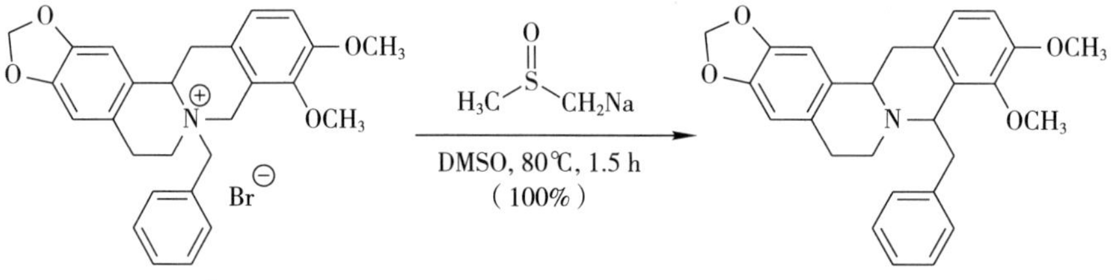

环状季铵盐发生 Stevens 重排后可得到扩环或缩环的化合物。在迁移过程中，手性基团的构型保持不变。

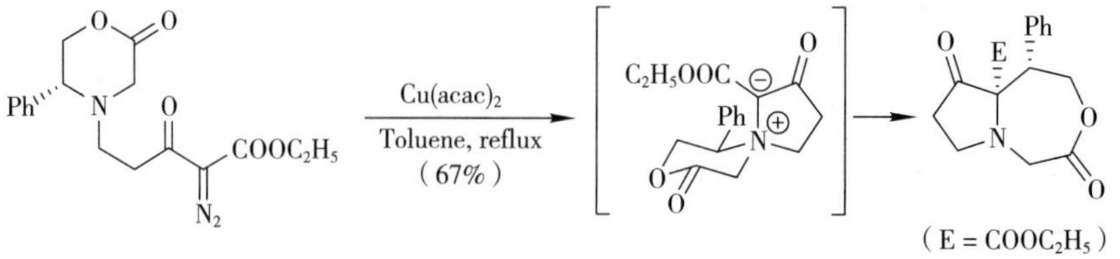

氮原子上连有烯丙基的季铵盐形成的叶立德存在互变异构，因而得到 1,2-迁移和 2,3-迁移的混合物。产物的比例与反应条件相关，增加溶剂的极性和温度均有利于 2,3-迁移产物的生成。

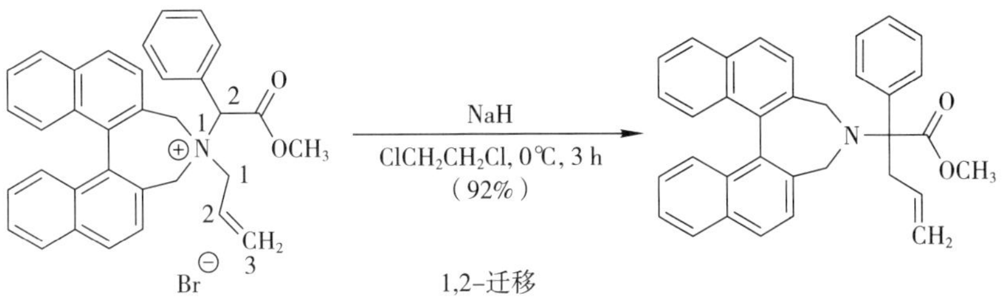

由硫醚生成的硫叶立德也可以发生 Stevens 重排。硫原子上连有烯丙基的硫叶立德也存在 1,2- 迁移和 2,3- 迁移的竞争。

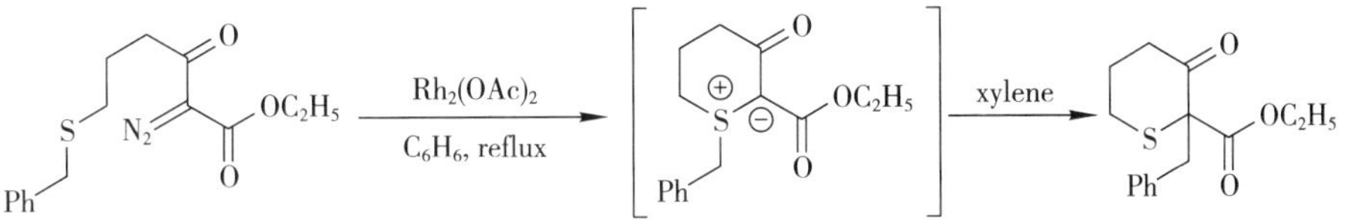

二、Sommelet-Hauser 重排

苄基季铵盐在氨基钠等强碱的作用下，重排生成邻位取代的苄基叔胺的反应，称为 Sommelet-Hauser 重排。

1. 反应通式 以苄基三甲基碘化铵为例

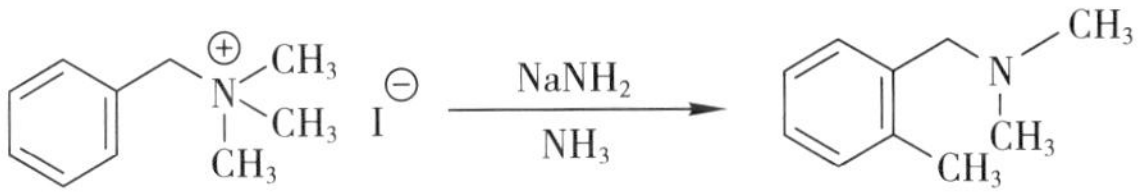

2. 反应机理 Sommelet-Hauser 重排是芳环上的亲核重排。首先，碱夺取苄基的 α- 氢，生成的叶立德处于动态平衡，其中苄基负离子更加稳定，但由于叶立德能够发生 2,3- 迁移，生成稳定的化合物，因此平衡逐渐向右移动，发生芳构化后生成邻位取代的苄基叔胺。

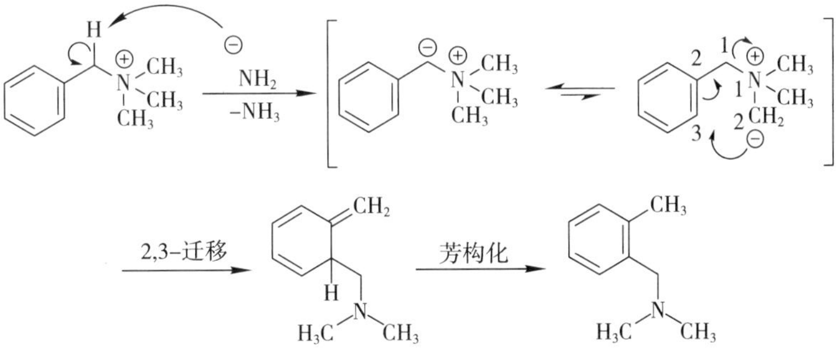

3. 反应影响因素及应用实例 Sommelet-Hauser 重排一般使用苄基三甲基季铵盐作为原料，苄基的苯环上可以有不同的取代基。当与氮原子相连的甲基为其他含有 α- 氢的基团时，常发生副反应，产物复杂。

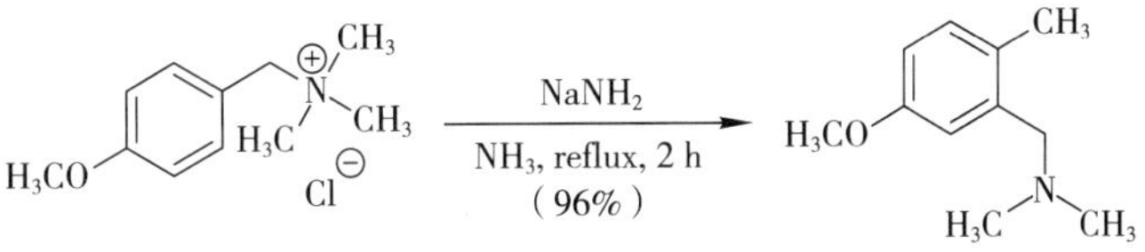

环状季铵盐重排后可得到扩环产物。

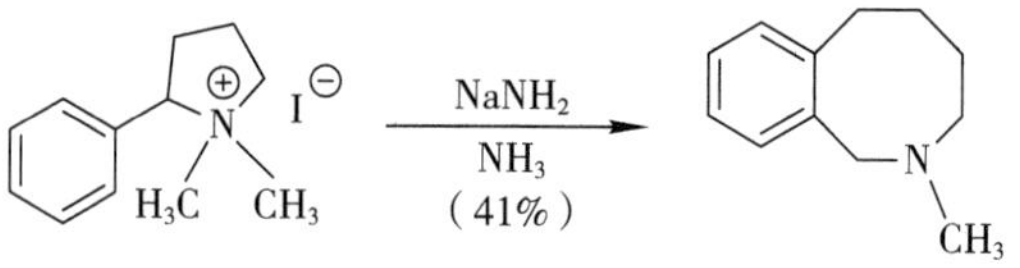

含有硅基的季铵盐在氟离子存在下也能发生该重排。与 Stevens 重排中氟离子脱硅类似，在 Sommelet-Hauser 重排中使用此方法也可以提高氮叶立德形成时的区域选择性。

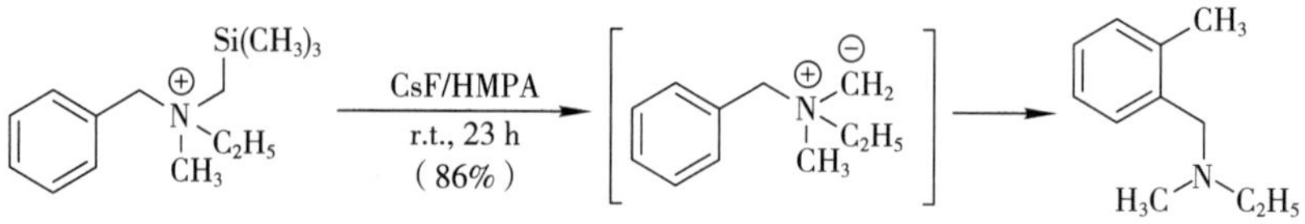

钅盐可以在 1,8-二氮杂双环 [5.4.0] 九碳-7-烯（DBU）催化下发生 Sommelet-Hauser 重排。

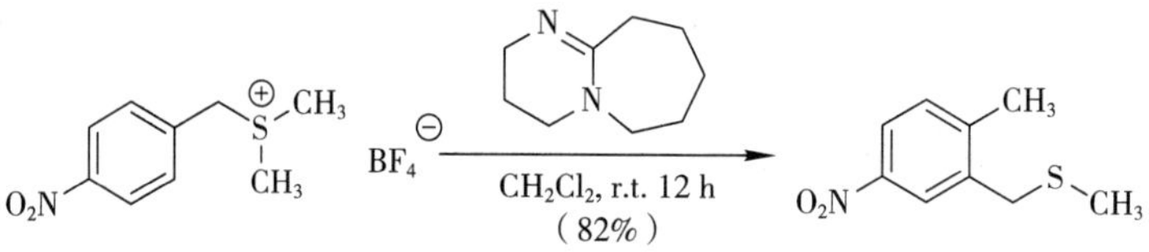

有机锡类季铵盐和有机硒类季铵盐也可以发生 Sommelet-Hauser 重排。

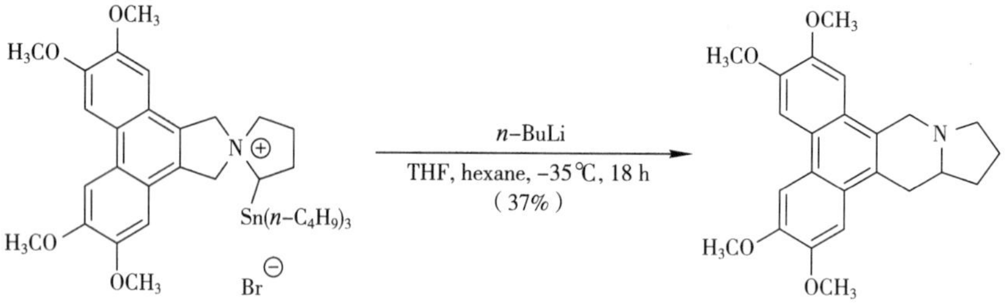

芳香杂环季铵盐化合物同样可以发生该重排反应。

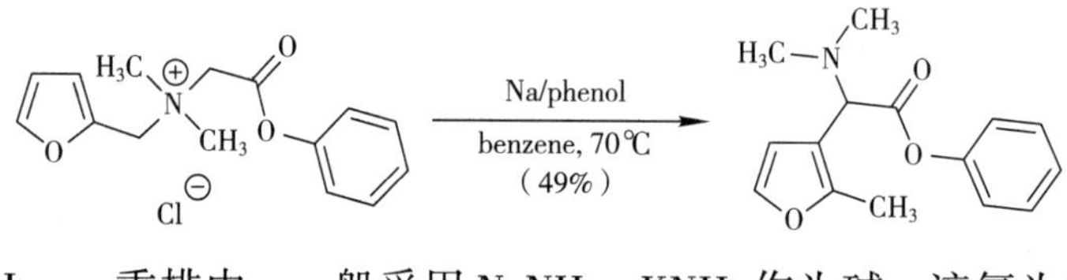

在 Sommelet-Hauser 重排中，一般采用 $NaNH_2$、KNH_2 作为碱，液氨为溶剂，也可以使用烷基锂（如丁基锂等），在惰性溶剂如己烷、四氢呋喃、1,4-二氧六环等溶剂中进行。

当苄基季铵盐作为反应物时，既可以发生 Sommelet-Hauser 重排反应，也会发生 Stevens 重排反应，两种反应互为竞争性反应。通常，低温及极性溶剂（如 NH_3、DMSO、HMPA）有利于 Sommelet-Hauser 重排；强碱性也有利于 Sommelet-Hauser 重排。高温及非极性溶剂（如正己烷、乙醚）则有利于 Stevens 重排。例如：

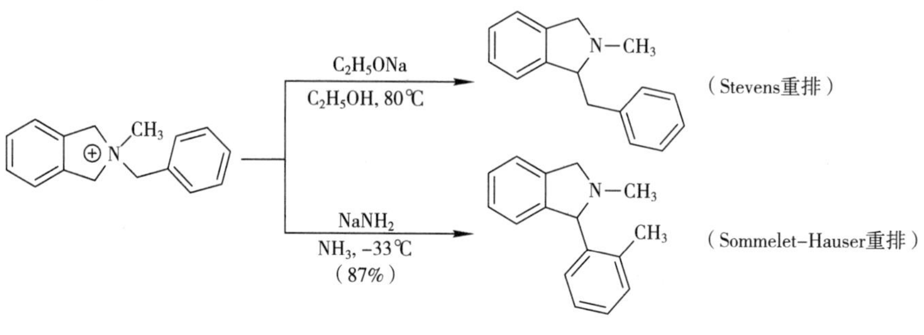

Sommelet-Hauser 重排反应是通过苄基季铵盐在芳香族化合物氨甲基的邻位引入甲基的方法之一，生成的苄基叔胺可进一步烷基化为苄基季铵盐，如此持续地反应，可得到多甲基取代苯。

三、Wittig 重排

醚类化合物在氨基钠或烃基锂等强碱的作用下，醚分子的一个烃基发生迁移，最终生成醇的反应称为 Wittig 重排。Wittig 重排主要分为 [1,2]-Wittig 重排和 [2,3]-Wittig 重排。

1. 反应通式

[1,2]-Wittig 重排

$$R\text{—}CH_2\text{—}O\text{—}R^1 \xrightarrow{\text{碱}} R\text{—}CH(R^1)\text{—}OH$$ （碱= LDA, n-BuLi, PhLi, ROLi, NaNH$_2$ 等）

[2,3]-Wittig 重排

（碱= LDA, n-BuLi, PhLi, ROLi, NaNH$_2$ 等）

2. 反应机理

[1,2]-Wittig 重排为自由基机理。醚中 α- 碳上的质子被碱夺去，生成碳负离子，之后碳-氧键发生均裂形成烃基自由基（·R¹）和氧自由基，碳负离子和氧自由基立即转变为更稳定的氧负离子和碳自由基，后者与烃基自由基（·R¹）重新结合，最终生成醇类重排产物。

[2,3]-Wittig 重排的反应物为烯丙基醚，通常被认为是协同反应机理。首先碱夺取烯丙基醚 α- 碳上的质子，生成 α- 碳负离子，之后发生 [2,3]-σ 重排，得到氧负离子中间体，最后使用酸处理可得到高烯丙醇。[2,3]-Wittig 重排经历一个五元环信封构型的过渡态，旧键的断裂和新键的形成同时发生，新的 C=C 双键及两个新的手性中心的形成是立体专一性的。

3. 反应影响因素及应用实例

[1,2]-Wittig 重排对底物醚的结构要求只需其中一侧烃基能形成烷氧碳负离子即可，而与氧相连的另一侧烃基，既可以是烷基，也可以是芳基。基团的迁移趋势大小顺序为：烯丙基>苄基>乙基>甲基>对硝基苯基>苯基，与自由基的稳定性基本一致，这也说明 [1,2]-Wittig 重排是按照自由基机理进行的。但是当反应物为烯丙基醚时，反应按照 [2,3]-Wittig 重排的协同机理进行。例如，烯丙基醚在碱性条件下发生 [2,3]-Wittig 重排。

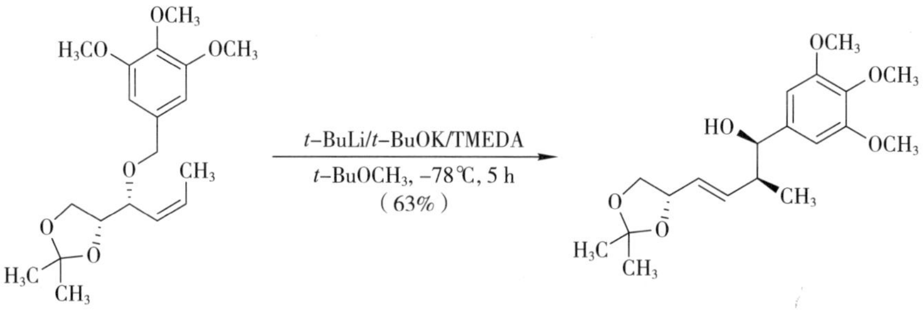

在 [1,2]-Wittig 重排过程中，手性基团的构型保持不变。

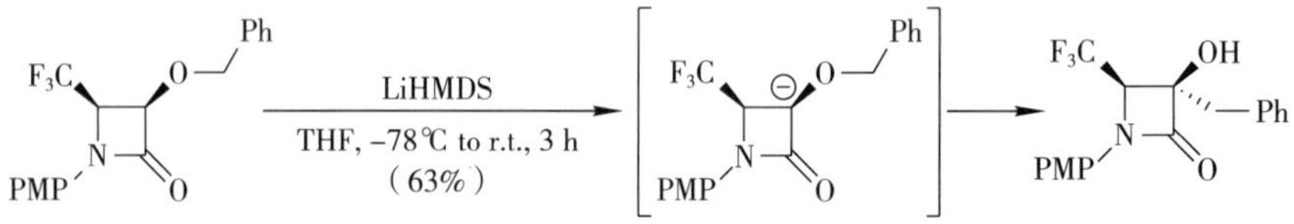

[2,3]-Wittig 重排反应常适用于 R^2 基团是各种吸电子取代基的烯丙基醚，如芳基、杂芳基、卤素、炔基、氰基、酰基、烷氧羰基、羰基、氨基羰基等。例如，有机锡化合物在强碱性条件下可生成高烯丙醇，后者是合成平喘药喘定（astrophylline）的关键中间体。

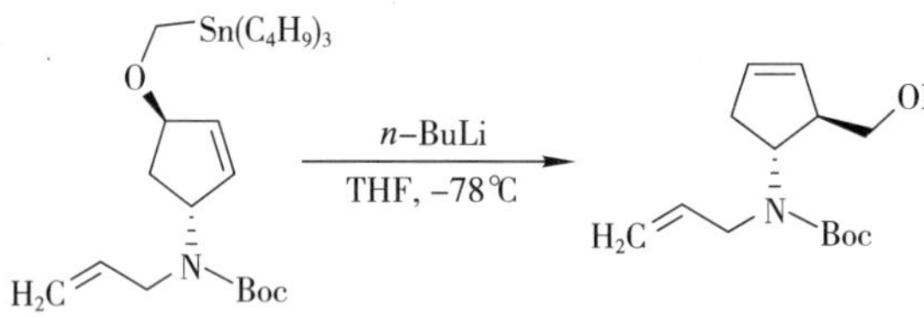

以有机锡化合物为底物的 [2,3]-Wittig 重排，称为 Wittig-Still 重排。例如，有机锡化合物在碱性条件下发生 [2,3]-Wittig 重排生成伯醇化合物，后者是制备 γ- 氨基丁酸受体非竞争性拮抗剂莽草毒素（anisatin）的中间体。

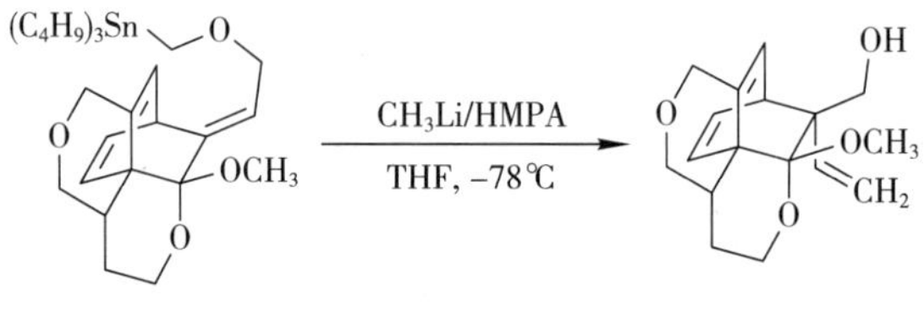

拓展阅读6-3　水相合成中的重排反应
拓展阅读6-4　Fries 重排

Wittig 重排反应通常在低温的 THF、己烷、苯等溶剂中进行。例如，烯丙醚在 −78 ℃，溶剂为 THF 的条件下，可通过 [1,2]-Wittig 重排制备化疗药物胞噁唑酮（cytoxazone）的中间体。

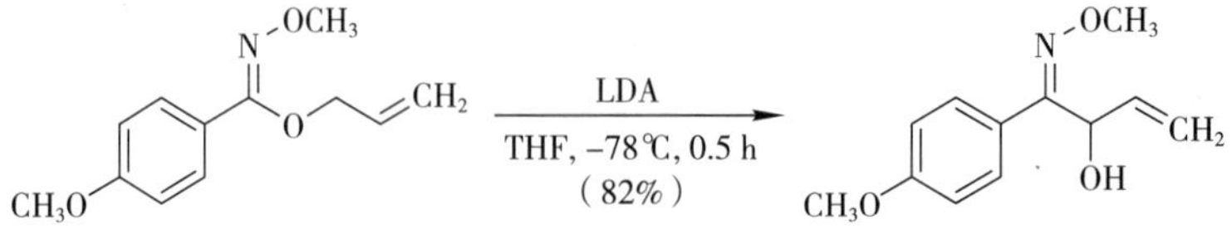

Wittig 重排反应在具有手性中心的天然产物合成中具有重要地位。例如，在具有抗炎作用的伪蕨素（kallolide A）中间体的合成中就利用了 [2,3]-Wittig 重排缩环反应，在反应中立体专一性形成了两个相邻的手性中心。

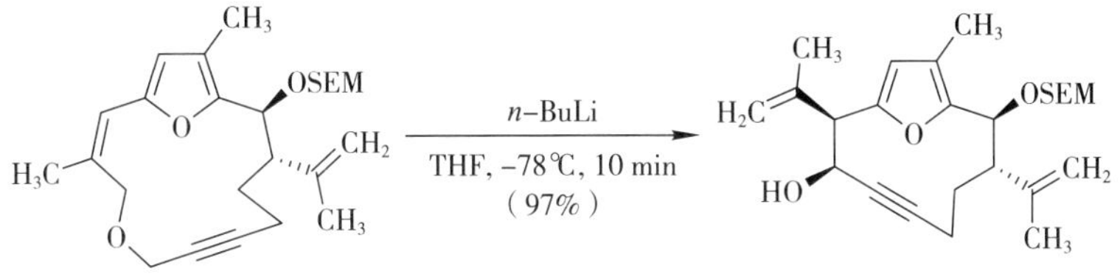

若反应物为烯丙基叔胺，在强碱性及低温条件下，可发生氮杂 [2,3]-Wittig 重排，生成高烯丙胺。例如，以烯丙胺为反应物在 LDA 催化下发生氮杂 [2,3]-Wittig 重排生成的高烯丙胺是合成离子型谷氨酸受体激动剂红藻氨酸（kainic acid）的关键中间体。

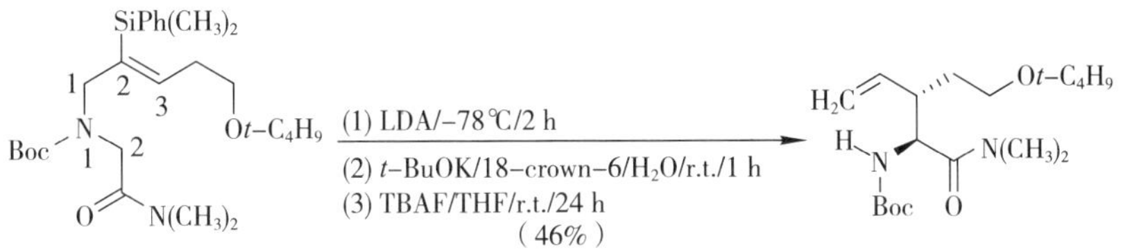

案例讨论 6-3 抗过敏药色甘酸钠中间体的合成工艺优化

四、Neber 重排

酮肟的磺酸酯在碱性条件下重排生成 α- 氨基酮的反应称为 Neber 重排。

1. 反应通式

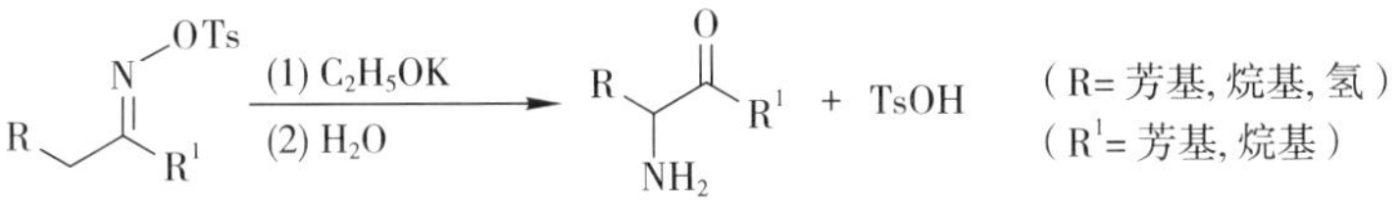

2. 反应机理 碱首先夺取酮肟磺酸酯 α- 碳原子上的氢，生成 α- 碳负离子，之后进行分子内 S_N2 反应，脱去磺酸基，并形成氮杂环丙烯中间体吖丙因（azirine），水分子进攻吖丙因后经过开环和质子转移，生成最终产物 α- 氨基酮。在部分反应中，吖丙因中间体能够稳定存在，可被分离出来。

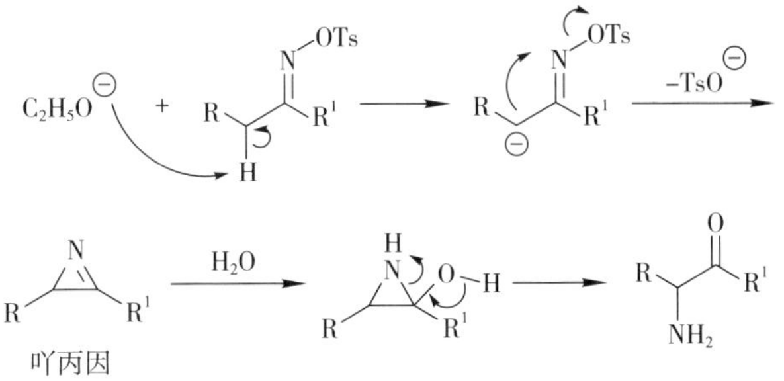

3. 反应影响因素及应用实例 酮肟磺酸酯可由酮类化合物为反应物制备，酮首先与盐酸羟胺反应生成肟，之后在碱性条件下生成肟酯。例如，3- 乙酰基吡啶与盐酸羟胺和对甲苯磺酰氯反应生成酮肟磺酸酯，该化合物在弱碱性条件下发生 Neber 重排反应，并在酸性条件下生成 α- 氨基缩酮盐酸盐，可作为 $β_3$ 肾上腺素能受体激动剂 3- 吡啶基乙醇胺（3-pyridylethanolamine）的关键中间体。

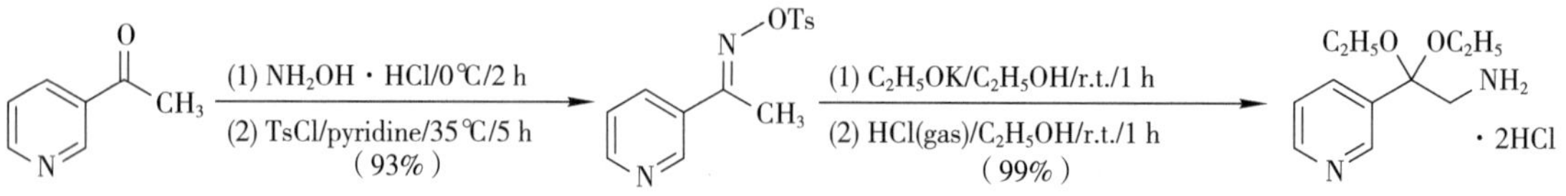

如果酮羰基同时具有 α-氢和 α′-氢，则形成碳负离子的位置取决于氢的酸性。例如，天然产物 dragmacidin F 的关键中间体 α-氨基酮，可由酮肟磺酸酯在碱性条件下，发生 Neber 重排反应制备，该步转化可形成唯一的区域和立体异构体。

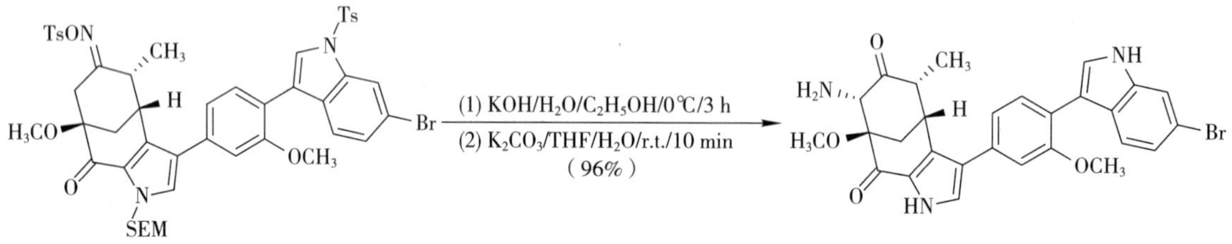

除了酮肟的磺酸酯外，其他含离去基团的肟衍生物也可以发生 Neber 重排反应。例如，酮肟的甲烷磺酸酯在碱性条件下，可生成环状亚胺，碳负离子与离去基团处于反式时，该反应完全转化，碳负离子与离去基团处于顺式时，该反应不发生。这不仅说明了该反应经历分子内 S_N2 机理，也表明 Neber 重排可以用于氮杂环类化合物的合成。

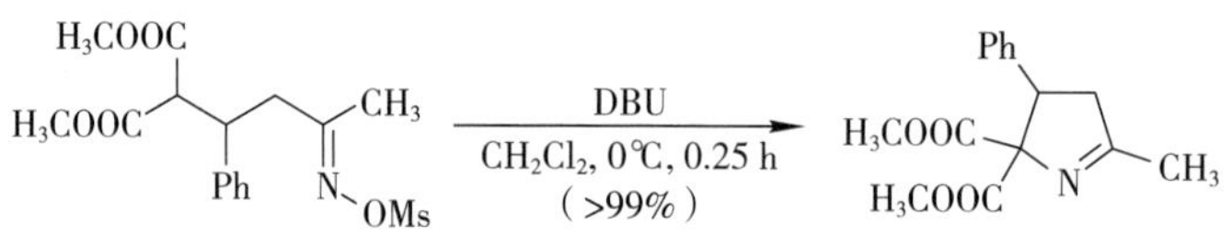

学科前沿 6-3　重排反应中离子液体的应用

第四节　σ 迁移重排

σ 迁移重排是指 σ 键在一个或多个共轭体系上迁移而发生的分子内协同重排反应，在 σ 迁移重排反应中，原 σ 键断裂、新 σ 键生成、π 键的迁移都经由环状过渡态一步完成。

σ 迁移重排可用方括号及数字表示，写作：[i,j] σ 迁移。其中，迁移前 σ 键两端原子的编号为 1，并沿着共轭体系依次编号为 2，3…，i 和 j 分别代表迁移后终点处的原子编号。例如，下方为 [2,3] σ 迁移和 [3,3] σ 迁移的示例。

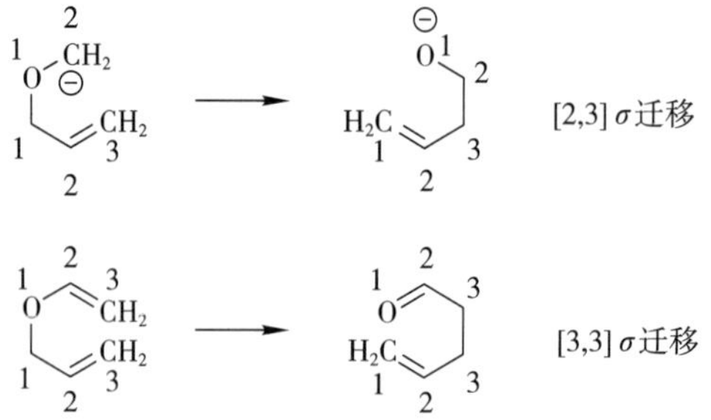

[3,3] σ 迁移重排较为常见，Claisen 重排和 Cope 重排是最重要的两种 [3,3] σ 迁移重排反应。

一、Claisen 重排

烯醇或酚的烯丙基醚（称为烯丙基乙烯基醚）在加热时发生 [3,3] σ迁移重排，生成 γ,δ-不饱和醛（酮）或邻、对位烯丙基酚的反应称为 Claisen 重排。Claisen 重排主要分为两类，一类是芳香族化合物的 Claisen 重排，一类是脂肪族化合物的 Claisen 重排。

1. 反应通式

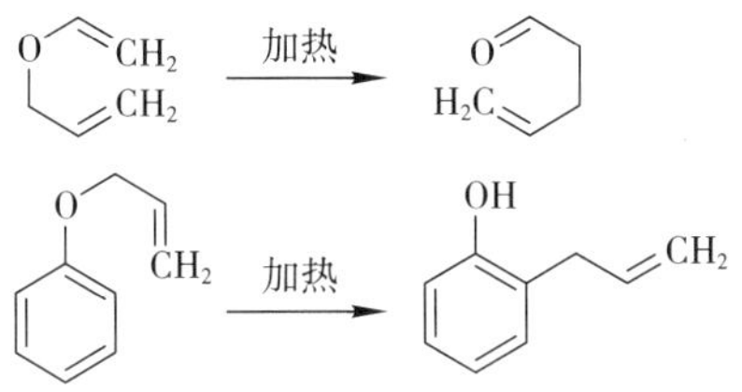

2. 反应机理 Claisen 重排反应是通过分子内六元环过渡态进行的，旧的 C—O 键的断裂和新的 C—C 键的生成，以及 π 键的迁移都是同时完成的，该反应属于协同反应。对于芳香族化合物的 Claisen 重排而言，当酚的两个邻位都被占据时，由于邻位重排中间体不稳定，会发生第二次 [3,3] σ 重排，生成烯丙基迁移到对位的产物。

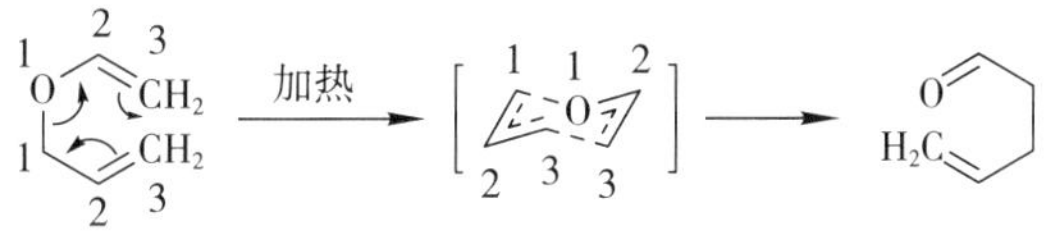

3. 反应影响因素及应用实例 Claisen 重排反应中，当烯醇醚的 α-碳原子上含有取代基，则通过重排可生成 γ,δ- 不饱和酮。例如，河豚毒素（tetrodotoxin）中间体的合成。

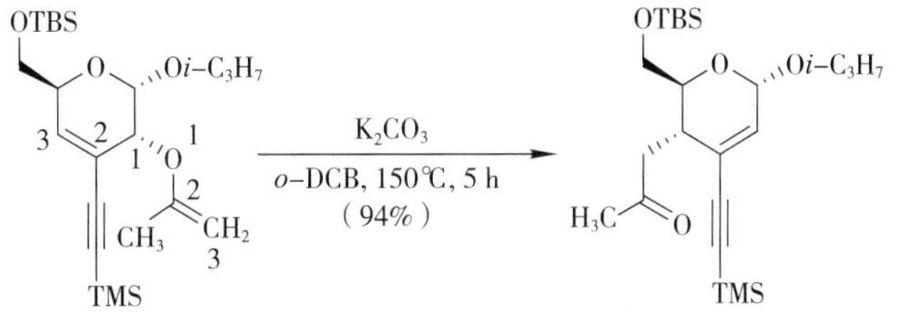

当烯醇醚的 α-碳原子上不含取代基，则经过重排后可生成 γ,δ- 不饱和醛。例如，杀虫药米尔贝霉素 $β_3$（milbemycin $β_3$）中间体的合成。

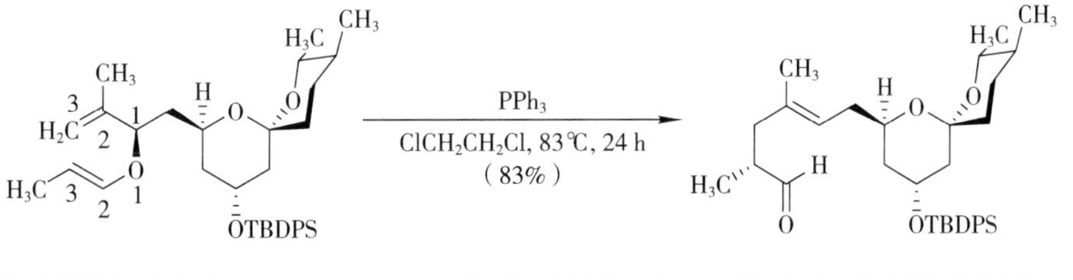

脂肪羧酸的烯丙酯在 LDA、LiHMDS 等强碱的作用下，羧酸酯形成烯醇锂盐，之后发生 [3,3] σ迁移重排生成 γ,δ- 不饱和羧酸，这类反应被称为 Ireland-Claisen 重排。例如，抗肿瘤药尾海兔素 16（dolastatin 16）关键中间体的制备。

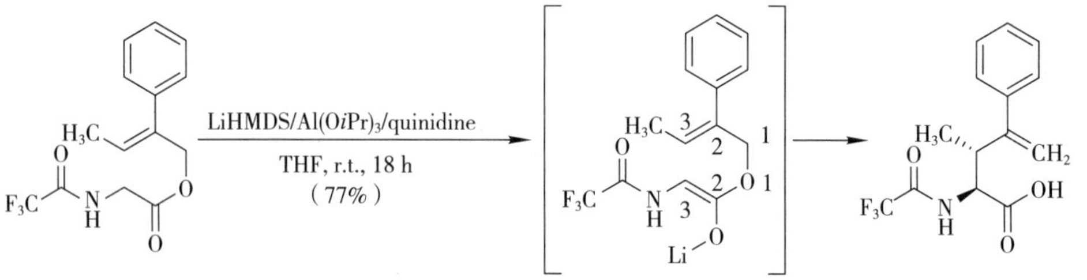

烯丙醇与过量的原酸酯（如原甲酸三甲酯、原甲酸三乙酯）在弱酸性条件下形成烯酮缩醛，之后发生 [3,3] σ 迁移重排反应，生成 γ,δ- 不饱和酯，这类反应称为 Johnson-Claisen 重排。例如，抗肿瘤药海乐萌（halomon）中间体的制备。

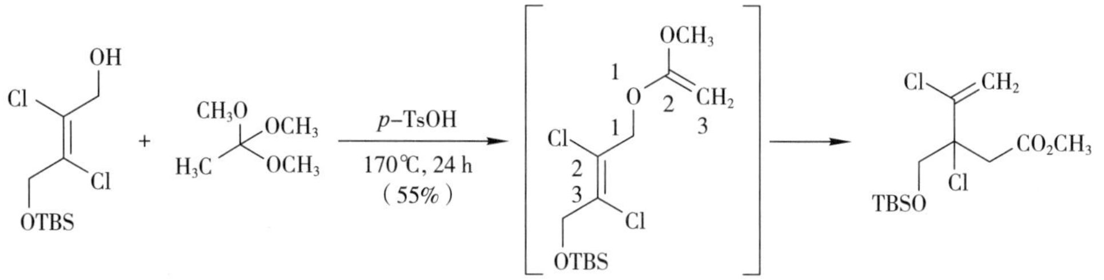

烯丙醇与酰胺缩醛（如 N,N- 二甲基乙酰胺二甲基缩醛）反应原位生成不稳定的烯酮 N,O- 缩醛，之后发生 [3,3] σ 迁移重排反应，生成 γ,δ- 不饱和酰胺，这类反应称为 Eschenmoser-Claisen 重排。例如，降血脂药洛伐他汀（lovastatin）中间体的制备。

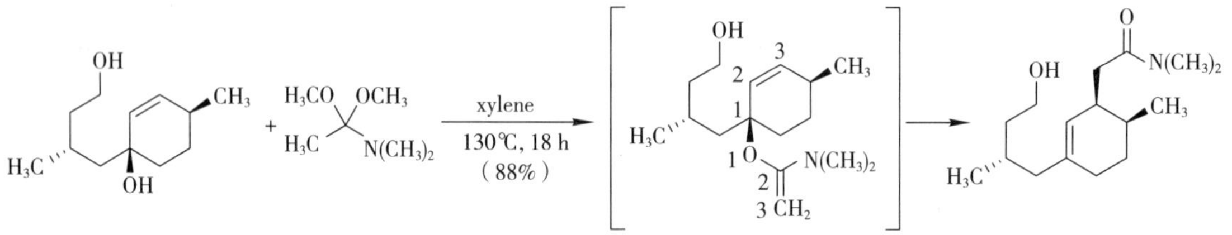

由于烯丙基芳基醚容易制备，因此，芳香族化合物的 Claisen 重排是在酚类化合物的苯环上引入烯丙基的重要方法。例如，糖皮质激素抑制剂 sterenins C 中间体的合成。

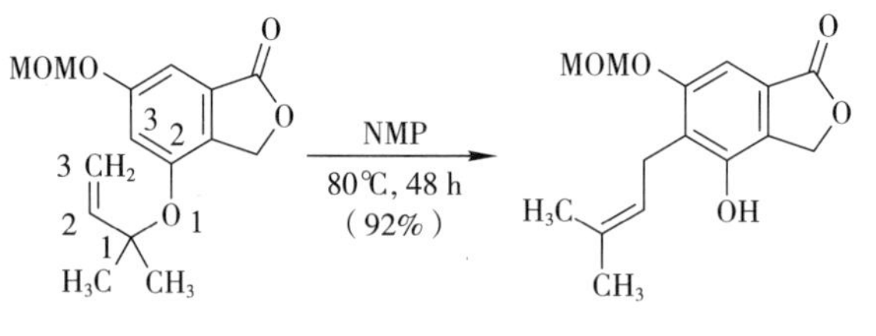

关于 Claisen 重排反应的立体化学，无论底物烯丙基芳基醚中烯丙基双键是 Z 构型还是 E 构型，重排产物中双键均为 E 构型，这是因为重排反应所经历的是具有稳定椅式构象的六元环过渡态。

将烯丙基乙烯基醚中的氧原子以硫原子或氮原子代替，也能发生与 Claisen 重排类似的反应，称为硫杂 Claisen 重排或氮杂 Claisen 重排。由于硫醛极不稳定，生成后立即转变为醛或酮。

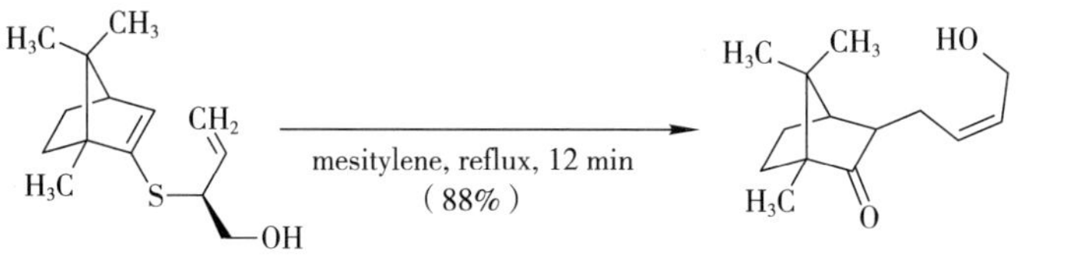

案例讨论 6-4　拉替拉韦中间体的合成工艺优化

Claisen 重排反应通常在加热条件下进行，常用的溶剂有甲苯、二苯醚、联苯、四氢萘、DMF、N,N-二甲基苯胺、二甘醇单乙醚和三氟乙酸等，在极性溶剂中比在非极性溶剂中反应速率更快。通常，产物的沸点高于烯丙基乙烯基醚的沸点，因此在反应过程中沸点会逐渐升高直至恒定。

某些反应可在无溶剂、无催化剂条件下加热进行，也可通过微波照射加快反应速率，降低反应温度。例如，异喹啉酚醚在氯苯溶剂中加热发生 Claisen 重排时产率为 64%，而当使用微波（Microwave，MW）照射条件时，反应温度下降，产率也提高至 79%，生成的 5-羟基异喹啉化合物在酸性条件下可得到磷酸二酯酶Ⅳ抑制剂。

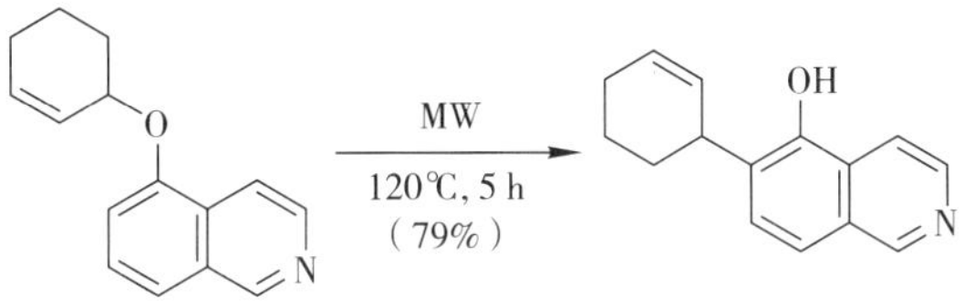

学科前沿 6-4　无溶剂反应
拓展阅读 6-5　原子经济性

二、Cope 重排

碳链上不含杂原子的 1,5-二烯烃在加热条件下通过 [3,3] σ 迁移发生异构化生成新的 1,5-二烯烃的反应称为 Cope 重排。

1. 反应通式

2. 反应机理　Cope 重排反应与 Claisen 重排反应机理类似，属于协同反应。

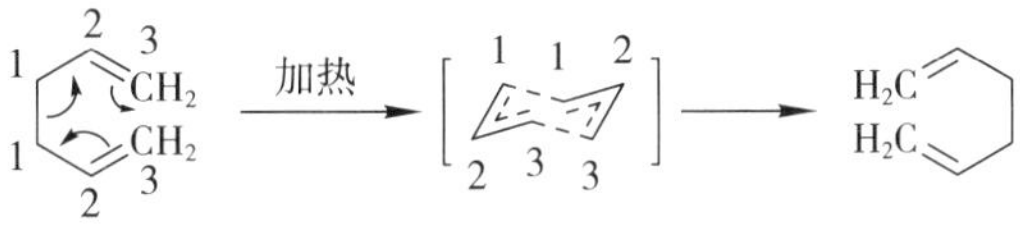

3. 反应影响因素及应用实例　Cope 重排通常需要在加热条件下进行，有些反应物需要较高温度，才能发生重排反应，此时可通过加入催化剂降低反应所需的温度，加快反应速率。

Cope 重排反应为可逆反应，反应可得到两种 1,5-二烯的混合物，其中热力学更稳定的异构体占优势。若重排后产物双键的取代基增加，则更有利于重排反应平衡向右移动。

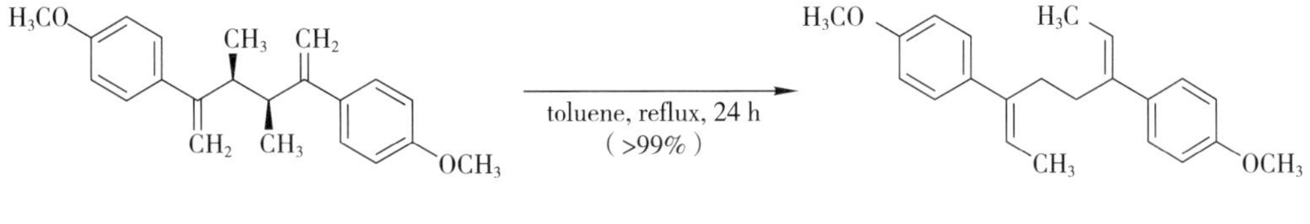

反应物中含有张力较大的环时，由于重排后的产物可使环张力得到释放，因此反应更易进行。例如，通过加热顺式的 1,2-二取代环丙烷化合物发生 Cope 重排可制得环庚-1,4-二烯化合物，是合成天然产物佛波醇（phorbol）的中间体。

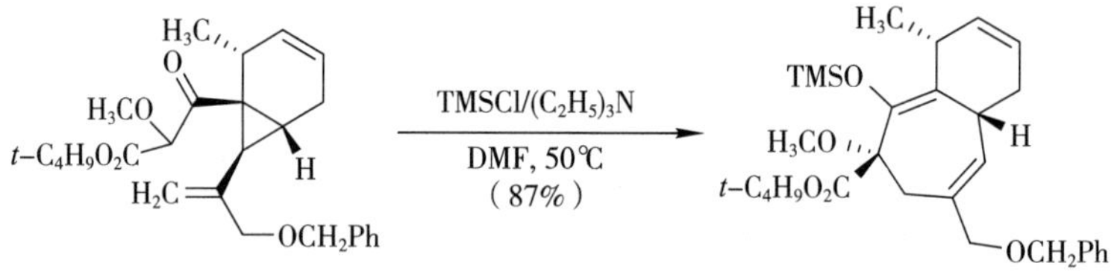

若反应物为环状 1,5-二烯，可发生缩环反应。例如，环胺化合物在 Pd（Ⅱ）催化下发生 Cope 重排，生成缩环产物，为合成 (−)-红藻氨酸（kainic acid）的重要中间体。

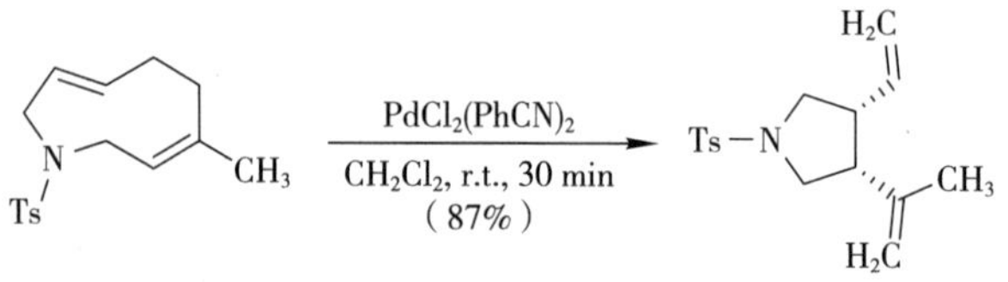

如果 1,5-二烯的 3 位连有能与烯烃共轭的基团，则重排反应所需的温度大大降低，同时收率较高。这可能是由于生成的共轭烯烃较为稳定，使平衡向右移动导致的。

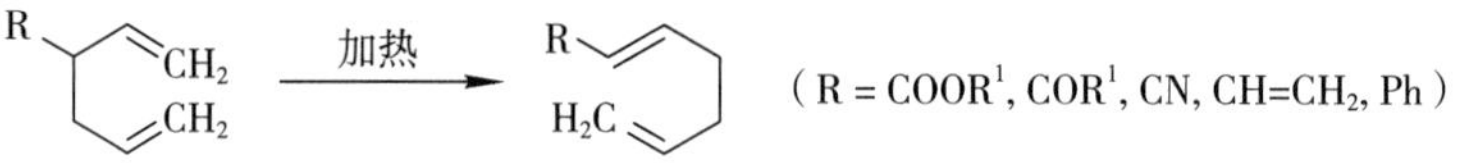

如果 1,5 二烯的 3 位连有羟基，则重排后生成的烯醇最终转化为醛或酮，此类重排称为含氧-Cope 重排（oxy-Cope rearrangement），若含氧-Cope 重排使用碱作为催化剂加速反应进程，则该类反应称为阴离子-含氧-Cope 重排（anionic-oxy-Cope rearrangement）。烯醇转化为羰基使得 Cope 重排反应的平衡向右移动，反应变得不可逆，因此该类型的转化不需要在很高的温度下进行。例如，天然抗癌药紫杉醇中间体的合成，可由 1,5-二烯化合物在 KH 催化下，室温反应制得。

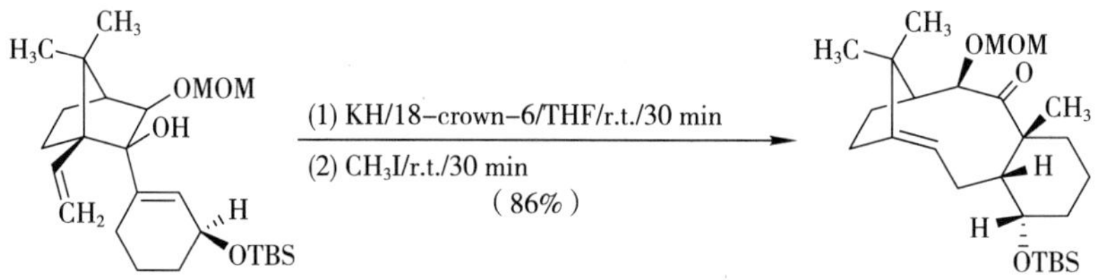

1,5-二烯烃的碳原子被氮原子替换的底物也能发生 Cope 重排反应，称为氮杂-Cope 重排（aza-Cope rearrangement）。根据氮原子替换的位置不同，可将氮杂-Cope 重排分为 1-氮杂、2-氮杂、3-氮杂、1,3-二氮杂、2,3-二氮杂、2,5-二氮杂、3,4-二氮杂等不同类型。例如，抗白血病和抗病毒生物碱三尖杉碱（cephalotaxine）的中间体可由含氮有机化合物在碱性条件下加热制得。

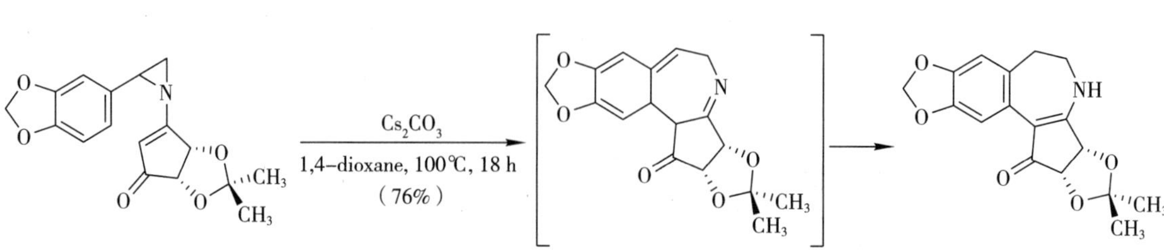

与氮杂-Cope 重排类似，氧杂-Cope 重排也能够在适宜的条件下发生。而 Claisen 重排亦可称为 3-氧杂 Cope 重排。

Cope 重排经历六元环过渡态,因此反应底物的构型对过渡态的立体化学有较大影响,从而影响产物的构型。通常,反应过程中经历六元环的椅式过渡态,在此过渡态中,取代基需尽可能多的处于假 e 键(准平伏键)的位置。例如,下列 E 构型的烯烃在萘中加热,经历不同的椅式过渡态,可分别生成两种不同构型的取代 1,5- 二烯烃,而过渡态中大位阻的羰基基团处于假 e 键的构型能量较低,最终转化为 R 构型的主产物。

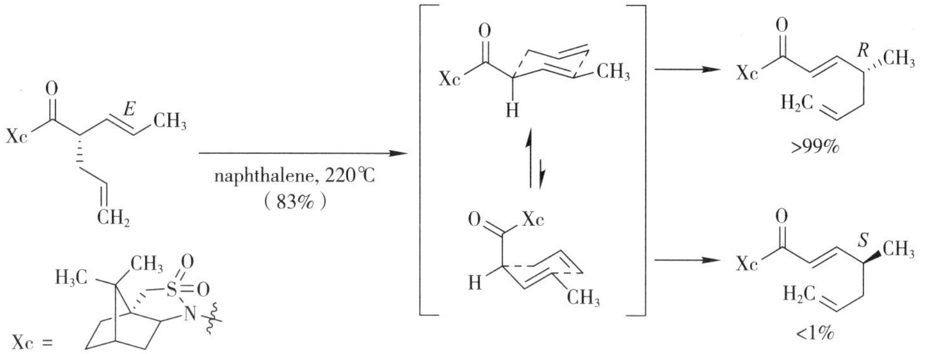

(韦思平)

> 📖 **数字资源详见　新形态教材网**
>
> 📍学习目标　✳思维导图　🎓思政元素　💬案例讨论　🖥微视频
> 👥拓展阅读　📑学科前沿　🖳本章小结　📝课后习题　▶教学课件

第七章 氧化反应

编者导学

📍 学习目标

🔬 思维导图

本章导航
第一节　醇、酚的氧化
第二节　醛、酮的氧化
第三节　烃的氧化
第四节　其他氧化

在化学反应中，凡是失去电子的反应都可以称为氧化反应（oxidation reaction），即在氧化剂的作用下，有机分子中增加氧或失去氢，或同时增加氧和失去氢的反应。氧化反应在药物合成中应用广泛，往往一种氧化剂可以氧化多种官能团，而同一种官能团也可以被多种氧化剂氧化。在氧化反应中，选择合适的氧化剂和反应条件尤为关键。

氧化反应根据氧化剂和氧化工艺的不同，主要分为化学氧化、电解氧化、催化氧化及生物氧化。本章主要介绍化学氧化反应。

第一节　醇、酚的氧化

选择合适的氧化剂将不同类型的醇氧化为相应的醛、酮、羧酸及其衍生物，是最常见的官能团转化反应之一。此外，酚氧化生成醌的反应在医药、染料、材料等领域具有广泛的应用。

一、醇氧化成醛、酮

将醇氧化成醛或酮可以采用铬、锰类金属氧化剂，也可以应用 Oppenauer 氧化、Swern 氧化、Dess–Martin 氧化等方法。其中，金属氧化剂氧化醇生成醛或酮是最常用的方法。

（一）铬氧化剂氧化

1. 反应通式

$$\begin{array}{c} R \\ R^1 \end{array}\!\!CH\!-\!OH \xrightarrow{\text{铬氧化剂}} \begin{array}{c} R \\ R^1 \end{array}\!\!C\!=\!O$$

2. 反应机理　以铬酸（H_2CrO_4）为例，首先醇羟基和 H_2CrO_4 作用形成铬酸酯，随后铬酸酯发生断裂生成醛或酮。该反应为亲电消除反应机理。

$$\begin{matrix} R \\ R' \end{matrix} CH-OH + \begin{matrix} HO \\ HO \end{matrix} Cr \begin{matrix} O \\ O \end{matrix} \xrightarrow[-H_2O]{\text{快}} \begin{matrix} R \\ R' \end{matrix} \begin{matrix} H \\ C-O-Cr=O \\ OH \end{matrix} \xrightarrow[\text{慢}]{-H^{\oplus}} \begin{matrix} R \\ R' \end{matrix} C=O + HCrO_3^{\ominus}$$

3. 影响反应因素及应用实例　常用的铬氧化剂有 H_2CrO_4、Jones 试剂（CrO_3–H_2SO_4）、Collins 试剂（$CrO_3·2py$）、氯铬酸吡啶鎓盐（$CrO_3·py·HCl$，PCC），它们可以将伯醇、仲醇分别氧化为醛和酮。

拓展阅读 7-1　常见的铬类氧化剂及其反应特点

采用 H_2CrO_4 氧化醇时，一般情况下，铬酸酯的形成反应较快，随后发生铬酸酯的分解是控制反应速率的步骤。在环己烷体系中，直立键上的羟基在形成酯后的空间立体障碍比平伏键羟基酯大的多，这种立体张力在酯分解生成产物时能被解脱，从而加速酯的分解。因此，羟基处于直立键上比羟基处于平伏键上更易被氧化。

在少数情况下，当羟基的空间位阻非常大时，情况相反。例如，龙脑和异龙脑的氧化，由于受到桥甲基大的空间位阻影响，铬酸酯的形成是控制反应速率的步骤。异龙脑中羟基处于平伏键上，形成的酯比龙脑更加稳定，故较易被氧化。

相对氧化速率　　　　3∶1　　　｜　相对氧化速率　　　1∶2

采用 H_2CrO_4 作为氧化剂，在乙酸溶液中可以将仲醇氧化成酮。为防止产物进一步氧化，反应常在低温下进行，并加入其他有机溶剂，如二氯甲烷（DCM）、乙醚、苯等，形成非均相体系。氧化生成的酮转移到有机相中，避免和水相中的氧化剂接触。此外，加入少量还原剂（如 Mn^{2+}），可以除去反应生成的 Cr^{5+} 和 Cr^{4+} 离子。由于较难控制氧化程度，一般情况下，H_2CrO_4 不用于伯醇氧化成醛。

Jones 试剂是由三氧化铬（CrO_3）、硫酸（H_2SO_4）与水配成的水溶液。Jones 试剂可以选择性氧化仲醇为酮，而不影响其他敏感基团，如缩酮、酯、环氧基、氨基、不饱和键等。一般情况下，Jones 试剂不用于伯醇氧化成醛。例如，在抗生素拉氧头孢钠（latamoxef sodiunm）的制备中，采用 Jones 试剂氧化仲醇生成酮，而不影响结构中的内酰胺环、酰胺键和酯键，产率高达 89%。

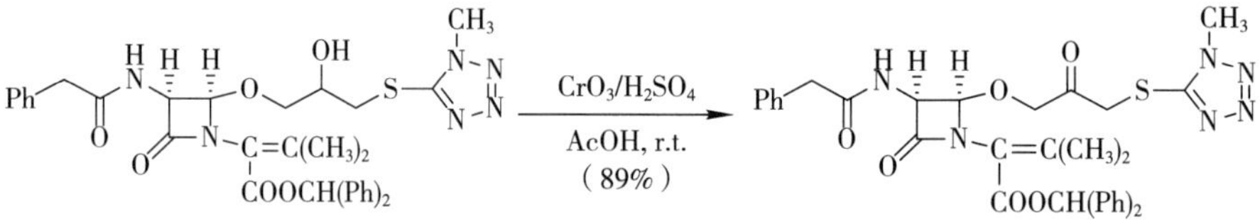

Collins 试剂是 CrO_3 与吡啶（py）在二氯甲烷中的络合物，适合于在非水溶液中将伯醇、仲醇氧化生成醛和酮，尤其适用于对酸性敏感的醇的氧化，不会导致进一步的氧化反应发生。Collins 试剂的缺点：①性质不稳定，易吸潮，不易保存，反应需在无水条件下进行；②用量大，需用过量（约 6 倍物质的量）的试剂才能反应完全；③配置时容易着火等。例如，在降血脂药物氟伐他汀（fluvastatin）的合成中，采用 Collins 试剂氧化末端的醇羟基为醛基，而不影响结构中的酯键、烯键等。

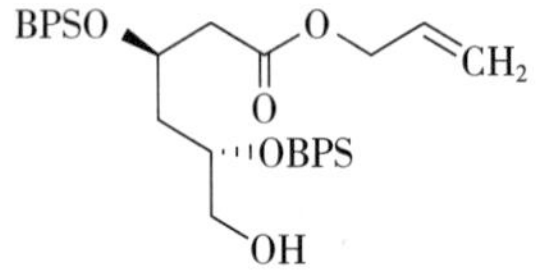

PCC 试剂由 CrO_3、吡啶和浓盐酸（HCl）制备，它是目前使用最广泛的铬氧化剂，可以将伯醇、仲醇氧化成醛和酮。例如，在维生素 D_3 的合成中，采用 PCC 试剂可以氧化母核结构中的仲醇为酮，而不影响末端的叔醇。

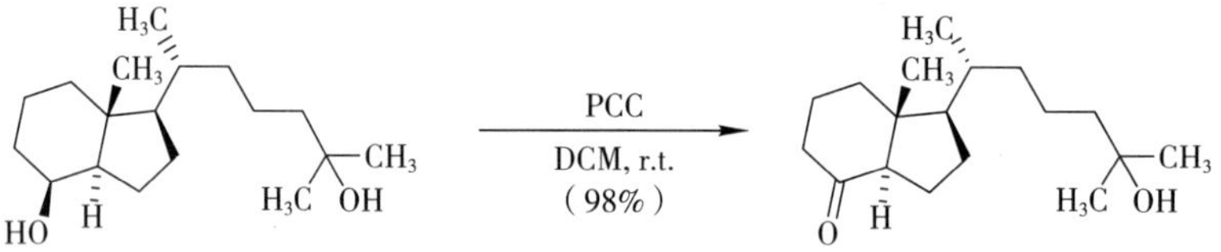

（二）锰氧化剂氧化

常用的锰氧化剂有高锰酸钾（$KMnO_4$）和二氧化锰（MnO_2），可以氧化伯醇、仲醇生成醛和酮。$KMnO_4$ 能够进一步将醛氧化为羧酸。

1. 反应通式

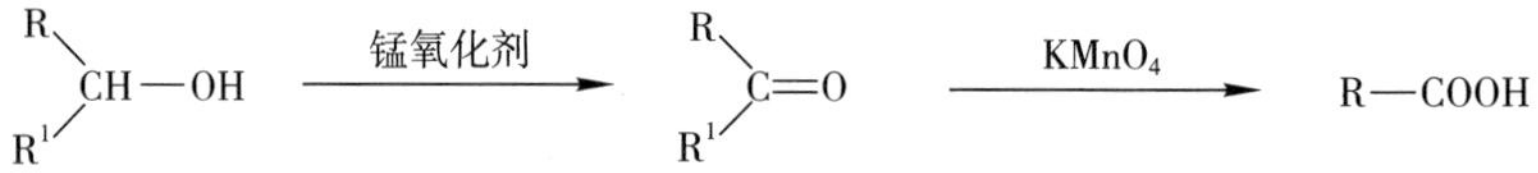

2. 反应机理 当 $KMnO_4$ 为氧化剂时，在中性或碱性介质中，Mn^{7+} 被还原为 Mn^{4+}，而在酸性介质中，Mn^{7+} 被还原为 Mn^{2+}。当 MnO_2 为氧化剂时，Mn^{4+} 被还原为 Mn^{2+}。以 MnO_2 为例，氧化羟基生成羰基的反应为亲电消除反应机理。

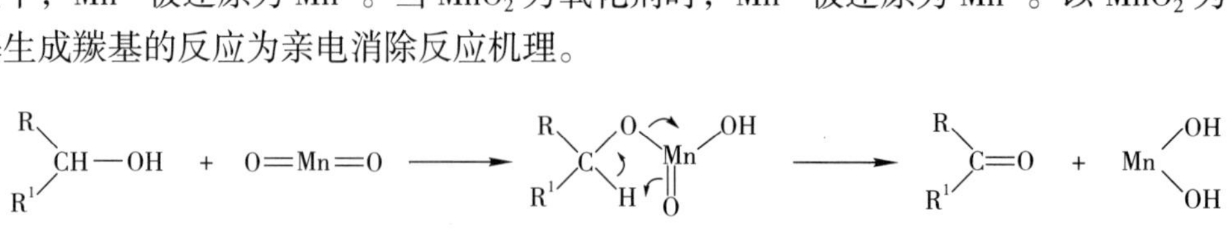

3. 反应影响因素及应用实例 $KMnO_4$ 氧化伯醇为羧酸，氧化仲醇为酮。若氧化所生成的酮羰基的 α- 碳原子上含有氢时，会发生烯醇化，烯醇双键进一步被 $KMnO_4$ 氧化断裂，降低酮的反应收率。若氧化生成的酮羰基的 α- 碳原子上不含氢时，可以获得较高收率的酮。例如，$KMnO_4$ 氧化苯基（吡啶 -4- 基）甲醇，几乎定量的生成相应的酮。

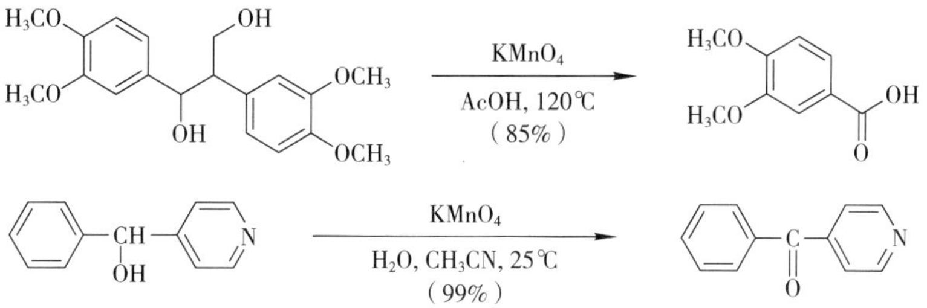

活性MnO₂的氧化性能温和，选择性高。MnO₂的活性主要取决于其制备方法和所选用溶剂。例如，在碱存在时，KMnO₄和硫酸锰（MnSO₄）反应，可获得高活性的含水MnO₂。一般情况下，MnO₂氧化烯丙伯醇停留在烯丙醛阶段。该方法不仅产率高，而且在反应过程中不发生双键的氧化和顺反异构化，是α,β-不饱和醛定向氧化的良好方法。

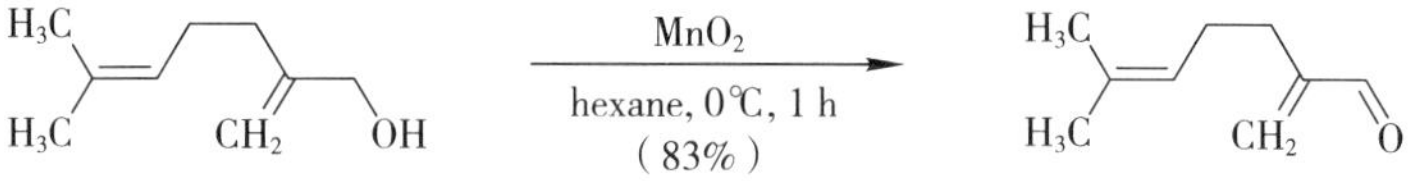

活性MnO₂可以氧化烯丙仲醇，得到相应的α,β-不饱和酮。例如，镇痛药物羟吗啡酮（oxymorphone）中间体的合成。

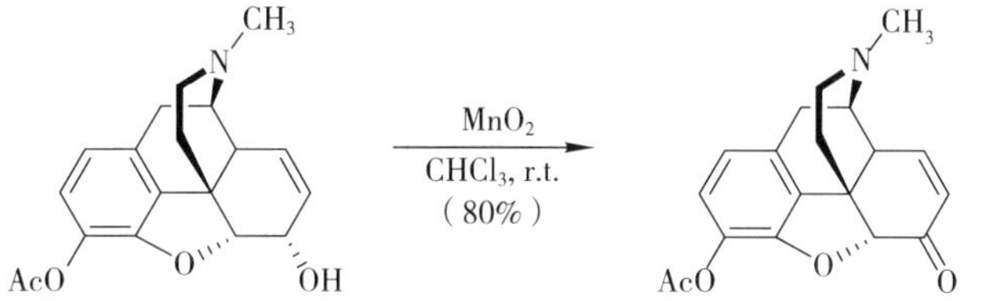

活性MnO₂还可以氧化苄醇生成芳香醛，反应收率较高。例如，利尿药西氯他宁（cicletanine）中间体的制备。

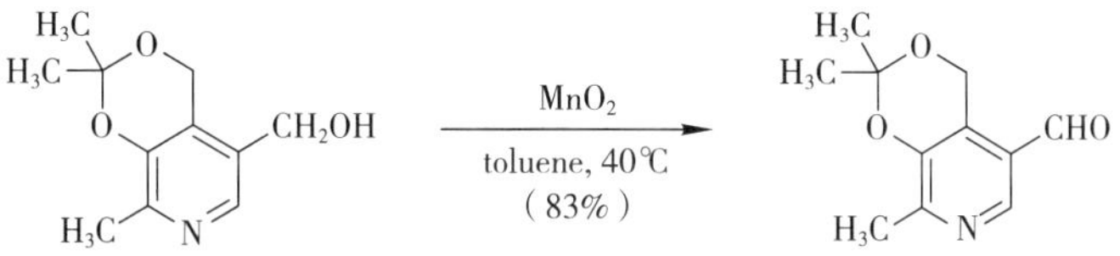

（三）Oppenauer 氧化

丙酮或环己酮作为氧化剂，在异丙醇铝｛Al[OCH(CH₃)₂]₃｝或叔丁醇铝｛Al[OC(CH₃)₃]₃｝催化作用下，将伯醇、仲醇氧化为醛和酮，该反应称为Oppenauer氧化反应。它是Meerwein-Ponndorf-Verley还原反应的逆反应，属于可逆反应。

1. 反应通式

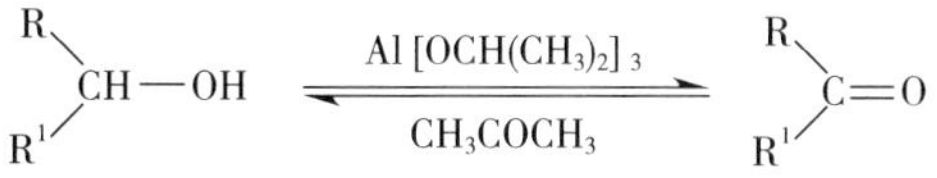

2. 反应机理 该反应为亲电消除反应机理。醇和异丙醇铝中的烷氧基发生交换，在负氢受体（丙酮）的作用下，醇脱去一个氢负离子，并脱离铝，生成氧化产物酮，同时丙酮转变为烷氧基与铝偶联，恢复成原来的异丙醇铝。

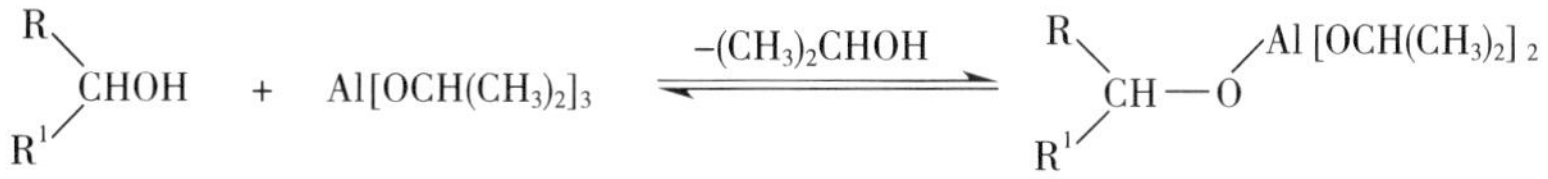

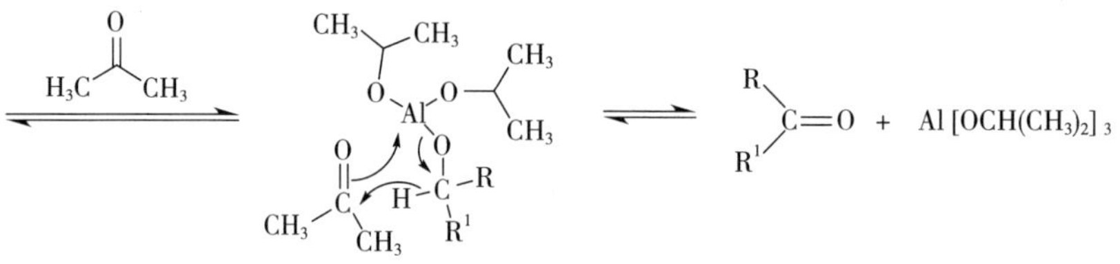

3. 反应影响因素及应用实例　Oppenauer 氧化反应广泛应用于甾醇的氧化，特别是仲醇的氧化，其他基团不受影响。通常情况下，β,γ 位的双键会位移到 α,β 位形成共轭酮。例如，在雄激素类药物丙酸睾酮（testosterone propionate）的合成中，以去氢表雄酮为起始原料，在异丙醇铝/环己酮的作用下，氧化得到中间体雄甾-4-烯-3,17-二酮。

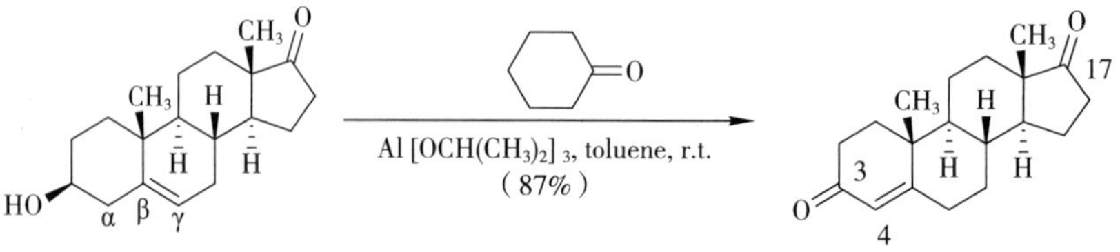

Oppenauer 氧化反应也可以用于伯醇氧化为相应的醛，但存在羟醛缩合副反应。一般选用对苯醌代替丙酮进行氧化，避免生成的醛和氧化剂酮发生缩合反应。

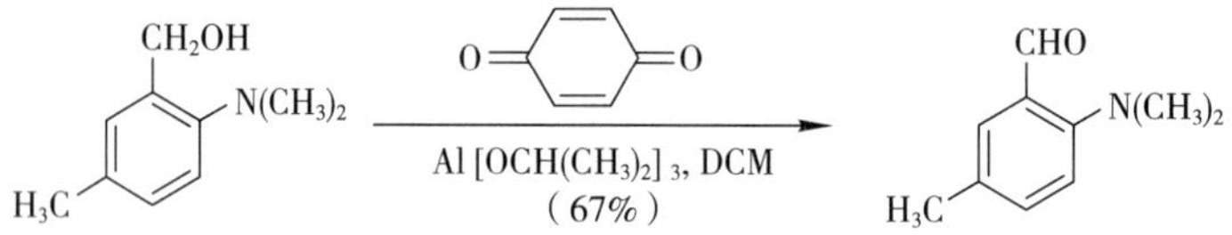

（四）DMSO 作为氧化剂氧化

二甲基亚砜（DMSO）作为氧化剂，经亲电试剂活化后与醇反应，生成烷氧基锍盐，再发生消除，生成醛或酮。

1. 反应通式

2. 反应机理　以亲电性试剂二环己基碳二亚胺（DCC）为例，DMSO 氧化醇的反应为亲核消除反应机理。在质子供给体（H$^+$）存在下，DMSO 和 DCC 反应生成活性锍盐，再和醇反应，得到烷氧基锍盐。在碱的作用下，烷氧基锍盐失去质子裂解得到醛（酮）和二甲硫醚。

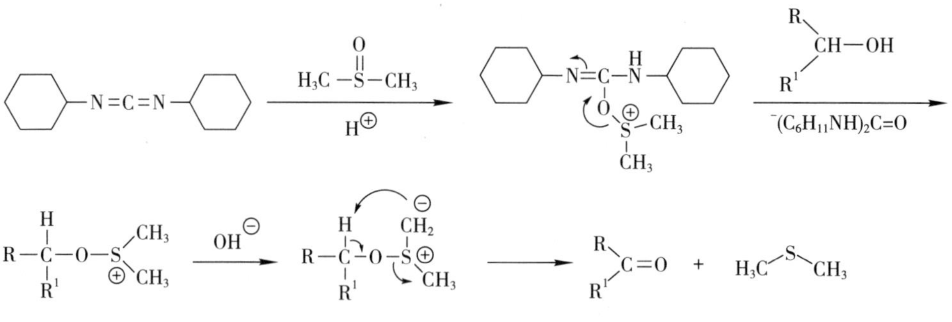

3. 反应影响因素及应用实例　DMSO 单独应用可以将醇氧化成醛或酮，但反应条件要求高，收率低。若加入亲电性试剂，如 DCC、乙酸酐（Ac$_2$O）、三氟乙酸酐（TFAA）、草酰氯 [(COCl)$_2$]、二氯亚砜（SOCl$_2$）、三氧化硫（SO$_3$）等，在质子供给体存在下，DMSO 生成锍盐，

极易和醇反应，经过烷氧基锍盐中间体生成醛或酮。该方法适用于对一般氧化剂敏感的化合物的氧化，如甾体、核酸、生物碱等。

在酸性条件下，以 DMSO 和 DCC 混合物作为氧化剂，经过烷氧基锍盐中间体，将伯醇、仲醇氧化为醛和酮的反应称为 Pfitzner-Moffatt 氧化反应。常用的酸为磷酸、二氯乙酸和吡啶的强酸盐等。该方法反应条件温和，收率高，不会氧化双键，也不发生双键移位。但是受空间效应的影响，立体障碍大的羟基较难被氧化。例如，11-羟基孕甾-4-烯-3,20-二酮结构中的 11β-羟基较 11α-羟基难氧化，收率明显降低。

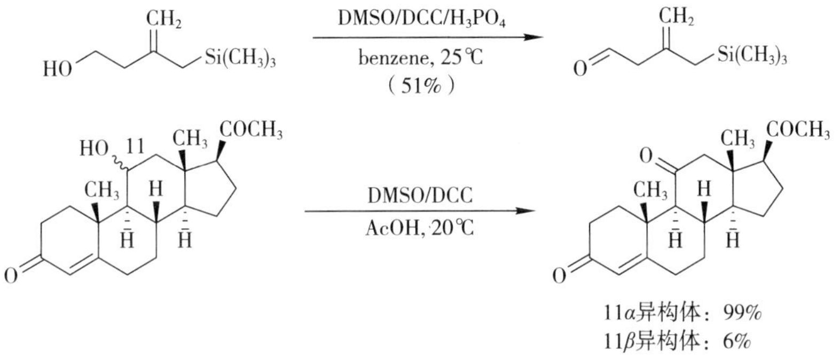

11α异构体：99%
11β异构体：6%

以 DMSO 和 Ac₂O 混合物作为氧化剂，将醇氧化为醛或酮的反应称为 Albright-Goldman 氧化反应。该方法使用 Ac₂O 作为活化剂，可以避免后处理难的缺点，也不需要加入质子供给体，特别对立体位阻较大的醇的氧化效果较好。但缺点是对于位阻小的醇羟基，可能发生乙酰化及生成甲硫甲醚的副反应。

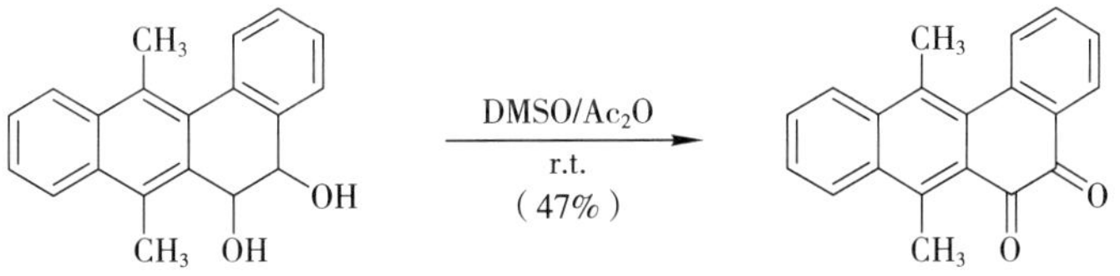

在有机碱和低温条件下，DMSO 作为氧化剂与 (COCl)₂ 协同作用，将醇氧化成醛或酮的反应，称为 Swern 氧化反应。该方法反应条件温和，官能团耐受性好，适用范围广泛。

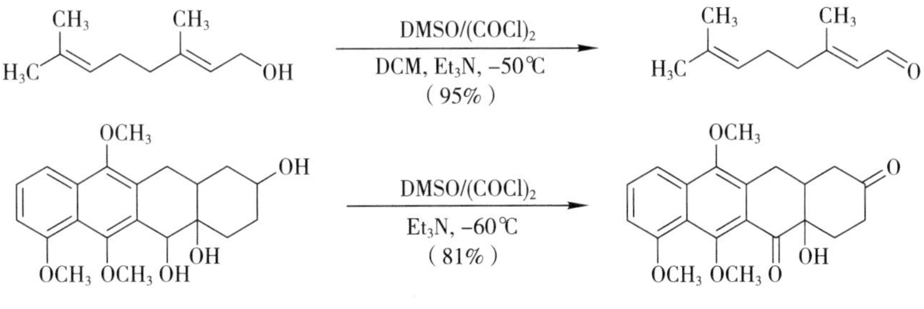

以 DMSO 作为氧化剂，三氧化硫-吡啶复合物（SO₃-py）作为活化剂，三乙胺（Et₃N）为有机碱将伯醇、仲醇转化为相应的醛和酮的反应，称为 Parikh-Doering 氧化反应。该反应可以在常温条件下进行，收率较高。

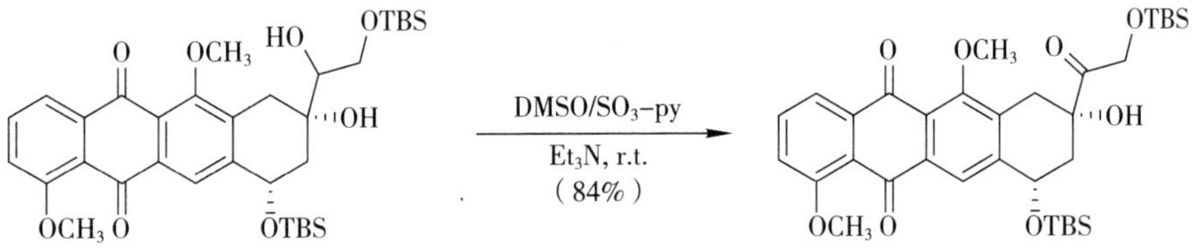

Parikh-Doering 氧化反应可以有效的将烯丙醇类化合物氧化为 α,β- 不饱和羰基化合物，还可以将生物碱类的醇化合物氧化为羰基化合物。

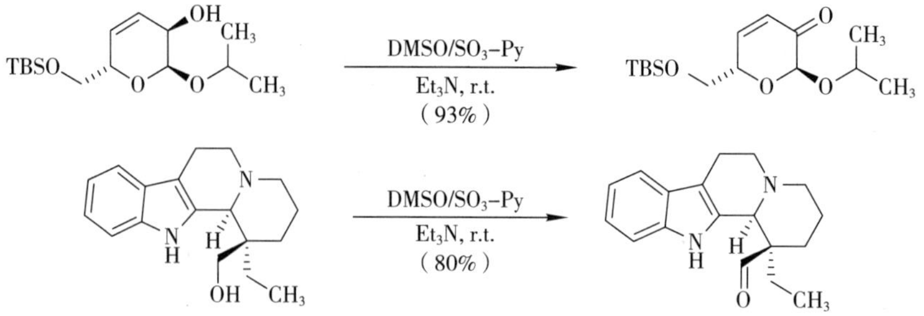

案例讨论 7-1　托法替尼中间体的合成工艺优化

（五）Dess-Martin 氧化

利用 Dess-Martin 试剂（DMP），即 (1,1,1- 三乙酰氧基)-1,1- 二氢 -1,2- 苯碘酰 -3(1H)-酮，将伯醇、仲醇氧化成相应的醛和酮，该反应称为 Dess-Martin 氧化反应。

1. 反应通式

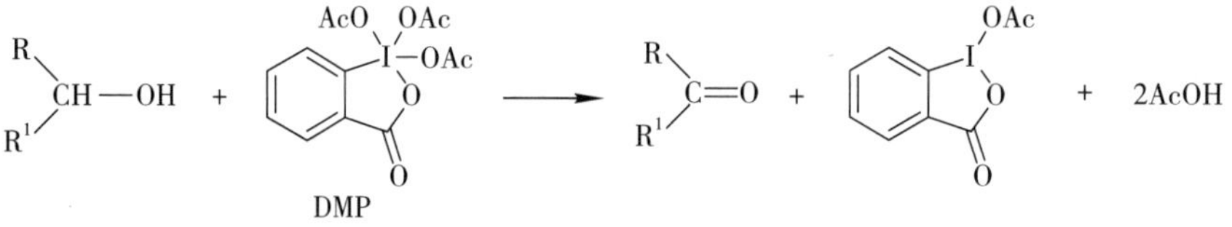

2. 反应机理　该反应为亲核消除反应机理。首先，醇的烷氧基置换 DMP 中的乙酰氧基，1 分子乙酰氧基离去，生成二乙酰氧基烷氧基高价碘化物；随后，与醇羟基相连的碳原子上的氢被乙酸盐除去，释放 1 分子含碘有机物，醇被氧化成相应的醛或酮。

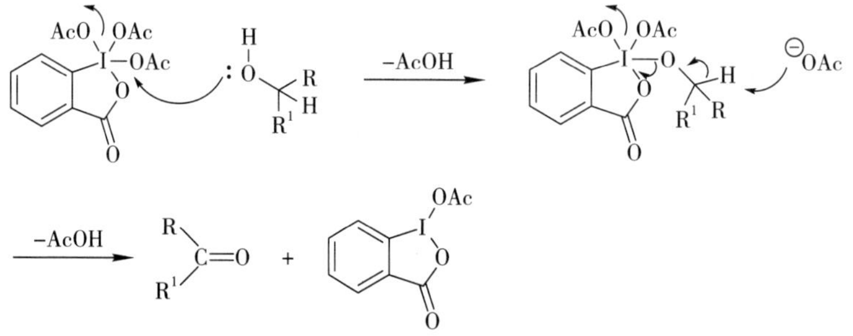

3. 反应影响因素及应用实例　Dess-Martin 氧化反应通常在微酸性或中性的溶液中进行，将伯醇、仲醇氧化成对应的醛和酮，具有高化学选择性，一些敏感基团（如烯键、硫原子等）不受影响。该氧化反应完成后，I^{5+} 变成 I^{3+}，后处理较为简单，只需要用碳酸氢钠溶液洗去副产物即可。相比于其他氧化方法，该方法具有反应时间短，条件温和，氧化剂用量少等优点。

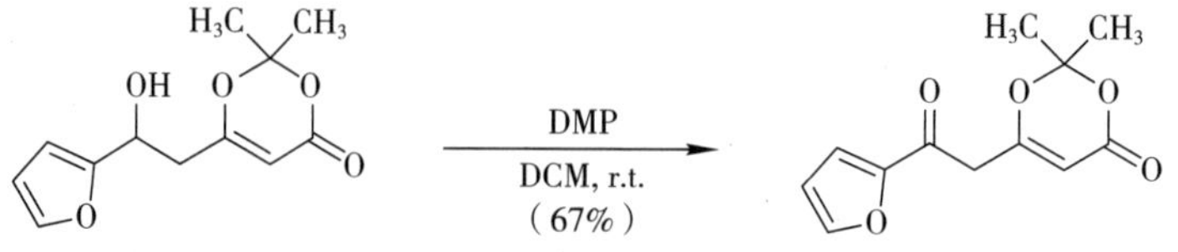

拓展阅读 7-2　Dess-Martin 试剂的制备及在有机合成中的应用

（六）其他氧化

1. TEMPO 催化氧化　2,2,6,6- 四甲基哌啶 -N- 氧化物（TEMPO）是一个稳定的硝酰自由基，可以作为催化剂用于氧化反应。TEMPO/次氯酸盐体系能够将伯醇氧化为醛或羧酸，以及将仲醇氧化为酮。

（1）反应通式：

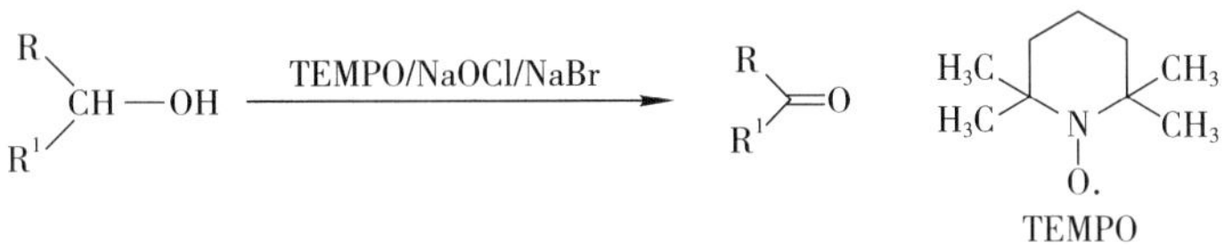

（2）反应机理：该反应为自由基反应机理。次氯酸盐氧化 TEMPO 生成 TEMPO$^+$，随后 TEMPO$^+$ 氧化醇生成相应的醛或酮，同时被还原成 TEMPOH，后者又被次氯酸盐重新氧化生成 TEMPO$^+$。一般情况下，在体系中加入 0.1 mol/L NaBr 作为助催化剂，这是由于 NaBr 可与次氯酸盐原位反应生成次溴酸盐，而次溴酸盐比次氯酸盐更易氧化 TEMPOH 生成 TEMPO$^+$。

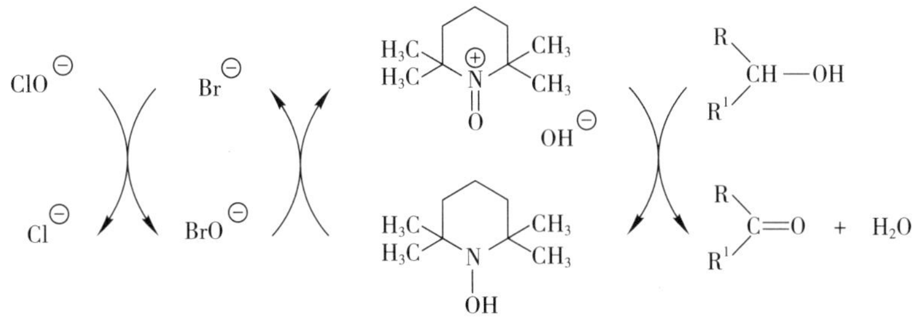

（3）反应影响因素及应用实例：TEMPO/NaOCl/NaBr 氧化体系又称为 Anelli 氧化体系（0.01 mol TEMPO，0.01 mol NaBr，稍过量的 NaOCl 溶液，二氯甲烷作为溶剂，pH 9.0），其反应条件温和、速率快，收率近乎定量，广泛应用于醇的氧化。

当使用 NaBr 作为助催化剂时，TEMPO 快速地催化次氯酸盐对醇的氧化，高选择性生成对应的醛或酮，底物结构中的缩醛保护基团不受影响。

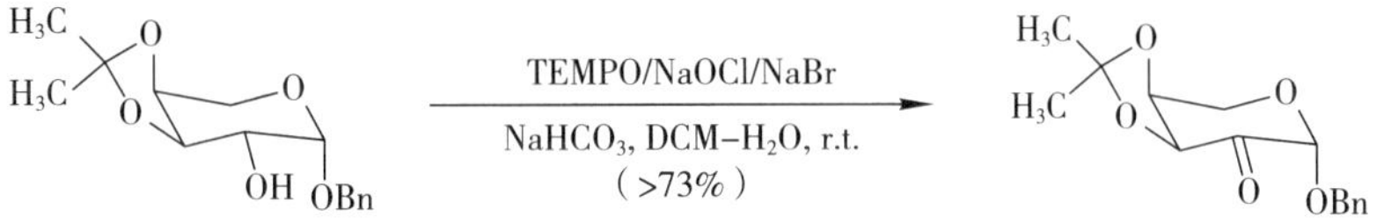

当使用 TEMPO/NaOCl 氧化体系时，NaOCl 会产生次氯酸，容易和烯烃等富电子底物反应。为了避免此过程的发生，采用二乙酸碘苯 [PhI(OAc)$_2$] 替代 NaOCl，可以进行烯丙醇的氧化，不影响底物中的烯键、硫原子等。

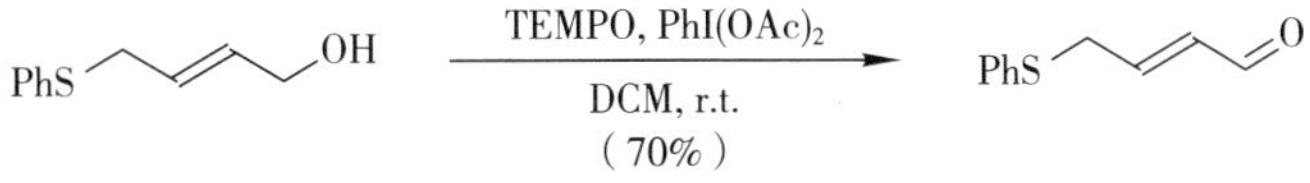

此外，TEMPO/PhI(OAc)$_2$ 氧化体系可以将核糖环的羟甲基氧化成羧酸。例如，在抗艾滋病药物 rovafovir etalafenamide 中间体的合成中，TEMPO/PhI(OAc)$_2$ 可以氧化核糖环上的羟甲基成羧酸。

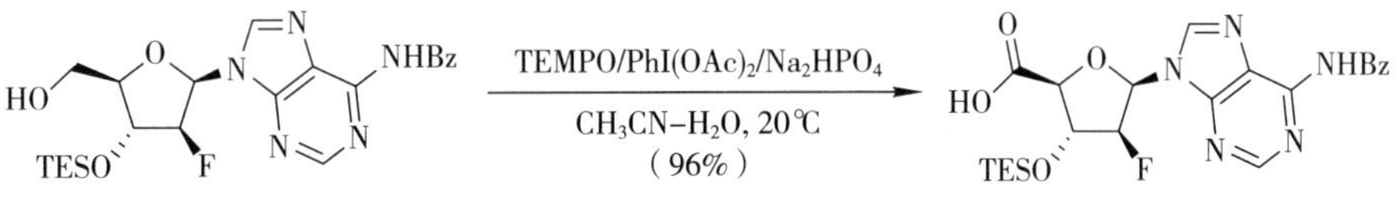

2. IBX 氧化 2-碘酰苯甲酸（IBX）是典型的高价碘试剂，可以用作氧化剂将伯醇、仲

醇氧化成为相应的醛和酮。

（1）反应通式：

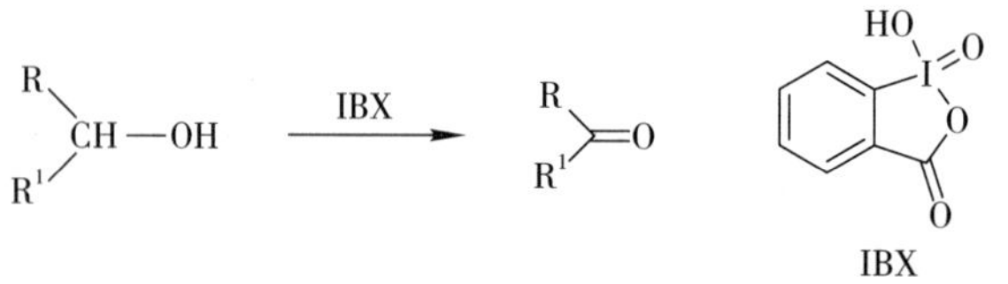

（2）反应机理：该反应为亲电消除反应机理。醇与 IBX 反应生成烷氧基高价碘，随后分子内碘酰氧负离子夺取醇中 α-H，形成氧化产物醛或酮，同时释放碘烷。水可以与烷氧基高价碘反应，造成反应逆转。

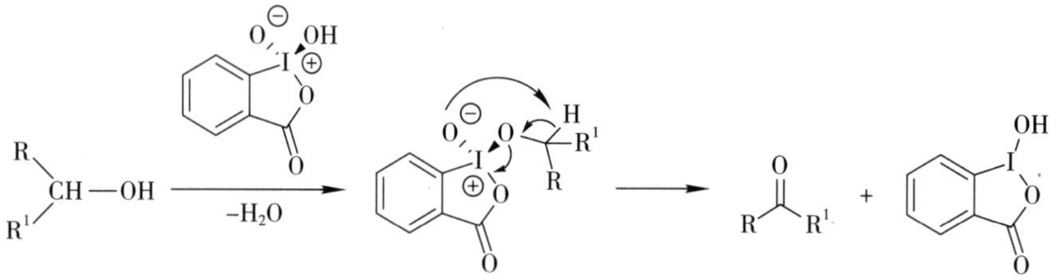

（3）反应影响因素及应用实例：IBX 氧化伯醇、仲醇生成相应的醛和酮，一般采用极性溶剂，如 DMSO、DMF、乙腈等。IBX 氧化反应条件比 DMP 氧化更加温和，可用于 1,2- 二醇的氧化，而 DMP 氧化会导致 C—C 键断裂。IBX 氧化伯醇生成醛，不会过度氧化生成羧酸，而且底物结构中的醚、胺、羧酸、酯等官能团均可兼容。例如，抗溃疡药盐酸四环素（tetracycline hydrochloride）的关键中间体可以利用 IBX 氧化法合成，收率为 77%，而叔胺、醚键、硫醚键等均未受影响。

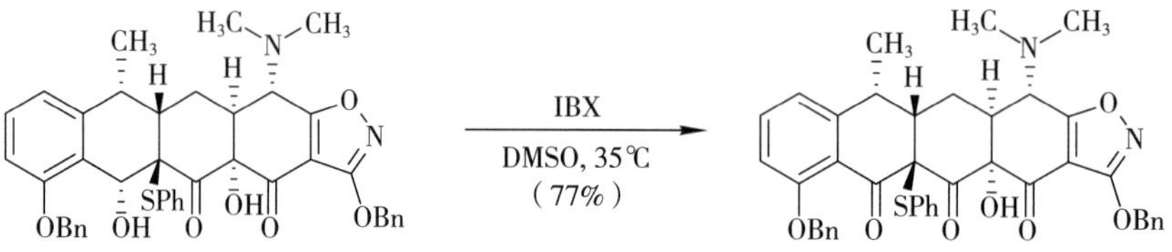

3. Corey-Kim 氧化 在碱性条件下，利用 N-氯代丁二酰亚胺（NCS）和二甲硫醚（Me$_2$S，DMS）生成硫鎓离子，可以氧化伯醇、仲醇得到相应的醛和酮，该反应称为 Corey-Kim 氧化反应。

（1）反应通式：

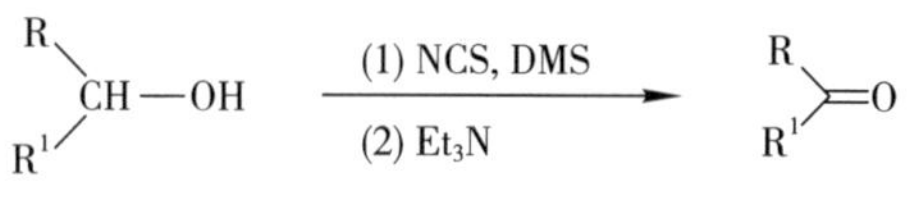

（2）反应机理：该反应的机理与 Swern 氧化机理类似。首先，DMS 进攻 NCS 的 N—Cl 键，产生硫鎓离子；然后，亲电的硫鎓离子被醇亲核进攻，生成含 S—O 键的中间体；随后，碱从 DMS 的甲基夺取质子，生成硫叶立德。最后，硫叶立德发生分解，得到相应的醛（酮）和 DMS。

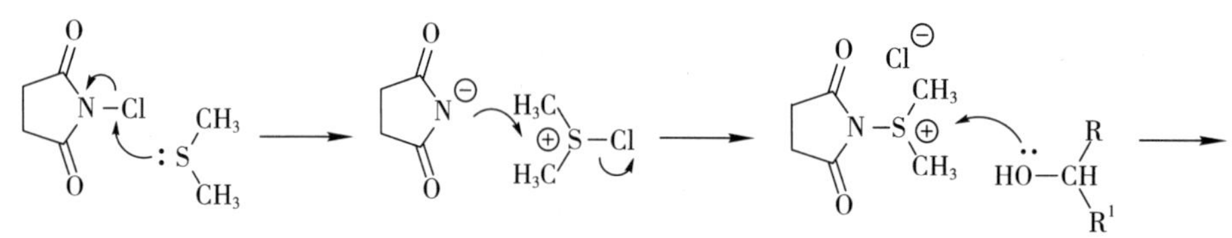

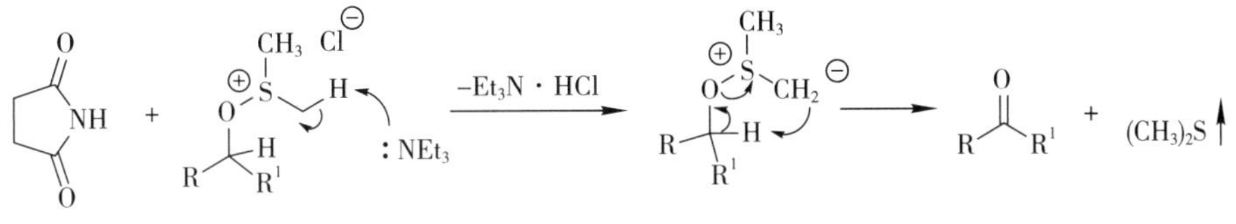

（3）反应影响因素及应用实例：Corey-Kim 氧化反应条件温和，适用于多种敏感底物，但存在显著的溶剂效应。一般情况下，Corey-Kim 氧化选用甲苯作溶剂，若使用更大极性的溶剂（如二氯甲烷/二甲亚砜）会导致甲硫醚（$ROCH_2SCH_3$）类副产物的产生。此外，以 1,2-二醇为底物，可以实现羟基选择性氧化，不会发生 C—C 键氧化断裂。例如，在二萜天然产物 ingenol 的合成中，利用 Corey-Kim 氧化可以区域选择性将 1,2-二醇中间体转化为 α-羟基酮。

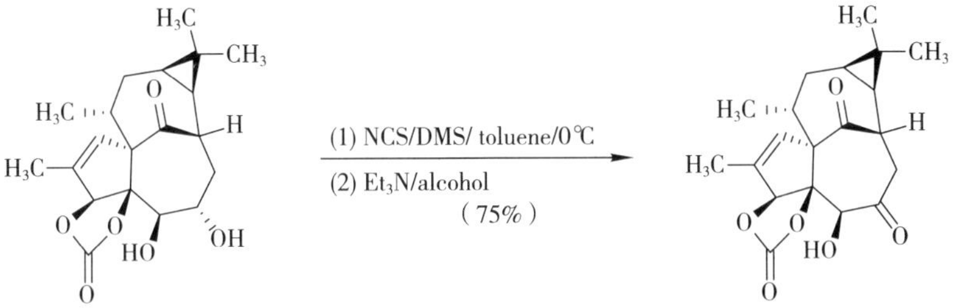

二、醇氧化成羧酸

伯醇在强氧化剂作用下可以直接氧化为羧酸，常见的强氧化剂包括 H_2CrO_4、$KMnO_4$、硝酸（HNO_3）等。

1. 反应通式

$$R-CH_2OH \xrightarrow{[O]} R-COOH$$

2. 反应机理

以 H_2CrO_4 为例，首先伯醇被氧化为醛，随后 H_2CrO_4 进攻醛发生亲核加成反应，最后醛基上的氢脱去，同时酯键断裂生成羧酸。

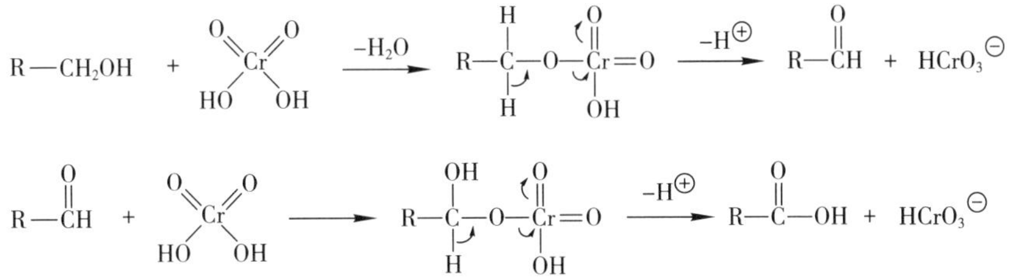

3. 反应影响因素及应用实例

H_2CrO_4 是一种强氧化剂，在酸性溶剂中以重铬酸盐的形式存在。使用最广泛的是重铬酸钠（Na_2CrO_4），它可在各种浓度的硫酸中使用，具有强氧化性能。例如，在孕激素类药物炔诺酮（norethisterone）的合成中，利用 Na_2CrO_4/H_2SO_4 氧化中间体的 C-19 位伯醇为羧酸。

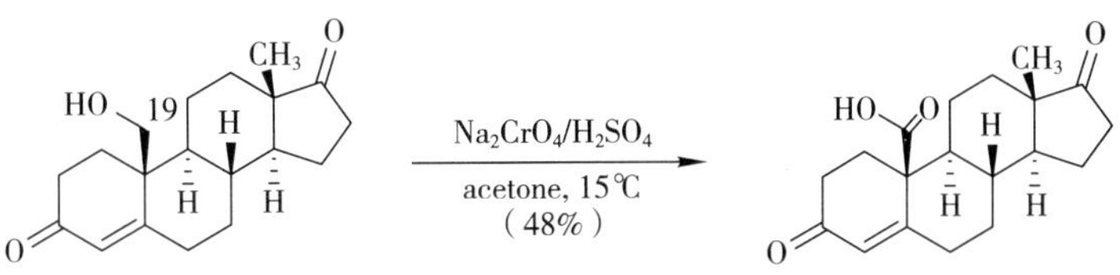

KMnO₄ 可以氧化伯醇为羧酸。一般情况下，中性或酸性 KMnO₄ 的氧化速率较慢，但伯醇在酸性 KMnO₄ 溶液中被氧化成醛后，容易被继续氧化成羧酸。例如，6-甲基辛醇被酸性 KMnO₄ 溶液氧化为 6-甲基辛酸。

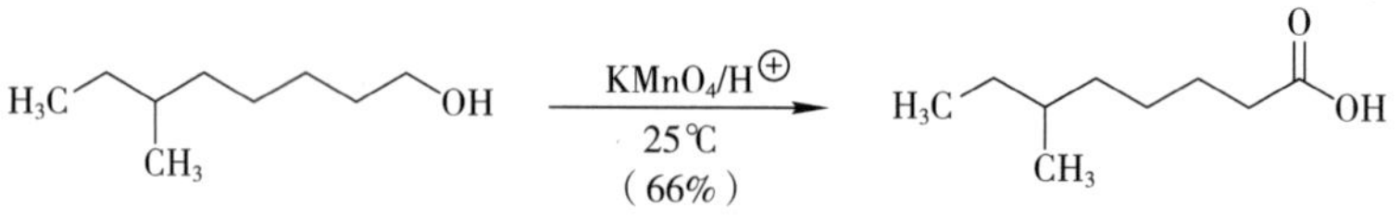

$$\underset{CH_3}{H_3C-\underset{|}{CH}-(CH_2)_4-CH_2OH} \xrightarrow[25℃]{KMnO_4/H^{\oplus}} \underset{CH_3}{H_3C-\underset{|}{CH}-(CH_2)_4-COOH}$$
（66%）

HNO₃ 作为强氧化剂，反应剧烈，选择性不高，腐蚀性强，常伴有硝化副反应。但由于 HNO₃ 价廉，工业上常有应用，用于不易硝化的伯醇氧化成为羧酸。

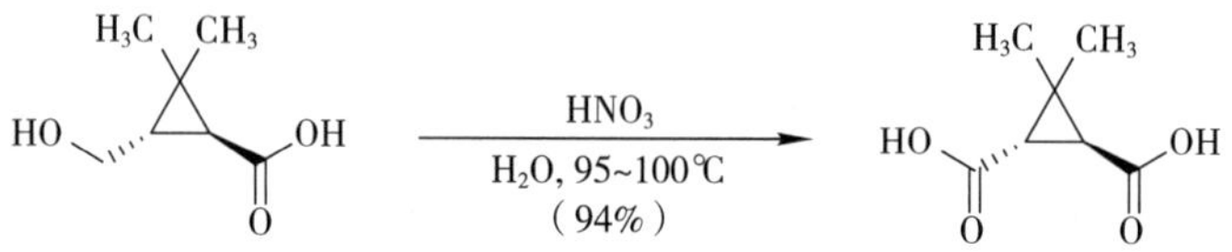

$$\xrightarrow[H_2O, 95\sim100℃]{HNO_3}$$
（94%）

三、1,2-二醇的氧化

1,2-二醇的氧化易发生 C—C 键断裂，生成相应的醛或酮。常用的氧化剂有四乙酸铅 [Pb(OAc)₄] 和高碘酸（H₅IO₆ 或 HIO₄·2H₂O）。

1. 反应通式

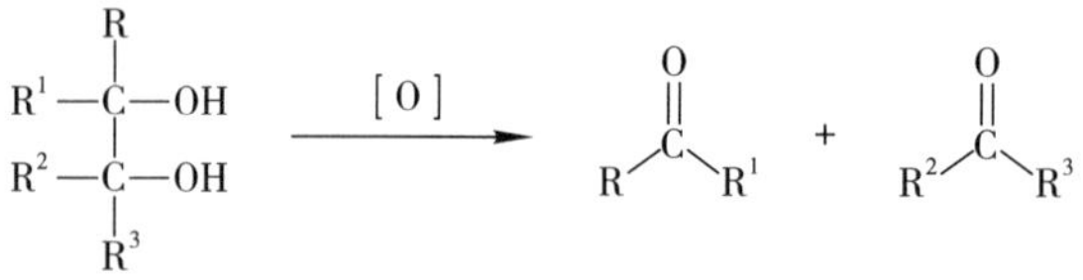

$$\underset{\underset{R^3}{|}}{\overset{R}{\underset{|}{R^1-C-OH}}}\\ \underset{R^3}{\overset{|}{R^2-C-OH}} \xrightarrow{[O]} \underset{R^1}{\overset{O}{\underset{\|}{R-C}}} + \underset{R^3}{\overset{O}{\underset{\|}{R^2-C}}}$$

2. 反应机理
H₅IO₆ 氧化机理经过环状酯中间体，再裂解得到产物醛或酮。

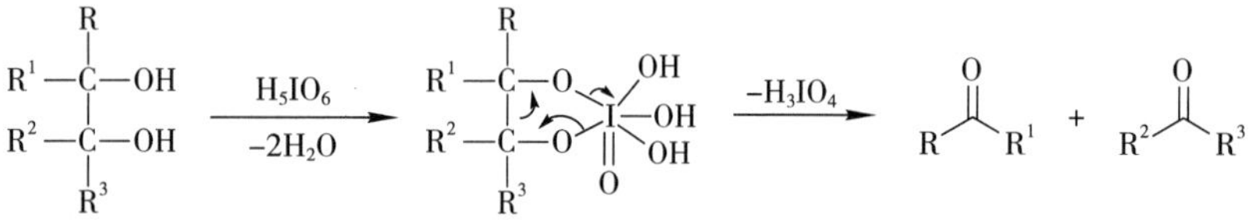

Pb(OAc)₄ 氧化顺式 1,2-二醇，生成环状酯中间体，进一步发生 C—C 键断裂，得到产物醛或酮。

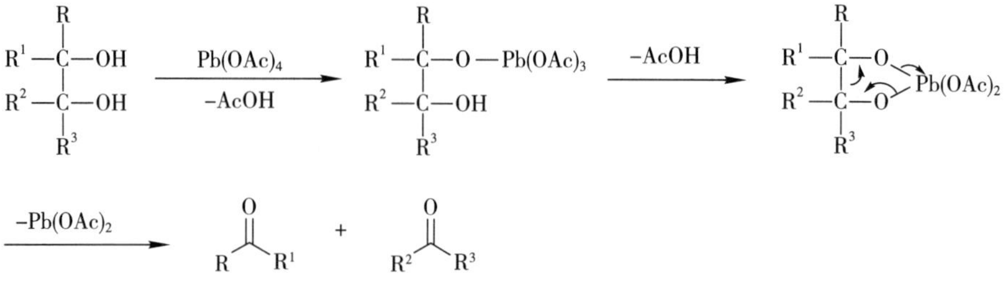

Pb(OAc)₄ 氧化反式 1,2-二醇，可能经历非环状中间体的酸或碱催化的消除反应过程。

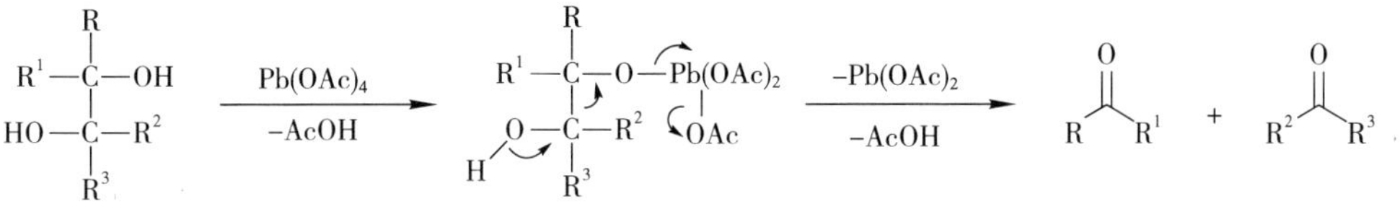

3. 反应影响因素及应用实例　H_5IO_6 氧化通常以水作为溶剂，室温下进行，操作简便，收率高。H_5IO_6 主要氧化顺式 1,2- 二醇，但很难氧化反式 1,2- 二醇，尤其是刚性的环状反式 1,2- 二醇。例如，在抗呕吐药多拉司琼（dlasetron）中间体的合成中，3,4- 二羟基环戊甲酸乙酯经 H_5IO_6 氧化开环得到相应的二醛。

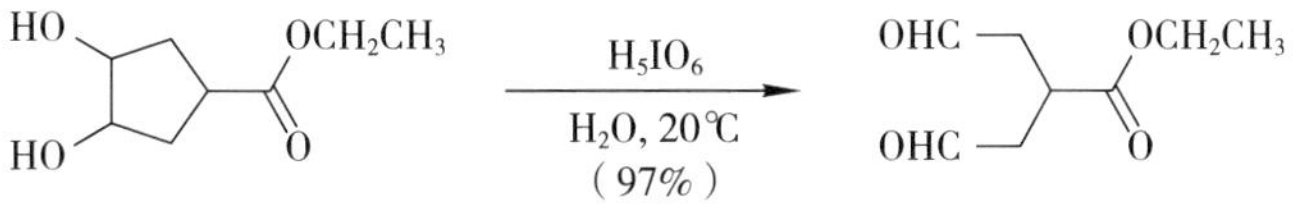

H_5IO_6 可以选择性断裂糖类分子结构中的连二醇羟基或连三醇羟基，生成相应的多糖醛、甲醛或甲酸。反应定量地进行，每开裂 1 个 C—C 键消耗 1 分子 H_5IO_6。通过测定 H_5IO_6 的消耗量及甲酸的释放量，可以判断糖苷键的位置、直链多糖的聚合度、支链多糖的分支数目等。

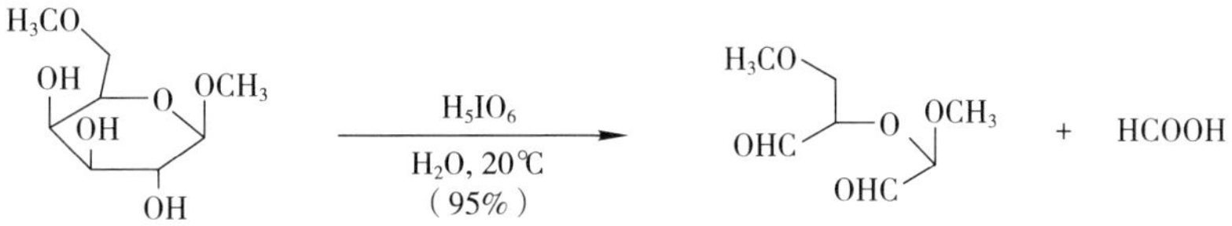

$Pb(OAc)_4$ 作为氧化剂，顺式和反式 1,2- 二醇均能发生氧化反应。例如，顺式和反式 9,10- 二羟基十氢化萘均能够发生氧化反应，生成相应的酮。

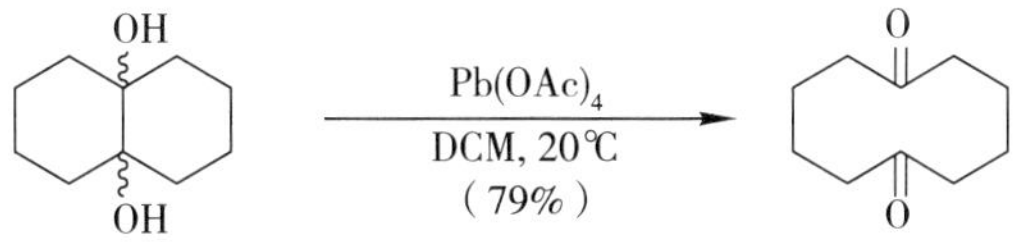

例如，在 β- 受体阻断剂噻吗洛尔（timolol）中间体的合成中，以 $Pb(OAc)_4$ 作为氧化剂，中间体 1,2 位和 5,6 位羟基用丙酮保护的 D- 甘露醇的顺式 1,2- 二醇发生氧化裂解，生成（R）- 甘露醛缩丙酮。

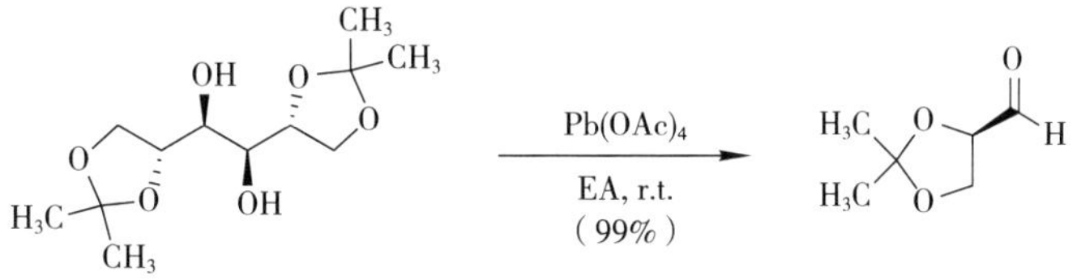

四、酚的氧化

酚的稳定性较差，容易发生氧化反应，生成较为稳定的醌。常用的氧化酚的氧化剂有 Fremy's 盐、Na_2CrO_4、浓 HNO_3、高价铁盐等。

1. 反应通式

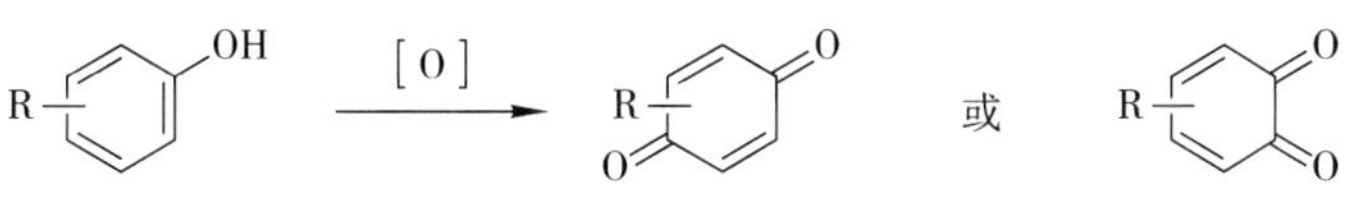

2. 反应机理 以 Fremy's 盐将酚氧化成醌为例，该反应为自由基消除机理。

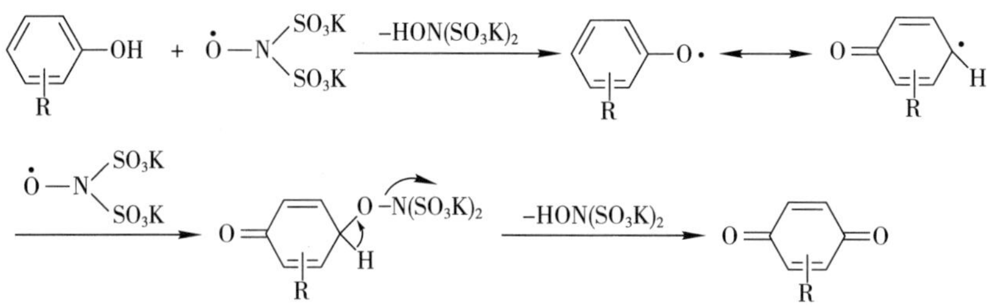

3. 反应影响因素及应用实例 Fremy's 盐，即亚硝基硫酸盐 [•ON(SO$_3$K)$_2$ 或 •ON(SO$_3$Na)$_2$]，是一种橙黄色粉末，常用于氧化一元酚生成醌。一般情况下，上述氧化反应在稀碱水溶液或甲醇中进行，反应条件温和，在 0℃ 或室温下即可发生。因此，针对结构中含有易氧化官能团的酚类化合物，该方法具有较高的应用价值。

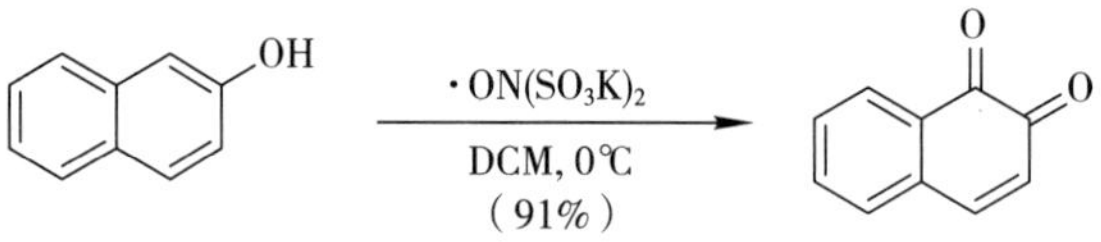

芳环上的取代基对该氧化反应具有显著影响，给电子基团促进反应，吸电子基团则抑制反应。当酚羟基对位无取代基时，酚被氧化成对醌。当酚羟基对位有其他取代基团（如烷氧基）时，酚被氧化成邻醌。

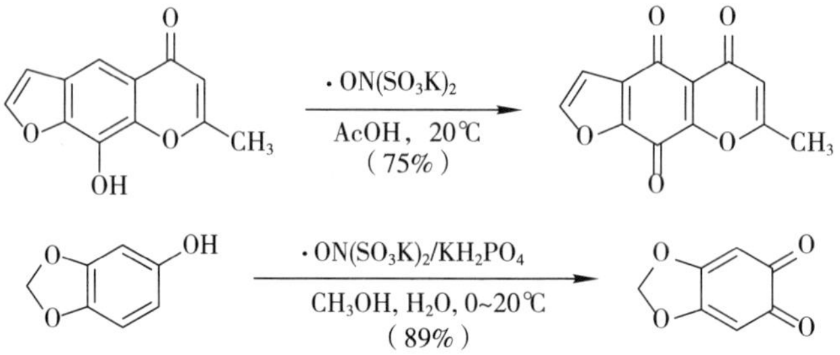

Na$_2$CrO$_4$ 或浓 HNO$_3$ 可以将二元酚氧化成对醌，反应收率高。

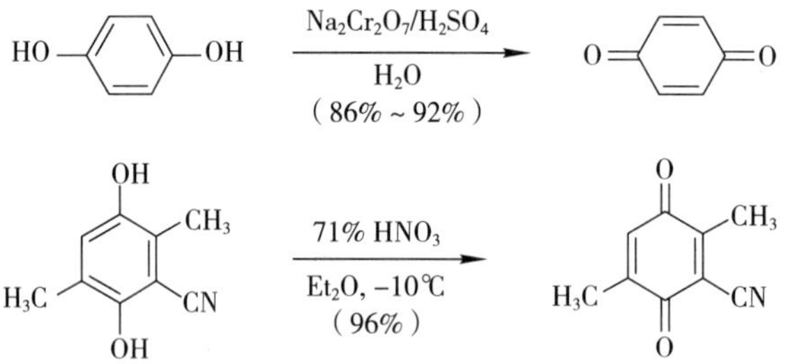

此外，由于多羟基（或氨基）苯的苯环易被氧化，一般采用弱氧化剂高价铁盐将酚氧化成醌。例如，在酸性介质中，三氯化铁（FeCl$_3$）氧化 1-氨基-2-萘酚，产物 1,2-萘醌的收率较高。

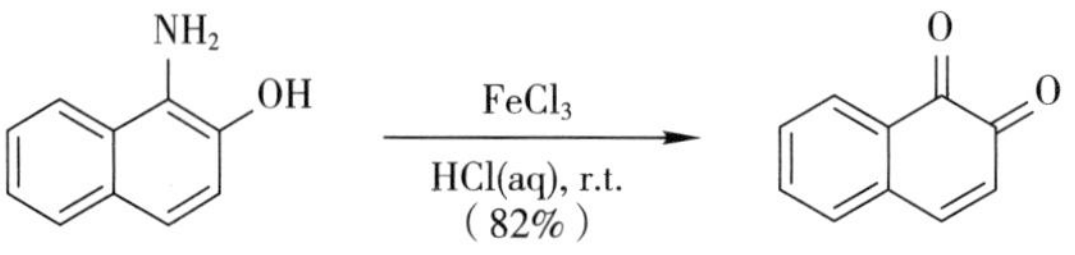

学科前沿 7-1　醇的电催化和光催化氧化策略

第二节　醛、酮的氧化

一、醛的氧化

醛易被氧化，产物一般为羧酸。常用的氧化剂有 H_2CrO_4、Jones 试剂、$KMnO_4$、亚氯酸钠（$NaClO_2$）、氧化银（Ag_2O）、MnO_2、有机过氧酸等。

1. 反应通式

$$R-CHO \xrightarrow{[O]} R-COOH$$

2. 反应机理　以 H_2CrO_4 将醛氧化成羧酸为例，在酸性水溶液中，醛存在水合平衡，生成具有 α-H 的偕二醇，与六价的铬酸根反应生成铬酸酯，最后失去 α-H，得到羧酸。

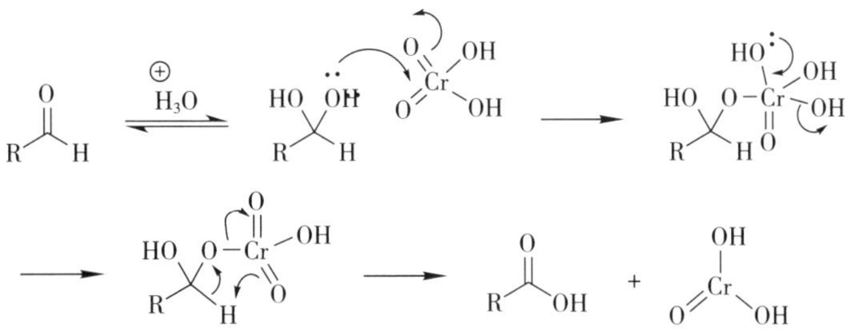

3. 反应影响因素及应用实例　H_2CrO_4 作为氧化剂很容易将芳香醛和脂肪醛氧化成羧酸。例如，胡椒醛可以被 H_2CrO_4 氧化成胡椒酸。

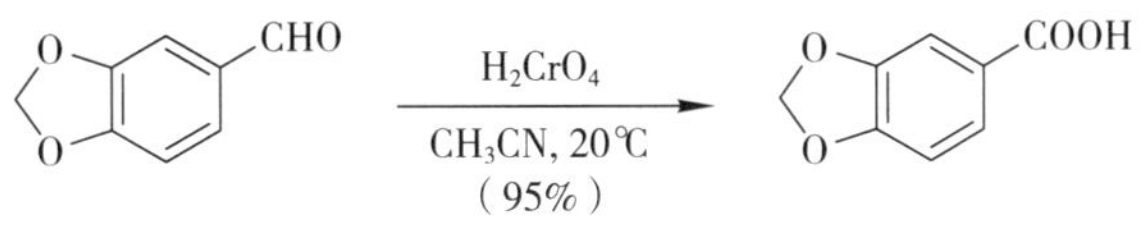

Jones 试剂（CrO_3-H_2SO_4）性能温和、选择性好，是氧化醛为羧酸的优良试剂，底物结构中的碳-碳双键、内酯等均不受影响。

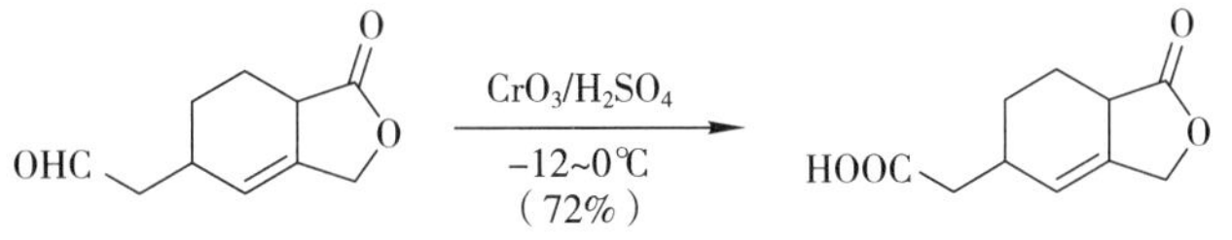

$KMnO_4$ 在酸性、中性或碱性溶液中均能够氧化芳香醛和脂肪醛生成羧酸，并且具有较高收率。

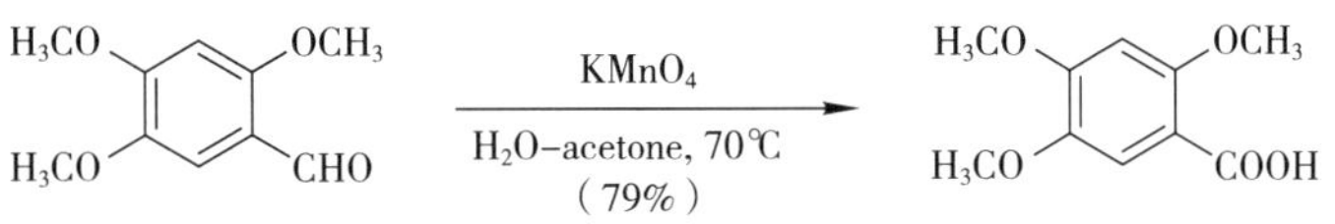

$NaClO_2$/2-甲基-2-丁烯体系可以广泛应用于 α,β-不饱和醛的氧化，而不影响双键。利用该体系将醛（脂肪醛、芳香醛及不饱和醛）氧化为羧酸的反应被称为 Pinnick 氧化反应。

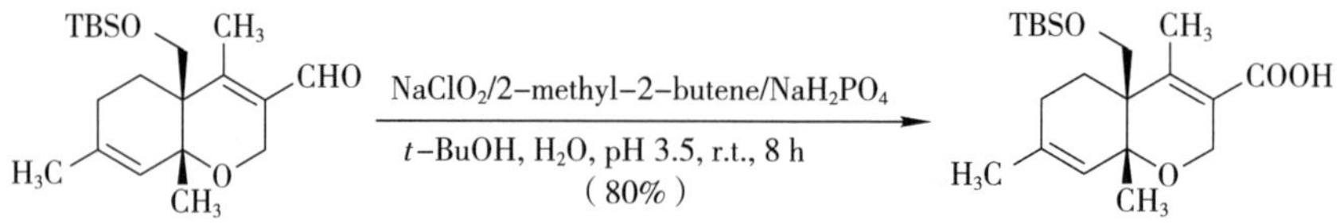

案例讨论 7-2　喜巴辛中间体的合成工艺优化

氧化银（Ag_2O）的氧化能力较弱，选择性较高，不影响分子中烯键、酚羟基、氨基等，适用于不饱和醛及部分易氧化芳香醛的氧化。例如，Ag_2O 氧化香草醛，可以高产率获得香草酸。

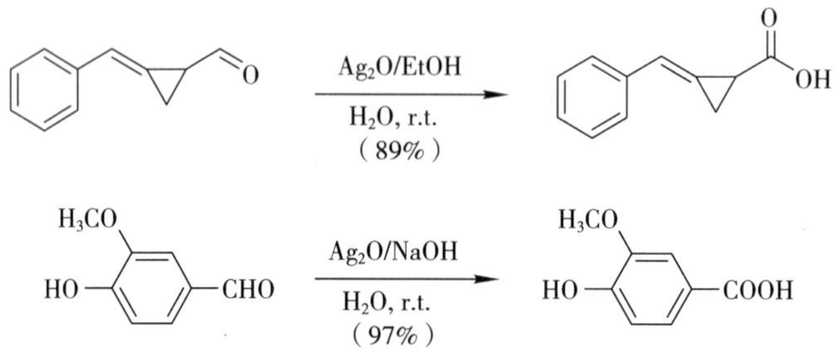

二、酮的氧化

氧化剂不同，酮的氧化产物不同。常见的氧化剂有有机过氧酸、$Pb(OAc)_4$、二氧化硒（SeO_2）、重铬酸盐、$KMnO_4$ 等。

（一）氧化成酯

有机过氧酸或过氧化氢（H_2O_2）氧化酮，生成相应的酯类化合物的反应，称为 Baeyer-Villiger 氧化反应。

1. 反应通式

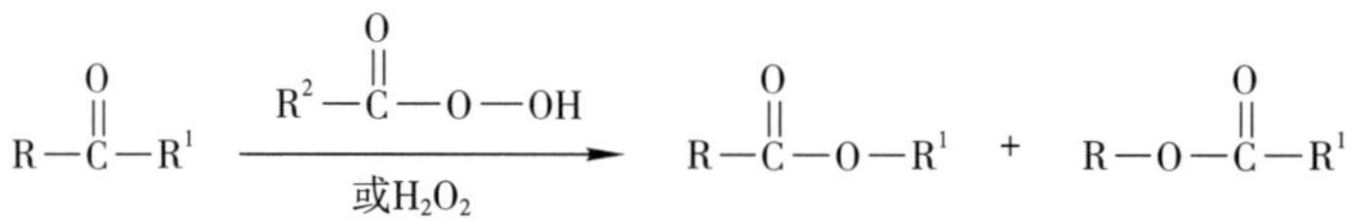

2. 反应机理　在酸催化下，有机过氧酸的羟基亲核性进攻羰基碳原子，生成偕二醇过氧酸酯，接着烃基由碳原子迁移重排至邻位氧原子，同时发生过氧键断裂，羧酸负离子离去，生成酯。

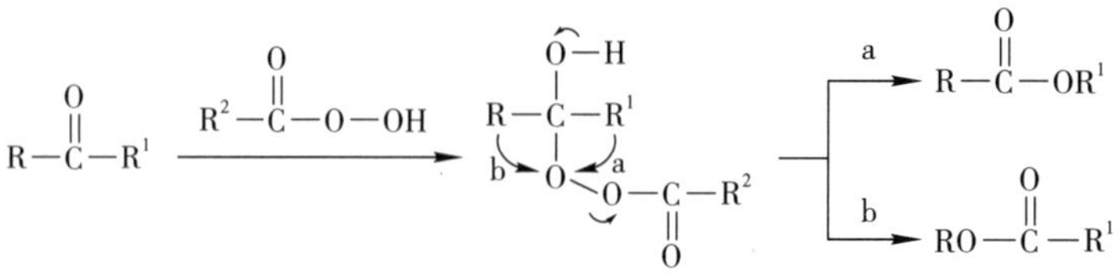

3. 反应影响因素及应用实例　Baeyer-Villiger 氧化使用的氧化剂可以是过氧乙酸、过氧苯甲酸、间氯过氧苯甲酸（m-CPBA）、三氟过氧乙酸、过氧叔丁醇、H_2O_2 等。其中，三氟过氧乙酸效果最好，反应温度控制在 10~40℃，产率较高。（详见第 6 章　重排反应　第二节的相关内容）

（二）氧化成 α- 羟基酮

羰基的 α 位烃基由于受到羰基的影响，性质比较活泼，容易被氧化剂氧化，生成 α- 羟基酮。常用的氧化剂有 $Pb(OAc)_4$ 或乙酸汞 $[Hg(OAc)_2]$，其中 $Pb(OAc)_4$ 应用较为广泛。

1. 反应通式

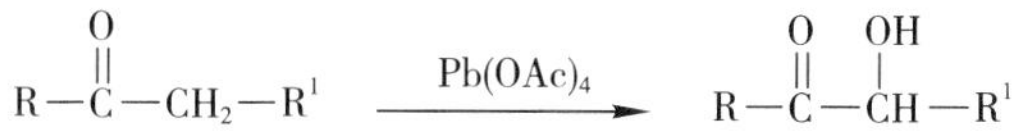

$$R-\underset{O}{\underset{\|}{C}}-CH_2-R^1 \xrightarrow{Pb(OAc)_4} R-\underset{O}{\underset{\|}{C}}-\underset{OH}{\underset{|}{CH}}-R^1$$

2. 反应机理
该反应属于亲核取代反应机理。首先，酮发生烯醇化，$Pb(OAc)_4$ 进攻烯醇羟基，生成三乙酸铅烯醇；随后，乙酰氧负离子亲核进攻 α 位，生成 α- 乙酸酯酮；最后，水解得到 α- 羟基酮。

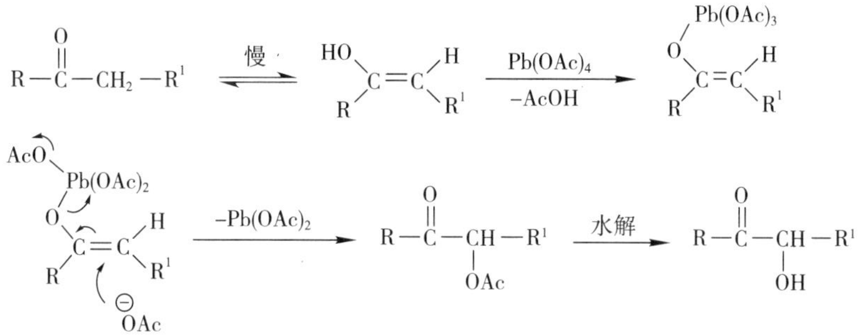

3. 反应影响因素及应用实例
酮的烯醇化是决定该氧化反应的限速步骤，烯醇化的方位决定产物的结构。三氟化硼（BF_3）可以加速酮的烯醇化反应，并且对动力学控制的烯醇化有利。当羰基的 α 位同时存在甲基、亚甲基或次甲基时，反应有利于 α 位甲基的乙酰氧基化，氧化产物具有区域选择性。

该反应常应用于甾体激素类药物的合成。例如，利用 $Pb(OAc)_4$ 氧化 3- 乙酰氧基孕甾 -20- 酮，加入 BF_3 催化，主要得到 α 位甲基氧化产物 3,21- 二乙酰氧基孕甾 -20- 酮。

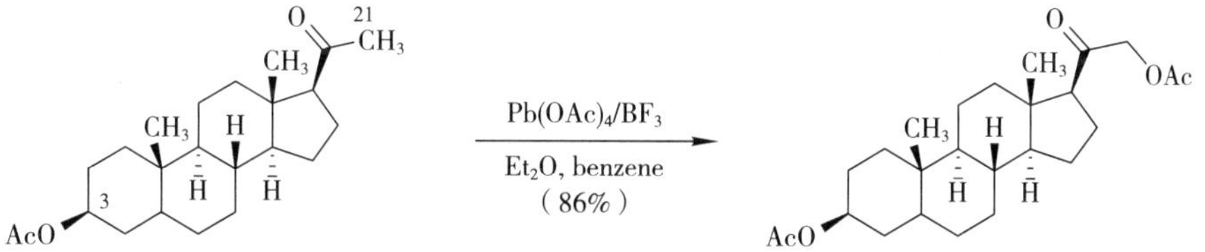

（三）氧化成 1,2- 二酮

二氧化硒（SeO_2）氧化羰基的 α 位烃基生成相应的 1,2- 二羰基化合物。

1. 反应通式

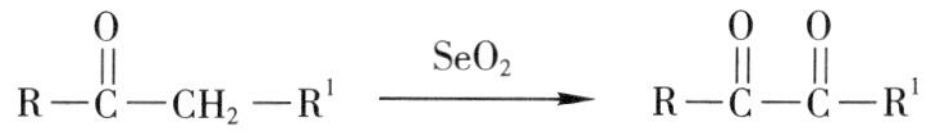

$$R-\underset{O}{\underset{\|}{C}}-CH_2-R^1 \xrightarrow{SeO_2} R-\underset{O}{\underset{\|}{C}}-\underset{O}{\underset{\|}{C}}-R^1$$

2. 反应机理
酮先发生烯醇化，SeO_2 进攻烯醇形成硒酸酯，进而发生 [2,3]σ 迁移重排，生成 1,2- 二羰基化合物，SeO_2 则被还原成单质硒。

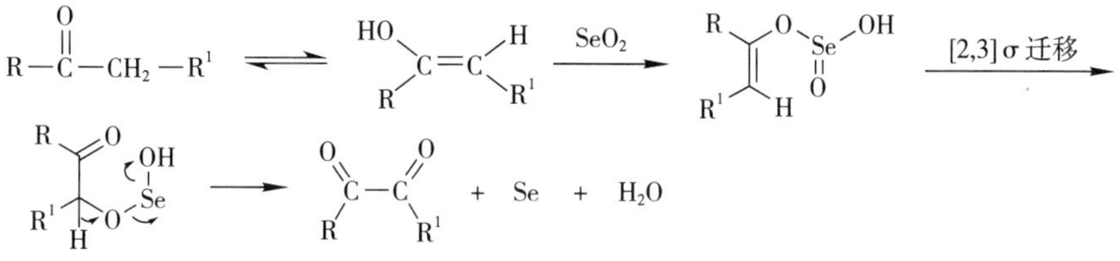

3. 反应影响因素及应用实例 上述氧化反应可以选择二噁烷、乙醇、乙酸、乙酸酐、苯、硝基苯、二甲苯等作为反应溶剂。若 SeO_2 用量不足，羰基的 α 位活性烃基被氧化成醇。若以乙酸酐作溶剂，则生成相应的酯，阻碍进一步氧化成羰基。如果反应溶剂中含有少量的水，会使该反应加速，可能是生成的亚硒酸也起到氧化作用。如果底物结构中存在多个羰基 α 位的甲基、亚甲基时，SeO_2 的氧化缺乏选择性。

$$\text{樟脑} \xrightarrow[\text{EtOH, 150℃}]{\text{SeO}_2} \text{二酮} \quad (92\%)$$

（四）氧化成酚

在碱性条件下，含邻、对位羟基或氨基的芳香醛（酮）与有机过氧酸（或 H_2O_2）反应生成酚，该反应称为 Dakin 氧化反应。

1. 反应通式

$$\text{Ar}-\overset{O}{\underset{\|}{C}}-R \xrightarrow{R^1COOOH} \text{Ar}-OH + RCOOH$$

2. 反应机理 该反应机理类似于 Baeyer-Villger 氧化反应。

$$\text{Ar}-\overset{O}{\underset{\|}{C}}-R + R^1-\overset{O}{\underset{\|}{C}}-O-OH \longrightarrow [\text{中间体}] \xrightarrow[b]{a} \begin{array}{l} \text{Ar}-\overset{O}{\underset{\|}{C}}-OR \\ \text{Ar}-O-\overset{O}{\underset{\|}{C}}-R \end{array} \xrightarrow[-RCOOH]{H_2O} \text{Ar}-OH$$

3. 反应影响因素及应用实例 当芳环上没有取代基，或者有吸电子基团，或者给电子基团在醛基的间位时，芳香醛与有机过氧酸（或 H_2O_2）反应，按上述"a"方式重排，最后氧化生成羧酸。

$$\text{醛} \xrightarrow[\text{H}_2\text{O, CH}_3\text{CN, 0~20℃}]{\text{H}_2\text{O}_2/\text{NaCl}/\text{NaH}_2\text{PO}_4} \text{羧酸} \quad (90\%)$$

当芳环上的给电子基团在醛基的邻、对位时，芳香醛与有机过氧酸（或 H_2O_2）反应，Ar 基团的迁移能力大于 H，按上述"b"方式重排，经历甲酸酯阶段，最后水解转化成酚。

$$\text{醛} \xrightarrow[\text{CH}_3\text{OH, H}_2\text{O, 20℃}]{\text{H}_2\text{O}_2/\text{NaHSO}_4} \text{酚} \quad (94\%)$$

（五）氧化成羧酸

重铬酸盐作为氧化剂，在剧烈的反应条件下，相邻羰基的碳-碳键发生断裂，得到二羧酸。该反应合成价值不高，少数情况下可以用于制备羧酸。

$$\text{(菲醌)} \xrightarrow[105\sim110\text{℃} \atop (80\%)]{\text{Na}_2\text{CrO}_7/\text{H}_2\text{SO}_4} \text{(联苯-2,2'-二甲酸)}$$

学科前沿7-2 生物催化的 Baeyer-Villiger 氧化反应

第三节 烃 的 氧 化

烃的氧化反应一般包括饱和烃的氧化、烯烃的氧化和芳烃的氧化。

一、饱和烃的氧化

一般情况下，由于碳-碳单键的稳定性很好，饱和烃不容易被氧化。若底物结构中含有碳-碳双键或碳-氧双键，其 α 位碳原子上的氢较为活泼，会发生脱氢和加氧反应。上述反应发生在饱和碳原子上，故归为饱和烃的氧化。

（一）羰基的 α,β-脱氢反应

在二氧化硒（SeO_2）、有机硒、苯醌等脱氢剂的作用下，羰基的 α 位和 β 位氢原子发生消除反应形成不饱和化合物，称为羰基的 α,β-脱氢反应。

1. 反应通式

$$R-\underset{\beta}{CH_2}-\underset{\alpha}{CH_2}-\overset{O}{\underset{\|}{C}}-R^1 \xrightarrow{\text{脱氢}} R-CH=CH-\overset{O}{\underset{\|}{C}}-R^1$$

2. 反应机理 SeO_2 作为脱氢剂，该反应为亲核消除反应机理。含有 α-亚甲基的酮或醛异构为烯醇，与 SeO_2 发生亲核加成反应，生成 β-羰基烷基亚硒酸。由于 β-羰基烷基亚硒酸的 β 位有活泼的氢原子，易发生顺式消除，脱去 1 分子 $Se(OH)_2$ 生成 α,β-不饱和酮或醛。

$$R-CH_2-CH_2-\overset{O}{\underset{\|}{C}}-R^1 \rightleftharpoons R-CH_2-CH=\underset{OH}{\overset{|}{C}}-R^1 \xrightarrow{SeO_2} R-CH-CH-\overset{O}{\underset{\|}{C}}-R^1$$

$$\xrightarrow{\text{顺式消除}} R-CH=CH-\overset{O}{\underset{\|}{C}}-R^1$$

有机硒作为脱氢剂的反应为亲核消除反应机理。在碱性条件下，含有 α-亚甲基的酮或醛异构为烯醇，与卤化苯基硒发生亲核加成反应，生成 α-苯硒代羰基化合物，再用 H_2O_2 或 $NaIO_4$ 氧化，生成相应的氧化硒化合物，最后经过顺式消除，形成 α,β-不饱和酮或醛。

$$R-CH_2-CH_2-\overset{O}{\underset{\|}{C}}-R^1 \xrightarrow{\text{碱}} R-CH_2-CH=\underset{OH}{\overset{|}{C}}-R^1 \xrightarrow{PhSeBr} R-CH_2-\underset{SePh}{\overset{|}{CH}}-\overset{O}{\underset{\|}{C}}-R^1$$

$$\xrightarrow{NaIO_4} R-CH_2-\underset{\underset{Ph}{\overset{|}{Se}}}{\overset{|}{CH}}-\overset{O}{\underset{\|}{C}}-R^1 \longrightarrow \left[R^1-\overset{O}{\underset{\|}{C}}-\underset{R}{\overset{H}{\underset{|}{C}}}\overset{Ph}{\underset{\ominus}{\overset{\oplus}{Se}}} \right] \longrightarrow R-CH=CH-\overset{O}{\underset{\|}{C}}-R^1$$

3. 反应影响因素及应用实例 羰基的 α,β-脱氢反应在甾酮类衍生物的合成中应用较多，

主要用于羰基的 α,β 位引入碳-碳双键。例如，3-氧代甾体化合物采用 SeO_2 脱氢，可以在 A 环上引入 1,2-碳-碳双键。

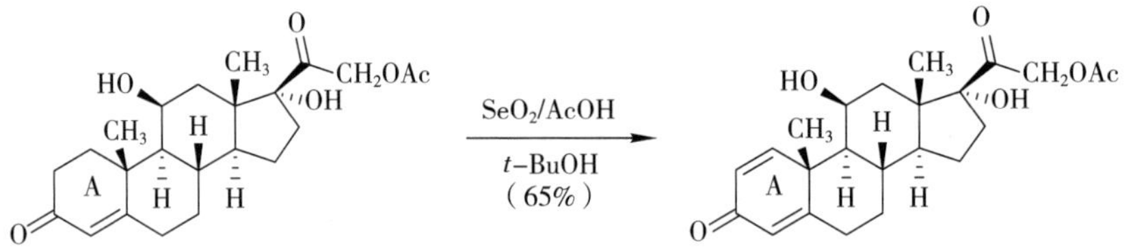

当脂环族化合物的两个羰基之间存在亚（次）乙基时，使用 SeO_2 作为脱氢剂，可以在两个羰基之间形成双键。例如，3,6-氧代十氢化萘类化合物作为底物，使用 SeO_2 可以在 A 环上引入 4,5-碳-碳双键。

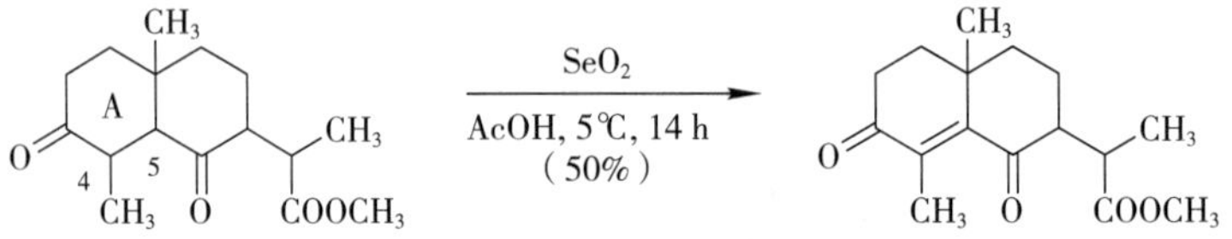

卤化苯基硒、二苯基二硒等有机硒类化合物作为脱氢剂制备 α,β-不饱和酮，收率高，选择性好，分子内同时存在醇羟基、酯基和烯键均不受影响。这类脱氢剂常用于 3-氧代甾体化合物的脱氢反应，收率较高。

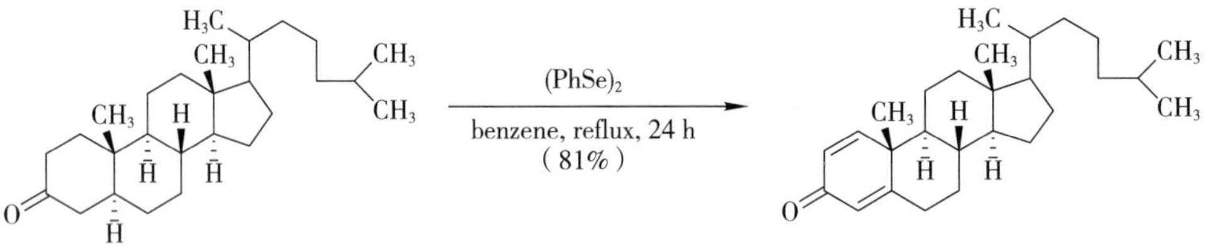

此外，酯或内酯类化合物可经脱氢氧化反应形成 α,β-不饱和酯或内酯化合物。反应中加入二异丙基氨基锂（LDA）使羰基化合物形成烯醇式盐，与二苯基二硒反应，生成相应的 α-苯硒代羰基化合物，再经过氧化和消除反应，最终生成 α,β-不饱和羧酸酯。

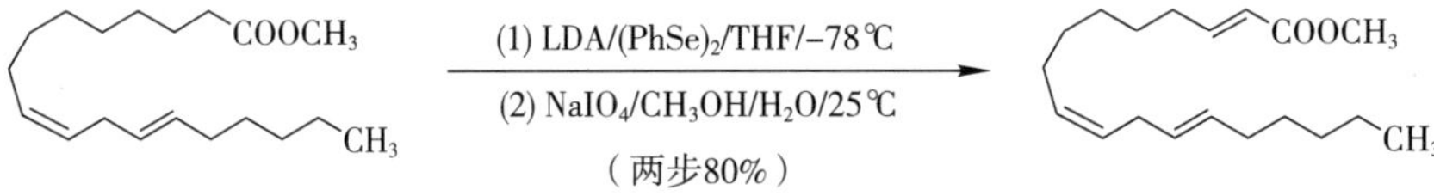

苯醌的脱氢能力比较差，若分子中引入吸电子基团如氯、氰基等，其脱氢能力极大增强。常用的醌类脱氢剂包括四氯-1,4-苯醌（TCBQ）和 2,3-二氯-5,6-二氰对苯醌（DDQ）等。

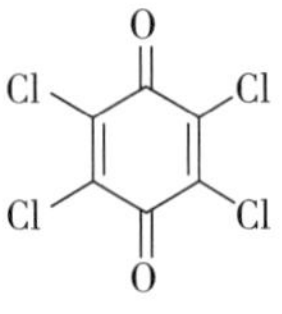

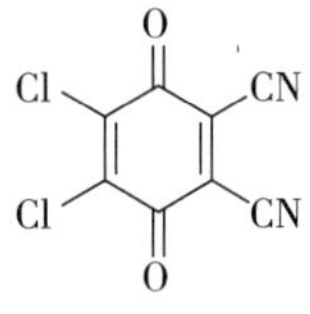

4-烯-3-氧代甾体化合物可以形成两种烯醇（Ⅰ）和（Ⅱ）。在苯和二噁烷溶剂中，无催化剂存在时加热回流，（Ⅰ）比（Ⅱ）生成得更快。DDQ 反应活性高，将（Ⅰ）脱氢成 1,4-二烯-3-酮甾体化合物。TCBQ 反应活性低，将生成较慢但稳定的（Ⅱ）脱氢成 4,6-二烯-3-氧代甾体化合物。

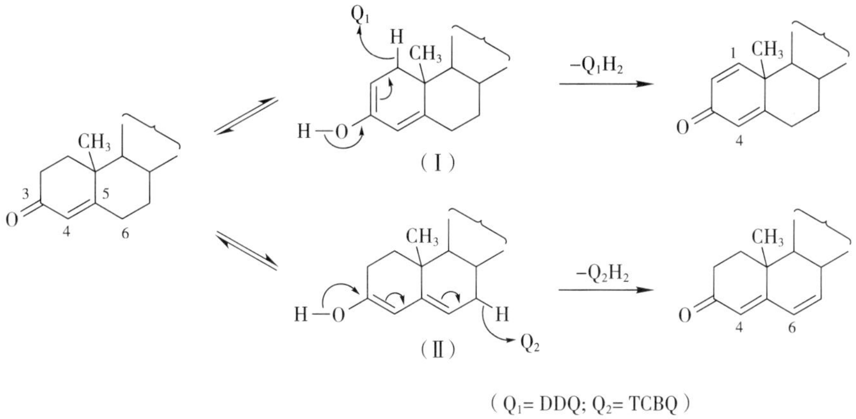

(Q_1= DDQ; Q_2= TCBQ)

若反应中有强酸（如 HCl）催化，以二噁烷为溶剂，则（Ⅱ）的形成加快，且较稳定，是主要烯醇。因此，采用 DDQ 作为脱氢剂也主要得到 4,6-二烯-3-氧代甾体化合物。

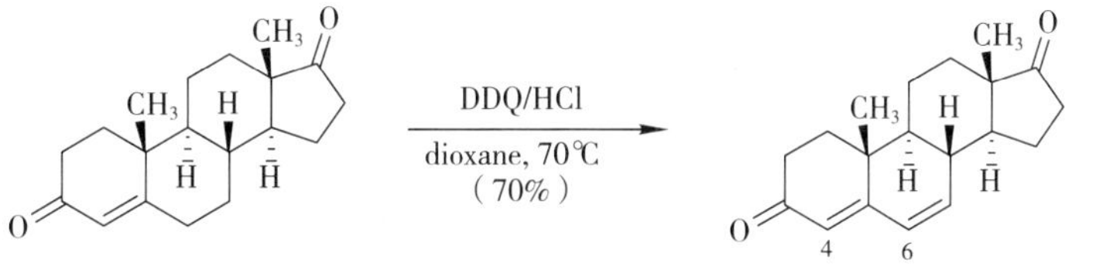

（二）脱氢芳构化反应

脱氢芳构化反应是指含有一个或两个双键的六元环化合物，在催化剂或脱氢剂的作用下形成芳烃或芳杂环，在芳构化的同时伴有氢或其他基团的消除或发生分子内重排。

1. 反应通式

2. 反应机理 以 DDQ 作为脱氢剂，该反应为自由基消除反应机理。

3. 反应影响因素及应用实例 DDQ 常用于部分饱和的脂环族化合物的脱氢芳构化反应。此外，具有季碳原子的环状化合物，使用 DQQ 脱氢芳构化时，取代基会发生移位，但不失去碳原子。

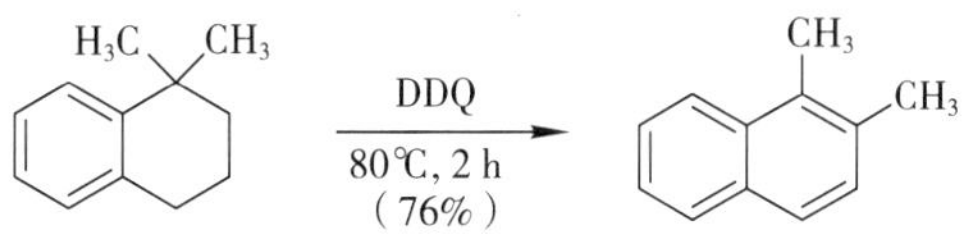

催化脱氢是催化加氢（氢化）的逆过程，铂（Pt）、钯（Pd）、铑（Rh）等可用作催化脱氢的催化剂。部分饱和的脂肪环或含氮杂环较易被脱氢芳构化，而完全饱和的环较难被芳构化。

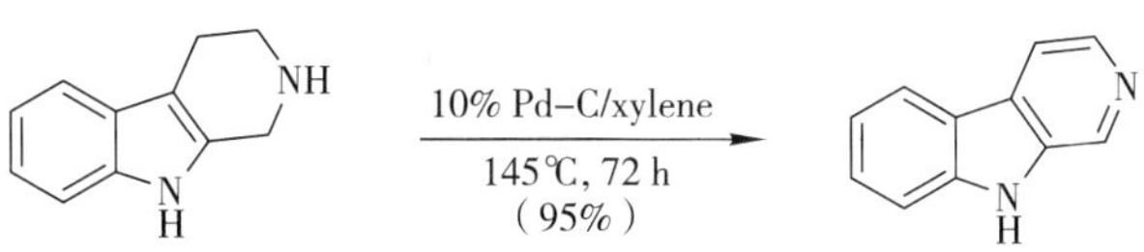

在催化脱氢反应中，某些基团也可被氢化或氢解。例如，1-(5,6,7,8-四氢-萘-1-基)-乙酮的苄位羰基可以被还原氢解成亚甲基。

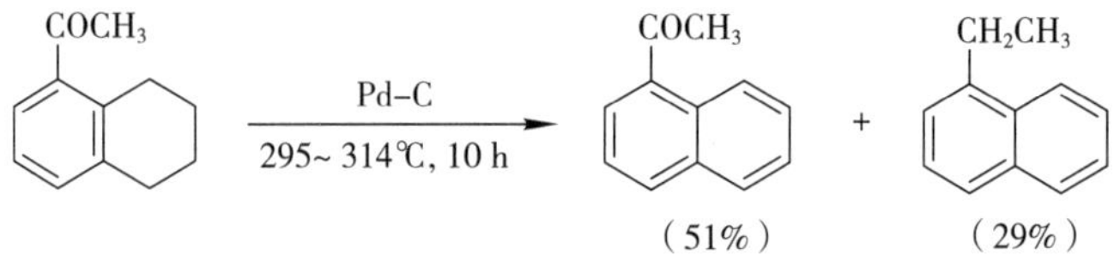

过量的 MnO$_2$ 可使环己烯和环己二烯衍生物脱氢芳构化，而不影响其他易氧化基团。不饱和稠杂环化合物也可发生类似脱氢芳构化反应，生成稠杂环烃。

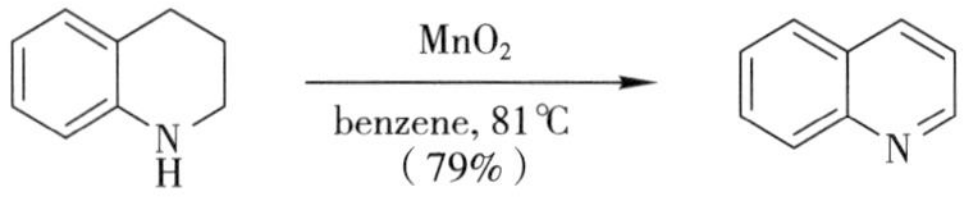

（三）加氧反应

1. 烯丙位的氧化　含有烯丙位的烃基具有一定的活性，可被氧化为醇、醛或酮而不破坏碳-碳双键，常用的氧化剂有 SeO$_2$、Collins 试剂和有机过氧酸酯。

（1）氧化成烯丙醇

1）反应通式：

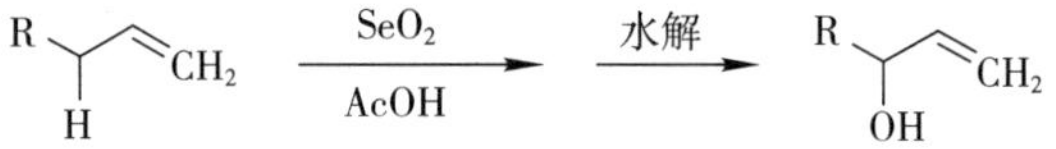

2）反应机理：该反应为亲电取代反应机理。SeO$_2$ 作为亲烯组分和具有烯丙位氢的烯键发生亲电反应，脱去 1 分子水，同时发生 [2,3]σ 迁移重排；生成的硒酯再水解，得到烯丙位氧化产物。

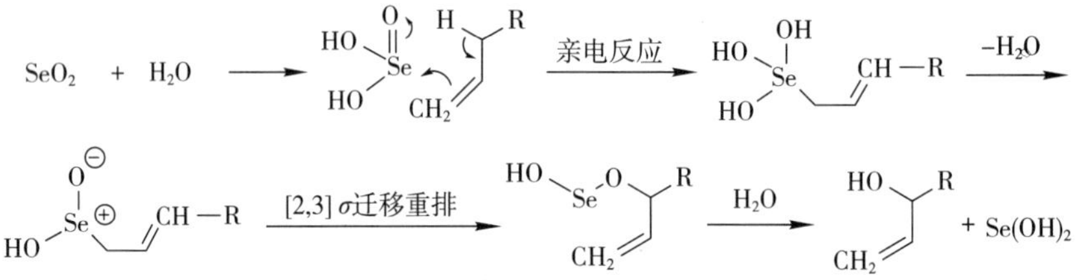

3）反应影响因素及应用实例：在正常反应条件下，SeO$_2$ 将烯丙位的甲基、亚甲基或次甲基氧化成相应的醇，可进一步氧化生成羰基化合物。但反应介质影响氧化产物，若在酸性介质中反应，主要得到烯丙醇。

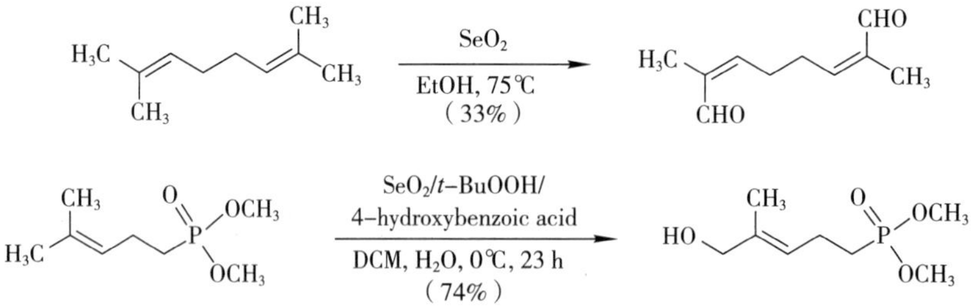

若底物结构中含有多个烯丙位活性位点时，SeO$_2$ 的选择性氧化遵循以下规则。

a. 优先氧化取代基多的一侧的烯丙位，产物以 E 构型为主。

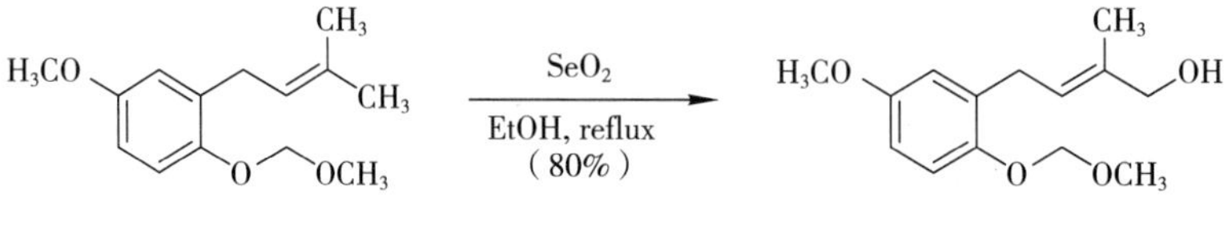

b. 在不违背 a 原则下，氧化优先顺序为 —CH₂— > —CH₃ > —CH—。

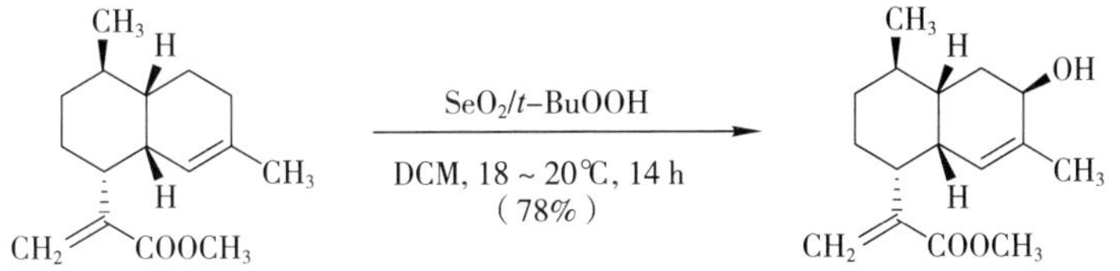

[反应式：SeO₂/t-BuOOH, DCM, 18~20℃, 14 h (78%)]

c. 当 a、b 原则相矛盾时，一般遵循规则 a。

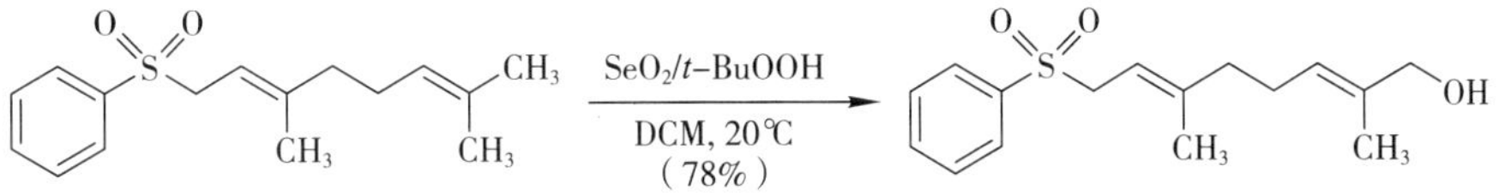

[反应式：SeO₂/t-BuOOH, DCM, 20℃ (78%)]

d. 对于环内双键，氧化位置一般发生在双键碳上取代基较多一侧的烯丙位。

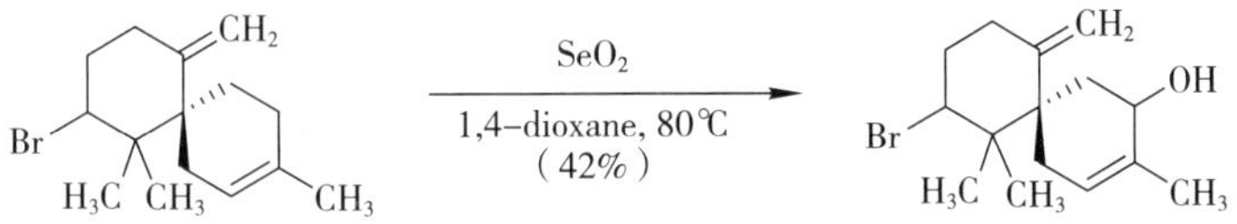

[反应式：SeO₂, 1,4-dioxane, 80℃ (42%)]

（2）氧化成烯丙醇酯：铜催化剂与过氧酸酯合用可实现烯丙位的 C—H 键氧化，生成烯丙醇酯，该反应称为 Kharasch–Sosnovsky 氧化反应。烯丙醇酯类化合物经水解可以得到烯丙醇。常用的过氧酸酯主要有过氧乙酸叔丁酯 [CH₃CO₃C(CH₃)₃] 和过氧苯甲酸叔丁酯 [PhCO₃C(CH₃)₃]。该方法是烯丙位氧化反应中最有效的方法之一。由于烯丙醇酯的酰氧基团不能够被继续氧化，不存在进一步氧化产物。

1）反应通式：

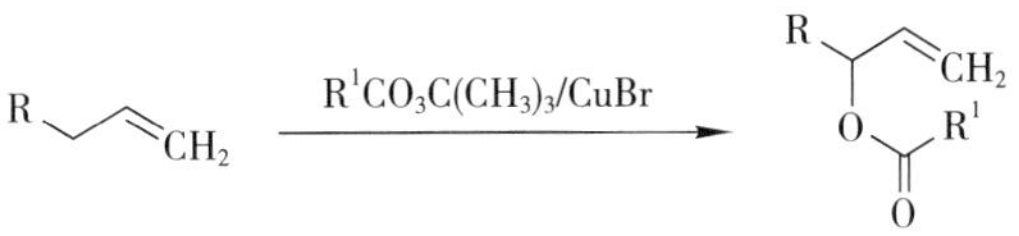

[反应式：R—CH₂—CH=CH₂ + R¹CO₃C(CH₃)₃/CuBr → 烯丙醇酯]

2）反应机理：该反应为自由基取代反应机理。

3）反应影响因素及应用实例：在氯化亚铜（CuCl）的催化作用下，环烯与过氧苯甲酸叔丁酯反应，生成相应的烯丙醇酯，进一步水解得到烯丙醇。

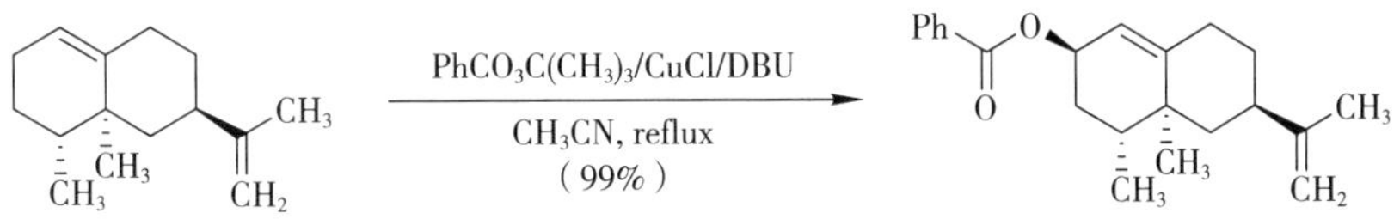

[反应式：PhCO₃C(CH₃)₃/CuCl/DBU, CH₃CN, reflux (99%)]

上述烯丙位氧化反应易发生异构化。例如，丁-1-烯和丁-2-烯采用过氧乙酸叔丁酯氧化，因末端双键和亚铜离子所形成的配位化合物更稳定，均得到 90% 的丁-1-烯酯和 10% 的丁-2-烯酯组成的混合物。

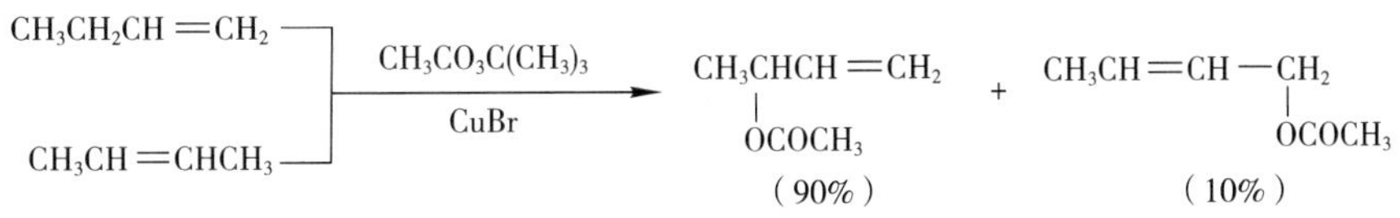

[反应式：CH₃CH₂CH=CH₂ 和 CH₃CH=CHCH₃ + CH₃CO₃C(CH₃)₃/CuBr → CH₃CHCH=CH₂ (OCOCH₃) (90%) + CH₃CH=CH—CH₂(OCOCH₃) (10%)]

（3）氧化成 α,β- 不饱和酮：Collins 试剂可以选择性将烯丙位的亚甲基氧化为相应的羰基，形成 α，β- 不饱和酮结构，对双键、硫醚等不会产生影响。此外，PCC 试剂也可以用于烯丙位的烃基氧化。

1）反应通式：

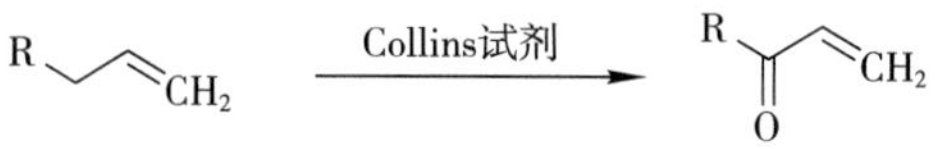

$$\text{R}\diagup\text{CH}_2 \xrightarrow{\text{Collins试剂}} \underset{\text{O}}{\text{R}}\diagup\text{CH}_2$$

2）反应机理：该反应为自由基取代反应机理。

3）反应影响因素及应用实例：常用的铬类氧化剂选择性氧化烯丙位的烃基为羰基的反应条件有以下几种：①在室温下使用过量的 Collins 试剂，或将 PCC 在二氯甲烷或苯中回流；②在硅藻土（或分子筛）存在下使用 PCC；③使用 Collins 试剂的同时加入 3,5- 二甲基吡唑。

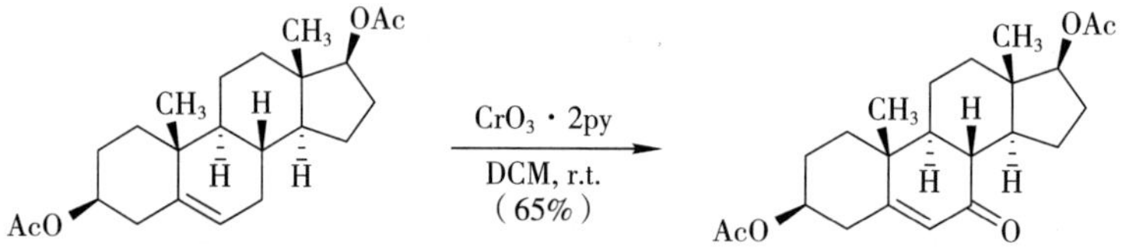

此外，使用 Collins 试剂氧化时可能发生烯烃双键的移位，这是由于中间体烯丙基自由基移位造成双键移位。

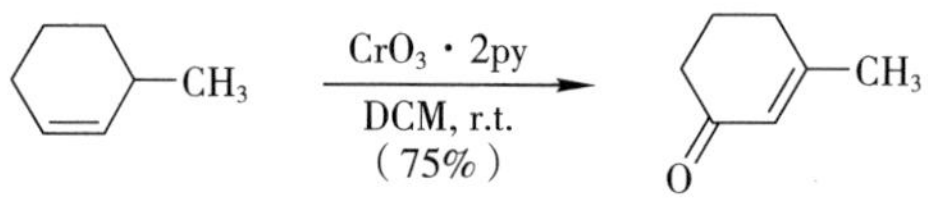

2. 叔碳的氧化 叔碳原子上的 C—H 键比饱和烃中其他 C—H 键易被氧化。不同 C—H 键的活性比较：叔碳 – 氢键 > 仲碳 – 氢键 > 伯碳 – 氢键。

在催化量的 HBr 作用下，利用空气中的氧气氧化叔丁烷，生成稳定的过氧叔丁醇（t-BuOOH），收率较高。t-BuOOH 具有广泛的应用价值，可以直接与醇或环类化合物发生反应，生成过氧化物。

$$(CH_3)_3CH \xrightarrow[163℃]{O_2/HBr} (CH_3)_3COOH$$
（70%）

此外，CrO_3、臭氧（O_3）等强氧化剂也适用于叔碳原子上的 C—H 键氧化。例如，多环化合物的桥头碳优先被氧化，氧化产物为桥头叔醇。

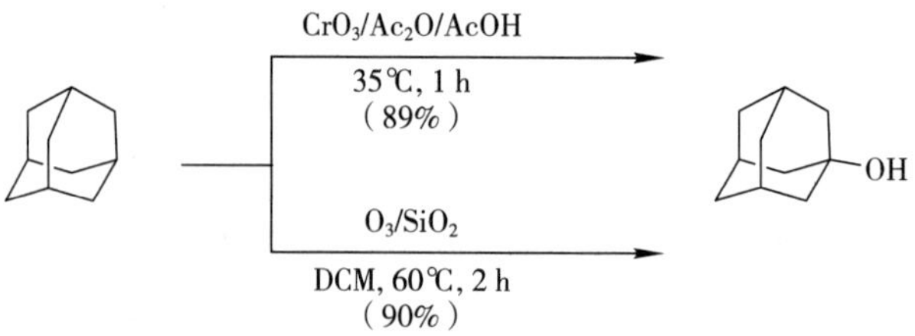

二、烯烃的氧化

（一）双羟化反应

$KMnO_4$、四氧化锇（OsO_4）、碘 / 乙酸银（$I_2/AgOAc$）等氧化剂可以氧化烯键形成 1,2- 二醇，即烯键的双羟基化反应。使用的氧化剂不同，产物的立体构型也不同。

1. 顺式羟基化

（1）反应通式：

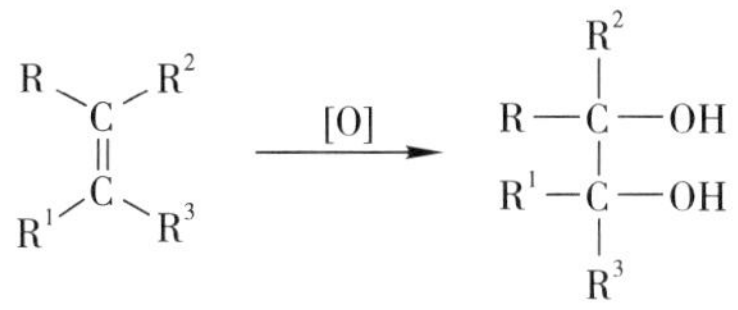

（2）反应机理：OsO_4 和 $KMnO_4$ 的氧化机理类似，均为亲电加成反应机理。生成的中间体酯经水解生成顺式 1,2- 二醇。锇酸酯不稳定，常加入吡啶或叔胺组成络合物，稳定锇酸酯，再进一步水解生成顺式 1,2- 二醇。

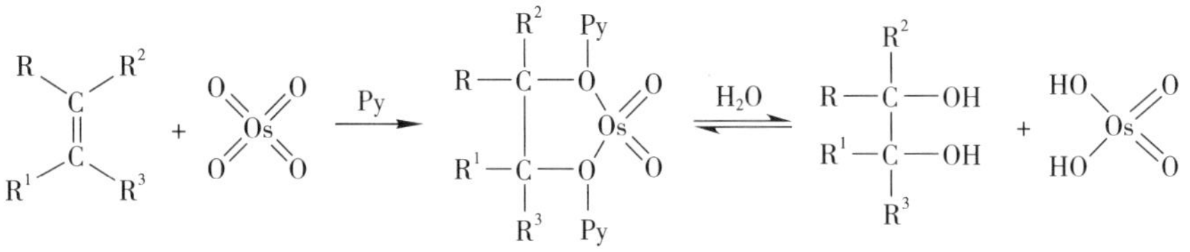

烯键与 I_2/AgOAc 在含水乙酸中作用，再经过水解，生成顺式 1,2- 二醇，称为 Woodward 氧化反应。该反应为亲电加成反应机理。首先，I_2 与 AgOAc 反应生成亲电性的含碘物，它对烯烃双键发生亲电加成，得到碘鎓杂丙环中间体。该中间体被乙酸根离子开环，得碘代乙酸酯。碘被分子内羧酸酯进攻所取代，形成一个环状正离子中间体。在水存在下，中间体转化为相应的顺式原酸酯，进而水解得到顺式 1,2- 二醇。

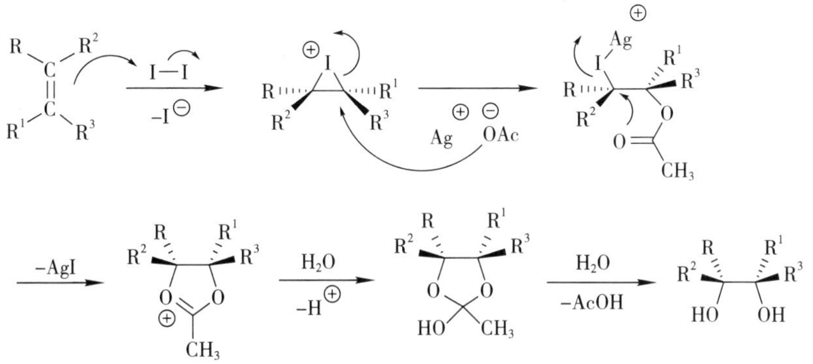

（3）反应影响因素及应用实例：OsO_4 用于烯键的双羟基化反应，在空间位阻小的一侧形成顺式 1,2- 二醇。OsO_4 价格昂贵且有毒，常用催化量 OsO_4 和其他氧化剂共用，如 4- 甲基吗啉 -N- 氧化物（NMO）、H_2O_2 等。在反应过程中，催化量的 OsO_4 先与烯烃生成锇酸酯，进而水解成锇酸，再被共用的氧化剂氧化为 OsO_4 而重新参与反应。该方法的优点是减少 OsO_4 的用量，但缺点是易产生进一步氧化的产物。

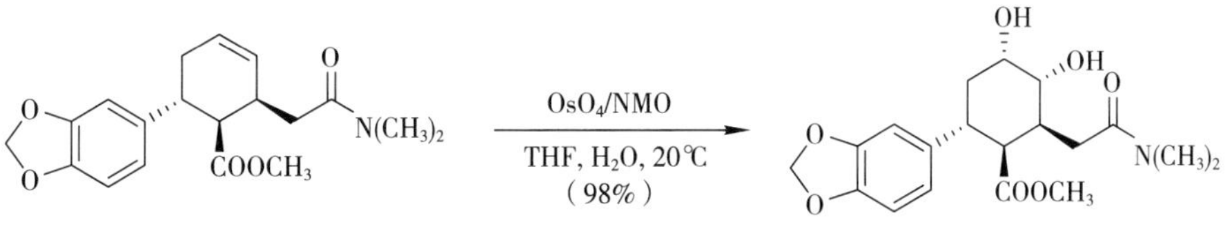

$KMnO_4$ 氧化在烯键的双羟基化反应中应用较为广泛，即用水或含水有机溶剂（丙酮、乙

醇或叔丁醇）作溶剂，加入低浓度（1%~3%）的 $KMnO_4$ 水溶液，在碱性条件（pH > 12）下低温反应。若 pH 低于 12，则有利于进一步氧化，生成 α-羟基酮或断键的产物。若 $KMnO_4$ 过量或浓度过高也会引起进一步氧化。该方法适用于不饱和脂肪酸的羟基化反应，收率较高。例如，利用 $KMnO_4$ 氧化，油酸的羟基化的收率达到 80%。

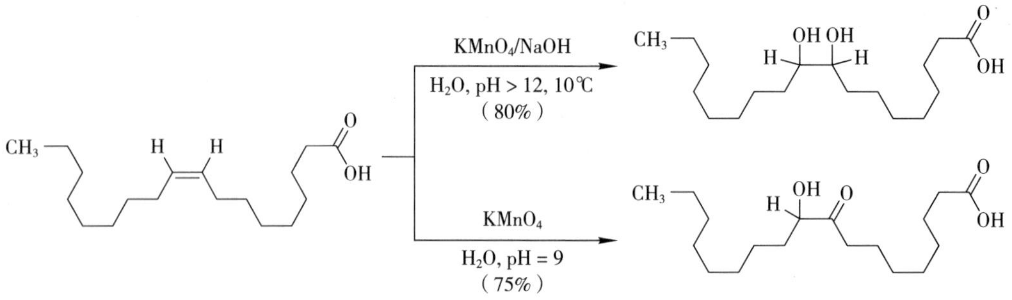

对于不溶于水的烯烃，使用 $KMnO_4$ 氧化时，加入相转移催化剂如苄基三乙基氯化铵（TEBAC），能够提高反应收率。

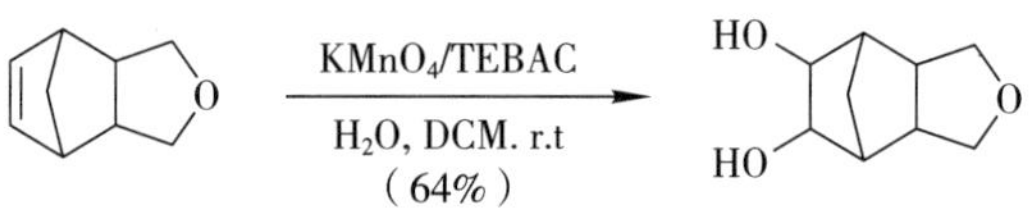

I_2/湿 AgOAc 是氧化烯键制备顺式 1,2-二醇的常用试剂。该反应条件温和，反应专一性好，选择性和收率较高，并且游离碘不会影响分子中的其他敏感基团。比较 OsO_4 和 I_2/湿 AgOAc 分别作氧化剂氧化烯键，二者反应机理不同，立体化学特点正好相反，尤其在刚性分子的烯键氧化中具有重要应用价值。

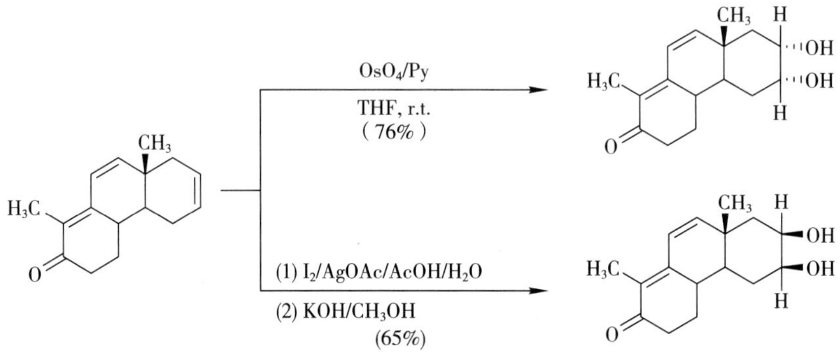

拓展阅读 7-3 OsO_4 催化的烯烃不对称双羟基化反应

2. 反式羟基化

（1）反应通式：

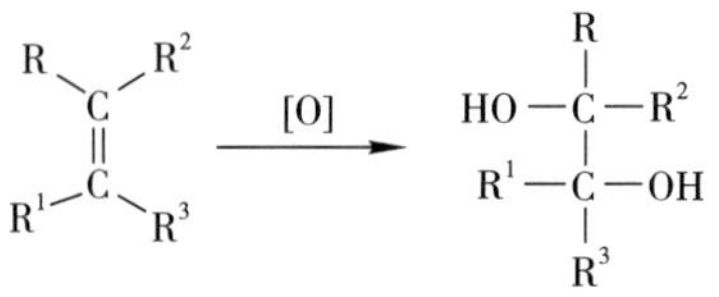

（2）反应机理：有机过氧酸氧化烯键形成环氧化合物，羧基负离子从烯键平面的另一侧进攻，再水解形成反式 1,2-二醇。

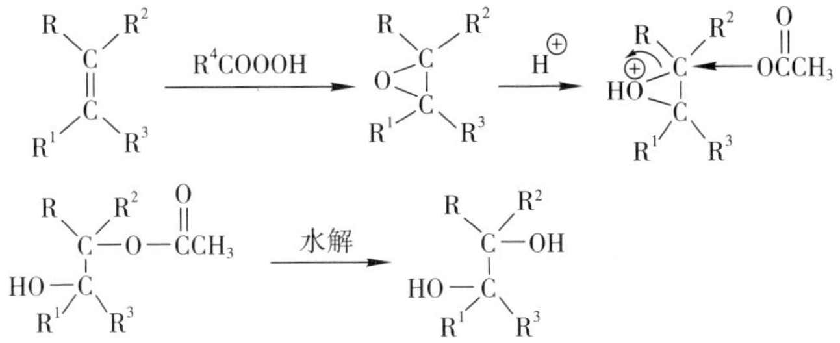

烯键与 I_2/苯甲酸银盐反应，生成 1,2-二醇二酯，再经过水解，得到反式 1,2-二醇，该反应称为 Prévost 氧化反应。Prévost 氧化与 Woodward 氧化类似，均经历三元环状碘鎓离子和五元环状正离子中间体。唯一的差别是在无水条件下，苯甲酸根负离子作为亲核试剂从另一面进攻五元环状中间体，形成反式 1,2-二醇的双酯，再进一步水解得到反式 1,2-二醇。

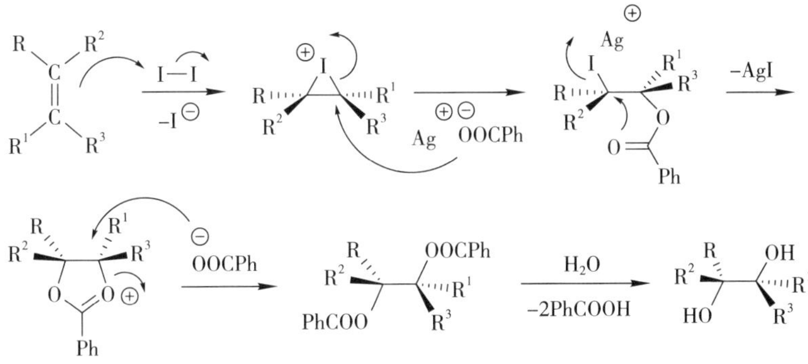

（3）反应影响因素及应用实例　有机过氧酸与烯键反应先形成环氧化合物，若反应中存在可使环氧开裂的条件（如酸性），则环氧结构开裂生成反式 1,2-二醇。

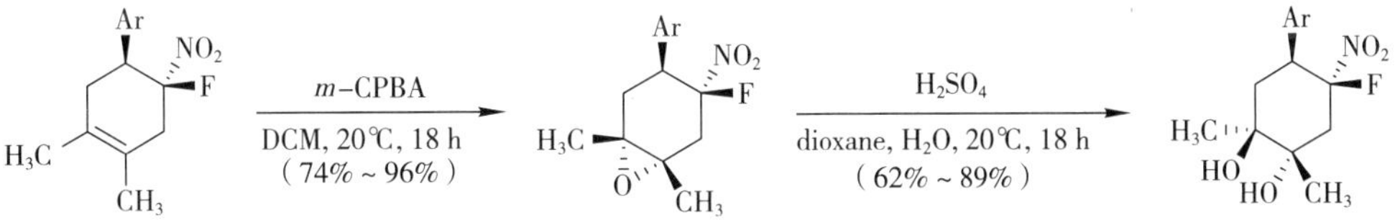

Prévost 氧化反应需要使用较为昂贵的银盐，以及化学计量的分子卤素，并且产生大量的有机和无机废物，这是该反应的明显缺点。

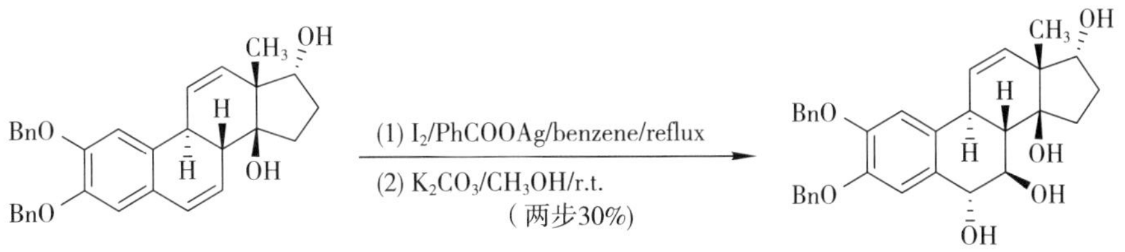

（二）环氧化反应

在无水惰性有机溶剂中，用 H_2O_2、有机过氧酸或烷基过氧化氢低温处理烯烃，生成 1,2-环氧化合物，该反应称为环氧化反应。若上述氧化反应在水溶液中进行，则生成的环氧化合物将被进一步水解成 1,2-二醇。

1. 孤立烯键的环氧化

（1）反应通式：

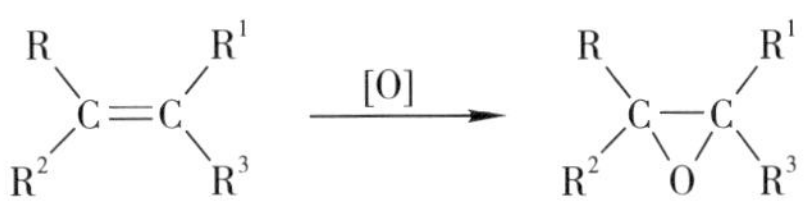

（2）反应机理：有机过氧酸亲电性进攻烯键而发生的环氧化反应为自由基加成反应机理。

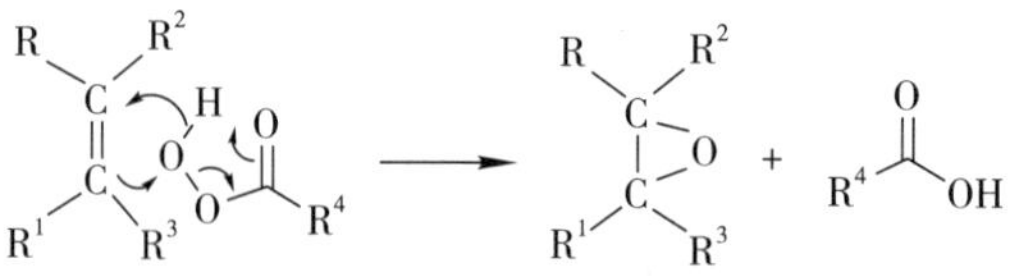

在碱性条件下，若有腈类化合物存在，H_2O_2 可使富电子烯键发生环氧化。在反应过程中，腈和 H_2O_2 生成过氧亚氨酸，后者为亲电性环氧化剂。

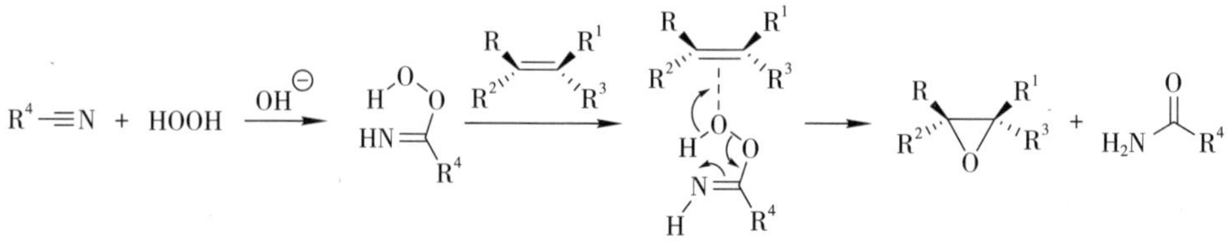

（3）反应影响因素及应用实例：烯键的环氧化反应通常在烃类溶剂中进行。由于醇、酮也会发生氧化，发生副反应，给产物的纯化造成困难，不宜作为溶剂使用。

常用的有机过氧酸有间氯过氧苯甲酸（m-CPBA）、过氧苯甲酸（$PhCO_3H$）、过氧甲酸（HCO_3H）、过氧乙酸（CH_3CO_3H）、三氟过氧乙酸（CF_3CO_3H）等。其中，m-CPBA 性质比较稳定，而 CF_3CO_3H 是最强的有机过氧酸。$PhCO_3H$ 和 m-CPBA 可以在适当的溶剂中直接使用合成环氧化合物，而其他有机过氧酸需要在缓冲剂（如乙酸钠）存在下，才能得到环氧化合物。在反应过程中，由于有机过氧酸释放的有机酸不断增加，会破坏生成的环氧化合物，从而形成 1,2-二醇的单酰基化合物或其他副产物。

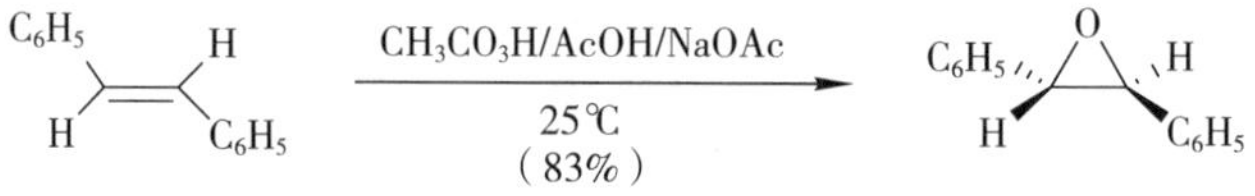

烷基过氧化氢的结构会影响环氧化反应速率，当烷基上有吸电子基团时，可增加反应速率。不同的烷基过氧化氢有不同的反应速率，存在下列规律：

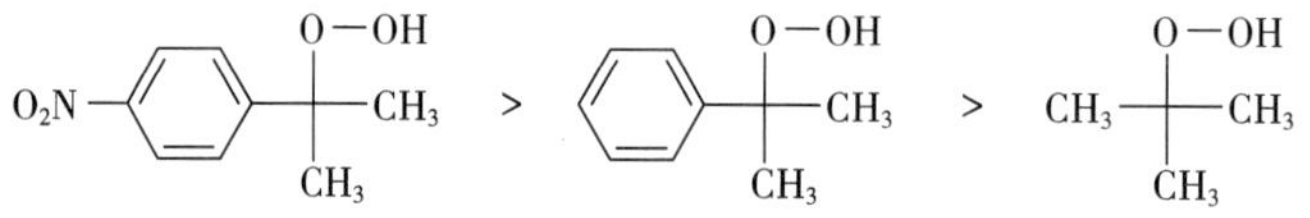

烯键碳上有给电子基团（如烷基）时，可使烯键电子云密度增大，增加环氧化速率。在多烯烃中，连有较多给电子基团的双键优先发生环氧化反应。

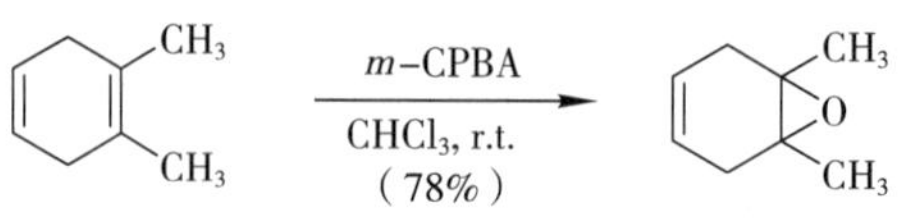

环烯烃的环氧化反应一般较易发生。在环烯烃的环氧化过程中，有机过氧酸通常从位阻小的一侧进攻烯键，得到相应的环氧化合物。例如，4-异丙基-1-甲基环己烯被环氧化时，环氧结构在位阻较小的侧面形成。

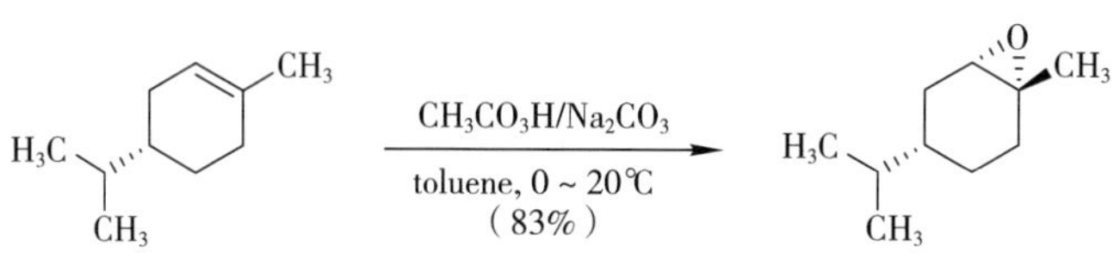

在碱性条件下，H_2O_2/苯甲腈作为氧化剂可使富电子烯键发生环氧化反应。该氧化剂不和酮发生 Baeyer-Villiger 氧化，常用于非共轭不饱和酮中的烯键环氧化反应。若使用有机过氧酸作氧化剂，则会发生 Baeyer-Villiger 氧化反应。

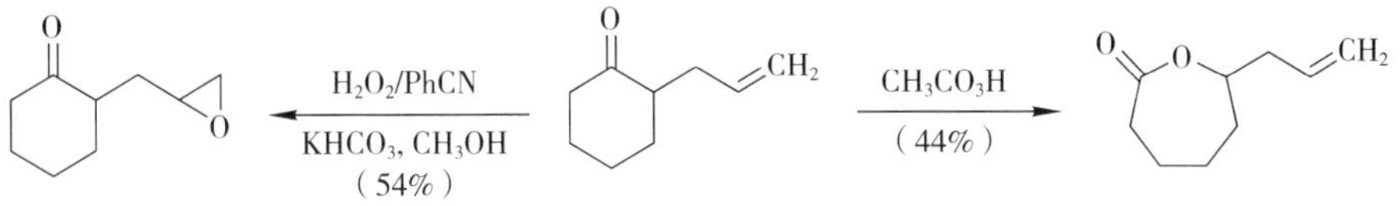

例如，在降压药依普利酮（eplerenone）合成的最后步骤中，用 H_2O_2/三氯乙腈作氧化剂，前体化合物的 C-9 位和 C-11 位双键发生环氧化反应，生成目标产物依普利酮。

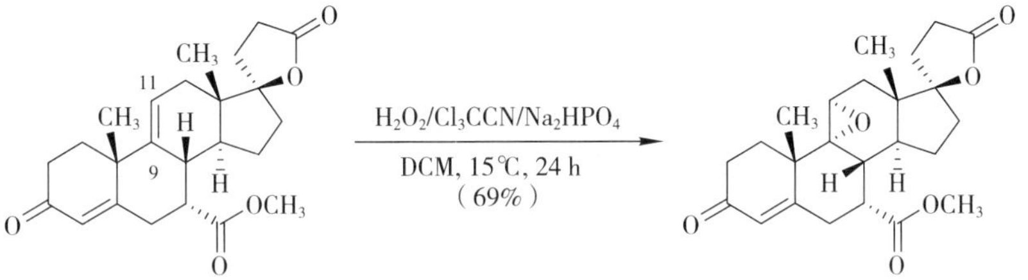

过渡金属络合物可以催化 H_2O_2 或烷基过氧化氢对烯键的环氧化反应。这类过渡金属络合物包括由钒（V）、钼（Mo）、钨（W）、铬（Cr）、锰（Mn）和钛（Ti）构成的络合物。其中，六羰基钼［$Mo(CO)_6$］和乙酰丙酮氧钒［$VO(acac)_2$］是非官能化烯键环氧化反应最有效的催化剂。例如，$Mo(CO)_6$ 作催化剂时，常用烷基过氧化氢作氧化剂。

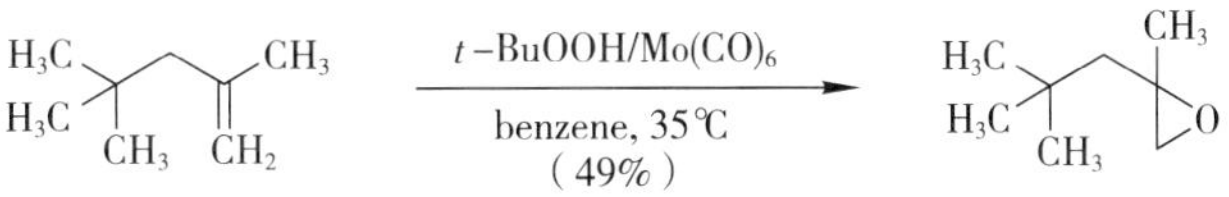

对于烯丙醇的双键环氧化，上述过渡金属络合物催化剂有明显的选择性。例如，在过渡金属络合物催化下，使用烷基过氧化氢作氧化剂，能够选择性环氧化烯丙醇的双键。

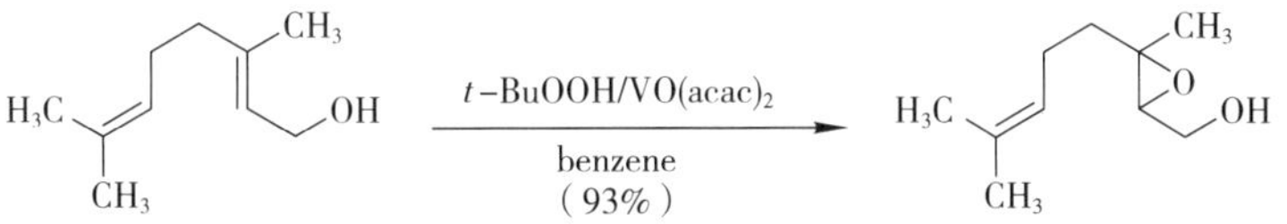

案例讨论 7-3 紫杉醇 C-13 侧链的合成工艺优化

2. α,β-不饱和羰基化合物的环氧化 在碱性条件下，一般选用 H_2O_2 或叔丁基过氧化氢（t-BuOOH）氧化 α,β-不饱和羰基化合物中与羰基共轭的碳碳双键，使之环氧化，得到 α,β-环氧基羰基化合物。

（1）反应通式：

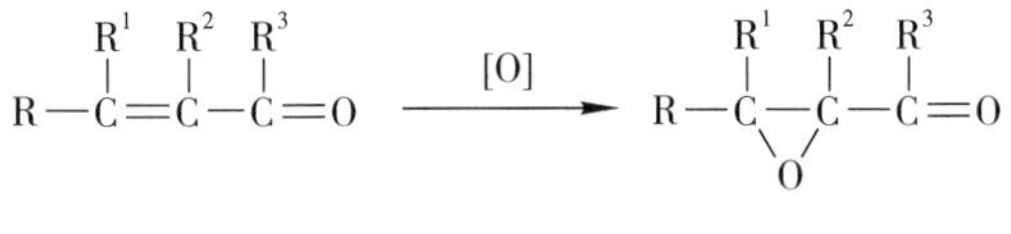

（2）反应机理：α,β-不饱和羰基化合物的环氧化反应为亲核加成反应机理。过氧化氢负离子（HOO^-）对不饱和双键进行亲核加成，形成双键移位的氧负离子中间体，该中间体消除 OH^-，即得到环氧化合物。

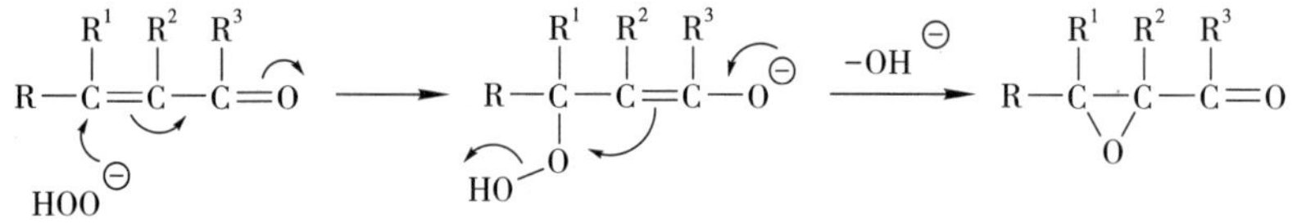

（3）影响反应因素及应用实例：对于 α,β- 不饱和醛的环氧化，pH 不同，产物的结构可能不同。例如，用 H_2O_2 氧化桂皮醛，在酸性条件下生成环氧化的羧酸，在碱性条件下则生成环氧化的醛。

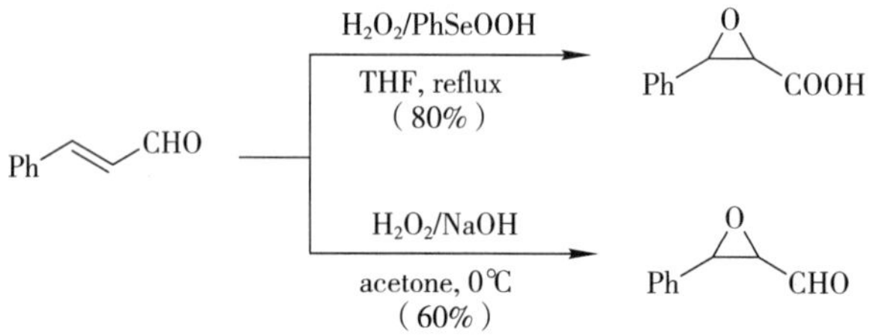

例如，在甾体抗炎药泼尼卡酯（prednicarbate）的合成中，采用 30% H_2O_2 碱性溶液将 D 环的烯键环氧化，生成中间体 16α,17β- 环氧 -3β- 羟基孕甾 -5- 烯 -20- 酮，收率可达 88%。

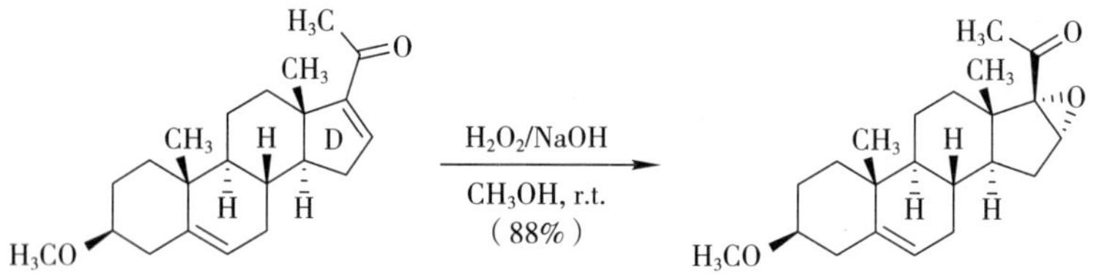

此外，对于 α,β- 不饱和羧酸酯的环氧化，控制 pH 可使酯基不发生水解。例如，在 pH 为 8.5~9.0 时，m-CPBA 氧化 α,β- 不饱和羧酸酯，得到较高收率的环氧化合物，酯键不被水解。

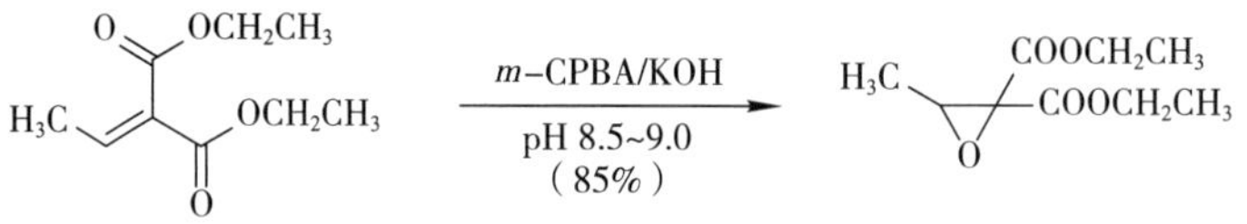

（三）氧化裂解

1. $KMnO_4$ 氧化　在适宜条件下，$KMnO_4$ 可直接氧化烯键使之断裂成相应的醛、酮或羧酸等羰基化合物，是药物合成中断裂碳 - 碳双键最常用的方法之一。

（1）反应通式：

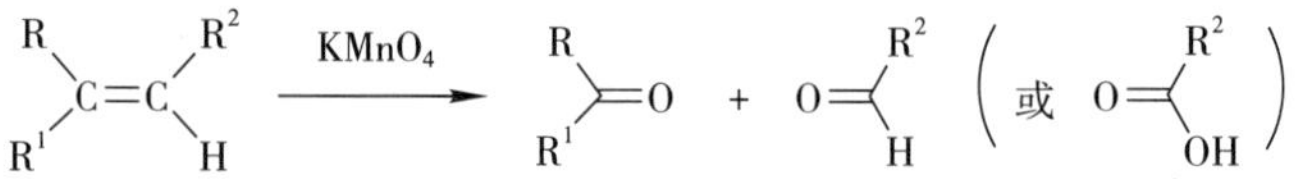

（2）反应机理：$KMnO_4$ 氧化断裂烯键的反应为亲电加成反应机理。$KMnO_4$ 与烯键反应，生成中间体锰酸酯，经水解生成醇，进一步氧化断裂碳 - 碳键。若断裂处的碳原子含氢，则生成醛；$KMnO_4$ 进一步氧化醛，生成羧酸。

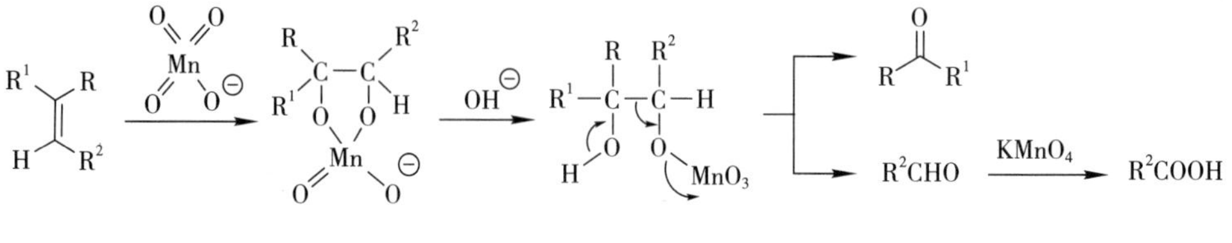

（3）影响反应因素及应用实例：上述反应的中间体锰酸酯可经水解生成 1,2-二醇，但受到溶液碱性强弱的影响。若 pH 大于 12，有利于生成 1,2-二醇；若 pH 小于 12，则有利于进一步氧化，生成 α-羟基酮或断键的产物。此外，$KMnO_4$ 过量或浓度过高都对进一步氧化有利。

$KMnO_4$ 参与的氧化反应通常在水中进行，向反应体系中加入冠醚类相转移催化剂，可提高产品收率。例如，在用 $KMnO_4$ 水溶液氧化 α-蒎烯时，产品收率为 40%～60%；加入冠醚后，收率可提高到 90% 以上。

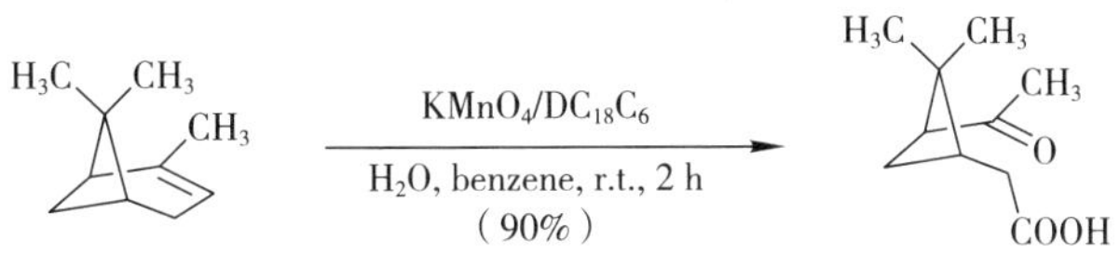

$KMnO_4$ 氧化的选择性较差，其他易氧化基团也可以被氧化，同时生成大量 MnO_2，增加了后处理的困难。改用 Lemieux von Rudloffs 试剂，即含 $KMnO_4$ 的高碘酸钠（$NaIO_4$）溶液（$KMnO_4:NaIO_4 = 1:6$），氧化碳-碳双键使之断裂，可以避免单用 $KMnO_4$ 的缺点。该方法的基本原理：$KMnO_4$ 先氧化碳-碳双键生成 1,2-二醇，接着 $NaIO_4$ 氧化 1,2-二醇形成碳-碳键断裂产物；同时，$NaIO_4$ 将五价的锰氧化成高锰酸盐继续反应。该方法反应条件温和，收率高。

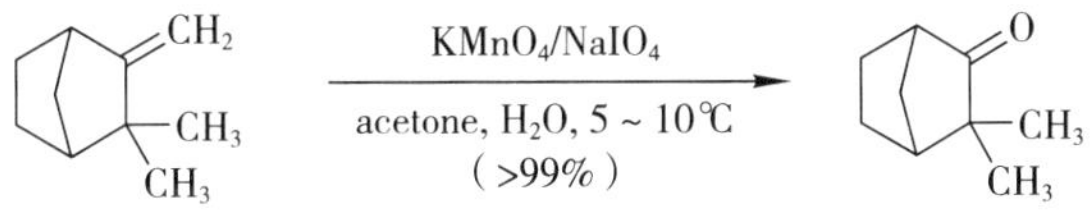

2. OsO_4 氧化 利用 $OsO_4/NaIO_4$ 氧化断裂碳-碳双键生成醛或酮的反应，称为 Lemieux-Johnson 氧化反应。

（1）反应通式：

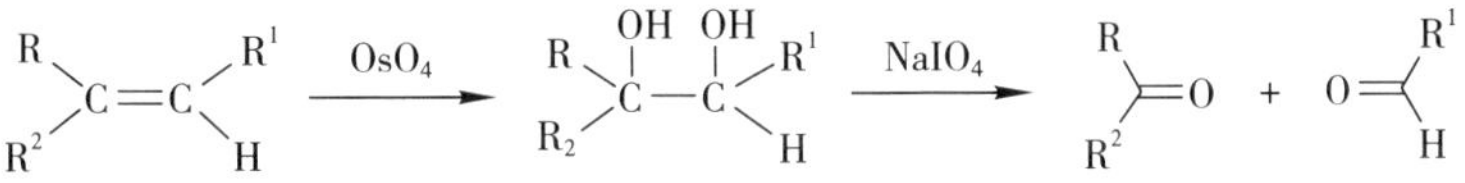

（2）反应机理：该反应为亲电加成反应机理。烯烃与 OsO_4 反应生成锇酸酯，再经过 $NaIO_4$ 氧化开裂，生成羰基化合物，同时 OsO_4 再生。

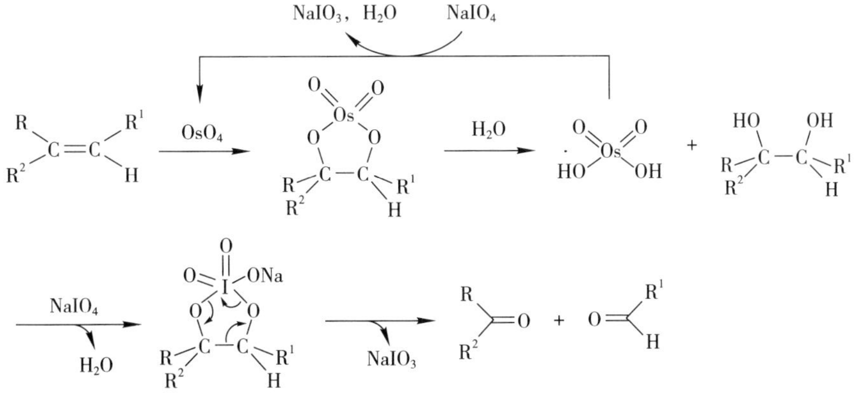

（3）影响反应因素及应用实例：Lemieux-Johnson 试剂（$OsO_4/NaIO_4$）是一种温和的氧化剂，主要用于烯烃的氧化开裂，在天然产物合成中应用广泛。在反应过程中，由于 OsO_4 可以

再生，用催化量即可。如果生成的醛容易发生分子内缩合，该氧化反应最好在两相体系中进行。

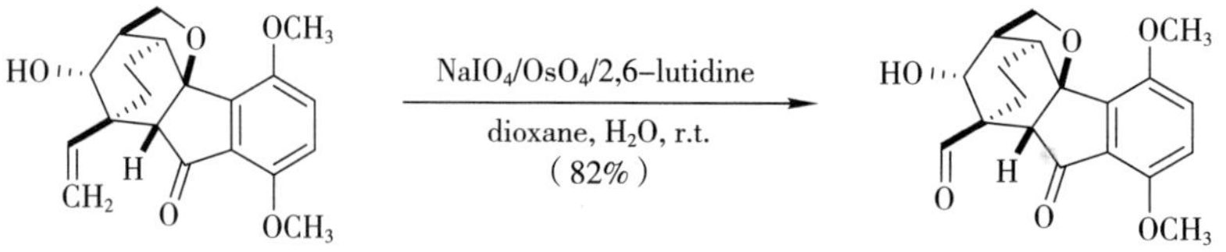

3. O_3 氧化 烯烃和 O_3 反应生成臭氧化物，随后臭氧化物发生裂解，生成醛、酮或羧酸。该方法是氧化断裂烯键的常用方法之一。

（1）反应通式：

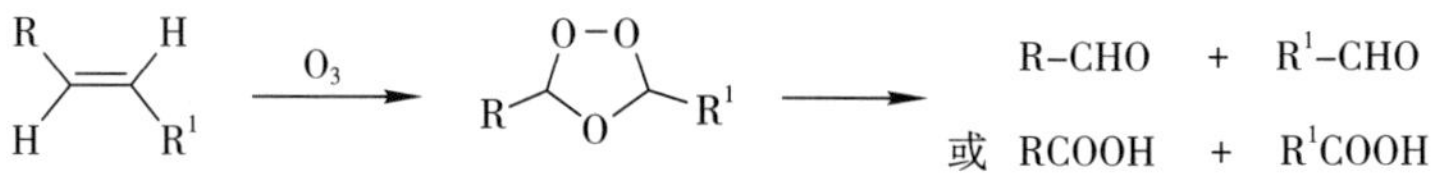

（2）反应机理：该反应为亲电加成反应机理。O_3 是亲电试剂，首先对烯烃进行 1,3- 偶极环加成反应，得到初级臭氧化物；随后，重排得到两性离子过氧化物，再经过一次 1,3- 偶极环加成反应，生成最终的臭氧化物。上述臭氧化物通过氧化还原反应得到醛、酮或羧酸。

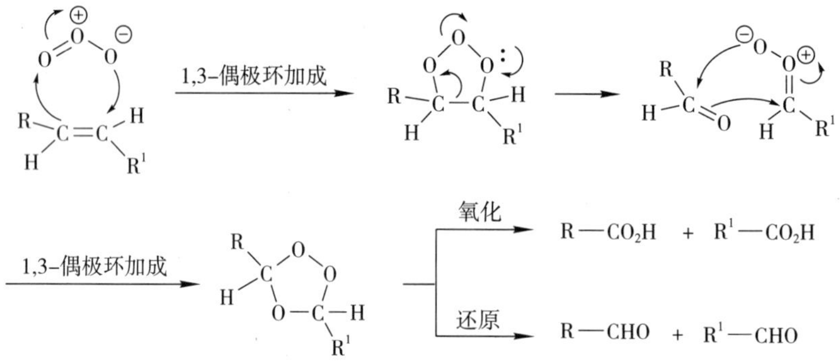

（3）反应影响因素及应用实例：一般用二氯甲烷或甲醇作溶剂，在低温条件下通入含 2%～10% O_3 的氧气中进行臭氧分解反应。生成的臭氧化物不需要分离，经氧化剂分解成羧酸，也可以用还原剂分解得到醛或酮。例如，二甲硫醚作为还原剂，与臭氧化物反应，反应选择性高、效果好。

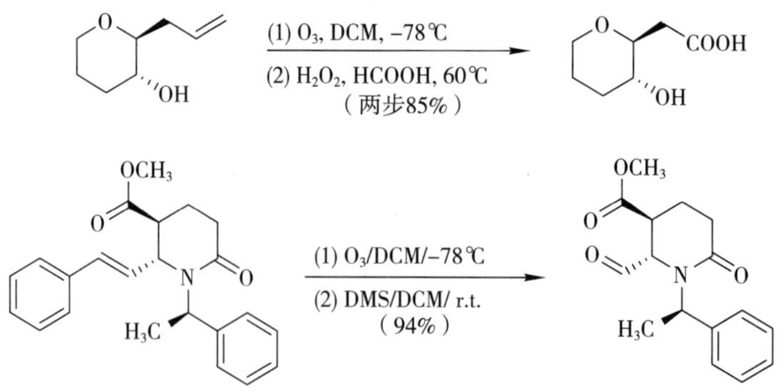

三、芳烃的氧化

芳烃的氧化包括侧链的氧化和芳香环的氧化裂解。

(一) 侧链氧化

芳烃侧链的氧化，可以生成相应的酚、醛（酮）、羧酸及其衍生物，产率一般较高。反应过程中形成苄基自由基或苄基碳正离子，与苯基产生共轭效应，结构更稳定。因此，芳烃侧链的氧化比较容易发生，产品收率较高。

1. 氧化成醛 当芳烃的侧链为甲基时，选择适当的氧化剂，可以氧化成相应的醛，并且不被进一步氧化成酸。常用的氧化剂包括二氯铬酰、硝酸铈铵、三氧化铬－乙酸酐等。

（1）反应通式：

$$ArCH_3 \xrightarrow{[O]} ArCHO$$

（2）反应机理：二氯铬酰（CrO_2Cl_2，又称 Etard 试剂）为氧化剂将芳香环上的甲基氧化成醛基，称为 Etard 反应。Etard 反应存在自由基型和离子型两种不同的反应机理。在上述反应中，Etard 复合体由 1 分子芳香烃和 2 分子铬酰氯组成，经水解得到芳香醛。

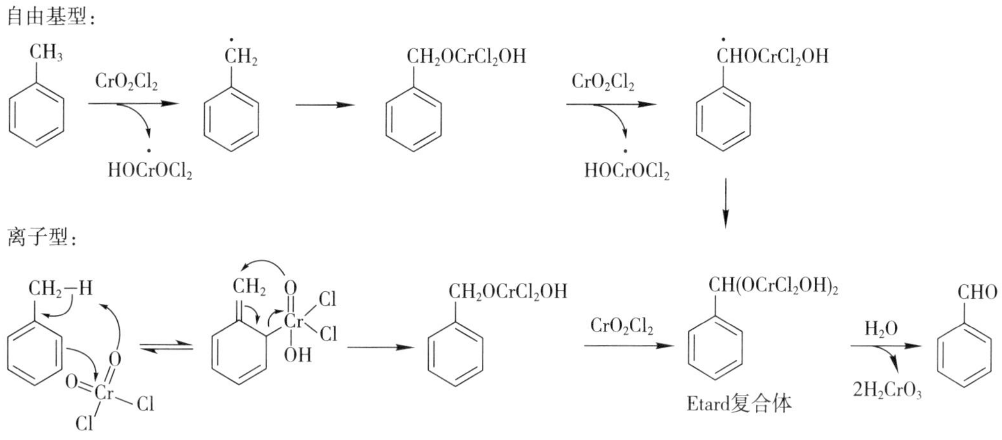

硝酸铈铵 [$Ce(NH_4)_2(NO_3)_6$，CAN] 作为氧化剂，在酸性介质中将芳香环上的甲基氧化为醛基。CAN 的氧化机理为单电子转移过程，经历苄醇中间体，反应需要水分子参与。

$$ArCH_3 + Ce^{4\oplus} \longrightarrow Ar\dot{C}H_2 + Ce^{3\oplus} + H^{\oplus}$$

$$Ar\dot{C}H_2 + H_2O + Ce^{4\oplus} \longrightarrow ArCH_2OH + Ce^{3\oplus} + H^{\oplus}$$

$$ArCH_2OH + 2Ce^{4\oplus} \longrightarrow ArCHO + 2Ce^{3\oplus} + 2H^{\oplus}$$

三氧化铬－乙酸酐（CrO_3-Ac_2O）也可以将芳香环上的甲基氧化为醛基，为单电子转移机理。

（3）反应影响因素及应用实例：当芳香环中存在多个甲基时，Etard 试剂只能氧化其中一个甲基为醛基。苯环上的吸电子基团对 Etard 反应不利。当芳香环上存在其他取代基时，立体效应会使 Etard 反应收率降低，其中邻位影响最为明显。

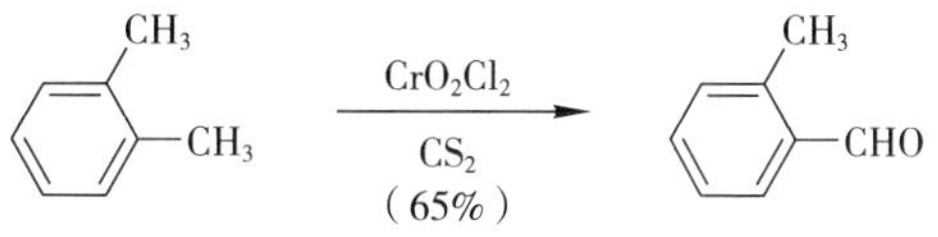

CAN 作为氧化剂将芳香环上的甲基氧化为醛基,操作简便,选择性好,产品收率高。当芳香环上含有多个甲基时,仅一个甲基被氧化。

$$\underset{H_3C}{\overset{CH_3}{\bigoplus}}\overset{CH_3}{\underset{CH_3}{\longrightarrow}} \xrightarrow[CH_3CN, 40℃, 1\,h]{CAN} \underset{H_3C}{\overset{CHO}{\bigoplus}}\overset{}{\underset{CH_3}{}}$$
(85%)

CrO_3-Ac_2O 作为氧化剂时,苄位甲基先被转化成醛的二乙酸酯,再水解得到醛。二乙酸酯的形成,可以保护醛基不被进一步氧化。

$$\underset{CH_3}{\overset{CH_3}{\bigoplus}} \xrightarrow[H_2SO_4]{CrO_3-Ac_2O} \underset{CH(OCOCH_3)_2}{\overset{CH(OCOCH_3)_2}{\bigoplus}} \xrightarrow[H_2O]{H_2SO_4} \underset{CHO}{\overset{CHO}{\bigoplus}}$$
(66%)

2. 氧化成酮或羧酸 芳香环上亚甲基或甲基可被氧化成相应的酮或羧酸。常见的氧化剂有 CrO_3、$Na_2Cr_2O_7$、$KMnO_4$、稀 HNO_3 等。此外,CAN 也常用于芳香环上亚甲基氧化成酮的反应。

(1) 反应通式:

$$ArCH_2R \xrightarrow{[O]} Ar\overset{O}{\overset{\|}{C}}R \;\; 或 \;\; ArCOOH$$

(2) 反应机理:该反应机理类似于苯环侧链甲基氧化为醛。

(3) 反应影响因素及应用实例:CrO_3 作为氧化剂,可使苄位亚甲基氧化成酮。用 CAN 作氧化剂时,苄位亚甲基也可氧化成酮,收率较高。

$$\text{四氢萘} \xrightarrow[\substack{20℃ \\ (55\%)}]{CrO_3/HOAc} \text{α-四氢萘酮}$$

$$\xrightarrow[\substack{30℃ \\ (76\%)}]{CAN/HNO_3} \text{α-四氢萘酮}$$

$Na_2Cr_2O_7$ 氧化苄位甲基生成相应的芳甲酸。例如,在局部麻醉药盐酸普鲁卡因(procaine hydrochloride)中间体的合成中,以 4-硝基甲苯为原料,使用 $Na_2Cr_2O_7$ 作为氧化剂,生成 4-硝基苯甲酸。

$$O_2N-\underset{CH_3}{\bigoplus} \xrightarrow[\substack{95℃ \\ (65\%)}]{Na_2Cr_2O_7/H_2SO_4} O_2N-\underset{COOH}{\bigoplus}$$

$KMnO_4$ 是一种强氧化剂,不管芳环侧链多长,均被氧化为芳甲酸。一般情况下,芳烃侧链的氧化使用碱性 $KMnO_4$ 溶液,生成的羧酸钾盐溶于水,易与产物二氧化锰分离。例如,利尿药阿佐塞米(azosemide)的中间体 4-氯-2-硝基苯甲酸可由 4-氯-2-硝基甲苯经碱性 $KMnO_4$ 氧化制备。

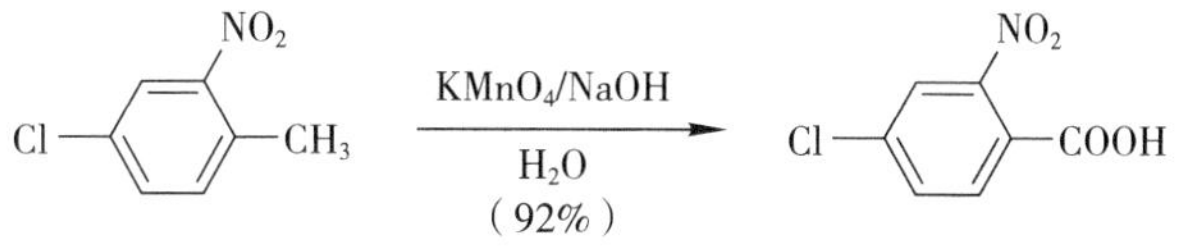

稀 HNO_3 作为氧化剂的优点在于价廉，产生的氧化氮为气体，反应液中无残渣，缺点是腐蚀性强，反应选择性不高，副反应多。当使用稀 HNO_3 氧化多甲基芳烃时，仅一个甲基被氧化成羧酸。

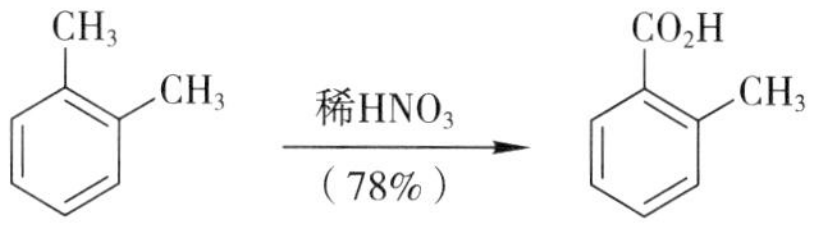

（二）氧化裂解

在一定条件下，芳香环可以被 O_3 等强氧化剂氧化裂解，生成醛、羧酸等氧化产物。

1. 反应通式

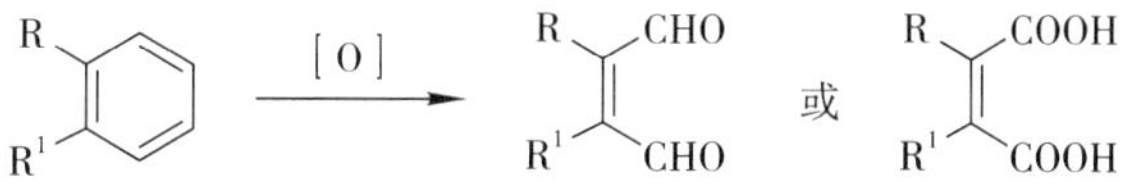

2. 反应机理
上述反应为亲电加成反应机理。O_3 作为亲电试剂，与芳香环发生亲电加成反应，形成臭氧化物。该臭氧化物进一步还原或氧化，生成对应的醛或羧酸。

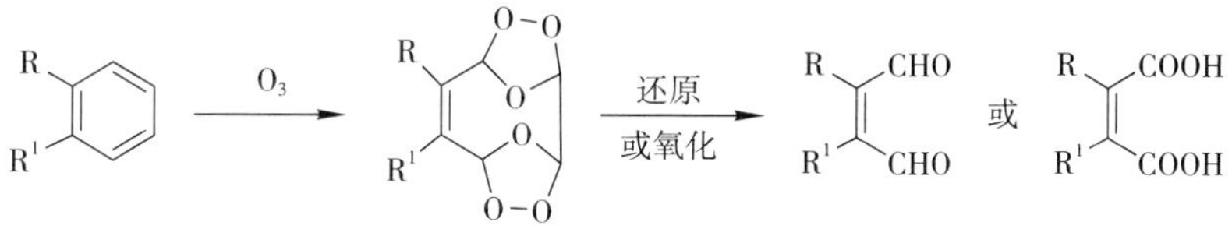

3. 反应影响因素及应用实例
苯环比较稳定，在高温和催化剂存在的条件下，才能氧化开环得到顺丁烯二酸酐。当芳环上连有给电子基团（如氨基、羟基）时易被氧化，但反应剧烈，产物复杂。

萘环较苯环容易被氧化，可以被 O_3 开环生成臭氧化物，再经过不同处理可制备不同的氧化产物。

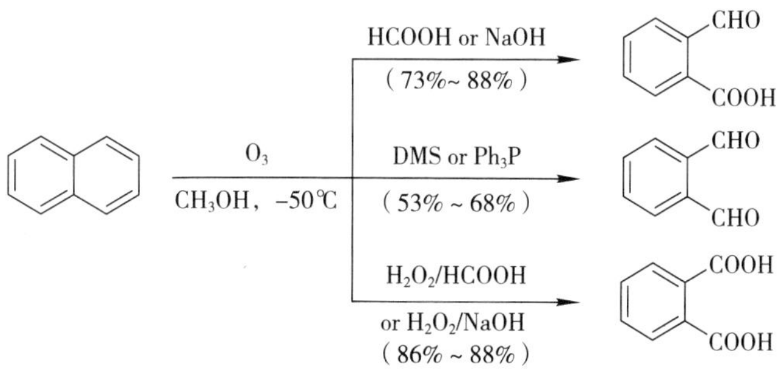

三氯化钌（$RuCl_3$）与 $NaIO_4$ 反应生成四氧化钌（RuO_4）氧化剂，可以将取代的苯环氧化生成相应的羧酸，而不影响或很少影响与之相连的侧链烷基或环烷基。例如，$RuCl_3/NaIO_4$ 氧化环己基苯生成环己基甲酸。

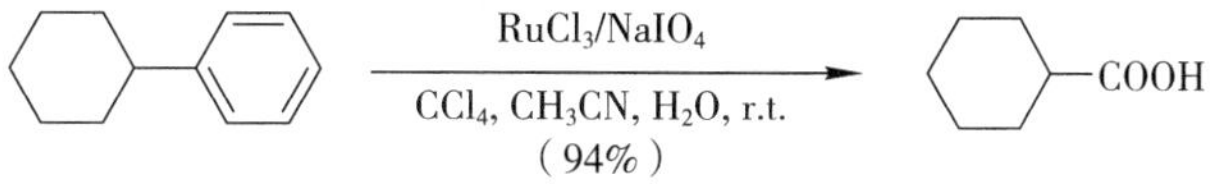

学科前沿 7-3　生物催化在烷烃氧化反应中的应用

第四节　其 他 氧 化

一、有机胺的氧化

有机胺的氧化通常是指有机胺分子中的氨基被氧气或氧化剂氧化成相应的氮氧化物。

（一）脂肪胺的氧化

选择合适的氧化剂，脂肪伯胺可以被氧化成亚硝基化合物或硝基化合物，脂肪仲胺可被氧化为羟胺、亚胺、N-氧化物等，脂肪叔胺可以氧化成 N-氧化物。

1. 反应通式

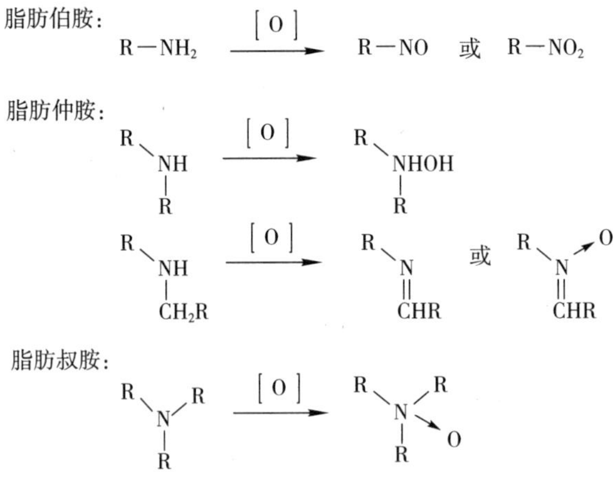

脂肪伯胺：$R-NH_2 \xrightarrow{[O]} R-NO$ 或 $R-NO_2$

脂肪仲胺：

脂肪叔胺：

2. 反应机理　脂肪胺的氧化反应为自由基消除反应机理。

3. 反应影响因素及应用实例　一般情况下，氧化剂的氧化能力强弱决定了氧化产物的类型。当使用强氧剂 $KMnO_4$ 氧化脂肪伯胺时，可以生成硝基化合物。

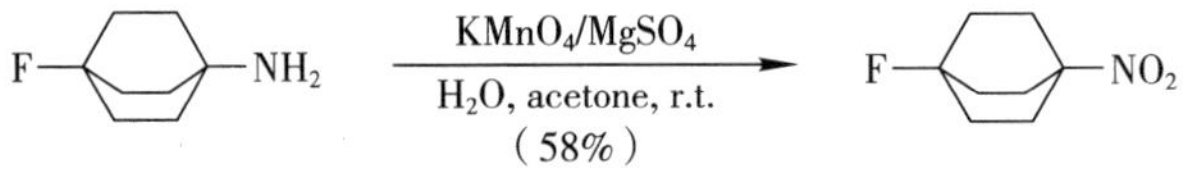

在酸性介质中，氧气（O_2）可以将脂肪伯胺先氧化为亚硝基化合物，再互变异构为醛肟或酮肟，而肟进一步水解生成相应的醛或酮。在碱性介质中，O_2 氧化脂肪伯胺生成醛亚胺、醛等。

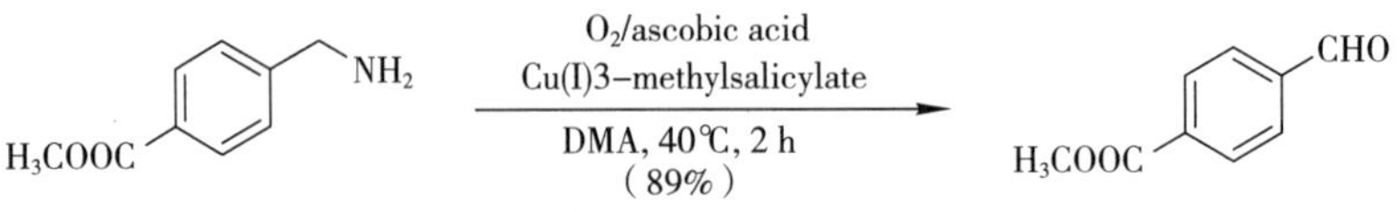

H_2O_2、有机过氧酸等常用氧化剂可将脂肪仲胺氧化成羟胺、N-氧化物等。例如，2,2,6,6-四甲基哌啶可以被 H_2O_2 氧化生成四甲基哌啶氧化物，即 TEMPO，它是一种哌啶类的氮氧自由基。

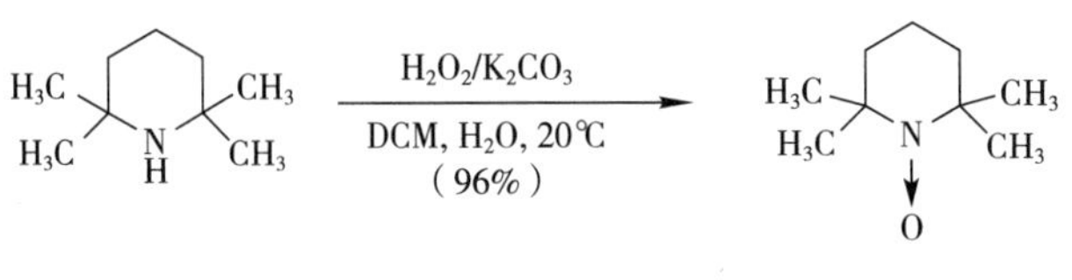

H_2O_2、t-BuOOH 等还可以氧化脂肪叔胺生成叔胺 N-氧化物。

$$\underset{CH_3}{H_3C-N-CH_2CH_2OH} \xrightarrow[H_2O, 20℃]{H_2O_2} \underset{CH_3}{H_3C-\overset{O}{\overset{\uparrow}{N}}-CH_2CH_2OH}$$

（二）芳香胺的氧化

芳香胺易被氧化，尤其是芳香伯胺和芳香仲胺对氧化剂特别敏感，暴露在空气中往往颜色变深，氧化过程很复杂，产物也难分离。如果选用温和的氧化条件控制反应，也可用于合成。例如，芳香伯胺可以被合适的氧化剂氧化成亚硝基或硝基化合物，该反应为硝基还原的逆反应。

1. 反应通式

$$Ar-NH_2 \xrightarrow{[O]} Ar-NO \text{ 或 } Ar-NO_2$$

2. 反应机理 芳香胺的氧化为自由基消除反应机理。

3. 反应影响因素及应用实例 氧化能力较强的有机过氧酸（如 CF_3CO_3H）可以将芳香伯胺氧化成硝基化合物，而氧化能力较弱的过氧酸（如 m-CPBA）只能将芳香伯胺氧化成亚硝基化合物。

$$\text{2-Br-6-Cl-苯胺} \xrightarrow[DCM, -5\sim5℃ \ (75\%)]{CF_3CO_3H} \text{2-Br-6-Cl-硝基苯}$$

$$\text{2,6-二溴苯胺} \xrightarrow[DCM, 20℃ \ (95\%)]{m\text{-CPBA}} \text{2,6-二溴亚硝基苯}$$

氧化剂的用量也影响产物的类型。采用 H_2O_2 氧化苯胺，氧化剂过量时产物为亚硝基苯，氧化剂不足时，产物为氧化偶氮苯。

$$\text{苯胺} \begin{cases} \xrightarrow[toluene, 30℃ \ (88\%)]{Na_2S_2O_8/H_2O_2} Ph-NO \\ \xrightarrow[CH_3OH, 40℃ \ (90\%)]{Na_2S_2O_8/H_2O_2} Ph-N=N(\to O)-Ph \end{cases}$$

此外，苯胺溶于硫酸溶液中，加入强氧化剂 $Na_2Cr_2O_7$ 进行低温氧化，可以制备对苯醌。

$$\text{4-氨基-二氢茚并环} \xrightarrow[0℃ \ (55\%)]{Na_2Cr_2O_7/H_2SO_4} \text{对苯醌衍生物}$$

二、有机硫的氧化

含硫有机化合物的氧化主要包括磺酸酯的氧化、硫醇和硫醚的氧化，氧化产物主要有亚砜、砜、磺胺、二硫化物等。常用的氧化剂主要有卤素、H_2O_2、烷基过氧化氢、有机过氧酸等。

（一）磺酸酯的氧化

伯醇和仲醇的磺酸酯可以被 DMSO 等氧化剂氧化，生成相应的羰基化合物。

1. 反应通式

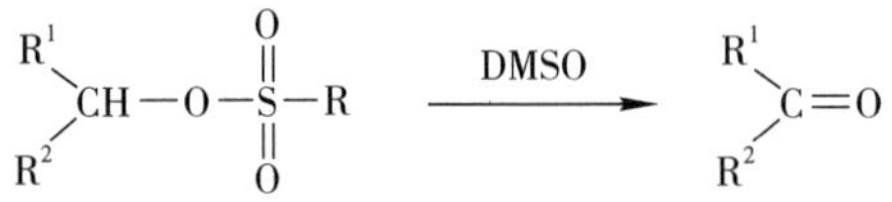

2. 反应机理 该反应为亲核消除反应机理。磺酸酯与 DMSO 反应生成烷氧基锍盐中间体，该中间体可分解为羰基化合物。

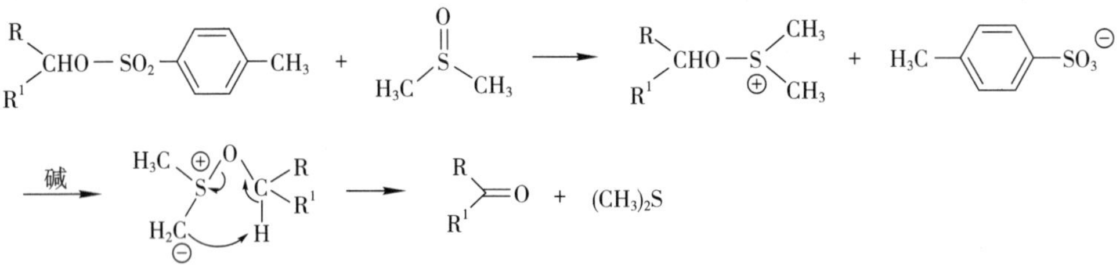

3. 反应影响因素及应用实例 在醇氧化成醛或酮的过程中，若常规氧化剂难以达到理想效果，可以考虑将其转化为磺酸酯，然后在碱性条件下进行 DMSO 氧化。常用的碱有 NaOH、$NaHCO_3$、三乙胺等。上述氧化反应具有速率快、收率高等特点。例如，利血平酸甲酯 C-18 位的羟基转化为磺酸酯，在 $NaHCO_3$ 存在下，采用 DMSO 氧化，可制备相应的羰基化合物。

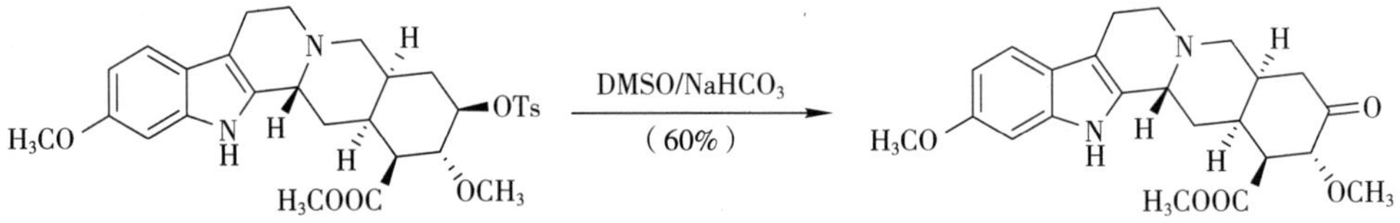

案例讨论 7-4 埃格列净中间体的合成工艺优化

（二）硫醇的氧化

采用合适的氧化剂氧化硫醇或硫醇盐可以制备二硫化物。当采用强氧化剂或过量的氧化剂时，硫醇类化合物还可以氧化生成磺酸。

1. 反应通式

$$2\ R-SH \xrightarrow{[O]} R-S-S-R$$

$$R-CH_2SH \xrightarrow{[O]} R-CH_2SO_3H$$

2. 反应机理 该反应为自由基反应机理。

3. 反应影响因素及应用实例 氧化剂的强弱和用量是氧化硫醇（或硫醇盐）成二硫化物的主要影响因素。当使用活性中等的氧化剂（如 H_2O_2）时，即使过量也不会将生成的产物进一步氧化。而使用氧化能力较强的氧化剂（如 CF_3CO_3H）时，需要严格控制氧化剂的量，否则过量的氧化剂将会氧化断裂二硫键，进一步氧化生成磺酸。

$$Cl\text{-}C_6H_4\text{-}SH \xrightarrow[H_2O, 20℃]{30\%H_2O_2/Na_2CO_3} Cl\text{-}C_6H_4\text{-}S\text{-}S\text{-}C_6H_4\text{-}Cl$$
（74%）

浓 HNO_3 等强氧化剂氧化硫醇时，会发生过度氧化生成磺酸。例如，采用浓 HNO_3 氧化低碳链的脂肪硫醇，可以高产率获得相应的磺酸，相比其他方法更加经济、高效。

$$H_3C(CH_2)_4SH \xrightarrow{浓HNO_3} H_3C(CH_2)_4SO_3H$$
（78%）

（三）硫醚的氧化

硫醚（R—S—R）是一种重要的含硫有机化合物，选用合适的氧化剂，如 H_2O_2、t-BuOOH、次氯酸钠（NaClO）、有机过氧酸、$KMnO_4$ 等，可以将其氧化为亚砜或砜类化合物。

1. 反应通式

$$R\text{—}S\text{—}R \xrightarrow{[O]} R\overset{O}{\underset{\|}{\text{—}S\text{—}}}R \xrightarrow{[O]} R\overset{O}{\underset{\underset{O}{\|}}{\overset{\|}{\text{—}S\text{—}}}}R$$

2. 反应机理 该反应为自由基反应机理。

3. 反应影响因素及应用实例 化学计量的 H_2O_2 可以顺利完成硫醚到亚砜的氧化反应。例如，在合成质子泵抑制剂奥美拉唑（omeprazole）时，采用 H_2O_2 作氧化剂可制备亚砜。该反应具有选择性高、反应速率快、收率高等优点，同时可以避免过度氧化生成副产物砜。

$$\xrightarrow{30\%H_2O_2/VO(acac)_2}$$
（90%）

t-BuOOH 也是常用氧化剂，用于氧化硫醚生成亚砜。例如，质子泵抑制剂兰索拉唑（lansoprazole）的合成。

$$\xrightarrow[-20℃, 24\ h]{t\text{-BuOOH}/VO(acac)_2}$$
（85%）

有机过氧酸作为氧化剂，可以将硫醚氧化成亚砜，该方法广泛应用于头孢菌素类药物中间体的合成。

$$\xrightarrow[DMA, 0℃, 1\ h]{CH_3CO_3H}$$
（95%）

NaClO、过硼酸钠（$NaBO_3$）等无机氧化剂，也可以将硫醚氧化成亚砜，具有价格便宜、无毒、副产物易去除等优点。

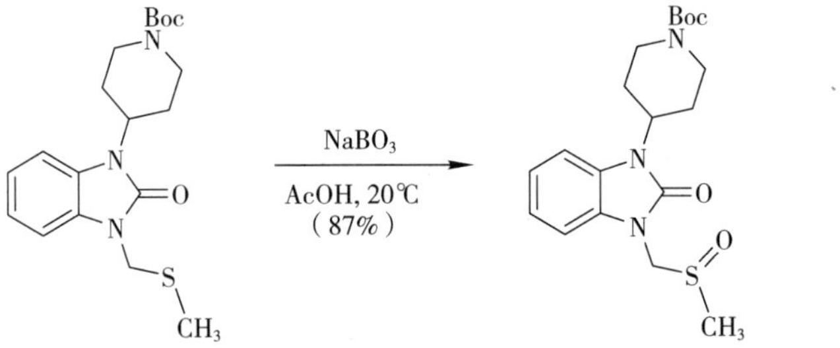

在强氧化剂或过量氧化剂的作用下，亚砜易被进一步氧化成砜。例如，在钨酸钠（NaWO₄）等过渡金属催化剂的参与下，H_2O_2 可以氧化硫醚生成砜。

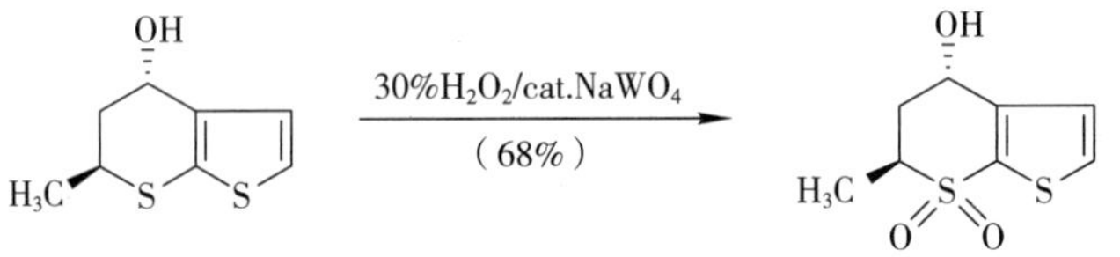

有机过氧酸也常用于氧化硫醚生成砜类化合物，如广谱抗菌药氟苯尼考（florfenicol）中间体的制备。

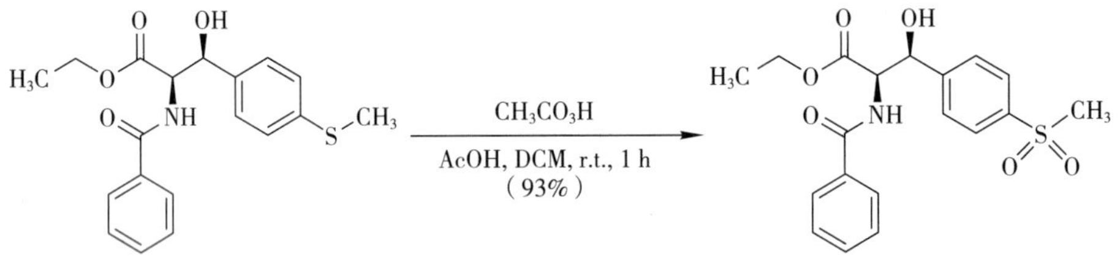

强氧化剂 $KMnO_4$ 也常用于砜类化合物的制备。例如，抗菌药物舒巴坦（sulbactam）的重要中间体的合成。

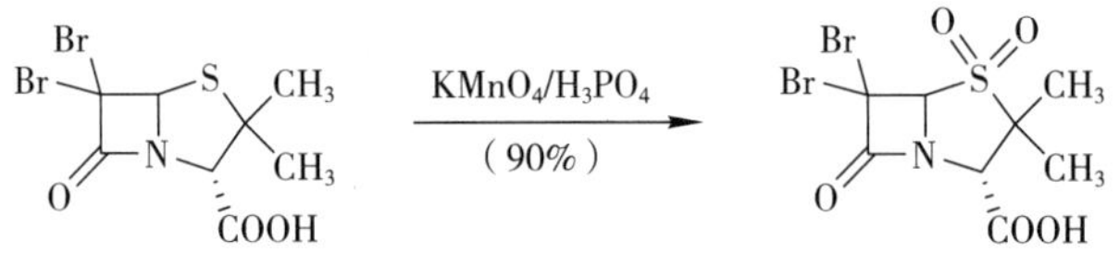

三、卤代烃的氧化

在某些情况下，卤代烃比烷烃容易被氧化。选用合适的氧化剂可以将伯、仲卤代烃氧化生成相应的醛、酮等羰基化合物。常见的氧化剂有 DMSO、乌洛托品、叔胺氧化物、H_2O_2 等。

（一）DMSO 氧化

利用 DMSO 作为氧化剂将卤代烃氧化为相应的羰基化合物的反应被称为 Kornblum 氧化反应。该反应常在碱性条件下进行，常用的碱为 $NaHCO_3$、2-甲基-4-乙基吡啶、3-甲基吡啶等。

1. 反应通式

2. 反应机理 该反应为亲核消除反应机理。DMSO 是活性卤代烃的选择性氧化剂，先反

应形成烷氧基锍盐中间体，然后在碱的作用下进行 β- 消除得到羰基化合物。

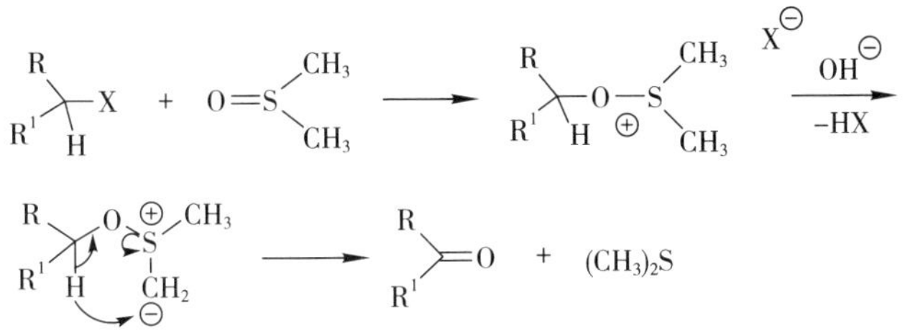

3. 反应影响因素及应用实例 上述氧化方法适用于活性较高的伯卤代物，反应收率较高。不同卤代物的反应活性顺序为：碘代物 > 溴代物 > 氯代物。该方法对于活性较高的卤甲基化合物收率较好。而对于活性低的卤甲基化合物，可先将其转化成碘化物，再进行反应可获得较高收率。

对于仲卤代物通常会发生消除反应，酮的收率相对较低。但对 α- 卤代酮或 α- 卤代酯等活性较高的仲卤代物，可以获得较高的产品收率。例如，α- 溴代酮可以被 DMSO 氧化成 α- 酮或醛，收率较高，一般不被进一步氧化成酮酸。此外，α- 卤代酸、苄卤等都能被 DMSO 氧化成相应的羰基化合物。

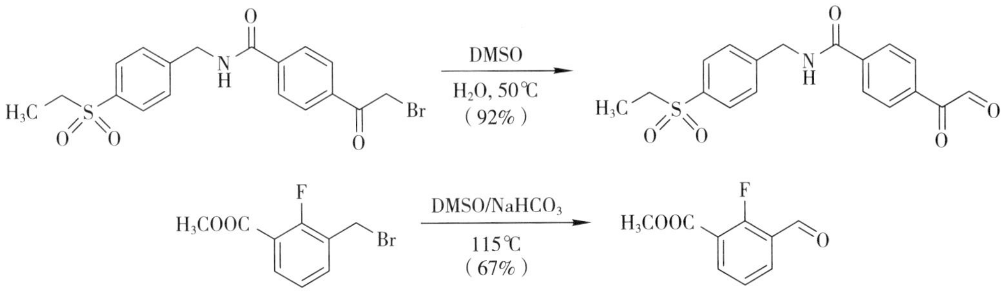

（二）HMTA 氧化

苄卤与六亚甲基四胺（HMTA，又称乌洛托品）在中性或弱碱性条件下反应生成铵盐，后者经加热或水解生成相应的醛，该反应称为 Sommelet 反应。该方法是芳香族卤甲基化合物氧化生成芳香醛的有效方法之一。

1. 反应通式

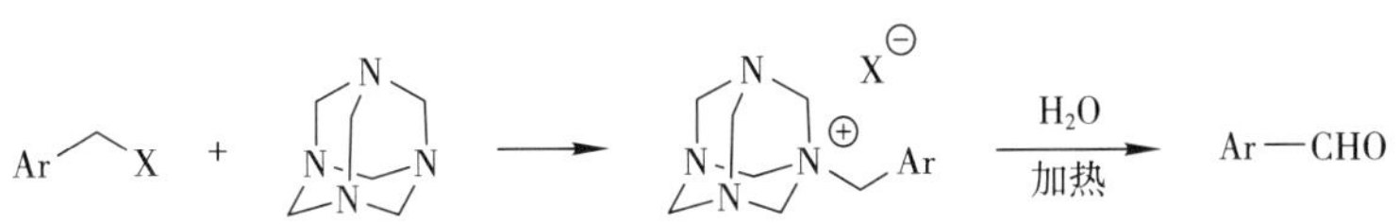

2. 反应机理 苄卤化合物和 HMTA 反应生成季铵盐，水解得到亚甲基苄胺；亚甲基苄胺脱氢得到亚胺，再水解生成醛。

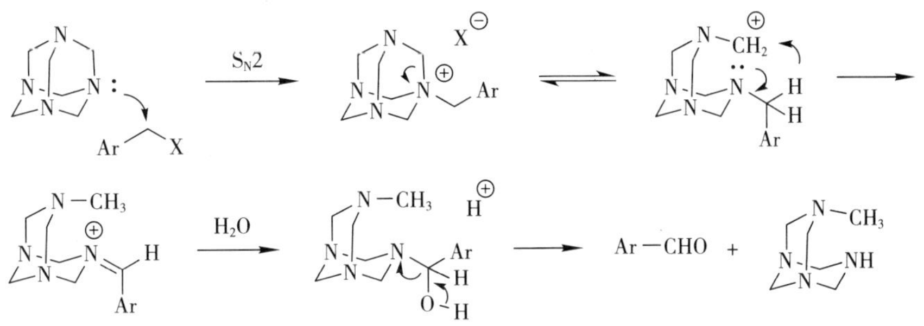

3. 反应影响因素及应用实例 HMTA 氧化适用于具有活泼氢的芳香族卤甲基化合物氧化成芳香醛。卤甲基化合物的活性顺序为：碘代物 > 溴代物 > 氯代物。

$$\text{2-吡啶基-C}_6\text{H}_4\text{-CH}_2\text{Br} \xrightarrow[\text{H}_2\text{O, AcOH, 80~90℃}]{\text{HMTA}} \text{2-吡啶基-C}_6\text{H}_4\text{-CHO}$$
（80%）

拓展阅读 7-4 乌洛托品（HMTA）参与的有机人名反应

（三）H_2O_2 氧化

在五氧化二钒（V_2O_5）和相转移催化剂（PTC）作用下，H_2O_2 可以氧化苄卤化合物生成相应的醛或酮。

1. 反应通式

$$\text{ArCHXR} \xrightarrow[\text{PTC}]{V_2O_5/H_2O_2} \text{ArCOR}$$

2. 反应机理 苄卤化合物先水解为相应的醇，后者快速转化成碳正离子，进一步形成矾酸酯，并被 H_2O_2 氧化生成相应的醛或酮。

$$\text{ArCHXR} \xrightarrow[-HX]{H_2O/PTC} \text{ArCH(OH)R} \xrightarrow[-H_2O]{H^\oplus} \text{ArCH}^\oplus\text{R}$$

$$\xrightarrow[-H_2O]{V_2O_5/H_2O_2} \text{ArCH(O(VO_2)_2)R} \xrightarrow{H_2O_2} \text{ArCOR} + H_2O + V_2O_5$$

3. 反应影响因素及应用实例 该方法使用廉价易得、活性较高的苄卤化合物作为反应底物，以较高的产率获得芳香醛。

$$\text{2-(iBuO)C}_6\text{H}_4\text{-CH}_2\text{Cl} \xrightarrow[\text{H}_2\text{O, reflux}]{V_2O_5/H_2O_2/\text{Aliquat 336}} \text{2-(iBuO)C}_6\text{H}_4\text{-CHO}$$
（80%）

（四）叔胺氧化物氧化

叔胺氧化物可以氧化苄基或烯丙基卤代烃生成相应的醛或酮。

1. 反应通式

$$\text{R}^1\text{R}^2\text{CH-X} \xrightarrow{R_3N\rightarrow O} \text{R}^1\text{R}^2\text{C=O}$$

2. 反应机理 叔胺氧化物先与卤代烃反应生成季铵盐氧化物，后者经碱处理或加热分解，即可得到醛或酮。

3. 反应影响因素及应用实例 常用的叔胺氧化物有吡啶 *N*- 氧化物、三甲胺 *N*- 氧化物和 4- 二甲氨基吡啶 *N*- 氧化物，其亲核性依次增强。

学科前沿7-4 光 / 氧气 / 非金属有机染料体系氧化叔胺成酰胺

（李念光、陈冬寅）

数字资源详见 新形态教材网

学习目标 思维导图 思政元素 案例讨论 微视频
拓展阅读 学科前沿 本章小结 课后习题 教学课件

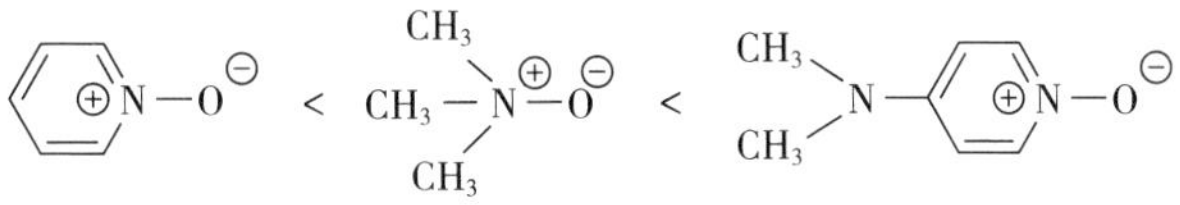

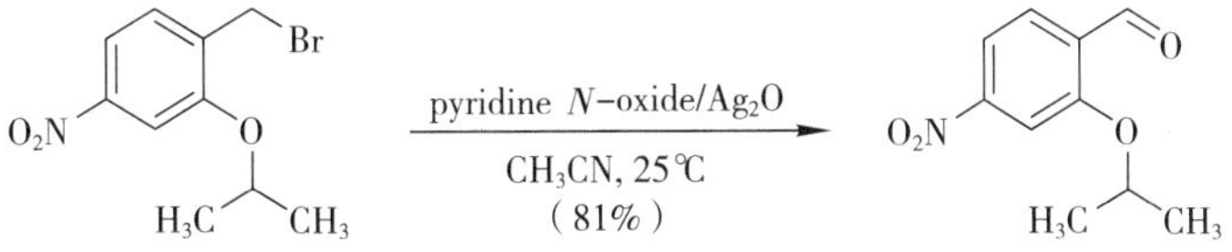

第八章 还原反应

编者导学

📍 学习目标
🔖 思维导图

本章导航
第一节　不饱和烃的还原　　　第四节　含氮有机化合物的还原
第二节　醛、酮的还原　　　　第五节　氢解反应
第三节　羧酸及其衍生物的还原

在化学反应中，使有机物分子中碳原子的总氧化态降低的反应称为还原反应（reduction reaction），即在还原剂的作用下，使有机物分子得到电子或使参加反应的碳原子上电子云密度增加的反应。主要表现为有机分子中加氢或去氧的反应。

还原反应根据还原剂和还原方法的不同，主要分为三大类：①采用催化剂和氢（或供氢体）进行还原的催化氢化还原反应；②以化学物质为还原剂的化学还原反应；③利用微生物或活性酶进行的生物还原反应。本章主要介绍催化氢化还原反应及化学还原反应。

拓展阅读 8-1　还原反应的类型

第一节　不饱和烃的还原

一、烯烃、炔烃的还原

烯烃和炔烃可以被还原为烷烃，首选催化氢化还原，反应活性较高。相对而言，除硼烷和某些复合还原剂外，一般化学还原剂很难还原烯、炔。若控制反应条件，炔烃可以被还原为烯烃。

（一）催化氢化还原

催化氢化还原是指在催化剂的作用下，有机化合物与分子氢发生氢化反应或氢解反应。氢化反应是指有机化合物分子中的不饱和键全部或部分加氢还原；氢解反应则是指有机化合物分子中的某些化学键因加氢而断裂。根据催化剂在介质中的状态，催化氢化还原可分为非均相催化氢化和均相催化氢化反应两大类；非均相催化氢化反应包括多相催化氢化和催化转移氢化反应。

1. 多相催化氢化　催化剂（固态）自成一相，以氢气为氢源的反应称为多相催化氢化（heterogeneous hydrogenation）。

（1）反应通式：

$$\underset{R^1}{\overset{R}{>}}=\underset{R^3}{\overset{R^2}{<}} \xrightarrow{H_2/催化剂} \underset{R^1\ H\ H\ R^3}{\overset{R\ R^2}{|\ |\ |\ |}}$$

$$R{\equiv\!\equiv\!\equiv}R^1 \xrightarrow{H_2/催化剂} R-CH_2-CH_2-R^1 \text{ 或 } \underset{H}{\overset{R}{>}}=\underset{H}{\overset{R^1}{<}}$$

（2）反应机理：烯烃、炔烃的多相催化氢化目前被公认的机理为非均相催化加氢机理。以烯烃的催化氢化为例，氢气被化学吸附在催化剂表面进行活化解离，烯烃也被化学吸附在催化剂的活化中心导致 π 键断裂形成活化的 σ 络合物，最后，活化的氢加到双键碳上得到烷烃。反应以顺式加成产物为主。炔烃在 Lindlar 催化剂的催化下，可以得到顺式烯烃。

（3）反应影响因素及应用实例：催化氢化反应的催化剂种类繁多，常用的有镍、钯、铂。一般来说，催化剂活性越大，选择性越差。

常用的镍催化剂包括 Raney 镍（活性镍）和硼化镍。Raney 镍是将含镍 40%～50% 的镍铝合金用浓的氢氧化钠溶液处理，将大部分的铝溶解得到的具有多孔结构的镍微粒，使催化剂表面积大大增加，进而带来高催化活性，应用最为广泛。干燥的 Raney 镍在空气中会剧烈氧化而燃烧，需贮存在蒸馏水或乙醇中备用，反应时应在惰性气体中进行。Raney 镍需在中性或弱碱性条件下使用，可用于烯键、炔键、氰基等不饱和键的氢化和氢解反应，较难催化还原苯环、羧酸、酯和酰胺等。少量的氯化铂、二氯化镍、硝酸铜或二氯化锰等可提高 Raney 镍的催化活性。

硼化镍由乙酸镍在水（P-1 型）或醇（P-2 型）中经硼氢化钠还原，或者用氯化镍在乙醇中经硼氢化钠还原制得。它具有较高的催化活性和选择性，还原双键不产生异构化，对顺式烯烃的还原活性大于反式烯烃。随着烯烃双键上取代基的增加，催化氢化反应活性下降。

钯催化剂主要有钯黑、钯碳（Pd-C）和 Lindlar 催化剂。钯黑是钯的水溶性盐经还原制得的极细黑色金属粉末。将钯黑吸附在载体活性炭上称为钯碳，其中钯的含量通常为 5%～10%。5% 的钯碳可有效还原烯键和炔键，还可在温和条件下还原硝基、氰基、肟、二硫键等官能团；在高压条件下可催化氢化含有酚羟基、醚键的芳环，还可用于催化氢解反应。

Lindlar 催化剂是将钯吸附在催化毒剂（如碳酸钙或硫酸钡）上，并加入少量抑制剂（乙酸铅或喹啉）得到的部分中毒的催化剂，常用的有 Pd-CaCO$_3$-Pb(OAc)$_2$ 与 Pd-BaSO$_4$- 喹啉两种，其中，钯的含量为 5%～10%。

铂催化剂主要有铂黑、铂碳（Pt-C）和二氧化铂（PtO$_2$）。铂黑是氯铂酸经还原制得的极细黑色金属粉末。将铂黑附载到活性炭上称为铂碳，催化活性更强、用量不到 Raney 镍的 10%。PtO$_2$ 又称 Adams 催化剂，本身无催化活性，可被 H$_2$ 还原为铂黑而产生催化作用。铂催化剂的活性高，应用十分广泛，除可用于 Raney 镍催化的底物外，还可用于酯和酰胺的还原，对苯环及共轭双键的还原能力较钯催化剂强。铂催化剂在碱性条件下会钝化而失活，因此，应在酸性介质中使用。

反应原料中含有的微量杂质使催化剂的活性或选择性明显下降或丧失的现象称为催化剂中毒。使催化剂中毒的物质称催化毒剂，包括硫、磷、砷、铋、碘等离子，以及某些有机硫化物和有机胺类。如果仅使催化剂的活性受到抑制，经过适当的活化处理可以再生，这种现象称为阻化。使催化剂阻化的物质称催化抑制剂，它可使催化活性降低，但会提高反应选择性。催化剂中加入适量助催化剂，可增加其活性，加快反应速率。

催化氢化可用于绝大多数不饱和官能团的还原，但反应的难易程度不同，由易到难的大致顺序为：酰卤 > 硝基 > 炔 > 醛 > 烯 > 酮 > 醚 > 腈 > 多环芳烃 > 酯 > 酰胺 > 苯。因此，采用催化氢化法常用于选择性还原烯键和炔键，除酰卤、硝基和醛基外，底物中存在的其他官能团均不受影响。例如，糖尿病治疗药吡格列酮（pioglitazone）中间体合成中，烯键在氢气/钯碳作用下被还原。

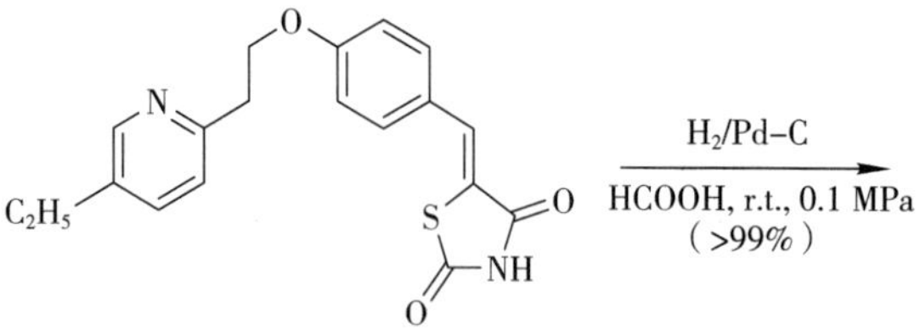

烯烃、炔烃的催化氢化反应为同面加成，一般是在分子中空间位阻较小的一面发生氢化加成，以顺式加成产物为主。例如，抗雄性激素药戊双氟酚（bifluranol）中间体的制备是通过反式烯烃中间体经钯催化氢化得到的。

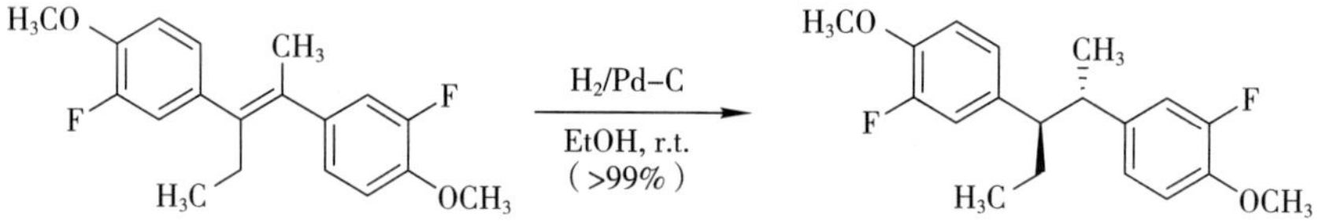

Lindlar 催化剂可选择性地还原炔烃为顺式烯烃、还原酰卤为醛。例如，有机氯杀虫剂硫丹（endosulfan）中间体丁-2-烯-1,4-二醇的合成。

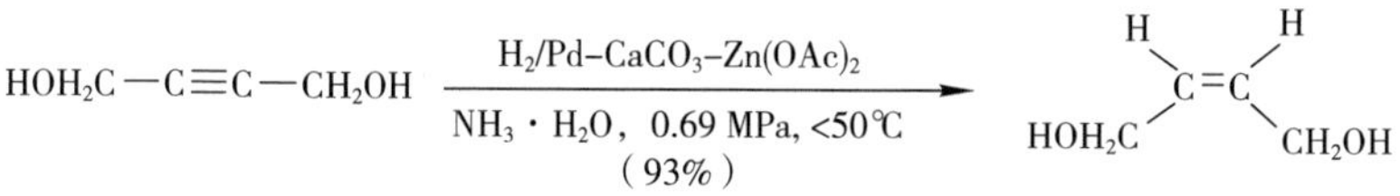

P-2 型硼化镍也能还原炔烃为顺式烯烃，效果优于 Lindlar 催化剂，还可选择性还原末端烯键。例如，4-乙烯基环己-1-烯在 P-2 型硼化镍催化下，底物中的末端烯键被优先还原，而环内烯键不受影响。

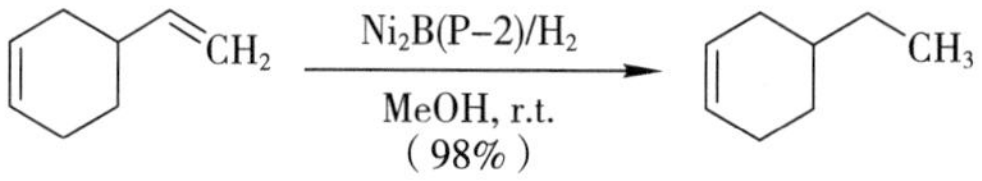

不对称多烯可被选择性还原，反应选择性取决于烯键的位置和空间位阻，共轭烯键和位阻小的烯键易被还原。例如，具有驱蚊作用的香茅醛（citronellal）的合成中，其共轭烯键被优先还原，孤立烯键不受影响。

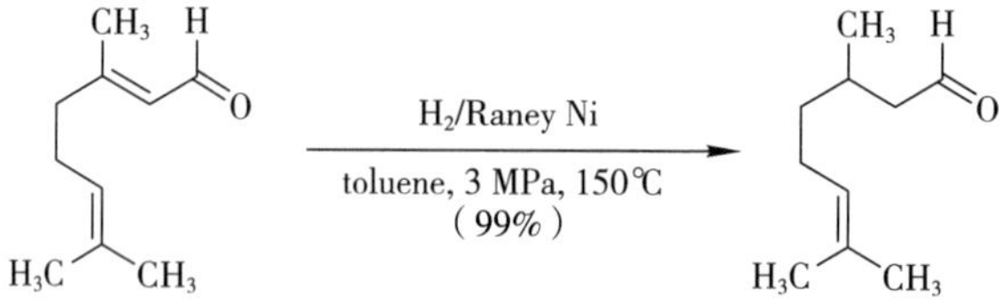

升高温度可加速氢化反应，若催化剂活性较高时，会导致反应选择性降低并增加副反应。例如，Raney 镍催化下的 6-苯基-3,5-二烯-2-酮的加氢还原，随着反应温度的升高，对羰基官能团的选择性变差，高温下苯基被同时还原。

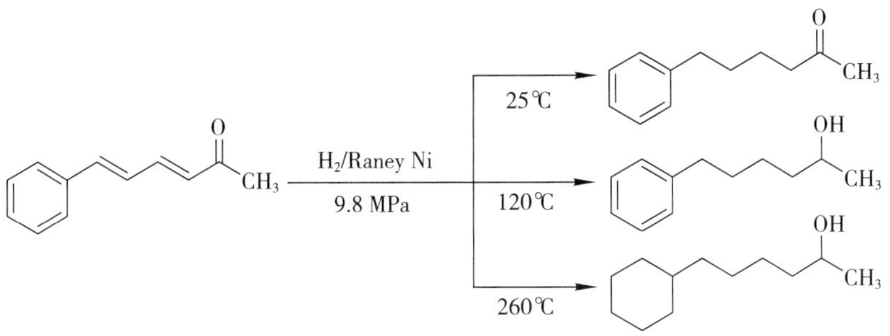

溶剂的沸点、酸碱度、对反应物的溶解度等因素均可影响氢化反应的速率和选择性，溶剂对产物有较大的溶解度有利于产物从催化剂表面解吸而加速反应进行。一般来说，二氧六环常用于活性镍催化氢化；因醇在高温下可与胺发生 N- 烃化反应，还可引起酯和酰胺的醇解，故反应温度不易过高；有机胺或含氮芳杂环的氢化常选用乙酸作溶剂，可使碱性氮原子质子化而防止催化剂中毒。

拓展阅读 8-2 工业氢化反应釜及生产流程

2. 催化转移氢化 在金属催化剂的存在下，用某种化合物（主要是有机物）作为供氢体以代替气态氢为氢源而进行的还原反应称为催化转移氢化（catalytic transfer hydrogenation，CTH），属于非均相催化氢化反应。

（1）反应通式：

（2）反应机理：供氢体 H_2D 与催化剂（以 Pd 为代表）的表面活性中心结合形成络合物，进而分子氢由供氢体 H_2D 转移到受氢体 A 上，得到还原产物 H_2A。

$$H_2D + Pd \longrightarrow H-Pd-DH$$

$$H-Pd-DH + A \longrightarrow H-Pd-DH \longrightarrow H-Pd-DH \longrightarrow HA-Pd-DH \longrightarrow H_2A + Pd + D$$
$$\overset{|}{A}$$

（3）反应影响因素及应用实例：常用的催化剂是钯碳和 Raney 镍，铂、铑等活性较低。由于使用非气态氢源，供氢体可定量地加入，反应易于控制且选择性好、收率高，无需加压，安全性高。

常见的供氢体有不饱和脂环烃、不饱和萜类和醇类，如环己烯、环己二烯、四氢化萘、α- 蒎烯、乙醇、异丙醇和环己醇等，其中，环己烯和四氢化萘应用最广。此外，水合肼、甲酸（盐）、二氮烯和次磷酸钠也可作为供氢体。例如，抗心律失常药艾司洛尔（esmolol）中间体 3-(4-羟基苯基)丙酸是在 Raney 镍催化下，以肼为供氢体对烯键进行还原得到的。

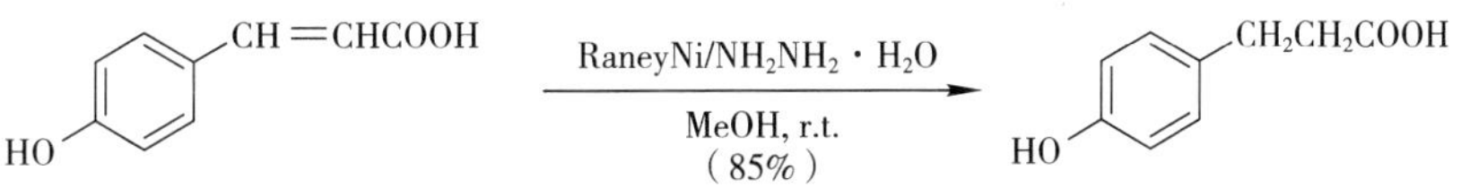

二氮烯（HN=NH）可选择性地还原烯键、炔键等非极性不饱和键，而对极性不饱和键（如羰基、氰基、硝基、亚氨基等）无还原性。反应以顺式加成产物为主，对位阻较小的末端烯烃及反式烯烃的选择性更好。但二氮烯很不稳定，通常在反应中加入铜盐（Cu^{2+}）作催化剂，用氧化剂（空气、铁氰化钾、过氧化氢等）氧化肼类化合物来制备，不经分离直接参加反应。

$$\underset{H}{\overset{HOOC}{\diagdown}}C=C\underset{COOH}{\overset{H}{\diagup}} \xrightarrow[\text{EtOH, reflux}]{\text{NH}_2\text{NH}_2/\text{K}_3\text{Fe(CN)}_6} \begin{matrix}\text{COOH}\\ |\\ \text{COOH}\end{matrix}$$
（80%）

催化转移氢化可以还原烯键、炔键、硝基、羰基和氰基等，还可用于烯丙基、苄基、碳 – 卤键和碳 – 硫键的氢解反应。以甲酸铵为供氢体还原共轭烯酮或酯化合物时，酮羰基和酯基等不受影响。例如，抗凝血天然产物龙血素 A (loureirin A) 的合成，使用甲酸铵为供氢体，发生脱苄氢解反应的同时，仅烯键被还原，而羰基和醚键均不受影响。

$$\xrightarrow[\text{THF, CH}_3\text{OH, 25}℃]{\text{Pd-C/HCOONH}_4}$$
（73%）

龙血素A

在还原炔烃时，控制反应条件可选择性得到顺式烯烃、反式烯烃或烷烃。甾体化合物还原时，可利用位阻效应选择性地还原位阻较小的环外烯键，而不影响环内烯键。例如，皮质激素甲强的松龙 (methylprednisolone) 中间体的合成。

$$\xrightarrow[\text{DMF, 100}℃]{5\%\text{Pd-C/}\bigcirc}$$
（83%）

3. 均相催化氢化　以氢气为氢源，催化剂呈配合分子状态溶于反应介质中的催化氢化反应称为均相催化氢化 (homogeneous hydrogenation)，对烯键和炔键具有较好的选择性，与手性配体联用可实现不对称合成。

（1）反应通式：

$$\underset{R^1}{\overset{R}{\diagdown}}C=C\underset{R^3}{\overset{R^2}{\diagup}} \xrightarrow{\text{H}_2/\text{均相催化剂}} H-\underset{R^1}{\overset{R}{\underset{|}{C}}}-\underset{H}{\overset{R^2}{\underset{|}{C}}}-R^3 \quad (R, R^1, R^2, R^3 = H\text{ 或烃基})$$

（2）反应机理：一般包括 4 个基本过程，即氢的活化、底物的活化、氢的转移和产物的生成。以均相催化剂 M 催化烯烃的加氢还原为例，过程如下：①催化剂 M 与溶剂（S）先生成复合物 A，（1）中过渡金属再与活化氢生成活泼二氢络合物 B；②底物烯烃取代络合物 B 中的溶剂分子，形成新的活性络合物 C；③ C 中的氢进行分子内转移与烯键发生顺式加成，形成 D；④ D 经异裂或均裂氢解得到还原产物烷烃，同时解离出的复合物 A 循环参加催化反应。

$$M \rightleftharpoons M-S \xrightarrow{H_2} \overset{H}{\underset{H}{H-M-S}}$$
　　　　　A　　　　　　B

M = 均相催化剂
S = 溶剂

（3）反应影响因素及应用实例：均相催化剂多数为能溶于有机溶剂的过渡金属配合物，常由铑、钌、铱、钴、铁等过渡金属与负离子或具有孤对电子的配位基（如 Cl⁻、OH⁻、CN⁻、H⁻、三苯基膦、CO、NO 和胺等）组成。常用的催化剂有氯化三苯基膦合铑（Ⅰ）[(Ph₃P)₃RhCl]，又称 Wilkinson 催化剂（TTC），氯氢三苯基膦络钌（Ⅱ）[(Ph₃P)₃RuClH]，羰基氢化三苯基膦络铱（Ⅰ）[(Ph₃P)₃(CO)IrH] 等。

由于三苯基膦的立体位阻效应，Wilkinson 催化剂可选择性使底物中位阻较小的末端烯键和环外烯键被还原。例如，天然产物 Pavidolide B 中间体的合成中，在 Wilkinson 催化剂的作用下，仅末端烯键被还原。

手性配体主要包括手性膦、手性胺与手性硫等化合物，如 2,2′- 双 -(二苯膦基)-1,1′- 联萘（BINAP）、(S)-1,1′- 联萘 -2- 胺（BINAM）、(2S,4S)-(-)-2,4- 双 (二苯基磷) 戊烷 [(2S,4S)-BDPP]、(R)- 叔丁基甲基膦 - 二叔丁基膦甲烷（TCFP）等，适用于各种含烯键化合物的不对称催化氢化，可实现高立体选择性和高催化活性。

BINAP 与 Ru（Ⅱ）形成的手性配合物称为 Noyori 催化剂，以氢气为氢源，Noyori 催化剂可催化烯酰胺、烯丙醇、烯酸、β- 酮酸酯、1,3- 二酮等化合物的不对称氢化还原反应，称为 Noyori 不对称氢化反应。BINAP-Ru 配合物易于制备且用量小，通常在醇溶剂中进行反应。例如，β- 氨基酸衍生物的合成，采用 BINAP 与 RuCl₂ 配合物催化实现了烯酸的高立体选择性还原，得到 S 构型还原产物（> 99% ee）。

均相催化氢化反应对烯键和炔键具有较高的选择性，反应以顺式加成为主，底物分子中的氰基、酯基、酰胺、芳基和卤素等基团不被还原。

双（环辛 -1,5- 二烯氯化铑）（Ⅰ）[[Rh（COD）Cl]₂]、二（环辛 -1,5- 二烯）四氟硼酸铑（Ⅰ）[Rh(COD)₂BF₄]、二（环辛 -1,5- 二烯）四氟硼酸铱（Ⅰ）[Ir(COD)₂BF₄] 等催化剂前体与 BINAP 等手性配体联用，可原位生成催化剂配合物，也常用于不对称催化氢化反应。例如，(S)-2-(4- 氟苄基) 戊 -5- 内酰胺的合成中，采用 Ir(COD)₂BF₄-(2S,4S)-BDPP 催化体系，可实现烯键的高立体选择性还原（88% ee）。

$$\text{HN-C(=O)-CH=Ar(4-F-C}_6\text{H}_4\text{)} \xrightarrow[\text{CH}_3\text{OH-CH}_2\text{Cl}_2,\ \text{r.t.},\ 0.38\text{ MPa}]{\text{H}_2/\text{Ir(COD)}_2\text{BF}_4/(2S,4S)\text{-BDPP}} \text{HN-C(=O)-CH}_2\text{-Ar}$$

(97%) (88% ee)

（二）硼烷还原

硼烷（BH_3）属于 Lewis 酸，是亲电性氢负离子转移还原剂，能还原包括烯、炔、醛、酮、羧酸、酰胺、腈、烯胺、肟和环氧化物在内的多种不饱和化合物，还原顺序为：羧酸＞醛＞酮＞烯炔＞腈＞环氧化物＞酯＞氯代酸。酰卤、卤代烃、砜、磺酸、硝基和二硫化物不易被还原。与催化氢化相比，硼烷对烯、炔的还原选择性更高。

硼烷与烯烃经硼氢化反应先得到烷基硼，烷基硼在酸性条件下水解得到烷烃，称为烯烃的硼氢化－还原反应，得到烷基硼后如不经分离直接在碱性条件下进行氧化，可得到相应的醇，称为烯烃的硼氢化－氧化反应。炔烃经硼氢化－氧化反应可得到醛或酮。

1. 反应通式

$$R^1R\text{C=C}R^2R^3 \xrightarrow{BH_3} (R^1\text{-CHR-CR}^2R^3\text{-})_3B \xrightarrow{H_3O^+} 3\ R^1\text{-CHR-CHR}^2R^3$$

2. 反应机理
硼烷与烯烃先经硼氢化反应得到烷基硼，反应经四元环状过渡态，硼原子和氢同时加到双键碳上，硼原子主要加到连取代基较少的碳原子上得到顺式加成产物。由于没有碳正离子中间体的生成，反应不发生重排。硼烷有三个氢，会进行三次加成反应而得到三烷基硼。随后，三烷基硼在酸性条件下水解得到还原产物烷烃。

$$R^1R\text{C=C}R^2\text{H} + BH_3 \rightleftharpoons [\text{四元环过渡态}] \rightleftharpoons R^1\text{-CHR-CHR}^2\text{-BH}_2$$

$$2\ R^1R\text{C=C}R^2\text{H} \rightarrow (R^1\text{-CHR-CHR}^2\text{-})_3B \xrightarrow{H_3O^+} 3\ R^1\text{-CHR-CHR}^2\text{H} + B(OH)_3$$

3. 反应影响因素及应用实例
硼烷在气态时以二聚体乙硼烷（B_2H_6）的形式存在，乙硼烷是剧毒且可自燃的气体，遇水迅速反应，一般溶于四氢呋喃或乙醚等醚类溶剂中保存使用。当乙硼烷溶于醚时，可分解为甲硼烷，并接受醚氧原子上的未共用电子对形成配合物，使稳定性增加，但在使用过程中仍要避免与空气接触。一般将三氟化硼的醚溶液加到硼氢化钠与烯烃的混合物中，即可生成乙硼烷，进而参与烯烃的还原。

$$H_2B(\mu\text{-H})_2BH_2 + 2\ R_2O \rightleftharpoons 2\ R_2O^+\text{-}BH_3^-$$

$$3NaBH_4 + 4BF_3 \xrightarrow{THF} 2B_2H_6 + 3NaBF_4$$

硼原子的电负性比氢小，在与不对称烯烃加成时，遵循反马氏规则，即硼原子主要加到连取代基较少的碳原子上。若烯烃双键上取代基的数目相等，则硼原子主要加到空间位阻较小的碳原子上。例如，(±)-α-蒎烯先与硼烷加成还原双键后，再与 O-硫酸羟胺经氨解得到 3-蒎烷胺。

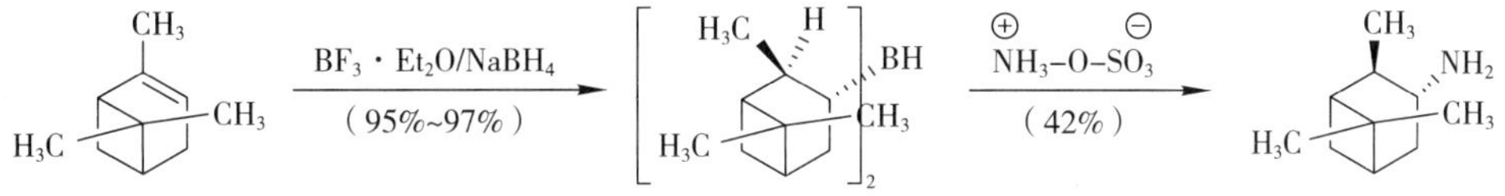

对于芳基乙烯来说，环上取代基的电性效应对反应的区域选择性有一定影响。当环上连有给电子基时，反马氏加成产物的比例更高。

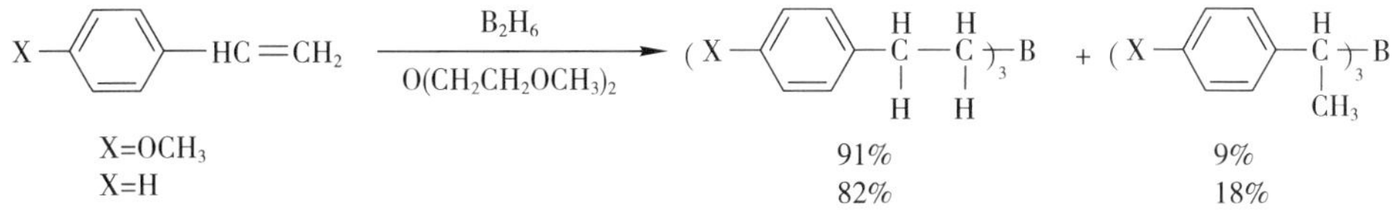

硼烷与烯烃加成得到烷基硼后，其加成反应活性会下降，且硼原子所连烷基越多，反应活性越低。因此，选择单取代或双取代的烷基硼作为还原剂，可以增加反应的区域选择性，如二异丁基硼烷、9-硼代双环[3.3.1]壬烷（9-BBN）和光学活性的二-3-蒎基硼烷（Ipc_2BH）等。

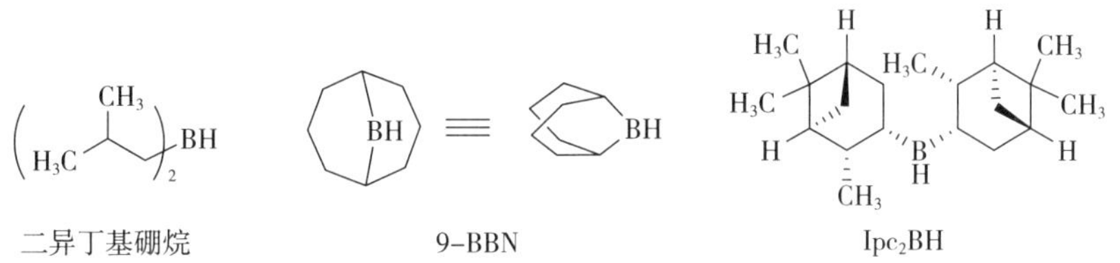

二异丁基硼烷　　9-BBN　　Ipc_2BH

例如，降糖药依格列汀（evogliptin）中间体的合成，采用 9-BBN/ 过氧化氢对底物烯键进行硼氢化-氧化反应，仅得到反马氏加成的伯醇产物。

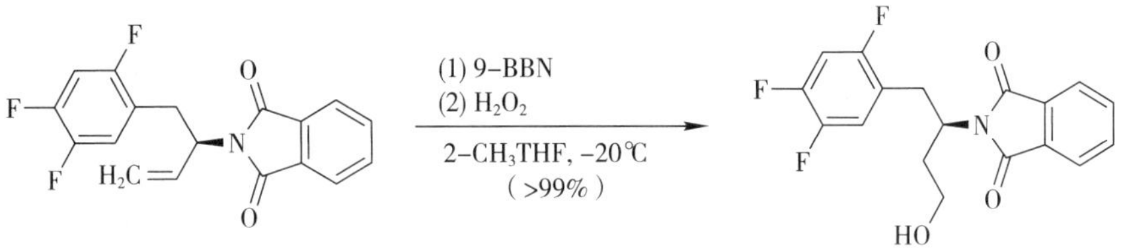

二、芳烃的还原

芳烃的还原可采用催化氢化和化学还原法，由于芳烃具有较高的稳定性，相比化学还原，催化氢化还原的反应条件较为苛刻。

（一）催化氢化还原

1. 反应通式

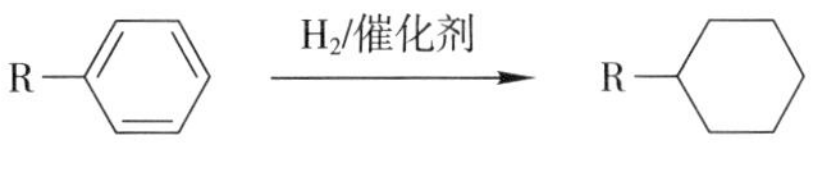

2. 反应机理　芳烃的催化氢化还原反应属于非均相催化加氢机理。

3. 反应影响因素及反应实例　在芳烃的催化氢化反应中，各催化剂的催化活性不同，Raney 镍、钯和钌一般需要较高的压力和温度，而铂和铑可在较低的压力和温度下进行还原。例如，止血药氨甲环酸（tranexamic acid）的合成，以 PtO_2 作为催化剂，即可在温和条件下将苯还原为环己烷，再经高温高压的构型转化得到目标化合物。

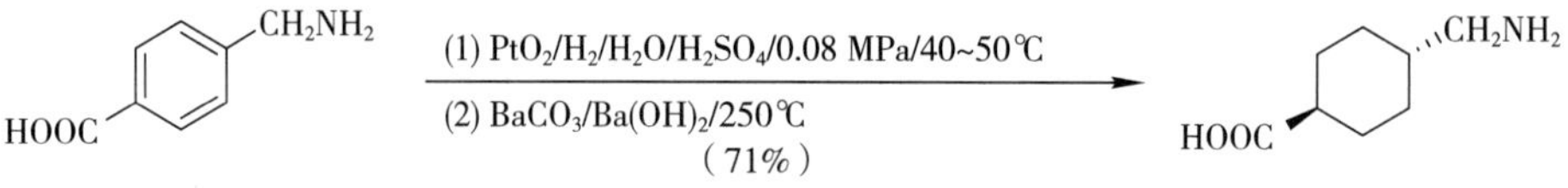

苯环因芳香性强而较难被氢化还原；芳稠环如萘、蒽、菲等芳香性稍弱，比苯易于被氢化；当苯环上引入羟基和氨基时，催化氢化反应活性变高。例如，止吐药盐酸帕洛诺司琼（palonosetron hydrochloride）中间体的合成。

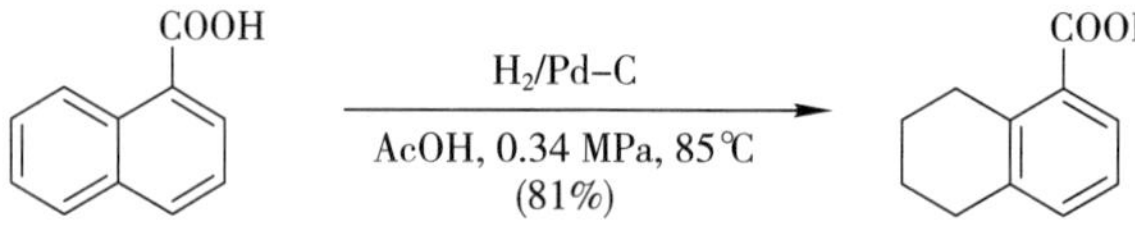

酚类化合物的催化氢化反应可得到环己酮类化合物，是制备取代环己酮的简便方法。例如，间苯二酚采用 Raney 镍催化氢化还原，可得到止吐药昂丹司琼（ondansetron）中间体环己-1,3-二酮。

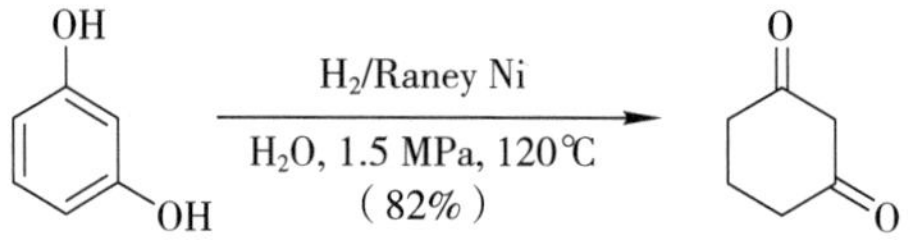

采用异相-均相催化剂顺序协同催化新方法，可以实现芳香族化合物的不对称催化氢化，间接制备手性醇。例如，采用异相催化剂钯碳破坏萘酚的芳香性，通过不对称催化转移氢化反应将其还原为脂环酮，然后利用均相催化剂手性二胺-钌(R,R)-C11，以高收率（90%）和高对映选择性（95% ee）将酮还原为手性脂环醇。

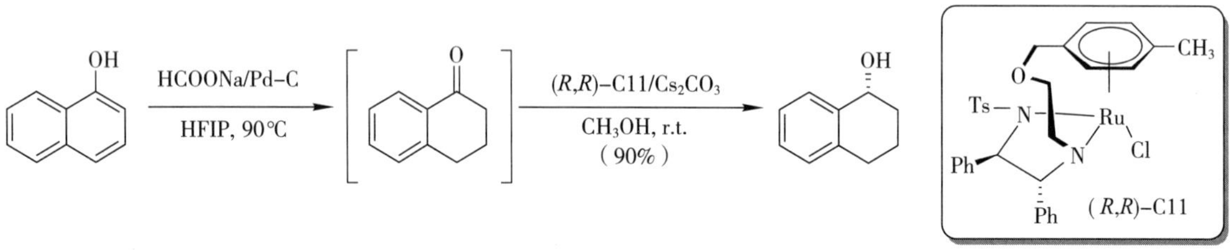

学科前沿 8-1　芳香化合物的不对称催化氢化反应

芳杂环由于杂原子（氮、氧、硫等）的引入导致芳香性（稳定性）变差，较苯环易于被还原。当芳环与芳杂环同时存在时，控制反应条件可实现芳杂环的选择性还原。例如，抗菌药莫西沙星（moxifloxacin）关键中间体的合成，在钯碳催化下控制氢气的量，吡啶环被还原而苯环不受影响。

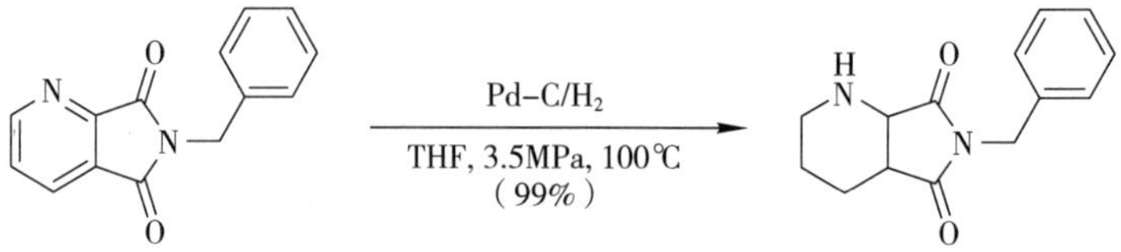

含氮芳杂环的氢化通常在强酸性条件下进行，而吡咯、呋喃环因在酸性条件下易开环，一般选择在中性条件下进行催化氢化还原。例如，降压药特拉唑嗪（terazosin）中间体的合成。

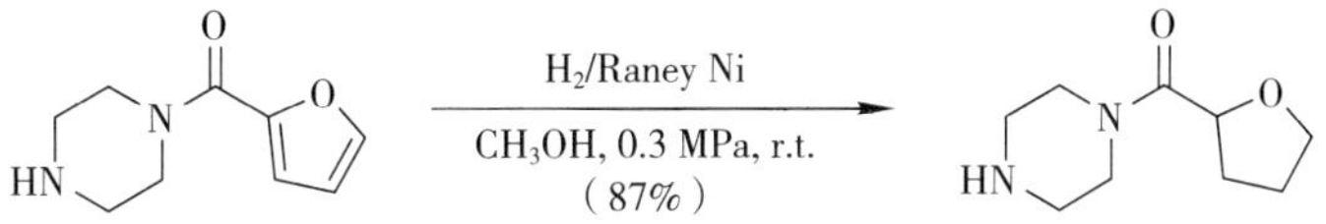

案例讨论 8-1　曲昔派特中间体的合成工艺优化

（二）Birch 还原

在液氨和醇的混合溶液中，用碱金属钠（锂或钾）还原芳香族化合物，可以生成非共轭的环己二烯，该反应称为 Birch 还原反应。该方法是由芳香族化合物合成脂环族化合物的有效手段。除芳香族化合物外，醛、酮、酯的羰基，共轭烯键、炔键等官能团也能被还原。

1. 反应通式

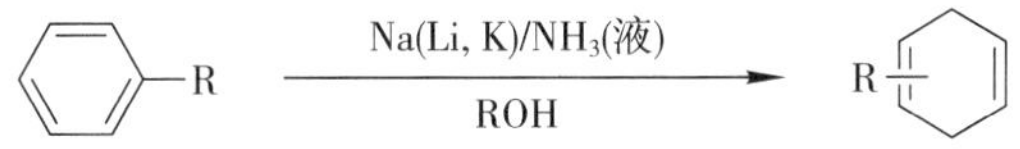

2. 反应机理　Birch 还原历程属于单电子转移的自由基反应机制。首先，芳香族化合物从活泼金属表面获得一个电子，形成强碱性的自由基负离子，其性质非常不稳定，极易从液氨中获得质子而成为自由基；随后，该自由基从活泼金属表面再获得一个电子而形成负离子；该负离子从液氨中夺取质子从而生成非共轭的环己二烯。

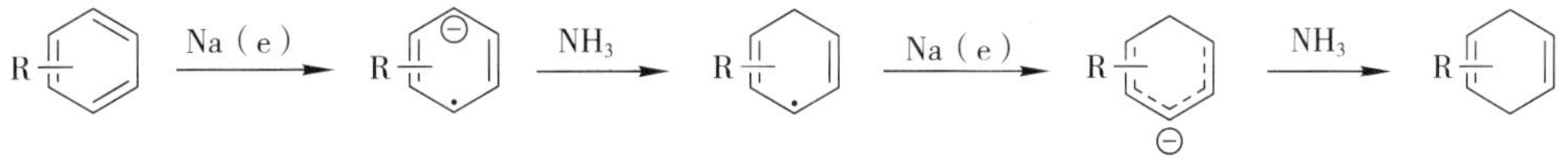

3. 反应影响因素及应用实例　不同的碱金属还原能力不同，活性强弱顺序为 Li > Na > K。芳环上取代基的电性效应对反应活性有较大影响。当芳环连有吸电子基时有利于反应进行，且以 1- 取代环己 -2,5- 二烯为主产物。例如，抗菌药平板霉素（platensimycin）中间体的合成中，苯甲酸经钠 - 液氨还原得环己 -2,5- 二烯 -1- 甲酸。

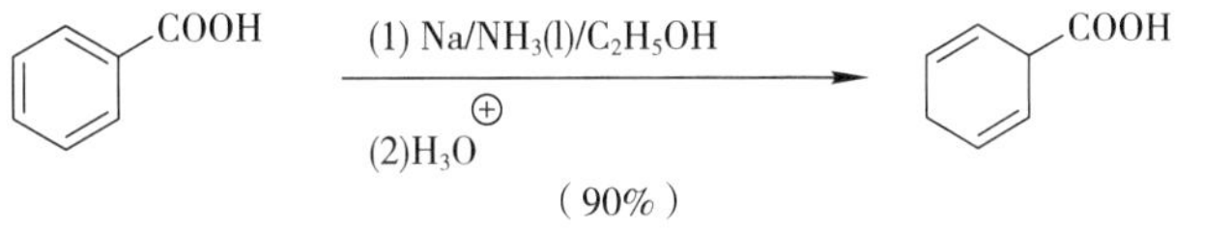

反之，当芳环连有给电子基时，反应活性下降，主要生成 1- 取代环己 -1,4- 二烯。例如，避孕药左炔诺孕酮（levonorgestrel）杂质中间体的合成，采用 Birch 还原苯环的同时，C、D 环发生了 1,4- 加成反应。

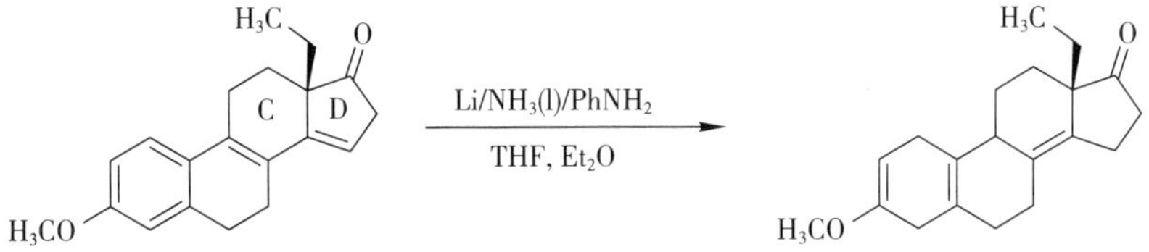

对于芳稠环或含有多个芳环的底物，控制反应条件可以实现芳环的选择性还原。例如，抗心律失常药纳多洛尔（nadolol）中间体 α- 萘酚的选择性还原。

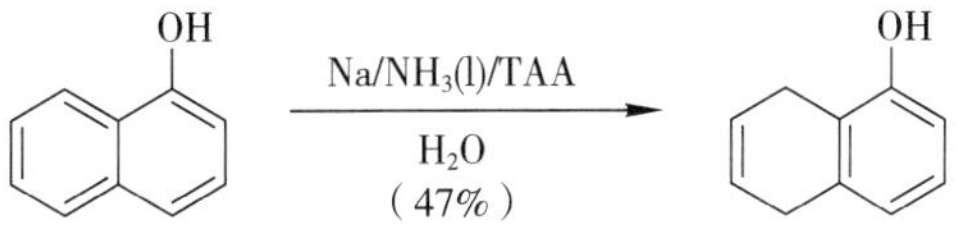

苯甲醚或苯胺类化合物经 Birch 还原后再水解可得到环己烯酮衍生物，是间接制备环酮的方法。例如，抗雄性激素药奥生多龙（oxendolone）中间体的合成中，苯环经 Birch 还原后，在酸性条件下醚键断裂并发生烯醇互变而得到环己烯酮衍生物。

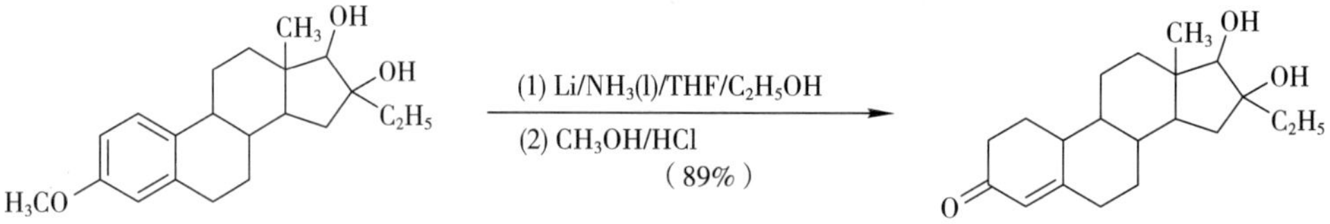

使用金属锂（或钙）与低级胺催化还原芳烃和烯烃的反应称 Benkeser 还原反应，该方法避免了极不安全的液氨的使用，是对 Birch 还原的改良反应。反应需控制四氢呋喃等醚类溶剂的浓度，适度增加胺或醇的用量可提高反应介质的极性，从而增强反应中自由基阴离子中间体的稳定性和溶解度。例如，采用乙二胺/锂还原体系，缺电子的苯甲酸极易被还原，而富电子的苯丁醚不反应。当在反应液中加入适量的叔丁醇时，可使自由基阴离子中间体质子化而稳定性增加，从而实现对富电子芳烃的选择性还原，得到环己-1,4-二烯产物。

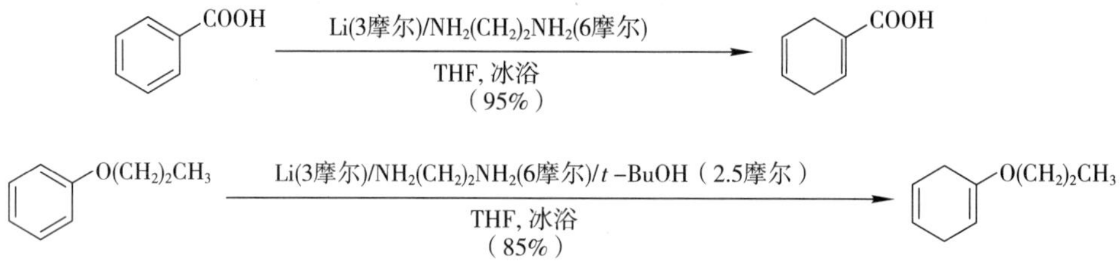

第二节　醛、酮的还原

醛、酮的羰基可以被还原为羟基和亚甲基，这是制备醇和烃的常用方法。此外，还可通过还原胺化反应，将醛、酮转变成伯胺、仲胺或叔胺，参见第三章烃化反应第二节内容。

一、还原成醇

将醛、酮还原成醇可以采用催化氢化、金属复氢化物、醇铝、硼烷等多种还原方法，其中，催化氢化、金属复氢化物和醇铝还原是最常用的方法。对于前手性酮，可进行不对称还原。

（一）金属复氢化物还原

金属复氢化物是钠、钾或锂离子与硼或铝等复氢负离子形成的复盐，主要包括氢化铝锂（$LiAlH_4$）、硼氢化锂（$LiBH_4$）、硼氢化钠（钾）（$NaBH_4$、KBH_4）等，是还原醛、酮为醇的首选试剂，具有反应条件温和、副反应少、产率高等优点。某些取代的金属化合物，如硫代硼氢化钠（$NaBH_2S_3$）、三仲丁基硼氢化锂 [$LiBH(s\text{-}Bu)_3$] 等，具有较好的官能团选择性及立体选择性。

拓展阅读 8-3　金属复氢化物还原剂

1. 反应通式

2. 反应机理　该反应为氢负离子对羰基的亲核加成机理。金属复氢化物的结构中具有四氢铝离子（AlH_4^-）或四氢硼离子（BH_4^-）等亲核性复合负离子，可进攻极性羰基中带正电荷的碳原子，氢负离子转移至碳原子形成金属络合物负离子，该负离子与质子结合后完成加氢还原过程，制得相应的醇。

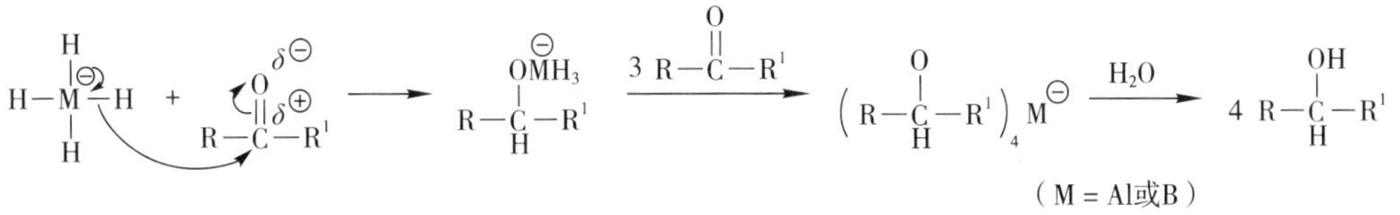

$$\text{（M = Al或B）}$$

3. 反应影响因素及应用实例　不同的金属复氢化物还原能力不同。氢化铝锂的还原能力最强，几乎可以还原一切极性不饱和键，但选择性较差，一般不能还原非极性的烯键和炔键。由于氢化铝锂或硼氢化钠（钾）有4个可供转移的氢负离子，理论上1 mol氢化铝锂或硼氢化钠（钾）可还原4 mol极性不饱和键。

氢化铝锂性质非常活泼，遇水、酸等质子性溶剂或含羟基、巯基的化合物会放出氢气而形成相应的铝盐。因此，反应通常选用无水乙醚或四氢呋喃为溶剂，需在无水条件下进行。例如，解热镇痛药依那朵林（enadoline）中间体的合成。

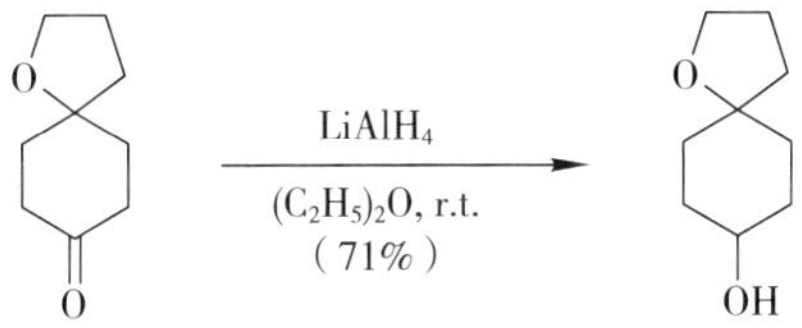

氢化铝锂遇醇或三氯化铝等会生成活性较弱的选择性还原剂，如二异丁基氢化铝[$(i\text{-}Bu_2AlH)_2$、DIBAL-H]、三（叔丁氧基）氢化铝锂[$LiAlH(t\text{-}OBu)_3$、LTBA]及氢化铝锂-三氯化铝（3:1）混合试剂等。DIBAL-H的还原能力主要受温度影响，可通过控温实现对官能团的高选择性还原。在-78～70℃使用，能还原绝大多数不饱和基团。四氢呋喃等醚类溶剂能与DIBAL-H形成配合物，因此不宜作为其反应溶剂。LTBA由氢化铝锂与叔丁醇反应制得，含有一分子氢负离子，其还原能力比氢化铝锂弱，但强于硼氢化钠，可还原酰卤为醛，还原醛、酮为醇；对不同基团的还原活性顺序为：酰卤＞醛＞酮，控制反应条件可实现选择性还原。

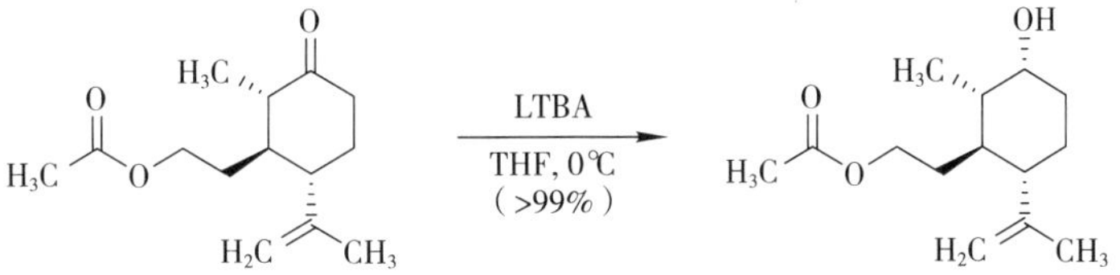

硼氢化钠（钾）的反应活性低于氢化铝锂，但选择性好，是还原醛、酮成醇的首选试剂。硼氢化钠（钾）在常温下较稳定，遇水和醇不易分解，因此常选用醇作溶剂，加入少量碱可起到催化作用，反应操作简便、安全。一般条件下，分子中存在的羧基、酯基、酰胺、硝基、氰基、酸酐等不饱和基团不受影响。例如，抗肿瘤药利阿唑（liarozole）中间体的制备中，硼氢化钠选择性地还原酮羰基得到仲醇，而硝基不受影响。

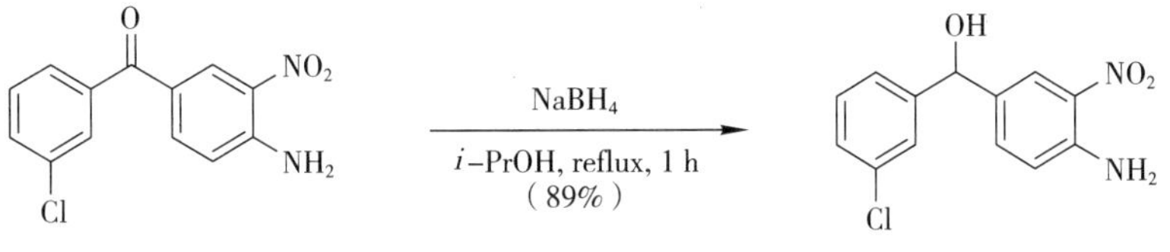

当底物中同时存在醛、酮羰基时，醛基优先被还原。

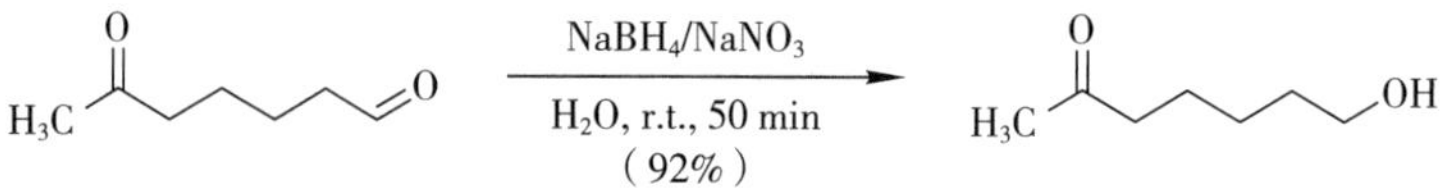

硼氢化钠在还原脂环酮时具有一定的立体选择性，可以获得手性醇产物，主产物的构型与立体因素和产物稳定性有关。例如，青光眼治疗药多佐胺（dorzolamide）中间体的合成中，受产物稳定性影响，主要得到单一构型的羰基还原产物。

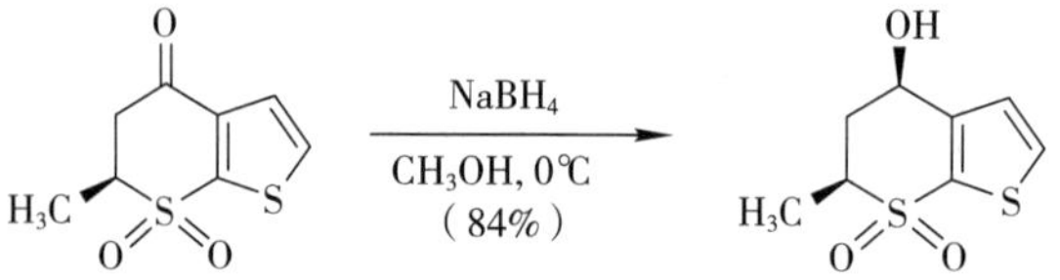

硼氢化钠还原樟脑制备异龙脑时，立体因素为影响该反应的主导因素，属于动力学控制反应。体积较大的 BH_4^- 可以从羰基平面的两侧进攻碳原子，从上方进攻时受甲基位阻的影响，生成热力学稳定的次要产物龙脑（bornanol）；从下方进攻时空间位阻较小，更容易得到主要产物异龙脑（isobornanol），但其具有更高的内部张力，属于热力学不稳定产物。如果改用体积较小的还原剂并提高反应温度，则龙脑的比例将上升。

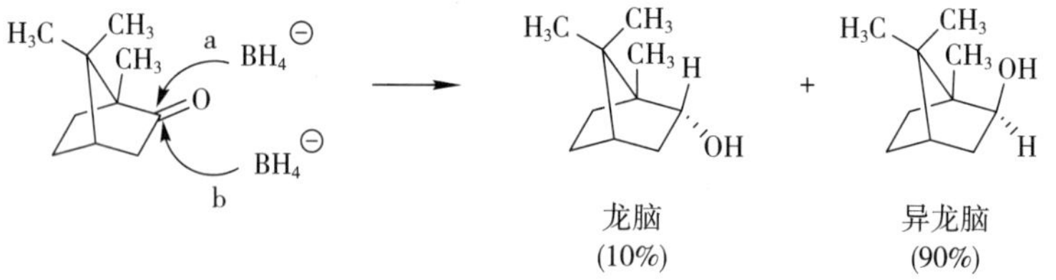

龙脑 (10%)　　异龙脑 (90%)

硼氢化钠（钾）对饱和醛、酮的反应活性往往大于 α,β- 不饱和醛、酮，控制硼氢化钠（钾）的用量，可实现饱和醛、酮的选择性还原。例如，蜕皮激素（ecdysteroids）中间体中孤立羰基被选择性还原，而 α,β- 不饱和酮羰基不受影响。

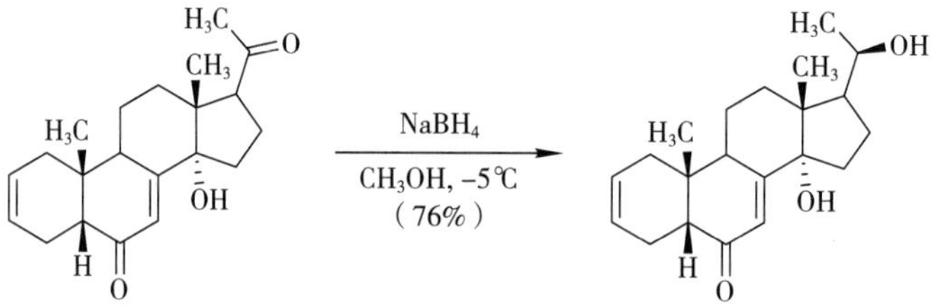

在 Lewis 酸的催化下，硼氢化钠（钾）的还原能力大大提高，可顺利地还原酯、酰胺甚至某些羧酸为醇。常见的还原体系包括 $NaBH_4$-BF_3 和 $NaBH_4$-$AlCl_3$ 体系，其中，$NaBH_4$-$AlCl_3$ 还可将酮羰基进一步还原为亚甲基。

某些取代的金属复氢化物，如三仲丁基硼氢化锂是酮的高立体选择性还原剂，氰基硼氢化钠（$NaBH_3CN$）、三乙酰氧基硼氢化钠 [$NaBH(OAc)_3$，STAB] 等具有较好的官能团选择性和立体选择性，常用于醛、酮的选择性还原和还原胺化反应等。例如，天然产物蕨素 M（pterosin M）外消旋体的合成。

[反应式: 茚酮类化合物经 STAB / CH₂Cl₂, 0℃~r.t. (89%) 还原得 [(±)-pterosin M]]

案例讨论 8-2 麻黄碱的合成工艺优化

(二) 催化氢化还原

1. 反应通式

$$\underset{R\quad R^1(H)}{C=O} \xrightarrow{H_2 或供氢体/催化剂} \underset{R\quad R^1(H)}{CH-OH}$$

2. 反应机理 醛、酮的催化氢化还原为非均相催化氢化机理。

3. 反应影响因素及应用实例 醛、酮的催化氢化活性比烯烃、炔烃弱。芳香族醛、酮可用钯催化氢化还原，但在加压或酸性条件下，还原得到的醇会进一步氢解为烃。若选用 Raney 镍为催化剂，可在温和条件下还原得到醇。脂肪族醛、酮催化氢化的活性较芳香族醛、酮低，通常用 Raney 镍和铂催化，一般需要较高的反应温度和压力，用钯催化效果较差。例如，降糖药恩格列酮 (englitazone) 中间体的合成。

[反应式: PhCH₂COCOOH $\xrightarrow{H_2/Raney\ Ni,\ CH_3OH,\ 3\ MPa,\ 70℃}$ (91%) PhCH₂CH(OH)COOH]

采用催化转移氢化法，以无水甲酸铵作为供氢体，钯碳催化下可选择性地还原羰基为醇。例如，平喘药沙丁胺醇 (salbutamol) 的合成中，醛、酮羰基均被还原为醇。

[反应式: 邻羟基苯甲醛酮类化合物 $\xrightarrow{5\%Pd-C/\ HCOONH_4,\ reflux,\ 1.5\ h}$ (89%) 沙丁胺醇]

选用锇碳为催化剂，可选择性地将 α,β- 不饱和醛还原为不饱和醇。例如，降压药西尼地平 (cilnidipine) 中间体的合成。

[反应式: PhCH=CHCHO $\xrightarrow{H_2/Os-C,\ 3\ MPa,\ 100℃}$ (98%) PhCH=CHCH₂OH]

学科前沿 8-2 ARP-Pt 连续流催化还原

此外，采用手性双膦配体 BINAP 与 Ru 形成的 Noyori 催化剂可以不对称还原酮、β- 酮酸酯和 1,3- 二酮等，以高 ee 值制得相应的手性醇，氢化效率和选择性高，条件温和，但催化剂回收困难，处理不当易造成环境污染。例如，降脂药匹伐他汀钙 (pitavastatin calcium) 中间体的合成中，酮羰基在 [(R)-BINAP]RhCl₂ 的催化下被氢化还原得 S 构型手性仲醇。

[反应式: PhCH₂O-CH₂COCH₂COOC₂H₅ $\xrightarrow{H_2/(R)-BINAP-RuCl_2,\ C_2H_5OH,\ 0.8\ MPa,\ 100℃}$ (96%) PhCH₂O-CH₂CH(OH)CH₂COOC₂H₅ (96% ee)]

（三）醇铝还原

醛、酮等羰基化合物在异丙醇中被异丙醇铝还原变成醇，同时异丙醇被氧化为丙酮的反应称为 Meerwein-Ponndorf-Verley（MPV）还原反应，该反应为 Oppenauer 氧化的逆反应。

1. 反应通式

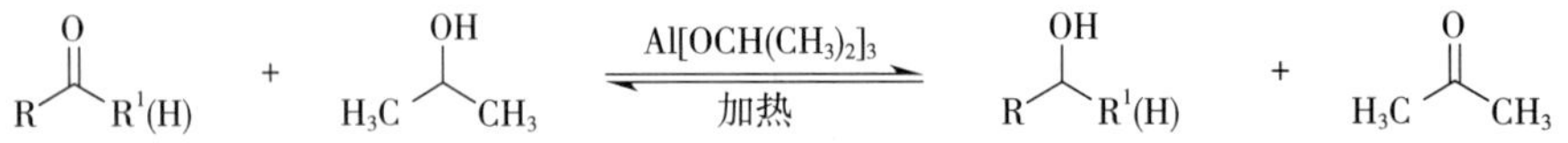

$$\text{RCOR}^1(H) + (CH_3)_2CHOH \xrightleftharpoons[\text{加热}]{Al[OCH(CH_3)_2]_3} \text{RCH(OH)R}^1(H) + (CH_3)_2CO$$

2. 反应机理

该反应为氢负离子对羰基的亲核加成机理。首先，铝原子与羰基氧原子以配位键结合形成六元环状过渡态；然后，异丙基的氢以氢负离子的形式转移到羰基碳原子上；随后，铝氧键断裂，脱去丙酮同时生成新的烷氧基铝盐；最后，铝盐经醇解得到还原产物醇，该步为决速步骤。

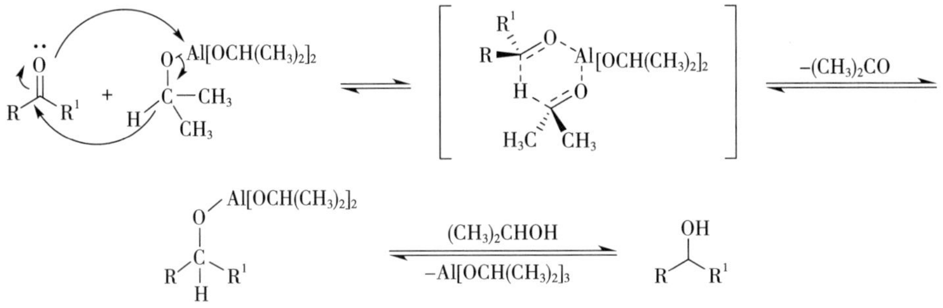

3. 反应影响因素及应用实例

该反应为可逆反应，反应中及时蒸除生成的丙酮可促使反应进行完全。由于新制醇铝以三聚体形式与醛、酮配位，因此反应中醇铝的用量至少为醛、酮的 3 倍。此外，制备异丙醇铝时，在反应体系中加入少量三氯化铝，可生成氯化异丙醇铝，因促进氢负离子的转移从而加速反应。

异丙醇铝可选择性将醛、酮还原为醇，分子中含有的烯键、炔键、硝基、氰基、醚键、卤素等官能团均不受影响。例如，降糖药奥格列汀（omarigliptin）中间体中羰基的选择性还原。

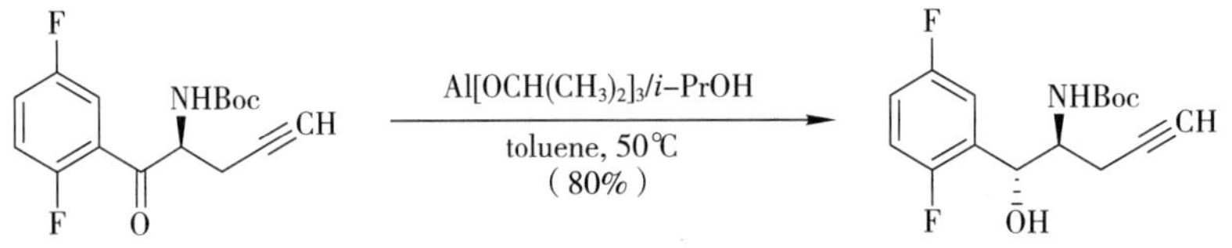

含酚羟基、羧基等酸性基团或易烯醇化的 1,3-二羰基化合物，因其羟基、羧基易与异丙醇铝成铝盐而抑制还原反应的进行，一般不用 MPV 法进行还原。含氨基的羰基化合物也易与异丙醇铝形成铝盐，可改用异丙醇钠进行还原。

除上述主要的还原方法外，其他还原剂如活泼金属、硫化物、硼烷等也能将醛、酮还原为醇，详见拓展阅读 8-4。

拓展阅读 8-4　醛、酮还原成醇的其他方法

生物催化技术因具有较强的官能团选择性、立体专一性及经济、环保等优点，在酮的立体选择性还原方面表现出了极大的优势，推动了"绿色化学"工业的发展，详见学科前沿 8-3。

学科前沿 8-3　生物催化技术在酮的不对称还原中的应用

二、还原成烃

醛、酮还原为烃最常用的方法为 Clemmensen 还原和 Wolff-Kishner- 黄鸣龙还原，此外，还可采用催化氢化和金属复氢化物等还原氢解的方法。

（一）Clemmensen 还原

在酸性条件下，用锌汞齐或锌粉将醛、酮羰基还原为甲基或亚甲基的反应称为 Clemmensen 还原。

1. 反应通式

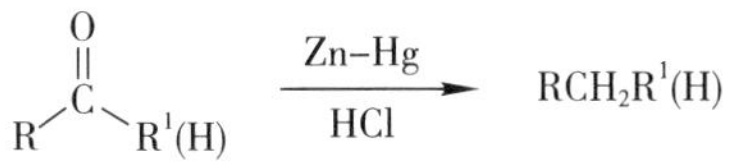

$$\underset{R}{\overset{O}{\underset{\|}{C}}}\text{R}^1(\text{H}) \xrightarrow[\text{HCl}]{\text{Zn-Hg}} \text{RCH}_2\text{R}^1(\text{H})$$

2. 反应机理 Clemmensen 还原反应有两种机理解释。

（1）碳离子中间体机理：首先电子从活化的金属锌表面转移到醛、酮的羰基碳上，形成烷氧基负离子，之后在酸性条件下氧负离子质子化脱水形成碳正离子中间体，随后从金属锌表面获得两个电子变成碳负离子，再经质子化得到还原产物烃。

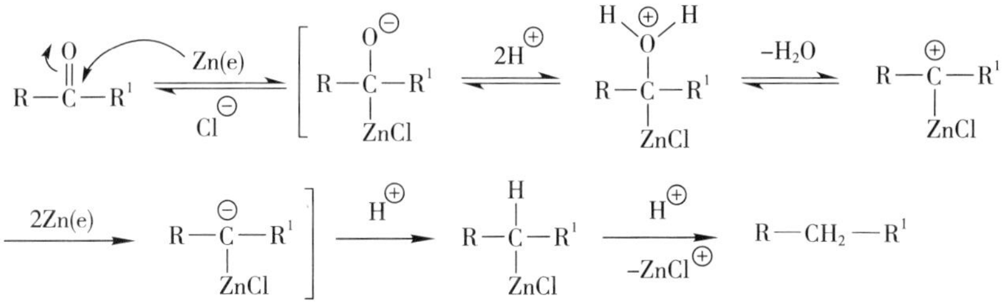

（2）自由基中间体机理：酸性条件下，醛、酮羰基质子化使羰基的电正性增强，易于从活化的金属锌表面获得一个电子形成碳自由基，之后羟基质子化脱水的同时，再发生两次电子转移生成碳负离子，碳负离子经连续的质子化被还原为烃。

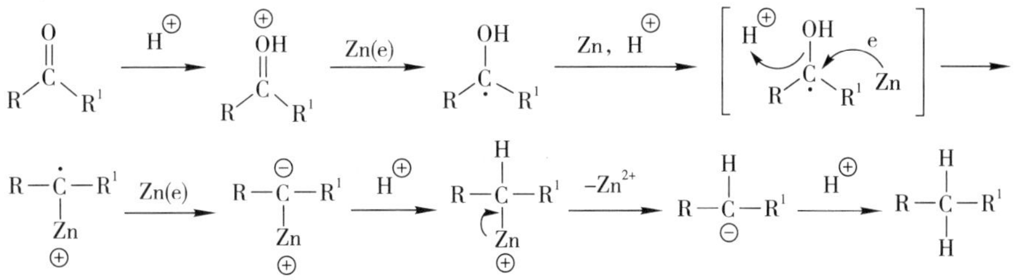

3. 反应影响因素及应用实例 锌汞齐是将锌粉（粒）用 5%~10% 的二氯化汞水溶液处理后制得的还原剂。一般将锌汞齐与羰基化合物在约 5% 盐酸中回流，并通过补加盐酸维持酸度，反应时间长，锌粉需过量 50%。Clemmensen 还原几乎能还原所有的芳基烷基酮，反应易于进行且产率较高，还原醛时产率较低，分子中同时存在的羧酸、酯、酰胺等基团不受影响。例如，促智药艾地苯醌（idebenone）中间体的合成中，仅酮羰基被还原。

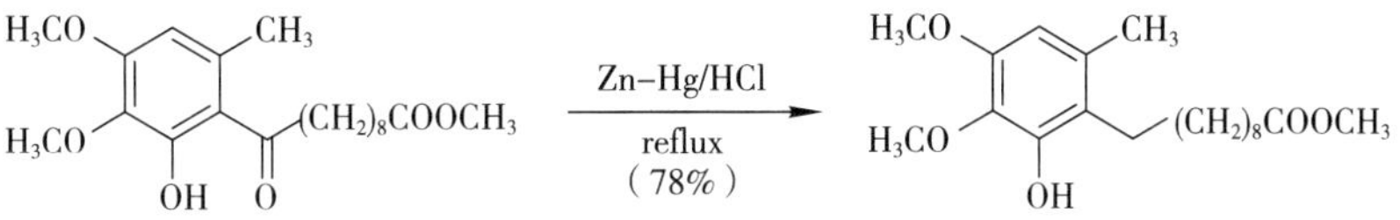

α-酮酸及其酯类的酮羰基可以被还原成羟基，而β-酮酸或γ-酮酸及其酯类的酮羰基可被还原为亚甲基。例如，具有心血管活性的丹参素（salvianic acid A）中间体的合成。

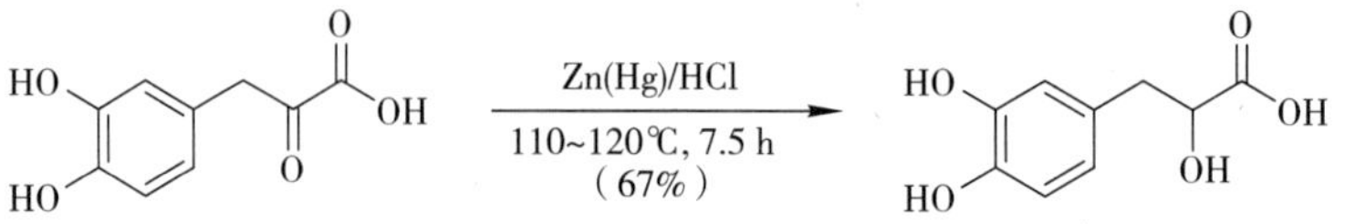

还原α,β-不饱和酮时，羰基和烯基同时被还原。例如，具有镇痛作用的剑叶龙血素B（loureirin B）的合成中，羰基和烯基同时被还原。

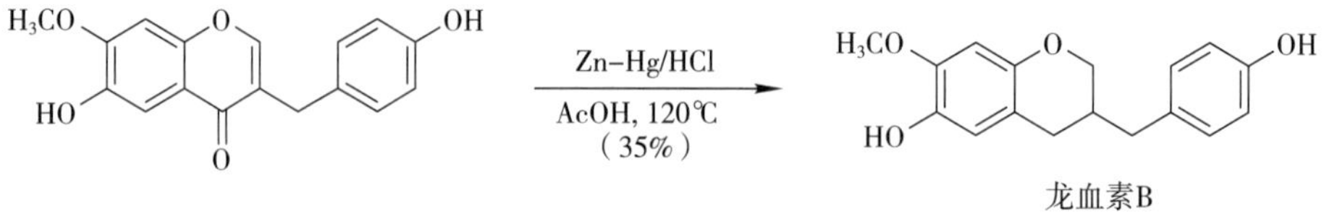

但对于非共轭的烯基与羰基，仅羰基被还原为亚甲基，烯基不受影响；与酯羰基、羧基共轭的烯基，仅烯基被还原。例如，具有抗肿瘤活性的α-姜黄烯（α-curcumene）的合成。

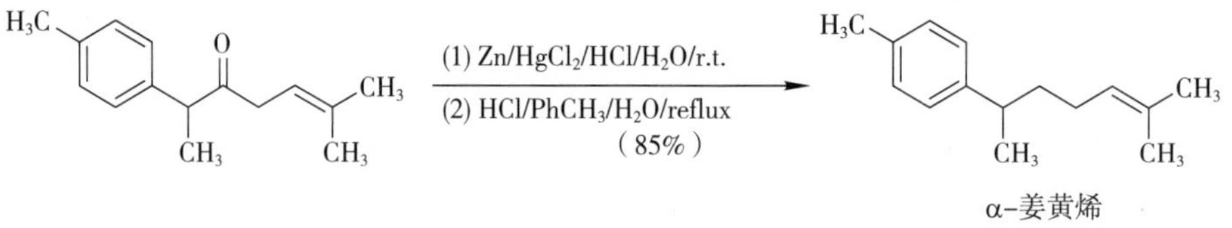

Clemmensen反应不适用于脂肪醛、酮或脂环酮的羰基还原，容易发生双分子还原偶联生成片呐醇，导致收率降低。

一些对酸和热敏感的羰基化合物不能用锌汞齐还原。在无水有机溶剂如醚、四氢呋喃或乙酸酐中，用锌与无水质子酸（乙酸、氯化氢等）在低温下反应即可将羰基还原为亚甲基。例如，抗肿瘤药洛那法尼（lonafarnib）中间体的合成。

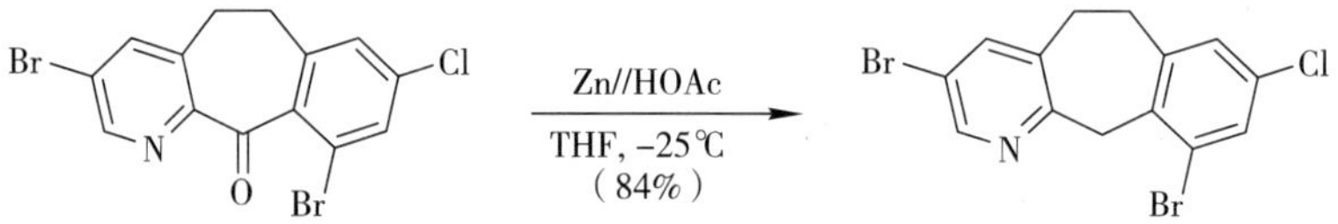

（二）Wolff-Kishner-黄鸣龙还原

水合肼在强碱性条件下与醛或酮共热，羰基被还原成甲基或亚甲基的反应称为Wolff-Kishner-黄鸣龙还原。

1. 反应通式

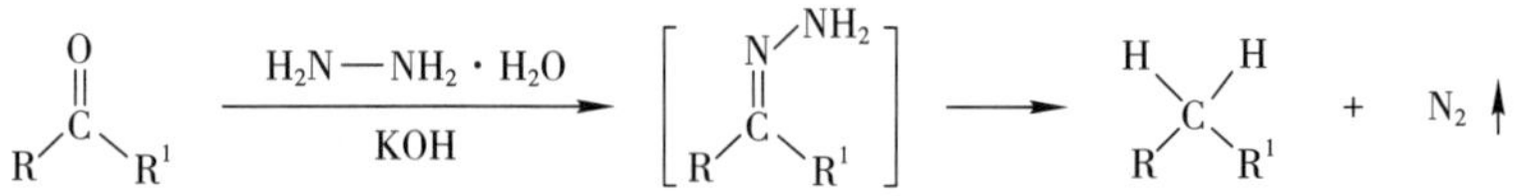

2. 反应机理 水合肼进攻羰基成腙，在强碱条件下，形成氮负离子，电子转移后形成碳负离子，然后经质子转移而放氮分解，最后与质子结合转变为甲基或亚甲基化合物。

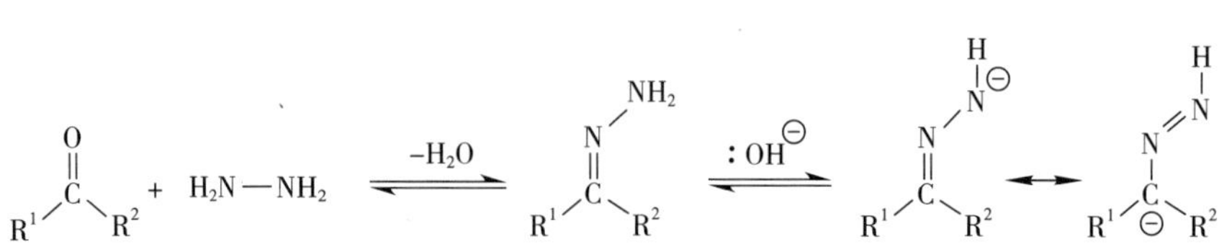

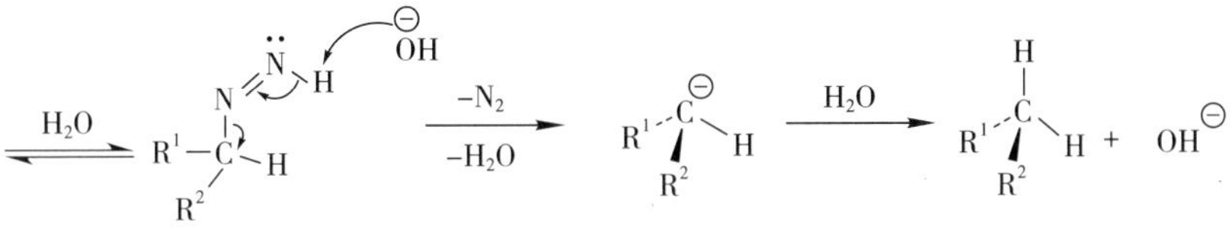

3. 反应影响因素及应用实例 Wolff–Kishner–黄鸣龙还原反应最初由化学家 Kishner 和 Wolff 分别报道,是将羰基转变为腙或缩氨基脲,然后置于封管或高压釜中与醇钠在 200℃ 下长时间加压分解,操作烦琐且收率低,缺少实用价值。1946 年,我国化学家黄鸣龙对 Wolff–Kishner 还原条件进行了改进,将醛或酮与 85% 水合肼、氢氧化钾(钠)混合,在二甘醇(DEG)或三甘醇(TEG)等高沸点溶剂中回流,再蒸出过量的肼和生成的水,升温至 180~200℃反应 2~3 h,即可获得较高收率(一般为 60%~95%)的烃基化合物。该还原法因操作简便、收率高、试剂价廉易得,适合放大生产而得到广泛应用。例如,抗肿瘤药培美曲塞 (pemetrexed) 中间体的合成。

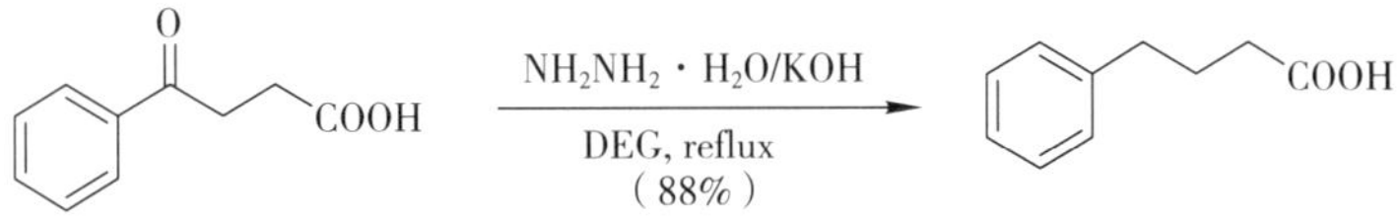

Wolff–Kishner–黄鸣龙还原适用于对酸敏感的吡啶、四氢呋喃衍生物及脂肪酮的还原,弥补了 Clemmensen 还原的不足。对难溶于水、立体位阻大的甾体羰基化合物尤为适合,分子中的烯键和羟基不受影响,但共轭羰基还原时可能伴有烯键的转移。

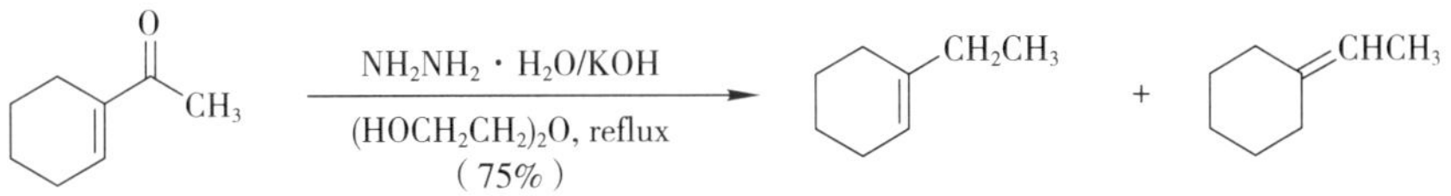

酮酯、酮腈、含活泼卤原子或酰胺的羰基化合物进行 Wolff–Kishner–黄鸣龙还原时容易发生水解副反应,因此不适合采用该法进行羰基的还原。例如,孕甾酮衍生物以该法还原时,20 位羰基被还原成亚甲基的同时,3 位酯基被水解,但 11 位羰基受立体位阻的影响未被还原。

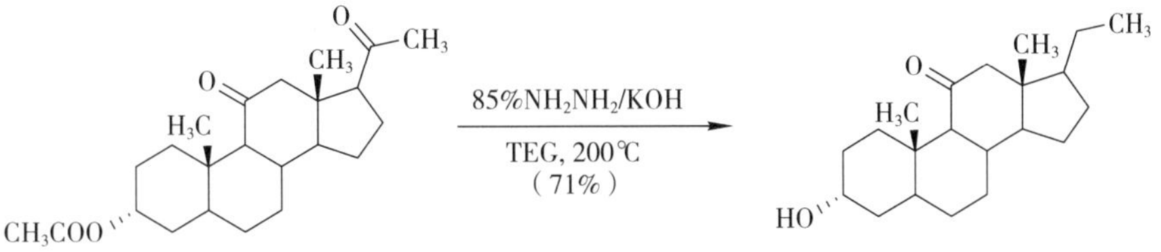

(三)其他还原法

1. 催化氢化还原 芳香族醛、酮在加压或酸性条件下,由钯催化氢化还原先生成醇,再进一步发生氢解反应得到烃。例如,治疗多发性硬化症的芬戈莫德(fingolimod)中间体的合成中,酸性条件下羰基和硝基可同时被催化氢化还原。

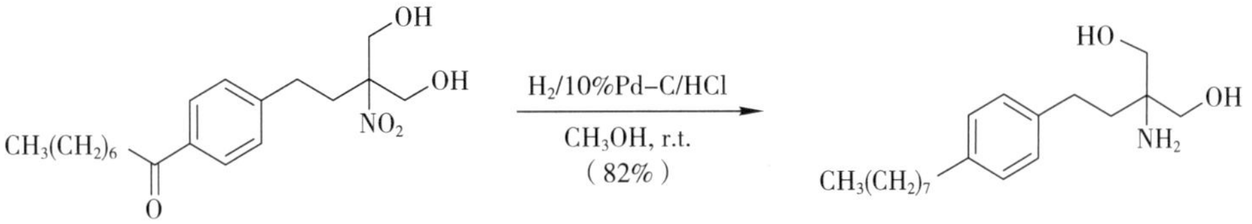

2. 金属复氢化物还原 二芳基酮或芳基烷基酮在三氯化铝存在下,可用氢化铝锂或硼氢

化钠还原羰基，制得相应的亚甲基化合物。例如，尿失禁治疗药达非那新（darifenacin）中间体的合成。

$$\text{Ar-CO-CH}_2\text{Br} \xrightarrow[\text{THF}]{\text{NaBH}_4/\text{AlCl}_3} \text{Ar-CH}_2\text{CH}_2\text{Br} \quad (74\%)$$

在三甲基氯硅烷（TMSCl）存在下，氰基硼氢化钠可以将酮羰基还原为亚甲基。例如，抗白血病候选药物罗沙布林（rosabulin）中间体的合成。

$$\xrightarrow[\text{CH}_3\text{CN}]{\text{NaBH}_3\text{CN}/\text{TMSCl}} \quad (56\%)$$

在酸性（三氟乙酸、甲磺酸等）条件下，用硼氢化钠可选择性地还原酮羰基为亚甲基。例如，抗抑郁药维拉佐酮（vilazodone）中间体的合成中，硼氢化钠还原羰基为亚甲基的同时，分子中的氰基和卤素均未被还原。

$$\xrightarrow{\text{NaBH}_4/\text{CF}_3\text{COOH}} \quad (73\%)$$

此外，三乙基硅烷、其他间接还原方法也可将醛、酮还原为相应的亚甲基化合物，详见拓展阅读 8-5。

拓展阅读 8-5　还原醛、酮为烃的其他方法

第三节　羧酸及其衍生物的还原

羧酸及其衍生物（酰卤、酸酐、酯、酰胺）具有较高的氧化态，易被还原成醛，并进一步被还原成醇。如采用选择性还原剂并控制反应条件，可得到醛。

一、羧酸、酸酐的还原

（一）金属复氢化物还原

1. 反应通式　金属复氢化物可还原羧酸、酸酐为相应的醇。

$$\text{RCOOH} \xrightarrow{\text{MH}_4^{\ominus}} \text{RCH}_2\text{OH}$$

$$\text{RCO-O-COR}^1 \xrightarrow{\text{MH}_4^{\ominus}} \text{RCH}_2\text{OH} + \text{R}^1\text{CH}_2\text{OH}$$

（M= Al 或 B）

2. 反应机理　该反应机理为氢负离子对羰基的亲核加成机理。

3. 反应影响因素及应用实例　氢化铝锂作为活性最强的金属复氢化物还原剂，可将羧酸、酸酐还原为相应的伯醇，一般很难停留在醛的阶段。氢化铝锂对位阻较大的羧酸亦有强还原能

力，收率较高，应用较为普遍。例如，抗精神病药左舒必利（levosulpiride）中间体的合成。

$$\text{(piperidine-2-COOH)} \xrightarrow[\text{THF}]{\text{LiAlH}_4} \text{(piperidine-2-CH}_2\text{OH)} \quad (56\%)$$

氢化铝锂可将链状酸酐还原为两分子醇，将环状酸酐还原为二元醇。例如，降压药普拉地平（pranidipine）中间体的合成中，α,β-不饱和酸酐经四氢铝锂还原得到肉桂醇和乙醇，分子中的烯键不受影响。

$$\text{PhCH=CHCOOCOCH}_3 \xrightarrow[\text{THF}]{\text{LiAlH}_4} \text{PhCH=CHCH}_2\text{OH} + \text{CH}_3\text{CH}_2\text{OH} \quad (86\%)$$

硼氢化钠因活性稍弱，一般不能直接用于羧酸的还原，但在三氯化铝等 Lewis 酸催化下，其还原能力大大提高，可将羧酸还原为醇。例如，广谱抗菌药芬替康唑（fenticonazole）中间体的合成。

$$\text{PhS-C}_6\text{H}_4\text{-COOH} \xrightarrow[\text{MeOH}]{\text{NaBH}_4/\text{AlCl}_3} \text{PhS-C}_6\text{H}_4\text{-CH}_2\text{OH} \quad (65\%)$$

硼氢化钠不能还原链状酸酐，但能将环状酸酐还原为内酯。例如，新型免疫抑制剂霉酚酸钠（mycophenolic acid sodium）中间体的合成。

$$\xrightarrow[\text{THF, 0°C}]{\text{NaBH}_4} \quad (78\%)$$

含有炔键的共轭羧酸在用氢化铝锂还原时，炔键与羧基可同时被还原得到烯醇。例如，利尿药西氯他宁（cicletanine）中间体的合成中，丁炔二酸在室温下被氢化铝锂还原成较稳定的 (E)-丁-2-烯-1,4-二醇。

$$\text{HOOC-C}\equiv\text{C-COOH} \xrightarrow[\text{(C}_2\text{H}_5)_2\text{O, r.t.}]{\text{LiAlH}_4} \text{(E)-HOCH}_2\text{CH=CHCH}_2\text{OH} \quad (84\%)$$

（二）硼烷还原

硼烷是还原羧酸为醇的优良试剂，如控制反应条件可实现对羧基的选择性还原。

1. 反应通式

$$\text{RCOOH} \xrightarrow{\text{BH}_3} \text{RCH}_2\text{OH}$$

2. 反应机理　硼烷对羧酸的还原反应属于氢负离子转移的亲电加成反应机理。羧酸与硼烷首先反应生成三酰氧基硼烷，然后硼原子的空轨道接受氧原子的一对未共用电子对使得氧原子带正电荷，从而羰基更为活泼。之后，另一分子硼烷再与羰基加成，经水解得到醛，醛经硼烷进一步还原得到相应的醇。

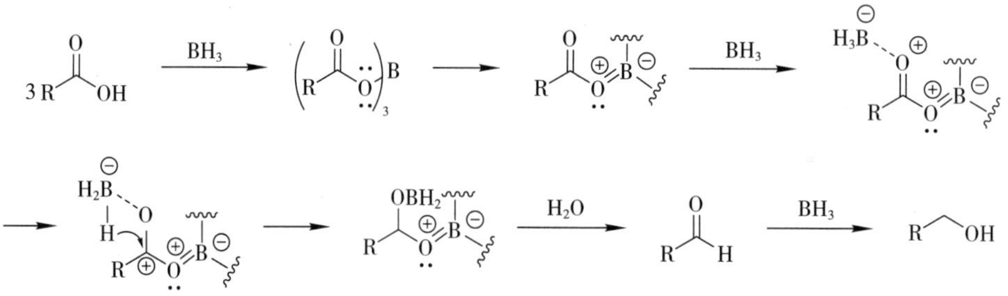

3. 反应影响因素及应用实例 硼烷还原羧基的反应速率优于还原其他极性不饱和基团（如羰基、硝基、氰基、酯基、卤素等），因此，控制硼烷的用量和反应温度（主要为低温）可选择性地将羧酸还原为醇，其他基团均不受影响。

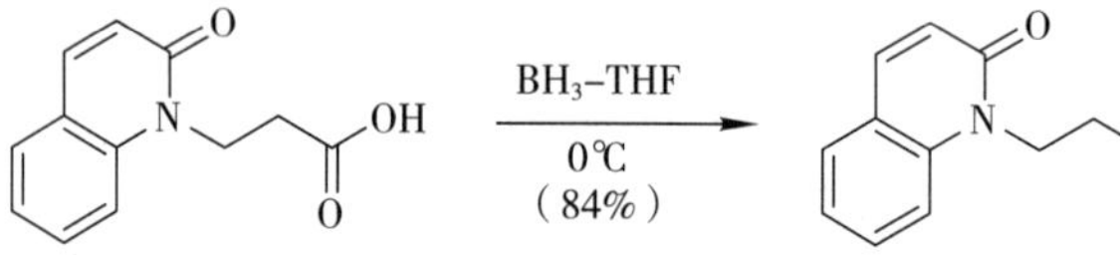

硼烷对脂肪酸的还原能力大于芳香酸，对位阻较小的羧酸的还原能力更强，但羧酸盐不能被还原。在硼氢化钠还原体系中加入适量的碘单质可生成乙硼烷，可用于脂肪羧酸的还原。例如，抗感染药福沙帕那韦钙（fosamprenavir calcium）中间体的合成。

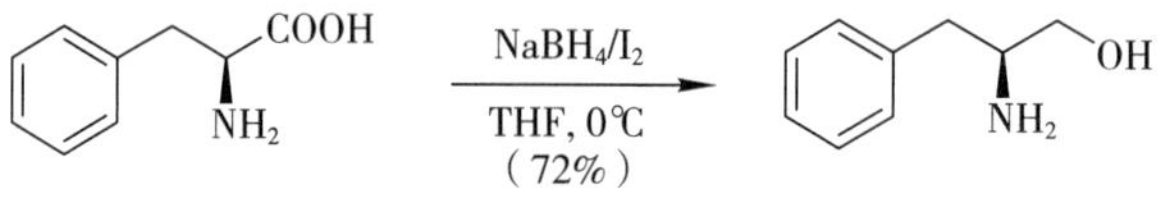

二、酰卤的还原

（一）Rosenmund 还原

羧酸较难直接还原为醛，但是可将羧酸制成酰卤，再在适当条件下还原得到醛。在 Lindlar 催化剂作用下，用氢气将酰卤还原为醛的反应称为 Rosenmund 还原，常用于制备一元脂肪醛或芳香醛。

1. 反应通式

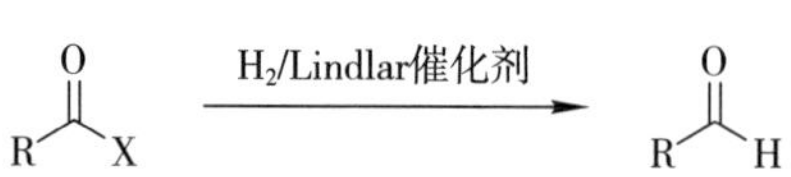

2. 反应机理 Rosenmund 还原反应为非均相催化氢化机理。

3. 反应影响因素及应用实例 Lindlar 催化剂因催化活性低，可选择性地将酰卤还原为醛，底物中同时存在的烯基、卤素、硝基、酯基、羰基等基团均不受影响，但有时会发生烯键的移位，且羟基需要保护。例如，抗菌药溴莫普林（brodimoprim）中间体的合成中，采用 Pd-BaSO$_4$/喹啉－硫（Q-S）催化，将酰氯还原为醛。

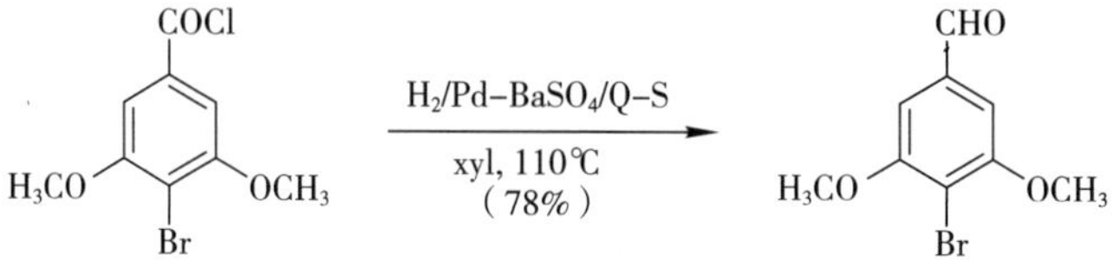

通过控制通入氢气的量，某些酰氯不加抑制剂也可被还原为醛。例如，具有抑菌作用的天然产物肉桂醛（cinnamaldehyde）的合成。

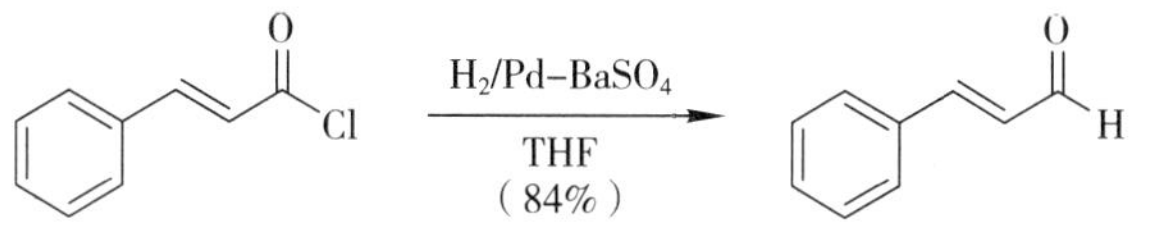

$$\text{PhCH=CHCOCl} \xrightarrow[\text{THF}]{\text{H}_2/\text{Pd-BaSO}_4} \text{PhCH=CHCHO}$$
(84%)
肉桂醛

（二）金属氢化物还原

1. 反应通式

$$\text{RCOX} \xrightarrow{\text{金属氢化物}} \text{RCHO}$$

2. 反应机理 酰卤可被金属氢化物还原成醛，反应为氢负离子转移的亲核加成机理。

3. 反应影响因素及应用实例 当采用氢化铝锂或 DIBAL-H 等活性较强的金属复氢化物作还原剂时，酰卤还原生成的醛会被进一步还原成相应的伯醇。如要制备醛，则需选用活性稍弱的金属氢化物，如三丁基氢化锡（TBTH）和 LTBA，在低温下底物中的烯（炔）键、醚键、氰基、酯基、羧基等不受影响。例如，骨质疏松治疗药物米诺膦酸（minodronic acid）中间体的合成。

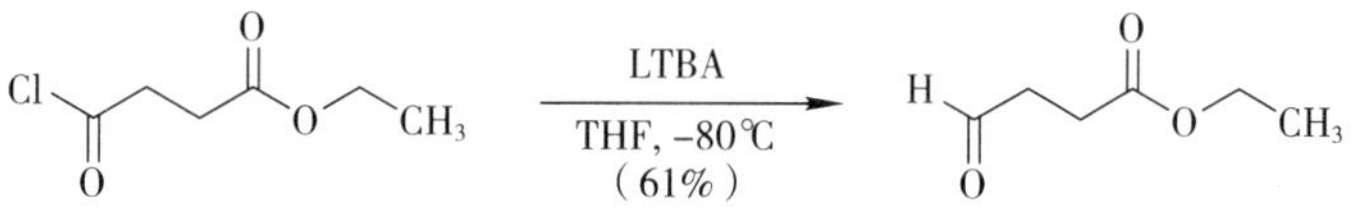

$$\text{ClCOCH}_2\text{CH}_2\text{COOC}_2\text{H}_5 \xrightarrow[\text{THF}, -80℃]{\text{LTBA}} \text{OHCCH}_2\text{CH}_2\text{COOC}_2\text{H}_5$$
(61%)

三、酯的还原

酯可以被还原成伯醇或醛，还可以经双分子偶联反应得到 α-羟基酮。

（一）还原成醇

金属复氢化物和金属钠是将酯还原成醇最常用的还原剂。在醇溶液中，用金属钠将酯还原成醇的反应称为 Bouveault-Blanc 还原。

1. 反应通式

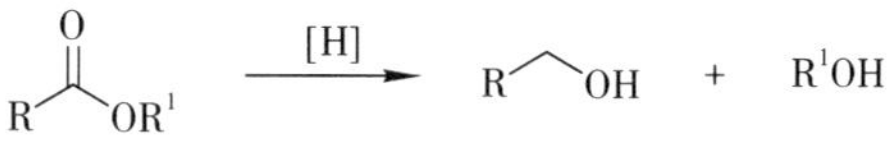

$$\text{RCOOR}^1 \xrightarrow{[H]} \text{RCH}_2\text{OH} + \text{R}^1\text{OH}$$

2. 反应机理 金属复氢化物还原酯的反应为氢负离子转移的亲核加成机理，与还原醛、酮的反应机理类似。

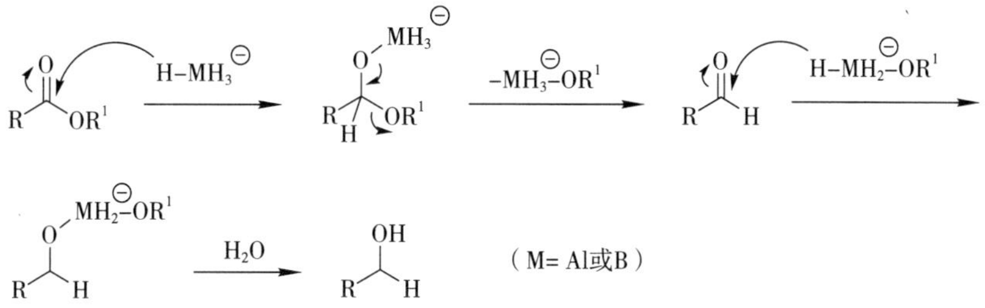

（M = Al 或 B）

Bouveault-Blanc 还原为自由基加成机理。酯从钠获得一个电子被还原为自由基负离子，然后从醇中夺取一个质子转变为自由基，再从钠获得一个电子变成碳负离子，从醇得到质子生成半缩醛中间体，然后烷氧基负离子离去得到醛。醛再经过以上相同的步骤被还原成相应的醇。

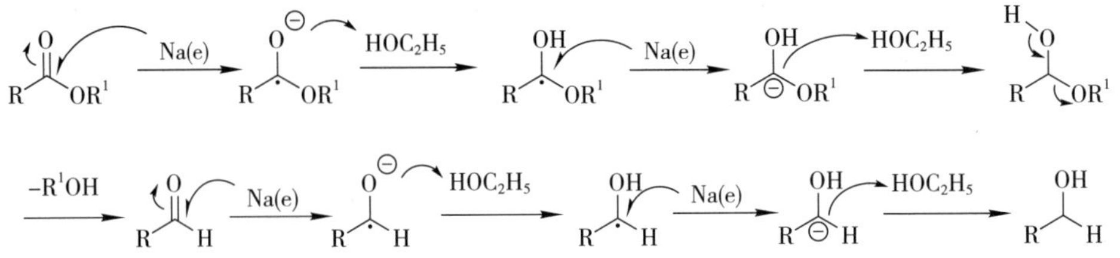

3. 反应影响因素及应用实例 用 0.5 倍量的氢化铝锂可将羧酸酯还原为伯醇，分子中的卤素、烯键、羟基、醚键、杂环等均不受影响，且反应收率较高。例如，尿频治疗药物托特罗定（tolterodine）中间体的合成。

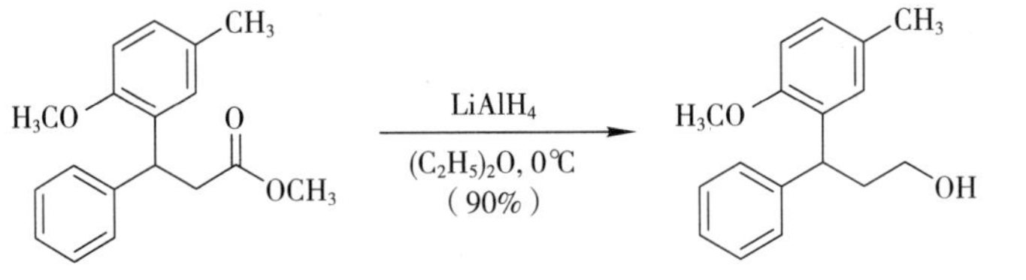

在反应中加入适当比例的无水 $AlCl_3$ 或醇，生成还原能力稍弱的烷基铝或烷氧基氢化铝锂，可以提高还原反应的选择性，使 α,β- 不饱和羧酸酯还原成不饱和醇。

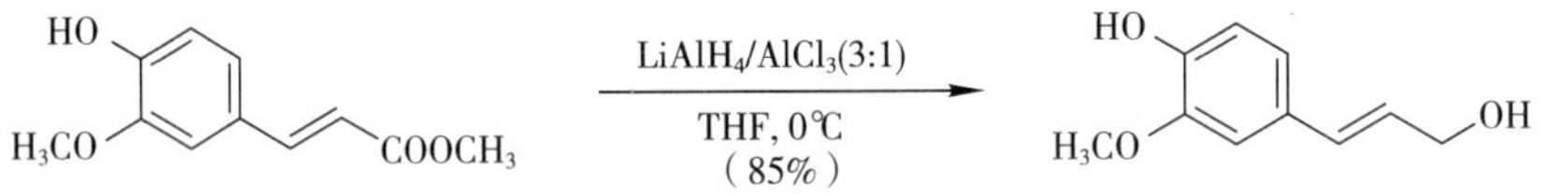

如采用 DIBAL-H 可在较温和的条件下还原羧酸酯为醇，收率较高，且底物中的卤素、烯基、醚键等不受影响。例如，抗丙肝药伐尼瑞韦（vaniprevir）中间体的合成中，仅酯基被还原，烯基不受影响。

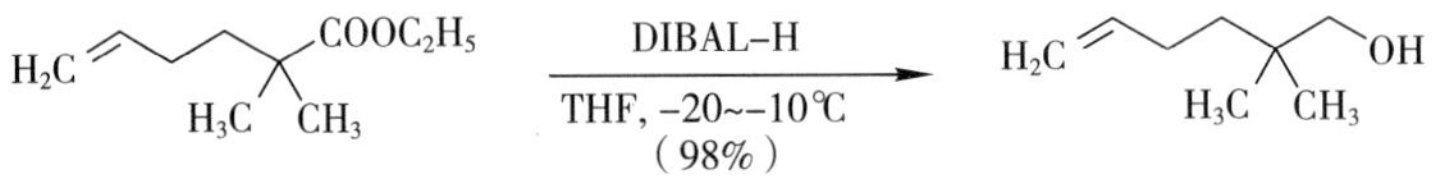

硼氢化钠（钾）在 Lewis 酸催化下，可大大提高还原能力，顺利地将酯或酰胺还原为相应的醇或胺，常见的还原体系包括 $NaBH_4$-$AlCl_3$ 和 $NaBH_4$-BF_3。

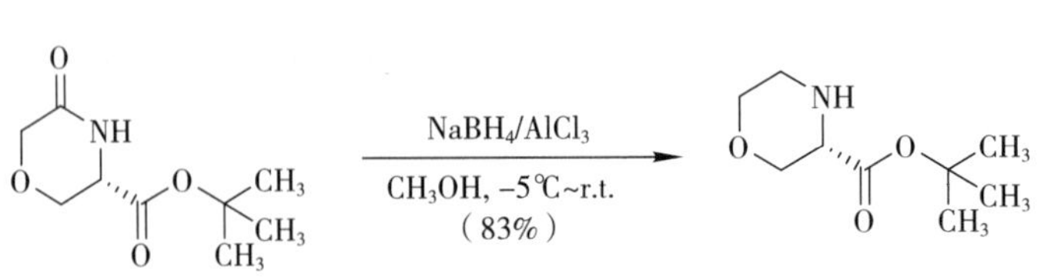

案例讨论 8-3 多尼培南中间体的合成工艺优化

Bouveault-Blanc 还原反应主要用于高级脂肪羧酸酯的还原，对芳酸酯和甲酸酯的还原收率较低，还可用于还原醛、酮、腈、肟和杂环化合物。该方法早期是还原高级脂肪羧酸酯的唯一方法，随着金属复氢化物的应用，其目前主要用于工业生产中。例如，抗癫痫药非尔氨酯（felbamate）中间体的合成。

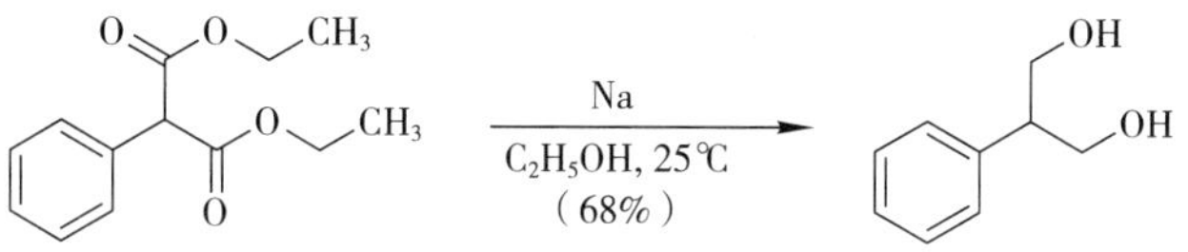

反应需使用过量的金属钠和醇,且必须绝对无水。其中,加入过量的醇可使体系中酯的浓度降低,从而减少酯缩合副反应的发生。此外,还可通过加入尿素或氯化铵来分解生成的醇钠来降低副反应。低温下反应时,可用醇-液氨体系代替醇,以获得较高的收率。例如,抗胃溃疡药西咪替丁(cimetidine)中间体的合成。

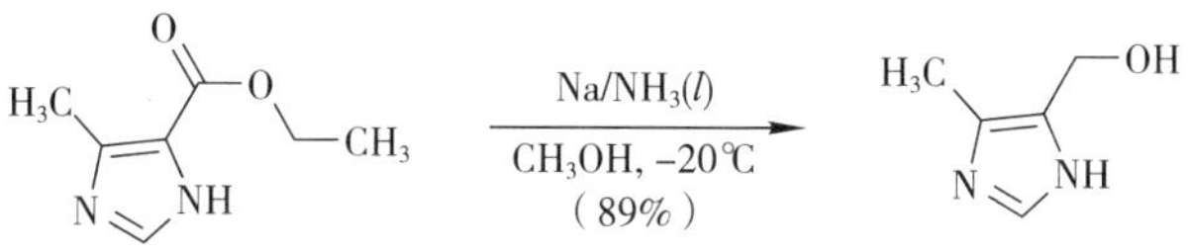

(二)还原成醛

1. **反应通式** 控制反应条件,酯可以被金属复氢化物及其衍生物还原为醛。

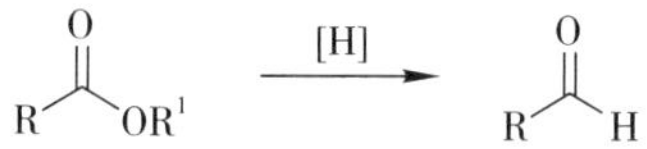

2. **反应机理** 该反应为氢负离子转移的亲核加成机理。

3. **反应影响因素及应用实例** 在低温下,采用0.25倍量的氢化铝锂或其衍生物可将酯还原为醛。其中,DIBAL-H在低温下可选择性地将羧酸酯还原为醛、内酯还原为环状半缩醛,底物中的烯基、卤素、硝基等均不受影响,该法是将羧酸酯还原为醛的首选方法。例如,抗癌药甲磺酸艾瑞布林(irebrin mesylate)中间体的合成中,仅酯基被还原得到醛。

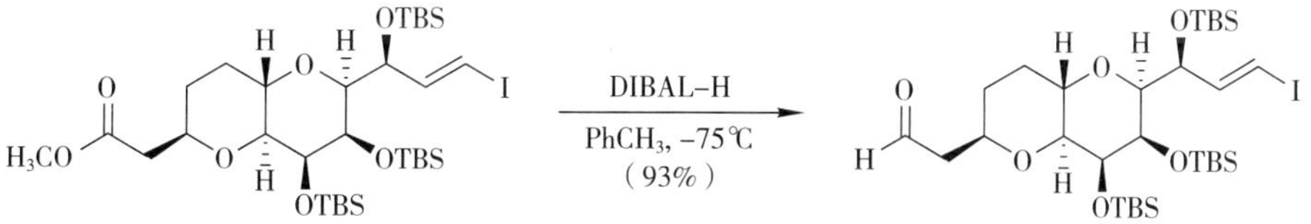

(三)双分子还原偶联反应

在非质子溶剂中,羧酸酯被金属钠还原并发生还原偶联,生成偶姻(α-羟基酮)的反应称为偶姻缩合(acyloin condensation),又叫酮醇缩合。

1. **反应通式**

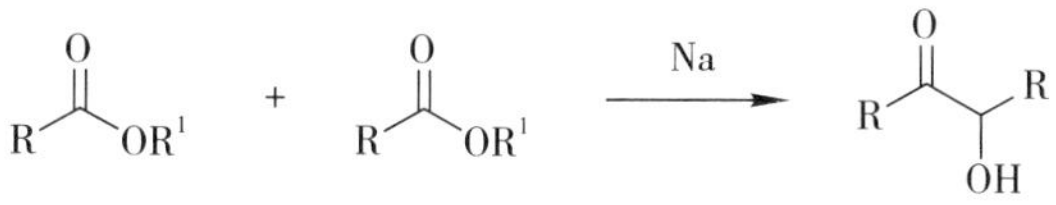

2. **反应机理** 偶姻缩合的反应机理为电子转移性的自由基加成机理。首先,酯羰基碳从钠金属表面获得一个电子生成自由基负离子,两分子自由基负离子发生偶联,生成双负离子中间体。然后,脱去两个烷氧基负离子形成二酮,二酮从钠金属表面获得两个电子生成双负离子自由基后直接发生分子内偶联,水解后经烯醇互变得α-羟基酮。

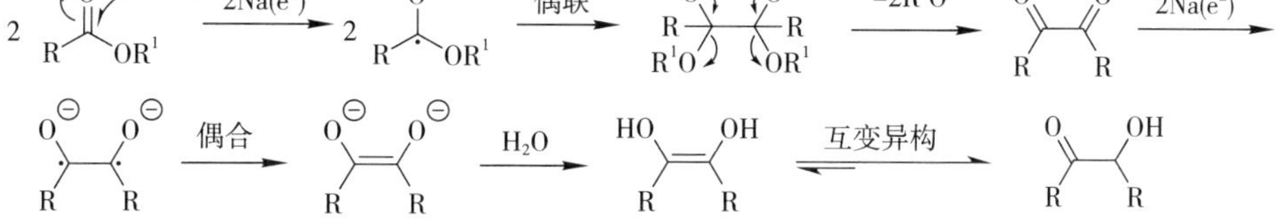

3. 反应影响因素及应用实例 常用的还原剂除金属钠外，还有锂、镁-碘化镁等。反应需在非质子性溶剂中进行，常用乙醚、甲苯或二甲苯等。对于长脂肪链底物，需要选用高沸点溶剂。在质子溶剂中会发生 Bouveault-Blanc 反应而得到醇。由于偶姻和偶姻负离子容易氧化，反应需在惰性气体保护下进行。

脂肪羧酸酯的偶姻缩合较容易进行，是合成脂肪族 α-羟基酮的重要反应，芳香族偶姻化合物通常采用安息香缩合反应制备。甾体化合物可采用钠-液氨-乙醚还原体系来制备，一般效果较好。例如，前列腺肥大治疗药奥生多龙（oxendolone）中间体的合成。

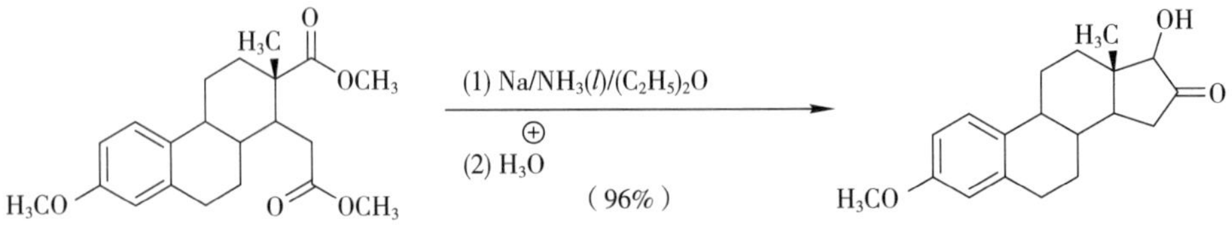

利用二元羧酸酯的分子内还原偶联，可以高效地合成十元以上的 α-羟基环酮，对于大环化合物的合成具有重要意义。小环化合物的还原收率较低，在超声条件下加入 TMSCl 可以有效提高反应收率。例如，具有扩张冠状动脉作用的天然产物麝香酮（muscone）中间体的合成。

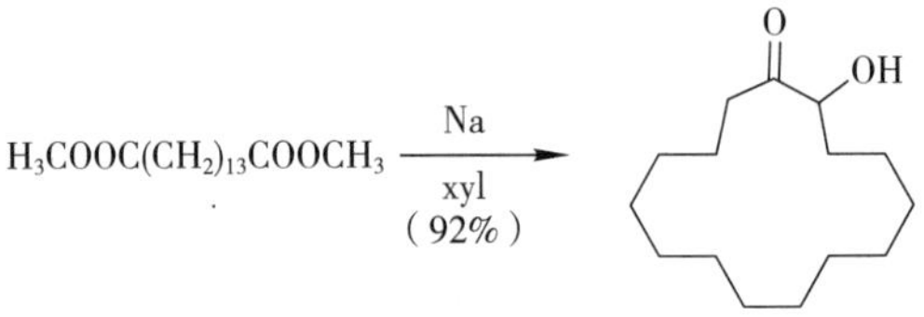

四、酰胺的还原

酰胺可被金属复氢化物或硼烷还原成胺，也可发生碳-氮键断裂生成醛。

（一）还原成胺

1. 反应通式

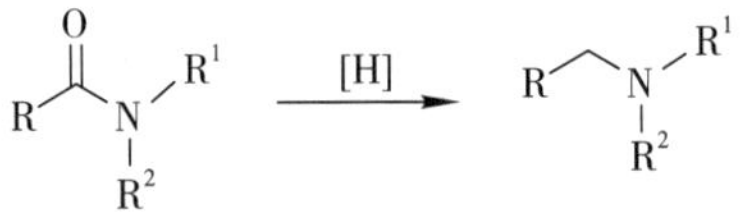

2. 反应机理 金属复氢化物还原酰胺为氢负离子对羰基的亲核加成机理，与还原酯的反应机理类似；而硼烷还原酰胺为氢负离子转移的亲电加成机理，与还原羧酸的反应机理类似。

3. 反应影响因素及应用实例 酰胺稳定性强而不易被还原，主要使用金属复氢化物将其还原成胺，其中，氢化铝锂最为常用。例如，抗菌药莫西沙星（moxifloxacin）中间体的合成。

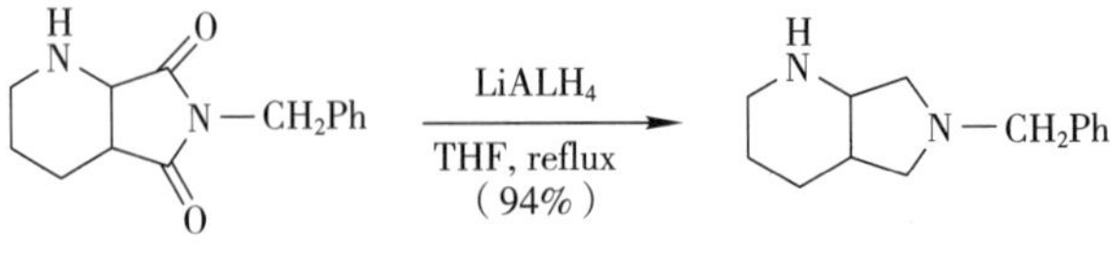

硼氢化钠（钾）单独使用时不能还原酰胺，加入 Lewis 酸能使其还原能力大大提高，可将酰胺还原为胺。此外，三乙酰氧基硼氢化钠（STAB）也可将酰胺还原为胺。例如，青光眼治疗药杜塞酰胺（dorzolamide）中间体的合成。

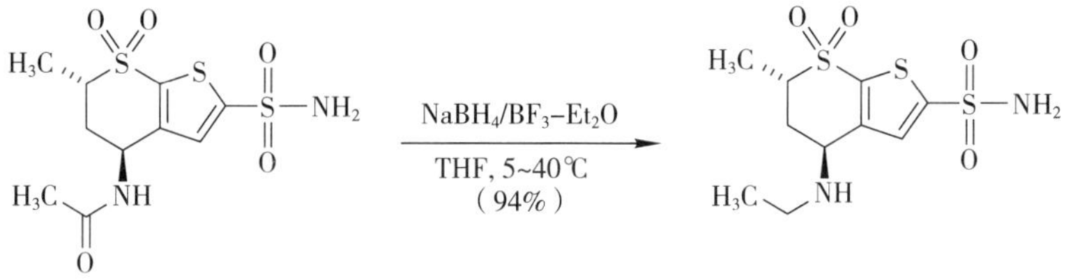

硼烷是还原酰胺为胺的优良试剂，反应没有醛副产物的生成，且底物中的酯基、卤素、硝基等不受影响。对各类酰胺的还原速率为：N,N-二取代酰胺 > N-单取代酰胺 > 未取代酰胺；脂肪族酰胺 > 芳香族酰胺。例如，减肥药氯卡色林（lorcaserin）中间体的合成。

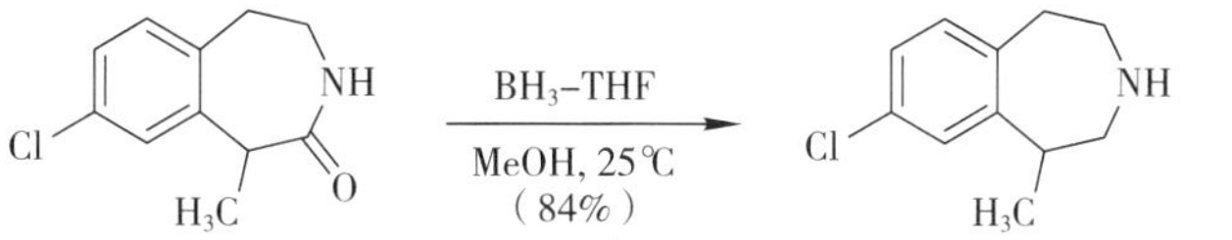

（二）还原成醛

1. 反应通式 控制反应条件，金属复氢化物及其衍生物可还原酰胺为醛。

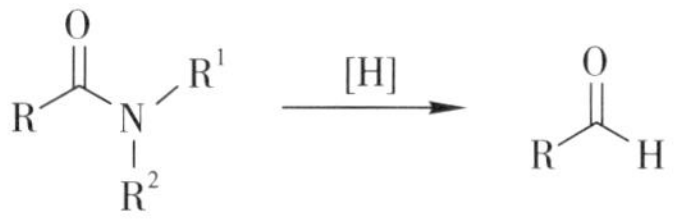

2. 反应机理 该反应为氢负离子对羰基的亲核加成机理。

3. 反应影响因素及应用实例 酰胺较难还原成醛，采用0.25倍量的氢化铝锂或二/三乙氧基氢化铝锂、双（2-甲氧基乙氧基）氢化铝锂等，可以较高的收率选择性地将酰胺还原为醛。例如，抗高血压药福辛普利（fosinopril）中间体环己甲醛，可由N,N-二甲基环己基甲酰胺经三乙氧基氢化铝锂还原制得。

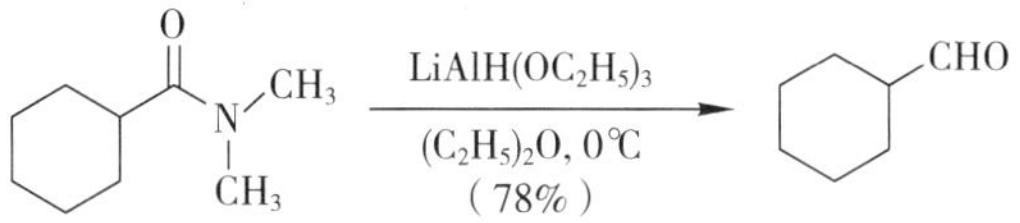

第四节 含氮有机化合物的还原

一、硝基、亚硝基化合物的还原

硝基化合物可被还原成亚硝基、羟胺、偶氮化合物，并可进一步还原成胺。常用的还原方法包括催化氢化还原、活泼金属还原、含硫有机化合物还原及肼类化合物还原等。

（一）催化氢化还原

1. 反应通式 硝基或亚硝基化合物易被催化氢化还原为相应的伯胺。

$$R-NO_2 \text{ 或 } R-NO \xrightarrow{H_2/\text{催化剂}} R-NH_2$$

2. 反应机理 该反应为非均相催化氢化机理。

3. 反应影响因素及应用实例 采用催化氢化法还原硝基或亚硝基，反应条件温和、速率快且后处理简便。常用的催化剂有钯、Raney 镍、铂等，其中，镍催化对反应压力和温度要求较高，而钯和铂可在温和的条件下进行还原。硝基催化氢化还原的速率优于烯基和羰基，底物中酯基、酰胺及醚键均不受影响。例如，抗 2 型糖尿病药物曲格列酮（troglitazone）中间体的的合成。

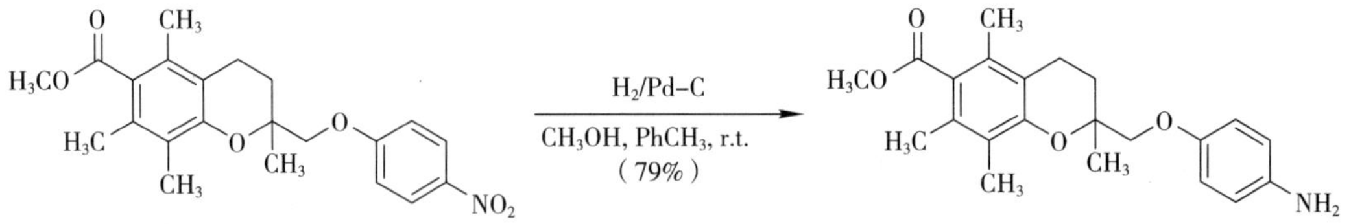

案例讨论8-4 泊马度胺中间体的合成工艺优化

催化转移氢化法也可实现硝基的还原。例如，抗肿瘤药达克替尼（dacomitinib）中间体的合成，以甲酸铵为供氢体，在钯碳催化下可将硝基还原为氨基，对卤素无影响。

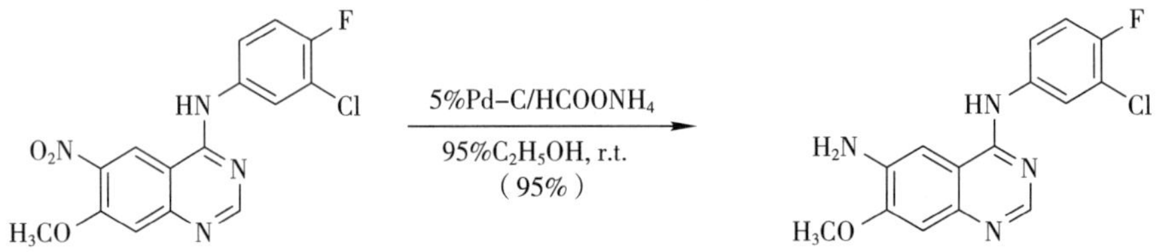

控制合适的氢化条件，可将芳香硝基化合物还原为芳基羟胺。例如，抗肿瘤药替莫唑胺（temozolomide）中间体的合成。

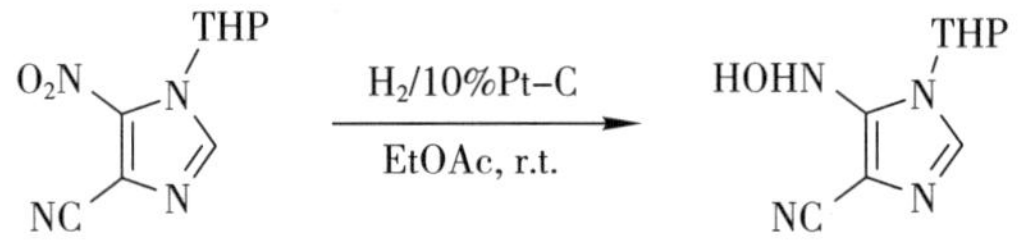

（二）活泼金属还原

在供氢体存在下，活泼金属（铁、锌、锡等）可将硝基或亚硝基化合物还原为伯胺。如控制反应条件，也可得到亚硝基化合物、亚胺、羟胺或偶氮化合物等。

1. 反应通式

$$R-NO_2 \text{ 或 } R-NO \xrightarrow{\text{活泼金属/供氢体}} R-NH_2$$

2. 反应机理 活泼金属还原硝基等含氮化合物的反应机理为底物在活泼金属表面进行电子得失的转移过程，属于自由基机理。其中，活泼金属为电子供体。以铁/供氢体还原硝基化合物为例，电子从铁粉表面转移到被还原的硝基上，形成自由基负离子，然后再与供氢体提供的氢结合，反应中共需从金属铁表面转移六个电子，经历亚硝基和羟胺中间体，最终得到还原产物伯胺。铁粉给出电子被氧化为同时含有 Fe^{2+} 和 Fe^{3+} 的 Fe_3O_4（俗称铁泥），理论上还原 1 mol 硝基化合物需要 2.25 mol 铁。

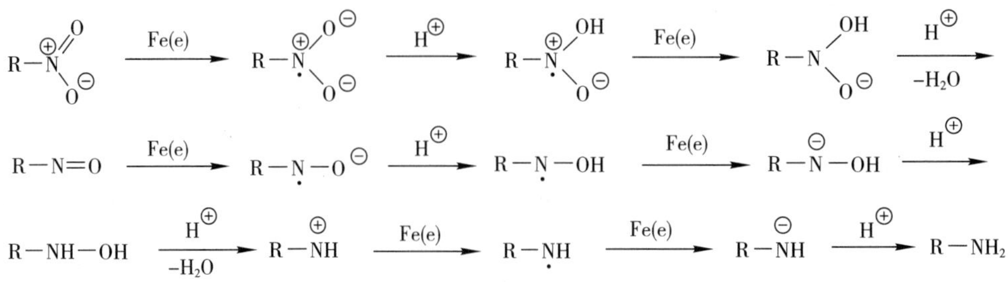

3. 反应影响因素及应用实例　铁、锌、锡或氯化亚锡是还原硝基的常用金属；酸、醇、水均可作为供氢体。

铁－酸还原体系常用于硝基还原，在反应中加入少量稀酸或电解质（如氯化铵、氯化亚铁等）可去除铁粉表面的氧化铁并形成亚铁盐电解质，从而增强铁粉的还原能力，对反应有促进作用，可将硝基、亚硝基化合物及羟胺等还原成相应的胺。还原铁粉应为含硅30%以上的铸铁粉，硅遇碱会生成硅酸盐而溶于水，使铁粉的表面积大大增加，促进反应进行。铁粉越细反应越快，一般为60~100目。

铁－酸还原反应具有较好的官能团选择性，对底物中的卤素、烯基、羰基、酯基或醚键等均无影响。在还原芳香族硝基化合物时，芳环上连有吸电子基可使硝基的亲电性增强，使还原反应更易进行且收率较高。例如，用于治疗类风湿性关节炎的依托度酸（etodolac）中间体的合成。

$$\underset{CH_3}{\underset{|}{C_6H_4-NO_2}} \xrightarrow[\text{H}_2\text{O}]{\text{Fe/NH}_4\text{Cl}} \underset{CH_3}{\underset{|}{C_6H_4-NH_2}} \quad (70\%\sim80\%)$$

金属锌也可用于硝基、亚硝基的还原，反应介质的酸碱度对还原能力有较大影响，可得到不同的还原产物。在盐酸等酸性介质中，锌的还原能力最强，反应选择性较差，除可将硝基、亚硝基、肟等含氮基团还原成氨基外，还可还原烯基为烷基、还原羰基及硫代羰基为亚甲基、还原氯磺酰基和二硫键为巯基、还原芳香族重氮化合物为芳肼、还原醌为酚。反应中的酸一般需过量，否则反应不完全。例如，抗肿瘤药马来酸阿法替尼（afatinib dimaleate）中间体的合成。

$$\xrightarrow[(2)\ \text{NH}_3\cdot\text{H}_2\text{O}]{(1)\ \text{Zn/CH}_3\text{COOH}} \quad (99\%)$$

在醇或电解质溶液（氯化铵、氯化镁）等中性或弱碱性介质中，锌粉可将芳香族硝基化合物还原为芳基羟胺；当锌粉过量时，可进一步还原生成芳胺。例如，用锌/氯化铵作还原剂，硝基苯被还原为苯基羟胺（苯胲）；将其迅速置于硫酸溶液中发生Bamberger重排反应得到重要的药物中间体对氨基酚。

$$\text{C}_6\text{H}_5\text{NO}_2 \xrightarrow[\text{H}_2\text{O}]{\text{Zn/NH}_4\text{Cl}} \text{C}_6\text{H}_5\text{NHOH} \xrightarrow{20\%\text{H}_2\text{SO}_4} \text{HO-C}_6\text{H}_4\text{-NH}_2$$
$$(72\%) \qquad\qquad (68\%)$$

拓展阅读 8-6　班贝尔格尔（Bamberger）重排反应

碱性介质中，根据反应条件和原料配比不同，采用锌粉还原时会发生双分子还原偶联反应得到偶氮苯、氧化偶氮苯或二苯肼等。严格控制反应条件可得到单一产物。

在酸性介质中，锡或氯化亚锡也可还原硝基为氨基，氯化亚锡更为常用。由于醇可溶解氯化亚锡，常作为反应溶剂。分子中的醛酮羰基、酯基、酰胺等均不受影响。例如，5-磷酸二酯酶抑制剂西地那非（sildenafil）中间体的合成。

$$\xrightarrow[\text{C}_2\text{H}_5\text{OH},\ 50^\circ\text{C}]{\text{SnCl}_2} \quad (85\%)$$

采用定量的锡或氯化亚锡,可选择性地还原多硝基化合物。例如,抗癌药马赛替尼(masitinib)中间体的合成中,2位硝基被优先还原。

$$\underset{O_2N}{\overset{CH_3}{\bigcirc}}\underset{NO_2}{} \xrightarrow[\text{r.t.}]{SnCl_2/HCl} \underset{O_2N}{\overset{CH_3}{\bigcirc}}\underset{NH_2}{}$$
（34%）

（三）含硫有机化合物还原

含硫有机化合物分为硫化物和含氧硫化物,均可将硝基和亚硝基化合物还原为胺。硫化物主要包括硫化钠（Na_2S）、硫氢化钠（$NaHS$）、二硫化钠（Na_2S_2）和硫化铵[$(NH_4)_2S$]等；含氧硫化物主要有连二亚硫酸钠（$Na_2S_2O_4$,俗称保险粉）、亚硫酸（氢）钠等。

1. 反应通式

$$R-NO_2 \text{ 或 } R-NO \xrightarrow{\text{含硫有机化合物}} R-NH_2$$

2. 反应机理 含硫有机化合物还原的反应机理为电子转移性的自由基反应机理,含硫有机化合物是电子供给体,水或醇是质子供给体。

3. 反应影响因素及应用实例 硫化物常用来还原芳香族硝基化合物,反应温和且成本低。硫化钠还原后会产生氢氧化钠,因碱性增加易导致双分子还原副产物和有色杂质产生；多硫化钠易析出胶体硫使分离困难。因此,工业上常使用二硫化物。

硫化物可以选择性还原二硝基芳烃的一个硝基,得单硝基芳胺。芳环上连有吸电子基时对反应有利,且吸电子基对位的硝基优先被还原；当环上连有羟基、氨基等给电子基时,反应速率变慢,且给电子基邻位的硝基优先被还原。底物中同时存在的偶氮基不被还原。例如,抗心绞痛药醋丁洛尔（acebutolol）中间体的合成中,仅羟基邻位的硝基被还原。

$$\underset{HO}{\overset{O_2N}{\bigcirc}}\underset{NO_2}{} \xrightarrow[H_2O, \text{r.t.}]{Na_2S/NH_4Cl} \underset{HO}{\overset{H_2N}{\bigcirc}}\underset{NO_2}{}$$
（65%）

含有活泼甲基或亚甲基的芳香族硝基化合物被硫化物还原时,硝基被还原为氨基的同时,甲基或亚甲基会被氧化成醛或酮。例如,抗结核药氨苯硫脲（tioacetazone）中间体的合成。

$$\underset{O_2N}{\bigcirc}{-CH_3} \xrightarrow[C_2H_5OH, H_2O]{Na_2S/NaOH/S} \underset{H_2N}{\bigcirc}{-CHO}$$
（83%）

连二亚硫酸钠（保险粉）属于还原性较强的含氧硫化物,可将硝基、亚硝基、重氮、叠氮化合物等还原成胺,也可还原羰基和醌类化合物。但其性质不稳定,受热或在水、酸性溶液中易迅速分解,故使用时应在碱性条件下临时配制。例如,抗肿瘤药物巯嘌呤（mercaptopurine, 6-MP）中间体的合成。

$$\underset{HS}{\overset{OH}{\underset{N}{\bigcirc}}}\underset{NH_2}{\overset{NO}{}} \xrightarrow[H_2O, \text{r.t.}]{Na_2S_2O_4/NaOH} \underset{HS}{\overset{OH}{\underset{N}{\bigcirc}}}\underset{NH_2}{\overset{NH_2}{}}$$
（100%）

（四）肼类还原剂还原

1. 反应通式 水合肼能将硝基、亚硝基化合物还原成相应的伯胺,同时放出氮气。

$$R-NO_2 \text{ 或 } R-NO \xrightarrow{H_2NNH_2 \cdot H_2O} R-NH_2 + N_2\uparrow$$

2. 反应机理 水合肼还原硝基的反应机理为氢负离子的亲核加成反应。

3. 反应影响因素及应用实例 水合肼还原操作简便，只需将底物和过量的水合肼溶于醇中常压加热即可，适用于对碱稳定的硝基化合物的还原。反应选择性较高，底物中的羰基、氰基、烯基等均不受影响。

反应中加入少量的催化剂，如三氯化铁/活性炭、钯碳或Raney镍等可提高还原反应速率和收率。例如，抗溃疡药奥美拉唑（omeprazole）中间体的合成。

$$\underset{\text{NH}_2}{\underset{|}{\text{H}_3\text{CO}-\text{C}_6\text{H}_3-\text{NO}_2}} \xrightarrow[\text{C}_2\text{H}_5\text{OH, H}_2\text{O}]{\text{Raney Ni/NH}_2\text{NH}_2 \cdot \text{H}_2\text{O}} \underset{\text{NH}_2}{\underset{|}{\text{H}_3\text{CO}-\text{C}_6\text{H}_3-\text{NH}_2}}$$
（95%）

控制不同的反应温度，可实现二硝基化合物的选择性还原。例如，在100℃时，水合肼可将2,4-二硝基甲苯的两个硝基同时还原，得到抗阿尔兹海默症药物马赛替尼（masitinib）的原料4-甲基间苯二胺；而在70~75℃下，仅2位硝基被选择性还原。

（左：76%, THF, 100℃, H₂NNH₂·H₂O ← 2,4-二硝基甲苯 → 右：80%, CH₃OH, 70~75℃, H₂NNH₂·H₂O）

二、腈的还原

腈主要采用催化氢化或金属复氢化物还原得到伯胺。控制反应条件，腈可经还原反应生成亚胺中间体，再经水解得到醛。

（一）还原成伯胺

1. 反应通式

$$R-CN \xrightarrow{[H]} R-CH_2NH_2$$

2. 反应机理 腈经催化氢化还原为伯胺属于非均相催化氢化机理。反应经亚胺中间体进一步还原得到伯胺。形成的伯胺会跟亚胺中间体发生缩合得到同碳二胺，很快放出氨气生成N-取代亚胺，进一步经催化氢化还原导致仲胺副产物的生成。

$$R-CN \xrightarrow{H_2} R-CH=NH \xrightarrow{H_2} R-CH_2NH_2$$

$$R-CH=NH \underset{R-CH_2NH_2}{\rightleftharpoons} R-CH_2NHCHR \underset{}{\overset{NH_2}{\underset{|}{\rightleftharpoons}}} \xrightarrow{-NH_3} RCH_2N=CH-R \xrightarrow{H_2} RCH_2NHCH_2R$$

金属复氢化物还原腈为伯胺的机理为氢负离子的亲核加成反应机理。

3. 反应影响因素及应用实例 腈可在常温、常压下，经钯或铂催化氢化得到伯胺；当用Raney镍催化时，需要加压的反应条件。例如，抗菌药头孢替胺酯（cefotiam）中间体即在6.9 MPa高压下，经Raney镍催化氢化将腈还原成伯胺。

$$\underset{\text{CH}_3}{\underset{|}{\text{H}_3\text{C}-\text{N}-\text{CH}_2\text{CN}}} \xrightarrow[\text{6.9MPa}]{\text{H}_2/\text{Raney Ni}} \underset{\text{CH}_3}{\underset{|}{\text{H}_3\text{C}-\text{N}-\text{CH}_2\text{CH}_2\text{NH}_2}}$$
（47%）

为减少仲胺副产物的生成,当采用钯或铂催化时,可选择酸性溶剂,使产生的伯胺迅速形成铵盐;而采用镍催化时,加入过量的氨水可抑制脱氨副反应的发生,底物中如有其他活性官能团则一同被还原。例如,抗失眠药雷美替胺(ramelteon)中间体的合成中,通过催化氢化反应可同时完成脱溴、脱水、烯基和氰基还原4步反应,极大的缩短了反应步骤,提高收率至89%。

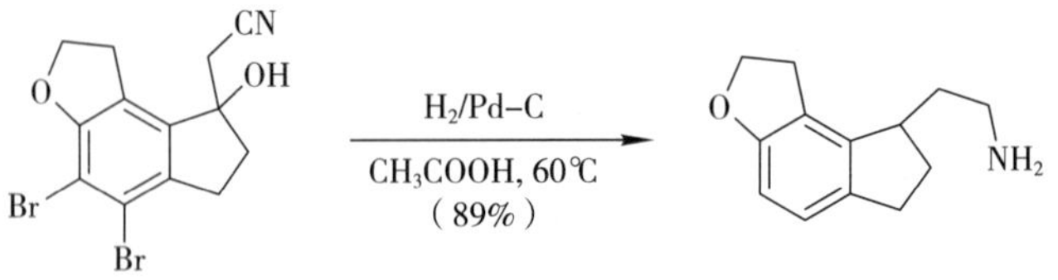

过量的氢化铝锂可以将腈完全还原得到伯胺。例如,抗过敏药盐酸依匹斯丁(epinastine hydrochloride)中间体的合成,酸性条件下,氰基和亚胺键同时被还原。

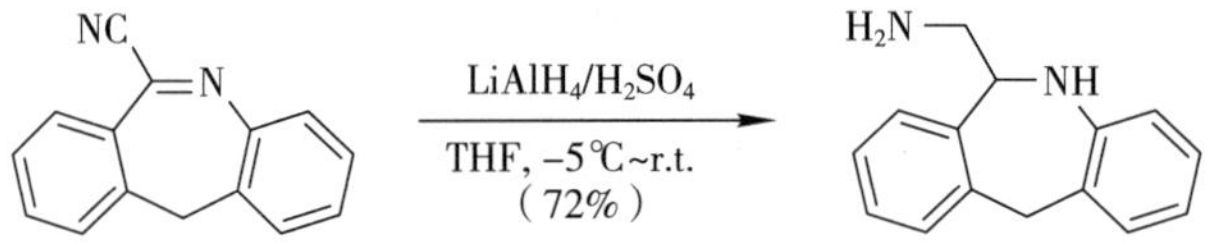

当用硼氢化钠作还原剂时,需同时加入活性镍、氯化钯、氯化锆、碘等催化剂,才能将腈还原得伯胺。例如,抗抑郁药物米氮平(mirtazapine)中间体的合成。

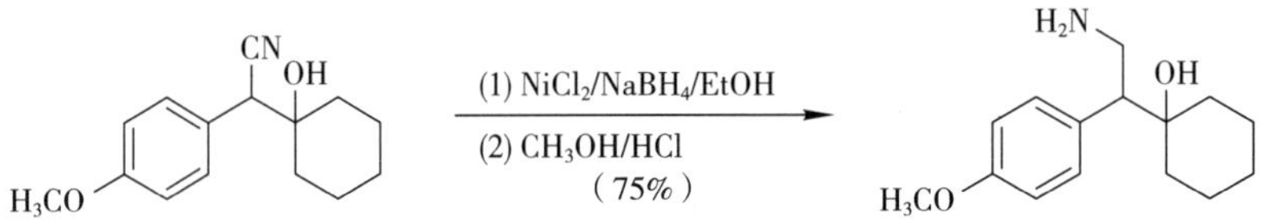

在温和的条件下,硼烷也可将腈还原为胺,且不影响分子中硝基、卤素等基团。例如,治疗青光眼的异丙基奥米帕格(omidenepag isopropyl)中间体的合成。

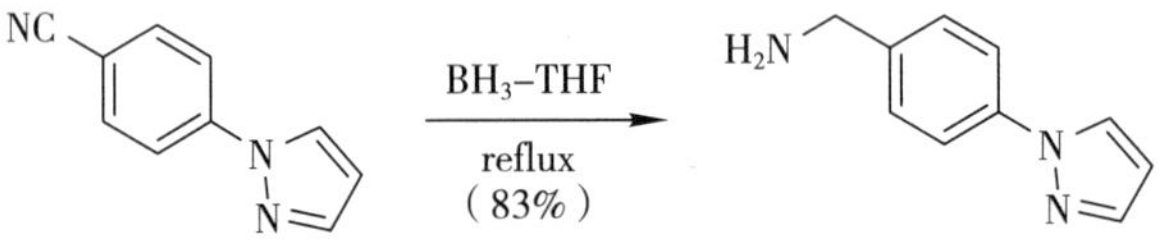

(二)还原成醛

1. 反应通式

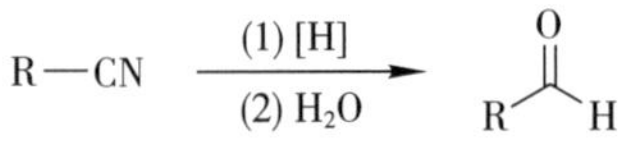

$$R-CN \xrightarrow[(2) H_2O]{(1) [H]} R-CHO$$

2. 反应机理 催化氢化还原为非均相催化氢化机理;金属氢化物还原为氢负离子的亲核加成反应机理。

3. 反应影响因素及应用实例 控制适合的温度、压力条件和氢气的用量,腈可在钯碳或Raney镍催化下被还原成亚胺,再经水解得到醛。例如,抑制胃酸药富马酸沃诺拉赞(vonoprazan fumarate)中间体的合成。

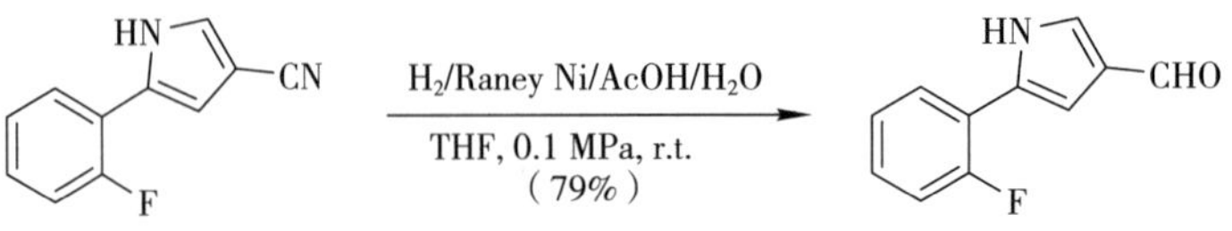

采用金属氢化物，如 DIBAL-H 可还原腈为亚胺，并水解得醛，分子中的硝基、烯基等易被还原的基团均不受影响。例如，抗肿瘤药长春碱（vinblastine）中间体 3-(吲哚-3-基)丙醛的合成。

$$\text{3-(2-氰乙基)吲哚} \xrightarrow[\text{(2) } H_2O/0℃]{\text{(1) DIBAL-H/CH}_3\text{OH/CH}_2\text{Cl}_2/-60℃} \text{3-(2-甲酰乙基)吲哚}\quad(73\%)$$

腈在乙醚中，采用无水氯化亚锡/氯化氢气体还原，可形成醛亚胺-氯化锡络合物，再水解得到相应的醛，称 Stephen 醛合成法。对于能形成不溶性络合物的腈，反应收率较高。例如，阿尔茨海默病治疗药物多奈哌齐（donepezile）中间体的合成。

$$\text{4-氰基吡啶} \xrightarrow[\text{(2) } H_2O/r.t.]{\text{(1) SnCl}_2/\text{HCl(g)/THF/30℃}} \text{4-吡啶甲醛}\quad(85\%)$$

三、其他含氮有机化合物的还原

（一）肟的还原

肟可采用催化氢化法、金属-供氢体或金属复氢化物等还原成伯胺。

1. 反应通式

$$\underset{R\quad R^1}{N{-}OH} \xrightarrow{[H]} \underset{R\quad R^1}{NH_2}$$

2. 反应机理 肟的催化氢化还原为非均相催化氢化机理；金属还原反应为电子转移性的自由基机理；金属复氢化物还原为氢负离子的亲核加成反应机理。

3. 反应影响因素及应用实例 将醛或酮与羟胺反应变成肟，再经还原可得到伯胺，这是由醛、酮间接制备脂肪伯胺的常用方法。肟的还原常采用催化氢化法。在常温、低压条件下，Raney 镍只能将肟还原为亚胺。在酸性溶液中用钯或铂催化，或采用 Raney 镍/加压条件可将肟还原为伯胺。例如，抗流感病毒药物盐酸金刚乙胺（rimantadine hydrochloride）的合成。

$$\text{金刚烷基甲基酮肟} \xrightarrow[\text{(2) EA/HCl(g)}]{\text{(1) H}_2/\text{Raney Ni/EtOH/55℃/0.45MPa}} \text{盐酸金刚乙胺}\quad(85\%)$$

以金属钠或锌粉为还原剂，在酸性介质中，可将肟还原为伯胺。例如，杀虫剂吡螨胺（tebufenpyrad）中间体的合成。

$$\text{4-(4-甲基苯氧基)苯甲醛肟} \xrightarrow[\text{r.t.}]{\text{Zn/AcOH}} \text{4-(4-甲基苯氧基)苄胺}\quad(99\%)$$

金属复氢化物或硼烷也可将肟还原为伯胺。例如，降糖药瑞格列奈（repaglinide）中间体的合成。

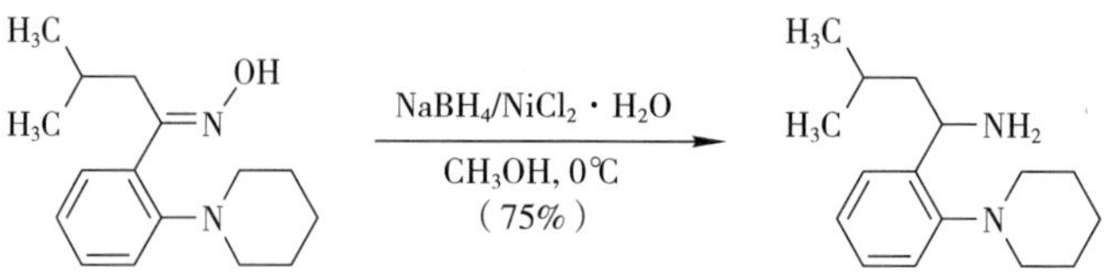

(二）偶氮化合物的还原

偶氮化合物及其氧化物可用金属/供氢体、连二亚硫酸钠、硼烷等还原剂或催化氢化法还原为相应的伯胺。

1. 反应通式

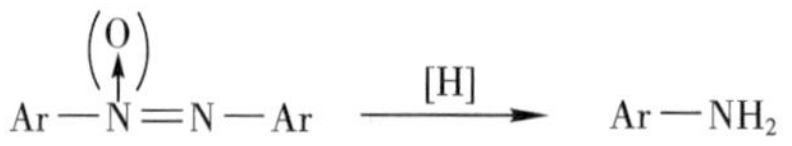

$$Ar-N\overset{(O)}{=}N-Ar \xrightarrow{[H]} Ar-NH_2$$

2. 反应机理　偶氮化合物的还原与硝基化合物的还原反应机理类似。

3. 反应影响因素及应用实例　偶氮化合物由重氮盐与含强致活基团的芳烃经偶联反应制得，且偶联反应优先发生在致活基团的对位，对位被占时发生在邻位。因此，利用偶氮化合物的还原反应，可以间接在活泼芳烃的特定位置引入氨基，而不产生位置异构体。例如，胆囊炎治疗药利胆酚（oxophenamide）中间体对氨基苯酚的合成。

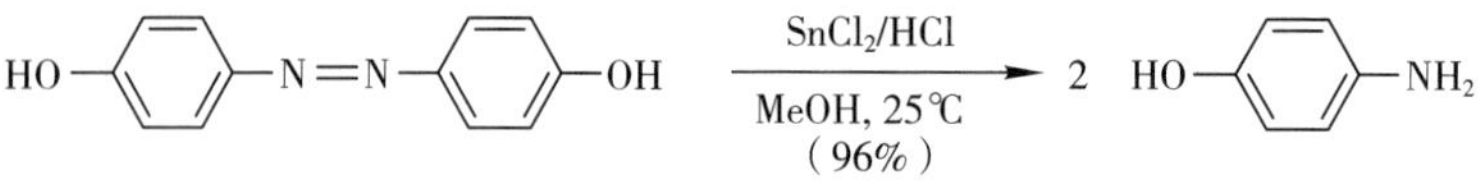

保险粉具有较强的还原性，可用于偶氮化合物的还原反应。例如，溃疡性结肠炎治疗药马沙拉嗪（masalazine）可由苯偶氮水杨酸在碱性条件下经保险粉还原制得。

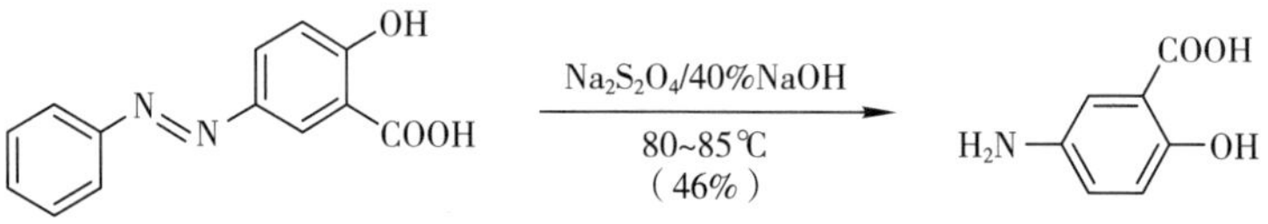

控制中性或碱性条件下，偶氮苯或氧化偶氮苯可被锌粉选择性还原成氢化偶氮苯（二苯肼衍生物）。例如，非甾体抗炎药保泰松（phenylbutazone）的原料氢化偶氮苯，可采用锌/乙酸铵还原偶氮苯来制得，收率（93%）较高。

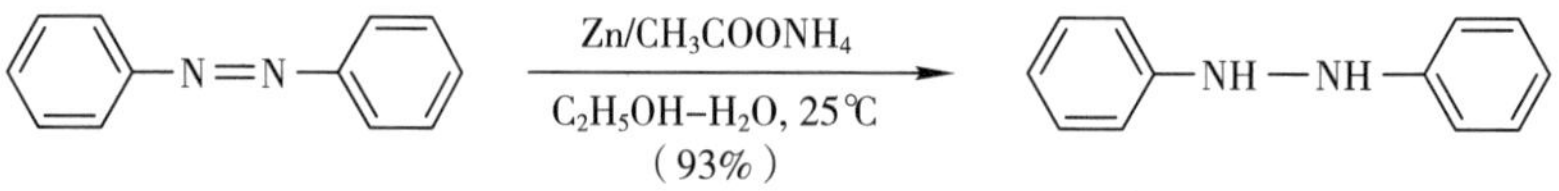

（三）叠氮化合物的还原

1. 反应通式

$$R-N_3 \xrightarrow{[H]} R-NH_2$$

2. 反应机理　叠氮化合物的还原与硝基化合物的还原机理类似。

3. 反应影响因素及应用实例　叠氮化合物可采用催化氢化法或金属复氢化物等还原为伯胺。例如，降压药贝那普利（benazepril）中间体的合成。

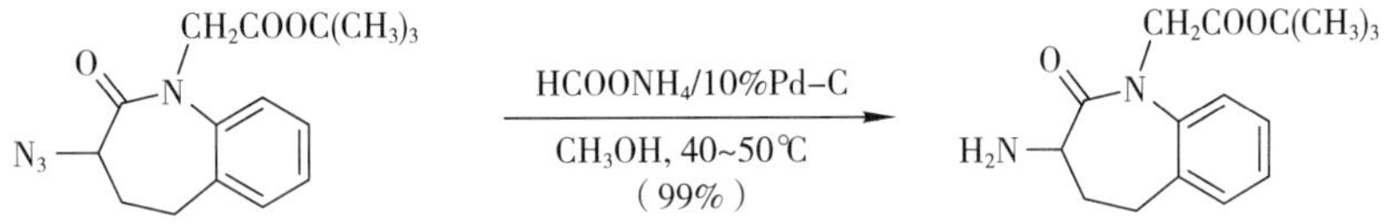

采用活泼金属/供氢体如 Zn/HCl（或 NH₄Cl）也能够将叠氮化合物还原为伯胺。例如，帕金森病治疗药物盐酸普拉克索（pramipexole hydrochloride）中间体的合成。

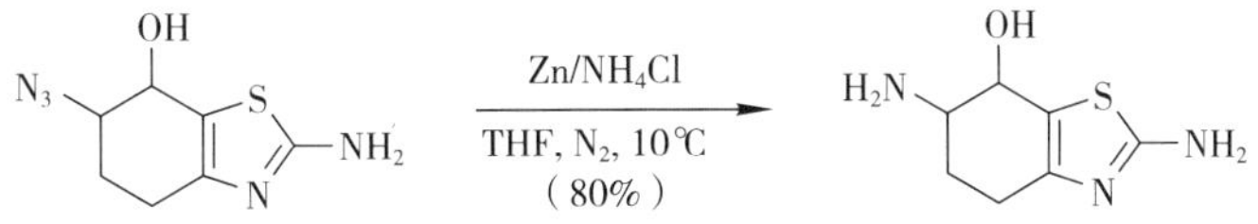

叠氮化合物与三价膦化物（如三苯基膦等）或亚磷酸酯反应生成亚氨基膦中间体，再经水解可得到相应的胺的反应，称为 Staudinger 还原反应。例如，降压药物缬沙坦（valsartan）关键中间体的合成。

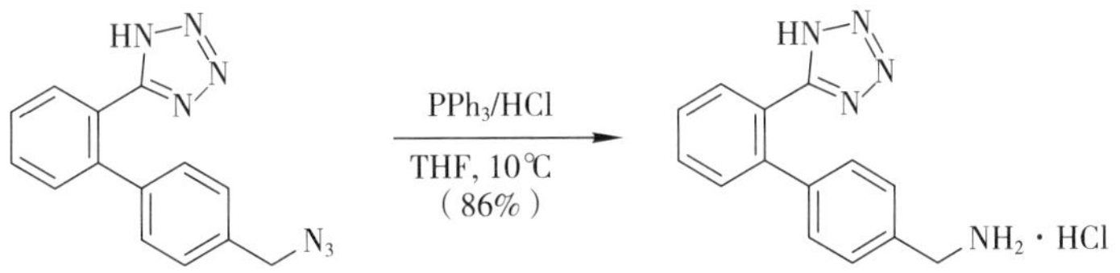

第五节 氢 解 反 应

氢解反应是指在还原反应中碳-杂键（或碳-碳键）断裂，由氢取代杂（或碳）原子或基团生成相应烃的反应，主要包括脱卤氢解、脱苄氢解、脱硫氢解和开环氢解。催化氢解是氢解反应最常用的方法，某些条件下也可用化学还原法完成氢解反应。

一、脱卤氢解

1. 反应通式

$$R-X \xrightarrow{[H]} R-H + HX \quad (X=Cl, Br, I)$$

2. 反应机理　以钯催化氢解脱卤为例，卤代烃首先通过氧化加成机理与钯形成有机金属络合物，再按催化氢化相似机理得到脱卤氢解产物；以化学还原法进行脱卤氢解为电子转移的自由基机理。

$$R-X \xrightarrow{Pd} R-PdX \xrightarrow{H_2} R\underset{H}{\overset{H}{-}}PdX \xrightarrow[-Pd]{-HX} R-H$$

3. 反应影响因素及应用实例　催化氢解首选钯催化，在温和的条件下即可催化芳卤、烷基卤的氢解，收率较高。镍遇卤原子易中毒，一般需增大用量。由于氟原子的毒化作用最强，因此该法不适用于 C—F 键的氢解。例如，抗 HIV 药物奈韦拉平（nevirapine）中间体的合成。

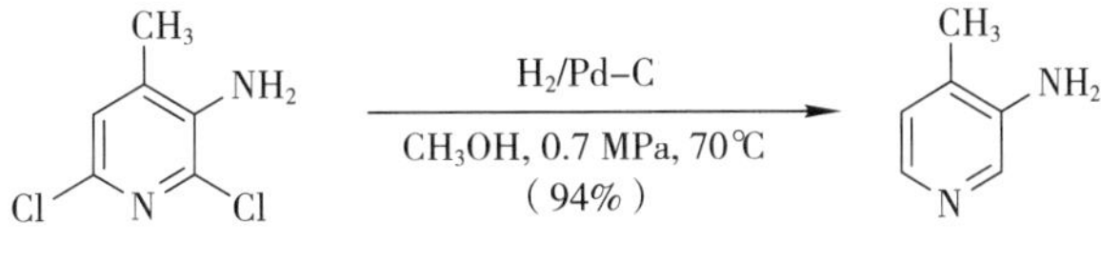

卤代烃脱卤氢解反应的速率主要取决于卤原子离去的难易程度和烃基的结构。一般活性顺序为碘代烃＞溴代烃＞氯代烃≫氟代烃。酰卤、烯丙基卤、苄卤、电子云密度较低的芳卤和α位连吸电子基团（如酮、腈、硝基、羧基、酯基、磺酰基等）的卤代烃更易发生氢解反应；烷基卤较难氢解，需要在反应中加入缚酸剂来中和生成的卤化氢，才能保证反应顺利进行。由此，可根据底物的活性差异控制多卤代烃的选择性还原。例如，抗肿瘤药物去氧氟尿苷（doxifluridine）中间体的合成中，以二异丙胺作缚酸剂、醇作供氢体，钯碳催化下，活性较高的碘被脱除，而氟未受影响。

$$\text{底物} \xrightarrow[\text{EtOH, } i\text{-PrOH, 0.1 MPa}]{\text{Pd-C}/(i\text{-Pr})_2\text{NH}} \text{产物} \quad (89\%)$$

氢化铝锂、硼氢化钠等金属复氢化物也可用于卤代烃的氢解，其中，氢化铝锂可实现C—F键的氢解，反应需要在非质子溶剂中进行。例如，镇咳祛痰药氨溴索（ambroxol）中间体的合成。

$$\text{邻-CF}_3\text{苯胺} \xrightarrow[\text{(C}_2\text{H}_5)_2\text{O, r.t.}]{\text{LiAlH}_4} \text{邻甲苯胺} \quad (>99\%)$$

采用活泼金属（锌、锡、镍-铝合金等）/供氢体或含硫有机化合物也可以实现选择性脱卤氢解。例如，癫痫治疗药加巴喷丁（gabapentin）中间体的合成。

$$\text{二氯环丁酮螺环己烷} \xrightarrow[\text{r.t.}]{\text{Zn/AcOH}} \text{环丁酮螺环己烷} \quad (92\%)$$

用廉价易得的次磷酸/偶氮二异丁腈（AIBN）/三乙胺体系进行脱溴氢解，可避免使用昂贵的金属催化剂，操作简便且收率较高。例如，抗病毒药替比夫定（telbivudine）中间体的合成。

$$\text{溴代底物} \xrightarrow[\text{CH}_3\text{CN, reflux}]{\text{H}_3\text{PO}_2/\text{Et}_3\text{N}/\text{AIBN}} \text{产物} \quad (92\%)$$

三丁基氢化锡（TBTH）在较温和条件下常用来进行选择性脱卤氢解，对底物中的烯基、羰基、羟基、氨基、酯基、醚键和苄基保护基等多种易还原基团无影响。该反应为自由基反应，常用 AIBN 作自由基引发剂。

$$\text{碘代糖} \xrightarrow[\text{Benzene, CH}_3\text{OH}]{\text{TBTH/AIBN}} \text{脱碘产物} \quad (88\%)$$

学科前沿 8-5　光催化还原反应

二、脱苄氢解

苄基或取代苄基是羟基、巯基、氨基、羧基等活泼基团常见的保护基，保护后形成的醚、硫醚、苄胺和酯等较稳定，可通过氢解反应脱除苄基得到原来的醇、硫醇、胺和酸等化合物，该类反应称为脱苄氢解。

1. 反应通式

$$\text{PhCHR-X-R}^1 \xrightarrow{[H]} \text{PhCH}_2\text{-R} + \text{HX-R}^1$$

（R= H, 烃基; X = O, N, S; R¹= H, CH₃COO, 烃基）

2. 反应机理　脱苄氢解与脱卤氢解的反应机理相似。

3. 反应影响因素及应用实例　脱苄氢解反应常在钯催化剂/氢气的作用下完成，反应的难易程度与底物结构密切相关。一般来说，苄基所连杂原子的电子云密度越低，脱苄氢解反应越容易发生。当苄基与氧、氮相连时，反应活性按下列顺序递减，可据此进行选择性脱苄基。

$$\text{PhCH}_2\text{-}\overset{\oplus}{\text{N}}\text{RR}^1\text{R}^2 > \text{PhCH}_2\text{-OR} > \text{PhCH}_2\text{-NRR}^1 > \text{PhCH}_2\text{-NHR}$$

在钯催化下脱 O-苄基时，氢解速率为 PhCH₂OCOR > PhCH₂OAr > PhCH₂OR，除可选择性脱苄外，底物中同时含有的非苄基醚键、酯基、酰胺键等不受影响。例如，慢性阻塞性肺病治疗药物酒石酸阿福特罗（arformoterol tartrate）中间体合成时，在高压条件下采用钯碳/氢气催化氢解，可同时脱除 O-苄基和 N-苄基，而甲氧基和酰胺键不受影响。

当采用钯碳催化氢解无法脱除 N-苄基时，可选用氢氧化钯碳（Pearlman 催化剂）进行选择性催化氢解。如控制反应条件，可使底物中存在的 O-苄基、卤素和烯基等基团不受影响。例如，降糖药西格列汀（sitagliptin）中间体合成时，采用氢氧化钯/乙酸体系脱除 N-苄基，对碳-氟键无影响。

此外，Pearlman 催化剂也可用于 N-苄氧羰基（Cbz）和 O-苄基的氢解，但不如对 N-苄基的氢解活性强。对于含有肽键或其他对酸、碱水解较敏感的底物，可选择在中性条件下脱苄氢解，在多肽及复杂天然产物的合成中具有重要意义。例如，在降糖药鲁格列净（luseogliflozin）合成中，O-苄基在 Pearlman 催化剂作用下被顺利脱除，收率较高。

$$\text{底物} \xrightarrow[\text{C}_2\text{H}_5\text{OH, r.t.}]{\text{H}_2/\text{Pd(OH)}_2} \text{鲁格列净} \quad (81\%)$$

案例讨论 8-5 雷芬那辛中间体的合成工艺优化

三、脱硫氢解

硫醇、硫醚、二硫化物、砜、亚砜，以及某些含硫杂环可采用催化氢化法或化学还原法进行脱硫氢解，从分子中除去硫原子。

1. 反应通式

$$\left.\begin{array}{l} \text{R—S—R}^1 \\ \text{R—S—S—R}^1 \end{array}\right\} \xrightarrow{[\text{H}]} \left\{\begin{array}{l} \text{R—H} + \text{R}^1\text{—SH} \\ \text{R—SH} + \text{R}^1\text{—SH} \end{array}\right. \quad (\text{R, R}^1 = \text{H, 烷基, 芳基等})$$

2. 反应机理 脱硫氢解与脱卤氢解的反应机理相似。

3. 反应影响因素及应用实例 对于脱硫氢解反应，催化氢化法常采用 Raney 镍、硼化镍催化，钯和铂因易被硫化物毒化而很少使用；化学还原法常用镍、锌/酸、金属复氢化物等还原剂。

硫醇或硫醚的催化氢解是制备烃类化合物的有效方法。例如，抗肿瘤药物巯嘌呤（mercaptopurine，6-MP）中间体的合成。

$$\xrightarrow[\text{H}_2\text{O, reflux}]{\text{Ni/Na}_2\text{CO}_3} \quad (96\%)$$

一般来说，硫醇比硫醚更容易被镍催化剂吸附，从而实现 C—S 键的选择性断裂，硫醇被优先氢解。

$$\xrightarrow[\text{C}_2\text{H}_5\text{OH, reflux}]{\text{Raney Ni(H)}} \quad (80\%)$$

硫代酯类化合物在硼化镍的催化下氢解得到伯醇；含硫杂环可脱硫氢解并开环。例如，抗 HIV 药物达芦那韦（darunavir）中间体的合成中，吩噻嗪环在硼化镍/氢气作用下，发生脱硫氢解得到开环产物二苯胺。

$$\xrightarrow[\text{r.t.}]{\text{H}_2/\text{Ni}_2\text{B}} \quad (68\%)$$

二硫化物的氢解是制备硫醇最常用的方法，产物为两分子硫醇。例如，降血脂药物普罗布考（probucol）中间体的合成。

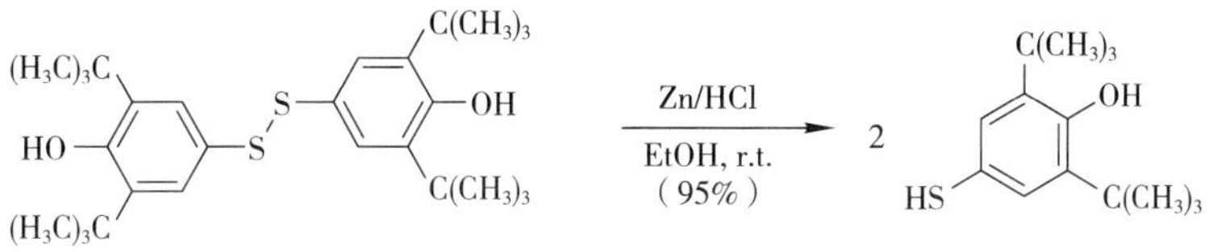

硫代缩酮（醛）的脱硫氢解可将羰基间接转变为亚甲基，特别适用于含有碳－碳不饱和键的醛、酮及 α- 杂原子取代酮的选择性还原，条件温和、收率较好。例如，避孕药去氧孕烯（desogestrel）的合成。

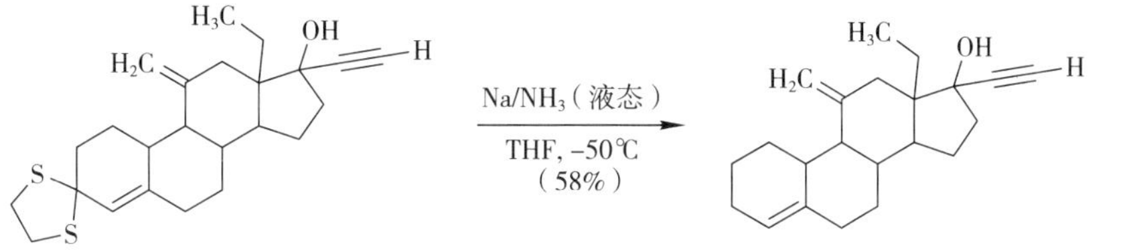

去氧孕烯

四、开环氢解

三元或四元脂环烃、含氮或含氧杂环化合物均可发生开环氢解，分别生成烷烃、胺及醇，反应常采用催化氢化法、金属复氢化物或硼烷等化学还原法。

1. 反应通式

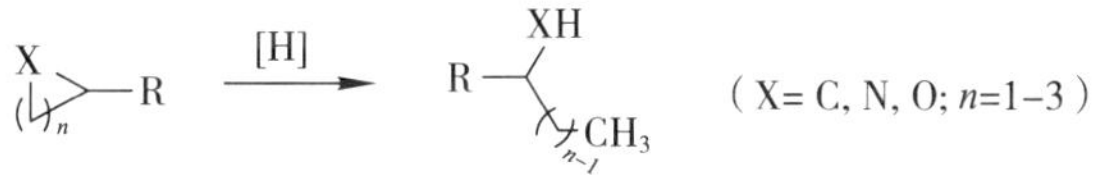

（X= C, N, O; n=1-3）

2. 反应机理 开环氢解与脱卤氢解的反应机理相似。

3. 反应影响因素及应用实例 三元或四元脂环烃因环张力过大而稳定性差，因此，环丙烷极易发生开环氢解；环丁烷较三元环稳定性稍好，氢解条件相对较高；五元以上的脂环烃一般不发生开环氢解。

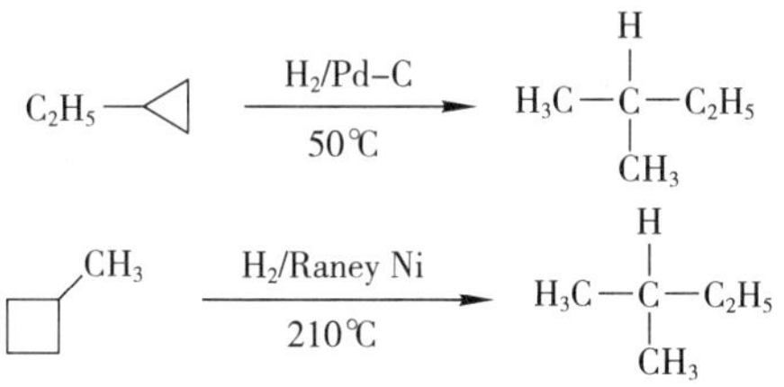

环氧乙烷和氮杂环丙烷衍生物可经催化氢化法氢解开环生成醇和胺，当底物不对称时，反应具有区域选择性。酸性条件下，主要断开位阻较大的碳－氧键；碱性条件下，则以位阻小的碳－氧键断裂产物为主。例如，抗乙肝病毒药物富马酸替诺福韦酯（tenofovir disoproxil fumarate）中间体的合成，(S)- 缩水甘油在碱性条件下催化氢解开环，得到 (R)- 丙 -1,2- 二醇。

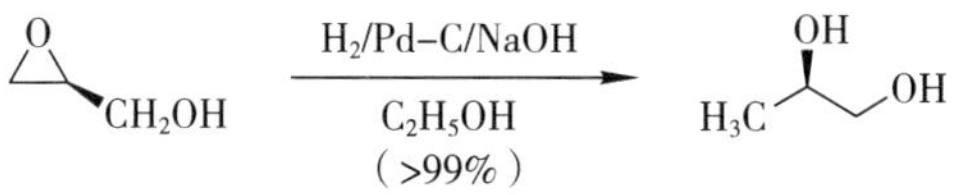

用氢化铝锂、LTBA、硼烷等化学还原剂还原后再水解，可实现缩醛（酮）、环醚等含氧杂环的开环氢解。当使用 LTBA 时，需加入 Lewis 酸或硼烷等催化剂，以提高还原能力。例如，

丙肝治疗药波西普韦（boceprevir）中间体的合成。

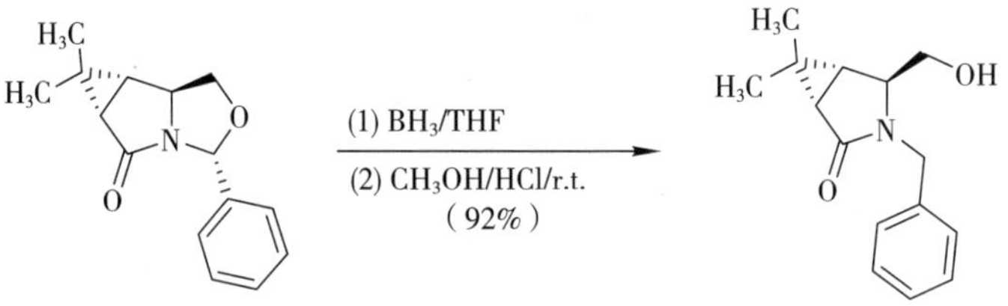

当底物结构中存在其他易被还原的基团时，可伴随氢解反应一并被还原。例如，多发性硬化症治疗药芬戈莫德（fingolimod）的合成中，在酸性条件下钯碳催化氢解开环的同时，底物中的羰基、硝基也被还原。

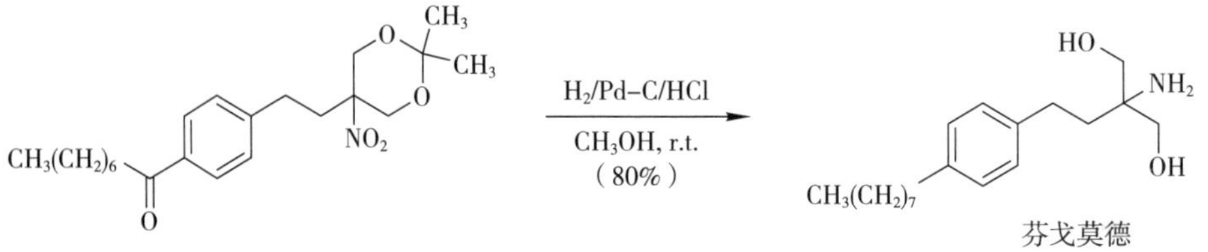

学科前沿 8-6　电化学氢解反应

（翟鑫、姜楠）

数字资源详见　新形态教材网

- 学习目标
- 思维导图
- 思政元素
- 案例讨论
- 微视频
- 拓展阅读
- 学科前沿
- 本章小结
- 课后习题
- 教学课件

第九章 不对称合成

编者导学

📍 学习目标

🧠 思维导图

本章导航
第一节 基本概念
第二节 不对称催化反应

手性是自然界中普遍存在的现象，大多数药物和生物活性分子，如青蒿素、紫杉醇、糖类、蛋白质、核酸等都具有手性特征。手性分子是指与其镜像不能重合的分子。许多手性药物与其立体异构体在生物体内往往表现出不同的药理活性和毒性，因此手性分析方法和合成技术的发展对药物研发、新材料开发等领域都至关重要，与人们的日常生活息息相关。

不对称合成（asymmetric synthesis），也称手性合成或者对映选择性合成，是创制手性分子多样性的重要方法。有机合成中的不对称合成是指在反应过程中，受分子内或分子外手性因素的影响，试剂有选择性地从反应物对称结构的一侧进攻，产生不等量的立体异构体，得到具有旋光活性的手性产物。这里，手性因素可以是化学试剂、催化剂、溶剂或物理因素等。

不对称合成根据应用的策略可以分为物理、化学和生物三类方法：①物理方法如从天然产物中提取与分离手性化合物；②化学方法包括外消旋体拆分、手性源合成和不对称催化合成等；③生物方法主要是利用酶催化、发酵等技术制备手性分子。本章主要介绍化学合成方法中的几类重要的不对称催化反应及其在手性药物分子合成中的应用实例。

第一节 基本概念

一、手性及手性药物

手性广泛存在于自然界中，是指一个物体不能与其镜像重合的性质。大至行星自转、大气气旋，小至矿物晶体、化学分子，都存在手性现象。生命体系中的生物大分子都是手性的，而且都以单一对映体形式存在，例如，构成蛋白质的天然氨基酸都是L-氨基酸，组成核酸的单糖都是D-单糖。

L-氨基酸　　D-脱氧核糖　　D-核糖　　D-葡萄糖　　α-D-吡喃葡萄糖

B和B' = 碱基

目前市售和在研的小分子药物中超过 60% 都有手性。手性化合物的一对对映体常表现出不同的生理和药理作用。例如，治疗帕金森病的药物 L-多巴（L-dopa）在体内可以被脱羧酶催化脱羧，产生活性药物多巴胺（dopamine）；而 D-多巴则不能被催化脱羧。如服用外消旋的多巴，无法与酶作用的 D-多巴则会在体内积累，对健康造成危害。D-青霉胺（D-penicillamine）可用于治疗 Wilson 症（肝豆状核变性）和胆管硬化症，也可以用作汞、铅等重金属中毒的解毒剂，但其 L 型异构体却会导致视力衰退，且有致癌的潜在危险。沙利度胺（thalidomide）又称反应停，其 R-异构体有止吐和镇静作用，而 S-异构体则有强烈的致畸作用。20 世纪 60 年代，欧洲、日本、加拿大等国发生了因孕妇服用外消旋的沙利度胺治疗妊娠呕吐而导致海豹肢畸形儿童发生率增高的事件。正是由于手性化合物立体异构体生理活性的差异和潜在的危害，许多国家在 20 世纪 90 年代颁布了手性药物管理条例，这些政策和法规极大地推动了手性药物的研究规范和快速发展。

L-多巴，可以被脱羧酶催化脱羧　　D-多巴，不会被脱羧酶催化脱羧　　D-青霉胺，治疗Wilson症、胆管硬化症　　L-青霉胺，致癌、视力衰退

R-沙利度胺，止吐、镇静　　S-沙利度胺，致畸作用

二、手性的分类

分子的手性根据分子中不对称元素的不同可以分为中心手性（central chirality）、轴手性（axial chirality）、面手性（planar chirality）、螺旋手性（helic chirality）和固有手性（intrinsic chirality）等。

学科前沿 9-1　平面手性和螺旋手性

中心手性：当连接在中心碳原子上的 x、y、z 和 w 为四个不同的取代基团时，该分子没有对称性，称为中心手性体系（如 9-1）。假设四个取代基按照 CIP（Cahn-Ingold-Prelog）命名法则，从大到小以 $x>y>z>w$ 的顺序排列，将最小的基团 w 朝向远离观察者的方向，如果观察到 $x \to y \to z$ 是顺时针方向，则这个手性碳的构型定义为 R（源于拉丁文 "rectus"，"右"）；反之该手性碳的构型定义为 S（源于拉丁文 "sinister"，"左"）。例如，分子 9-1 按上述规则定义为 R 构型；D-甘油醛（9-2）按照 CIP 命名法则为 (S)-甘油醛。

9–1

R 构型

S 构型

9–2, D–甘油醛

9–2, (*S*)–甘油醛

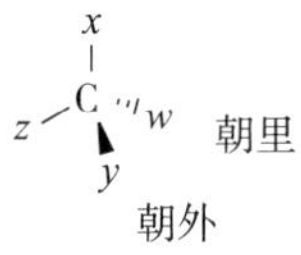

中心手性普遍存在于众多药物分子中，例如前面提到的 L– 多巴，D– 青霉胺和沙利度胺，还有左氧氟沙星（levofloxacin）、右佐匹克隆（eszopiclone）、左乙拉西坦（levetiracetam）和左西替利嗪（levocetirizine）等都是中心手性药物分子。

左氧氟沙星

右佐匹克隆

左乙拉西坦

左西替利嗪

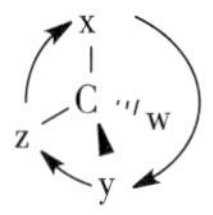

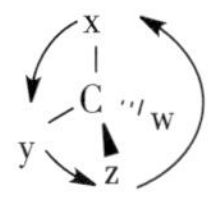

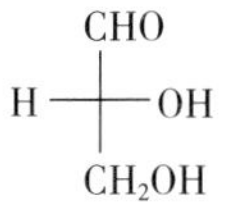

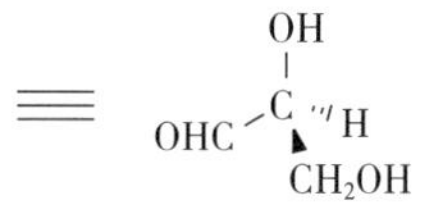

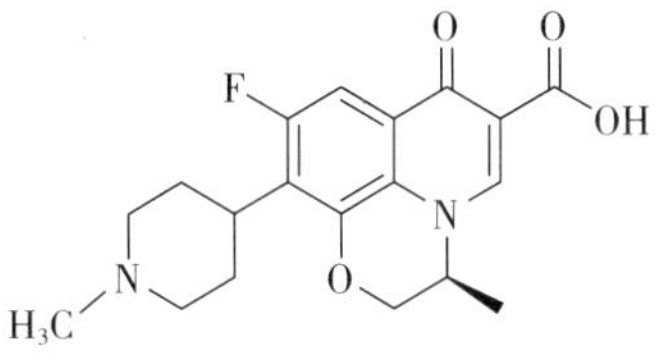

轴手性：四个基团分两对围绕一个轴排列在平面之外，若每对基团不同，则该结构称为轴手性体系。轴手性体系被认为是中心手性的延伸。代表性的结构如联芳烃类（9–3a、9–3b）和丙二烯（联烯）类（9–4）化合物。联萘酚 9–3a 是不对称催化反应中常见的一类手性配体，沿轴向（a → b 方向）看，靠近观察者（a 端）的一对基团在优先顺序中排在头两位（即第 1、2 位），另一对基团则排在第 3 和第 4 位（即轴单元上的两个近取代基比远取代基的优先级高）。按照与中心手性体系类似的规则进行命名，将最小的基团 4 朝向远离观察者的方向，观察到 1 → 2 → 3 是顺时针方向，因此化合物 9–3a 具有 *R* 构型。事实上，无论从哪一端观察其结果均是相同的。9–4 是丙二烯（联烯）类化合物，如果丙二烯（联烯）两端碳原子上各连两个不同基团时，由于所连四个基团两两各在相互垂直的平面上，分子就没有对称面和对称中心，因而具有手性（即当 a≠b 且 c≠d 则有手性，若 a = b 或 c = d 则没有手性）。其中，9–4 结构中将最小的基团 d 朝向远离观察者的方向，若观察到三个基团从大到小 a→b→c 是顺时针方向，则化合物 9–4 构型定义为 *R*。

9–3a, (*R*)–联萘酚

观察者

9–3b, (*R*)–联芳烃类化合物

9–4, (*R*)–丙二烯类化合物
a > b, c > d

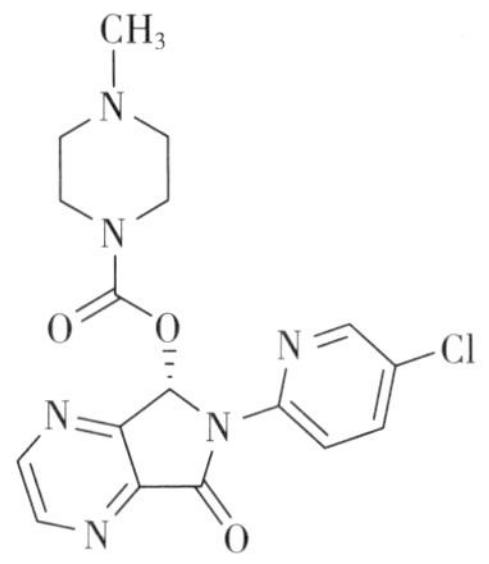

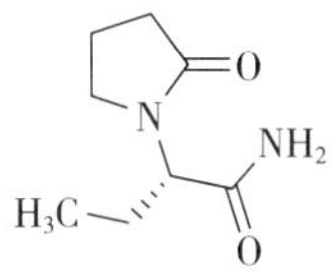

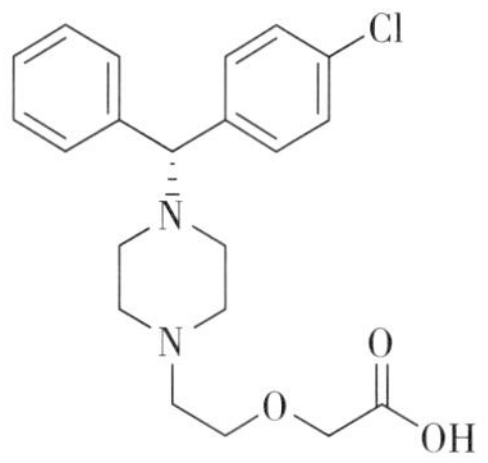

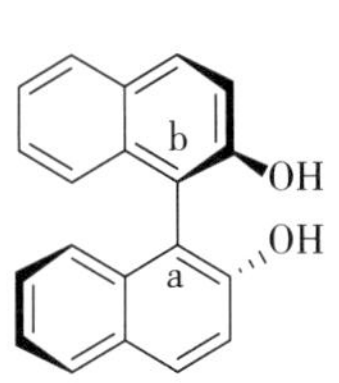

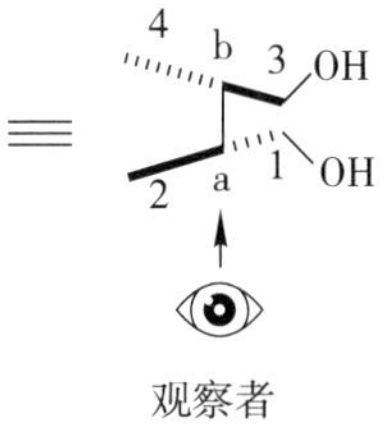

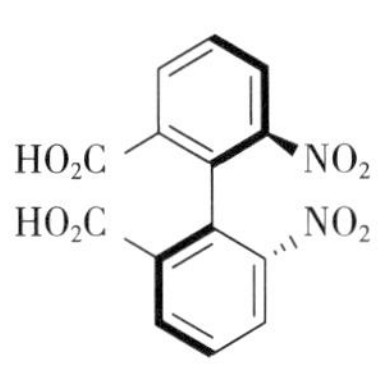

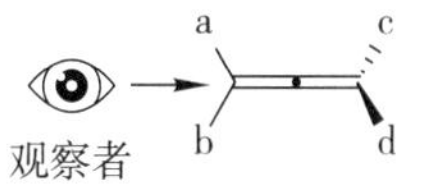

其他类型手性分子：除了中心手性分子和轴手性分子以外，还有其他多种不同类型的手性体系，包括平面手性、螺旋手性和固有手性体系等。

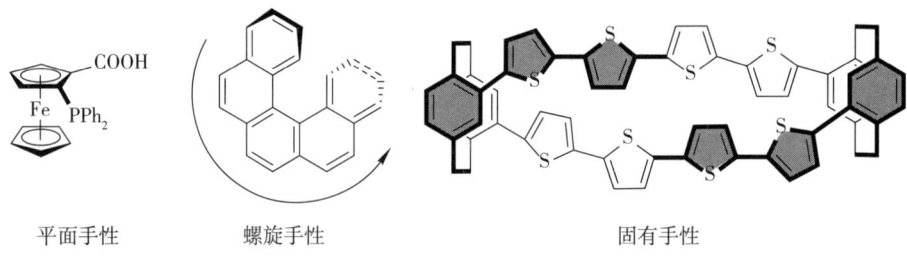

| 平面手性 | 螺旋手性 | 固有手性 |

三、对映体组成的测定

互为实物与镜像而但不可重叠的立体异构体，称为对映异构体（enantiomer，简称为对映体），对映异构体都有旋光性，其中一个是左旋的，一个是右旋的，因此对映异构体又称为旋光异构体。以酒石酸分子为例，9-5 与 9-6 为对映异构体，而 9-5（或 9-6）与 9-7（或 9-8）为非对映异构体。

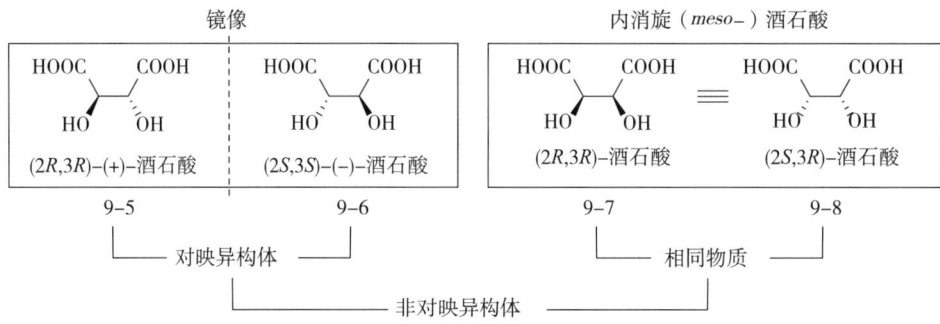

样品的对映体组成可以用对映体过量（enantiomeric excess, ee）来描述，即反应中生成的一种对映体多于另一种对映体的百分率。此外，也可以使用两个对映体的比例（enantiomeric ratio, er）来表示。例如，酒石酸的一对对映体过量可以用式（9-1）计算：若生成的产物仅一种对映体，则 ee 值为 100%。若生成的产物为外消旋体混合物（即产生等物质的量的 9-5 与 9-6），则 ee 值为零。若生成的两种对映体 9-5 和 9-6 的比例为 3∶1，则 ee 值为 50%。

$$ee = \frac{|[9-5] - [9-6]|}{[9-5] + [9-6]} \times 100\% \tag{9-1}$$

相应地，当生成的立体异构产物为非对映异构体且其中一种非对映体的量多于其他非对映体，则这种反应是非对映选择性反应（diastereoselective reaction）。非对映选择性的效率用非对映体比例（diastereomeric ratio, dr）表示；也可以用非对映体过量百分率（diastereomeric excess, de）表示。例如，酒石酸四种立体异构体的非对映体过量可以用式（9-2）计算。

$$de\% = \frac{|[9-5] + [9-6] - [9-7] - [9-8]|}{[9-5] + [9-6] + [9-7] + [9-8]} \times 100\% \tag{9-2}$$

（一）测定比旋光度

对映体组成又称光学纯度，是指样品所测定的比旋光值与最大（或绝对）比旋光度之比，可以用 ee 值来衡量［式（9-3）］。对一个已知纯对映体比旋光度的手性化合物，其 ee 值可通过测定的旋光度［式（9-4）］来推算。

$$光学纯度\ ee\ (\%) = [\alpha]_{观察值} / [\alpha]_{最大值} \times 100\% \tag{9-3}$$

$$[\alpha]_D^{20} = \frac{\alpha}{L \times c} \times 100\% \tag{9-4}$$

式中：α为测定的旋光度（°）；L 为样品池光路长度（dm）；c 为浓度（g/100 mL）；D 表示用于测定的光波长为钠黄光 D 线（波长为 589 nm）；20 表示测量温度为 20℃。

测量一个化合物的旋光度，可以初步获得该化合物的对映体纯度，但这种方法受到许多因素的限制。旋光度的测定必须为纯的化合物，且与所比较的数据要在相同条件下进行测定。但不管如何，对手性化合物来说，旋光度和比旋光度都是一个必要的测定数据。

拓展阅读 9-1　偏振光和旋光仪的测定原理

（二）手性色谱法

目前测定对映体组成最有效、最方便的方法是利用手性色谱法（手性高效液相或者气相色谱分析）。它是基于手性固定柱（手性柱）对手性化合物对映体快速和可逆的相互作用，由于对映体与手性固定相的作用能力存在差异，因而对映体各自以不同的速度被洗脱、分离。目前多种类型的液相和气相手性分析柱已实现商业化生产，可以直接购买。

以手性高效液相色谱（HPLC）法测定立体异构体组成为例，基于消旋化合物 9-9 的液相分析结果可以判断出峰顺序为 1 和 4 的立体异构体为一对对映体，出峰顺序为 2 和 3 的异构体为另一对对映体，而出峰顺序为 1（或 3）与 2（或 4）的立体异构体互为非对映体；通过对手性样品的分析结果可以计算出 dr 值为（4.81 + 88.58）：（2.45 + 4.16）= 93：7，一对主要对映异构体 ee 值为 $=\dfrac{88.58-4.81}{88.58+4.81}\times100\%=90\%$，另一对对映异构体 ee 值为 $\dfrac{4.16-2.45}{4.16+2.45}\times100\%=26\%$。

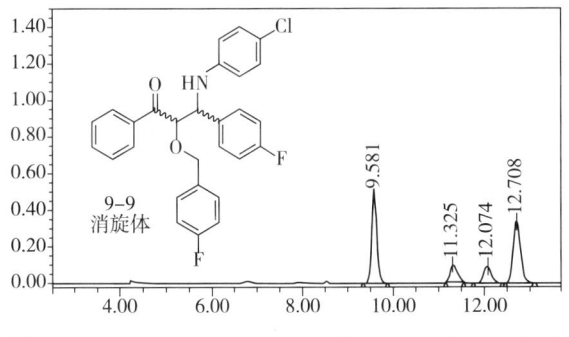
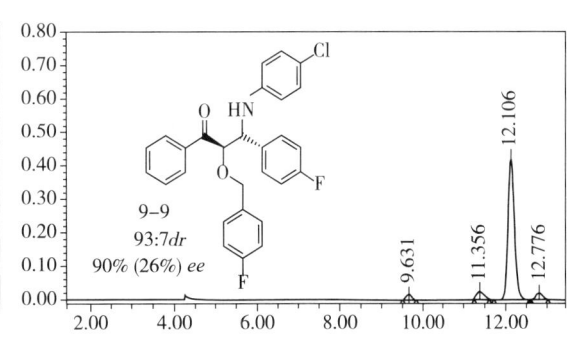

出峰顺序	出峰时间 /min	峰高 /mV	峰面积 /mV.sec	峰面积占比 /%
1	9.6	477 851	3 875 240	39.52
2	11.3	93 533	1 058 691	10.80
3	12.1	89 778	998 667	10.18
4	12.7	338 095	3 872 708	39.50

出峰顺序	出峰时间 /min	峰高 /mV	峰面积 /mV.sec	峰面积占比 /%
1	9.6	16 556	131 840	2.45
2	11.4	23 653	259 052	4.81
3	12.1	423 470	4 767 393	88.58
4	12.8	20 856	223 843	4.16

（三）核磁共振法

运用核磁共振法测定对映体的组成需要使用手性位移试剂或手性衍生化试剂。基本原理是被测的一对对映体和手性试剂相互作用后，能够像一对非对映体一样在核磁谱图上区分出来。

拓展阅读 9-2　对映异构体组成测定的其他方法

四、绝对构型的测定

目前有多种方法可用于手性化合物绝对构型的测定，包括 X 射线衍射法、化学相关法、

Prelog 法和 Horeau 法等。

拓展阅读 9-3 绝对构型测定的其他方法

（一）X 射线衍射法

单晶 X 射线衍射分析是测定手性化合物立体构型的可靠手段。晶体是由原子规则排列而成的晶胞组成，当一束单色 X 射线入射到晶体时，由不同原子散射的 X 射线相互干涉，在某些特殊方向上产生强 X 射线衍射，衍射线在空间分布的方位和强度，与晶体的结构密切相关，这就是 X 射线衍射的基本原理。如非甾体抗炎药萘普生（naproxen）结构的单晶 X 射线衍射分析结果如下。

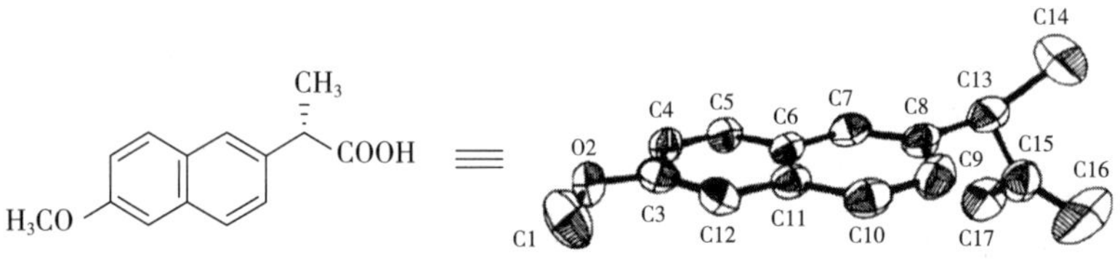

萘普生 ≡ CCDC 1130671

（二）化学相关法

化学相关法是通过化学反应将待测样品转化成一个已知构型的产物，将两个化合物的绝对构型相关联，然后通过比较两个化合物的物理性质推测出待测样品的绝对构型。该物理性质可以是比旋光度或其他物理常数。例如，为了推断出化合物 9-10 的立体构型，可以先通过烷基化反应（RX = 卤代烃等）生成 9-11，然后经氯化生成 9-12，反应构型保持，最后转化为构型反转的 9-13。这样，通过已知构型的产物 (S)-9-13 可以推测出起始原料 9-10 为 R 构型。

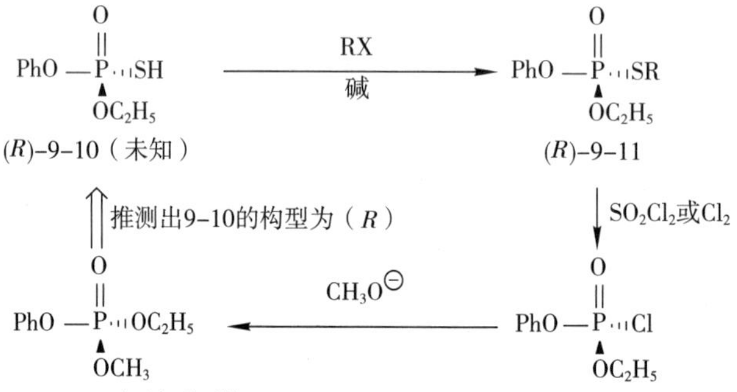

五、不对称合成策略

获得手性化合物的方法可以分为物理、化学和生物三类方法：物理方法如从天然产物中提取与分离手性化合物；化学方法包括消旋体拆分、手性源合成和不对称催化合成等；生物方法是利用酶催化、发酵等技术制备手性分子。

（一）消旋体拆分

通常化学合成的手性化合物是两种对映体的等物质的量混合物，称为外消旋体。我们要从外消旋体中获得单一立体异构体的手性化合物，可以通过对映体的结晶分离，该方法称为消旋体拆分。最早的手性化合物分离技术可追溯到 1848 年，法国科学家巴斯德（Pasteur）在显微镜下，用镊子将具有不同手性特征的酒石酸晶体分别挑了出来，实现了酒石酸手性分子的分离。

拓展阅读9-4 酒石酸盐类光学异构体分离实验简介

外消旋化合物的拆分是目前工业上手性化合物制备的经典方法之一。该方法首先需要合成外消旋的目标化合物；而且单次拆分的最高收率低于50%。经典的拆分消旋体的方法主要包括物理拆分、化学拆分和生物拆分三大类。

1. 物理拆分 包括晶体的机械拆分法、优势结晶拆分法和层析分离法。巴斯德在显微镜下分离两种构型的酒石酸就属于机械拆分法。优势结晶拆分法也叫诱导结晶拆分法，该方法主要利用两种对映体的结晶速率不同进行拆分。在结晶过程开始时，加入一定量所需要的对映体结晶作为晶种，然后在合适的条件下进行结晶，由于外加对映体晶种的诱导，该单一对映体首先优势结晶析出，得到所需的单一构型的对映体。

目前实验室常用的层析分离对映异构体最有效的是手性高效液相层析法。采用手性色谱柱可以直接分离对映异构体。该方法具有分离速度快，产品纯度高和方法简便等优点。但是针对不同类型的手性化合物需要使用匹配的手性色谱柱，处理量小，往往局限于实验室研制和小规模的制备。

2. 化学拆分 利用光学纯的手性试剂与一对对映异构体形成非对映体盐类化合物，从而增加两者的物理性质的差异，然后将其结晶分离。例如，在早期的氯霉素合成工艺中，消旋的氯霉素的母体在水或甲醇中用 d-酒石酸作为拆分剂进行拆分，这一手性拆分剂与 D-(-)-氯霉素作用后会使其优先结晶析出，而与 L-(-)-氯霉素成盐部分则继续留在母液中，从而实现两种异构体的分离；再通过氨水使 D-(-)-氯霉素游离出来，实现消旋氯霉素前体对映异构体的拆分。

拓展阅读9-5 动力学拆分和动态动力学拆分简介

案例讨论9-1 动态动力学拆分合成（S）-萘普生

3. 生物拆分 利用酶或含有活性酶的微生物菌体作生物催化剂，选择性地将两种对映异构体中的一种转变成其他化合物，实现对外消旋体进行拆分分离的目的。生物催化剂催化的反应往往具有高度的立体专一性，副反应少，产率高，得到的产物光学纯度很高。生物催化反应大多在温和的条件下进行，温度通常在室温~50℃，pH接近中性（往往在pH缓冲溶液中进行），对环境友好，适用于工业化大规模生产。

（二）手性源合成

手性源合成（chirality pool synthesis）是指从天然来源或合成的手性原料出发，通过化学修饰的方法转化为手性产物。产物构型既可能保持，也可能发生反转或发生手性转移。例如，全身麻醉药依托咪酯（etomidate）中间体的合成采用手性胺底物作为起始原料，甲苯作为溶剂，在碱性条件下（由于反应产生一分子盐酸）通过 (S)-α- 甲基苄胺与 2- 氯乙酸苯乙酯缩合即可制得关键手性中间体，反应过程中手性保持。

阿利克仑半富马酸盐（aliskiren fumarate）是一种肾素抑制剂，可用于高血压、心血管疾病和癌症恶病质的治疗研究。其关键手性中间体的合成利用手性噁唑烷酮作为手性辅基，在低温（-78℃）、双（三甲基硅基）氨基锂（LiHDMS）作碱的条件下，通过苄溴化合物参与羰基α位的烷基化反应，立体选择性构建新的手性中心。反应过程中，手性辅基上的手性顺利传递到反应产物中（59% 的收率，99% ee）。产物经氢氧化锂的水溶液处理，脱除手性辅基，得到（R）- 型手性羧酸产物。该产物作为关键的手性原料，再经多步转化合成阿利克仑半富马酸盐。

（三）不对称催化合成

不对称催化合成是指在手性环境中，把非手性原料转化为手性产物的方法，被认为是最有效的手性分子合成技术。它往往只需一个高效的手性催化剂分子，就可以诱导产生数百万个具有所需结构的手性分子。要解决这一挑战性的科学问题，关键在于手性催化剂的研制。化学不对称催化合成包括手性金属催化，手性有机小分子催化和协同催化等策略。

1. 手性金属催化 手性金属催化的不对称反应是合成手性分子的重要方法。在过渡金属配合物催化的反应中，通过使用手性配体、手性阴离子，以及构造金属手性中心等策略，可以在催化反应中心附近产生手性环境，从而实现对反应立体选择性的控制。在这一领域，不对称催化氢化是应用最为广泛的不对称合成反应。

例如，以 1,1'- 联萘 -2,2'- 双二苯膦（BINAP）- 钌配合物为催化剂，利用氢气作为还原剂，不对称催化还原消旋的 β- 酮酸酯，可以获得 98% 的对映选择性和 88% 的非对映选择性的顺式产物；其中顺式氢化产物可以高效地合成青霉素（penicillin）的关键中间体——手性 β- 内酰胺。进一步优化配体，使用手性膦配体 DTBM-SEGPHOS 与钌的配合物作为手性催化剂，反应可以获得 99.4% 的对映选择性和 98.6% 的非对映选择性，转化数 TON 值达到了 3 000（TON = 底物摩尔数 / 催化剂摩尔数，表示催化剂可以催化的最大循环数）。

不对称氢化也可以应用到抗帕金森病药 L- 多巴的合成中，通过铑和手性膦配体（DIPAMP）组合的催化剂，能够高效、高选择性地还原烯胺底物，实现 L- 多巴（L-dopamine）关键中间体的不对称催化氢化制备。

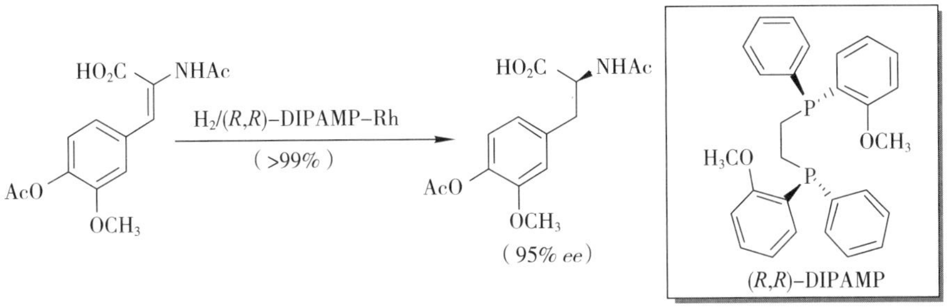

2. 有机小分子催化 有机小分子催化的反应起源于模拟酶的非金属催化反应。有机催化剂具有低（无）毒、易得、在空气中稳定、反应可在非无水溶剂中进行及操作简便等优势。利用 L- 脯氨酸（L-proline）催化羰基化合物，可以实现经由亚胺正离子和烯胺中间体过程的不对称 Aldol 反应。

学科前沿 9-2 不对称有机小分子催化

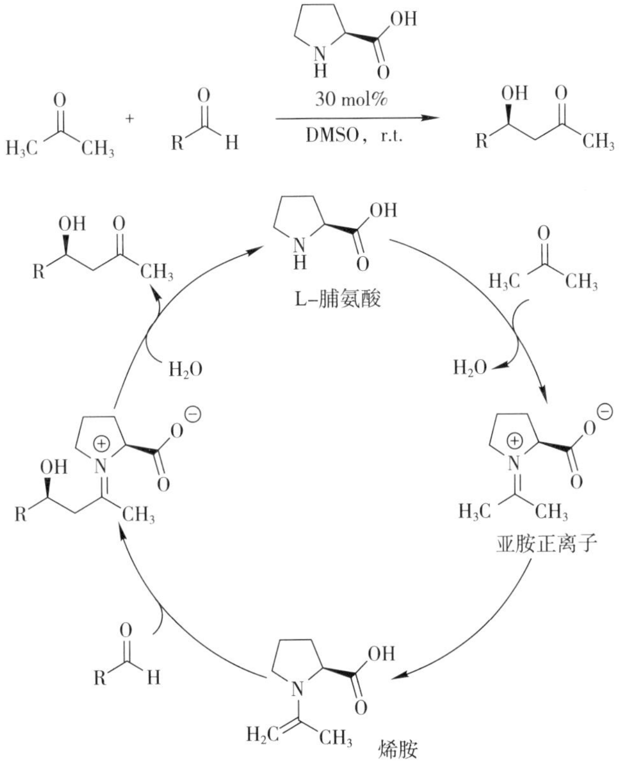

与此同时，苯丙氨酸衍生物可以催化 α,β- 不饱和醛，经由亚胺正离子中间体过程的不对称 Diels-Alder（D-A）加成反应。

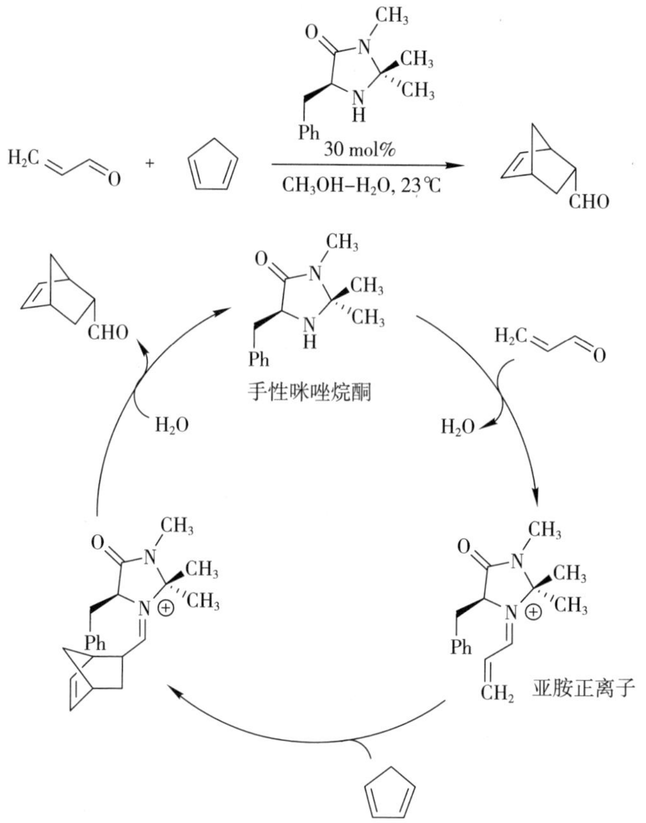

案例讨论 9-2 L-脯氨酸催化合成前列腺素

3. 协同催化 由多功能催化剂或几种催化剂共同作用，通过多种活化作用，与底物形成利于反应进行的复合活性物种，称为协同催化。协同催化主要包括同步协同和异步协同两种催化模式。同步协同是指两种或两种以上催化剂同时起作用，共同促进反应的进行。异步协同则是指两种或两种以上催化剂先后起作用，达到共同促进反应的目的。

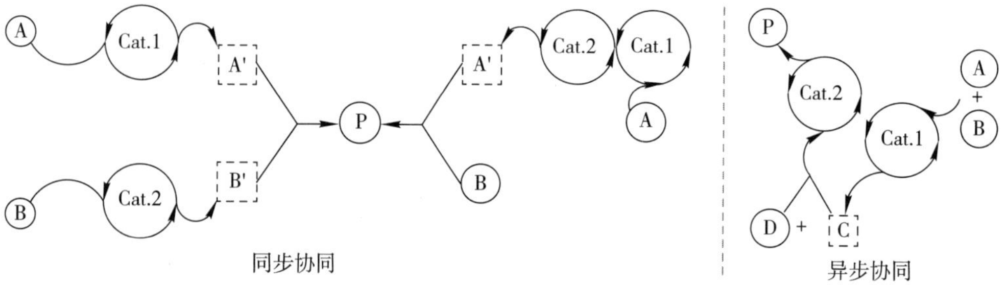

相转移催化剂与金属协同催化的烯丙基化反应是首例金属和有机小分子协同催化的反应。反应过程中，金属钯催化剂催化乙酸烯丙酯产生具有亲电性的烯丙基钯活性物种；手性奎宁类有机小分子催化剂（Cat*-1 或者 Cat*-2）与酮亚胺作用，产生具有亲核性的手性离子对中间体，最后通过该两类原位产生的活性物种之间的加成反应，实现不对称烯丙基化反应。反应中的立体选择性控制主要是手性催化剂与底物通过形成离子对的形式起作用，虽然仅获得了中等的对映选择性（59% ee），但这一发现证明了协同催化不对称合成的可行性。

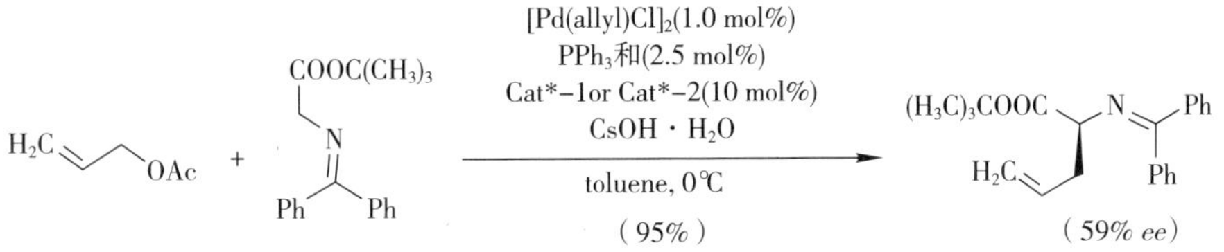

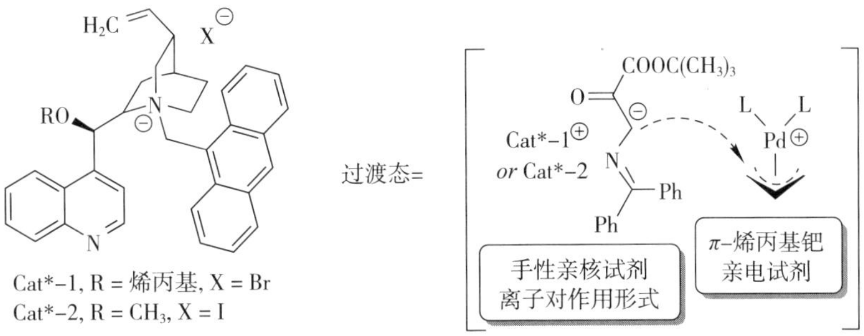

除了金属和有机小分子协同催化外，双金属不对称协同催化、可见光和金属协同催化等领域也取得了一系列研究成果，不仅可以有效实现单一催化剂难以实现的催化转化，同时也能取得高的立体选择性控制。

（四）生物酶催化不对称合成

生物酶催化法是用生物酶作为催化剂立体选择性控制合成手性化合物。其本质是利用酶或微生物细胞内的酶，催化有机化合物的合成反应。酶是催化特定生物化学反应的生物催化剂。根据酶的催化反应类型，可以把酶划分为六大类：水解酶类，氧化还原酶类，异构酶类，转移酶类，裂解酶类，合成酶类。

学科前沿 9-3 *酶催化合成*

新型 (+)-γ- 内酰胺酶被应用于酶催化手性拆分，来制备光学纯的 (-)-γ- 内酰胺，它是治疗 HIV 逆转录酶抑制剂阿巴卡韦（abacavir）的关键手性中间体。另一构型的原料则会被 (+)-γ- 内酰胺酶水解为 γ- 氨基酸产物，该手性产物可被用于合成治疗 2 型糖尿病的药物美格列汀（meogliptin）。

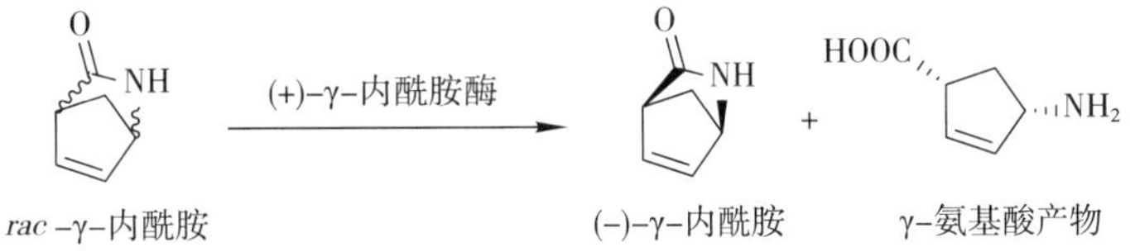

第二节　不对称催化反应

一、不对称加成反应

（一）不对称 Aldol 加成反应

Aldol 反应是两个羰基化合物之间形成碳 – 碳键，生成 β- 羟基羰基化合物的反应，它是立体选择性获得手性醇类化合物的常用方法之一。

1. 反应通式　Aldol 加成反应中的受体是醛、酮化合物，给体往往是由羰基化合物衍生的烯醇或者烯醇负离子；由于 Aldol 加成反应是可逆的，在实际的合成应用中则往往使用相对稳定的、预制备的烯醇硅醚作为给体，反应结束脱除硅基，使得反应能够顺利进行完全。

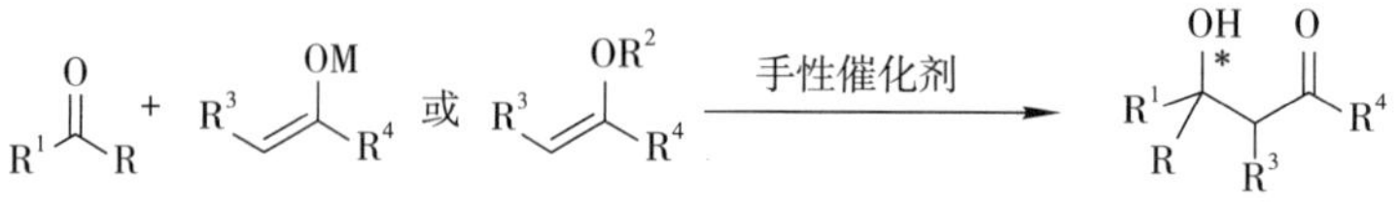

第九章 不对称合成

（M= 各类金属；R^2= H，各类烷基，硅基等）

2. 反应机理　Aldol 加成反应既可以在酸催化下进行，也可以在碱催化下进行。详细机理参考第五章缩合反应第一节。在不对称催化的 Aldol 加成反应中，往往使用烯醇硅醚作为给体。由于硅的 Lewis 酸性较弱，不容易和羰基发生配位，因此不会形成六元环反应过渡态，而是形成线性过渡态发生反应。为了避免加成过程中存在的空间位阻，手性 Lewis 酸（LA^*）催化羰基化合物与烯醇硅醚的 Aldol 加成反应有优先形成 syn 构型产物的倾向。

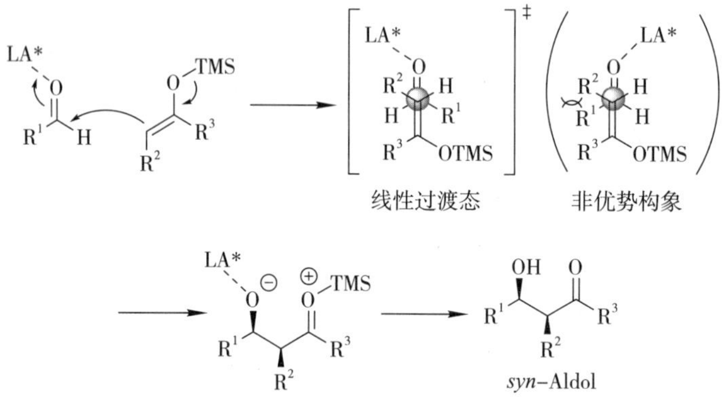

线性过渡态　　　　非优势构象

syn-Aldol

3. 反应影响因素及应用实例　为了提高反应的转化率和立体选择性控制，常选用烯醇硅醚作为 Aldol 加成的给体，常见的硅基保护基主要有三甲基硅基（TMS），三乙基硅基（TES），叔丁基二甲基硅基（TBS），三异丙基硅基（TIPS），其中烯醇硅醚的稳定性随着这些保护基的位阻增大而增加，即 TIPS > TBS > TES > TMS。烯醇硅醚为烯醇负离子的等效体，其亲核性不够强，往往不能直接与酮反应，因此需要加入手性催化剂活化羰基，提高加成受体的活性，实现反应的不对称催化，合成手性 β-羟基羰基化合物。例如，利用手性 Lewis 酸，手性噁唑啉配位的铜络合物（Cat^*-3），催化烯醇硅醚和醛的羟醛缩合反应。手性铜催化剂通过与氧原子作用活化醛羰基，形成五元环的配合物。由于手性配体配位后造成羰基前后空间位阻的差异，烯醇硅醚选择性的与羰基在位阻小的 si- 面加成，得到 S 构型的 β-羟基酮产物。

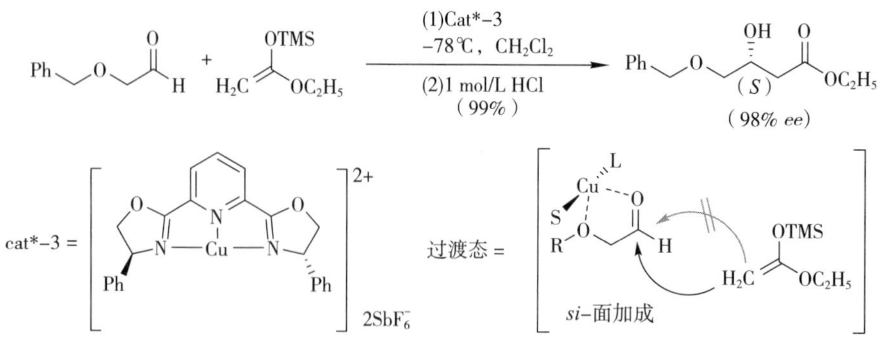

由于烯醇硅醚在酸性条件下容易水解，脱除硅基保护生成羰基化合物。因此，大多数烯醇硅醚参与的羟醛缩合反应往往是在中性或者偏碱性条件下进行。例如，可以利用手性有机碱催化剂磷酰胺（Cat^*-4）催化反应，手性磷酰胺和三氯甲基烯醇醚的硅原子配位形成六配位的硅，经由椅式过渡态与醛酮发生加成反应，得到 S 构型的产物。

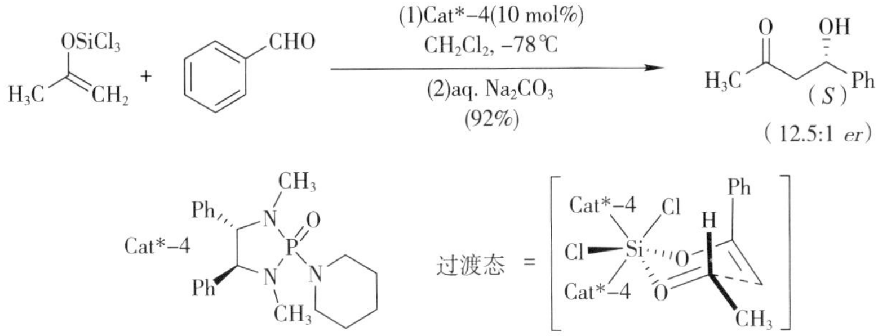

除此之外，手性有机小分子催化剂还可以通过双活化的模式，同时作用于加成受体和给体，实现不对称催化的 Aldol 加成反应。例如，在降血脂药阿托伐他汀（atorvastatin）中间体的合成中，用金鸡纳生物碱-脲衍生物（Cat*-5）作为手性双功能有机小分子催化剂：一方面脲的部分通过氢键作用活化羰基化合物，提高其亲电活性；另一方面金鸡纳碱中的氮与加成给体中的羧基作用，实现了烷基醛与氟代丙二酸半硫酯的不对称 Aldol 加成反应，得到的产物重结晶后 ee 值可以提升至 99%。

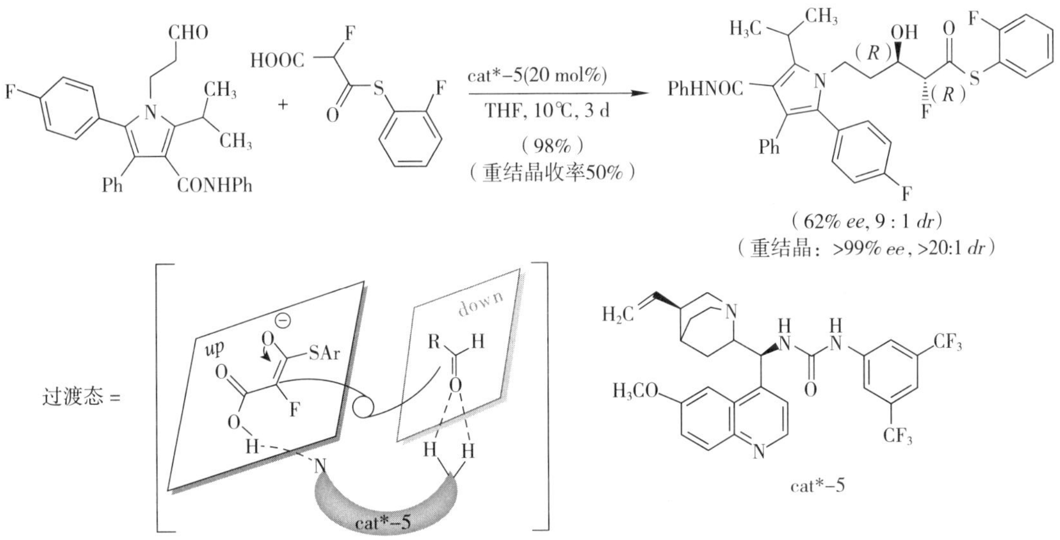

（二）不对称 Michael 加成反应

不对称 Michael 加成反应是立体选择性构建碳-碳键和碳-杂原子键最可靠的方法之一。

1. 反应通式 从广义上来说，缺电子的烯烃均可成为 Micheal 加成反应的受体；亲核试剂（NuH）进攻缺电子的碳-碳双键，在吸电子基团的 β-碳原子上产生一个手性中心。

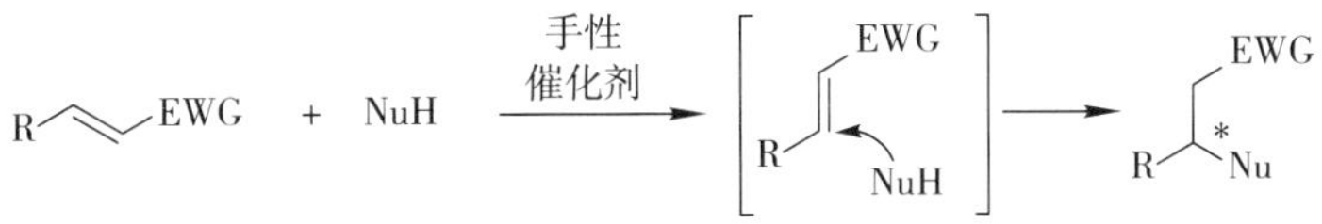

（EWG=酯基、硝基、磺酰基、磷酰基等吸电子基团）

2. 反应机理 不对称 Micheal 加成反应主要有三种催化作用模式：①利用手性 Lewis 酸或者手性有机小分子通过非共价键活化 Micheal 加成受体，实现不对称催化加成；②利用手性胺活化 α,β-不饱和羰基化合物，生成手性 α,β-不饱和亚胺盐再发生加成反应；③利用手性胺活化羰基化合物，生成手性烯胺作为加成给体再发生加成反应。

非共价键活化模式:

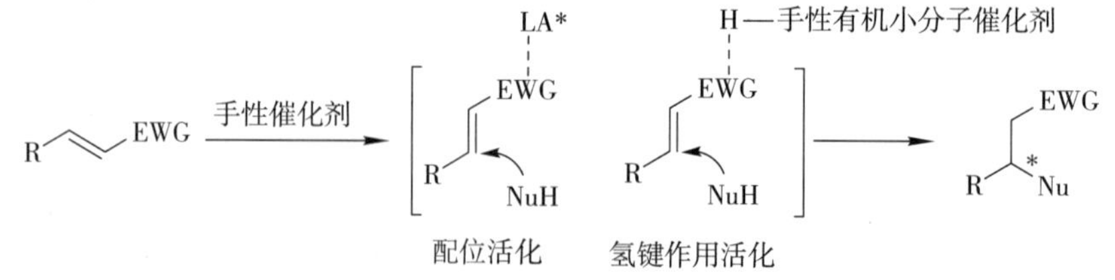

[反应示意图：手性催化剂活化烯烃EWG底物，通过配位活化（LA*）和氢键作用活化两种模式，与NuH加成得到手性产物]

共价键活化模式:

[反应示意图：α,β-不饱和酮与手性仲胺 R*NH R* 在 +H⁺/−H₂O 条件下生成手性亚胺盐，然后与 Nu⁻ 加成，经 +H₂O 得到 β-手性产物并再生催化剂]

[反应示意图：酮与手性仲胺缩合生成手性烯胺，与 EWG 烯烃加成，经 +H₂O 得到 α,β-手性产物并再生催化剂]

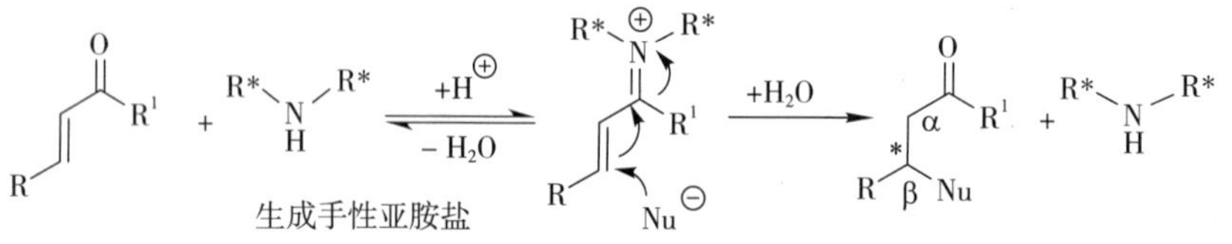

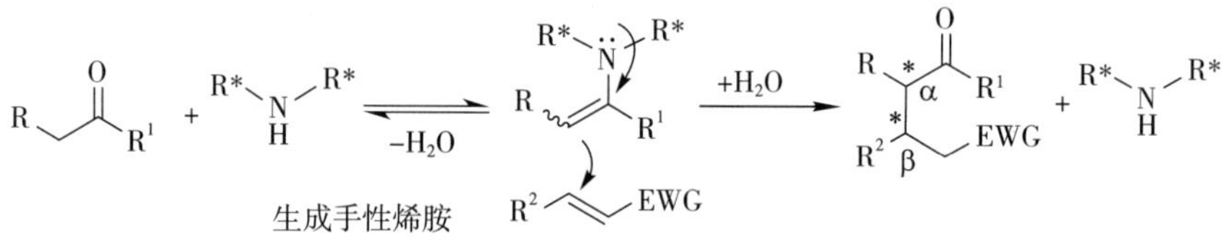

3. 反应影响因素及应用实例 通过手性 Lewis 酸与羰基配位活化 Michael 加成受体是最常用不对称催化策略。例如，以手性双氮氧-Co(Ⅱ)配合物为催化剂(L*-1)活化羰基化合物，实现烯酮亚胺和 α,β-不饱和吡唑酰胺的不对称 Michael 加成反应，构建含手性季碳中心的腈类化合物，该产物经过两步转化即可成功合成钙通道阻滞剂维拉帕米 (S)-verapamil。

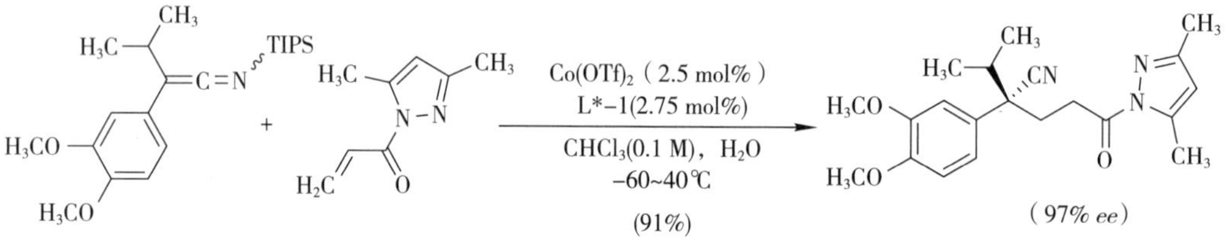

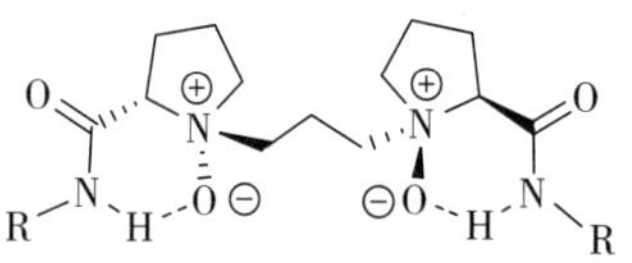

[反应方程式：3,4-二甲氧基芳基取代的烯酮亚胺（带TIPS基团）与 1-丙烯酰基-3,5-二甲基吡唑在 Co(OTf)₂ (2.5 mol%)、L*-1 (2.75 mol%)、CHCl₃ (0.1 M)、H₂O、−60~40°C 条件下反应（91%收率），得到含手性季碳的腈产物（97% ee）]

[L*-1 结构式：双吡咯烷双氮氧配体，R = 3,5-t-Bu₂C₆H₃]

[过渡态示意图：Co 中心与双氮氧配体及吡唑酰胺配位，烯酮亚胺进攻]

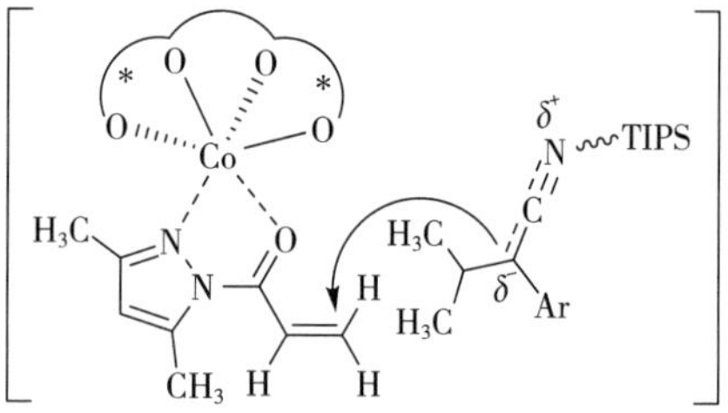

在手性有机小分子催化的不对称 Michael 加成反应中，手性催化剂的选择十分重要。例如，抗凝血药物华法林 [(S)-wafarin] 的合成中，L-脯氨酸催化剂完全不能控制反应的立体选择性，当使用手性 1,2-二苯乙二胺与乙醛酸缩合的环状二胺(Cat*-6)作为催化剂时，催化剂可以顺利的与底物 α,β-不饱和酮作用，生成亚胺正离子中间体，再与环状烯醇合物加成，反应无需外加碱，可以在二氯甲烷中室温条件下进行长达 130 h 的反应，以 90% 的收率得到 (S)-华法林产物。

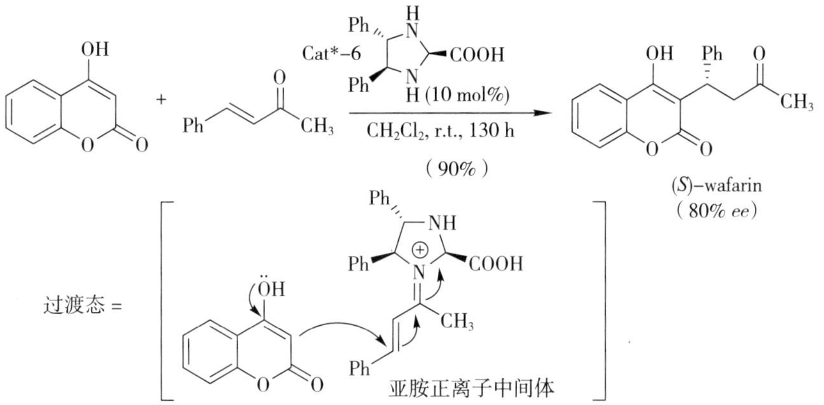

手性胺有机小分子催化剂也可以通过活化 Michael 加成给体实现对反应的不对称催化。例如，利用二萘基脯氨醇硅醚催化剂（Cat*-7，R = 萘基）催化烷基醛可以形成手性烯胺中间体作为加成给体，通过对硝基烯的不对称 Michael 加成反应，得到的手性邻氨基醇类产物可以作为关键中间体，高对映选择性合成抗流感药物达菲（oseltamivir）。

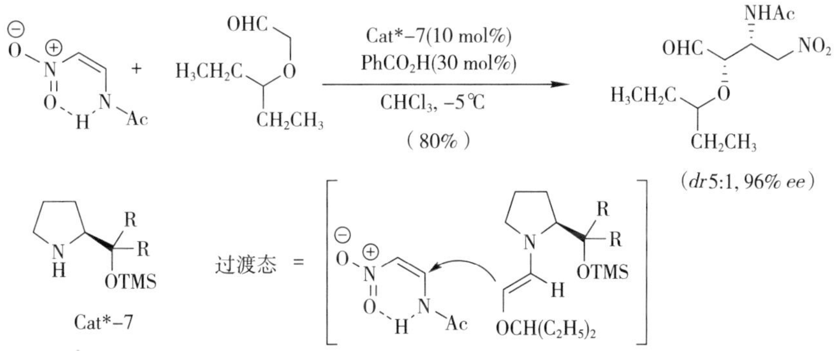

（三）不对称 Mannich 加成反应

Mannich 加成反应在合成 β- 氨基羰基化合物及其衍生物、氨基醇、肽、内酰胺及其前体、光学活性氨基酸等方面有着广泛的应用。

1. 反应通式　曼尼希加成反应为具有活性 α- 氢的羰基化合物与甲醛（或其他醛）、胺进行缩合，生成氨甲基衍生物的反应。

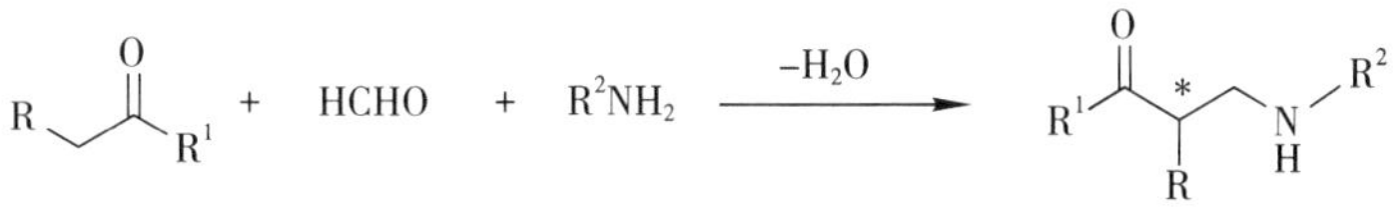

2. 反应机理　实际合成反应中常用提前制备的亚胺作为 Mannich 加成反应的受体，通过手性 Lewis 酸或者氢键给体型手性有机小分子催化剂活化亚胺，实现对反应的不对称催化（参见不对称 Micheal 加成反应非共价键活化模式）。另一方面，也可以利用手性胺类有机小分子活化羰基化合物，生成手性烯胺中间体作为加成反应的给体，实现对反应的不对称催化。例如，脯氨酸催化的不对称 Mannich 反应中，脯氨酸催化剂与醛酮类化合物缩合，生成反式烯胺中间体，同时催化剂上的羧基可以通过氢键作用活化亚胺，发生形式上的分子内加成反应，得到优势产物为顺式的 β- 氨基化合物。

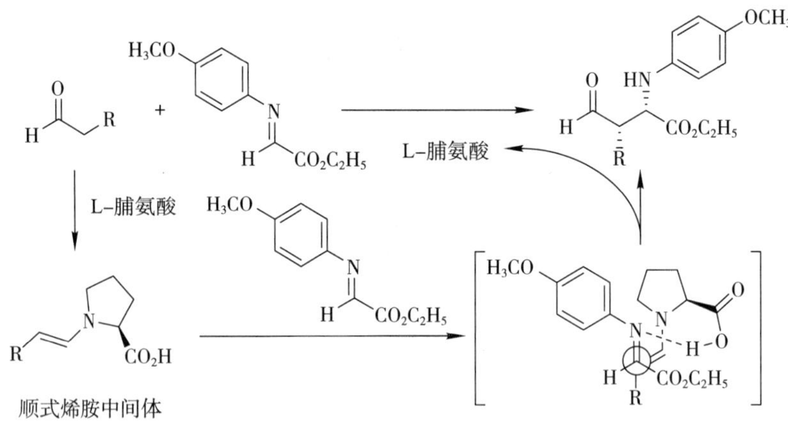

3. 反应影响因素及应用实例 Mannich 加成往往使用制备的稳定的烯醇硅醚作为加成反应的给体；也可以在碱性条件下将含有 α- 氢的羰基化合物转化为烯醇负离子作为 Mannich 加成的给体。后一类反应往往需要在碱性条件下进行，同时低温反应条件有助于提高反应立体选择性的控制。例如，一种含有 β- 内酰胺骨架的胆固醇吸收抑制剂 SCH-48462 的合成中，其中第一步采用亚胺和酰胺的不对称 Mannich 加成反应。在这一反应中，六甲基二硅胺烷钾盐（KHMDS）与钾的手性配合物（K-L*）共同作用，可以作为碱催化酰胺脱质子，从而得到烯醇负离子与手性催化剂结合的复合物。然后，该复合物与亚胺加成，高产率、高选择性地合成手性 β- 酰胺产物。

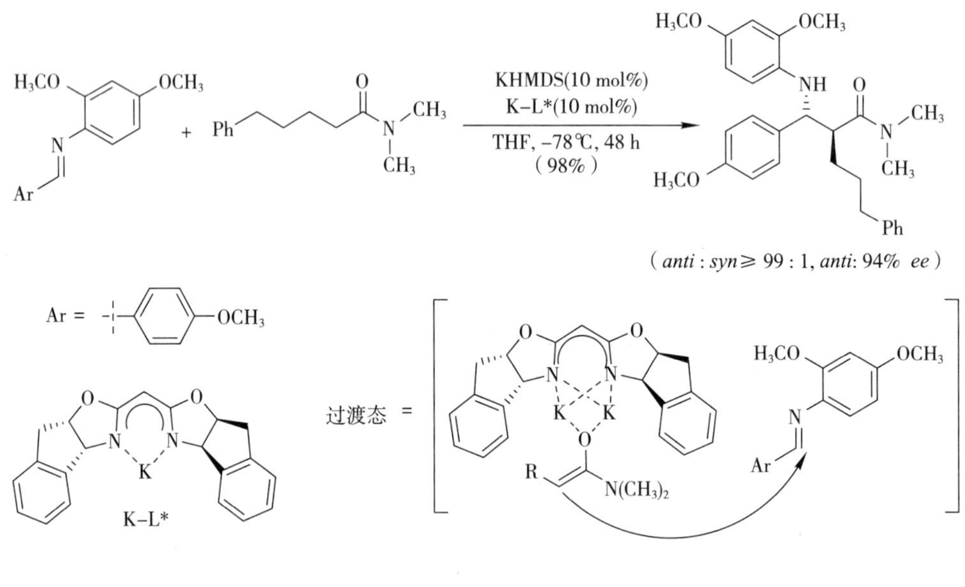

二、不对称成环反应

（一）金属卡宾不对称环丙烷化反应

环丙烷是最小的碳环骨架之一，具有独特的理化性质，含有环丙烷骨架的化合物往往具有重要的生理活性。

1. 反应通式 金属卡宾与烯烃的不对称环丙烷化反应是制备环丙烷的主要方法。过渡金属催化重氮化合物产生金属卡宾中间体，同时释放一分子氮气。金属卡宾参与的烯烃的环丙烷化反应被广泛用于构建这类三元碳环骨架。

2. 反应机理 金属卡宾的不对称环丙烷化反应中，金属卡宾中间体与烯烃的环丙烷化反应可能通过协同的三元环过渡态或者分步的离子对中间体过程进行，通过手性配体的调控，反应可以高立体择性地生成手性环丙烷产物。反应如果经历协同的三元环过渡态进行，则得到的环丙烷产物中烯烃的构型会得以保持；如果反应经由分步的离子对中间体过程进行，则得到的环丙烷产物中烯烃的构型可能会有部分反转，这是由于离子对中间体中的碳-碳单键可以旋转造成的。

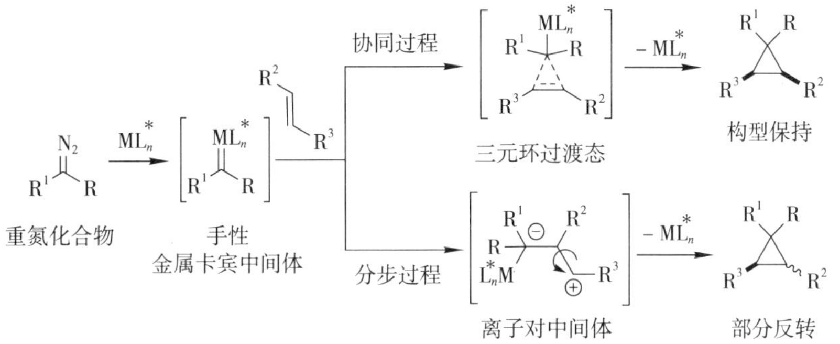

3. 反应影响因素及应用实例 手性双铑配合物是常用的不对称环丙烷化反应催化剂之一。利用手性双铑催化剂 $Rh_2(S\text{-}DOSP)_4$ 催化烯基重氮化合物与芳基乙烯的不对称环丙烷化反应可以在非极性溶剂中顺利进行（如正庚烷），经协同的三元环过渡态得到手性环丙烷产物，该产物可以作为关键中间体合成非核苷类聚合酶抑制剂药物贝拉布韦（beclabuvir）。

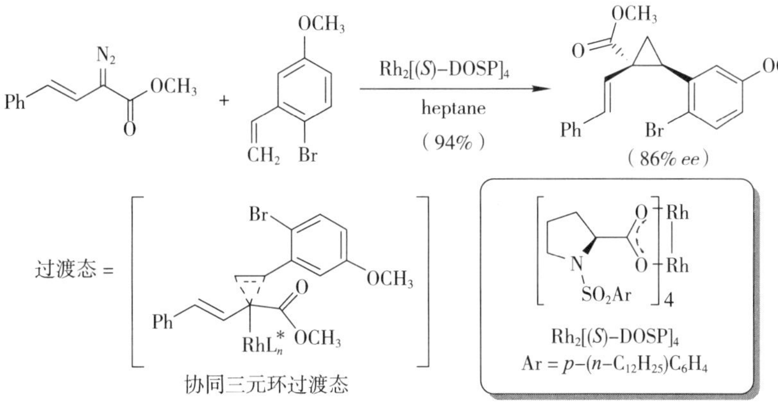

（二）Charette 不对称环丙烷化反应

1. 反应通式 Charette 不对称环丙烷化反应是添加了手性硼酸酯作为催化剂的不对称 Simmons–Smith 环丙烷化反应。底物中的烯丙醇作为导向基团是该反应手性控制的关键。

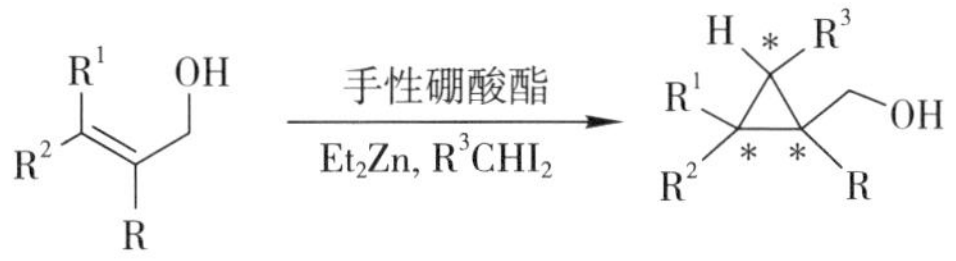

2. 反应机理 Charette 不对称环丙烷化反应中主要通过手性硼酸酯（cat*-8）对反应进行立体选择性的控制。底物中的烯丙醇作为导向基，在反应过程中同时与锌试剂和硼酸酯催化剂作用，形成三元络合物中间体，从而实现锌试剂对烯烃环丙烷化反应中的立体选择性控制。

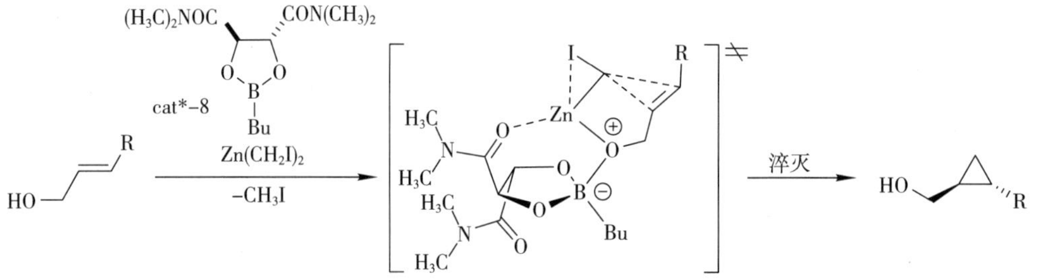

3. **反应影响因素及应用实例** Charette 不对称环丙烷化反应特别适合用于烯丙醇的不对称环丙烷化反应。例如，抗真菌天然产物 FR-900848 中间体的合成中，利用己-2,4-二烯-1,6-二醇为原料，通过手性硼酸酯催化的 Charette 不对称环丙烷化反应，可以同时在两个双键上实现高立体选择性的环丙烷化。

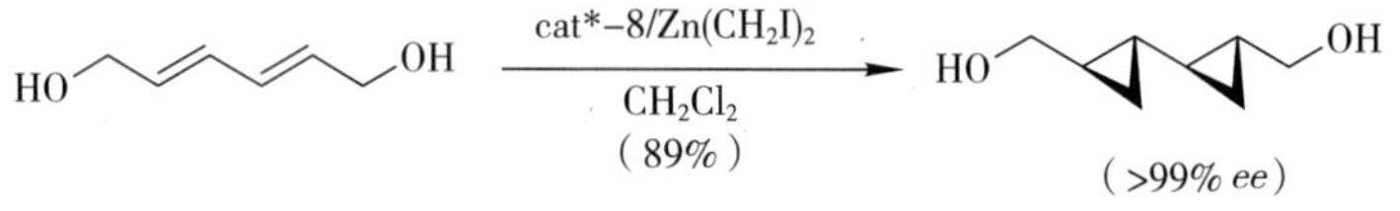

（三）不对称 Diels-Alder 环加成反应

Diels-Alder 环加成反应（简称 D-A 反应）为 [4+2]- 环加成反应，是一种高效构建六元环的方法，它可以立体选择性地同时生成两个键，生成多达四个手性中心。

1. **反应通式** Diels-Alder 反应是共轭双烯（称为双烯体）和不饱和键（称为亲双烯体）的 [4+2] 环加成反应。通常情况下 Diels-Alder 反应是富电子的双烯体和缺电子的亲双烯体进行反应。因为前沿轨道（双烯的 HOMO 和亲双烯体的 LUMO）的能量差越小，更能够促进轨道相互作用，从而使反应更容易进行。另一类是亲双烯体带给电子基，共轭双烯带吸电子基的环加成反应，被称为逆电子需求的 D-A 反应。

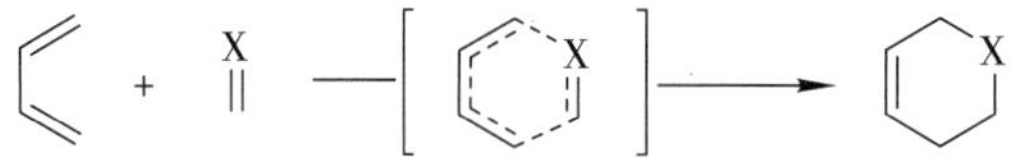

2. **反应机理** 不对称 Diels-Alder 反应主要利用手性 Lewis 酸（LA*）和手性布朗斯特酸（B*-H）催化，通常反应通过协同机理，一步完成。手性催化剂一般和亲双烯体中的杂原子作用，提高底物的亲电活性，同时引入手性。之后亲双烯体和双烯体加成形成一个六元环状过渡态，经过协同机理产生环状结构产物。

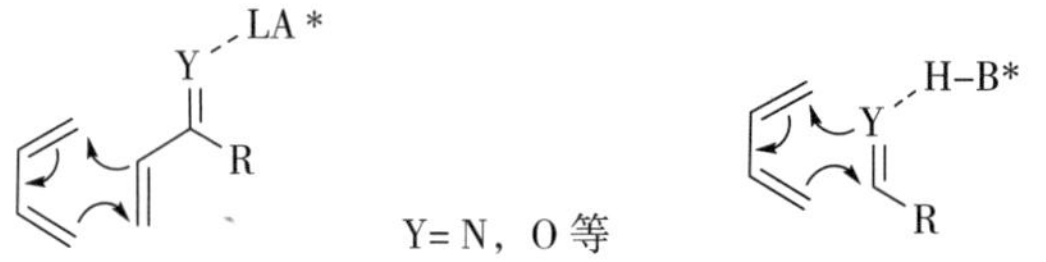

3. **反应影响因素及应用实例** 许多复杂环状分子，尤其是拥有环状母核的药物分子，以及稠环、桥环结构的天然产物的工业合成路线往往都涉及 Diels-Alder 反应。例如，抗甲流药物磷酸奥司他韦（oseltamivir phosphate）中间体的合成中，通过手性钡盐调控 Diels-Alder 环加成的对映选择性。其中手性钡盐催化剂以三聚体的形式，分别与双烯体和亲双烯体中的氧原子作用，形成三元复合物过渡态，一步可以得到手性六元环产物。该反应往往在 THF 等醚类溶剂中进行，反应中通过加入催化量的氟化铯可以有效协助硅基的离去，提高反应效率。得到的手

性六元碳环产物再通过十一步转化，可以合成得到磷酸奥司他韦。

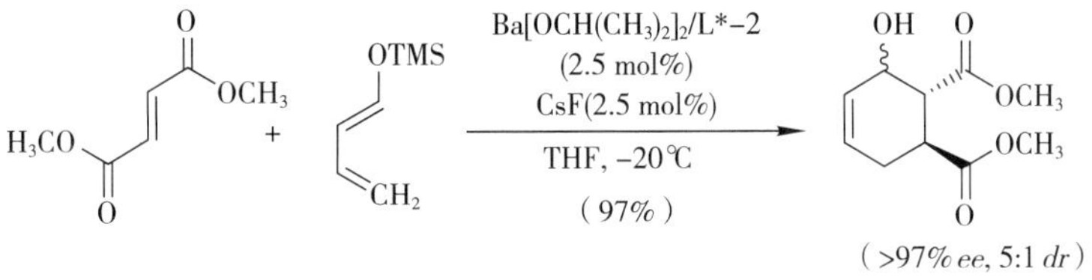

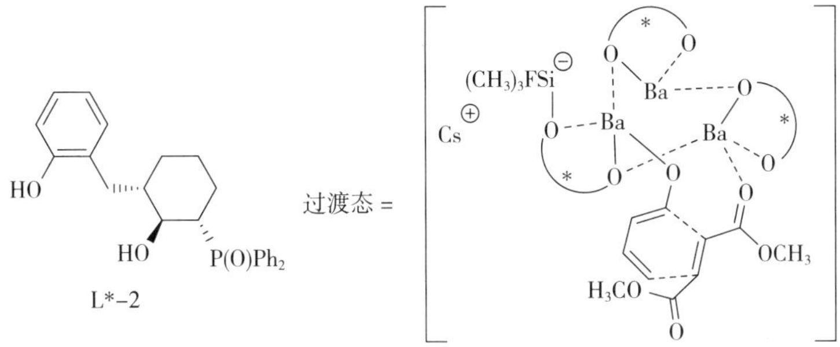

对于反电子需求的 D-A 反应，其不对称催化反应往往也是采用手性 Lewis 酸活化，只不过这类反应催化剂往往是活化双烯体。例如，乙基烯基醚与缺电子的杂双烯体的环加成反应中，通过手性铜催化剂活化缺电子双烯体中的羰基，实现对反应的不对称催化，构建手性二氢吡喃环，得到的手性产物可以作为关键中间体合成原多甲藻酸贝类毒素（azaspiracid-1）。该反应在无水的醚类溶液中进行比较有利；同时，加入分子筛除水有助于提高反应收率，低温有利于反应的立体选择性控制。

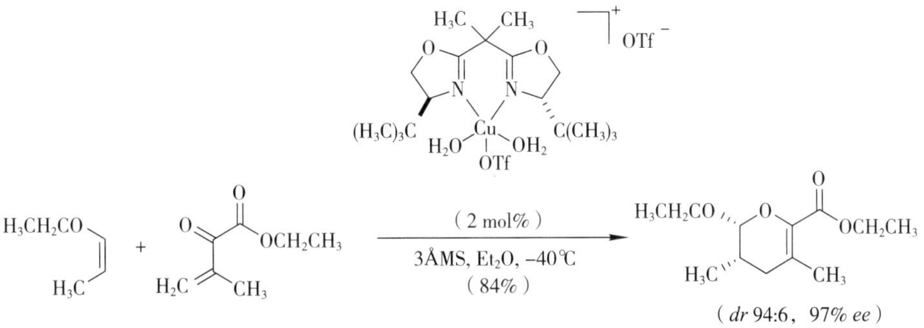

（四）不对称 Pictet-Spengler 反应

β-芳基乙胺与羰基化合物环化缩合得到四氢异喹啉的反应被称为 Pictet-Spengler 四氢异喹啉合成反应。该反应是合成四氢异喹啉和 β-咔啉衍生物最为有效的方法，常用于异喹啉类生物碱和药物的合成中。

1. 反应通式 Pictet-Spengler 反应可以看作是 Mannich 加成反应的特殊例子。反应一般需要酸催化条件进行，构建四氢异喹啉环。

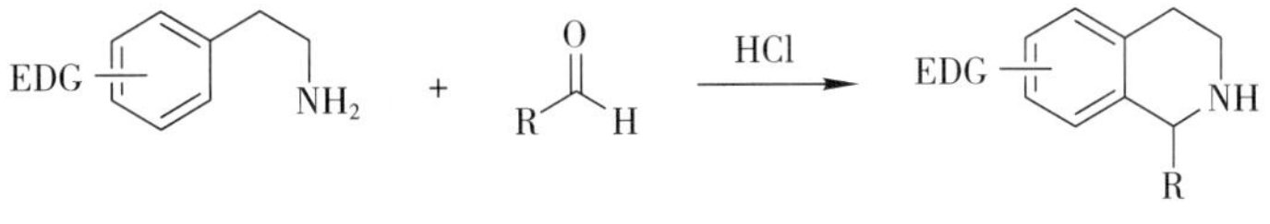

（EDG= 甲基、甲氧基、巯基等给电子基团）

2. 反应机理 Pictet-Spengler 反应胺先和羰基化合物缩合生成亚胺中间体，接着质子化的亚胺离子对苯环进行分子内的亲电取代环化，得到四氢异喹啉产物。不对称催化的 Pictet-

Spengler 反应中，可以借鉴不对称 Mannich 加成反应中的催化方法，采用手性 Lewis 酸或者手性布朗斯特酸（H-B*）活化反应中的亚胺中间体，从而实现对关环反应中的立体选择性控制。

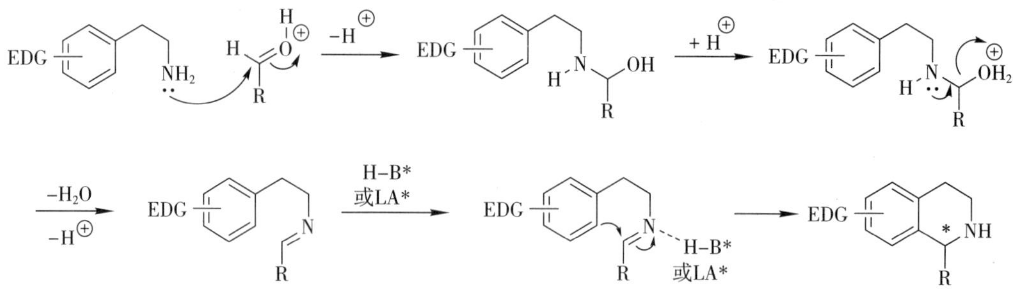

3. 反应影响因素及应用实例 Pictet-Spengler 反应分两步进行，同时反应产生一分子水，加入吸水剂有助于反应的进行。例如，在单萜吲哚生物碱育亨宾（yohimbine）的全合成中，第一步通过加入无水硫酸钠有助于促进亚胺的生成。第二步采用手性硫脲类催化剂通过氢键活化亚胺，实现对关环反应的立体选择性控制，从而实现手性三环关键中间体的高效构建，两步获得 81% 的收率和 94% 的对映选择性。

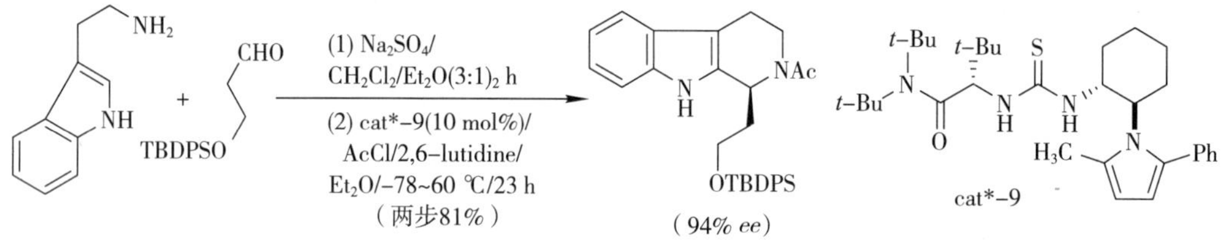

三、不对称还原反应

（一）不对称催化氢化反应

手性金属络合物催化的不对称催化氢化反应是用于合成手性化合物高原子经济性和环境友好的合成方法，可以高选择性还原不饱和键，被广泛应用于手性药物、农药、食品添加剂等的工业生产中。

1. 反应通式 不对称催化氢化反应即被催化剂活化的氢对 π 键的不对称加成反应，包括烯烃、烯胺、羰基的不对称催化氢化还原反应，手性金属氢化物对酮的还原反应、酮的不对称催化氢转移反应，以及羰基化合物的直接胺化反应等。

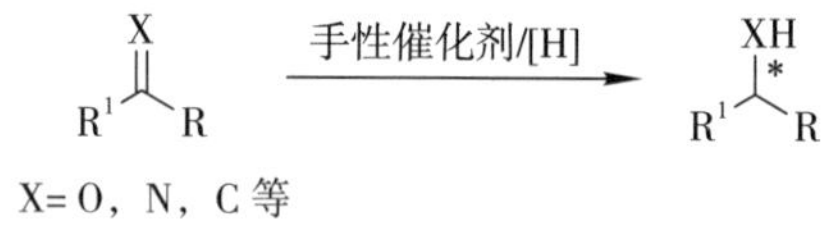

2. 反应机理 催化氢化反应通常使用铑或铱等金属催化剂与手性配体配位，之后与氢气发生氧化加成，活化氢气，生成金属氢物种。之后与底物中的不饱和基团发生迁移插入，最后还原消除得到手性的还原产物。

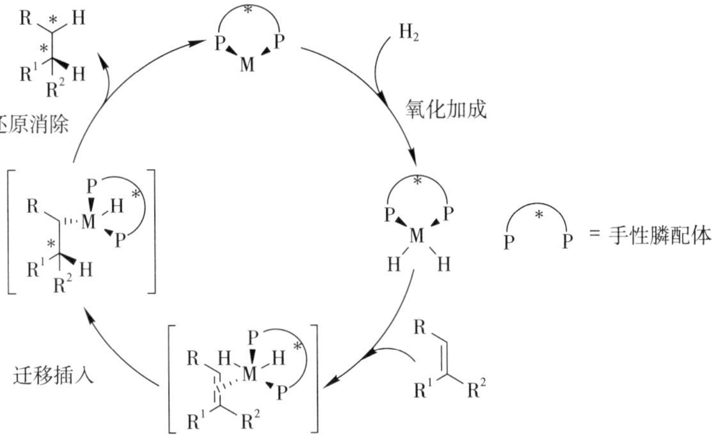

3. 反应影响因素及应用实例 过渡金属催化烯烃的不对称加氢反应是工业化合成中最常用的方法之一，具有原子经济性、接近定量的产率、高对映选择性、低催化剂负载、条件温和等优点。在一系列金属催化的不对称氢化反应中，多种不同类型骨架结构的手性配体的设计和发现是这类反应得以长久发展的重要原因。BINAP-Rh 络合物催化 α-（酰氨基）烯丙酸（酯）的不对称氢化反应可以高对映选择性得到氨基酸衍生物。之后发展的 BINAP-Ru（Ⅱ）二羧酸络合物可用于不对称还原各类烯烃。在 BINAP-Ru（Ⅱ）类络合物催化下，利用氢气对官能团化的烯烃和酮进行不对称氢化还原的反应被称为 Noyori 不对称氢化反应。

从发现用于烯烃氢化的均相催化剂（Rh(PPh$_3$)$_3$Cl）以来，设计和发现高效的手性单膦和双膦配体仍是非常活跃的研究领域，并在工业生产中不断得以成功应用。该类反应的特点是催化剂用量少；活性较低底物的还原反应通常以醇为溶剂，对映选择性的程度与底物的取代形式和氢化压力有关；烯丙醇或高烯丙醇类化合物的氢化具有更高的对映选择性。例如，多替拉韦钠（dotilavir sodium）的关键中间体的合成中，采用铑的 DuanPhos 配合物实现 β- 氨基酸酯的不对称氢化还原。该不对称催化策略具有很好的活性和对映体选择性（99% *ee*），1 kg 催化剂可生产大于 1 000 kg 产品。

案例讨论 9-3 不对称催化氢化合成沙库必曲
案例讨论 9-4 不对称催化氢化合成青蒿素
案例讨论 9-5 不对称催化氢化合成雷米普利

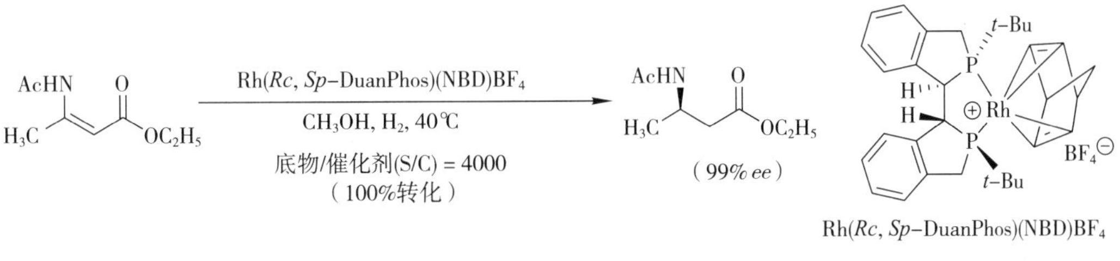

除了还原碳–碳双键，不对称催化氢化还可以立体选择性还原羰基得到手性醇类化合物。例如，利伐斯的明（rivastigmine）的关键中间体 (*S*)-3-(1- 二甲氨基乙基) 苯酚的合成中，新型的手性三齿螺旋配体 SpiroPAP 生成的新型铱催化剂可以实现酮类化合物的高效率不对称加氢反应。反应需要利用叔丁醇钠作碱，在醇类溶剂（乙醇）和一定的氢气压力下才能有效进行（需要 3.03 MPa 的氢气压力）。反应在 50℃下进行 24 h，可以实现 50 公斤级底物 / 催化剂比例（S/C）=100 000 的不对称催化还原，以 95% 收率和 97% *ee* 得到手性醇类关键中间体。

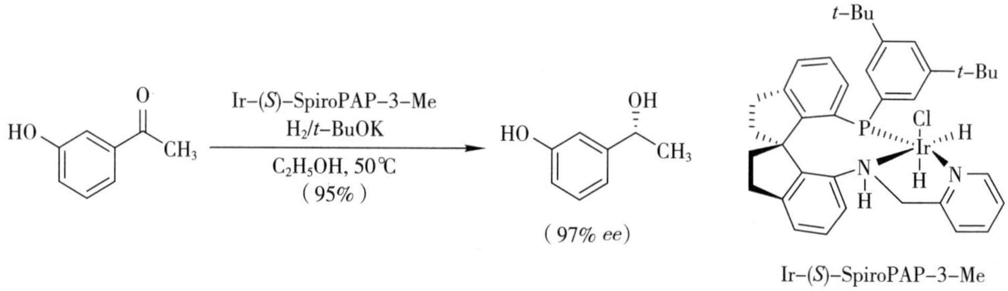

(二) 不对称 Corey-Bakshi-Shibata 还原反应

Corey-Bakshi-Shibata（CBS）试剂是一种由脯氨酸制备而来的手性催化剂，又被称为 Corey 硼杂噁唑烷，可以和硼烷共用，实现对映选择性地还原酮、酰亚胺、亚胺。在硼烷和手性硼杂噁唑烷（CBS 催化剂）作用下，将酮立体选择性还原为手性醇类化合物的反应，称为 Corey-Bakshi-Shibata 还原反应，简称 CBS 还原。

1. 反应通式

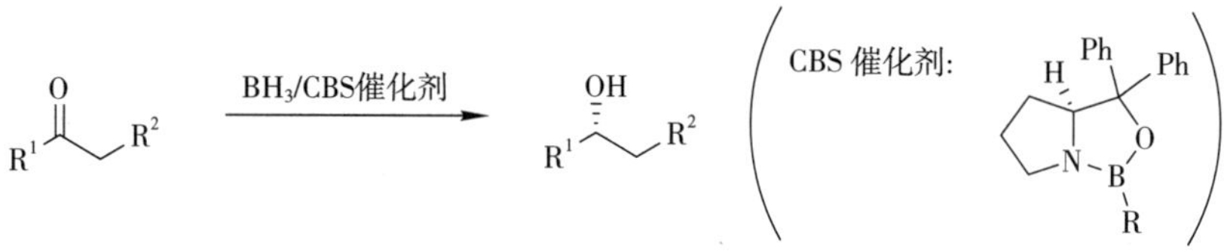

2. 反应机理

不对称 Corey-Bakshi-Shibata 还原反应中，硼烷首先和 CBS 催化剂的氮原子络合，CBS 催化剂-硼烷络合物通过环内硼原子和酮的孤对电子配位（该孤对电子在空间上更加靠近酮较小取代基的一侧）。此时酮和配位硼烷空间位置接近，处于顺式位置。通过六元环状过渡态完成氢转移。最后通过可能的两种路径得到硼氢化产物，再生催化剂，完成催化剂循环。

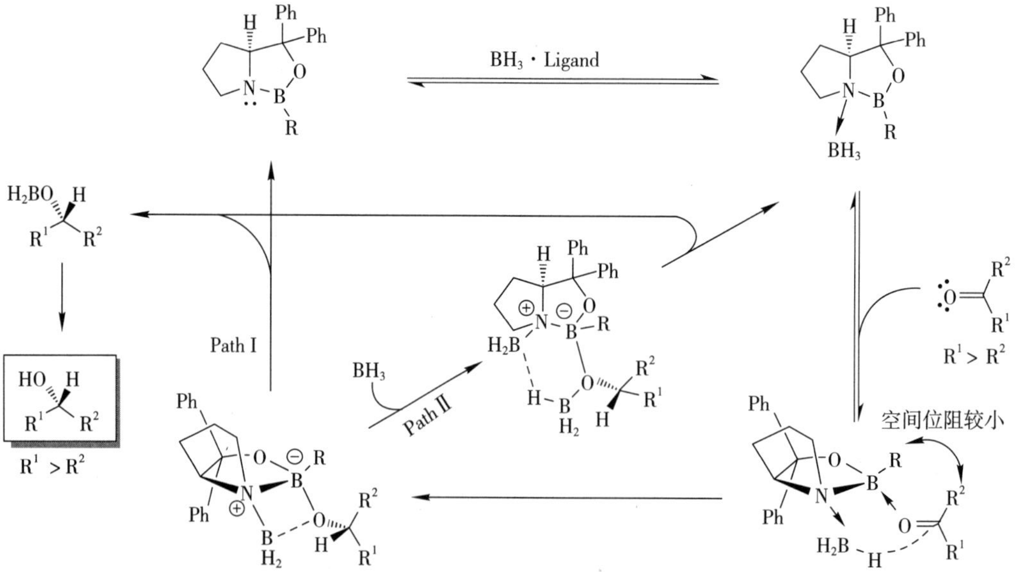

3. 反应影响因素及应用实例

反应中的 CBS 催化剂具有双重作用：硼作为 Lewis 酸参与反应活化酮；氮作为 Lewis 碱活化还原剂硼烷。不对称 Corey-Bakshi-Shibata 还原反应的高对映异构选择性和高反应速率，只受 CBS 催化剂的影响。高 ee 值是通过硼杂噁唑烷的刚性双环实现的。研究发现甲基取代的硼杂噁唑烷催化剂（R = Me）比原来的无取代的同系物（R = H）

更加稳定和易于制备。同时，此催化剂在空气中稳定，反应快，对映选择性好。在复杂化合物的合成中得到广泛应用。当分子中有多种官能团存在时，反应会选择性地还原羰基。例如，具有抗癌活性的海绵体代谢物 dysidiolide 的全合成中，利用不对称 CBS 还原芳基烷基酮，可以以 91% 的收率，立体选择性地得到关键手性仲醇中间体。

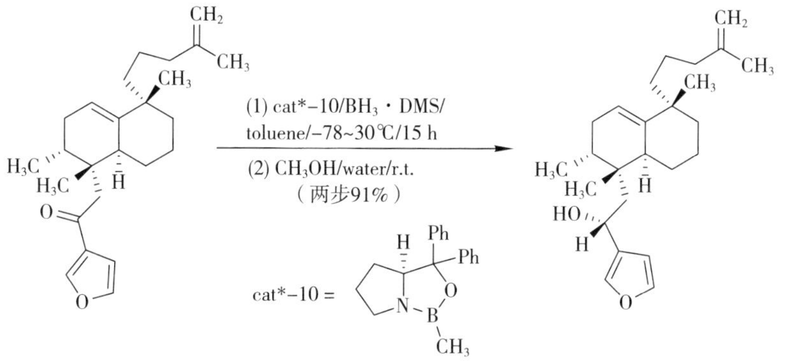

四、不对称环氧化反应

（一）不对称环氧化反应

烯烃的不对称环氧化反应是构建手性环氧乙烷的重要方法。Sharpless-Katsuki 不对称环氧化反应和 Shi 不对称环氧化反应是其中两个最著名的代表性反应。

1. 反应通式 不对称环氧化反应往往是通过手性催化剂作用于氧化剂，通过协同的反应过程，实现烯烃的立体选择性环氧化反应，得到手性环氧乙烷产物。

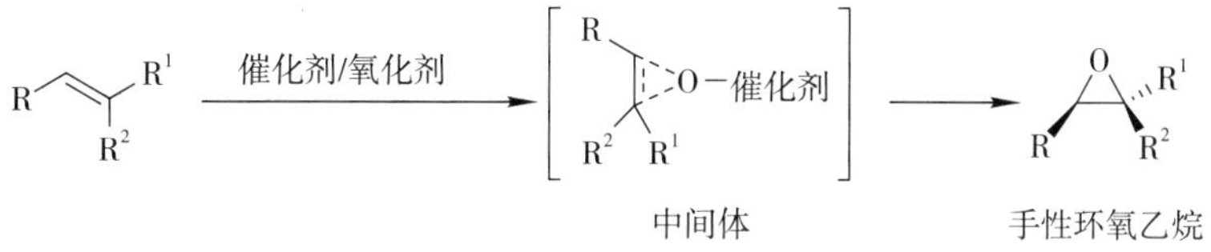

2. 反应机理 Sharpless-Katsuki 不对称环氧化反应以四异丙氧钛 $Ti(Oi\text{-}Pr)_4$ 和光学纯的酒石酸乙酯配合物作为催化剂，钛（Ⅳ）、酒石酸乙酯和烯丙醇形成双核过渡态，过氧化物（如叔丁基过氧化氢）能立体选择性地氧化烯丙醇类化合物，形成具有光学活性的环氧化物。

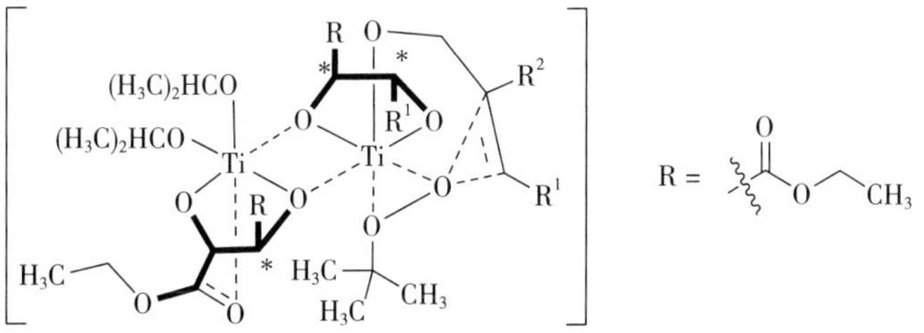

Shi 不对称环氧化反应则是利用廉价的果糖衍生物作为手性有机小分子催化剂，利用 Oxone（单过硫酸氢钾复合物）作为氧化剂，通过形成含有过氧键的手性螺环化合物对双键的不对称环氧化反应。

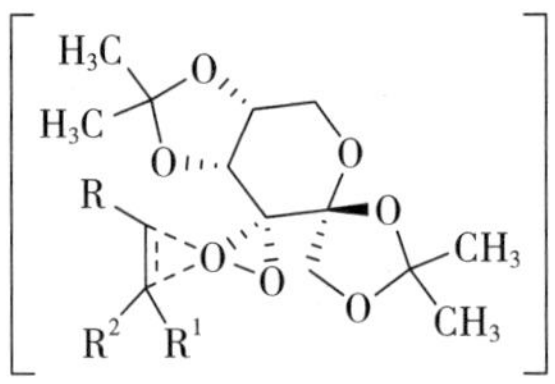

3. 反应影响因素及应用实例 Sharpless-Katsuki 环氧化反应的催化剂对水比较敏感,需要加入分子筛等除去体系中水分,防止催化剂失活;同时为了保证高产率和高对映体选择性,催化剂必须是新制备的,将 Ti(Oi-Pr)$_4$ 溶液和酒石酸乙酯(DET)溶液混合,在低温(-20℃)下,缓慢加入过氧叔丁醇,并在低温下保持 20~30 min 后再加入反应底物。反应常用溶剂是二氯甲烷;烯丙醇的双键相对于其他的双键在此反应条件下有很高的化学选择性,因为底物中羟基与催化剂中的金属作用,是实现高立体选择性控制必不可少的因素;生成的环氧化物的绝对构型只由 DET 的绝对构型所决定,因此,产物的构型是可预测的。所以此反应在全合成中也经常被使用,在放大生产上也是非常实用。

Sharpless-Katsuki 环氧化反应在药物和活性分子中的合成实例非常多。例如,具有抗癌活性分子的 (-)-月桂醛胺 (-)-laulimalide 的最后一步合成中,就是采用 Sharpless 环氧化反应。反应利用四异丙氧钛作为催化剂,酒石酸异丙酯(DIPT)作为手性配体,过氧叔丁醇作为氧化剂,在二氯甲烷溶液中,-27℃反应 15 h,可以以 73% 的收率得到单一构型的 (-)-月桂醛胺产物。

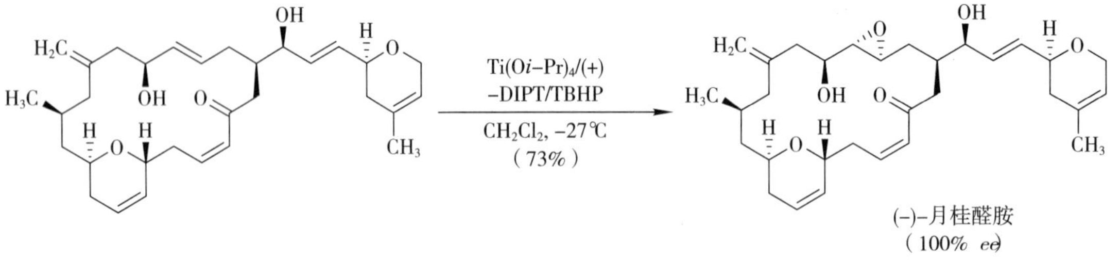

天然产物 (+)-madindoline A 和 (-)-madindoline B 在抑制肿瘤细胞增长和减轻癌症恶病质等方面有着良好的活性。这两个化合物的最后一步合成中也采用了 Sharpless-Katsuki 环氧化反应。该反应同样利用四异丙氧钛作为催化剂,DET 作为手性配体,过氧叔丁醇作为氧化剂,4 Å 分子筛作为除水剂,在二氯甲烷溶液中,-20℃反应 15 min,即可以 45% 的总收率得到 (+)-madindoline A 和 (-)-madindoline B。

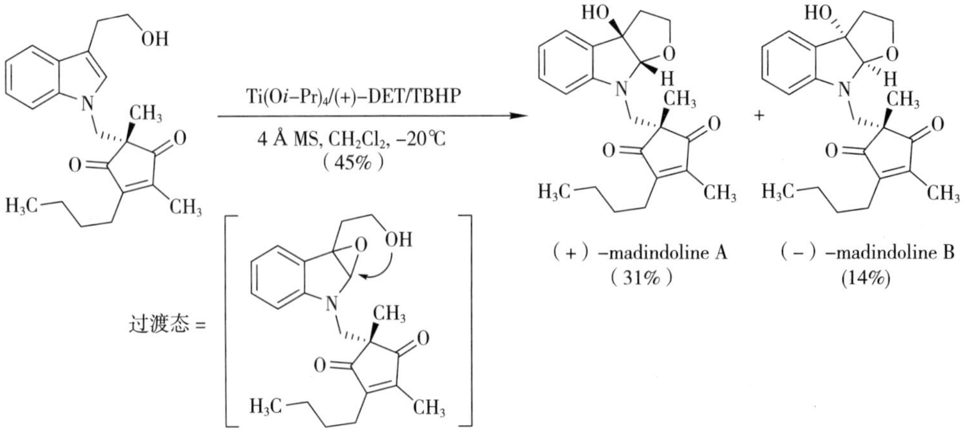

不对称环氧化反应针对不同类型的底物，选择匹配性的催化体系十分重要。利用手性（salen）Mn（Ⅲ）催化剂催化氧化烯烃不对称合成环氧化物的反应被称为 Jacobsen-Katsuki 环氧化反应，可用于催化不饱和羧酸酯类底物的环氧化反应。手性 salen 配合物与生物体中常见的氧化剂卟啉-金属配合物具有很强的结构相似性，反应过程中金属催化剂先被氧化剂氧化，生成的高价态金属催化剂再氧化烯烃，得到手性环氧化产物。例如，顺式苯基丙烯酸乙酯可以采用 salen-Mn 催化剂，4-苯基-吡啶氮氧化物（4-PPNO）和次氯酸钠的组合作为氧化剂，实现不对称环氧化反应，得到的手性环氧化产物可以用于紫杉醇（taxol）中间体的制备。

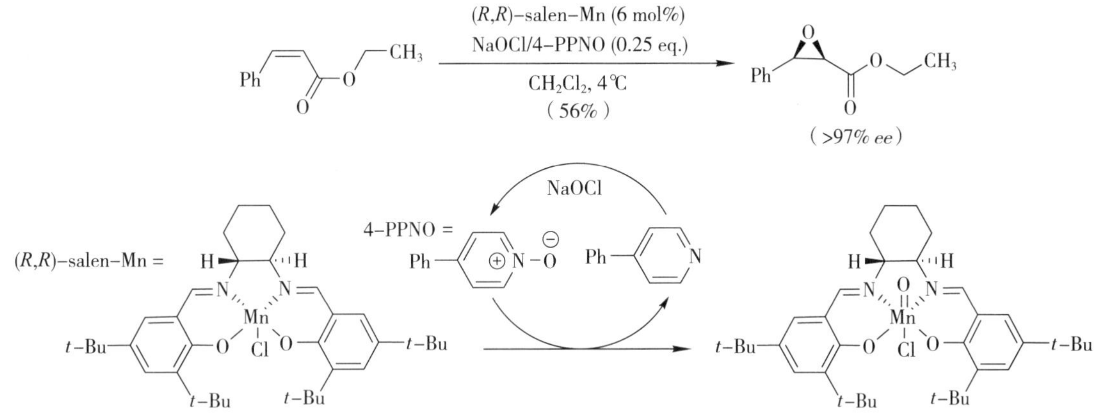

除了 Sharpless-Katsuki 环氧化反应外，利用有机小分子催化的 Shi 不对称环氧化反应也被用于药物合成中。例如，利用腈基烯化合物作为起始原料，通过 Shi 不对称环氧化反应，可以实现抗真菌药物艾沙康唑（isavuconazole）关键环氧化物中间体的立体选择性合成。反应适合在极性非质子性溶剂如乙腈，单过硫酸氢钾复合物（oxone）作为氧化剂的条件下进行。使用相转移催化剂四丁基硫酸氢铵能有效提高反应的催化效果。

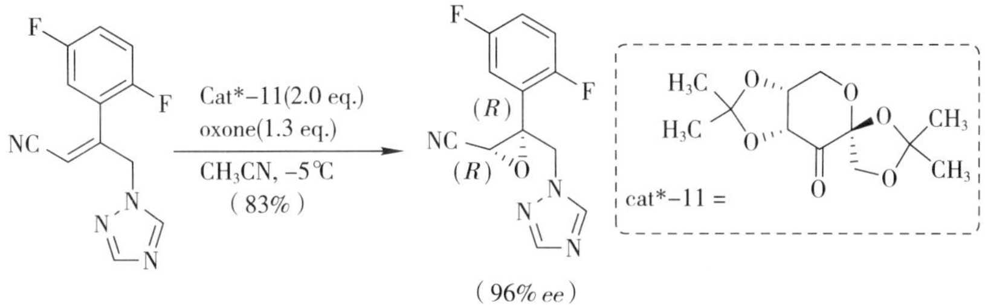

学科前沿 9-4 *不对称环氧化反应*

（二）不对称 Baeyer-Villiger 氧化反应

Baeyer-Villiger 氧化（简称 B-V 氧化）是用过氧化物（过氧化氢或者过氧酸）将酮氧化成相应的酯的一类氧化反应，也叫做 Baeyer-Villiger 重排。此反应被广泛应用于天然产物等的合成中。

1. 反应通式 不对称 Baeyer-Villiger 氧化反应往往不是直接产生手性中心，而是通过氧化反应使得对称性的酮氧化成酯后去对称化，产生手性分子。例如，4 位取代的内消旋环己酮氧化，可以产生具有手性中心的己内酯化合物。

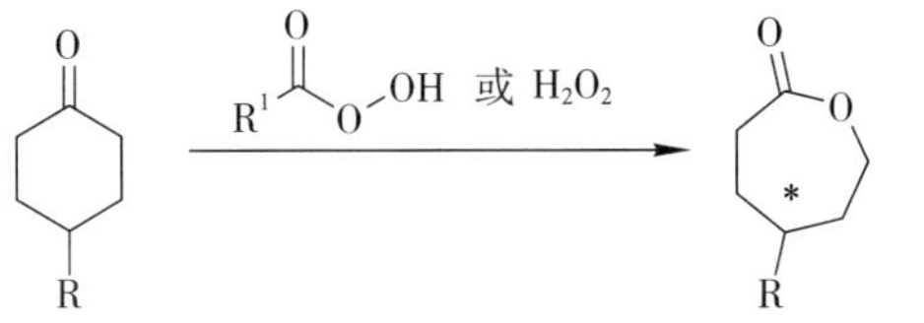

2. 反应机理 Baeyer-Villige 氧化反应中,过氧化物先与活化的羰基进行亲核加成(这里往往需要质子酸或者 Lewis 酸活化羰基化合物),得到具有中心手性的半缩醛加合物,然后原先酮羰基碳上的一个羟基带着一对电子迁移回来,使得酮底物中的一个基团发生迁移,这里迁移的基团与分子中的氧-氧键处于反式共平面的位置,同时发生 O—O 键异裂,生成酯类产物。不对称催化的 Baeyer-Villige 氧化反应中,往往使用手性质子酸催化剂(H-B*)或者手性 Lewis 酸(LA*)活化酮羰基,从而控制反应的立体选择性,最终得到手性产物。

3. 反应影响因素及应用实例 不对称催化的 Baeyer-Villige 氧化反应中,主要是通过手性催化剂,手性质子酸催化剂(H-B*)或者手性 Lewis 酸(LA*)活化酮羰基,实现反应中的立体选择性控制。其中,大多数富电子(取代较多的碳)的基团优先迁移。一般的迁移顺序是:叔碳 > 环己基 > 仲碳 > 苄基 > 苯基 > 伯碳 > 甲基。其中富电子芳基迁移优先于缺电子芳基。同时,这里迁移的基团必须与分子中的氧-氧键处于反式共平面的位置,因而,整个反应的立体选择性主要取决于第一步加成产生的半缩醛中间体的手性。例如,利用手性 Lewis 酸(三氟甲磺酸钪+L*-3)催化 4-甲基环己酮的 Baeyer-Villige 氧化反应,可以直接构建手性环己内酯,得到的手性化合物可以通过进一步转化合成乙酰胆碱酶抑制剂用于治疗阿尔茨海默病。

五、不对称偶联反应

碳-碳键的偶联反应(coupling reaction)是在金属催化下两个化学原料(或合成子)结合生成一个分子的化学反应。按照参与催化的金属的不同以及参与反应的两个偶联原子的杂化形式的不同,偶联反应可以分为 Kumada 偶联、Heck 偶联、Sonogashira 偶联、Negishi 偶联、Stille 偶联、Suzuki 偶联等。

1. 反应通式 狭义的偶联反应主要指金属催化碳-碳键形成的反应。

$$R^1—X + R—Y \xrightarrow[-XY]{\text{金属催化剂}} R^1—R$$

(X, Y = 卤素、硼烷等离去基团)

2. 反应机理 在偶联反应过程中主要包括氧化加成、转金属化以及还原消除等基本的基元反应。其反应机理通常起始于卤代烃和催化剂的氧化加成,进而与另一分子底物发生转金属化,将两个待偶联的片段连接到同一金属中心上;最后还原消除,形成偶联产物,并再生催化剂。不对称催化的偶联反应往往是通过手性配体控制还原消除反应中的立体选择性构建手性分子。

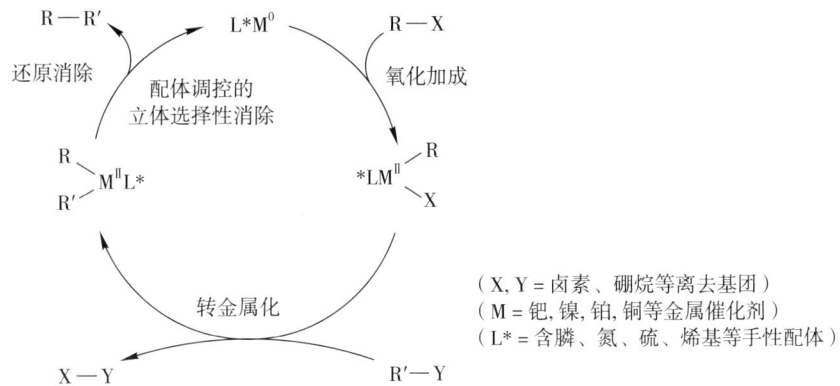

3. 反应影响因素及应用实例   以不对称 Negishi 偶联反应为例，利用手性配体调控，可以立体选择性的实现碳－碳键的构建，合成手性化合物。例如，大环内酰胺抗菌药物 fluvirucinine A$_1$ 的合成中，关键的手性中间体 9-14 的合成是通过镍-pybox 配合物催化的不对称 Negishi 偶联反应实现的。该反应可以采用消旋的卤代烃和烷基锌试剂作为偶联反应的两个原料，在极性混合溶剂 DMA 和 DMF 中进行。同时，氯化钠的加入可以有效提高反应速率，但是对反应的立体选择性控制影响不大。氯化钠在反应液中主要是通过提高反应液中的离子强度（因此反应在极性溶剂中进行有利）和活化有机锌试剂起作用，从而提高反应速率。

案例讨论 9-6   不对称催化偶联反应合成 (−)-α- 石蒜碱

六、其他不对称催化反应

（一）不对称碳－氢键活化反应

C—H 键作为有机化合物中最基本的化学键，通过化学方法直接实现其催化转化是提高资源利用的一种有效手段。将简单的碳氢化合物原料通过碳－氢键活化的方式转化为对应的碳－金属键中间体，进而转化为官能团化的目标化合物。

1. 反应通式   钯催化碳－氢键官能团化是一类步骤经济的有机合成反应。近些年来发展的一系列手性钯催化剂体系，可以有效地实现碳－氢键的不对称官能团化转化。例如，手性亚磷酰胺、手性亚砜和手性氮杂卡宾类等配体。

2. 反应机理　利用金属催化，将底物中的碳-氢键活化并转化为对应的碳-金属键中间体，进而转化为官能团化的目标化合物。以烯丙基碳-氢键的不对称活化为例，在氧化剂的作用下，手性金属催化剂活化碳-氢键，形成手性烯丙基钯复合物，随后亲核试剂（NuH）进攻得到烯丙基化产物，并再生催化剂。

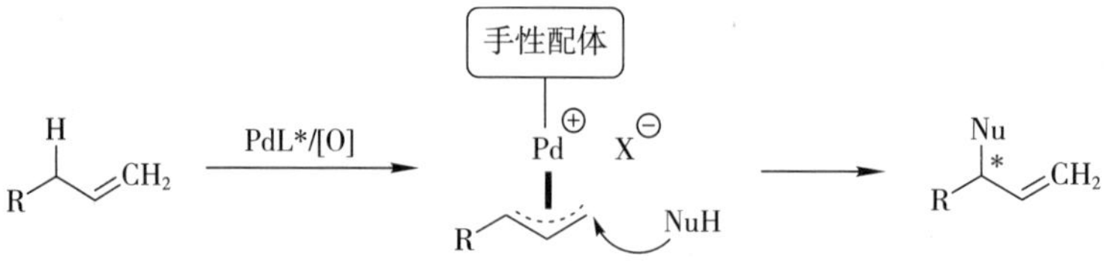

3. 反应影响因素及应用实例　抗病毒药物莱特莫韦（letermovir）的不对称合成路线中，采用钯和手性亚磷酰胺配体（L*-4）组合的手性催化剂，2,5-二甲基-1,4-苯醌（2,5-DMBQ）作为氧化剂，甲基叔丁基醚作为溶剂，可以高选择性的实现烯丙基碳-氢键不对称胺化反应，用于构建手性喹唑啉酮骨架。同时适当提高反应液浓度，降低温度对提高选择性有利。该产物通过与外消旋体酒石酸在乙醚中的选择性结晶，可以得到 er > 99 : 1 的手性产物，该化合物作为关键中间体进一步转化，可以实现抗病毒药物莱特莫韦的不对称全合成。

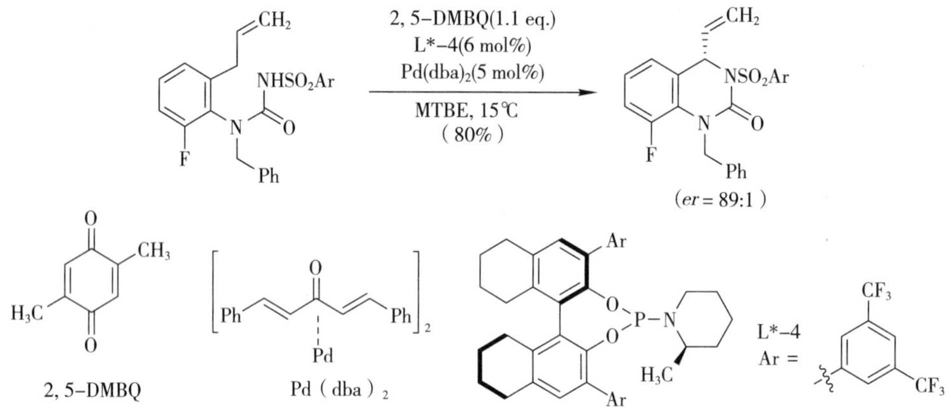

（二）Keck 不对称烯丙基化反应

在 Ti(Ⅳ)-BINOL 络合物催化下，烯丙基亲核试剂对映选择性地加成到醛上制备手性仲醇的反应，被称为 Keck 不对称烯丙基化反应。

1. 反应通式

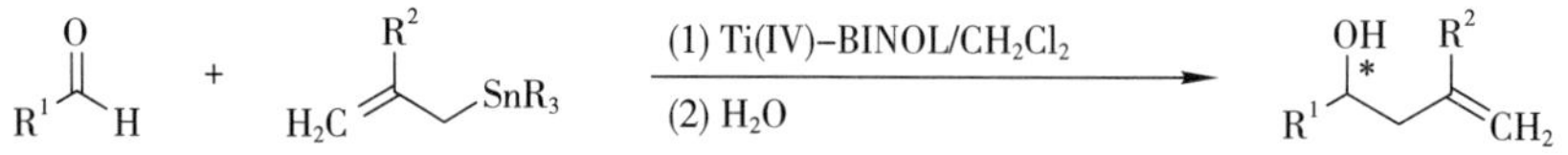

2. 反应机理　反应过程中，手性 Lewis 酸（TiX$_2$L*）活化醛，易于烯丙基锡试剂亲核进攻。之后三烷基锡消除，生成烷氧基钛中间体。接着发生金属转移，Lewis 酸催化剂再生。手性中心的产生和控制发生在烯丙基锡试剂加成这一步。针对这一步反应，Corey 提出了一个立体选择性控制的过渡态模型，在加成之前，烯丙基先从金属锡转移到了钛上，同时一根 Ti—O 键断开，生成 Sn—O 键。然后发生一个形式上分子内的加成反应，产生手性烷氧基钛中间体。

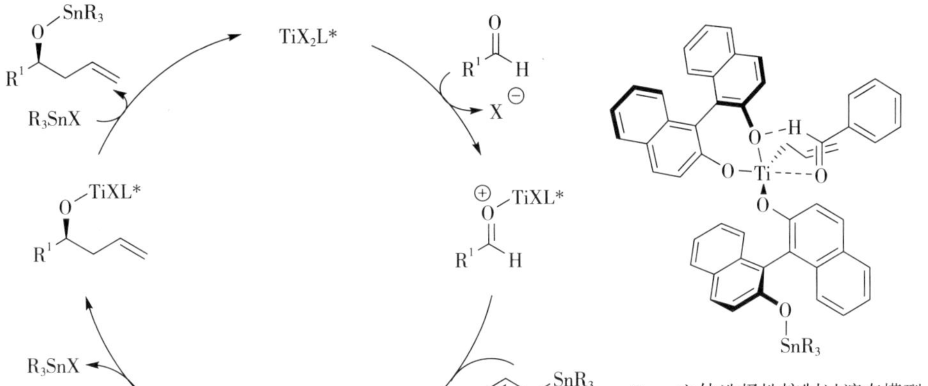

Corey立体选择性控制过渡态模型

3. 反应影响因素及应用实例 在整个催化反应过程中,加入一些硅、铝或者硼等试剂,如 i-PrSSiMe$_3$、i-PrSAlEt$_2$ 和 B(OMe)$_3$ 试剂可以促进金属转移过程,从而促进催化剂再生,加速反应。同时,此反应具有很高的选择性和广泛适用性。例如,具有抗真菌活性的天然产物 gloeosporone 中的手性大环内酯的构建就是通过 Keck 不对称烯丙基化反应引入烯丙基,同时构建分子中的手性伯醇,得到的二烯产物再通过烯烃复分解关环反应构建大环内酯骨架。

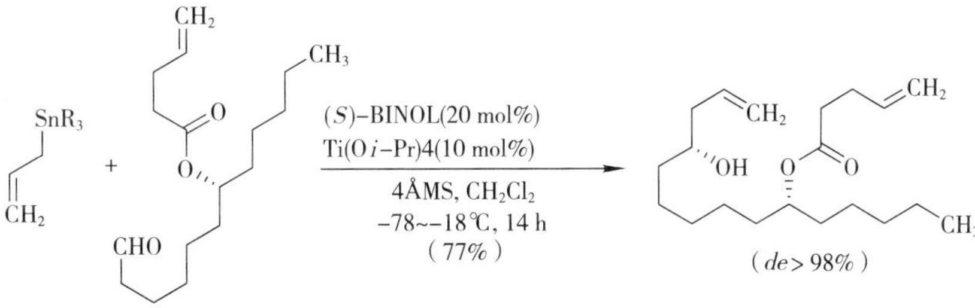

(三)不对称磷酰化反应

五价有机磷化合物具有三角双锥立体构型,这一结构特点导致了磷周围三维空间拥挤,以及手性催化剂和底物之间的相互作用难以控制,给五价磷手性中心的构建带来了很大的挑战。传统的有机磷化合物合成方法原子经济性较低、对环境影响较大,极大地限制了手性有机磷化学的发展。利用外消旋磷酰氯的催化不对称取代反应是合成手性有机磷化合物的高效合成方法之一。

1. 反应通式与基本原理 外消旋磷酰氯的催化不对称取代反应操作简便且具有原子经济性。实现该反应不仅要求催化剂能够有效促进反应中间体的外消旋过程(k_5/k_6),而且还需要控制随后的立体选择性决定步骤($k_7 \gg k_8$),才能得到单一对映异构体的产物。其反应通式和基本原理如下:

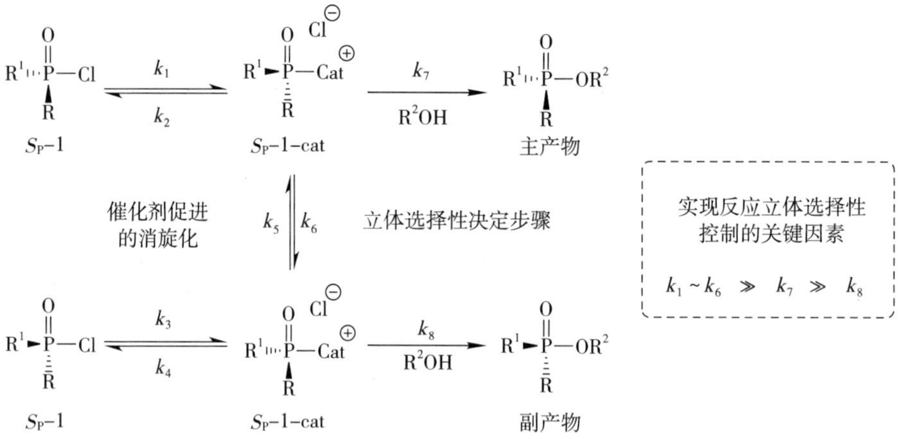

2. 反应影响因素及应用实例

基于上述动态动力学拆分的不对称催化原理，利用消旋的磷酰氯为磷源，在手性双环咪唑催化剂（Cat*-12）的作用下，通过不对称催化磷酰化反应可以实现手性磷酸酯分子的合成。反应过程中，手性催化剂的选择至关重要，它不仅控制反应的立体选择性，同时，通过与手性磷酰氯匹配性的作用，可以提高其反应活性（例如 S_P-1-cat 的反应活性大于 R_P-1-cat），这也是实现动态动力学拆分的关键，使得 $k_7 > k_8$，实现不对称合成。另一方面，在没有碱的情况下（2,6-二甲基吡啶），反应活性和选择性都会有所下降，这说明碱在反应中可能参与了决速步骤和反应立体选择性决定的步骤。得到的手性膦酰化产物在酸性条件下脱保护后，可以得到具有抗新冠病毒活性的小分子药物瑞德西韦（remdesivir）。

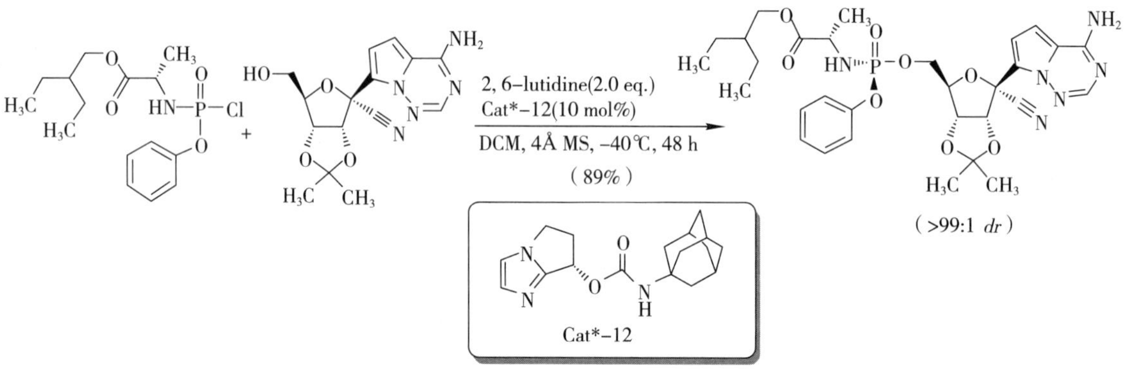

（四）不对称腙烷基化反应

醛、酮α位的烷基化反应很难实现不对称催化，针对这一问题，可以采用手性1-氨基-2-甲氧基甲基吡咯烷，将醛、酮转化成对应的腙，利用手性辅基策略，实现醛、酮α位的不对称烷基化反应。

1. 反应通式 在碱性条件下，通过(S)-1-氨基-2-甲氧基甲基吡咯烷腙的衍生物对酮的α位进行不对称烷基化的反应，所得到的产物进行臭氧化得到相应的高对映选择性的α-烷基酮。

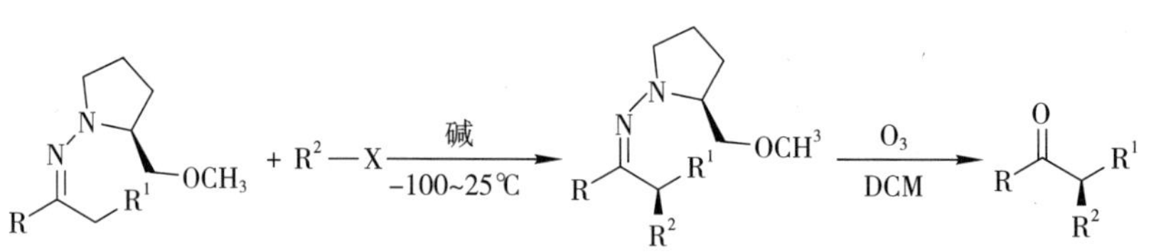

2. 反应机理 根据反应步骤，手性1-氨基吡咯烷衍生的腙在四氢呋喃中用强碱LDA脱

除α位质子，生成相应的锂盐（烯胺中间体）和烷基卤代物反应。理论上可以形成四种烯胺异构体，但其碳－碳双键上 *E* 构型占优势，同时其碳－氮键上 *Z* 构型是优势构型。因此亲电试剂只在位阻更小的一侧进行亲电进攻，进而得到高立体选择性的产物。最后产物经臭氧化得到相应的手性α–烷基酮。

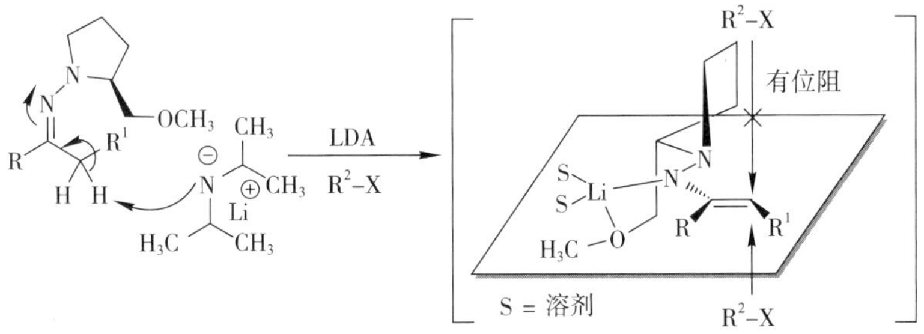

3. 反应影响因素及应用实例　该反应中的原料腙需要通过醛、酮和手性1–氨基吡咯烷预先制备，反应过后需要氧化脱除，造成一定的浪费。反应脱质子过程受碱的影响很大，最常用的碱是大位阻的碱 LDA。反应中常规的烷基化试剂都适用，包括烷基、苄基和烯丙基的溴代物或碘代物等。烷基化后的产物可以通过臭氧化或者用碘甲烷甲基化后进行酸解得到相应的酮，也可以将腙转化为其他的官能团，如腈或胺等。例如，具有抗肿瘤活性的海洋天然产物(–)–Denticulatin A 的合成中，采用不对称腙烷基化反应构建分子中的第一个手性中心。该方法同样采用 LDA 作碱，利用溴代烷烃实现α位的不对称烷基化反应，最后通过乙酸亚铜氧化腙，生成相应的手性酮产物。

（徐新芳）

数字资源详见　新形态教材网

学习目标　思维导图　思政元素　案例讨论　微视频

拓展阅读　学科前沿　本章小结　课后习题　教学课件

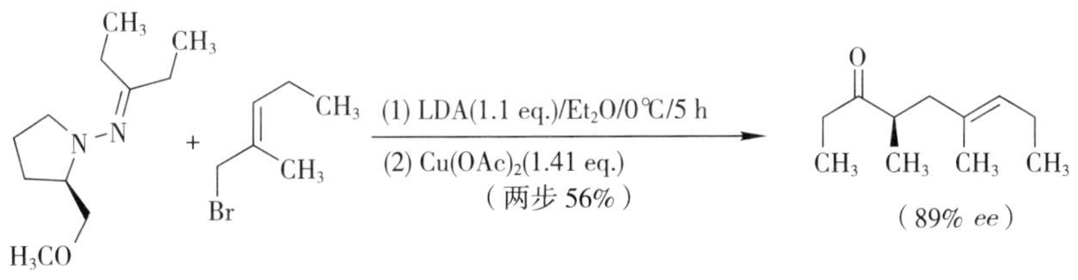

第 十 章
合成设计策略

编者导学

学习目标

思维导图

本章导航

第一节　常用术语
第二节　合成策略
第三节　逆向合成分析
第四节　正向合成分析

"合成设计"是指在有机合成中利用所掌握的化学反应机理、合成方法,开展以目标分子为导向、起始原料转化的合成路线设计,实现目标分子简捷高效、安全可靠的合成。合成设计的思想方法和原理包括对已知合成方法的归纳总结和在此基础上的融会贯通、灵活运用,以及对合成片段设计中"显性合成模块""隐性合成模块"的运用。

合成设计策略的评价标准为:①合成效率,包括原子经济性和步骤经济性;②原料试剂的可获得性、简单性和经济性;③合成工艺的可放大性和安全性。

第一节　常用术语

一、目标分子及其合成转换

1. 目标分子　目标分子(target molecule)是指我们所需要合成的目标产物,它可以是最终产物,也可以是某些中间体。绝大多数有机合成都是通过多步反应,从某一种原料出发,通过一系列化学反应的转化得到目标分子。合成过程涉及原料、催化剂和配体的使用及反应条件的选择;其中,原料要求简单易得,反应条件尽量温和可控,催化剂和配体要求价格低廉和高的催化效率,并促成合成反应实现工业放大。

2. 合成转换　合成转换的思维方式与正向合成相反,在合成设计中常常由目标分子为出发点,向中间体和原料方向进行逆向分析,这种相反方法的结构变换即为合成转换。例如,酰胺键的合成,可以用羧酸和胺的缩合合成,也可以由贝克曼(Beckmann)重排反应经肟合成。此外,在合成反应中,我们通常希望用简捷高效的反应获得高原子经济性,从而达到我们的合成目标和应用需求。在有机合成中通常使用"⟶"表示正向合成,而合成设计中的转换通常使用"⟹"来表示。例如:

$$\text{目标分子} \Longrightarrow \text{中间体1} \Longrightarrow \text{中间体2} \Longrightarrow \cdots\cdots \Longrightarrow \text{原料}$$

在逆合成分析中，合成路径中的每一步反应都是一个化学合成转换的过程，尤其是在逆合成路线的第一步，也就是真正合成的最后一步，尤为重要。

二、合成模块及其等价试剂

1. 合成模块 合成模块是合成目标分子或中间体结构所需的单元活性结构。根据合成碳-碳键的需要，合成模块通常包括单一反应活性底物、双重反应活性底物，即具有单一反应位点或者双重反应位点的底物。具体的合成化学反应形式，可以为离子形式、自由基形式、周环反应的中性分子形式，也可以是金属催化反应的底物分子形式。

2. 合成模块的"等价试剂" 在很多化学反应中，合成模块是相对不稳定并需要原位形成的。例如，离子型和自由基型合成模块、金属催化反应中的某些瞬时中间体。因此，在实际合成过程中，需要利用一些试剂原位形成合成模块或者通过反应达到合成结果形式上的类似性，这样的试剂称之为等价试剂。简而言之，等价试剂即为实现所设计合成反应需要的原料、试剂或者中间体。

3. 合成模块的分类

（1）离子型合成模块：是一种最常见的合成模块形式，根据合成模块的亲电性质或者亲核性质，它通常可以分成供体（donor）和受体（acceptor）。供体合成模块按照原子类型分类，包括氧负离子、氮负离子、卤素负离子、碳负离子及巯基负离子等。其中，碳负离子主要包括氰基离子、炔负离子、活性亚甲基化合物产生的碳负离子，如硝基甲烷产生的碳负离子、丙二酸酯亚甲基碳负离子、格氏试剂碳负离子等。而受体合成模块主要为各种形式的碳正离子、连接离去基团的碳原子。例如，烷基卤化物、烷基磺酸酯类化合物、苄醇脱水形成的苄基碳正离子。

$$RSO_3^{\ominus} \quad Cl^{\ominus} \quad Br^{\ominus} \quad I^{\ominus} \quad OH^{\ominus} \quad RCO_2^{\ominus} \quad RS^{\ominus} \quad RO^{\ominus}$$

EWG⌒EWG　　EWG（吸电子基团）　：CN, COOR, COR, SO_2R, NO_2

（2）自由基合成模块：是指在自由基反应中形成新的连接键所需要的自由基形式。常见的自由基合成模块包括光照条件下形成的碳自由基、过氧化合物断裂形成的氧自由基、羧酸脱羧原位形成的碳自由基等。

（3）周环反应合成模块：是指参与周环反应的化合物。例如，在Diels-Alder反应中，双烯、亲双烯化合物均为周环反应合成模块。

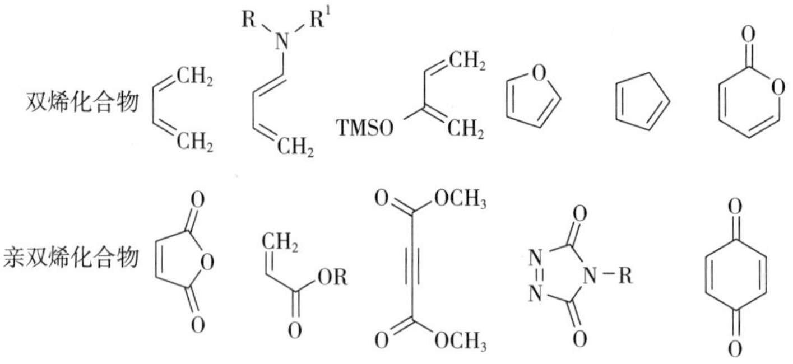

双烯化合物

亲双烯化合物

（4）金属催化反应合成模块：是指参与金属催化反应中能与金属活性物种反应，并参与目标分子构筑的化合物，如烷基和芳基硼酸酯类化合物、卤苯类化合物、一氧化碳、重氮等。

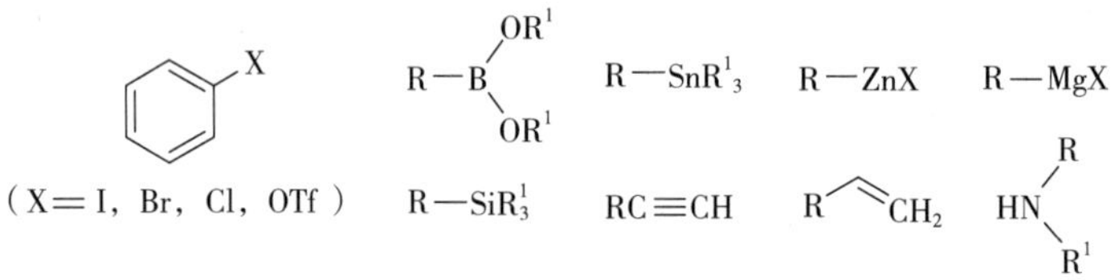

三、极性反转

极性反转是指通过引入或者添加其他基团，或者通过杂原子的交换，将某一合成模块"从受体变成供体"或者"从供体变成受体"的过程。通常来说，"从受体变成供体"的过程需要加入更高活性的还原性试剂。例如，溴代烷基在加入三苯基膦反应后，从受体类型的溴代烷烃变成了供体类型的Wittig试剂；类似的，溴苯在加入金属镁后反应变成苯基溴化镁，也实现了受体类型到供体类型的转化。通常极性反转的方法包括：

1. 引入杂原子　很多化学官能团引入杂原子后，可以改变原子的电负性和化学反应活性。例如，烯烃的碳-碳双键被过氧化合物氧化，得到环氧化合物；从"供体-受体"角度的化学反应活性来说，发生了极性反转。例如，醛是典型的"受体"类型官能团，但是通过乙二硫醇进行保护之后得到的缩酮，其碳原子呈现出类活性亚甲基的"供体"反应活性。

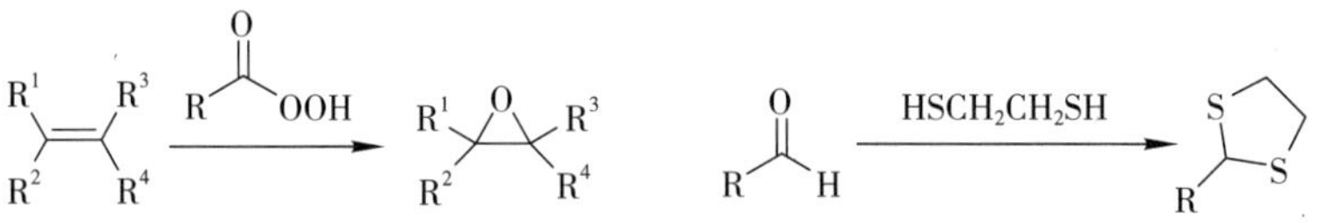

2. 添加碳负离子　某些"受体"类型官能团，被碳负离子亲核加成之后，碳负离子发生迁移，"受体"类型官能团也会极性反转为"供体"类型官能团。例如，醛被氰基负离子亲核加成并发生氢迁移，转化为氰基取代的碳负离子，从而实现了醛的"受体"类型转化为碳负离子的"供体"类型；类似的，酯基取代的烯烃是"受体"形式的合成模块，但是其被炔基负离子亲核加成后转化为"供体"形式的碳负离子，从而实现极性反转。

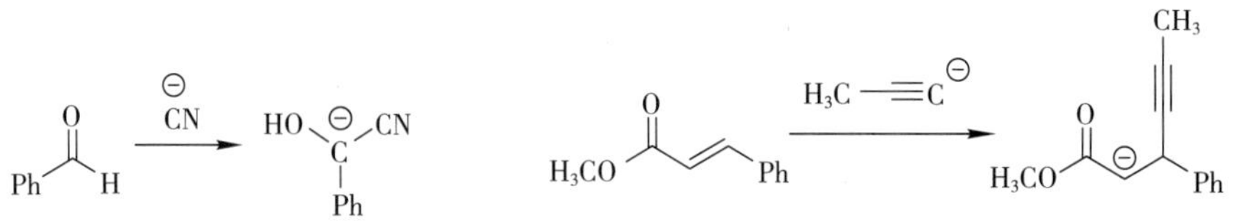

3. 交换杂原子　杂原子交换也可以实现合成模块的极性反转。例如，溴代烷烃是"受体"形式的烷基化试剂，但是其和三苯基膦反应并在攫氢后产生 Wittig 试剂，Wittig 试剂就是具有"供体"属性的合成模块，以上化学转化就实现了溴代烷烃的极性反转。类似的，溴代烷烃也可以和金属镁反应产生格氏试剂，实现从"受体"形式到"供体"形式的转换。

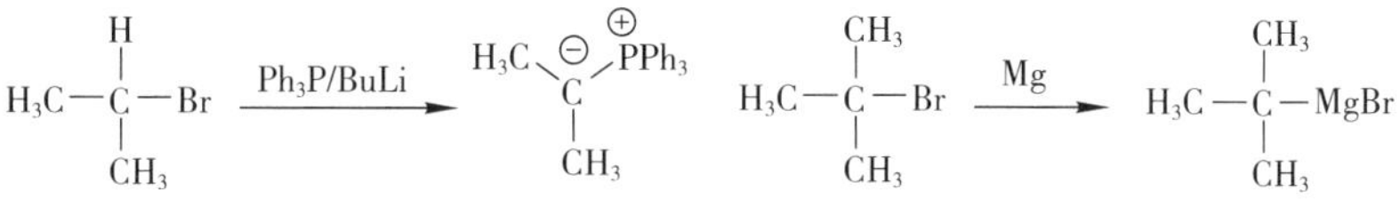

第二节　合 成 策 略

一、逆向转换策略

合成路线的设计需要综合考量目标分子结构特点、合成路线的原子经济性与步骤经济性、原料价格等多方面因素。逆向分析是一种高效的设计策略，它是以目标分子为起点，采用逆向切断、连接、重排及官能团变化等转换策略，逐步拆分为简单易得的前体或原料。其中，合理的逆向转换策略可以较好地提升合成路线的效率。

（一）逆向切断

逆向切断（antithetical disconnection）是对目标分子骨架的化学键进行合理拆分，分解为多个简单合成模块。逆向切断策略遵循"能合成才能切断"的准则，即切断的化学键必须有相应的合成反应为依据。

1. 含有单基团的目标分子的逆向切断　当目标分子中含有单基团时，则在该基团附近进行切断。该逆向切断方式主要是从合成反应的可行性进行考虑，因为单基团往往是化学反应介入的位点。例如，1,3-二苯基丙-1-醇的逆向切断主要围绕"醇羟基"进行：a) 醇逆向切断为酮，相应的合成策略就是采用酮的 $NaBH_4$ 还原进行；b) 醇逆向切断为环氧，可以采用烯烃与"间氯过氧苯甲酸（m-CPBA）"进行环氧化；c) 醇逆向切断为烷基醛，可以采用苯基格氏试剂与苯丙醛的亲核反应；d) 醇逆向切断为芳香醛，可以采用苯甲醛与苯乙基格氏试剂的亲核反应。简而言之，含有单基团的目标分子的逆向切断，基本上是围绕该单基团附近的化学键，以便于确定可操作的正向合成介入点。

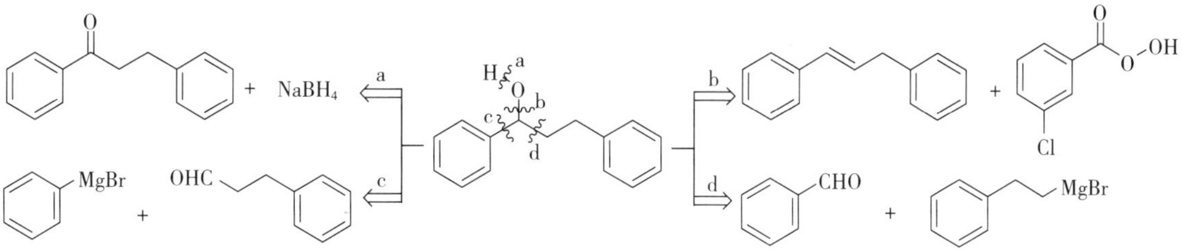

2. 含有双基团的目标分子的逆向切断　当目标分子中含有双基团时，可以采用均裂或异裂的方式进行切断。例如，安息香是含有双基团的化合物，采用均裂的方式进行逆向切断，可以逆推至苯甲醛。对于 β-羟基酮结构的目标分子，可以采用异裂方式进行逆向切断，可逆推至苯乙酮和苯甲醛。

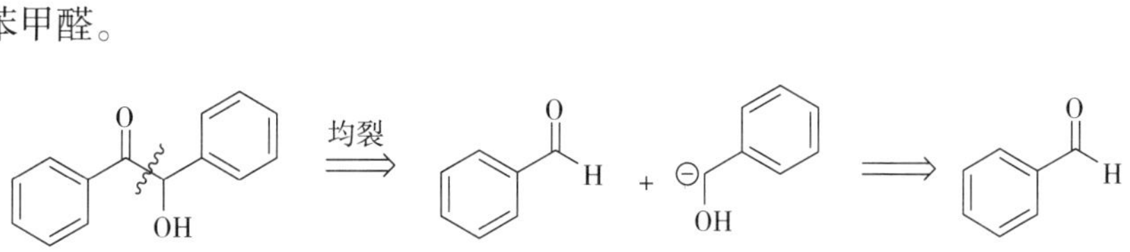

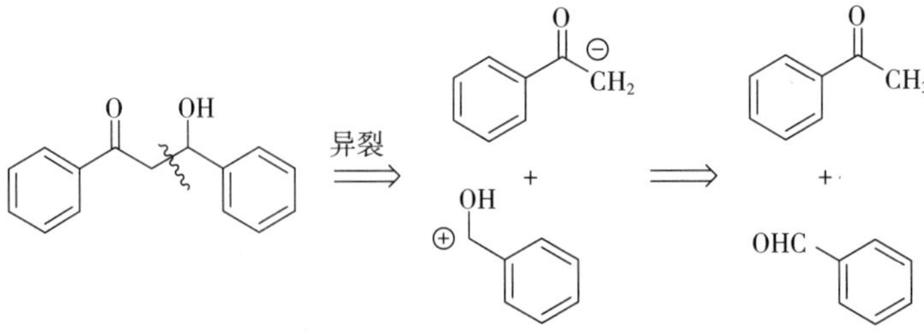

3. 碳（杂）环的逆向切断 逆向切断在含有碳环和碳杂环的药物合成策略设计中广泛应用，尤其是在五元或六元碳（杂）环构建中显得尤为重要，很多经典的人名反应，如 Diels-Alder 环化、Biginelli 反应、Paal-Knorr 反应等，常常作为合成策略的设计依据进行逆向推导。例如，六元碳环的逆向切断可以基于 Diels-Alder 反应进行。

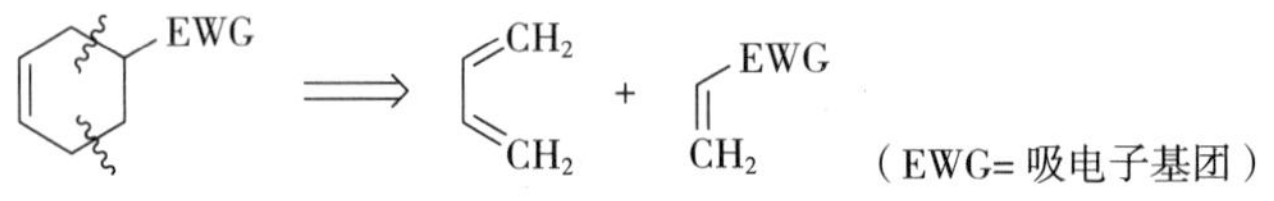

此外，针对饱和多元环结构的逆向切断，可以先将其逆向转换为环状烯烃，并依据关环复分解反应（Ring-Closing Metathesis，RCM）进行逆向切断；该逆向切断的方式属于"隐性"的环化策略。

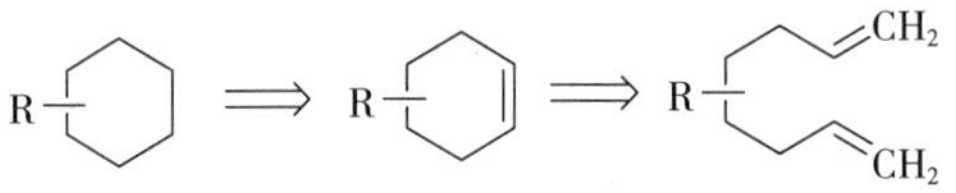

对于杂环的逆向切断，往往从杂原子入手，逆向切断至杂原子合成模块。例如，硝苯地平是一类二氢吡啶结构化合物，其逆向切断从结构母核的氮原子出发，逆向切断至烯胺结构中间体，并逐步逆推至 2-硝基苯甲醛、乙酰乙酸乙酯、胺；从正向合成的角度看，就是采用 Hantzsch 二氢吡啶合成法。

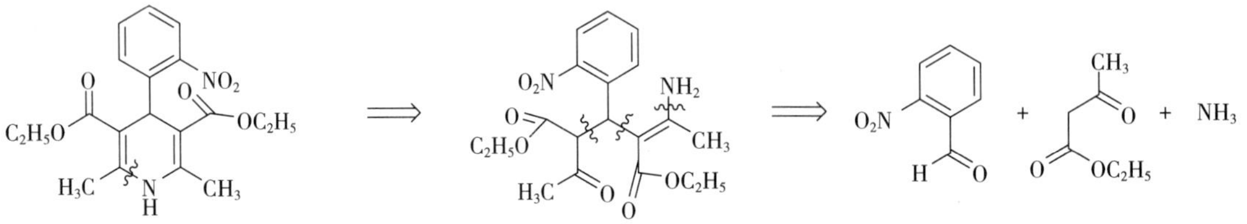

对于嘧啶啉酮结构目标分子，其结构母核包含脲片段，逆向切断从脲的氮原子出发，逆推至尿素、Knoevenagel 缩合类型的不饱和烯烃，并最终逆推至醛、乙酰乙酸酯；从正向合成的角度看，就是采用 Biginelli 反应合成嘧啶啉酮。

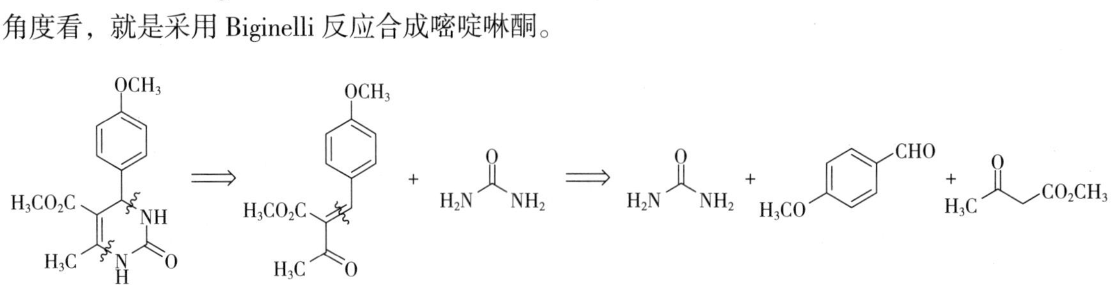

对于五元氮杂环结构药物合成，如阿托伐他汀（atorvastatin）的结构母核就是吡咯，其关键中间体的逆向切断，也是从吡咯的氮原子出发，逆推至脂肪胺、二酮；从正向合成角度看，这也是利用 Paal-Knorr 反应合成吡咯。

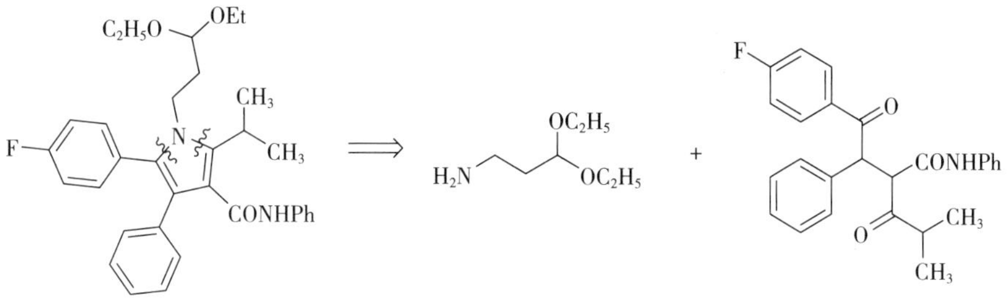

对于另外一类氮杂五元环咪唑，其逆向切断可以从两个氮原子出发，逆推至乙二醛、胺、甲醛；从正向合成的角度看，这也是利用 Debus-Radziszewski 反应合成咪唑。

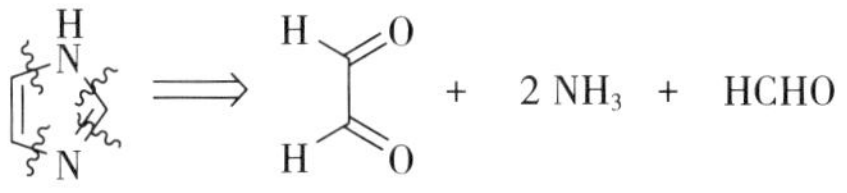

二、逆向连接

逆向连接是指将目标分子中不相连的原子用新的化学键连接，其实质是化学键氧化断裂反应的逆向过程，在合成策略上相当于"以退为进"，通过逆向连接转化为更易获得的中间体或原料。例如，己二酸二甲酯的合成路线设计，通过逆向连接的方式将两个酯基转化为酸酐，并依据 Criegee 臭氧化反应逆推至烯醚取代的环己酮。

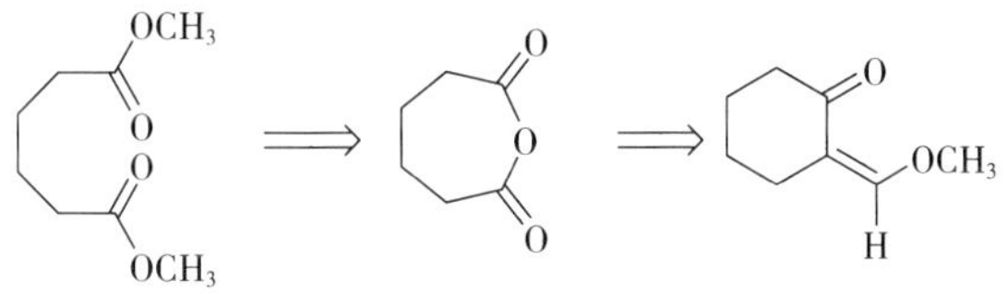

三、逆向重排

逆向重排是实际重排反应的逆向过程，希望通过来源易得的原料进行重排反应，构建目标分子并维持手性构型等化学特征。逆向重排比较考验合成路线设计者的知识储备和敏锐性，对于一些复杂结构的目标分子，往往需要通过比较"隐性"的逆向重排设计。例如，含有烯醚结构的七元环内酰胺，可以依据 Beckmann 重排反应进行逆向重排设计，逆推至环己烯肟的起始原料。

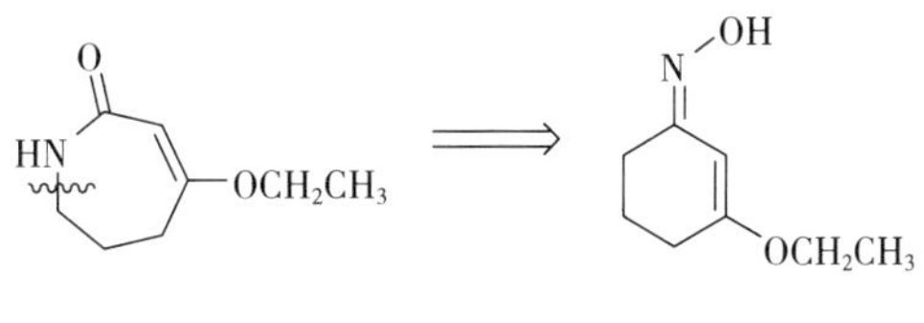

类似的，含有 γ,δ- 烯烃片段的羧酸类目标分子，其逆合成路线设计往往可以依据 Ireland-Claisen 重排逆推，该逆向重排也是"隐性"的逆向重排设计，合成路线设计者需要具备对 Ireland-Claisen 重排的理解和 γ,δ- 烯烃羧酸片段的敏锐性。

（TIPS：三异丙基硅基）

四、逆向官能团变换

逆向官能团变换是指在不影响目标分子基本骨架的基础上，对特定位置的官能团进行变换，有意识地造就一些"功能性"官能团，达到提高反应活性、选择性或活性基团保护等目的，并实现目标分子的简捷高效合成。逆向官能团变化主要分为以下三种形式。

1. 逆向官能团互换　逆向官能团互换是指对一些活性官能团，通过官能团保护、氧化、还原、脱水等形式，实现官能团的"隐藏"，以规避合成过程中的潜在副反应干扰或提高合成效率。例如，酮羰基可通过官能团互换的方式转化为缩硫酮、烯烃、醇等化学形态，以达到原料来源易得性、羰基保护、合成高效性等目的。

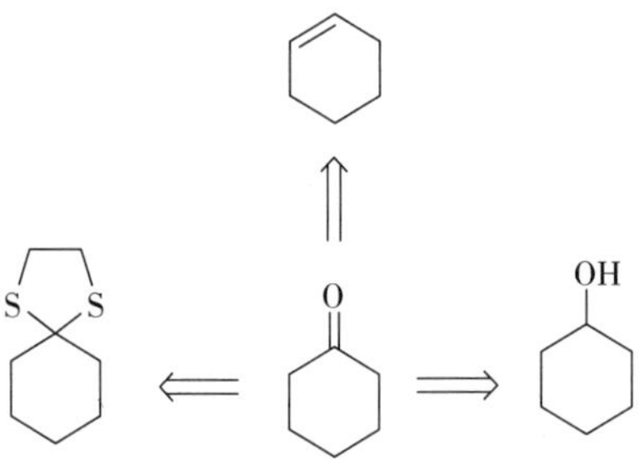

2. 逆向官能团添加　在目标分子的逆向切断前，适当引入一些额外的官能团以提高合成反应的活性、选择性等，在完成合成目标之后，对这类额外的官能团再进行消除，该方法称之为逆向官能团添加。逆向官能团添加从步骤来讲是增加了，但是从总体合成效率来说是有利的，并在实际的药物合成中得到广泛应用。例如，环己酮可以逆向添加酯基，从而提高酮 α-活性亚甲基的反应活性，并在完成反应目标后通过脱羧反应除去酯基。

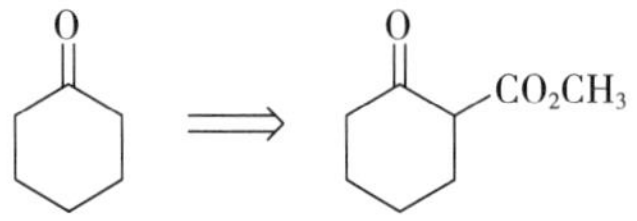

3. 逆向官能团除去　逆向官能团除去，是指对于那些可用已知反应进行快速引入的官能团，在逆向切断的设计中，将这些官能团进行逆向除去，以提高合成效率、选择性等要素。在正向合成中，完成相应中间体合成后，利用已知反应再把这些官能团快速地引入到分子中。例如，对于 1-氯-2,6-二硝基-4-三氟甲基苯，可以将两个硝基逆向除去从而逆推至 4-三氟甲基-1-氯苯中间体；在正向合成中，得到 4-三氟甲基-1-氯苯后，可以利用硝化反应引入两个硝基，并恰好实现区域选择性。

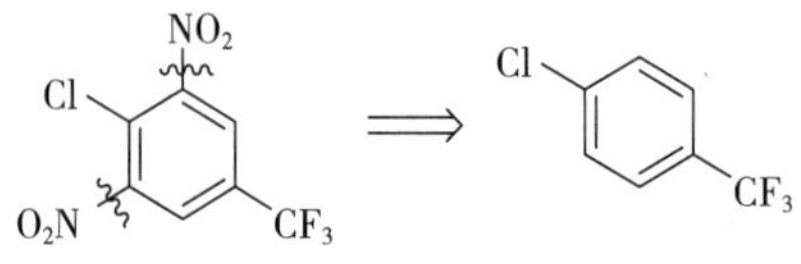

第三节　逆向合成分析

逆向合成分析（retro-synthetic analysis），也称为反合成分析，最早起源于 1917 年罗宾逊（Robert Robinson）合成托品酮时提出的"假想分解"概念。20 世纪 60 年代，诺贝尔化学奖得主 E. J. Corey 首次系统性地提出了逆合成分析方法，即以目标分子为起点，采用逆向切断、连接、重排及官能团变化等转换策略,逐步拆分成简单易得的合成前体或原料,从而完成合成路线设计。目前逆合成分析在药物合成中应用广泛。

随着科学技术的快速发展,逆合成分析法也得到了提升迭代。一方面,碳-氢键活化、过渡金属催化等新的高效合成技术蓬勃发展,极大丰富了逆合成分析转换的手段;另一方面,人工智能技术的快速发展并与化学学科的交叉融合,也促使逆合成分析从"早期的个人经验主义"逐步转变到"基于数据的理性分析"。尽管逆合成分析的形式和手段一直在改变,其本质依然是针对目标分子设计一条原料简单易得、路线简捷、工艺安全的合成路线。

拓展阅读 10-1 人工智能辅助的逆合成分析

在逆合成分析中,通常利用已有的有机化学合成知识,特别是在熟悉各个合成模块的性质、反应类型与反应机理的情况下,针对具体的目标分子进行一系列的合理逆向变换,设计一条高效经济的合成路线。其中,针对杂原子、芳(杂)环、烯烃、炔烃等功能性基团或片段附近的化学键,进行逆向切断或其他变换,在一定程度上可以加快逆推进程。同时,对于药物合成、药物发现研究而言,目标分子的逆合成分析要与药学属性相结合,因此还需要关注以下内容:

(1)在逆合成分析过程中,不仅要考虑路线的可行性,还需要综合考虑合成工艺的安全性与可操作性、物料成本、环保成本。

(2)构效关系研究是新药研发的重要内容;因此,在药物发现研究中,优选的合成路线应尽可能涵盖类药性、结构多样性,以满足构效关系研究的需求。

一、含有单基团、双基团的目标分子逆合成分析

(一)含一个功能性基团的目标分子逆合成分析

当目标分子含有一个功能性基团时,通常情况下在该基团附近进行逆向切断等结构变换,变换的位点也比较容易确定;简而言之,基团是合成路线设计的切入点,也是目标分子正向合成中的化学反应介入位点。

1. 单基团 C—X 变换 大部分情况下,当碳原子与其他杂原子有连接时,如 C—O、C—N 或 C—S 等,我们可依据亲核取代反应将杂原子化学键切断。其中,酰基卤化物、烷基卤代物常常作为取代反应的受体,而胺、醇等可作为亲核取代反应的供体。

2. 单基团 C—C 变换 在一些具有单基团取代的目标分子,其逆合成分析也可以将该基团附近的 C—C 键断裂作为合成步骤,该 C—C 键断裂将借助于官能团赋予的化学反应活性获得合成可行性。例如,醇的逆合成分析,就可以将醇羟基取代的碳原子与其邻位碳原子切断,并逆推至格氏试剂与酮。

当然,逆合成分析遵循的理念之一是"灵活运用、简捷高效、价值导向",对于目标分子逆合成分析中的单基团 C—X 变换、单基团 C—C 变换,不拘泥于基团变换的先后顺序,主要

还是围绕研究项目的需求、目标分子具体结构、原料可获得性等方面进行设计，并注重逆合成分析设计的思维发散性。

例如，下面这个酰胺目标分子的逆合成分析，可以采用多种方法：

（1）按照 a 方法进行切断，可变换为羧酸和甲胺；从正向合成的角度看，就是利用 2- 苯基苯甲酸与甲胺进行缩合。

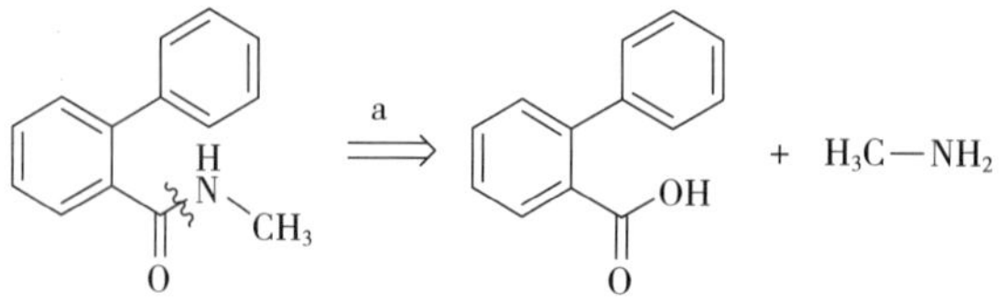

（2）按照 b 方法进行变换，可逆推至 2- 苯基溴苯、CO、甲胺；从正向合成的角度看，利用 Pd 催化的溴苯氧化加成产生的苯基 Pd 物种与 CO 进行插羰产生酰基 Pd 物种，并与甲胺进行缩合。

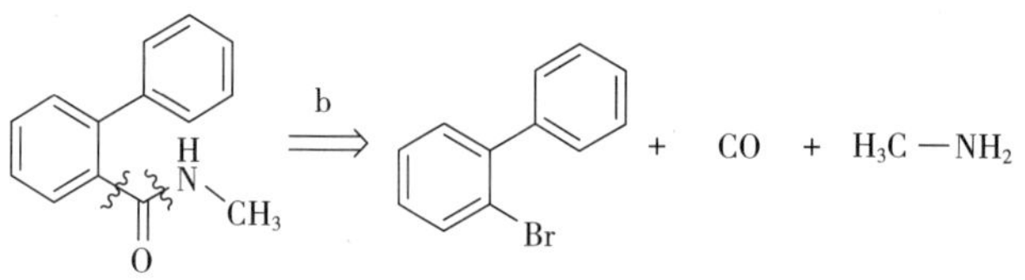

（3）碳 – 氢键活化研究被大量报道并被归入逆合成分析的合成方法储备中。基于碳 – 氢键活化的方法 c 进行变换，可逆推至简单易得的 N- 甲基苯甲酰胺、碘苯；从正向合成的角度看，利用 Pd 催化的酰胺导向的碳 – 氢键活化并与碘苯发生氧化偶联反应。

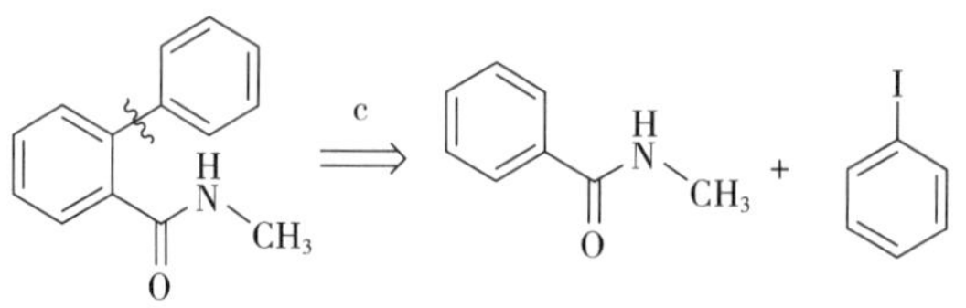

（4）随着过渡金属催化的偶联反应不断开发并应用于药物合成，其也被纳入逆合成分析的工具箱。基于过渡金属催化的方法 d 进行变换，可逆推至 2- 苯基溴苯和 N- 甲基甲酰胺；从正向合成的角度看，利用 Ni 催化的 2- 苯基溴苯和 N- 甲基甲酰胺的偶联反应。

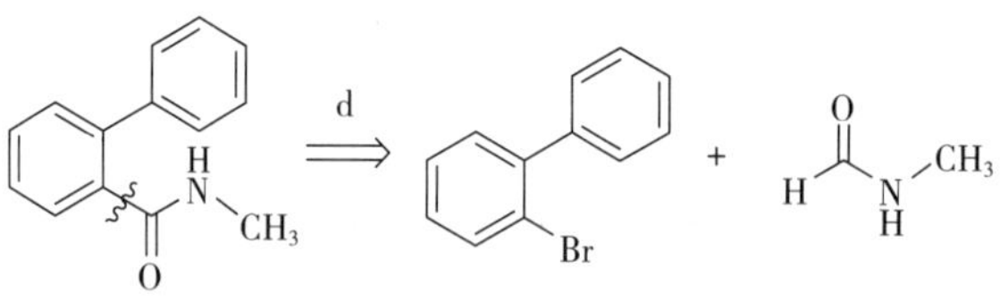

（二）含两个功能性基团的目标分子逆合成分析

当目标分子中出现两个功能性基团时，将依据这些官能团的结构与化学性质，采用针对性的变换方式，得到不同组合的电子供体和电子受体，并设计出多样性的合成路线。其中，取代基之间的跨距是逆合成分析的重要评估标准。

1. 1,2- 二基团化合物　1,2- 二基团化合物的逆合成分析，主要围绕官能团和官能团之间的 C—C 键和 C—X 键。例如，环己 -1,2- 二醇是目标分子，可以围绕羟基的性质、羟基来源、两个羟基之间的距离等因素进行逆合成路线设计。比如说，可以切断其中一个羟基的 C—O 键，变换为环氧化物中间体；从正向合成的角度看，就是利用水分子的羟基对环氧进行亲核加成。

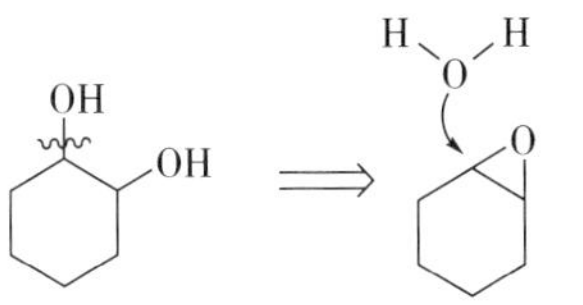

可以利用两个羟基是 1,2 位的特点，依据烯烃的双羟化反应进行逆向变换，逆推至烯烃为原料；从正向合成的角度看，可以利用烯烃与 $KMnO_4$ 的双羟化反应实现。

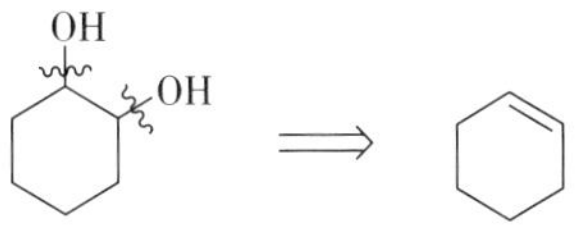

也可以利用两个羟基是 1,2 位的特点，依据片呐醇偶联（pinacol coupling）反应进行 C—C 键切断；从正向合成的角度看，就是利用两个醛基的片呐醇偶联合成 1,2- 二羟基类目标分子。

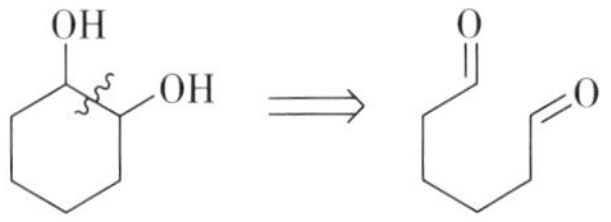

2. 1,3- 二基团化合物　1,3- 二基团化合物的逆合成分析依然遵循官能团附近切断的原则，综合考虑两个官能团的 1,3 位置关系、官能团的特点与化学反应活性，做出针对性的逆合成分析。例如，β- 酮酯结构目标分子的逆合成分析，可以按照 a 方法从酮的邻位进行切断，变换为"乙酰基类型的受体"和"活性亚甲基形式的供体"，并逆推至乙酸乙酯为原料；也可以按照 b 方法从酯的邻位进行切断，变换为"酯基取代的受体""活性亚甲基形式的供体"，并逆推至碳酸二甲酯、丙酮。以上两种逆合成路线，都是针对 1,3- 酮酯结构的特点设计的。

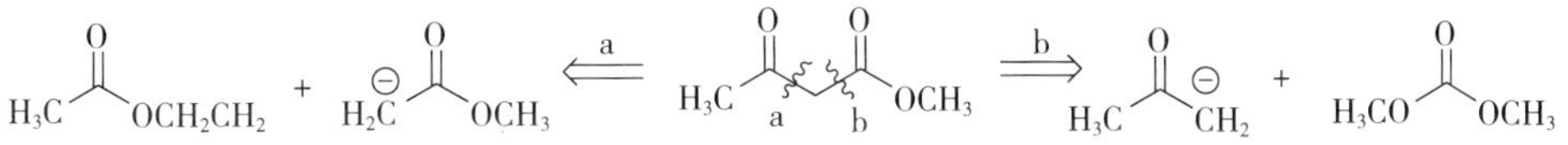

例如，β- 氨基酮结构目标分子的逆合成分析，针对氨基、酮的结构特点和化学性质，以及 1,3 位置特点，可以从氨基附近的位点进行切断，设计以下多种逆合成路线，示例如下。

（1）氨基的 α- 切断：切断酮 β 位碳原子与氨基之间的 C—N 键，依据氨基的反应活性作为供体、酮的 β 位可作为受体，逆合成分析逆推为胺、不饱和酮；从正向合成的角度看，就是胺对不饱和酮的 Michael 加成。

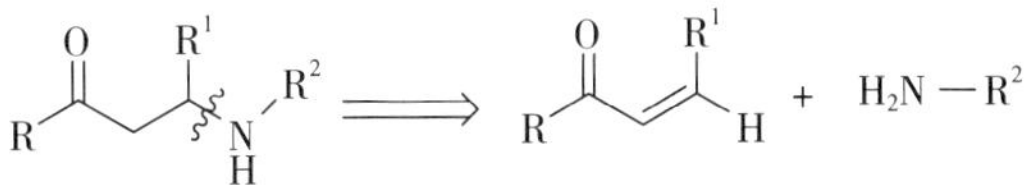

（2）氨基的 α- 切断：依然切断酮 β 位碳原子与氨基之间的 C—N 键，依据氨基的反应活性作为供体，但是受体可以调整为 β- 氯代酮；从正向合成的角度看，就是胺对 β- 氯代酮的亲核加成。

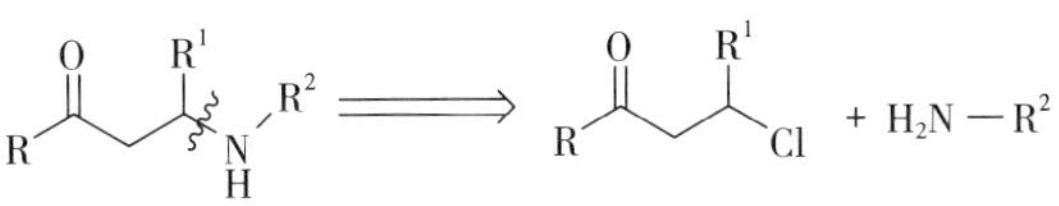

(3) 羰基的 α- 切断：利用酮羰基 α 位的亲核性，切断酮羰基的 α 位点，逆合成分析得到酮、醛、胺这三个组分的合成原料；从正向合成的角度看，就是利用酮、醛、胺的三组分缩合（Mannich 反应）合成 β- 氨基酮。

对于具有芳香基团的 1,3- 二基团目标分子，其逆合成分析要充分发挥芳香基团的化学反应活性，尤其是偶联反应活性特征，从而设计出原料易得、合成简捷的合成路线。例如，（3- 吡啶基）丙酮作为目标分子，其逆合成分析可充分利用酮羰基和吡啶位置关系、酮羰基的化学特征和吡啶的偶联反应活性，可以设计出多条逆合成分析路线，并根据研究者课题目的、原料来源等进行选择。

（1）羰基的 α- 切断：将酮与端位甲基进行 C—C 切断，逆推至（3- 吡啶基）乙酰胺、甲基格氏试剂；从正向合成的角度看，利用甲基格氏试剂与该类 Weinreb 酰胺的亲核取代反应合成目标分子。

（2）3- 吡啶基的 α- 切断：将吡啶 3 位与酮羰基的 α 位进行切断，逆推至 3- 溴吡啶、丙酮为原料；从正向合成的角度看，利用 Pd 催化的 3- 溴吡啶与丙酮的偶联反应合成目标分子。

二、杂环结构母核的逆合成分析

在小分子药物中，杂环是一类重要的结构母核；因此在药物合成中，杂环结构母核的合成一直占有重要地位。杂环结构母核包括饱和杂环、芳香杂环，以含氮杂环为主；它们的逆合成分析将依据杂环自身结构特点、取代基位置与特征、原料或合成中间体来源，并围绕杂原子进行逆合成变换，往往从杂原子的 α 位和 β 位进行逆向切断，关注杂原子的合成来源即从什么原料中引入杂原子。本部分内容将选择五元杂环、六元杂环、苯并杂环目标分子进行逆合成分析阐述。

（一）五元氮杂环——吡咯的逆合成分析

吡咯是经典的五元芳香氮杂环，是许多天然产物的基本母核，如维生素 B_{12}、叶绿素、血红素等都具有吡咯结构母核。合成方法学研究的不断发展，也丰富了吡咯逆合成分析的理论依据；同时，不同的吡咯合成方法也带来了差异化的吡咯取代基特征。以下吡咯逆合成分析，希望可提供一些发散性的逆合成分析思路。

1. 氮原子的 α- 切断 吡咯类目标分子的逆合成，从吡咯母核的氮原子 α- 切断也包含多种切断方式，主要视吡咯结构母核上的取代基位置确定逆合成分析路线。

（1）对于 2,5- 双取代的吡咯类目标分子，逆合成分析从氮原子 α- 切断，逆推至胺、1,4- 二酮，它们分别作为供体基团、受体基团；从正向合成的角度看，胺和 1,4- 二酮通过两次缩合反应构建吡咯结构，这也是经典的 Paal-Knorr 吡咯合成法。

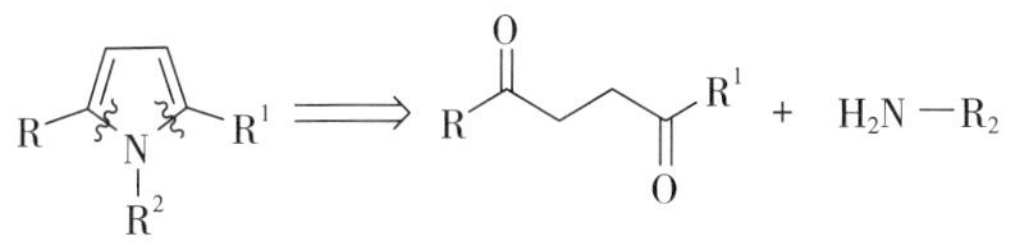

（2）对于 2,3,4- 三取代的吡咯类目标分子，逆合成分析首先从氮原子的 α- 切断，再进一步进行 γ 位的 C—C 键切断，从而逆推至 α- 氨基酮、乙酰乙酸酯合成模块，再继续逆推至 α- 氯代酮、胺、乙酰乙酸酯这三个组分；从正向合成的角度看，就是利用 α- 氯代酮、胺、乙酰乙酸酯的三组分环化反应构建吡咯目标分子，这也是经典的 Hantzsch 吡咯合成。

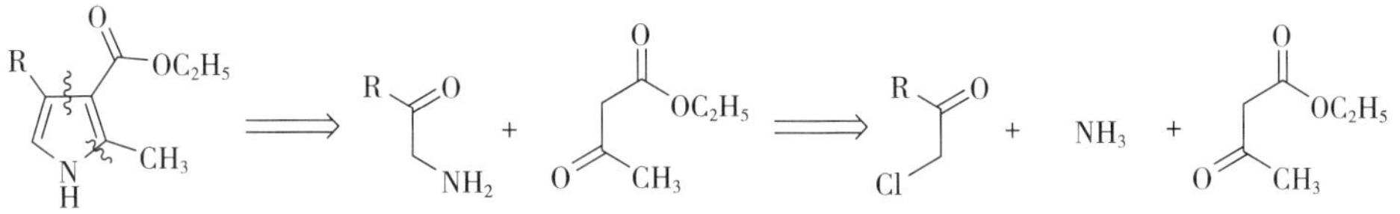

（3）对于 2,3,4- 三取代的吡咯类目标分子，氮原子 α- 切断的逆合成分析可以先从氮原子 α- 切断，再进一步进行 γ 位的 C—C 键切断，从而逆推至烯胺、硝基烯烃两类合成模块。从正向合成的角度看，就是利用烯胺对硝基烯烃的加成、胺的分子内亲核加成环化、硝基的消除芳构化，实现吡咯类目标分子的合成。

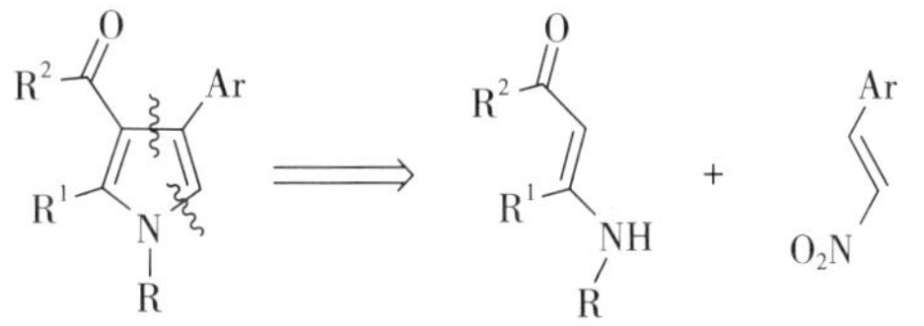

2. 氮原子的 β- 切断　吡咯类目标分子的逆合成分析，也可以从氮原子的 β- 切断着手。例如，对于 2,3,4- 三取代的吡咯类目标分子，氮原子 β- 切断的逆合成分析逆推至不饱和酮、异腈；从正向合成的角度看，利用不饱和酮作为受体、甘氨酸酯衍生的异腈作为供体的环化反应实现该类吡咯目标分子的模块化合成。

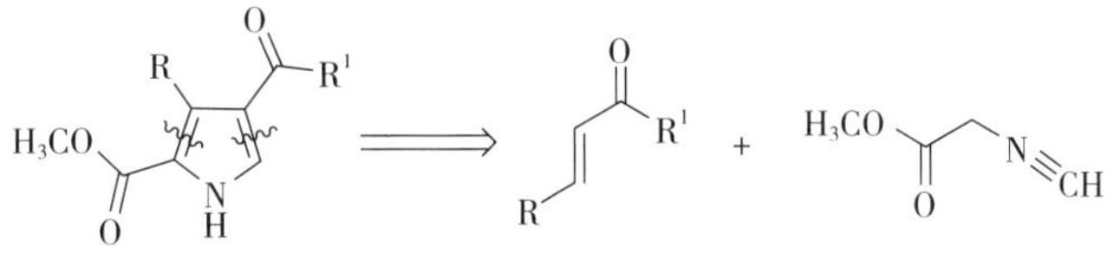

（二）苯并五元氮杂环——吲哚的逆合成分析

吲哚，从结构形式上看，是"苯并吡咯"，但正是由于苯环的并入，使得其逆合成分析与吡咯相比发生了很大变化，苯环衍生物的原料来源、化学反应活性为吲哚的逆合成分析提供了更多手段。通过以下"吲哚"目标分子逆合成分析的阐释，和前述"吡咯"目标分子逆合成分析的对比，便于更好地理解逆合成分析的内涵及苯并杂环结构目标分子的逆合成分析思路。

1. 氮原子的 α- 切断　吲哚类目标分子的逆合成，从吲哚母核的氮原子 α- 切断也包含各种类型，依据吲哚结构母核上的取代基结构、取代基位置来确定逆合成分析路线。

（1）从氮原子的 α 位进行切断并逆推至 1- 取代 -2-(2- 硝基苯) 乙烯，通过硝基作为潜在的氨基源；在此基础上对烯烃进行逆向推断，利用硝基的强吸电子性逆推至 2- 硝基甲苯和醛。从正向合成的角度看，就是利用 2- 硝基甲苯与醛的缩合脱水得到烯烃片段，并对硝基进行还原并发生分子内环化合成吲哚目标分子，这也是经典的 Cadogan-Sundberg 吲哚合成。

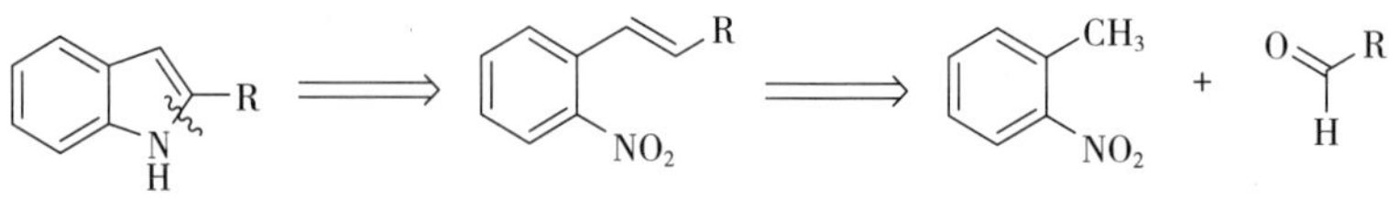

（2）将氮原子的 α 位进行切断，并切断在氮原子与苯环之间的化学键，逆推至 α- 叠氮取代的肉桂酸酯，将叠氮作为潜在的氨基源；在此基础上利用缩合反应对烯烃进行逆向切断，逆推至叠氮乙酸酯和醛。从正向合成的角度看，利用叠氮乙酸酯与醛的缩合脱水合成 α- 叠氮肉桂酸酯，随后利用过渡金属催化剂催化等方式将叠氮转化为乃春（nitrene），乃春与苯环进行碳 – 氢键活化 – 胺化合成吲哚目标分子。

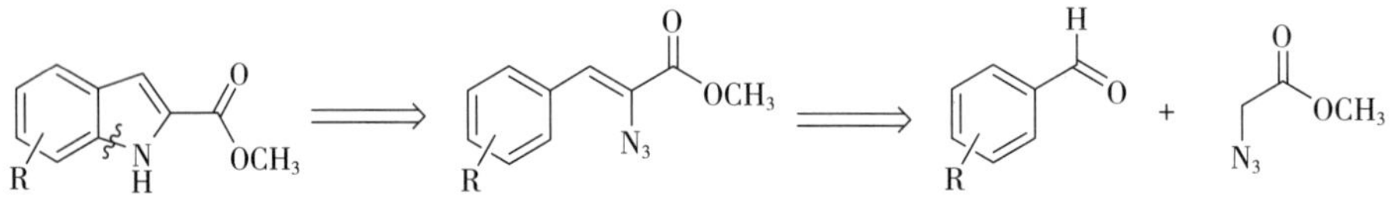

2. 氮原子的 α- 切断 /γ- 切断　吲哚目标分子的逆合成分析，除了从氮原子的 α- 切断，还可以充分利用模块化合成的理念，进行双切断方式，如 α- 切断 /γ- 切断。

（1）利用氨基与羰基的缩合反应将吲哚氮原子的 α 位切断，并利用环化重排对 γ 位进行同步切断，从而逆推至苯肼、酮；当然，γ 位的同步切断是"隐性"的逆合成分析。从正向合成的角度看，就是利用苯肼与酮的缩合反应合成苯腙，随后利用腙的异构化、[3,3]σ 重排和氨基消除得到吲哚目标分子，这也是著名的 Fischer 吲哚合成法。

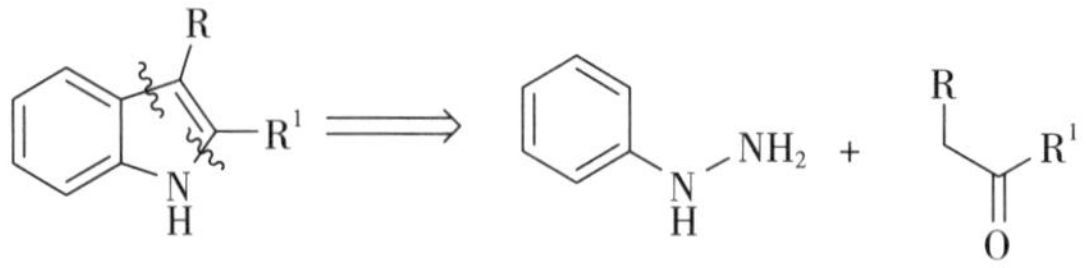

（2）对于特定取代的吲哚类目标分子，如 7- 取代吲哚，其逆合成分析可充分借鉴运用一些新的吲哚合成方法。依据 Bartoli 吲哚合成法为关键步骤的 7- 取代吲哚目标分子逆合成分析，首先将氮原子的 α 位进行切断，逆推至邻位取代的硝基苯和乙烯基格氏试剂。从正向合成的角度看，乙烯基格氏试剂对硝基逐次加成消除得到 O- 乙烯基取代的羟胺物种，随后进行 [3,3]σ 重排、缩合环化与消除，得到 7- 取代吲哚目标分子。

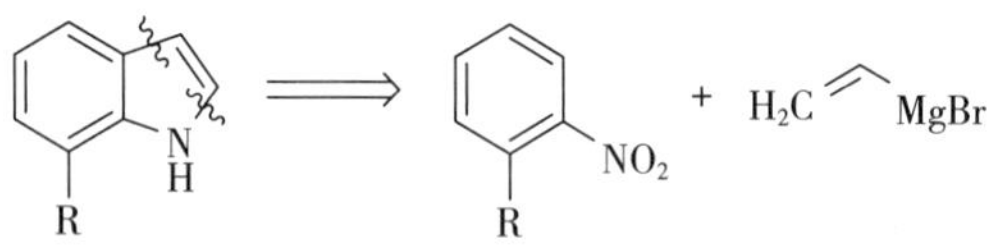

（3）对于吲哚目标分子的 α- 切断 /γ- 切断，可以依据碳氢键活化设计逆合成路线，逆推至苯胺、炔烃这两类简单易得、结构多样的原料。从正向合成的角度看，就是利用苯胺对炔烃的加成转化为烯胺中间体，随后烯胺中间体在 Pd 催化下发生碳 – 氢键活化得到烯胺 –Pd 物种，该金属有机物种会与分子内苯环发生亲电加成、还原消除得到吲哚目标分子。

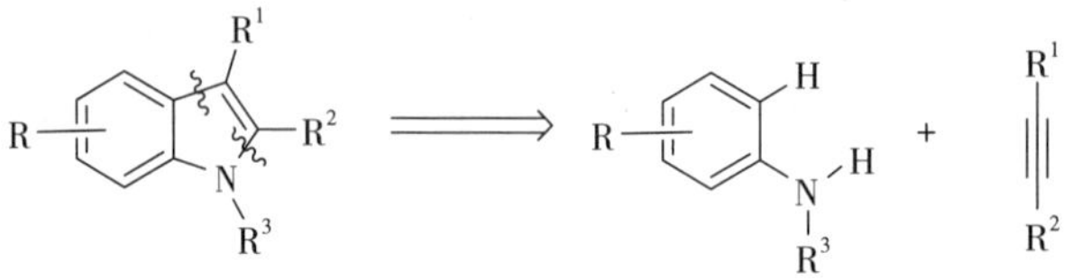

（三）六元氮杂环——氨基嘧啶的逆合成分析

氨基嘧啶是一类优势药物结构，从原子分布来看，三个氮原子均相隔一个碳原子，这为逆合成分析提供了多样性的思路。

1. 直接胺化法 将氨基嘧啶的氨基与嘧啶环之间的化学键进行切断，逆推至胺、卤代嘧啶；从正向合成的角度看，就是利用胺作为亲核反应的"供体"、卤代嘧啶作为亲核反应的"受体"，通过亲核反应合成氨基嘧啶目标分子。在实际的正向合成反应中，通常需要特定的反应条件，如加热、使用催化剂或在特定溶剂中进行，以促进亲核反应 C—N 键的形成。

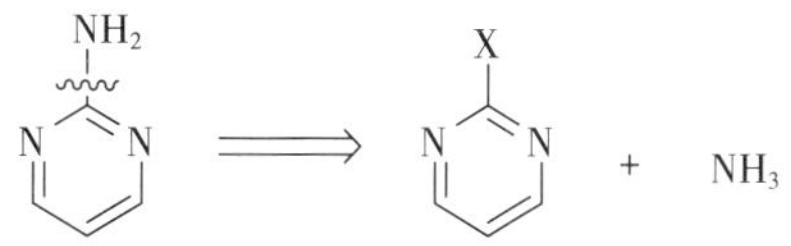

2. Biginelli 环化/胺化 将氨基嘧啶的氨基与嘧啶环之间的化学键进行切断，逆推至胺、嘧啶啉酮，而 Biginelli 反应是合成嘧啶啉酮的经典方法，通常涉及醛、β-酮酸酯和尿素的三组分一锅反应；因此，依据 Biginelli 环化/胺化可将氨基嘧啶目标分子的逆合成分析，逐步逆推至胺、醛、脲、β-酮酸酯。

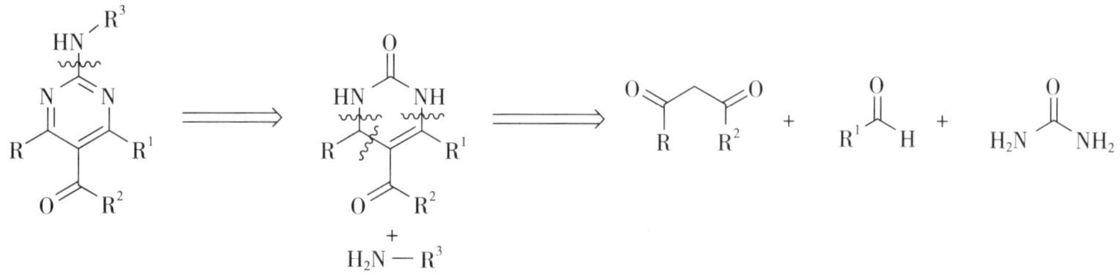

3. 缩合环化法 利用胍氨基多、可多次作为亲核反应"供体"的性质，设计具有多重"受体"性质的合成模块，即利用缩合环化法逆推至"胍、二甲氨基取代的不饱和酮"或"胍、炔酮"或"胍、1,3-二酮"。从正向合成的角度看，就是利用胍对二甲氨基取代的不饱和酮亲核加成，然后胍对酮进行缩合环化，并通过消除和异构化得到氨基嘧啶目标分子。该逆合成法就是利用胍的结构特征和反应活性，设计的模块化合成方式。

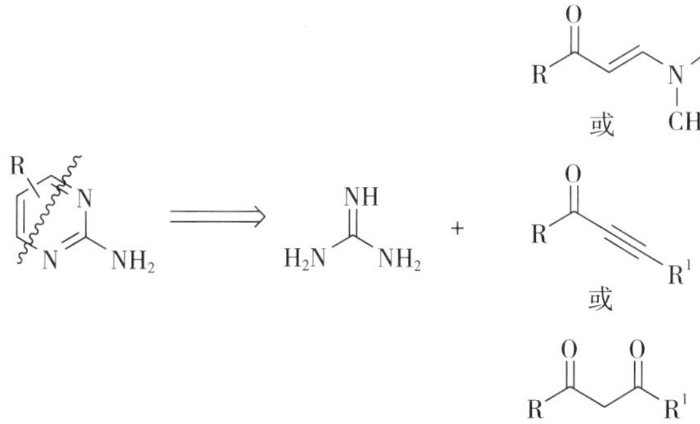

（四）苯并六元氮杂环——喹唑啉的逆合成分析

喹唑啉，从结构形式上看，是"苯并嘧啶"，也是广泛存在的药物结构母核。如同"吲哚-吡咯"的结构关系，喹唑啉之于嘧啶，其逆合成方式也是要充分利用苯环的反应活性，设计出简捷高效的逆合成路线。

1. 喹唑啉酮转化法 对于多取代的喹唑啉，可以通过偶联反应实现 4 位取代基的引入，并逐步逆推至 4-氯喹唑啉和喹唑啉酮，随后依据缩合、氧化环化将喹唑啉酮逆推至 2-氨基苯甲酰胺、醛，从而可以从简单易得、结构多样的原料出发，快速合成结构多样性的喹唑啉目标分子。从正向合成的角度看，就是通过 2- 氨基苯甲酰胺与苯甲醛的氧化环化得到喹唑啉酮，并将喹唑啉酮通过氯代试剂转化为氯代喹唑啉，并通过各类亲核反应、偶联反应等获得目标分子。

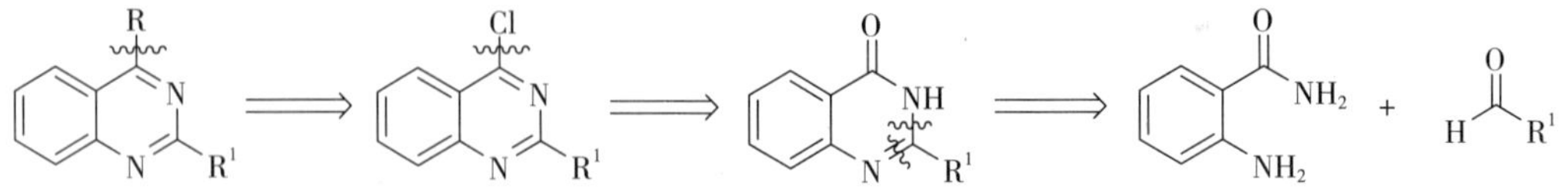

2. 缩合环化法 直接依据喹唑啉的分子形式进行化学键切断，将两个氮原子与靠近苯环侧的化学键进行切断，逆推至 2- 溴苯基取代的酮、脒这两类简单易得的原料。从正向合成的角度看，就是利用脒的其中一个氨基的亲核性首先与酮进行缩合，并再次利用脒的另外一个氨基与溴苯片段进行偶联，从而在形式上完成缩合环化即获得喹唑啉目标分子。

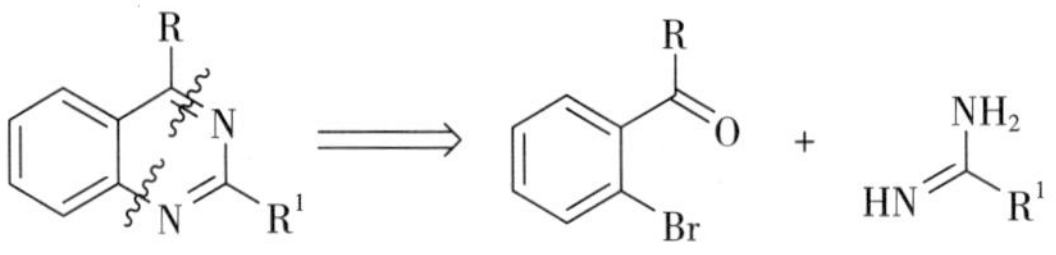

三、手性分子的逆合成分析

手性分子的逆合成分析如何切断，主要取决于其手性中心，本章节以中心手性目标分子的逆合成分析进行阐述。在含有手性碳的目标分子逆合成分析中，要关注和手性碳相连的是否有氨基及其衍生物、羟基及其衍生物、羧基及其衍生物、（杂）芳基，上述官能团是手性合成的重要切入点；如果手性碳只有烷基取代基，其逆合成分析可以考虑逆向变换引入羟基或变换为烯烃等功能性官能团，为手性合成提供可以切入的方法。

学科前沿 10-1 紫杉醇的全合成

（一）手性醇的逆合成分析

1. 酮的手性还原法 手性醇目标分子的逆合成分析，首先就是逆推至醇的前体"酮"，依据酮的手性还原转化为手性醇。例如，采用 Corey-Bakshi-Shibata（CBS）试剂作为催化剂、硼烷作为还原剂，可以将酮转化为手性醇；也可以采用 Noyori 不对称氢化等方法，将酮转化为手性醇。具体选择哪种手性合成方法，要看目标分子的结构骨架、取代基等因素具体分析。

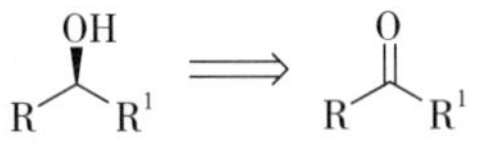

2. 手性环氧化合物转化法 手性醇目标分子的手性碳，其 α 位如果有杂原子或者是活性亚甲基取代，可以采用手性环氧化合物转化法。从正向合成的角度看，就是手性环氧化合物被醇、酚、硫醇、胺、活性亚甲基等亲核开环，得到手性醇目标化合物。

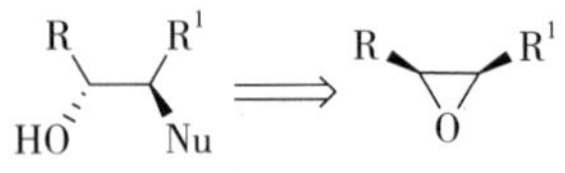

3. 醛/酮的手性缩合法 手性醇的逆合成分析，也可以利用醛/酮的手性缩合法，即利用醛/酮作为缩合反应的"受体"、活性亚甲基作为缩合反应的"供体"。从正向合成的角度看，就是在手性酸或手性碱催化、手性辅助试剂调控下，利用活性亚甲基对醛/酮的缩合，得到手

性醇目标分子。

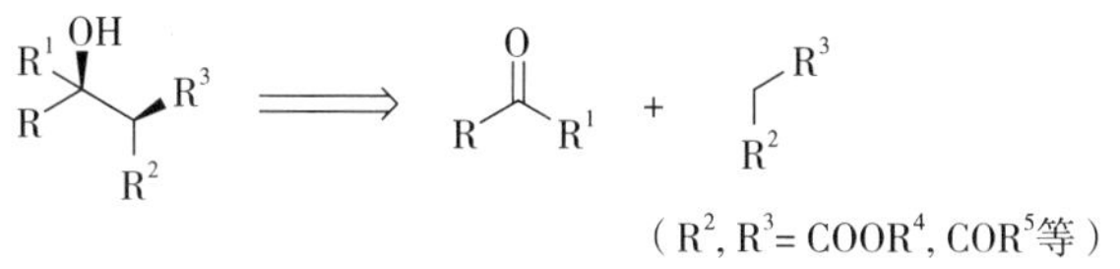

(R², R³ = COOR⁴, COR⁵等)

(二)手性胺的逆合成分析

手性胺类药物在小分子药物中所占的比例较高,在早期的药物合成工业中,手性胺的合成往往采用拆分法;然而,随着对成本控制、三废控制要求的逐步提高,我们希望以原子经济性、低成本、可控安全的工艺实现手性胺目标分子的合成。在本节中主要从手性合成的角度阐述手性胺的逆合成分析。

1. 通过手性醇的转化 该逆合成方式主要是依据手性醇的亲核取代反应等特征,选用一些胺源进行转化。例如,可以依据手性醇的 Mitsunobu 反应,将手性胺的逆合成分析逐步逆推至手性醇、邻苯二甲酰亚胺。从正向合成的角度看,就是利用手性醇、邻苯二甲酰亚胺的 Mitsunobu 反应及后续的保护基脱除,得到手性胺目标分子。

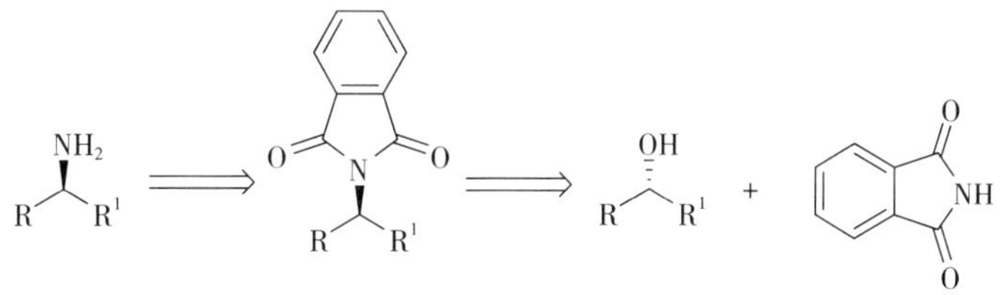

此外,手性胺的逆合成分析,也可以依据手性醇的亲核取代反应逆推至手性醇的磺酸酯形式,并进一步逆推至手性醇。从正向合成的角度看,就是把手性醇转化为磺酸酯,造就离去基团;随后该磺酸酯与胺进行亲核取代,实现手性反转。

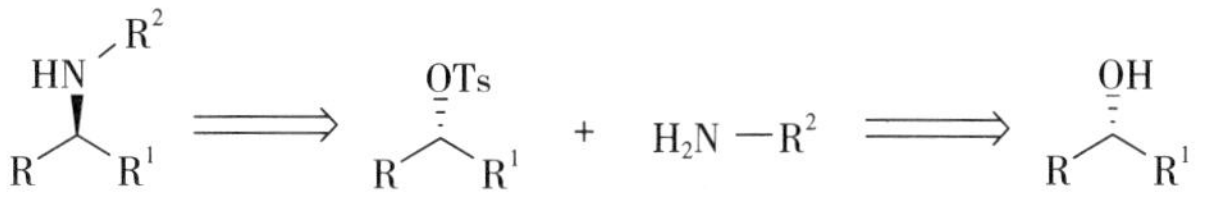

2. 通过酮的手性还原胺化 手性胺的逆合成,还可以依据酮的手性还原胺化进行逆推,该合成方式具有简捷高效等特点。从正向合成的角度看,就是在"过渡金属催化剂 – 手性配体"催化下,酮、胺源和还原剂先后发生缩合、手性还原,得到手性胺目标分子。该逆合成分析主要适用于干扰基团少的目标分子,并在药物合成工业中广泛应用。

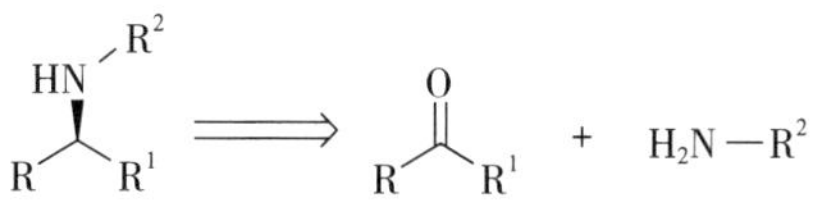

此外,手性胺的逆合成分析也可依据手性辅助基团诱导的还原,常见的就是叔丁基亚磺酰基亚胺的还原,可以获得高对映选择性的胺。因此,相应的逆合成分析,就是手性胺逆推至 N- 叔丁基亚磺酰胺,并逐次逆推至 N- 叔丁基亚磺酰亚胺、酮。从正向合成的角度看,就是利用酮与叔丁基亚磺酰胺(Ellman 胺)缩合,随后在 DIBAL-H 等还原下诱导出特定构型的手性胺。

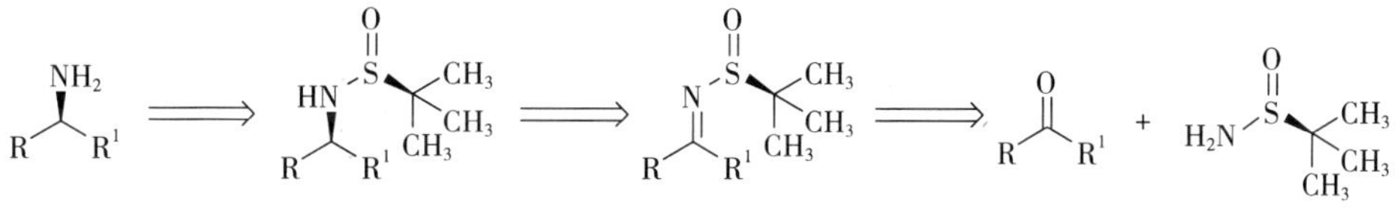

3. 通过烯胺的不对称氢化还原 对于烷基取代的手性胺，其逆合成分析也可以依据烯胺的不对称氢化，设计简捷高效的合成路线，从手性胺逐次逆推至烯胺、酮。从正向合成的角度看，就是利用脂肪基取代的酮与胺缩合制备烯胺，随后在过渡金属催化下，进行不对称氢化还原，制备手性胺目标分子。

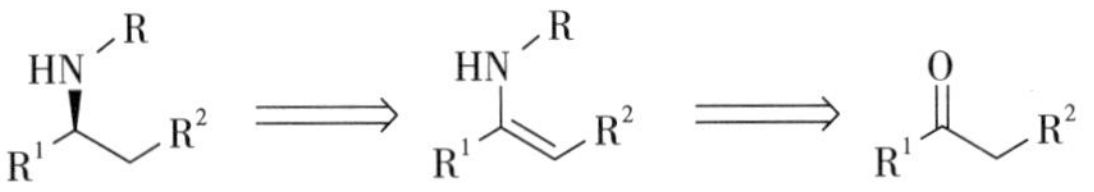

（三）手性羧酸的逆合成分析

手性羧酸及其衍生物也是小分子药物的重要结构，其药物合成手段也迫切的需要从拆分方式过渡到高效手性合成。随着手性合成方法与试剂的不断涌现，手性羧酸目标分子的逆合成分析也拥有了更多选项。本章节将主要围绕手性源引入、不对称氢化等方式，阐述手性羧酸的逆合成分析。

1. 手性源引入法 手性羧酸的逆合成分析，可以依据手性源引入法进行设计。具体来说，就是从廉价易得、手性羧酸片段固定的原料出发，通过多种化学转化方式得到目标分子；把原料中的手性羧酸片段一直保留到目标分子中。该逆合成分析将根据具体目标分子的结构，进行针对性的路线设计。

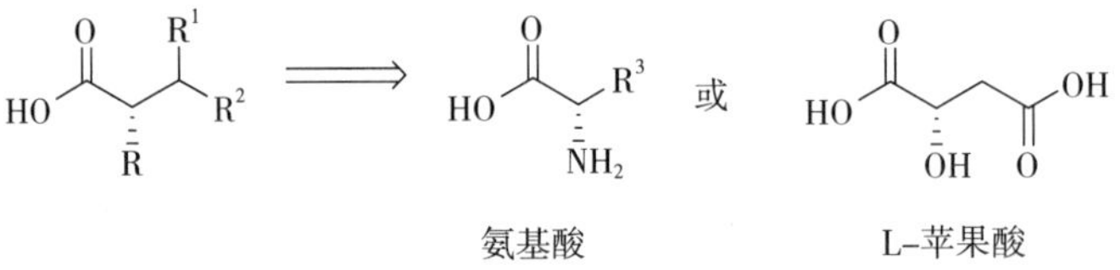

氨基酸　　　　L-苹果酸

2. 手性烷基化引入法 手性羧酸的逆合成分析，也可以利用手性烷基化引入法，逆推至消旋羧酸和烷基化试剂。从正向合成的角度看，就是利用手性碱对羧酸α位的活性亚甲基进行攫氢，并利用烷基化试剂进行淬灭，在烷基化的过程中构建手性。该逆合成分析法在小规模合成中得到广泛应用，如Myers不对称烷基化。

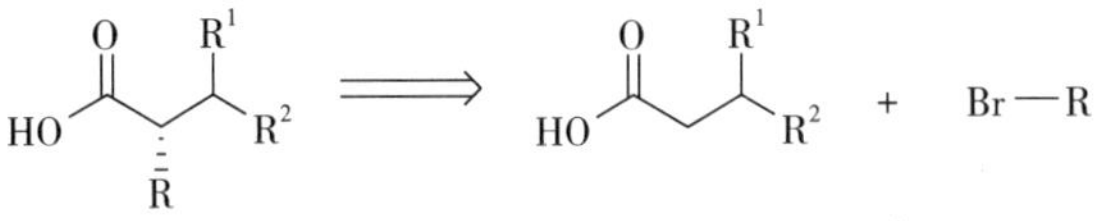

3. 不饱和羧酸的不对称氢化法 随着过渡金属例如Ru、Ir催化不饱和羧酸的不对称氢化法的发展，不对称氢化法也纳入到手性羧酸的逆合成分析中。具体来说，就是将手性羧酸目标分子进行逆向变换，逆推至不饱和羧酸，而不饱和羧酸是商业可得或易于合成的。从正向合成的角度看，就是利用过渡金属催化剂及手性配体的催化，在羧酸作为导向基团作用下，烯烃得到立体选择性的氢化还原，从而获得手性羧酸目标分子。

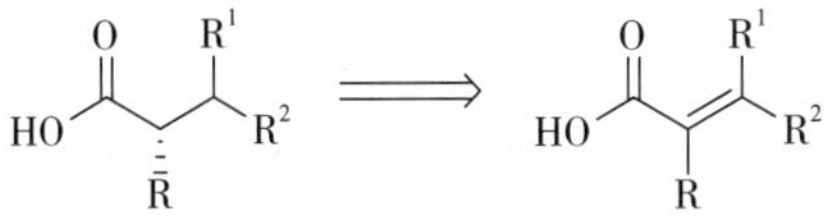

此外，药物合成中还有一些官能团取代的手性碳，其逆合成分析往往可以逆推至手性醇、手性胺、手性羧酸等。上述三种手性结构，其合成相对容易实现并具有工艺稳定等优势，可以通过官能团的化学转化获得特定的目标分子。

四、药物的逆向合成应用实例

1. 卡巴拉汀的合成　卡巴拉汀（rivastigmine）是乙酰胆碱酯酶抑制剂,用于治疗阿尔茨海默病、痴呆和帕金森病。该药物合成的关键在于分子中手性胺的构建;鉴于该药物的手性胺属于"苄胺"类型,手性胺的合成可以考虑从"手性苄醇"结构转化过来,因为"手性苄醇"结构可以芳香酮为原料进行高效实用的合成。具体合成路线示例如下:路线1是采用消旋体拆分的策略获得手性胺片段;因此,在具体的合成路线中,将含有消旋胺片段的苯酚与氨基甲酰氯进行亲核取代反应合成氨基甲酸酯,然后利用(+)-二-O,O'-对甲基二苯甲酰酒石酸对消旋胺进行手性拆分,从而得到目标分子。路线2是采用手性醇转化为手性胺的策略,而手性"苄醇"类型的合成比较成熟;因此,在具体的合成路线中,利用3-羟基苯乙酮为原料,经过不对称还原得到相应的手性醇,并将其转化为甲磺酸酯（OMs）形式的亲核反应受体,然后与相应的胺发生 S_N2 反应,翻转手性得到手性胺中间体,随后利用酚羟基与 N-乙基-N-甲基氨基甲酰氯发生亲核取代反应得到目标分子。路线3与路线2类似,其中间过程经历了两次手性反转;在具体的合成路线中,首先利用3-羟基苯乙酮和 N-乙基-N-甲基氨基甲酰氯先发生亲核取代反应得到相应的酮,然后采用葡萄糖脱氢酶对酮进行生物催化得到手性醇,随后将手性醇与 PBr_3 进行溴代并实现手性反转得到相应的手性苄溴类中间体,再利用胺与手性苄溴的 S_N2 反应再次手性反转,从而得到目标分子。

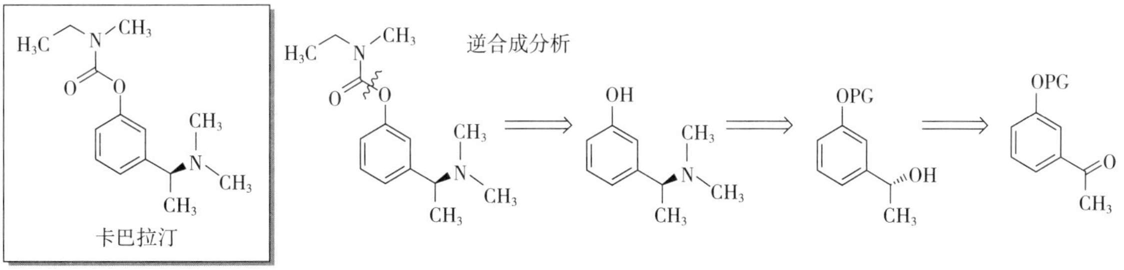

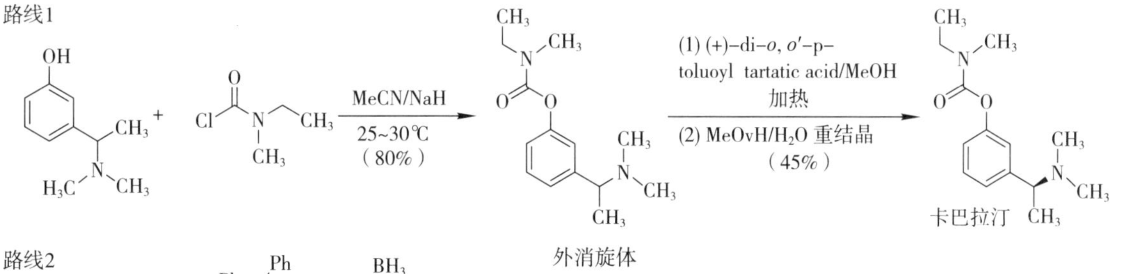

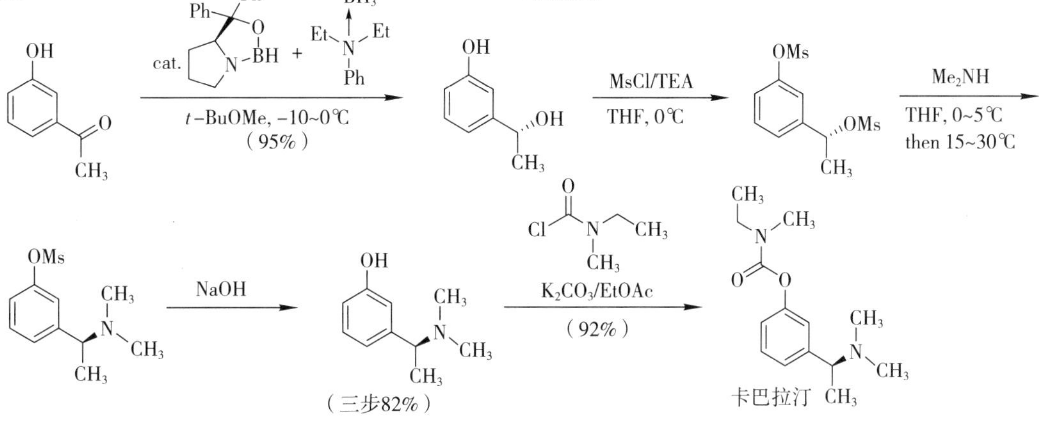

路线3

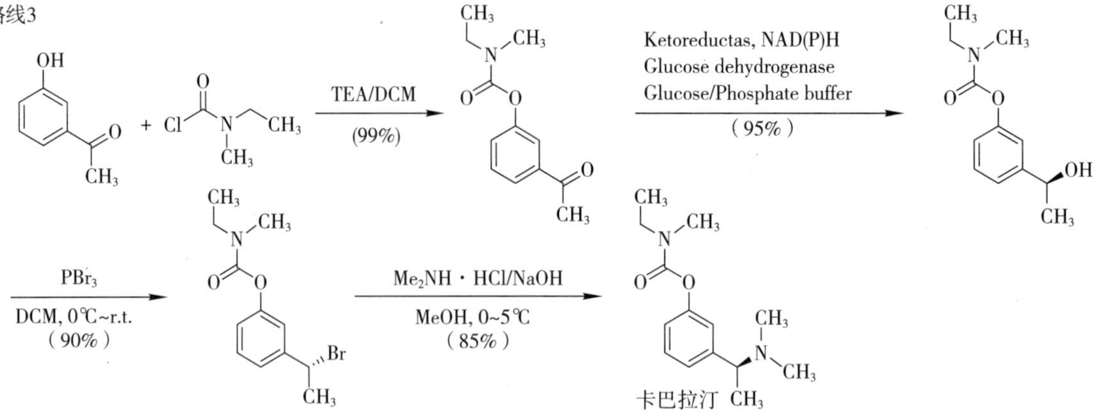

2. 伊布替尼的合成 伊布替尼（ibrutinib）是全球第一个布鲁顿酪氨酸激酶（BTK）不可逆抑制剂，可用于治疗B细胞恶性肿瘤。其合成的关键步骤在于4-氨基-吡唑并[3,4-b]嘧啶环的构建，可采用不同的切断方式。路线1采用的是先构建嘧啶并吡唑环、后引入哌啶取代基的合成策略，首先以4-苯氧基苯甲酸为起始原料，在氯化亚砜的条件下转变为酰氯，然后酰氯和丙二腈反应得到相应的烯醇，接着对烯醇的羟基进行甲醚化，所得产物在水合肼的条件下发生环化反应得到吡唑；吡唑和甲酰胺反应进行环化反应构建嘧啶并吡唑，嘧啶并吡唑与(S)-3-羟基哌啶发生Mitsunobu反应反转手性，所得产物脱除N-Boc保护基并与丙烯酰氯发生亲核取代反应得到目标产物。路线2与路线1不同，路线2在构建嘧啶并吡唑环的过程中就引入了哌啶取代基的合成策略；首先构建了相应的二氰基类似物，二氰基类似物与含有丙烯酰胺弹头的(R)-3-肼基哌啶进行环化反应合成吡唑，吡唑的氨基和氰基取代基与DMF-DMA的再次发生环化反应合成目标分子。

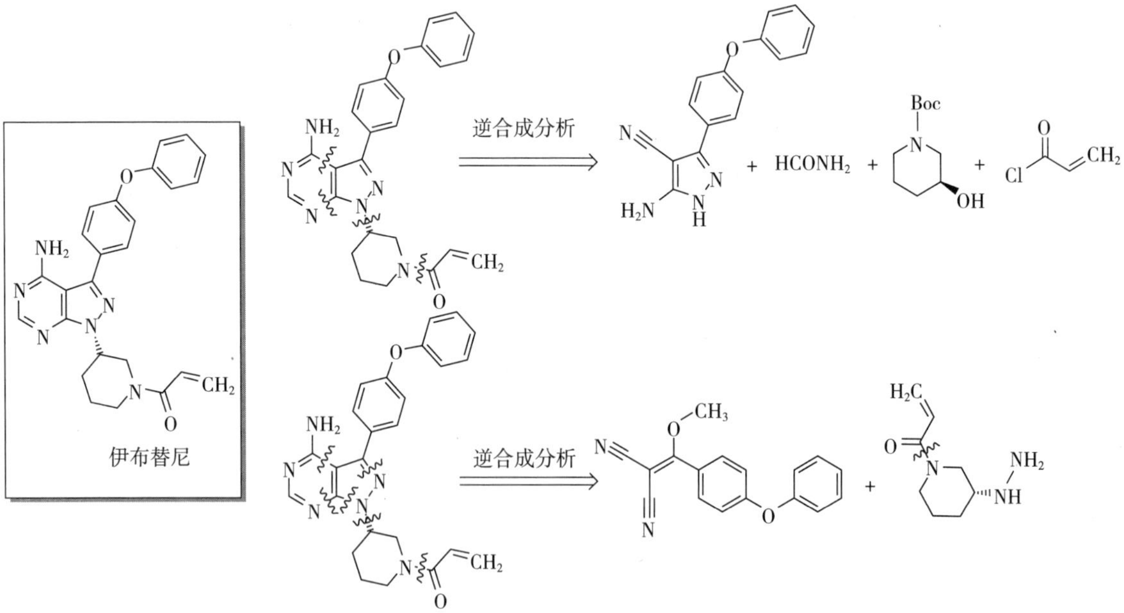

路线1

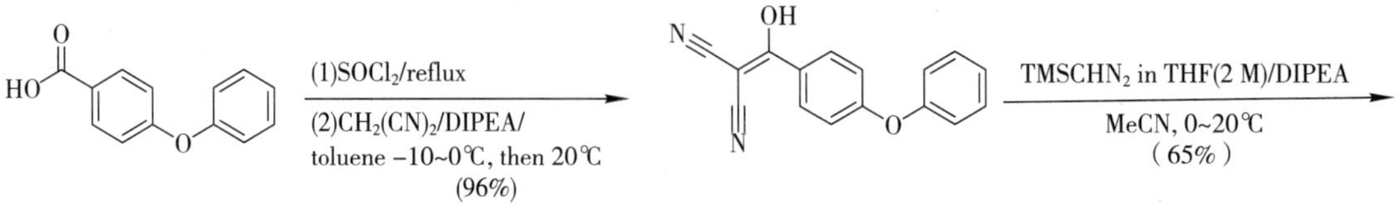

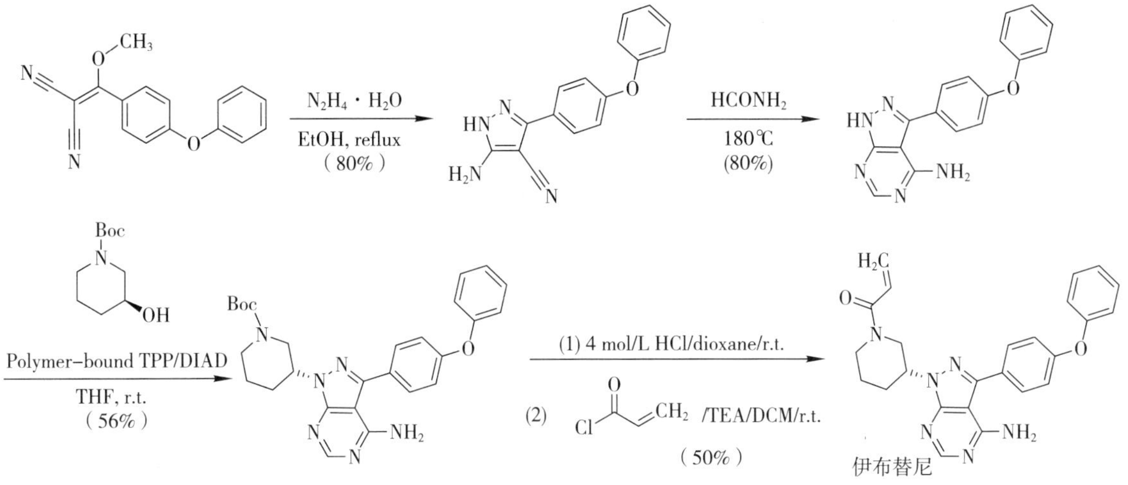

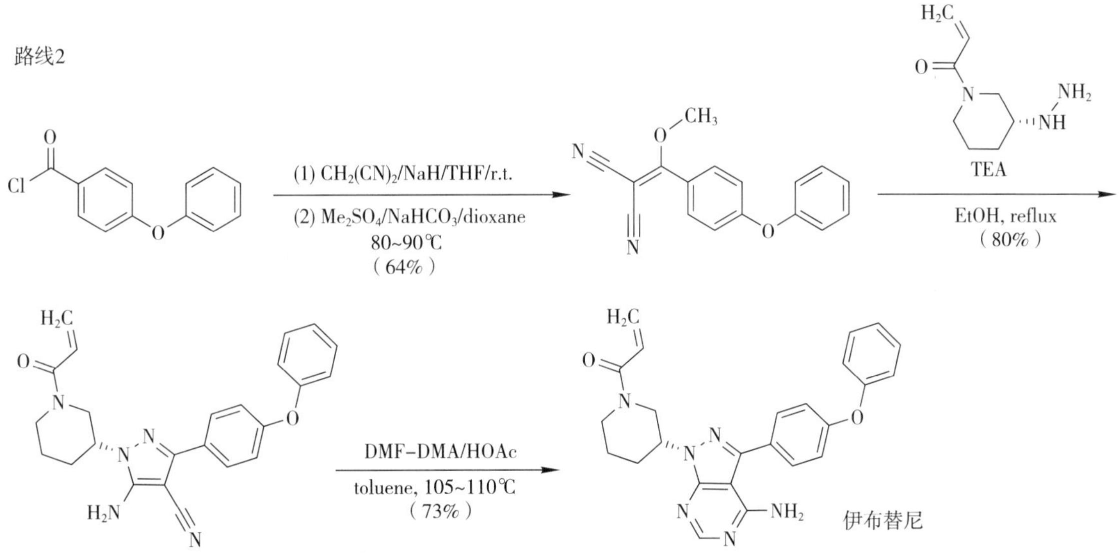

3. 来那度胺 来那度胺（lenalidomide）是沙利度胺的类似物，具有免疫调节、抗血管生成和抗肿瘤的作用。来那度胺合成的关键步骤在于两个内酰胺环的构建，不同的构建顺序可逆推出针对性的切断方式。路线1利用相应的2-甲基-3-氨基羧酸作为合成前体，通过羧酸的甲酯化、氨基的Boc保护、甲基的NBS溴代得到苄溴中间体，随后苄溴与六元内酰胺环取代的伯胺片段发生亲核取代/分子内串联环化反应，合成来那度胺。路线2与路线1不同，首先从苄溴出发与胺进行亲核取代/分子内串联环化反应构建异吲哚啉，异吲哚啉与2-溴代戊二酸二甲酯进行亲核取代反应，最后利用NaNH₂与两个酯基的酰胺化构建六元内酰胺环，从而得到来那度胺。

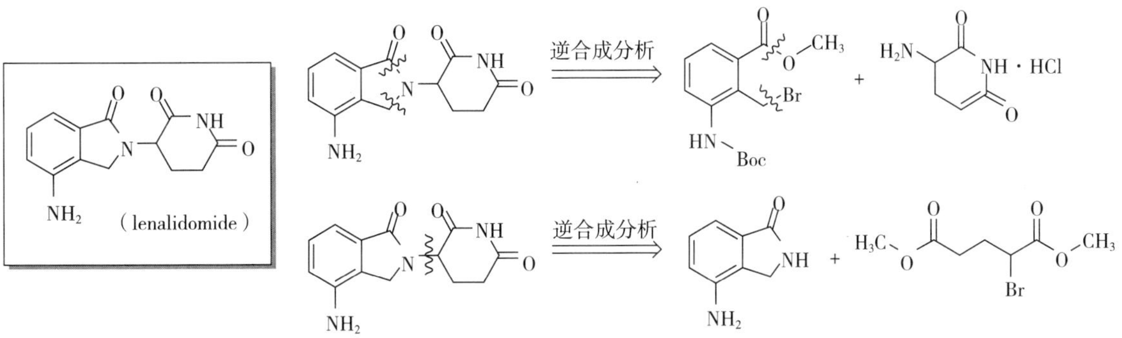

路线1

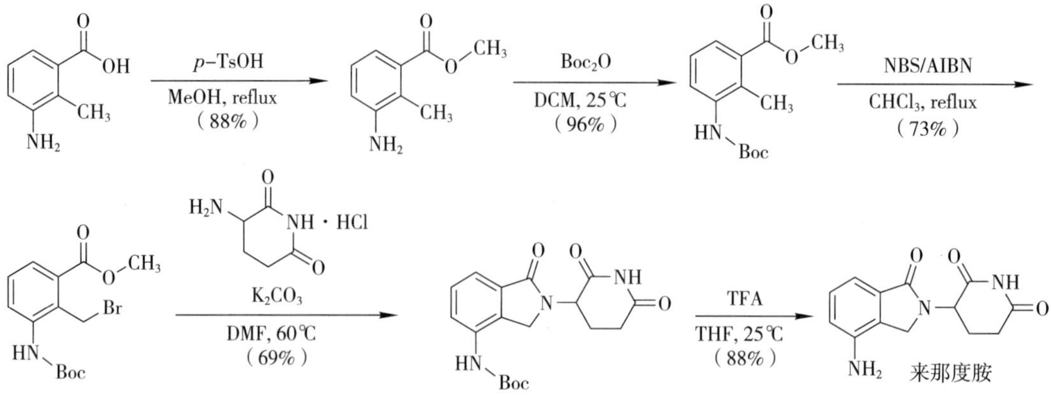

路线2

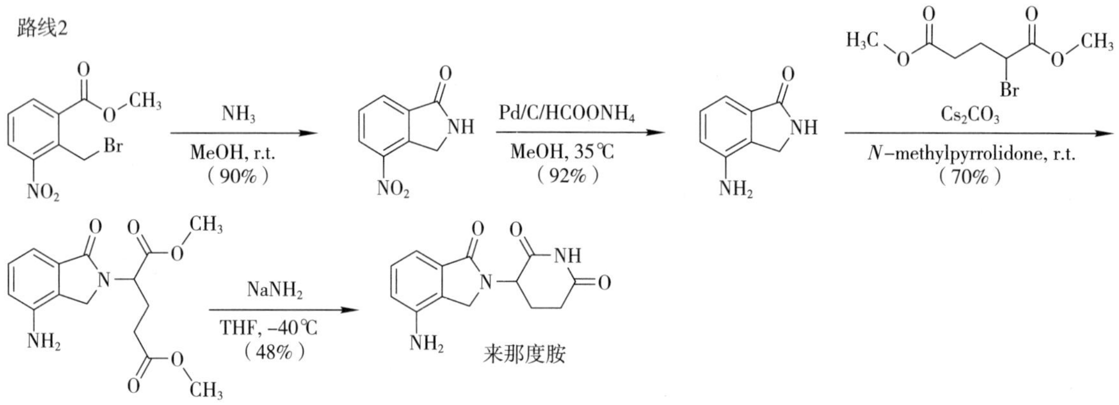

4. 达沙替尼 达沙替尼（dasatinib）是一款酪氨酸激酶抑制剂，临床上用于治疗费城染色体阳性急性淋巴细胞白血病或用于伊马替尼耐药患者的继续治疗。达沙替尼的合成主要针对氨基嘧啶片段的连接、噻唑片段的合成设计相应的路线。路线1的合成方法比较常规，以2-氨基噻唑-5-甲酸乙酯为原料，将其氨基进行Boc保护并进行酯基水解制备羧酸，羧酸与草酰氯反应合成酰氯，酰氯与2-氯-6-甲基苯胺发生亲核取代反应得到相应的酰胺；随后，脱除氨基的Boc保护基并与4,6-二氯-2-甲基嘧啶发生亲核取代反应，所得氯代嘧啶中间体再与N-羟乙基哌嗪发生取代反应，合成达沙替尼。路线2与路线1不同，首先以2-甲基-4-氨基-6-氯嘧啶为起始原料，与异硫氰基甲酸乙酯发生缩合反应并在碱性条件下水解得到相应的硫脲，硫脲与N,N-二甲基甲酰胺二甲基缩醛发生缩合反应，得到相应的脒类中间体；脒类中间体与2,6-二甲基氯代乙酰苯胺发生环化反应构建噻唑环；随后氯代嘧啶片段与N-羟乙基哌嗪发生取代反应，合成达沙替尼。

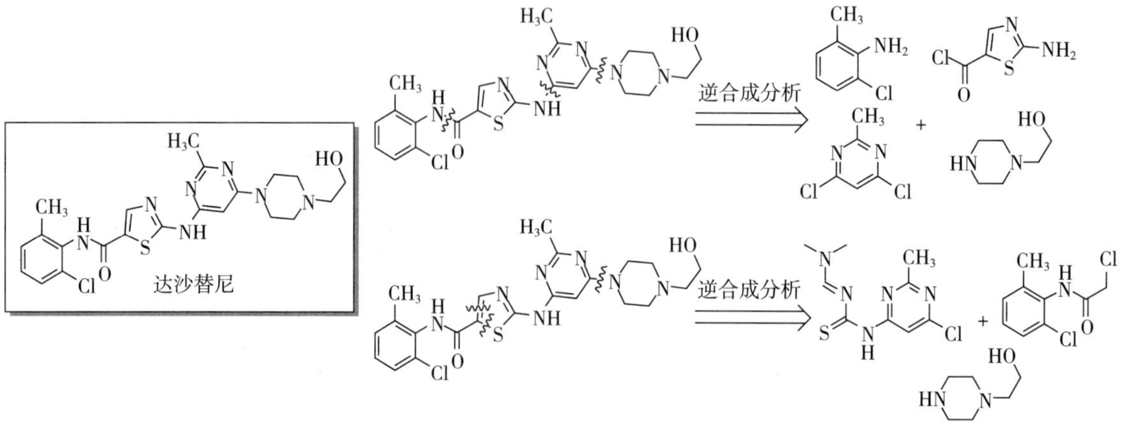

路线1

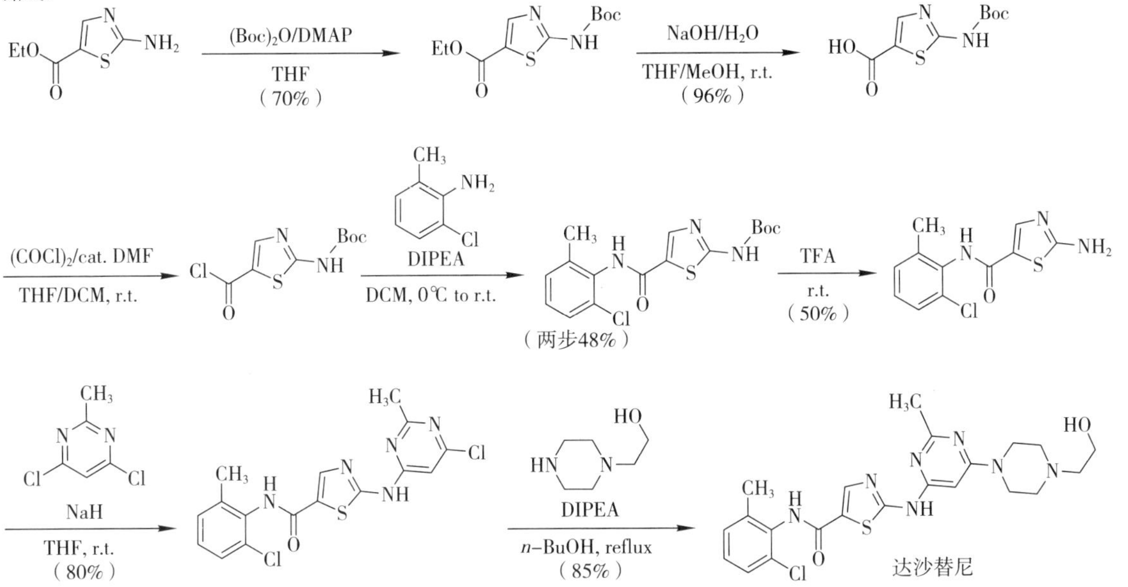

路线2

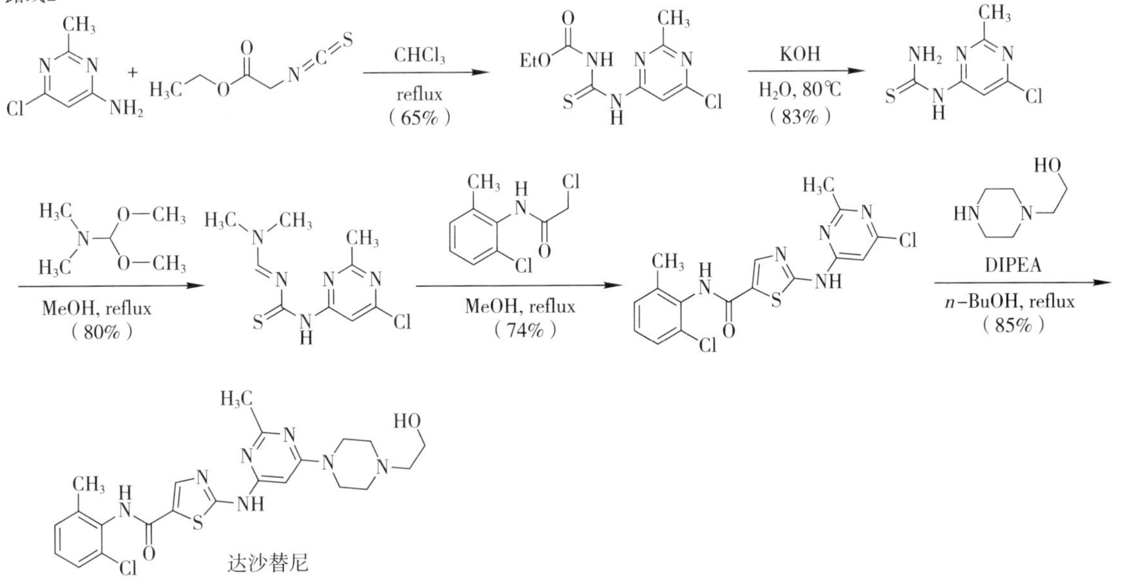

5. 吉非替尼 吉非替尼（gefitinib）是一种表皮生长因子受体（EGFR）酪氨酸激酶抑制剂，用于治疗 EGFR 基因具有敏感突变的局部晚期或转移性非小细胞癌（NSCLC），以及既往接受过化学治疗的局部晚期或转移性 NSCLC。吉非替尼的结构母核是氨基喹唑啉，合成路线的设计主要针对氨基的引入和喹唑啉构建的先后顺序进行拟定。路线 1 以价廉易得的异香草醛为原料，与硫酸羟胺反应得到 3-羟基-4-甲氧基苯腈，然后和 N-(3-氯丙基)吗啉发生亲核取代反应，从而引入吗啉片段，随后进行硝化反应引入硝基并将硝基还原为氨基；对所得中间体的氰基进行水解，得到酰胺从而塑造 2-氨基苯甲酰胺的合成模块，该合成模块与甲酰胺发生环化反应得到嘧啶酮，嘧啶酮被三氯氧磷氯代得到相应的氯代嘧啶；随后，氯代嘧啶被 3-氯-4-氟苯胺亲核进攻实现胺化，从而合成吉非替尼。路线 2 与路线 1 不同，它将 3-氯-4-氟苯胺片段的引入和喹唑啉环的构建同步设计；3-氯-4-氟苯胺与 DMF-DMA 在甲苯中缩合得到脒类化合物，脒类化合物再与相应的 2-氨基苯甲腈进行环化反应/Dimroth 重排，合成吉非替尼。

吉非替尼

逆合成分析

路线1

(1) HCOONa/HCOOH/85℃
(2) $(NH_2OH)_2 \cdot H_2SO_4$/85℃
(88%)
K_2CO_3
DMF, 85℃
(95%)
$HOAc/H_2SO_4/HNO_3$
0℃ to r.t.
(95%)
(1) $H_2O/Na_2S_2O_4$/50℃
(2) H_2O/HCl/70℃
(3) H_2O/NaOH/70℃
(75%)
KOH
t-amylalcohol, 82℃
(38%)
$HCOOH/HCONH_2$
r.t. to 100℃
(78%)
$POCl_3$/TEA
toluene, 58℃
(90%)
TEA
IPA, reflux
(91%)
吉非替尼

逆合成分析

路线2

(1) HCOONa/HCOOH/
85℃
(2) $(NH_2OH)_2H_2SO_4$/
85℃
(88%)
K_2CO_3
DMF, 85℃
(95%)
H_2SO_4/HNO_3
HOAc, 20℃
(95%)

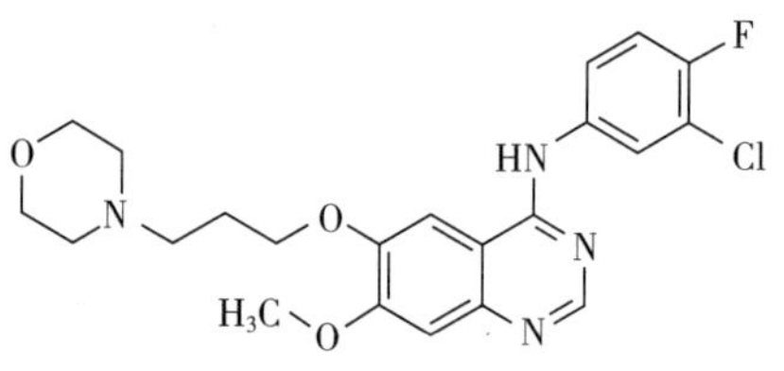

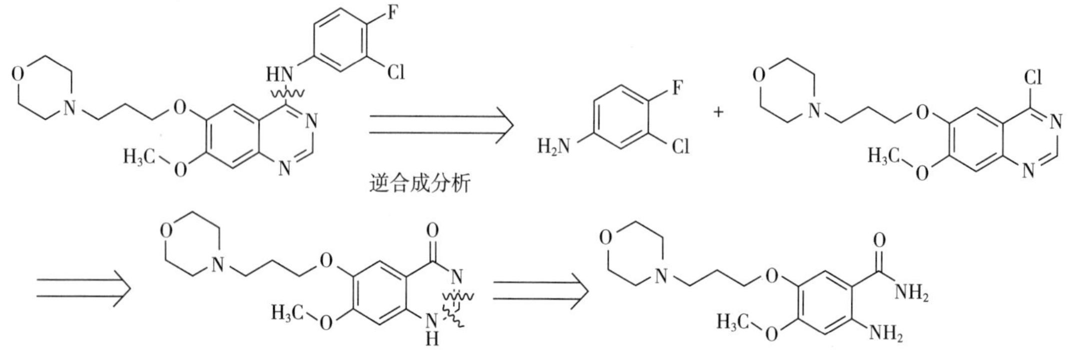

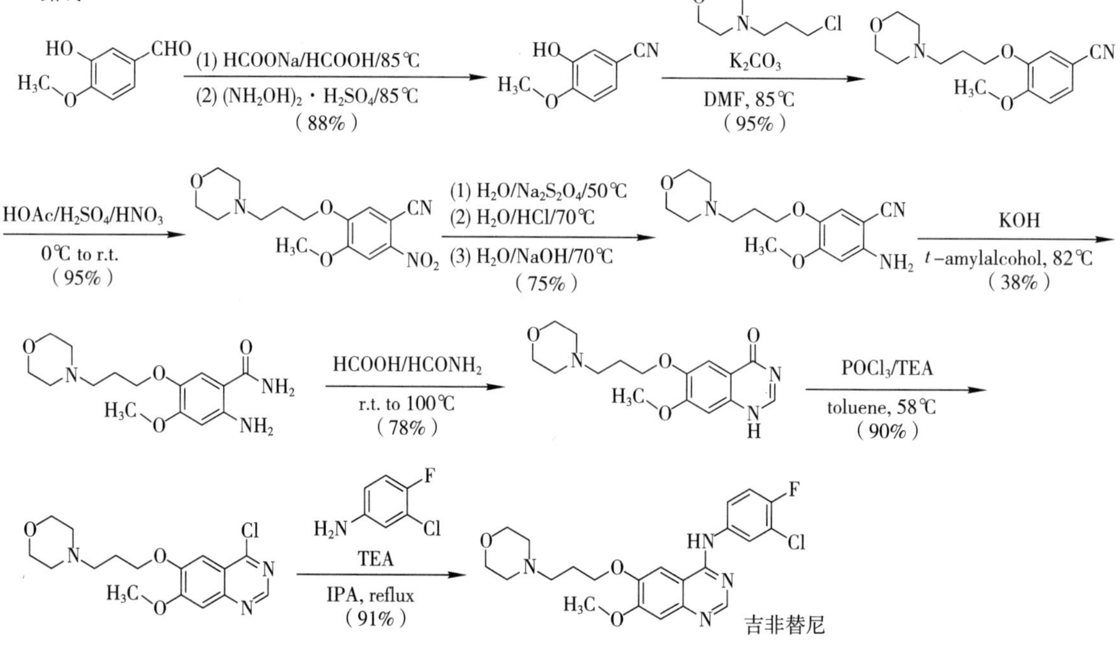

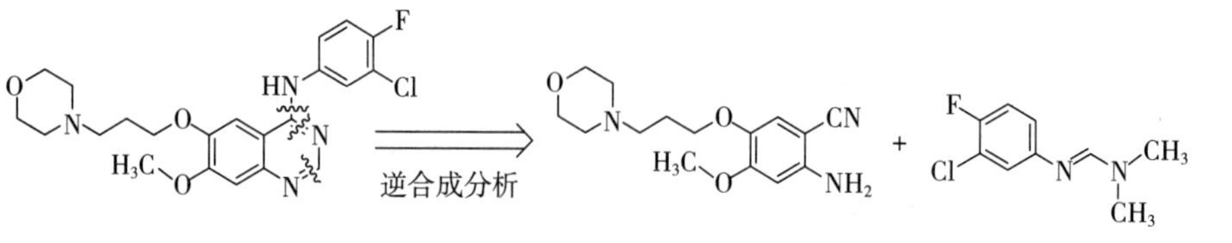

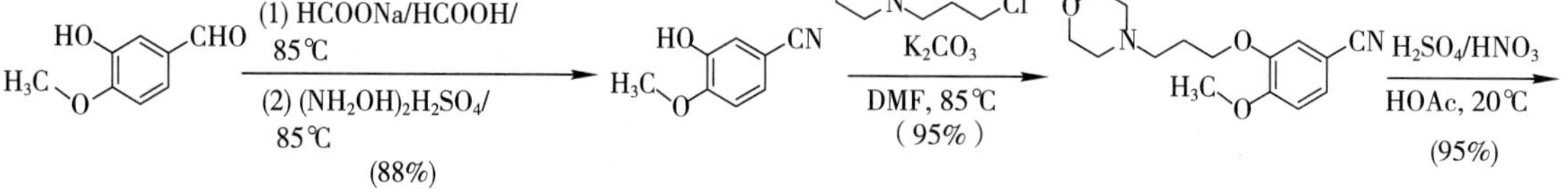

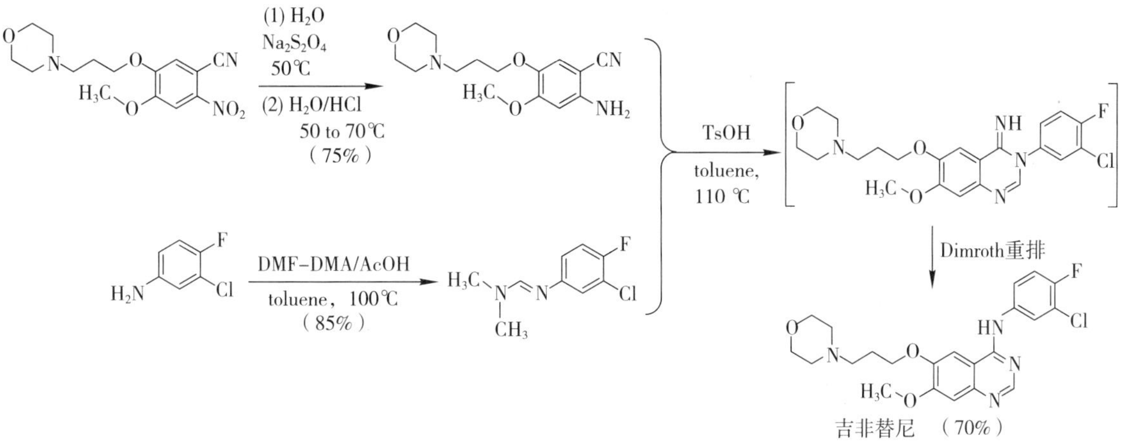

第四节　正向合成分析

正向合成是由原料而定的合成策略，通常根据已有的起始原料或中间体的结构，思考如何对这些起始原料或中间体进行修饰改造，逐步组装成目标分子。正向合成分析需要考虑实际合成过程涉及的一些因素，包括合成路线的可行性、合成策略的可扩展性和合成效率等，常用于天然产物出发的半合成或天然产物衍生物合成。

正向合成分析需要考虑合成所涉及的实验操作细节，以及反应底物的官能团容忍性、官能团化学转化的先后顺序、保护基的选择等，通过各方面的统筹考虑，才确定相应的反应条件、所用到的催化剂或特定反应试剂。正向合成分析的流程如下：

（1）明确目标化合物，首要任务是明确要合成的目标化合物的分子结构与性质，包括目标化合物的官能团特征、立体化学信息和化学性质。

（2）选择合适的起始物质，寻找具有目标分子骨架结构或易于转化的原材料或化合物，这些起始物质通常是商业可得或易于合成的中间体。

（3）设计合成路径，包括所有必要的反应步骤、中间体的合成、每个步骤的反应条件和试验细节，这个路径需要遵循有机合成的原则、机理和化学知识。

正向合成分析是一种有目的的方法，用于开发新的化合物、药物或材料，以满足特定需求或应用。这需要深刻的化学理解和实验技能，以确保成功地合成所需的目标化合物。

一、寻找含有特定结构的起始原料

在药物合成中，从正向合成的角度看，一方面希望从廉价易得的原料出发，同时也倾向于使用包含特定化学官能团的原料，能够将这些官能团的手性、取代基等特定化学属性导入到目标分子合成中，从而简化合成步骤、提高合成效益。例如，天然丰度高、廉价易得的天然产物，如香茅醛、香芹酮、氨基酸等常用作药物合成的手性池（chiral Pool），并被应用于手性药物的起始原料，在天然药物和多肽药物的合成中得到广泛应用。还有很多简单易得的石化原料如烯烃、芳烃，也常用于药物合成。例如，非甾体抗炎药布洛芬（ibuprofen）的合成就是从石化原料出发，利用芳基1,2-转位重排法作为关键步骤。具体来说，以异丁基苯为起始原料，在无水$AlCl_3$的促进下，（2-甲基丙基）苯和2-氯丙酰氯发生傅-克酰基化反应得到中间体酮。酮在稀硫酸催化下与新戊二醇发生反应，得到缩酮产物，缩酮产物在$ZnCl_2$的作用下发生1,2-转位重排得到相应的酯，最后经水解反应、酸化反应就可以制得布洛芬。

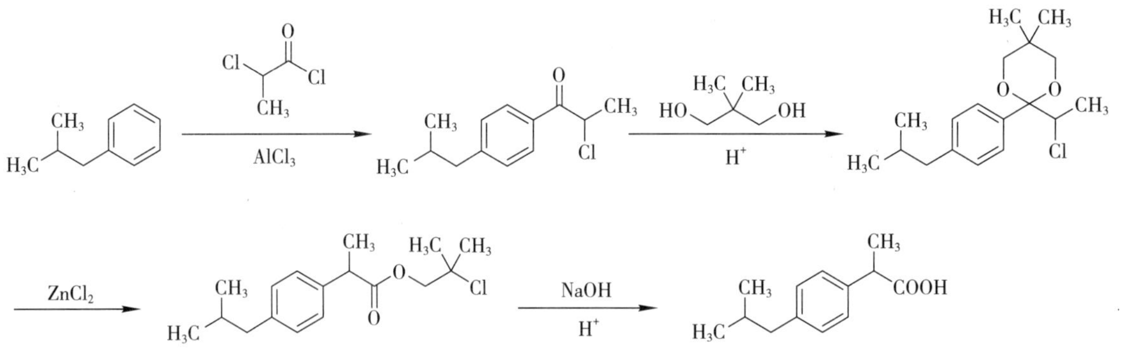

布洛芬的合成逐渐迭代到更加"绿色"的 BHC 法。其关键步骤就是利用羰化反应，异丁基苯首先与乙酸酐发生酰化反应得到苯乙酮衍生物，苯乙酮衍生物随后进行还原得到 1-[4-(2-甲基丙基)苯基]乙醇，并继续在钯催化剂催化下与 CO 发生羰化反应得到布洛芬。

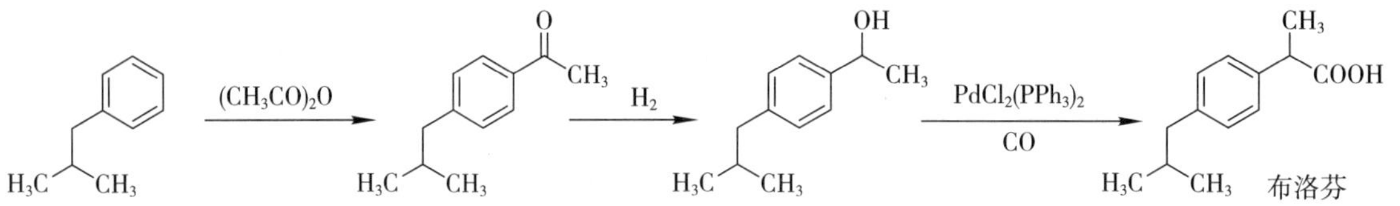

二、从药物重要结构母核出发

骨髓保护剂曲拉西利（trilaciclib）是以嘧啶环为基础的结构，因而其合成路线的开发是基于嘧啶环的正向合成。以嘧啶类化合物为起始原料，首先在碱的作用下与螺环哌啶酮发生亲核取代反应，得到氨基嘧啶中间体；随后，酰胺的 α-碳对酯基进行缩合环化并异构化为芳香性的嘧啶并吡咯；吡咯环上的羟基在三氟甲磺酸酐作用下活化为三氟甲磺酸酯（OTf），三氟甲磺酸酯在 Pd 催化下被硅烷还原脱除；硫醚被单过硫酸氢钾（oxone）氧化为砜从而塑造为亲核反应的受体；在强碱性的二（三甲基硅基）氨基锂（LiHMDS）作用下，被 4-(甲基哌嗪)苯胺亲核进攻，得到曲拉西利。

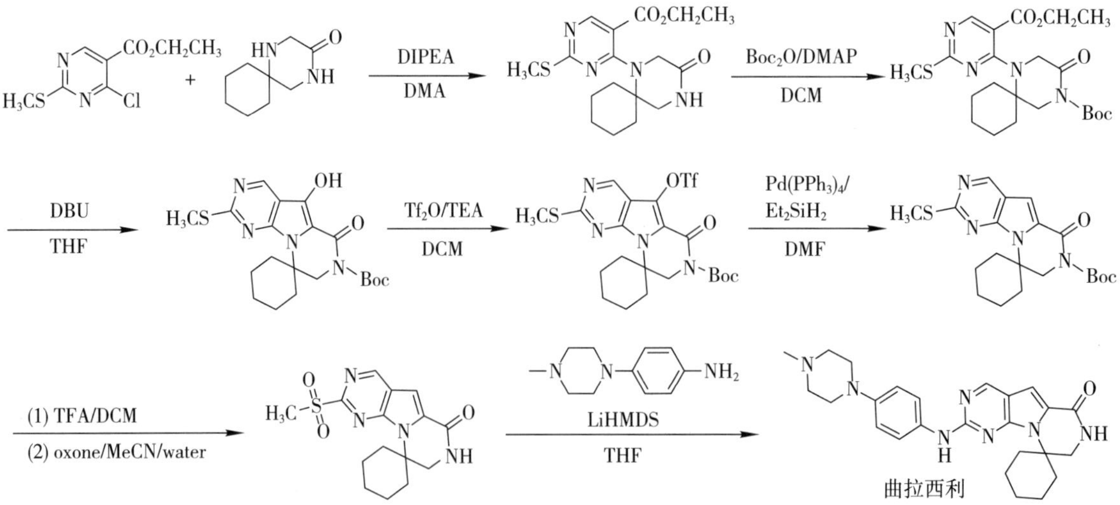

抗肿瘤药甲磺酸伊马替尼（imatinib mesylate）的合成是基于其结构中的嘧啶环为基础开

展的正向合成。首先，以吡啶取代的不饱和酮和 2- 甲基 -5- 硝基苯胍化合物为起始原料，通过环化反应合成氨基嘧啶；硝基经钯碳还原为氨基；随后，氨基与芳基酰氯反应，合成伊马替尼。

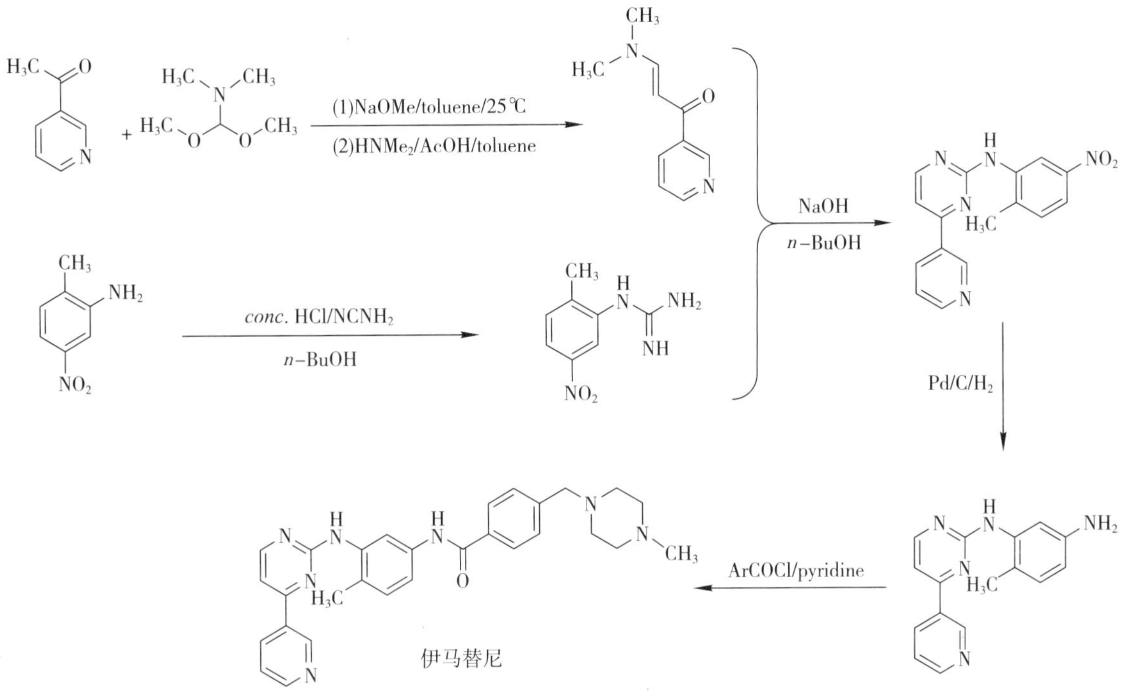

抗肿瘤药物尼罗替尼（nilotinib）的合成，以 3- 氨基 -4- 甲基苯甲酸乙酯为原料与氰基胺进行缩合，得到脒类化合物；脒类化合物与不饱和酮进行缩合环化，构建氨基嘧啶；随后，酯基水解为羧酸，羧酸再与咪唑取代的苯胺衍生物进行缩合，从而合成尼罗替尼。

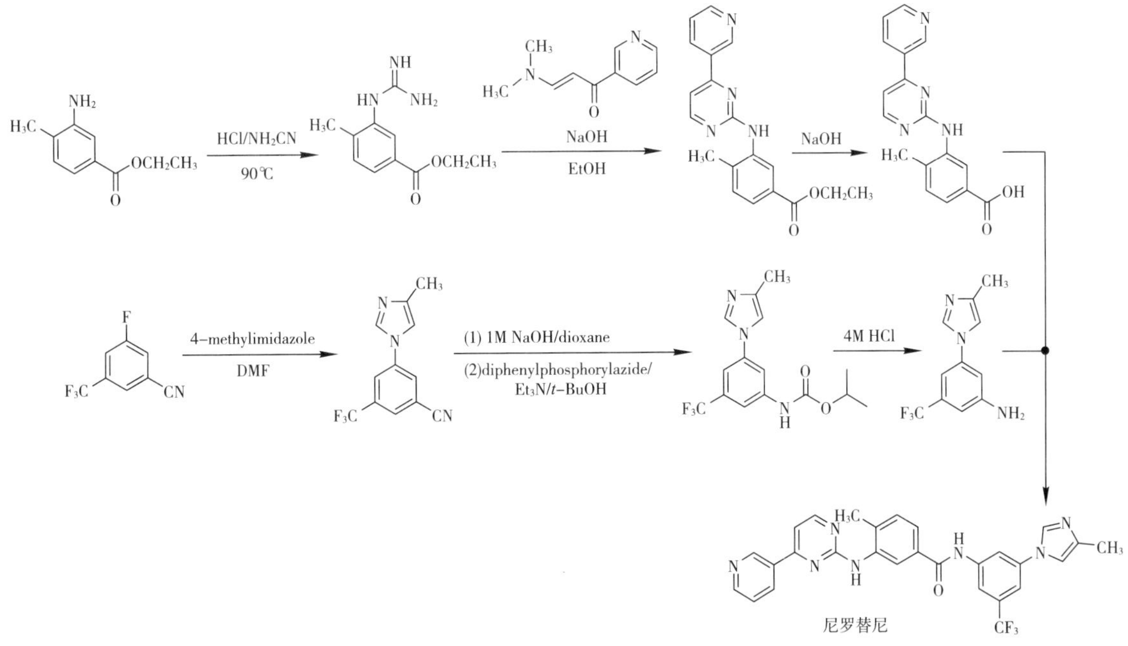

在本章中，我们讨论了逆合成分析和正向合成分析在合成设计中的应用，体现了两种合成设计策略在药物合成路线设计上发挥着至关重要的作用。逆合成分析通过分解目标分子，确定

每个步骤的可行性和顺序,为合成路线的设计提供了系统性和逻辑性的指导;而正向合成分析则提供了一种直观、操作性强的方法,从已有的起始原料出发,逐步构建目标分子的结构;在实际应用中,两种合成设计策略相辅相成,我们通常会结合使用,从而更加有效地实现药物合成路线的合理设计。

随着有机合成方法学、网络工具和数据库(如 Reaxys、SciFinder 等),以及计算机辅助设计技术的不断发展,我们可以期待逆合成分析和正向合成分析将变得更加智能化、高效化,为药物研发提供更多的可能性和选择。总的来说,逆合成分析和正向合成分析将在未来药物研发中继续发挥着不可替代的作用,从而推动医药领域的进步和发展。

(崔孙良)

数字资源详见　新形态教材网

| 学习目标 | 思维导图 | 思政元素 | 案例讨论 | 微视频 |
| 拓展阅读 | 学科前沿 | 本章小结 | 课后习题 | 教学课件 |

附录　缩略语表

缩写	英文名称	中文名称
Ac	acetyl	乙酰基
Ac_2O	acetyl anhydride	乙酸酐
AcOH	acetic acid	乙酸(醋酸)
3Å MS	3Å molecular sieve	3Å 分子筛
4Å MS	4Å molecular sieve	4Å 分子筛
AIBN	2,2′-azobis(2-methylpropionitrile)	偶氮二异丁腈
APS	ammonium persulphate	过硫酸铵
Ar	aryl	芳基
9-BBN	9-borabicyclo[3.3.1]nonane	9-硼代双环[3.3.1]壬烷
BINAM	2,2′-diamino-1,1′-binaphthalene	(S)-1,1′-联萘-2-胺
BINAP	(S)-2,2′-bis(diphenylphosphino)-1,1′-binaphthyl	2,2′-双-(二苯膦基)-1,1′-联萘
BINOL	1,1′-binaphthyl-2,2′-diol	1,1′-联萘酚
Bn	benzyl	苄基
Boc	tert-butyloxy carbonyl	叔丁氧羰基
Boc_2O	di-tert-butyl dicarbonate	碳酸酐二叔丁酯
BocCl	tert-butyl chloroformate	氯甲酸叔丁酯
BPO	dibenzoyl peroxide	过氧化二苯甲酰
BPS	tert-butyldiphenylsilyl	叔丁基二苯基硅基
Bz	benzoyl	苯甲酰基
Bzl	benzyl	苄基
CAN	ceric ammonium nitrate	硝酸铈铵
Cbz	carbobenzyloxy	苄氧羰基
CbzCl	benzyl chloroformate	氯甲酸苄酯
CDI	N,N-carbonyldiimidazole	N,N-碳酰二咪唑
Cp_2ZrHCl	bis(cyclopentadienyl)zirconium chloride hydride	氢氯二茂锆
$Cu(acac)_2$	cupric acetylacetonate	乙酰丙酮酸铜
$Cu(tfacac)_2$	copper(II) trifluoroacetylacetonate	三氟乙酰丙酮化铜
DAST	(diethylamino)sulfur trifluoride	N,N-二乙胺三氟化硫

续表

缩写	英文名称	中文名称
dba	diphenylstyryl acetone	二苯乙烯基丙酮
DBAD	di-*tert*-butyl azodicarboxylate	偶氮二甲酸二叔丁酯
DBDMH	1,3-dibromo-5,5-dimethylhydantoin	1,3-二溴-5,5-二甲基-2,4-咪唑啉二酮
DBU	1,8-diazabicyclo[5.4.0]undec-7-ene	1,8-二氮杂双环[5.4.0]十一碳-7-烯
DCC	N,N'-dicyclohexylcarbodiimide	N,N'-二环己基碳二亚胺
DCDMH	1,3-dichloro-5,5-dimethylhydantoin	1,3-二氯-5,5-二甲基-2,4-咪唑啉二酮
DCM	dichloromethane	二氯甲烷
DCU	N,N'-dicyclohexylurea	N,N'-二环己基脲
DDQ	2,3-dicyano-5,6-dichlorobenzoquinone	2,3-二氯-5,6-二氰对苯醌
DEAD	diethyl azodicarboxylate	偶氮二甲酸二乙酯
DET	diethyl tartrate	酒石酸乙酯
DIAD	diisopropyl azodicarboxylate	偶氮二甲酸二异丙酯
DIBAL-H	diisobutylaluminium hydride	二异丁基氢化铝
DIC	N,N'-diisopropylcarbodiimide	N,N'-二异丙基碳二亚胺
DIPAMP	ethane-1,2-diylbis[(2-methoxyphenyl)(phenyl)phosphane]	1,2-乙二基双[(2-甲氧苯基)苯膦]
DIPEA	N,N-diisopropylethylamine	N,N-二异丙基乙胺
DIPT	diisopropyl tartrate	酒石酸异丙酯
DMA	dimethylacetamide	N,N-二甲基乙酰胺
DMAP	4-dimethylaminopyridine	4-二甲氨基吡啶
2,5-DMBQ	2,5-cyclohexadiene-1,4-dione	2,5-二甲基-1,4-苯醌
DME	dimethyl ether	二甲醚
DMF	N,N-dimethylformamide	N,N-二甲基甲酰胺
DMF-DMA	N,N-dimethylformamide dimethyl acetal	N,N-二甲基甲酰胺二甲基缩醛
DMP	(1,1,1-triacetoxy)-1,1-dihydro-1,2-benziodoxol-3(1H)-one(Dess-Martin periodinane)	1,1,1-三(乙酰氧基)-1,1-二氢-1,2-苯甲氧基-3-(1H)-酮
DMS	dimethyl sulfide	二甲硫醚
DMSO	dimethyl sulfoxide	二甲基亚砜
DTA	dextrose tryptone agar	葡萄糖胰蛋白胨琼脂
DuanPhos	2,2'-Bis(1,1-dimethylethyl)-2,2',3,3'-tetrahydro-1,1'-bi-1H-isophosphindole	2,2'-二叔丁基-2,3,2',3'-四氢-1H,1'H-(1,1')二异磷吲哚
E. coli	escherichia coli	大肠杆菌
EA	ethyl acetate	乙酸乙酯
EDC	N-ethyl-N'-(3-dimethylaminopropyl)carbodiimide	N-乙基-N'-(3-二甲基氨丙基)碳二亚胺
EDCI	N-ethyl-N'-(3-dimethylaminopropyl)carbodiimide hydrochloride	N-乙基-N'-(3-二甲基氨丙基)碳二亚胺盐酸盐

续表

缩写	英文名称	中文名称
Et	ethyl	乙基
EtOAc	ethyl acetate	乙酸乙酯
Fmoc	9-fluorenylmethyloxycarbonyl	9-芴甲氧羰基
FmocCl	9-fluorenylmethyl chloroformate	氯甲酸9-芴甲基酯
Fmoc-OSu	N-(9-fluorenylmethoxycarbonyloxy)succinimide	9-芴甲基-N-琥珀酰亚胺基碳酸酯
glyme	glycol dimethyl ether	乙二醇二甲醚
HATU	O-(7-azabenzotriazol-1-yl)-N,N,N',N'-tetramethyluronium hexafluorophosphate	O-(7-氮杂苯并三氮唑)-N,N,N',N'-四甲基脲六氟磷酸盐
HBTU	O-benzotriazole-N,N,N',N'-tetramethyl-uronium-hexafluorophosphate	O-苯并三唑-N,N,N',N'-四甲基脲六氟磷酸盐
HFIP	hexafluoroisopropanol	六氟异丙醇
HMPA	hexamethylphosphoramide	六甲基磷酰三胺
HMPT	hexamethylphosphoric triamide	六甲基磷酰三胺
HMTA	hexamethylenetetramine	六亚甲基四胺(乌洛托品)
HOAT	1-hydroxy-7-azabenzotriazole	1-羟基-7-氮杂苯并三氮唑
HOBT	1-hydroxybenzotriazole	1-羟基苯并三唑
IBX	2-iodoacylbenzoic acid	2-碘酰苯甲酸
IPA	isopropyl alcohol	异丙醇
Ipc2BH	monoisopinocampheylborane	二-3-蒎基硼烷
Ipc$_2$BH	monoisopinocampheylborane	二-3-蒎基硼烷
KHMDS	potassium bis(trimethysiyl)amide	六甲基二硅基胺钾
LDA	Lithium diisopropylamide	二异丙基氨基锂
LiHDMS	Lithium bis(trimethylsilyl)amide	双(三甲基硅基)氨基锂
LTBA	lithium tri-tert-butoxyaluminum hydride	三(叔丁氧基)氢化铝锂
2,6-lutidine	2,6-dimethylpyridine	2,6-二甲基吡啶
L-valine	L-valine	L-缬氨酸
m-CPBA	3-chloroperbenzoic acid	间氯过氧苯甲酸
Me	methyl	甲基
Ms	methanesulfonyl	甲磺酰基
MsCl	methanesulfonyl chloride	甲磺酰氯
MTBE	methyl tert-butyl ether	甲基叔丁基醚
NBA	N-bromoacetamide	N-溴代乙酰胺
NBS	N-bromosuccinimide	N-溴代丁二酰亚胺
n-BuLi	n-butyl lithium	正丁基锂
NCA	N-chloroacetamide	N-氯代乙酰胺
NCB	N-chlorosuccinimide	N-氯代丁二酰亚胺

续表

缩写	英文名称	中文名称
NCS	N-chlorosuccinimide	N-氯代丁二酰亚胺
NFSI	N-fluorobenzenesulfonimide	N-氟苯磺酰亚胺
NHC	N-heterocyclic carbene	氮杂环卡宾
NIS	N-iodosuccinimide	N-碘代丁二酰亚胺
NMO	4-methyl morpholine-N-oxide	4-甲基吗啉-N-氧化物
NMP	N-methylpyrrolidone	N-甲基吡咯烷酮
o-DCB	o-dichlorobenzene	邻二氯苯
OTf	Trifluoromethanesulfonate	三氟甲磺酸酯
Oxone	potassium monopersulfate compound	过硫酸氢钾复合物
PCC	pyridinium chlorochromate	氯铬酸吡啶鎓盐
Pd(dppf)Cl$_2$	[1,1'-bis(diphenylphosphino)ferrocene]dichloropalladium	[1,1'-二(二苯基膦基)二茂铁]二氯化钯
Ph	phenyl	苯基
Pht	phthalimidyl	邻苯二甲酰基
PIDA	phenyliodonium diacetate	苯基二乙酰基碘
Piv	pivaloyl	新戊酰基
PLP	pyridoxal 5'-phosphate monohydrate	5'-磷酸吡哆醛一水合物
PMB	p-methoxybenzyl	对甲氧基苄基
PPA	polyphosphoric acid	多聚磷酸
PPHF	pyridine polyhydrofluoride	聚氢氟酸吡啶
4-PPNO	4-phenylpyridine-1-oxide	4-苯基-吡啶氮氧化物
PPY	4-pyrrolidinopyridine	4-吡咯烷基吡啶
PTC	phase transfer catalyst	相转移催化剂
p-TsOH	p-toluenesulfonic acid	对甲苯磺酸
py	pyridine	吡啶
Rh$_2$(S-DOSP)$_4$	tetrakis[(S)-(-)-N-(p-dodecylphenylsulfonyl)prolinato]dirhodium(II)	四[(S)-(-)-N-(p-十二烷基苯磺酰)脯胺酸]二铑(II)
Sc(OTf)$_3$	scandium tris(trifluoromethanesulfonate)	三氟甲磺酸钪
SpiroPAP	N-(Pyridin-2-ylmethyl)-7'-di(3,5-di-tert-butylphenyl)phosphino-1,1'-spirobiindanyl-7-amine	N-[7'-[双[3,5-二叔丁基苯基]膦]-2,2',3,3'-四氢-1,1'-螺二[1H-茚]-7-基]-2-吡啶甲胺
STAB	sodium triacetoxyborohydride	三乙酰氧基硼氢化钠
TAA	thioacetamide	硫代乙酰胺
TBAB	tetrabutylammonium bromide	四丁基溴化铵
TBAF	tetrabutylammonium fluoride	四丁基氟化铵
TBHP	tert-butyl hydroperoxide	叔丁基过氧化氢

续表

缩写	英文名称	中文名称
TBS	*tert*-butyldimethylsilyl	叔丁基二甲基硅基
TBTH	tributyltin hydrid	三丁基氢化锡
t-Bu	*tert*-butyl	叔丁基
TCBQ	tetrachloro-1,4-benzoquinone	四氯-1,4-苯醌
TEA	triethylamine	三乙胺
TEBAC	benzyltriethylammonium chloride	苄基三乙基氯化铵
TEMPO	2,2,6,6-tetramethylpiperidinyl-1-oxide	2,2,6,6-四甲基哌啶-N-氧化物
TES	triethylsilyl	三乙基硅基
Tf	trifluoromethanesulfonyl	氟甲磺酰基
TFA	trifluoroacetic acid	三氟乙酸
TFAA	trifluoroacetic anhydride	三氟乙酸酐
TFAH	trifluoroacetic anhydride	三氟乙酸酐
THF	tetrahydrofuran	四氢呋喃
Ti(O*i*-Pr)$_4$	tetraisopropoxy titanium	四异丙氧钛
TIPS	triisopropylsilyl	三异丙基硅基
TMS	trimethylsilyl	三甲基硅基
TMSCl	trimethylchlorosilane	三甲基氯硅烷
TMSCN	trimethylsilyl cyanide	三甲基氰硅烷
TMSOTf	trimethylsilyl trifluoromethanesulfonate	三氟甲磺酸三甲基硅脂
Tr	triphenylmethyl	三苯甲基
Ts	tosyl	4-甲基苯磺酰基
TsCl	tosyl chloride	对甲苯磺酰氯
TsOH	4-methylbenzenesulfonic acid	4-甲基苯磺酸
TSTU	2-succinimido-1,1,3,3-tetramethyluronium tetrafluoroborate	2-琥珀酰亚胺基-1,1,3,3-四甲基脲四氟硼酸盐
Vit B1	Vitamin B1	维生素 B1
xyl	xylene	二甲苯

参考文献

[1] 闻韧. 药物合成反应 [M]. 4版. 北京：化学工业出版社，2017.
[2] 姚其正. 药物合成反应 [M]. 2版. 北京：中国医药科技出版社，2019.
[3] 翟鑫. 药物合成反应 [M]. 2版. 北京：人民卫生出版社，2023.
[4] 孙丽萍，黄文才. 药物合成反应 [M]. 北京：科学出版社，2021.
[5] 辛炳炜，孙昌俊，曹晓冉. 药物合成反应 [M]. 北京：化学工业出版社，2019.
[6] 孙昌俊，曹晓冉，王秀菊. 药物合成反应：理论与实践 [M]. 北京：化学工业出版社，2007.
[7] 陈清奇，杨定乔，陈新. 新药化学全合成路线手册 [M]. 北京：科学出版社，2011.
[8] 安德森. 有机合成工艺研究与开发 [M]. 2版. 陈芬儿，译. 北京：化学工业出版社，2018.
[9] László Kürti, Barbara Czakó. Strategic applications of named reactions in organic synthesis. Amsterdam: Elsevier Academic Press, 2005.
[10] Jie jack Li. 有机人名反应：机理及合成应用 [M]. 5版. 荣国斌，译. 北京：科学出版社，2020.
[11] 张万年，盛春泉. 药物合成：路线设计策略和案例解析 [M]. 北京：化学工业出版社，2020.
[12] 孙昌俊，茹淼焱. 重排反应原理 [M]. 北京：化学工业出版社，2017.
[13] 李月明，范青华，陈新滋. 不对称有机反应 [M]. 北京：化学工业出版社，2005.
[14] 林国强，王梅祥. 手性合成与手性药物 [M]. 北京：化学工业出版社，2008.

中英对照索引

A

阿巴卡韦 abacavir 32，275
阿贝西利 abemaciclib 67
阿度西林 azidocillin 48
阿尔维林 alverine 22
阿伐斯汀 acrivastine 29
阿非迪霉素 aphidicolin 158
阿卡他定 alcaftadine 67
阿拉普利 alacepril 96
阿立哌唑 aripiprazole 56，72
阿利吉仑 aliskiren 165
阿利克仑半富马酸盐 aliskiren fumarate 272
阿莫地喹 amodiaquine 135
阿莫非尼 armodafinil 97
阿哌沙班 apixaban 9
阿奇霉素 azithromycin 161
阿瑞匹坦 aprepitant 53，90
阿塞那平 asenapine 60，140
阿塞那平马来酸盐 asenapine maleate 147
阿司匹林 asprin 94
阿托伐他汀 atorvastatin 277，300
阿维A酯 etretinate 121
阿西替尼 axitinib 75
阿折地平 azelnidipine 64，87
阿佐塞米 azosemide 216
埃博霉素 epothilone B 144
埃克替尼 icotinib 32
艾德拉尼 idelalisib 65
艾地苯醌 idebenone 241
艾地骨化醇 eldecalcitol 54，76
艾尔巴韦 elbasvir 62，69
艾曲波帕 hetrombopag 40

艾沙康唑 isavuconazole 289
艾沙康唑 isavuconazonium 27
艾司利卡西平乙酸酯 eslicarbazepine acetate 90
艾司洛尔 esmolol 229
安贝生坦 ambrisentan 143
安倍生坦 ambrisentan 54
安息香缩合 139
氨苯硫脲 tioacetazone 254
氨甲环酸 tranexamic acid 233
氨溴索 ambroxol 260
昂丹司琼 ondansetron 234
奥达特罗 olodaterol 64
奥格列汀 omarigliptin 240
奥利替丁 oliceridine 49
奥美拉唑 omeprazole 221，255
奥美沙坦酯 olmesartan medoxomil 87
奥培米芬 ospemifene 78
奥生多龙 oxendolone 236，250
奥司他韦 oseltamivir 164
奥昔布宁 oxybutynin 135
奥泽沙星 ozenoxacin 82，114

B

巴多昔芬 bazedoxifene 56
巴柳氮 balsalazide 163
巴洛沙星 balofloxacin 6
钯黑 227
钯碳 227
半片呐醇重排 153
胞嘧唑酮 cytoxazone 176
保泰松 phenylbutazone 258
保险粉 254
贝克曼（Beckmann）重排反应 296

贝拉布韦　beclabuvir　281
贝林司他　belinostat　75
贝那普利　benazepril　258
贝尼尔　diminazene aceturate　40
倍半木脂素　sesquilignan　132
倍他洛尔　betaxolol　51
苯海索　benzhexol　17
苯甲酰基　Bz　112
苯菊酯　phenothrin　92
苯醚菊酯　phenothrin　60
苯偶酰重排　153
苯妥英钠　fosphenytoin disodium　23
苯妥英钠　phenytoin sodium　154
苯唑西林　oxacillin　26
比马前列素　bimatoprost　137
吡非尼酮　pirfenidone　68
吡格列酮　pioglitazone　228
吡螨胺　tebufenpyrad　257
吡嗪酰胺　pyrazinamide　156
苄氧羰基　Cbz　112
苄氧羰基氯　CbzCl　115
丙酸睾酮　testosterone propionate　188
波生坦　bosentan　84
波西普韦　boceprevir　264
铂黑　227
铂碳　227
不对称 Michael 加成反应　277
不对称催化合成　272
不对称催化氢化反应　284
不对称环丙烷化反应　280
不对称环氧化反应　287
不对称磷酰化反应　293
不对称烷基化反应　294
布林佐胺　brinzolamide　8
布洛芬　ibuprofen　143, 319
布洛芬愈创木酚酯　ibuprofen guaiacol ester　94

C

长春碱　vinblastine　257
成精子囊素　antheridiogen　159
赤式　erythro　123
喘定　astrophylline　176

醋丁洛尔　acebutolol　254
醋酸乌利司他　ulipristal acetate　113
催化毒剂　227
催化剂中毒　227
催化氢化还原　226
催化脱氢　203
催化抑制剂　227
催化转移氢化　229

D

达非那新　darifenacin　244
达菲　oseltamivir　279
达克替尼　dacomitinib　252
达拉他韦　daclatasvir　9
达芦那韦　darunavir　262
达沙替尼　dasatinib　316
丹参素　salvianic acid A　242
单分子亲核取代反应　50
单过硫酸氢钾　oxone　320
胆固醇十一碳酸酯　cholesteryl undecyl carbonate　91
氮烯　159
氮原子上的烃化反应　61
氮杂 –Cope 重排　aza-Cope rearrangement　182
氮杂 Claisen 重排　180
德拉马尼　delamanid　53, 67
地喹氯胺　dequalinium chloride　26
碘泊酸钙　calcium iopodate　131
叠氮磷酸二苯酯　DPPA　165
丁氨苯硫脲　thiambutosine　37
丁洛地尔　buflomedil　42
杜塞酰胺　dorzolamide　250
度他雄胺　dutasteride　100
对甲基苯磺酰基　Ts　113
对乙酰氨基酚　paracetamol　160
对映体的比例　enantiomeric ratio, *er*　268
对映体过量　enantiomeric excess, *ee*　268
对映体组成　268
对映异构体　enantiomer　268
多聚磷酸　PPA　22, 95
多拉司琼　dlasetron　195
多奈哌齐　donepezil　129
多奈哌齐　donepezile　257

多替拉韦钠 dotilavir sodium 285
多相催化氢化 226
多佐胺 dorzolamide 238

E

恩格列净 empagliflozin 102
恩格列酮 englitazone 239
恩替卡韦 entecavir 68
恩杂鲁胺 enzalutamide 67
二（三甲基硅基）氨基锂 LiHMDS 320
二-3-蒎基硼烷 Ipc$_2$BH 233
二苯基乙二酮重排 153
二苯羟乙酸重排 153
二苯乙醇酸酯重排 154
二苯乙醇酸重排 153
二氮烯 229
二环己基碳二亚胺 DCC 86，188
二甲基亚砜 DMSO 188
二甲硫醚 DMS 192
二甲醚 DME 23
二氯铬酰 215
二氯海因 DCDMH 4
二氢假荆芥内酯 dihydronepetalactone 156
二溴海因 DBDMH 4
二异丙基氨基锂 LDA 123，202
二异丁基硼烷 233
二异丁基氢化铝 DIBAL-H 237

F

伐地那非 vardenafil 55
伐尼克兰 varenicline 98
伐尼瑞韦 vaniprevir 79，248
法匹拉韦 favipiravir 43
凡德他尼 vandetanib 60，70
芳烃的卤取代反应 5
非对映体比例 diastereomeric ratio，dr 268
非对映体过量百分率 diastereomeric excess，de 268
非对映选择性反应 diastereoselective reaction 268
非尔氨酯 felbamate 248
非那沙星 finafloxacin 6
非诺贝特胆碱 choline fenofibrate 56
非诺多泮 fenoldopam 13

芬戈莫德 fingolimod 243，264
芬替康唑 fenticonazole 245
夫罗曲坦 frovatriptan 69
呋喃唑酮 furazolidone 33
伏立诺他 vorinostat 100
氟苯尼考 florfenicol 222
氟比洛芬 flurbiprofen 120
氟比他匹 florbetapir F 18 52
氟伐他汀 fluvastatin 186
氟桂利嗪 flunarizine dihydrochloride 23
氟化吡格列酮 fluoro-pioglitazone 7
氟罗沙星 fleroxacin 29
氟西泮 flurazepam 45
福沙那韦钙 fosamprenavir calcium 64，99
福沙帕那韦钙 fosamprenavir calcium 246
福辛普利 fosinopril 251
富马酸贝达喹啉 bedaquiline fumarate 81
富马酸磷丙替诺福韦 tenofovir alafenamide fumarate 53
富马酸卢帕他定 rupatadine fumarate 96
富马酸替诺福韦酯 tenofovir disoproxil fumarate 263
富马酸沃诺拉赞 vonoprazan fumarate 77，256
富特米他 flutemetamol F18 65

G

高 Favorskii 重排 156
高三尖杉酯碱 omacetaxine mepesuccinate 54
格拉司琼 granisetron 46
格氏试剂 80
贡贝格（Gomberg）反应 46
谷田霉素 yatakemycin 136
固有手性 267
关环复分解反应 Ring-Closing Metathesis，RCM 300
光学纯度 268
光延反应 Mitsunobu reaction 86
过氧化苯甲酰 BPO 2
过氧叔丁醇 206

H

海乐萌 halomon 180
含氧-Cope 重排 oxy-Cope rearrangement 182

合成模块 297
合成转换 296
河豚毒素 tetrodotoxin 179
核磁共振法 269
红藻氨酸 kainic acid 146
琥珀酸普卡必利 prucalopride succinate 98
琥珀酸瑞博西尼 ribociclib succinate 76
华法林［(S)-wafarin］ 278
化学拆分 271
化学相关法 270
还原胺化反应 69
还原反应 reduction reaction 226
还原烃化反应 69
环丙贝特 ciprofibrate 170
环丙沙星 ciprofloxacin 28，152
环氧化反应 209
黄曲霉毒素抑制剂 aflastatin A 125
磺胺-5-甲氧嘧啶 sulfamethoxydiazine 9
磺达肝癸钠 fondaparinux sodium 93
茴香霉素 anisomycin 159
活泼亚甲基化合物 77

J

机械拆分法 271
吉非贝齐 gemfibrozil 17
吉非替尼 gefitinib 317
吉格列汀 gemigliptin 110
极性反转 298
极性反转 umpolung 139
己酮可可碱 pentoxifylline 119
加巴喷丁 gabapentin 161，260
加雷沙星 garenoxacin 44
甲氨蝶呤 methotrexate 13
甲磺酸艾瑞布林 irebrin mesylate 249
甲磺酸伊马替尼 imatinib mesylate 320
甲强的松龙 methylprednisolone 230
甲硝唑 metronidazole 33
间氯过氧苯甲酸 m-CPBA 169
间氯过氧苯甲酸 m-CPBA 299
金刚烷胺 amantadine 2
金雀异黄素 genistein 104
金属复氢化物 236

酒石酸阿福特罗 arformoterol tartrate 261
酒石酸匹莫范色林 pimavanserin tartrate 69
聚氢氟酸吡啶 PPHF 21
聚山梨酯80 polysorbate 80 54
蕨素 M pterosin M 238
均相催化氢化 230

K

卡巴拉汀 rivastigmine 24，313
卡博替尼 cabozantinib 56
卡格列净 canagliflozin 81
卡莫氟 carmofur 27
卡托普利 captopril 16
莰烯 camphene 150
抗痫灵 anliepilepserine 131
咳美芬 caramipheni 27
可比司他 cobicistat 70
克林沙星 clinafloxacin 30
克唑替尼 crizotinib 60，68，73
库潘尼西 copanlisib 65

L

拉多替吉 ladostigil 116
拉考沙胺 lacosamide 51
拉替拉韦 reltagravir 97
拉替拉韦钾 reltagravir potassium 115
拉氧头孢钠 latamoxef sodiunm 185
来那度胺 lenalidomide 315
莱特莫韦 letermovir 292
兰地洛尔 landiolol 57
兰索拉唑 lansoprazole 221
雷迪帕韦 ledipasvir 4，25
雷公藤甲素硬脂酸酯 triptolide stearate 87
雷美替胺 ramelteon 106，256
雷尼替丁 ranitidine 135
雷诺拉嗪 ranolazine 100
雷西纳德 lesinurad 32，80
利阿唑 liarozole 237
利巴韦林 ribavirin 42
利胆酚 oxophenamide 258
利伐沙班 rivaroxaban 22，62，99
利伐斯的明 rivastigmine 285

利拉利汀　linagliptin　68
利匹韦林　rilpivirine　26，74
利舒地尔　ripasudil　63
利托那韦　ritonavir　23
利扎曲坦　rizatriptan　7
联苯乙酸　felbinac　105
邻苯二甲酰基　Pht　113
磷酸奥司他韦　oseltamivir phosphate　282
磷叶立德　Ylide　126
硫丹　endosulfan　228
硫酸胍乙啶　guanethidine sulfate　153
硫乙拉嗪　thiethylperazine　5
硫杂 Claisen 重排　180
柳氮磺胺吡啶　sulfasalazine　48
六甲基二硅胺基锂　110
六甲基二硅基胺基钾　KHMDS　4
六甲基磷酰三胺　HMPT　23
六亚甲基四胺　HMTA　223
龙血素 A　loureirin A　230
龙血素 B　loureirin B　242
芦卡帕利　rucaparib camsylate　77
芦玛哌酮　lumateperone　38
芦曲泊帕　lusutrombopag　128
卤化反应　halogenation reaction　1
卤加成反应　12
卤内酯化反应　halolactonization　19
卤取代反应　1
卤置换反应　20
鲁格列净　luseogliflozin　262
氯巴占　clobazam　65
氯吡格雷　clopidogrel　159
氯丙那林　clorprenaline　8
氯磺隆　chlorsulfuron　46
氯甲基化反应　138
氯甲酸 9-芴甲基酯　FmocCl　116
氯甲酸叔丁酯　BocCl　115
氯卡色林　lorcaserin　251
氯雷他定　loratadine　32
罗匹尼罗　ropinirole　129
罗沙布林　rosabulin　244
螺旋手性　267
洛伐他汀　lovastatin　180

洛美他派　lomitapide　63
洛莫司汀　lomustine　38
洛那法尼　lonafarnib　44，242
洛匹那韦　lopinavir　23

M

马来酸阿法替尼　afatinib dimaleate　253
马来酸匹衫琼　pixantrone dimaleate　102
马来酸茚达特罗　indacaterol maleate　112
马赛替尼　masitinib　254，255
马沙拉嗪　masalazine　258
马氏规则　Markovnikov rule　16
莽草毒素　anisatin　176
霉酚酸钠　mycophenolic acid sodium　245
美格列汀　melogliptin　275
美洛昔康　meloxicam　10
米氮平　mirtazapine　256
米尔贝霉素 β_3　milbemycin β_3　179
米非司酮　mifepristone　19
米诺膦酸　minodronic acid　10
米诺膦酸　minodronic acid　247
莫西沙星　moxifloxacin　234，250
莫扎伐普坦　mozavaptan　99，115
木脂素　lignan　132
目标分子　target molecule　296

N

那拉匹韦　narlaprevir　79
纳地美定　naldemedine　111
纳多洛尔　nadolol　235
乃春　nitrene　308
奈韦拉平　netobimin　33
奈韦拉平　nevirapine　162，259
萘普生　naproxen　270
萘普西诺　naproxcinod　35
尼鲁米特　nilutamide　44
尼罗替尼　nilotinib　100，321
尼美舒利　nimesulide　60
尼莫地平　nimodipine　130
尼替西农　nitisinone　109
拟除虫菊酯　pyrethroid　137
逆向官能团变换　302

逆向官能团除去　302
逆向官能团互换　302
逆向官能团添加　302
逆向合成分析　retro-synthetic analysis　302
逆向连接　301
逆向切断　antithetical disconnection　299
逆向重排　301
尿苷三乙酸酯　uridine triacetate　112
柠檬酸　citric acid　154

O

欧芹籽油　oxetanocin　157
偶氮二甲酸二叔丁酯　DBAD　60
偶氮二甲酸二乙酯　DEAD　86
偶氮二甲酸二异丙酯　DIAD　60
偶氮二羧酸二乙酯　DEAD　55
偶氮二异丁腈　AIBN　2，260
偶姻缩合　acyloin condensation　249

P

帕瑞昔布钠　parexib sodium　140
帕西洛韦　paxlovid　2
帕西瑞肽　pasireotide　116
培美曲塞　pemetrexed　243
硼化镍　227
硼氢化-还原反应　232
硼氢化-氧化反应　232
硼烷　BH_3　232
皮质抑素　cortistatin　150
匹伐他汀钙　pitavastatin calcium　110
匹伐他汀钙　pitavastatin calcium　239
片呐醇偶联　pinacol coupling　305
片呐醇重排　151
平板霉素　platensimycin　235
平面手性　267
苹果酸奈诺沙星　nemonoxacin malate　57
泼尼卡酯　prednicarbate　212
葡萄孢镰菌素　bostrycoidin　104
普拉地平　pranidipine　245
普拉曲沙　pralatrexate　78
普卢利沙星　prulifloxacin　63
普罗布考　probucol　262

普罗碘铵　prolonium iodide　29

Q

齐多夫定　zidovudine　48
气相色谱分析　269
浅蓝霉素　caerulomycin　81
羟甲基化反应　120
羟吗啡酮　oxymorphone　187
羟醛缩合反应　Aldol condensation　117
羟乙基化反应　53
亲电重排　148
亲核取代反应　50
亲核重排　148
青霉素　penicillin　272
氢化反应　226
氢解反应　226
氢解反应　259
秋水仙碱　colchicine　150
巯嘌呤　mercaptopurine，6-MP　254，262
曲格列汀　trelagliptin　4
曲格列酮　troglitazone　252
曲拉西利　trilaciclib　320
曲马多　tramadol　134
去氧氟尿苷　doxifluridine　260
去氧孕烯　desogestrel　263
醛醇缩合反应　117
炔诺酮　norethisterone　193
肉桂醛　cinnamaldehyde　247
瑞德西韦　remdesivir　294
瑞格列奈　repaglinide　257
瑞舒地尔　ripasudil　64

S

噻吗洛尔　timolol　195
三（叔丁氧基）氢化铝锂　LTBA　237
三苯基膦　PPh_3　55
三氟甲磺酸三甲基硅脂　TMSOTf　113
三氟哌多　trifluperidol　44
三甲基氯硅烷　TMSCl　10
三尖杉碱　cephalotaxine　182
三乙酰氧基硼氢化钠　STAB　238
三乙酰氧基硼氢化钠　STAB　250

色瑞替尼　ceritinib　56，66，73
沙丁胺醇　salbutamol　239
沙可来新　Sarcolysin　32
沙利度胺　thalidomide　266
沙罗格列扎　saroglitazar　57
舍曲林　sertraline　102
麝香酮　muscone　167，250
生物拆分　271
生物酶催化　275
手性　265
手性高效液相　269
手性高效液相层析法　271
手性色谱法　269
手性源合成　chirality pool synthesis　271
叔丁氧羰基　Boc　112
舒巴坦　sulbactam　222
舒芬太尼　sufentanil　25
舒拉诺龙　zuranolone　127
双分子亲核取代反应　50
四氯-1,4-苯醌　TCBQ　202
四乙酸铅　LTA　28
苏式　threo　123
苏沃雷生　suvorexant　70
缩合反应　117
索磷布韦　sofosbuvir　25
索氏（Soxhlet）抽提　119

T

他发米帝司甲葡胺　tafamidis meglumine　111
他米巴罗汀　tamibarotene　72
碳-氢键活化　291
碳-碳键的偶联反应　coupling reaction　290
碳酸酐二叔丁酯　Boc₂O　115
碳烯　carbene　157
羰基的 α,β-脱氢反应　201
特比萘芬　terbinafine　152
特拉唑嗪　terazosin　234
替比夫定　telbivudine　260
替格瑞洛　ticagrelor　162
替洛利生　pitolisant　52
替莫唑胺　temozolomide　252
烃化反应　alkylation reaction　50

同步协同　274
酮醇缩合　249
头孢地嗪钠　cefodizime sodium　9
头孢磺啶　cefsulodin　27
头孢替胺酯　cefotiam　255
头孢唑啉　cefazolin　42
蜕皮激素　ecdysteroids　238
托法替尼　tofacitinib　142
托法替尼　tofacitinib　66
托格列净　tofogliflozin hydrate　113
托特罗定　tolterodine　248
脱苄氢解　261
脱氢表雄酮　dehydroepiandrosterone　13
脱氢芳构化反应　203
脱氧可待因　desoxycodeine-D　171

W

外消旋体　270
维布妥昔单抗　brentuximab vedotin　116
维格列汀　vildagliptin　34
维拉帕米　(S)-verapamil　278
维拉佐酮　vilazodone　67，244
维莫地吉　vismodegib　81
维莫非尼　vemurafenib　102
维奈托克　venetoclax　57，70，108
维奈妥拉　venetoclax　65
维生素 A　145
维生素 D₂　127
伪蕨素　kallolide A　176
尾海兔素 16　dolastatin 16　179
沃诺拉赞　vonoprazan　9
乌洛托品　223
戊双氟酚　bifluranol　228
物理拆分　271

X

西地那非　sildenafil　253
西格列汀　sitagliptin　123，261
西氯他宁　cicletanine　187，245
西洛多辛　silodosin　63
西洛他唑　cilostazol　169
西咪替丁　cimetidine　249

西尼地平　cilnidipine　239
西他列汀　sitagliptin　109
烯键的双羟基化反应　207
酰化反应　85
酰基化反应　acylation reaction　85
相转移催化反应　82
相转移催化剂　phase-transfer catalyst, PTC　82
香豆素　coumarin　131
香兰素　vanillin　107
香茅醛　citronellal　228
消瘤芥　nitrocaphar　38
消旋体拆分　270
硝苯地平　nifedipine　85
硝化反应　nitration reaction　31
硝酸甘油　nitroglycerin　35
硝酸舍他康唑　sertaconazole　51
硝酸铈铵　CAN　215
协同催化　274
缬沙坦　valsartan　259
锌汞齐　241
新戊酰基　Piv　112
溴己新　bromhexine　7
溴莫普林　brodimoprim　246
溴替唑仑　brotizolam　5

Y

亚硝化反应　nitrozation reaction　31, 36
盐酸苯海索　benzhexol hydrochloride　21
盐酸布可立嗪　buclizine hydrochloride　139
盐酸布替萘芬　butenafine hydrochloride　138
盐酸丁卡因　tetracaine hydrochloride　89
盐酸芬戈莫德　fingolimod hydrochloride　102
盐酸氟西汀　fluoxetine hydrochloride　134
盐酸金刚乙胺　rimantadine hydrochloride　257
盐酸决奈达隆　dronedarone hydrochloride　103
盐酸考尼伐坦　conivaptan hydrochloride　110
盐酸绿卡色林　lorcaserin hydrochloride　72
盐酸氯胺酮　ketamine hydrochloride　8
盐酸马布特罗　mabuterol hydrochloride　7
盐酸帕洛诺司琼　palonosetron hydrochloride　234
盐酸普拉克索　pramipexole hydrochloride　259
盐酸普鲁卡因　procaine hydrochloride　216

盐酸四环素　tetracycline hydrochloride　192
盐酸小檗碱　berberine chloride　138
盐酸依匹斯丁　epinastine hydrochloride　256
盐酸左旋体米那普仑　levomilnacipran hydrochloride　62
氧化反应　oxidation reaction　184
氧原子上的烃化反应　50
伊布替尼　ibrutinib　314
伊伐布雷定　ivabradine　69
伊潘立酮　iloperidone　114
依柏康唑　eberconazole　68
依贝沙坦　irbesartan　83
依格列汀　evogliptin　233
依鲁替尼　ibrutinib　58
依那普利　enalapril　142
依帕列净　empagliflozin　52
依普利酮　eplerenone　211
依托贝特　etofibrate　87
依托度酸　etodolac　253
依托度酸　etodolac　46
依托咪酯　etomidate　96, 147, 272
依沃格列汀　evogliptin　54
乙胺嘧啶　pyrimethamine　4
乙烯基环丙烷-环戊烯重排　158
乙酰基　Ac　112
异冰片　isoborneol　150
异丙基奥米帕格　omidenepag isopropyl　256
异步协同　274
异槲皮素　isocryptolepine　161
阴离子-含氧-Cope重排　anionic-oxy-Cope rearrangement　182
茚达特罗　indacaterol　52
茚地那韦　indinavir　18
荧光素　luciferin　127
优势结晶拆分法　271
右佐匹克隆　eszopiclone　267
诱杀烯醇　grandisol　159
羽扇豆碱　epilupinine　172
育亨宾　yohimbine　284
原多甲藻酸贝类毒素　azaspiracid-1　283
月桂氮䓬酮　laurocapram　161

Z

扎维格坦　zavzpret　128
樟脑　camphor　151
酯化反应　esterification　85
酯交换反应　88
中心手性　266
重氮化反应　diazotization reaction　38
重排反应　148
轴手性　267
转化数 TON　272
准 Favorskii 重排　156
紫杉醇　taxol　289
自由基重排　148
阻化　227
左炔诺孕酮　levonorgestrel　235
左舒必利　levosulpiride　245
左西替利嗪　levocetirizine　267
左氧氟沙星　levofloxacin　267
左氧氟沙星　levofloxacin　88
左乙拉西坦　levetiracetam　267

(+)-madindoline A　288
(−)-austalide B　122
(−)-Denticulatin A　295
(−)-madindoline B　288
(−)-α-红藻氨酸　α-kainic acid　157
(−)-月桂醛胺 (−)-laulimalide　288
(2S,4S)-(−)-2,4-双（二苯基磷）戊烷　(2S,4S)-BDPP　231
(dl)-vernolepin　20
(dl)-vernomenin　20
(R)-叔丁基甲基膦-二叔丁基膦甲烷　TCFP　231
(S)-1,1′-联萘-2-胺　BINAM　231
(±)-deoxyfrenolicin　136
(±)-subincanadine F　136
1-羟基-7-氮杂苯并三唑　HOAT　96
1-羟基苯并三唑　HOBT　96
2,2,6,6-四甲基哌啶-N-氧化物　TEMPO　190
2,2′-双-(二苯膦基)-1,1′-联萘　BINAP　231
2,3-二氯-5,6-二氰对苯醌　DDQ　202
2-碘酰苯甲酸　IBX　191
2-琥珀酰亚胺基-1,1,3,3-四甲基脲四氟硼酸盐　TSTU　96
4-吡咯烷基吡啶　PPY　87
4-二甲氨基吡啶　DMAP　87
5-氟尿嘧啶　5-fluorouracil　6
9-硼代双环[3.3.1]壬烷　9-BBN　233
9-芴甲基-N-琥珀酰亚胺基碳酸酯　Fmoc-OSu　116
9-芴甲氧羰基　Fmoc　112
[1,2]-Wittig 重排　175
[2,3]-Wittig 重排　175
Adams 催化剂　227
Albright-Goldman 氧化反应　189
Aldol 反应　154
Aldol 加成反应　275
Aldol 缩合　117
Anelli 氧化体系　191
APS　161
Arndt-Eistert 合成　158
Baeyer-Villiger 氧化　169，289
Baeyer-Villiger 氧化反应　198
Baeyer-Villiger 重排　169
Bamberger 重排　253
Bartoli 吲哚合成法　308
Beckmann 重排　159
Benkeser 还原反应　236
Benzilic acid 重排　153
Benzilic ester 重排　154
Benzil 重排　153
Benzoin 缩合　139
Biginelli 反应　300，309
Birch 还原反应　235
Blanc 反应　138
Bouveault-Blanc 还原　247
Buchwald-Hartwig 反应　66
Cadogan-Sundberg 吲哚合成　308
Cannizzaro 反应　120
CBS 还原　286
Charette 不对称环丙烷化反应　281
CIP　Cahn-Ingold-Prelog　266

Claisen-Schmidt 反应　120
Claisen 反应　109，146
Claisen 重排　179
Clemmensen 还原　241
Collins 试剂　186，206
Cope 重排　181
Corey-Bakshi-Shibata　CBS　286
Corey-Bakshi-Shibata 还原反应　286
Corey-Kim 氧化反应　192
Corey 硼杂噁唑烷　286
Criegee 臭氧化反应　301
Curtius 重排　164
D- 青霉胺　D-penicillamine　266
D- 丝氨酸　D-serine　120
Dakin 氧化反应　200
Dalton 反应　18
Darzens 反应　142
DBU　174
DCC　95
Debus-Radziszewski 反应　301
Demjanov 重排　150
Dess-Martin 试剂　DMP　190
Dess-Martin 氧化反应　190
Dieckmann 反应　109，146，147
Diels-Alder 反应　282，297，300
Dimroth 重排　317
dysidiolide　287
Délépine 反应　61，62
Ellman 胺　311
Eschenmoser-Claisen 重排　180
Eschweiler-Clarke 反应　70
Etard 反应　215
Etard 试剂　215
Favorskii 重排　155
Finkelstein 反应　29
Fischer-Hepp 重排　37
Fischer 吲哚合成法　308
Fremy's 盐　196
Friedel-Crafts 烃化反应　71
Friedel-Crafts 酰化反应　101
Gabriel 合成法　61
Gattermann-Koch 反应　105

Gattermann 反应　30，104
Gattermann 反应 Adams 改进法　105
Gatterman 反应　44
gloeosporone　293
Hantzsch 二氢吡啶合成法　300
Heck 反应　74
Hell-Volhard-Zelinsky 反应　12
HMPA　161
Hofmann 重排　162
homo-Favorskii 重排　156
Houben-Hoesch 反应　103
Hunsdiecker 反应　28
ICl　7
Ireland-Claisen 重排　179，301
Jacobsen-Katsuki 环氧化反应　289
Johnson-Claisen 重排　180
Jones 试剂　185，197
Keck 不对称烯丙基化反应　292
Kharasch-Sosnovsky 氧化反应　205
Knoevenagel　300
Knoevenagel-Doebner 改良方法　129
Knoevenagel 反应　128
Kochi 反应　28
Kornblum 氧化反应　222
Kumada 反应　80
L- 多巴　L-dopa　266
L- 多巴　*L*-dopamine　273
L- 脯氨酸　L-proline　273
Lehnert 改进法　129
Lemieux von Rudloffs 试剂　213
Lemieux-Johnson 试剂　$OsO_4/NaIO_4$　213
Lemieux-Johnson 氧化反应　213
Leuckart 反应　46，69
Lindlar 催化剂　227，228
Lucas 试剂　21
Mannich 反应　133，306
Mannich 加成反应　279
Mannich 碱　133
Meerwein-Ponndorf-Verley 还原反应　240
Michael 加成　140，305
Mitsunobu 反应　59，66，311
Mukaiyama 羟醛缩合　124

Myers 不对称烷基化　312
N,N- 二甲基甲酰胺　DMF　13
N,N- 二乙胺三氟化硫　DAST　21
N,N- 二异丙基乙胺　DIPEA　55，100
N,N'- 二环己基脲　DCU　59
N,N'- 二环己基碳二亚胺　DCC　55
N,N'- 二异丙基碳二亚胺　DIC　95
N,N'- 羰基二咪唑　CDI　93
N- 碘代丁二酰亚胺　NIS　3
N- 氟苯磺酰亚胺　NFSI　4
N- 氯代丁二酰亚胺　NCS　3，192
N- 氯代乙酰胺　NCA　18
N- 溴代丁二酰亚胺　NBS　3，93
N- 溴代乙酰胺　NBA　18
N- 乙基 -N'-(3- 二甲基氨丙基) 碳二亚胺
　　EDC　59，95
N- 乙基 -N'-(3- 二甲基氨丙基) 碳二亚胺盐酸盐
　　EDCI　95
Neber 重排　177
Negishi 偶联反应　81
Noyori 不对称氢化　310
Noyori 不对称氢化反应　231，285
Noyori 催化剂　231，239
O-(7- 氮杂苯并三唑)-N,N,N',N'- 四甲基脲六氟磷
　　酸盐　HATU　96
O- 苯并三唑 -N,N,N',N'- 四甲基脲六氟磷酸盐
　　HBTU　96
Oppenauer 氧化反应　187
P-2 型硼化镍　228
Paal-Knorr 反应　300
Parikh-Doering 氧化反应　189
PCC 试剂　186
Pearlman 催化剂　261
Perkin 反应　130
Pfitzner-Moffatt 氧化反应　189
Pictet-Spengler 反应　135
Pictet-Spengler 四氢异喹啉合成反应　283
PIDA　163
pinacol 重排　151
Pinnick 氧化反应　197
PPA　161
Prins 反应　136

Prévost 氧化反应　209
PtO_2　227
Raney 镍　227
Reformatsky 反应　143
Reimer-Tiemann 反应　106
Robinson 环化反应　121
Rosenmund 还原　246
Rydan 试剂　24
Sandmeyer 反应　30，43
Schiemann 反应　45
Schmidt 重排　166
Semipinacol 重排　153
Sharpless-Katsuki 不对称环氧化反应　287
Shi 不对称环氧化反应　287
Sommelet-Hauser 重排　173
Sommelet 反应　223
Sonogashira 反应　75，76
Staudinger 还原反应　259
Stephen 醛合成法　257
sterenins C　180
Stevens 重排　171
Stille 偶联反应　82
Stobbe 反应　132
Strecker 反应　145
Suzuki 交叉偶联反应　72
Swern 氧化反应　189
TBTH　260
TFAA　161
Tiffeneau-Demjanov 重排　153
Tollens 缩合　120
Ullmann 醚化反应　60
Vilsmeier-Haack 反应　105
Vilsmeier-Haack 试剂　24
Vilsmeier 试剂　105
vinylcyclopropane-cyclopentene 重排　158
Wagner-Meerwein 重排　149
Wilkinson 催化剂　TTC　231
Williamson 醚化反应　50
Wittig-Horner 反应　128
Wittig-Still 重排　176
Wittig 反应　126
Wittig 试剂　126，299

Wittig 重排 175
Wohl-Zeigler 烯丙基溴取代反应 4
Wolff-Kishner- 黄鸣龙还原 242
Wolff 重排 156
Woodward 氧化反应 207

X 射线衍射分析 270
α- 氨烷基化反应 133
α- 姜黄烯 α-curcumene 125，242
σ 迁移重排 148

郑重声明

高等教育出版社依法对本书享有专有出版权。任何未经许可的复制、销售行为均违反《中华人民共和国著作权法》，其行为人将承担相应的民事责任和行政责任；构成犯罪的，将被依法追究刑事责任。为了维护市场秩序，保护读者的合法权益，避免读者误用盗版书造成不良后果，我社将配合行政执法部门和司法机关对违法犯罪的单位和个人进行严厉打击。社会各界人士如发现上述侵权行为，希望及时举报，我社将奖励举报有功人员。

反盗版举报电话　　（010）58581999　58582371
反盗版举报邮箱　　dd@hep.com.cn
通信地址　　北京市西城区德外大街4号　高等教育出版社知识产权与法律事务部
邮政编码　　100120

读者意见反馈

为收集对教材的意见建议，进一步完善教材编写并做好服务工作，读者可将对本教材的意见建议通过如下渠道反馈至我社。

咨询电话　　400-810-0598
反馈邮箱　　gjdzfwb@pub.hep.cn
通信地址　　北京市朝阳区惠新东街4号富盛大厦1座　高等教育出版社总编辑办公室
邮政编码　　100029

防伪查询说明

用户购书后刮开封底防伪涂层，使用手机微信等软件扫描二维码，会跳转至防伪查询网页，获得所购图书详细信息。

防伪客服电话　　（010）58582300